"十二五"国家重点图书出版规划项目

2014年度国家出版基金项目

国家出版基金项目

NATIONAL PUBLICATION FOUNDATION

周洪宇 总主编

申国昌 副总主编

广少奎 等著

中国教育活动通史

第一卷 先秦

山东教育出版社

图书在版编目(CIP)数据

中国教育活动通史. 第 1 卷, 先秦/周洪宇总主编;
广少奎等著. —济南:山东教育出版社,2016
ISBN 978-7-5328-9268-6

Ⅰ.①中… Ⅱ.①周… ②广… Ⅲ.①教育史—
中国—先秦时代 Ⅳ.①G529

中国版本图书馆 CIP 数据核字(2016)第 034032 号

中国教育活动通史

周洪宇 总主编　申国昌 副总主编

第一卷　先秦

广少奎　等著

主　管:山东出版传媒股份有限公司
出版者:山东教育出版社
　　　　(济南市纬一路 321 号　邮编:250001)
电　话:(0531)82092664　传真:(0531)82092625
网　址:www.sjs.com.cn
发行者:山东教育出版社
印　刷:山东临沂新华印刷物流集团有限责任公司
版　次:2016 年 12 月第 1 版第 1 次印刷
规　格:787mm×1092mm　16 开本
印　张:45.75 印张
字　数:680 千字
书　号:ISBN 978-7-5328-9268-6
定　价:98.00 元

(如印装质量有问题,请与印刷厂联系调换)
印厂电话:0539-2925659

总　序

　　教育历史犹如一条由无数支流汇集而成的长河，蜿蜒曲折，绵延不断，奔腾不息，真可谓"千古兴亡多少事，悠悠，不尽长江滚滚流"。汇聚成教育历史大河的支流是多种多样的，既有充满智慧火花的教育思想与办学理念，又有规约办学行为的教育制度与管理规章，也有生动具体鲜活的办学行为与教育活动，这是客观的教育历史展现给我们的真实历史场景。然而，在日后记录的教育史与研究的教育史当中，由于精英教育思想与官方教育制度在历史上留下丰富的史料，后人在研究过程中可以信手拈来，教育史学便只停留在教育思想史与教育制度史这两大领域。因此，在百余年的中国教育史学发展历程中，尽管取得了丰硕的研究成果，如《中国教育通史》《中国教育思想通史》《中国教育制度通史》《中外教育比较史纲》等几套大部头通史以及各种专题史相继面世，但就总体而言，研究重点主要集中在教育思想史和教育制度史两个方面,在长期的研究实践中形成了思维定式,仿佛教育史只包括这两大领域。殊不知,还有更为基础、更为重要的一块研究内容,那就是教育活动史,而长期以来置于被人遗忘的角落。我们意欲本着"史论结合""古为今用"的原则,重点研究教育活动史,以补过往研究之缺失。试图通过大量第一手史料来构筑不同历史时期各类教育活动的轮廓,梳理教育活动历史脉络,力求生动再现活动层面的教育历史,总结不同时期教育活动的特点与规律,找寻历代教育思想和制度的基点与源泉,重塑教育历史的完整图景,重构教育史学的学科格局,并为当今教育教学改革与发展提供重要历史借鉴。

一

所谓教育活动史,是教育者与受教育者以各种方式参与教育过程并进行互动的微观、具体、日常的活动历史,是对教育历史实况的微观回溯与具体展现。通过回归历史现场进而实现对教育历史活动的原生态研究,可以真正体现人的活动是教育的中心这一本旨。从教育学研究来看,最能充分体现教育本质的是人的"教育活动"。究其原因,主要有二:第一,教育活动是教育现象得以存在的基本形式。正如苏联学者休金娜所说:"人的活动是社会及其全部价值存在与发展的本原,是人的生命以及人作为个性的发展与形成的源泉。教育学离开了活动问题就不可能解决任何一项教育、教学、发展的任务。"[1] 第二,教育活动是影响人发展的决定性因素。教育是培养人的活动,人是教育的最基本的出发点和归宿,培养人是教育所指向的最高目标。人的活动是教育的中心问题,也是教育最基本的着眼点,促进人的自由、全面发展是教育的最高鹄的。人的发展是主客体相互作用即活动的结果。个体的活动是个体发展的决定性因素。确定教育活动是影响人发展的决定性因素,不仅不排斥教育在人

———————————

[1] 瞿葆奎主编,吴慧珠等选编:《教育学文集·课外校外活动》,人民教育出版社 1991 年版,第 3 页。

的发展中所起的主导作用，而且为教育在人的发展中的主导作用的发挥指明了努力方向。任何国家的教育学研究，都把对教育活动的研究放在极为重要的地位。

同样道理，教育活动史理应成为教育史学研究的一项极为重要的内容。从某种意义上说，教育活动史既是教育思想史和教育制度史的起源，又是教育思想史和教育制度史存在的前提和基础，还是连接教育思想史与教育制度史的中介和桥梁。教育活动史与教育思想史、教育制度史构成一种倒三角关系，教育活动史是起源、前提和基础，教育思想史和教育制度史是派生物和结果。可以说，教育活动史、教育思想史与教育制度史，三者相辅相成，三足鼎立，缺一不可。如同教育学不研究人们的教育活动就无法进行一样，教育史学不研究教育活动史，仅研究教育思想史和教育制度史，将会缺失其前提和基础，只能是一门"见事不见人""见人不见行"的教育史学。因此，开展教育活动史研究十分必要且非常重要。只有教育活动史、教育思想史与教育制度史三者并存，才有可能构筑完整意义上的教育史学体系。

其实，早在 20 世纪二三十年代，我国第一代教育史学家群体中有不少人已认识到研究教育活动史的重要性，或直接倡导研究教育活动史。王凤喈在其被教育部列为统编大学教材的《中国教育史》"绪论"中明确指出"教育史为记载教育活动之历史"[①]，研究教育史，不能孤立地研究历史上的教育活动，而是应与政治制度、社会思想乃至社会之全部相联系、比照来进行，应将教育史放到广阔的社会背景中去研究。陈青之在其被商务印书馆列为大学丛书的《中国教育史》中也写道：教育史之内容，包括实际与理论两方面，教育制度、教育实施状况及教育者生活等属于实际方面，政府的教育宗旨、学者的教育学说及时代的教育思潮等属于理论方面。[②] 雷通群在其《西洋教育通史》中也强调，教育事实"包有两种要素，其一为教育之理论方面，其二为教育之实际方面。前者是关于教育之理想或方案等一种思想或学说，此乃构成教育事实之奥柢者，

---

① 王凤喈：《中国教育史》，国立编译馆 1945 年版。
② 陈青之：《中国教育史》，上海商务印书馆 1936 年版，第 1 页。

后者是根据上述的思想或学说而使其具体化与特殊化者，例如实地教学、教材、设备、制度等均是。……此种理论或实际，若为某教育家所倡导或实施时，须将其人的生活、人格、事迹等，与教育事实一并考究"①。杨贤江在《教育史 ABC》中也说道："详尽的教育史书，必要对于教育事实之变迁发达分为教育的事实、教育者的活动与教育制度法规等等。"②显而易见，陈青之、雷通群所讲"教育实际"，不仅包括教育制度，而且包括教育实施状况与教育者生活以及人的生活、人格、事迹等，而这些正是典型的人的教育活动，也就是杨贤江所讲"教育者的活动"。对其做历史的研究，正是教育活动史研究的范畴。

也许是早期教育史学家在表述时，习惯于采用源于传统"知与行"范畴的"教育理论与教育实际"的两分法，而且对"教育实际"的表述又多用于教育制度，而少用于教育实施状况与教育者生活以及人的生活、人格、事迹等，因此，后继的教育史学者渐渐在无形中将"教育实际"的内涵逐步狭窄化，最后趋于混淆和消解。久而久之，沿袭下来，以至于习焉不察，司空见惯，因而教育史学界通常认为，教育史就是研究教育思想史与教育制度史，而不包括教育活动史。教育活动史不是独立的研究对象，而是被囊括在教育思想史与教育制度史之中。这样就无形中导致教育活动史长期被学术界忽略与轻视，成为一个被人们长期遗忘的角落和无人开垦的处女地。这个长期未受人关注的学术领地，恰恰是当今教育史最基本的组成部分，也是最核心的研究内容。研究教育活动史，有利于进一步丰富教育史研究内容，拓展研究领域，丰富和完善已有的教育史学科格局；有助于促进教育史学理论与方法的创新，促进学术视野下移；有利于生动展现教育历史的活动图景。研究教育活动史，不仅十分必要，而且非常重要。一方面，有助于形成"以人为本"的教育理念，使人们更加关注教师与学生的生活状况，从而在全社会形成尊师重教的氛围，营造更有利于学生成长与发展的教育环境；另一方面，有助于进一步关注教育活动与实践，关注具体的教育行为和微观的教学活动，

---

① 雷通群：《西洋教育通史》，上海商务印书馆 1934 年版，第 2 页。
② 杨贤江：《教育史 ABC》，见《杨贤江教育文集》，教育科学出版社 1982 年版，第 321 页。

进而更好地激励广大师生投身于教育与教学改革实践当中，以实际行动推动我国教育教学改革向纵深发展。《中国教育活动通史》的编撰与问世，正是顺应这一学术需求和社会需要所做出的实践呼应。

应该看到，教育活动史是与教育思想史、教育制度史并列的，与教育思想史、教育制度史共同构成教育史学研究的三大领域。以往将教育活动史融化在教育思想史和教育制度史中的理解和做法，是不妥当的。那不是重视教育活动史，而是忽视教育活动史，消解教育活动史。对于教育活动史的研究，应该作为一个相对独立的研究领域来予以重视和关注。

教育活动史主要以历史上教育者和受教育者日常的、微观的、感性的、实在的、具体的教育活动的发展及演变历史为研究对象，重点研究人类历史上各种直接以促进人的有价值发展为目的的具体活动以及教育者与受教育者参与教育过程、进行互动的各种方式的发展与演变的历史。具体包括：分析教育史上教师、学生、教育行政管理人员等在教育过程中的内外部活动及其表现形式和特征，探索这些活动发生、发展的规律及作用；研究家庭教育活动、社会教育活动的内容、形式的演变历史及其规律，等等。主要研究各类教育行为史、教育生活史、学校办学史、教学活动史、教师活动史、校长活动史、家庭教育活动史、社会教化活动史、民间教育活动史、教育社团活动史、科技教育活动史、宗教教育活动史、文化教育传播史、海外教育活动史等。教育制度史则主要研究有组织的教育和教学机构体系，包括学校教育制度和教育行政制度的历史发展与变迁，也包括对教育政策和法规产生、发展及演变历史的研究。主要是研究学校教育制度史、教育行政制度史、教育管理史、教育宗旨史、教育政策史、教育法规史、教育立法史等。而教育思想史主要以教育历史上的教育理论思维为对象，研究教育思想形成、发展的历史过程及其主要内容，兼及对教育历史人物评价以及对社会阶层、学术流派、社会团体的教育主张和思想进行研究，并在此基础上，把握教育思想、教育思潮、教育流派发展的特点和规律。主要研究教育概念史、教育范畴史、教育主张史、教育思潮史、教育流派史等。

教育活动史的研究重点在于人的微观、具体和日常活动。教育是培养人的活动，人是教育的出发点，也是教育最直接、最基本的着眼点。①因此，要着重研究教育历史上学校教师和学生的日常活动，包括探究教师教学实况、教师生活状况、学生学习生活、校长治校活动等日常的微观的教育情节；探究历史上的家庭家族教育活动，包括家庭发蒙活动、家庭品行教育、家法惩戒活动等家庭教育的一般场景；探究历史上社会教化活动，如乡规民约教育活动、宗教礼仪教育活动、民风民俗传承活动等。

具体而言，教育活动史研究重点包括以下几个方面：一是研究学校教育教学活动。主要分析教育史上教师、学生、教育行政管理人员等在教育过程中的内外部活动及其表现形式和特征，探索这些活动发生、发展的轨迹及影响。重点研究教育政策制定活动、官方教育改革活动、学校经费筹集活动、学校日常教学活动、校长日常管理活动、教师日常生活状况、教师选聘考核活动、师生交往互动活动、学生日常学习生活、学生课余生活、学生应试活动、学生教学实习活动、学潮学运活动、学校后勤服务活动等。这些都是基层教育的日常活动，看起来平淡无奇，恰恰能够真实反映不同历史时期的教育教学活动实况。二是研究家庭教育活动。主要挖掘不同历史时期家庭教育活动的内容、形式的演变历史，从中总结出家庭教育活动的规律，从而为当今独生子女家庭提高教育效率提供历史借鉴与启示。重点研究家庭家族教育活动、宗族宗派教育活动、家庭启蒙教育活动、家族家法教育活动、家庭礼仪教育活动、家庭艺术教育活动、家庭婚姻教育活动等，力求展示真实生动的家庭教育历史情景。三是研究社会与民间教化活动。主要研究不同历史时期的社会教化活动、民间教育活动的演变历程，总结不同时期的表现形式与特征，探究社会教育活动的影响及规律。重点挖掘乡规民约教育活动、民风民俗教育活动、宗教礼仪教育活动、民间科技教育活动、民间文艺教育活动、民间武术教育活动、民间社团教育活动、社会各界助学活动、民间

---

① 扈中平：《人是教育的出发点》，载《教育研究》1989 年第 8 期。

女子教育活动、民间教育交流活动等。四是研究历代文教政策的形成及其实施过程。主要研究先秦、秦汉魏晋南北朝、隋唐、宋辽金元、明清、晚清、民国、共和国等不同历史时期，重大文教政策的酝酿、制定、出台、颁布过程，以及历代文教政策在学校教育、家庭教育及社会教育中的实施与落实情况。重点从活动的视角，去审视历代文教政策的制定与实施。不同于教育制度史只注重于描述历代教育制度的内容与文本，我们重在研究制度生成之前，教育家与民众的呼吁、官方的重视、制度制定过程、颁布后的反映以及对教育活动的影响等。以上这些就是教育活动史研究的基本思路与主要内容。

二

教育活动，是有目的的人的活动，是教育者与受教育者双向互动的活动，也是一种发展性与基础性活动。教育活动是以人为中心的活动，是基础的实践活动，也是彰显人的个性与自由的活动。自由的有意识的活动，是人性的本真展现。人之所以能够成为现实的、社会历史性的存在，就是因为他是从事实际活动的人，而之所以是从事实际活动的人，就在于他具有自由的有意识的本性，在于他的实践性生存方式，这是人的发展理论的立论基础。[①] 人性的自由的有意识的活动，就是人的实践活动，也是理想和本真意义上的实践。因此，教育活动史主要展示人的活动，其理论基础是实践唯物主义。实践唯物主义是以科学的实践观为其首要和基本观点的唯物主义，是以实践为基础反映时代精神的唯物主义哲学。[②] 因为实践是以一定知识和创造性思维能力为基础，被一定欲望和情感所驱动，受一定意志所支配的主体的有计划、有目的的改造客观的活动，实践本身就体现了主体角色与功能。因此，教育活动史的基本特征是主体性、目的性、互动性。主体性，即教育活动史时刻围绕教育的主体——人的活动，研究历史上人的活动是教育活动史的基本任务。目

[①] 陈新夏：《人性与人的本质及人的发展》，载《哲学研究》2010年第10期。

[②] 肖前、李淮春、杨耕主编：《实践唯物主义研究》，中国人民大学出版社1996年版，第1页。

的性，是事物活动有利于自身生存的意向性特征，世界万物中只有人才具有自觉的有意识的目的性活动特征，而教育活动的最基本特征就是目的性和意向性，呈现历史上促进人有价值发展的有目的活动正是教育活动史的指归。互动性，是指教育活动中主体与客体之间存在着双向、互动、共生的关系，教育活动是教育者与受教育者之间的一种互动与双向活动。教育活动史的基本特征，往往渗透和体现在历史上基层的、民间的、日常的、微观的教育者与受教育者的活动之中。

法国年鉴学派代表人物布罗代尔将历史时段分为三种：长时段、中时段和短时段。其中，长时段是一个"几乎不动的历史时间"①，主要包括地理与生态环境的时间、文化与心态结构的时间、经济与社会结构的时间等，这些都是缓慢流逝和变动的历史；中时段，是社会、人口、经济运动的时间，变化周期相对于前者要快一些；短时段，是政治、军事、人物活动的时间，这种历史所表现的只是表层运动，节奏短促、快速。②教育活动的历史，就是一种长时段历史，往往在数百年之内很难看出其明显的变化。纵观中国教育活动史，不难看出，历史上始终贯穿着统治者与人民大众在强制与被强制、压抑与被压抑、束缚与解放之间的斗争，统治者试图通过强制、压抑、束缚的手段来奴役人民大众，而人民大众努力通过种种方式来反抗强制、压抑和束缚，争取自己的自由而全面发展。马克思曾针对专制制度对人性的压制而主张回归"自由的人，真正的人"③，确立了"把人的世界和人的关系还给人自己"④ 的解放要求，真正实现"个人的全面发展"和"个人的独创的和自由的发展"⑤，倡导在实现个人全面发展基础上彰显人的自由个性。人的一切活动，都是建基于人的本性，表现着人的本性。⑥ 人的本性的展现，不仅包括人的自由发展，而且包括人的全面发展。可以说，一个有个性的人，也是一个全

---

① ［法］布罗代尔：《历史与社会科学：长时段》，承中译，载《史学理论》1987 年第 3 期。
② 何兆武、陈启能：《当代西方史学理论》，上海社会科学院出版社 2003 年版，第 408—409 页。
③《马克思恩格斯全集》第一卷，人民出版社 1956 年版，第 412 页。
④《马克思恩格斯全集》第一卷，人民出版社 1956 年版，第 443 页。
⑤《马克思恩格斯全集》第三卷，人民出版社 1960 年版，第 516 页。
⑥ 高清海：《论人的"本性"——解脱"抽象人性论"走向"具体人性观"》，载《社会科学战线》2002 年第 5 期。

面发展的人；一个全面发展的人，同时应该是一个有个性的人。因为全面发展与自由发展并不矛盾，全面发展指人发展的完整性、统一性及和谐性，自由发展指人发展的自主性、独特性和个别性。自由发展的本质，就是个性发展。个性发展的核心就是人的素质构造的独特性，这主要体现在人的基本素质各要素在发展中体现出的独特性和人的各基本素质和其内部各要素在其组合上呈现出的个性化。具体表现在受教育者身上就是呈现各具特色的个性和特长。全面发展并非要扼杀自主性和独特性，因此，马克思提倡"人的全面而自由的发展"和"个人独创和自由的发展"，大力倡导人性自由、独立个性。因此，全面发展，就是人的生理素质、心理素质、品德素养和文化素质的全面发展以及各种素质之间的协调发展。人性自由和独立个性，即人的品格，往往体现在人的日常生活中所表现出来的体质能力、精神状态、心理倾向及行为特征之中，反映的是人的个性差异。人的全面发展的过程就是一个追求人的自由、自主、独立、解放、和谐、完善的过程，也是人的自我价值和个人尊严的实现过程，就是将人从受强制、遭奴役、被凝固的人格与人性失衡、扭曲和畸形的状态下解放出来的过程。

由上可知，追求人的个性自由、全面发展，是整个中国教育活动史的一条主线，从某种意义上讲，中国教育活动通史就是一部不断追求人的自由成长而全面发展的历史。同时，我们也十分清楚，中国教育活动史毕竟是世界教育活动史的一个重要组成部分，研究不同历史时期的教育活动，理应从总体史观的视角，将中国不同时期的教育活动放在世界教育大环境中去考察与定位。从中西文化教育交流视角，我们不难看出，中国教育发展史主要经过追求自由、张扬个性从而促进文教发展的三个历史时期：先秦时期是中国人追求自由个性、教育原创的轴心时期；从魏晋到隋唐，进入文教繁荣与再创辉煌时期；近代以来特别是五四新文化运动时期，成为真正思想启蒙、人格解放的重要时期。

纵观世界历史，大致经历两个轴心时代，一是古代轴心时代，二是现代轴心时代。古代轴心时代主要以巴比伦、埃及、印度、中国四个文明古国以及后来崛起的古希腊、古罗马等几大文明为核心。这几大文明均有文字记载的生动的教育活动，这些教育活动孕育了第一个轴心时代的文明、文化和教育。"问渠那得清如许，为有源头活水来"，正是这几大文明发祥地，成为世界教育活动的"源头活水"。然而，四大文明古国只有中国一直延续下来，其他均被历史所湮没。中国不仅创造了古代文明，成为世界文明史上构成第一个轴心时代的核心，而且中国在后来的发展中与西方发达国家共同创建了新轴心时代，成为现代新轴心时代与美国、欧洲、俄罗斯、印度并存的核心成员，并且其地位仅次于美国，堪称现代新轴心时代核心成员。当然，中国在创造自身文明的同时，保持着开放的态势，不断地与其他文明进行交流。中华文明在不断影响世界，世界各地文明也影响过中国，如"东汉魏晋以后的印度，战争以后的日本，十月革命以后的俄罗斯，改革开放以后的韩国"① 以及美国、欧洲的文化教育，在 20 世纪 80 年代以后均对中国产生过一定影响。说明中国属于世界，世界离不开中国。

中国教育活动源远流长。"自有人生，便有教育"②；自有人类活动，便有教育活动。教育活动是人类活动的天然组成部分，并且与人类活动始终相伴随。人类早期教育活动往往融入生产劳动、日常生活与礼仪活动之中，这便铸就了原始社会教育活动的自然性、自在性和自发性。到父系社会时期，由于生产方式的变化，引发了社会结构的转型，相应地，生产活动、生活实践与教育活动也在悄然改变，即随着文字的出现，教育活动逐步从劳动与生活的场域中剥离出来，开始了学校雏形或早期学校教育活动。

先秦时期，尤其是春秋战国时期的教育活动，与西方古希腊罗马时期一样，是世界文化教育原创的轴心时代，形成了以"六艺"教育为核心的自成体系、规范完善、风格独特的教育活动模式，与古希腊罗马时期形成的以军事体育教育活动为中心的西方教育活动模式，共同为世界教育实现人的个性自由与全面发展的价值追寻与教育理想提供了历史范式。这两大教育活动系统，遥相呼应，各具特色，真可谓"横看成岭侧

---

① 易中天：《文明的意志与中华的位置》，浙江文艺出版社 2013 年版，第 6 页。
② 杨贤江：《杨贤江教育文集》，教育科学出版社 1982 年版，第 414 页。

成峰，远近高低各不同"。先秦时期，是中国古代文化教育第一个多元化、大繁荣时期，是教育活动由官方垄断向民间扩展的转型时期，也是中国教育初步探索以促进人的思想自由、个性发展、人格独立为指归的开端。先秦三代拉开了初创文教政策并为教育确立规约的序幕，也为后来历代开展文教政策制定活动奠定了基础。夏商周三代文教政策的缘起与原始宗教和祭祀仪式不无关系，因此，考察中国古代文教政策的形成过程，可以从宗教角度入手，并且呈现夏朝重武、商代重德、周代重人的文教特征。春秋战国时期，私学教育活动堪称先秦教育的一大亮点，尤其是孔子及其弟子以思想自由、精神自由、个性解放为特色的教育活动，成为古代私学活动的先声与样板。稷下学宫，开启了自由讲学、民主论辩、师生和谐的教育活动之风，并为后来的书院讲学之风的形成积累了经验。英国著名学者李约瑟直接称之为"稷下书院"[①]，将其视为古代书院之源头。春秋战国时期的教育活动明显呈现以追求个性、崇尚自由为主的特征。

　　秦汉时期，是将统治者意愿极力强加给文化教育的时期，也是中国历史上出现的首个大一统王朝对受教育者人性压抑与束缚的时期，同时受教育者也在反压抑、求解放的抗争中力求实现思想自由、精神独立、个性解放。从文学史、哲学史、文化史、思想史等学术领域，也可观瞻这一时期追求自由民主和个性发展的教育活动特征。如果说秦汉时期教育显现出中央掌控过度、教育内容单一、官学教育活动主导等特点，而魏晋南北朝时期却展现出政权更替频繁、文化环境宽松、思想文化多元、私学活动流行等特征。此时充满生机与活力的中国教育活动，以其入世性与现实性在全世界独树一帜，异彩夺目，引领潮流；相反，西方教育活动则笼罩在了宗教活动的阴霾之中，教会垄断办学权，宗教经典充斥教材之中，一片沉寂，缺乏生机。秦统一全国之后，重用法家治国，实行"以法为教，以吏为师"，打压儒家私学，因此教育活动跌入低谷。西汉吸取秦亡的教训，确立了儒学在文教界的独尊地位，恢复私学教育活

① 李约瑟：《中国科学技术史》第 1 卷第 1 分册，科学出版社 1975 年版，第 199 页。

动，并启动了中央最高学府——太学的教学与管理活动，博士等教官的日常活动与太学生的学习与社会活动成为当时文教活动的主流。文翁兴学，又拉开了地方官学教育活动的序幕。魏晋南北朝时期是一个战争不断、时局动荡的特殊历史时期，由于分散的政治统治，给文化教育留有较大的发展空间，因此，魏晋南北朝时期成为我国第二个思想大解放时期，文化教育朝着多元化方向发展，努力实现再创辉煌的目标。一方面，儒、释、道三教并存，文化思想多元发展；另一方面，私学与族学蓬勃发展，民间办学活动频繁，促进了民间文化教育的发展与繁荣。社会教育活动以宗教教育为主，特别是道教与佛教教育活动成为当时社会教化的主流。

隋唐时期，是中央集权规约下文教日益繁荣的时期。尽管在科举制度导引下教育活动逐渐呈现出目的性、功利性、规制性、单调性等特点，但在大量的文学作品中亦可体现出士子对个性解放、人格独立、思想自由的向往以及对真善美的价值追求。这一时期中国封建社会再次进入大一统的中央集权时期，教育制度进一步完善，教育观念业已形成，官学教育进一步趋于成熟。隋唐学校教育活动的鲜明特点是受科举取士的直接影响，科举考试犹如指挥棒，将各类学校教育活动导向应试。如学习诗赋之所以成为唐朝学校教育活动的重点内容，就是因为诗赋是科举考试的主要内容之一。官学教育活动多样，除了国子学、太学、四门学的教育活动外，还有中央各部门设立学校的教育活动，以及书学、律学、算学等专门学校的教育活动。各类官学日常教学活动，主要围绕科举考试科目，使得师生日常生活单调乏味，教育集中于智德两方面，缺乏体育活动，也没有丰富的课余活动，可以说是一种程式化的极富目的性的单调生活。书院教育活动初露端倪，私学与家学教育活动尽管没有魏晋南北朝发达，但仍然发挥着对官学教育有益补充的作用。唐朝的民间教育交流活动频繁，日本与新罗等国的留学生在华学习活动异常活跃，可谓史无前例。

宋辽金元时期，是一个科技文化大发展、大繁荣时期。先后兴起的书院自由讲学、民主论辩之风，展现了这一时期学院式教育活动崇尚自由、追求民主、彰显个性的时代特点。宋朝由于长期受到来自北方少数民族建立的政权辽、西夏和金的侵扰，内忧外患，无暇全力顾及文教事业，尽管朝廷掀起三次兴学运动，但总体来看，官学大不如前。因此，书院教育活动十分流行，形成了书院以自由讲学、交流研讨、自主学习、民主管理为特征的教育活动模式，一定程度上彰显了追求思想自由、精神独立的价值取向。宋代以后，科考活动进一步完善，并仍然对各类官学发挥着指挥棒的作用。宋代的社会教育活动包含民间风俗教育活动、民间传艺授徒活动、民间宗教教育活动等，其中道教教化活动和佛教教化活动成为社会教育活动的主流。另外，辽、西夏、金、元的教育活动不可避免地打上了少数民族教育烙印，既保持着本民族的教育特色，又吸引了汉族儒学教育的精华，明显带有民族文化教育融合与兼容的教育个性。

　　明清时期，是一个受教育者人性受压抑向求取自由解放的转型时期。当专制统治走向极点，使人性受到压抑、自由受到亵渎时，西方传教士来华活动，为中国传统教育活动带来一股新风，从此逐步使古代的教育活动由封闭走向开放，由单一走向多元。可以说，西学东渐，逐步使中国教育走向开放，迈入世界。同时，教育活动也呈现出由人性压抑、自由凝固、人性失衡、个性扭曲开始向追求人性自由、个性解放、人格独立的转变，可以说，是一个由传统封闭向近代开放过渡的转型期。这是非官方教育活动所展现出的初露端倪式的新气象。在主流的官方教育活动中，仍然延续着愈演愈烈的专制集权压制下个性自由丧失的传统模式。因为明清时期的封建集权统治达到了登峰造极的地步，高度的专制与集权政治严重影响到其文教政策的制定，使得这个过程充满政治干预色彩，其结果只能是良莠参半，积极与消极文教政策并存，高压与怀柔兼用。由于朝廷的强烈干预和八股取士的诱导，明清各级官学教育活动始终围绕以服务统治为目的、以四书五经为内容、以严格管束为手段开展活动。私塾教育活动是明清教育活动体系中一支不容忽视的力量，是对官学教育活动的有益补充，在传承文化和启蒙教育方面发挥了不可估量的历史作用。明清私塾在中国教育史上达到了顶峰，塾师的日常生活与社会活动成为这一时期一种特色活动。

晚清时期是一个文化教育转型时期，新旧杂糅，中西交汇，使教育活动呈现出开放多元、异彩纷呈的时代特征。无情的历史并没有留给早熟的文化教育以永远世袭的第一把交椅。近代以来，由于西方国家从17世纪开始陆续进入资本主义时代，特别是工业革命将不少国家带入了世界领跑者的行列，相应地，西方国家的教育与科技日新月异，呈现出"数千年来未有之变局"。面对西方先进的教育，中国教育进入一个在被动中借鉴与学习的开放时期。进入近代社会，教育活动呈现出中西融通、开放多元、活动丰富等特点，中国教育活动首次开始被动地走上近代化和国际化的道路。"空山百鸟散还合，万里浮云阴且晴。"随着西方军事步步进逼，中西文化教育开始交锋。在剧烈的碰撞与冲突中，清政府统治体系中开明的官员意识到两种教育的差距，在接纳西方教育的基础上创办了第一批新式学堂，再加上大批西方传教士也借助其军事优势来到中国办起了教会学校，这样在一段时期内出现了新式学堂、教会学校、传统官私学教育活动并存的局面。同时，在洋务运动时期首次开启了官派赴美欧留学活动和政府官员出国考察教育活动，中外教育交流活动更加频繁。

民国时期是现代教育的奠基期、发展期和过渡期，也是一个文化教育的建设时期，教育人士积极探索，奋发有为，开展了诸多有价值的教育活动。1912年1月，中华民国建立，为中国近现代教育带来了新气象，从此进入了摒弃传统、全面与国际教育接轨的新时代。特别是五四新文化运动，拉开了中国教育全面追求民主自由与个性发展的序幕。20世纪二三十年代，在一批留美欧归国的教育家的推动下，我国掀起了新教育运动，社会各界踊跃参与教育改革实践活动，全国上下出现了空前重视教育的大好局面。可以说，中国历史进入了第三次思想文化教育大解放时期。同时，这一时期也是一个多种教育活动并存的时期，既有公立学校、私立学校、教会学校的教育活动，还有国统区教育、根据地教育、日伪奴化教育活动，呈现出多元化态势。

1949年10月，中华人民共和国成立，确立了以马克思主义为指导的教育体系，教育活动的终极目标是促进人的全面发展和人的个性解放。这一时期的教育活动与教育制度变迁及教育改革实践密切相关，为此，可将新中国教育活动分为建国初期、教育革命、"文化大革命"、改革开放、全面发展等时期。尤其是自 20 世纪 80 年代以来，我国教育进入了又一次思想文化教育大解放时期，邓小平倡导的改革开放政策为中国教育带来了全面的革新，使教育活动步入了一个整体发展的新阶段。义务教育普及变为现实，高等教育和研究生教育的量与质取得双丰收，职业教育得到空前的发展，学前教育备受关注，留学教育快速发展，中国教育真正实现了由借鉴到创新、由落后到繁荣、由封闭到开放的转变。同样，教育活动更加丰富多样。以研究生教育活动为例，主要包括研究生入学考试活动、研究生教学活动、研究生导师选聘活动、研究生日常学习活动、导师与学生相互关系、研究生论文答辩活动、研究生学术交流活动、研究生毕业求职活动等。

在编撰过程中，力争做到"通""特""活"。具体阐释如下：第一，所谓"通"，是指纵通、横通、理通。纵通，就是要八卷本从远古到当今力求前后连贯，脉络清晰，一以贯之。既要体现不同历史阶段的承接性和延续性，又要体现各阶段教育活动的特殊性和差异性。横通，是指将同一时期的学校管理活动、教师教学活动、学生学习活动与制度制定活动、教育交流活动、家族教育活动、社会教化活动联系起来去研究，甚至将我国某个时期的教育活动与西方国家的教育活动联系起来去研究。理通，即坚持"三观"：人本观、总体观和全球观。人本观，就是坚持以人为本的历史观，重点对以人的活动为核心的各种教育行为进行研究。这是这套教育活动通史要努力体现的基本观点，就是要着力体现人的教育活动及各种有价值的教育活动、教育行为、教育追求，尽可能让读者看到人在教育活动中的价值追求。总体观，又称整体观，强调教育活动与社会活动之间的关系，在研究教育活动史时将社会的方方面面与教育联系起来。同时，注意上层和下层之间的关系，将民间教育活动与官方教育活动联系起来，采取全景式研究视角。全球观，在编撰过程中注重采用全球比较的方法，即写某一时期教育活动时，注重和同一时期国外教育活动进行比较，把中国教育活动放在全球视野下来审视，进而体现中国教育活动史的特色。第二，所谓"特"，就是特点、特色。通过转变研究理念，更新研究方法，挖掘第一手史料，转换研究视角，来展现中国教育活动史研究的风格与特色。在研究过程中，努力展示本套通史与教育思想通史、教育制度通史相区别的固有特色。着眼于研究教育者与受教育者在学校教育、家族教育与社会教育中日常的、微观的、具体的活动，大量采取叙事的表述方式，力求给读者以生动鲜活的感觉。第三，所谓"活"，就是力争将主体的活动写活，将教育者与受教育者的实践活动、心理活动及互动活动表述得活灵活现，将其日常生活细节尽可能地描述出来，进而使人的活动得以立体呈现和全方位展现。

总之，教育活动史，主要着眼于整个教育活动过程研究，其研究对象固然包括教育活动的各个方面，但重点是研究教育历史上基层的、具体的、微观的、日常的、民间的教育活动，努力达到"通""特""活"的最终效果，通过生动、形象的表达方式来展示丰富多彩、生动鲜活的教育活动史，以期实现研究重心"下移"的目标，将研究视野逐步向下移动和对外扩散，使教育史学研究从精英向民众、从高层向基层、从经典向世俗、从中心向边缘转移，从而实现对教育活动的原生态研究。以此来弥补原有研究的不足，形成教育思想史、教育制度史、教育活动史三位一体的完整体系。

三

"纸上得来终觉浅，绝知此事要躬行。"研究中国教育活动史是一项开拓性工作，为了编撰好这部通史，全体编撰人员先后举行过九次大型研讨会，讨论了教育活动史研究宗旨、基本原则、研究取向、史料来源、研究方法、表述方式等，达成了以下共识。

（一）研究宗旨：坚持全景式总体史观

总体史观，是一种发端于文艺复兴时期的史学观。后来法国启蒙思想家伏尔泰（Francois Voltaire）在继承总体史观的基础上建构了整体文化史观，特别是 20 世纪法国年鉴学派对总体史观做了理论提升与实践展现。总体史观主张，历史学家要跳出传统只研究政治史和上层精英人物的窠臼，写出自下而上的历史，要把普通群众的日常生活、风俗习惯、生老病死、爱情婚姻等生动展现出来；历史研究要注重跨学科研究方法的运用，广泛借鉴和采用社会学、政治学、人类学、民族学、心理学、社会学等学科的理论和方法。正如我国史学家梁启超所讲："历史是整个的，统一的"，是"息息相通，如牵一发而动全身"。[1] 同样，研究教育活动史，应当将其放在大的社会背景和历史环境中去考察，并对教育活动的不同方面、不同层次进行研究，力求对教育活动历史进行"全景式"总体把握。

（二）研究原则：注重微观、日常、实证研究

除仍然坚持客观性、系统性、创新性以及继承性等原则外，还须坚持以下几个原则：第一，多微观研究，少宏观研究。教育活动史是以具体生动的教育活动为研究对象的，这就要求必须从历史上具体日常的教育活动入手研究，旨在还原生动鲜活的教育历史活动场景。第二，多事实研究，少理论研究。这里的"事实"，是指教育发展史上具体生动的教育活动，即强调对教育活动的实证研究，而且是论从史出的研究，而不是单纯的理论研究或以论代史。要多开展具体生动的事实研究，少进行抽象概括的理论研究。第三，多日常叙事研究，少宏大叙事研究。教育活动史就是把历史上发生过的教育活动再现出来，因此叙事是最好的表述方式。当然，这里的叙事并非指传统的宏大叙事，而是微观日常叙事。第四，多深度描述研究，少浅度描述研究。深度描述原本是人类学、民族学领域的研究方法，能让读者"身临其境地体会其所描述的经历与事件"。[2] 浅度描述则不涉及细节，只是简单地报道事实或发生的现象。

（三）研究取向：以问题研究为导向

"问题取向"研究，就是选取问题作为研究方向的一种研究策略、研

---

① 梁启超：《中国历史研究法五种》，台北里仁书局 1982 年版，第 202、153 页。
② ［美］诺曼·K. 邓金著，周勇译：《解释性交往行动主义：个人经历的叙事、倾听与理解》，重庆大学出版社 2004 年版，第 107 页。

究思路或研究范式,其目的主要不是学科知识的积累或学科体系的完善,而是增进、更新、深化和拓展对特定问题的认识,从而有助于人们对该问题的了解、评价,并有助于该问题的解决。"问题取向"研究中的问题是指"反映到人们大脑中的、需要探明和解决的教育实际矛盾和理论疑难",它包括通常所说的存在的不足、缺陷、困难,但更主要的是指引起认知主体疑惑、疑虑或感到疑难的种种现象。它既可以根据研究价值的有无分为"常识问题"和"未决问题",也可以根据问题探讨的深度不同分为"表象问题"和"实质问题",还可以根据问题涉及范围的宽窄分为"'大'问题"和"'小'问题"等。① 为此,教育活动史研究应当树立问题意识。问题意识对任何研究来说都是至关重要的。布洛克曾说:"一件文字史料就是一个见证人,而且像大多数见证人一样,只有人们开始向它提出问题,它才会开口说话。"因此,"历史学研究若要顺利开展,第一个必要前提就是提出问题"。② 教育活动史研究首先应当将研究的重心转向教育教学的具体问题、微观问题和日常问题。③ 当然,问题的微观化并不等于结论的微小化,而恰好应该做到结论的重大化。要能够通过教育反映出一定时期、一个社会的整体情况。因此,即使在历史发展的某些时段找不到完整史料,也可以就发现的这部分史料进行重点研究,以此来达到"看时代"的目的。

(四)史料来源:树立大史料观

在研究资料方面,主要秉持地上与地下、史学与文学、书面与口述三结合的大史料观。通常我们强调以史料为依据,凭史料才能说话,而且是"一分证据说一分话",没有史料就没有历史。戴逸说过:"马克思主义不赞成用史料学去代替历史科学,但历史研究必须以史料的收集、整理、排比、考证为基础。史料的突破常常会导致研究的突破,修正或改变人们对重大历史问题的看法。"④ 教育活动史研究理应树立大史料观,

---

① 孙喜亭等:《简明教育学》,北京师范大学出版社 1988 年版,第 2 页。
② [英]巴勒克拉夫著,杨豫译:《当代史学主要趋势》,北京大学出版社 2006 年版,第 44 页。
③ 周洪宇、申国昌:《新世纪中国教育史学的发展趋势》,载《华东师范大学学报》(教育科学版)2007 年第 3 期。
④ 戴逸:《中国近现代史的研究如何深入》,载《人民日报》1987 年 7 月 17 日。

力争做到：其一，地上史料与地下史料并重。在教育活动史研究过程中，一方面要充分重视地上史料的运用，另一方面要加强地下史料的挖掘、发现、整理与运用。不管是文集、家谱、族谱、年谱、方志、实录、纪事、报纸、杂志、回忆录、传说、歌谣等史料，还是各种文物、图片、绘画、教具、学具等地上实物史料，抑或碑文、石刻、墓壁画、出土礼器等地下史料，都是研究教育活动史的重要史料。其二，正史史料与笔记小说史料并行。正史或官修史籍主要包括正史、编年史、纪事本末、别史、杂史、诏令奏议、传记、史抄、载记、时令、地理、职官、政书、目录、史评等，这些无疑是研究教育活动史的基本史料，但是并不是唯一史料。而且官修史籍大都"事多隐讳"，"语焉不详"，甚至如鲁迅所说"涂饰太厚，废话太多，所以很不容易察出底细来。正如通过密叶投射在莓苔上面的月光，只看见点点的碎影。但如看野史和杂记，可更容易了然了，因为他们究竟不必太摆史官的架子"①。教育活动史的研究视野要下移民间，因此我们必须注重采用非官方的民间史料，如谱录、笔记、类书、小说、日记、信件等。其三，文字记录与口述史料并举。书面史料大都是官方或精英活动的记载，有关民间的、下层的各种具体教育活动的记载是有限的，需要我们在重视文献资料的同时，必须借助口述的方式来完成史料的搜集任务，以口述史料弥补文本史料的不足。其实，借助口述方式来完成史料搜集任务历史上早已有之，如太史公司马迁撰述曹沫（即曹刿）持匕首劫持齐桓公迫使其退还侵鲁土地时就借助过口述史料。② 而现代意义上的口述史学是指"通过有计划的访谈和录音技术，对某一个特定的问题获取第一手的口述证据，然后再经过筛选与比照，进行历史研究"的一种新学科和新方法。③

（五）研究方法："视情而定"，善加选取

古人云："工欲善其事，必先利其器。"方法正确，可使研究工作顺

① 鲁迅：《华盖集》，人民文学出版社 1973 年版，第 12 页。
② 王青：《从口述史到文本传记——以"曹刿－曹沫"为考察对象》，载《史学史研究》2007 年第 3 期。
③ 张广智：《西方史学史》，复旦大学出版社 2000 年版，第 331 页。

利达到目的；方法不当，则会事倍功半，甚至徒劳无功。现代教育史学研究理论与方法是一个由研究方法的理论基础、一般研究方法和具体研究方法三个大的方面及其相关层次构成的系统。① 第一，研究方法的理论基础。一方面是指马克思主义的唯物史观、五种社会形态理论等宏观历史理论和经济决定理论、阶级阶层理论、人民群众创造历史理论等中观史学理论；另一方面是指兰克（Leopold Ranke）、斯宾格勒（Oswald Spengler）、汤因比（Arnold Toynbee）、布罗代尔（Fernand Braudel）、勒韦尔（J. Revel）等人的史学理论中值得借鉴的合理因素。第二，一般研究方法。是哲学思维方法在社会历史（包括教育历史）研究中的运用，主要包括历史分析法、比较分析法、逻辑分析法、系统分析法、结构分析法等，其功能是分析社会历史（包括教育历史）现象的内在辩证关系和本质特点，在更深层次上更好地把握教育历史的规律。第三，具体研究方法。是指带有较强技术性和专门性，用来处理和分析教育史料，进行基础研究的方法和技术，其功能为复原教育史实和基本线索，为深入研究打下坚实基础，创造有利条件。具体说来，又可细分为两个方面：一是历史学科一般使用的方法，主要包括历史考证法、文献分析法、口述历史法、历史模拟法等；二是跨学科方法，主要包括田野调查法、个案分析法、心理分析法、计量分析法等。这三个方面属于三个不同的层次，它们各有适用范围和领域，分别处理不同层次的问题。研究方法的理论基础是最高层次，解决的是研究的立场和指导思想问题。一般研究方法是中间层次，解决的是对社会历史（包括教育历史）现象及其原因、本质的认识，以便更好地把握教育历史规律。具体研究方法是最低层次，它所要解决的是教育史料的处理和分析问题，恢复教育史实和基本线索，为深入研究铺平道路。三个方面相辅相成，缺一不可。当然，没有绝对正确合理的方法，旧方法未必无用，新方法未必有效。在选择理论和方法时，必须时刻注意理论、方法与问题的相容性、相适性，也就是做到"视情而定"。

---

① 周洪宇：《对教育史学若干基本问题的看法》，载《河北师范大学学报》（教育科学版）2009年第1期。

（六）表述方式：采取"善序事理"的叙事方式

中国史学家历来重视史学著作的叙事形式（习称"序事"），认为好的叙事方式有助于史学著作内容客观真实与生动形象的表达。他们对"善序事理"多有论述。[①] 班固称赞司马迁"服其善序事理，辨而不华，质而不俚，其文直，其事核，不虚美，不隐恶"。《晋书》则称陈寿"善叙事"为"奋鸿笔"和"骋直词"。综观古代史学家对"善叙事"的理解，主要有真实、质朴、简洁、含蓄、"闳中肆外"、"史笔飞动"等特点。诚如史学家梁启超所讲："事本飞动而文章呆板，人将不愿看，就看亦昏昏欲睡。事本呆板而文章生动，便字字活跃纸上，使看的人要哭便哭，要笑便笑。"[②] 丁钢教授则把中国叙事的风格和特点总结为三个方面：一是中国叙事以各部分非同质性、非同位性以及部分之间存在的联结性或对比性的关系，形成结构张力；二是以视角的流动贯通形成整体性思维特点；三是依靠对话和行动，并借助有意味的表象的选择，在暗示和联想中把意义蕴涵于其间。[③] 中国教育活动史研究要避免回到"目中无人""见人不见行""见物不见事"的教育史学老路上去，就必须承继和发扬中国传统历史叙事的优点，采取"善叙事理"的叙事方式，在叙事中注意呈现具体过程与日常细节。应该看到，教育历史叙事必须经过研究者对教育历史的感知而进行选择、修饰和重组，因此教育史研究者必须具备必要的体验能力和想象能力，这一点常常成为研究是否取得突破的重要因素。在研究过程中，注重运用叙事和口述等方法，尤其是研究现代教育活动史。叙事与口述研究可弥补教育活动史研究中第一手史料不足的问题，也是教育史研究视野下移的必然选择。而且叙事与口述研究具有其他表述所缺乏的优越性：一是叙事与口述史料的"在场性""生活性""精神性"特征，可以更好地发挥"存史"与"释史"功能；二是叙事与口述方法贴近生活，具有可读性，可以与官方史料形成互补，为

---

① 瞿林东：《中华文化通志·史学志》，上海人民出版社 1998 年版，第 319—325 页。
② 梁启超：《中国历史研究法补编》，商务印书馆 1934 年版，第 38 页。
③ 丁钢：《叙事范式与历史感知：教育史研究的一种方法维度》，载《教育研究》2009 年第 5 期。

教育政策的制定提供民间的声音，更好地服务于现实；三是叙事与口述史学可以将教育史学工作者从书斋中解放出来，更好地参与、服务并享受生活；四是叙事与口述作品以第一人称的方式讲述故事，融教育于生活之中，极富现实性和鲜活性，通俗易懂，具有大众教育的功能。

综上所述，教育活动史研究，首先，应该以追求全景式总体史为宗旨，对历史上各个方面与层次、不同类型与学段的教育活动进行全面、系统、深入的分析与描述，从而使历史发展过程中丰富多彩的教育活动完整地得到重现；其次，应该以民众的教育生活为研究重点，改变教育史学研究重上层、轻下层，重精英、轻民众，重经典、轻世俗，重中心、轻边缘的传统做法；再次，应该以问题研究为取向，强化问题意识，尤其是要格外关注教育教学的具体问题、微观问题和日常问题；第四，应该树立地上与地下、史学与文学、书面与口述三结合的大史料观，拓宽史料来源，广泛收集、整理与运用史料；第五，应该"视情而定"，选取相应的研究理论与方法，根据不同的目的和具体的任务，选取最合适的研究理论与方法；最后，应采取"善序事理"的叙事方式，尤其要充分地继承和发扬中国传统史学研究中叙事方式的优点，既客观真实又生动形象地将教育活动史的具体过程展现在读者面前。这就是本书作者近年倡导的全景式总体史的、人的教育生活为中心的、问题导向并注重过程和细节的教育史观。

四

中国教育活动史，源远流长，内涵丰富，生动鲜活。通观古今，可归纳出以下几个特征：

第一，独特性。毋庸置疑，任何一个国家和民族的教育活动均有其独到之处和自身特点，而中华民族的教育活动与其他国家和民族的教育活动相比，其特点更加明显，风格更加独特，尤其是中国古代教育活动呈现的是一种缓慢演进的长时段的渐变路径。从有文字可考的商代开始，就有学校教育活动，西周时期不仅学校教育活动进一步规范，而且家庭教育活动已规范成型。自春秋战国始，我国自由灵活的私学教育活动一经兴起便进入兴盛与繁荣状态，并为宋元时期书院的发展做了办学经验的原始积累。汉唐以来太学的创建以及国子学的开办，使得中央官学办学形式更加多样，这些办学形式和教育活动一直在中国持续近千年。而且自从西汉提升儒学在教育领域的独尊地位到 1904 年新学制颁布，与西方教育开始接轨，我国的教育活动始终以儒学经典为主要内容，学校教育以教师指导、学生研习为主；无论官学还是私学，各类学校学生学习的巨大动力就是科举入仕、光宗耀祖，因而形成了以应科举之试而进行的教育活动，将教育与仕途紧紧捆绑在了一起，这种模式固然使教育活动目的陷入单一境地，但是有利于激发平民子弟潜心读书、积极进取，也有助于稳定社会秩序与统治秩序。这种围绕科举指挥棒运转的古代教育活动，在世界上是独一无二的。文艺复兴之后，西方教育活动一改中世纪枯燥乏味的教育活动模式，不少国家陆续采用班级授课制，而我国的明清时期仍然在延续着古代传统的教学活动模式。与西方相比，这种教育活动尤其具有独特之处。

第二，人本性。人的发展是教育的出发点和归宿，人的活动是教育的核心和关键。纵观中国教育活动的历史，无论古代还是近现代，无论学校教育还是家庭教育和社会教育，坚持以人为本是一大特色。历代教育活动都时刻围绕教育的主体——人的活动，促进人的有价值发展，正是教育活动的指归。如果一个历史时期营造了良好的育人环境，有利于促进人的健康发展，教育活动就会开展得有声有色，成效卓著；相反，如果统治者通过强权压抑受教育者的自由成长与全面发展，那就会出现强制与被强制、压抑与被压抑、束缚与求解放之间的斗争，师生将通过种种教育活动来反抗强制、压抑和束缚，争取自己的自由而全面发展，最终赢得尊重人的发展的良好环境。总之，追求人的个性自由、全面发展，是整个中国教育活动史的一条主线。从某种意义上讲，中国教育活动通史就是一部不断追求人的自由成长而全面发展的历史。若从全球视角来观瞻中国教育活动，不难看出，追求以人为本的教育活动，大致经过三个追求自由、张扬个性的历史时期，即是中国人追求自由个性、教育原创的轴心时代——先秦时期，坚持以人为本、促进文教繁荣与再创辉煌的多元时代——魏晋到隋唐时期，追求思想解放和人格独立的启蒙时代——五四新文化运动时期。这三个时期，是充分展现中国教育活动人本性特征的黄金时期，也是将追求人本的中国教育活动推向了高潮的三个时期。

第三，开放性。中国古代教育活动是封闭的、专制的，这种结论是用西方教育视角来观察中国而得出的。其实，纵观中国古代教育活动史，不难看出，历代均有开放办学、注重交流的举措，而且给历史留下了生动美好的记忆。东汉年间，我国引入印度的佛教，使得宗教教化活动成为社会教育的一项重要内容。魏晋南北朝以来，一改以儒家教育为主的格局，开始吸纳佛教、道教教育活动，呈现出教育活动的多元化倾向。盛唐时期，吸引了诸如日本、新罗、百济、高丽、波斯、大食、天竺等国的留学生，文化教育交流进入了中国历史上第一个高峰期。明清时期"西学东渐"，为中国教育打开了一扇与西方交流的窗户，东西方文化教育进入了平等交流的新时期，此时西方以科技为主导的教育内容使中国知识阶层开了眼界。近代以来，在被动开放的背景下，中国教育开始步入与国际接轨的新阶段，同时，文化教育交流也进入了第二个高峰期。一方面，大量建立西方式的新学堂，引入班级授课制，广泛开设西学课程，同时开始选派留学生；另一方面，改革教育制度与学校管理方式，改革考试方式，改变了师生的日常生活与教学活动。这些说明中国教育活动从古代到近现代均以开放的姿态出现，从未封闭办学、关门教学，只不过古代的开放是主动的，近代的开放是被动的。

第四，包容性。中国文化教育的包容性，是世界上任何国家和民族无法比拟的。主要体现在：一是对中华民族各地区、各民族文化教育的包容与同化，二是对世界文化教育的包容与吸纳。在以儒家文化为主流的中华文化体系生成过程中，先后经历了魏晋南北朝时期儒学对道教的包容与吸收而出现玄学体系，宋明时期儒学对佛道的包容与融合而形成理学体系，近代洋务运动以来以儒学为主干的传统文化对西方文化的包容与引借而形成的中体西用格局。在中国教育活动演进过程中，也先后出现过春秋战国时期以儒墨道法为主体的私学对各家思想与传导方法包容与吸纳而形成的百家争鸣局面，汉唐时期大一统体制下以儒学为主体的教育活动不断地吸收各个民族、各个流派的优点与长处而形成的多元教育格局，明末清初中国传统文化教育首次以平等的姿态与西方文化教育接触而形成的由西学东渐催生出的实学教育理念与实践，近代以来中国教育在强势的西方文化冲击下以更加宽容的心态被动接纳了西方的教育模式而形成的早期现代化办学实践与教育范式。就近代而言，中国教育活动的包容性，具体体现在不同历史阶段。洋务时期的教育体制与办学实践主要吸纳欧洲的模式，从维新变法、清末新政到民国初年的教育理念与办学实践主要借鉴日本模式，从 20 世纪二三十年代到共和国成立前我国的教育体制与教育活动主要参照美国模式，20 世纪 50 年代新中国的教育管理与教育实践主要学习苏联模式，20 世纪 80 年代以来在全面开放的大背景下我国教育体制与办学活动在自主创新的前提下广泛吸收世界各国的先进经验，从而进入了全面深化教育改革的新时代。总之，中国教育活动史是一部包容特色鲜明的历史。

第五，稳定性。这里的稳定性，主要是指中国古代教育活动。中国是历史悠久的文明古国，漫长的古代社会形成了一种超稳定社会结构。这种社会结构中形成的教育活动自然而然地具有稳定性，其演变极其缓慢，即使有变化，也是一种渐变。有的学校教育活动，譬如官学教学活动，无论中央官学中的国子学和太学，还是地方官学中的府州县学，从汉唐到癸卯学制颁布，其教学内容、学习方式、师生关系等几乎是按照传统模式来运行，其间变化微乎其微；私塾的管理方式与教育活动，塾师的日常生活与教学活动，塾童的学习生活与课余活动等，也是数百年几乎没有变化，始终延续着传统的模式；还有科举选士活动在中国存在将近 1300 年，其间尽管有局部细微的变化，但总体来看是相对稳定的。用法国年鉴学派布罗代尔的"长时段"理论来解释，那就是，这种教育活动与生活方式的演变是一种"缓慢流逝和变动的历史运动"，是一种

"长时段"的运动，这种历史时间是一种"几乎不动的历史时间"。① 只是
到近代以来，这种稳定性才被打破，进入了教育大变革时代。

此外，《中国教育活动通史》是一部具有原创性的大型学术著作，试
图与已经出版的《中国教育制度通史》《中国教育思想通史》形成互补。
全书由中国教育学会教育史分会副会长、华中师范大学教育学院博士生
导师周洪宇教授任总主编，华中师范大学教育学院博士生导师申国昌教
授任副总主编。各卷分工情况：第一卷（先秦），由曲阜师范大学教育科
学学院广少奎教授任分卷主编；第二卷（秦汉魏晋南北朝），由河南大学
教育科学学院赵国权教授任分卷主编；第三卷（隋唐五代），由厦门大学
教育研究院张亚群教授任分卷主编；第四卷（宋辽金元），由湖北大学历
史文化学院郭娅教授任分卷主编；第五卷（明清），由华中师范大学教育
学院申国昌教授任分卷主编；第六卷（晚清），由天津大学教育学院李忠
教授任分卷主编；第七卷（中华民国），由湖北大学教育学院赵厚勰副教
授和宁波大学教师教育学院刘训华副教授任分卷主编；第八卷（中华人
民共和国），由华中师范大学教育学院刘来兵副教授、但昭彬副教授和福
建师范大学教育学院涂怀京副教授任分卷主编。可以说，这部通史是多
学者、多学校、多学科、多团队通力合作的结晶。

本书相关研究内容，得到了国家社会科学基金项目 2013 年教育学一
般项目"教育活动史研究与教育史学科建设"（批准号：BOA130117）、国
家社会科学基金项目 2013 年一般项目"明清时期学校日常生活研究"
（13BZS099）、教育部 2012 年新世纪优秀人才支持计划"明清教育活动史
研究"（NCET-12-0873）、教育部 2012 年人文社会科学规划基金项目"明
代学校师生日常生活研究"（12YJA880096）、国家社会科学基金 2011 年
教育学青年课题"近代社会的学生生活研究"（CAA110102）、中央高校
基本科研业务费专项资金 2011 年科研项目"中国教育活动通史研究"、
中国博士后科学基金面上资助和特别资助项目"中国近现代教育学者群
体的日常生活与学术研究"（编号：2014M560614、2015T80822）等多项

---

① ［法］布罗代尔：《历史与社会科学：长时段》，承中译，载《史学理论》1987 年第 3 期。

课题的资助。本书的出版，也是这些研究课题最终研究成果的展现。

在本书编撰过程中，先后得到了教育史学界田正平教授、丁钢教授、张斌贤教授、刘海峰教授、杜成宪教授、贺国庆教授、单中惠教授、于述胜教授、徐勇教授、黄书光教授等同仁的关心、支持，尤其是田正平教授、熊贤君教授、周采教授、阎广芬教授、谢长法教授、王雷教授等，亲自参加我们的编撰研讨会，并提出了诸多宝贵意见。山东教育出版社的领导与编辑对本书的出版给予全力支持，特别是陆炎总编、蒋伟编审从本书的策划、研讨、统稿到审校付出了艰辛的劳动，先后北上南下七次组织召开了编撰研讨会，不少专家亲临现场指导。"才微易向风尘老，身贱难酬知己恩"，在此我们表示衷心感谢！

本书的编撰与出版，是教育活动史研究团队多年来跨地域、跨学校、跨学科团结协作、配合默契的结果。"欲穷大地三千界，须上高峰八百盘"，尽管我们在编撰过程中在查找资料和撰写方法方面下了不少功夫，然而，由于学养不丰、学力不足、能力有限，再加上是初创之作，疏漏与谬妄之处难免，恳请方家批评指正。

周洪宇

2015 年 8 月

目 录

导　言

　　本书是《中国教育活动通史》八卷本的开篇之卷，主要研究先秦时期我国各个阶段、各类层次、各种形式和各方场景中教育活动的历史。先秦是中华文明的源头，也是中国教育活动从初始、奠基再到初步成型的时期。无论就形式、内容、表现、途径来说，还是就制度设计而言，先秦时期的教育活动都既丰富多彩又独具特色，不仅对后世产生了深远影响，而且使中国成为人类文明"轴心时代"的一方重镇。所以，研究先秦教育活动的意义是毋庸置疑的。有学者明言："相对于其他时段的历史研究来说，先秦史研究在总体上处于一种更加受到人们关注的位置。这主要因为先秦是我国悠久历史文化的源头，中华民族的产生，中华文明的特殊气质，乃至以后中国社会的政治制度、社会结构及文化形态的渊源，都可以追溯到先秦时期。"[1] 这

① 沈长云：《先秦史研究的百年回顾与前瞻》，载《历史研究》2000 年第 4 期。

虽然是针对整个历史学而言的，但对教育活动史研究同样适用。既然中国是人类文明的重要发祥地，那么，由这种文明哺育出来的教育活动必然蕴含着独特的魅力与风采。这种魅力的酝酿与初生，无疑就在先秦；这种风采的首度"出台亮相"与"各擅胜场"，当然也是在先秦。对其表现加以考察与展示，今人责无旁贷；对其意义给予分析与揭示，在文化多元化的今天，尤其在"新轴心时代"（或曰现代轴心时代）即将来临的背景下，则显得更为必要。[①]

然而，要对此做出系统研究谈何容易。例如，就极其漫长的史前时代而言，由于资料极为匮缺，使得相关考察极难措手；即使自殷商以后，我国进入了所谓"信史时代"，但由于传世文献芜杂纷乱且颇多舛错，亦不能不小心翼翼地采择。可以说，先秦是一个传说有余而信史不足的时期，还是一个思想激荡且战乱频仍的时期。在此情形下，教育活动虽然丰富多彩，却也纷繁复杂、波诡云谲，难免让人生出茫然无措之感。或许正因如此，目前各类教育史著作对于商周尤其是史前时代的教育状况或着墨不多，或佐证不足，这就更增加了先秦教育活动史研究的难度。对我们而言，该研究既是一个蕴含深厚、意义隽永的"富矿"，又是一个少人问津、充满荆棘的所在。所以，只能广泛搜寻现有资料，再从人类学、考古学、古地质学等方面寻找证据，并辅以民族学、民俗学的研究成果，以求较为准确地反映这段教育活动历史。

要研究我国早期的教育活动，首先无法回避的就是要回答教育活动的起源问题。在此方面，我们综合分析各种观点，参酌其他学科成果，提出了教育活动起源的"人类示范模仿"说。继而从史前时代的不同分期入手，阐明了早期教育活动由简单到复杂、由个体而集体、由自然而初步伦理化的总体趋势，并在分析神话与传说之实质的基础上，揭示现存的许多神话传说大多可视为早期教育活动的历史回音，只是这些回音多有后人变女为男的臆造之嫌。男子"坐床"与"装产"习俗长期流行，即为这种臆造提供了坚实的佐证。

与其他文明古国一样，中国早期的教育活动也是融入先民生产劳动和日常生活之中的，从而铸就了教育活动的自然性、自在性和自发性。这一时期，火的发明、控制与技术传承，工具制造技能及其传承，采集、狩猎技能及其传承，

---

① 汤一介：《瞩望新轴心时代——在新世纪的哲学思考》，中央编译出版社 2014 年版，第 48—57 页。

农业、畜牧业技能及其传承，等等，构成了先民主要的生产教育活动；婚姻礼俗教育、生活习俗教育、原始艺术教育和原始宗教教育，则是先民主要的生活教育活动。无论哪一类活动，都既为人类生存所必需，亦为人类延续所倚重，其知识、技能和规范都须在长期的实践活动中，通过示范与模仿，才能实现传承和发展。到氏族社会末期，与颇具民主参与实质和社会教化意蕴的"禅让制"相映成趣的是，手工业者的技能传承逐渐走出了"示范模仿"的活动模式，制陶业、制铜业、纺织业都已逐渐独立，专门化、行业化、系统化特征日显，不仅使手工业领域成为一所规模庞大的"实践性学校"，也开了后世手工业者"行规教育"活动的先河。萌芽于社会上层的学校教育活动，则有明堂、成均和虞庠三种传说中的学校。它们与手工业者的活动一起，可并视为此期教育活动的"两璧双星"。

父系氏族社会末期，行之已久的"禅让制"渐臻尾声。启继承王位并发动了翦灭异己的战争，使"公天下"变为"家天下"，国家正式形成，文教政策也就成为教育活动的一大内容。先秦不同时期的文教政策，实质上就是统治者对于人与神、德与武关系不同抉择的结果，或者说，就是对于强调人伦还是尊崇天命、崇尚武力还是注重德教的选择结果，由此使各个朝代表现出不同的特点。综合而言，上古时代的文教政策，除"泛神"崇拜外，还以"五伦"之教为宗旨，突出了以"德"教民的特色。夏代在继承这一传统的同时，一方面对于天命已有所敬畏，另一方面更为注重军事教育，凸显出鲜明的"以武立国"特色。商代虽然也重军事教育，但更重视的是"率民以事神"，宗教教育被置于突出的位置。西周将天命、鬼神等内容敬而远之，文教政策的重心被重新定位在人伦方面，显示出对于上古文教政策的趋近和认同。而到春秋战国时期，由于礼崩乐坏、诸侯异政，文教政策的规范性、统一性受到了极大冲击；加之一些思想比较先进的知识分子敢于突破传统，对天命、鬼神提出质疑，使具有人文精神的理性思想得以出现，因而这一时期的文教政策，也就具有了自身的鲜明特色。从"轴心时代"的角度看，对于春秋战国这一特定时期来说，"百家争鸣"是文教政策弱化的结果，是统治阶层思想控制放松的反映；但对于之后我国漫长的历史而言，却是其文教政策构成要素诞生之渊薮。

随着阶级社会的出现，教育大权为贵族阶层所掌握，教育活动也更多地表现为制度形态的官学活动。当然，非制度形态的教育活动仍然以民风教化和行规教育等形式存在。考察表明，夏、商、西周三代官学教育的发展是相互关联的。概言之，政教合一、官师合一、学在官府，乃是三代官学教育活动的突出特征；就其发展轨迹而言，则表现为学校设置渐成体系、教育内容逐步定型、制度设计日趋完善等三方面。可以说，三代的官学教育活动，为我国古代教育活动的发展既奠定了基础，也开辟了道路，尤其是两级两类的学制设置和分级管理的活动体制，奠定了古代官学制度的基本格局，垂世两千余年，影响堪称深远。

　　春秋战国是我国历史上重要的社会转型期，也是教育活动发展史上的一个关键期。恩格斯曾言，这"是一个需要巨人而且产生了巨人——在思维能力、热情和性格方面，在多才多艺和学识渊博方面的巨人的时代"①。此言所称虽然是欧洲文艺复兴时代，但评述我国春秋战国时代也非常合适。在这 500 余年的时间里，我国文化多元，思想激荡，大师辈出。私学的出现则是此期最令人瞩目的一大现象。虽然孔子之前很可能已有私学，但孔子无疑是私学活动的杰出代表。他以人为本，爱生如子，宽严有度，修己安人，教育成效卓著，人格威望极高。其教学活动的很多场景，如农山论志、陈蔡论道、闲居论礼等等，都已定格为教育活动历史长卷的经典画面；他的各因其材、依情而定、随时而教、因时而论等做法，也已成为我国教育活动的宝贵遗产。至于其师生交流活动、私学管理活动等，也皆灵活多样，特色独具，虽然其中一些思想不合时宜，却具有恒久深邃的历史穿透力，堪称震古烁今，垂范万世。

　　与官学相比，春秋战国时期的私学作为一种全新的教育组织形式，无论活动目标、活动内容、活动对象、活动方式，还是教师构成、经费来源、学生管理、行政管理等，都显示出了异于官学的强大生命力。从"长时段"视角"反其道而用之"来看，私学教育活动的勃兴不仅昭示了我国教育重心的一次大变革，打破了"学在官府""政教合一"的枷锁，而且承担起了官学难以完成的使命，并在以后的历史长河中成为能与官学教育活动分庭抗礼的一支异常活跃的方面军。

---

①《马克思恩格斯选集》第 3 卷，人民出版社 1972 年版，第 445 页。

　　不仅如此，私学教育活动还直接导致了战国时期的百家争鸣，促成了中国文明"轴心时代"的到来。在这一极令后人心仪的时代里，很多以往未曾触及的问题、未曾思考的领域都被学者们提了出来，并进行了精彩激烈的论辩，如人性之辩、义利之辩、天人之辩、名实之辩、王霸之辩等，都成为名噪一时的著名辩题。其他如经与权、心与物、知与行、礼与法、道与器、体与用、虚与实、阴与阳等等，学者们在论辩中也都有所触及。由此既产生了不同的思想，也提供了多种治政理国的构想和方案。从"轴心后时代"的视角看，这些论辩和探讨不仅开阔了人们的学术视野，促进了先秦文化思想的繁荣，更为重要的是，还为后世学术探讨准备了命题，划出了论域，设定了语汇，引领了方向，为之后教育活动的繁荣培植了胚芽，奠定了基础。

　　战国时期诸子竞胜，学派纷呈，是私学教育活动最为繁盛时期。当时既有儒、墨、道、法、阴阳、兵、名等学派，同一学派内部也出现了错综复杂的支派。这些学派都开展了丰富多彩的活动，亦有着极其深刻的思想，在此无法一一备述，仅以道家为例。例如，"道生万物与天地"命题的提出，在中国教育活动史上就极具意义，不仅为该派思想奠定了坚实的哲学基础，而且使我国很早就摆脱了"上帝造人"理念的羁绊，进而使我国后世的宗教活动迥异于西方。又如，道家对于"道"的否定性论说，不仅剔除了许多与"道"无关的"思维杂质"，又给人们自主探索"道是什么"预留了广阔的思维空间，这对后世的文学、艺术、军事等都产生了极为深远的影响。概言之，老子对"道"欲言又止的论说，庄子对"死"豁达深沉的解析，杨朱对"我"不惧人言的维护，以及稷下道家对"无为"思想的推展，等等，皆可视为真正意义的教育活动。由此完全有理由说，战国乃是我国整个教育活动史上值得大书特书的辉煌时期。

　　与百家争鸣活动关系极密的是，战国时期的齐国建起了著名的稷下学宫，从而为各派教育活动提供了必要的条件和舞台。在这所世界最早、规模庞大、待遇优渥、存世甚长的高等学府里，学者们开展了丰富多彩的活动。仅就教育争鸣活动而言，既有不同学派之间的思想论战，也有学派内部的理论交锋；既有同辈学者间的理论探讨，也有稷下先生与游学青年间的对话批评；既有相互尊重、平等相待、据理力争的学术研讨，也有冷嘲热讽、言辞刻薄、咄咄逼人的思想碰撞。由此演绎出稷下学宫生动鲜活的历史图景，展示了颇有特色的活动面貌。考察表明，理论与实践相结合，教学与科研相统一，治学与参政相贯通，可视为稷下学人活动的突出特色。这不仅促进了先秦学术思想的繁荣，而且影响了历代士人的致思方式和处世风格。后世凡有志向的知识分子，大多关心观头问题，以改造社会者自仕，具有深沉的入世取向和悲悯的救世情怀。虽然秦以后的从政环境已远比战国时期严酷，但直言敢谏、笑傲权贵者仍史不绝书。这不能说没有稷下建言活动的影子，也不能说没有稷下学者精神的支持。

人才问题是人类历史上至关重要的问题。作为国家重要事务的人才选拔活动，早在国家形成之初就已开展起来。所选是否得人，标准如何确定，选拔活动怎样开展，不仅关乎政治稳定，对学校、家庭、社会等方面的教育活动等也都深具影响。考察表明，人才选拔活动是在政治、经济、思想等各种因素的共同作用下基于社会需要而产生的，而不是历史的偶然。无论从氏族社会末期的"选贤与能"到商代的"三宅三俊"，还是从西周的里选、贡士与考选到春秋战国时期自荐、他荐与军功入仕，以及"三选法"的正式出台，都足以显示先秦人才选拔活动"三位一体"的演进趋势，即选拔活动思想日趋丰富，活动程序日臻严密，活动范围日益扩大。事实上，先秦时期的人才选拔活动已凸显鲜明的政治意义、重要的文化价值和明确的舆论导向，对以后人才选拔活动深具影响。

家庭（宫廷）教育活动也是教育活动的重要组成部分。先秦是我国家庭教育活动的起源期。相比一般意义上的教育活动，家庭教育活动起步要晚很多，但无疑要早于学校教育。从氏族社会开始直到春秋战国时期，家庭始终是教育活动最重要的场域之一。我国家教活动的萌芽，是以"家业世传"为主要形式的。家传的内容固然有为官从政的知识，为人处世的规范，但更多的是日常生产生活的知识和技能。考察表明，家庭教育活动虽然依托各个家庭进行，却也与每个时代的政治、经济、文教政策乃至文风学风等都有密切联系。因此，夏代的注重军事、商代的尊神事鬼、西周的敬德重礼以及春秋战国时期的社会动乱和思想多元化，就不能不反映在家教活动中。这一时期，宫廷教育中的胎教、幼教以及分性别教育等都已为人所重，还出台了保、傅、"备三母"等制度；贵族家庭中的舞乐侑食、卜筮乐教，职官家庭中的畴人世学、官守宿业，手工业者家庭中的工商食官、以职为氏，以及女教活动中的女德母范、男女之别、婚姻礼节、敬事公婆教育等，都是颇有特色的教育活动。姬旦的宫廷教育、孔子的家庭教育、孟母的教子故事等，则可视为先秦重视家教活动的明证，对我国历代亦产生了深远的影响。

众所周知，社会教育乃是国家教育系统的有机组成部分。所以，历代社会教育活动也是中国教育活动史研究的一大内容。先秦是我国社会教育活动史的发轫期，逐步形成了以伦理为核心，以宗教、法制、礼仪等相杂糅的时代特色。具体而言，在风俗教育方面，先秦时期尚未出现专论风俗的文献，有关习俗的论述散见于诸种典籍中，较重要的有《周易》《穆天子传》《诗经》《仪礼》等。这些典籍都或多或少地记载了先秦的风俗教育活动，如民歌、神话、信仰、民间医药、民俗事象等等。尤须一提的是《周礼》《礼记》和《山海经》，对各地风俗记载数量既多，内容也细，既为今天了解先秦风俗提供了参考，也为当时的风俗教育活动提供了一定的文本依托。在宗教教育方面，上古时期表现为多元崇拜，夏代变为由泛神到多神，商周时代则由天人贯通逐渐走向敬天重人，显示从二元并举到一元融合的趋势。此外，在传艺授徒、法制教育、礼仪教育等方面，先秦时期的很多活动颇可圈点。从《考工记》中足可发现，先秦手工技艺已达到了相当高的水准，可谓门类齐全、水平精湛，为教育活动的历史画卷增添了绚丽迷人的色彩，值得后人记取和追怀。

除以上活动外，少数民族教育及其交流活动也颇值得关注。先秦时期，各少数民族在发展过程中逐渐形成了具有自身特色的文化。这些文化渗透到成员的生产、生活、社交等活动之中，又通过族人的代际相传得以绵延，由此形成了各具特色的教育活动。既然各具特色，就有可能产生族际交流；各少数民族或彼此之间、或与中原地区之间比邻而居，则使这种可能变为现实。事实上，无论战争、联姻，还是朝贡、商贸，都会直接导致人员往来、物质交换和文化交流，从而使教育的族际交流活动成为常态。考察表明，一方面，族际交流不仅仅表现为各少数民族向中原地区学习，相反的情况也有很多；另一方面，通过族际交流，各民族间的界限日益被打破，民族播迁的范围日益扩大，民族融合的趋势日益加深。从一定意义上说，一部先秦教育活动史，就是一部各民族自身教育活动及其相互交流和交往的历史。

以上所述即为本书研究的主要内容。概言之，先秦不仅是中国教育活动史的发轫期，更是整个教育活动发展史上最重要的时期之一。完全可以说，教育活动的基本领域、基本模式及基本问题，先秦时期都已有奠基、有展开、有触及。例如，文教政策何以制定，学校教育活动如何管理，活动内容如何确定，人才选拔活动如何进行，家庭教育活动、社会教育活动如何开展，在先秦时期都已打定了"底色"，圈定了论域，提供了鉴照。如果将审视时距后延百年、数百年乃至上千年，便不难发现，先秦时期丰富多彩的教育活动，其影响可谓既深且远。

本书是研究年代久远、湮没难知的先秦教育活动的断代史著作，竟然写出了洋洋 70 万字的篇幅，这是本人始料未及的。从 2009 年开始构思书稿，搜集材料，组织团队，迄今已五年有余。五年来，本书像一块重石压在心头，时常让本人食不甘味，夜难成寝，深恐有负全书总主编、本人受业恩师周洪宇教授寄寓本书成为全书"虎头"之厚望，亦恐本书拖累了整套书卷的如期出版；既恐愧对花费极大心血且屡屡不忍却无奈而催稿的申国昌教授，也担心无颜面见参加全书研究的其他同仁。对本人而言，编写本书是一个前所未有的巨大"工程"，是一个筚路蓝缕、创榛辟莽的事业，是一个殚精竭虑、全力以赴的课题，也是一个"痛并快乐"的历程。其间，本人学到很多，了解很多，思考很多，也感悟很多。于此，将五年来的劳作成果奉上，以供贤达批评。

必须说明的是，本书绝非本人的一己成果，五年来参与者甚多，且变动颇大。现将提供初稿的人员名单列出，以表达对他们劳动的尊重和谢意。他们是：刘京京（第一章），陈祥龙、张蕾、彭冉（第二章），郭泽霞、郑玲玲、杨超（第三章），任炜华（第五章），刘京京（第六章），郑玲玲（第七章），陈祥龙、陈斐（第八章），范震、任炜华（第九章），宋彤（第十章），于芳芳、杨丽亚、彭冉帮助整理了部分参考文献。除以上人员外，姜丽静、展瑞祥参与了本书的最初框架设计；姜丽静提供了第一章的草稿；韩锋（曲阜师范大学历史文化学院）提供了第二章的草稿。曲阜师范大学图书馆孔祥爱硕士、山东泗水实验小学孙玲老师亦提供了很多资料，且参与了部分书稿撰写和整理工作。以上人员大多是本人在校和已毕业的研究生。所以，除于此列出诸位的工作外，且在本书著者中以"广少奎等著"的形式标明，以对他们的贡献再次表示尊重。

更应说明的是，本书的所有内容都是由本人最终写就的。由于参与本书前期工作者甚多，且有些章节经多人之手，因而初稿极为凌乱，不通、不明乃至错讹之处极多，文风亦不一致，这给最终成稿带来困难。所以，本书绝大部分内容乃是推倒重写的。将不足20万字的初稿修改、扩充至70余万字，且每条资料都须认真查找核对，工作量之大不言而喻。数年来，尽管本人推掉一切社会和社交事务，"偃旗息鼓"地全力写作，但由于本书涉猎太广、头绪过多，其中定有不少错谬。这些问题，自然须由本人负全责。

尤须一提的是，河南省教科所高培华教授对本书贡献颇多，不仅与本人曾就书稿提纲多次进行过邮件交流，且出席前期数次讨论会。本书参阅了高教授的大作，且引用了部分内容。由于种种原因，高教授未能实际参与撰写，可谓憾事。于此，谨对高教授的贡献表示崇高的敬意！

本书得到了浙江大学田正平教授，华东师范大学杜成宪教授，深圳大学熊贤君教授，南京师范大学周采教授，曲阜师范大学张良才教授、杨昭宁教授、胡钦晓教授等师长和同仁的关心与支持，也承蒙一处办公的曲阜师范大学井维华教授、张怀春教授的宽容和谅解。山东教育出版社蒋伟编审为本书的编辑与出版付出了辛勤的劳动。谨向以上人员深致谢忱！

需要特别说明的是，本书参考和引用了有关学者的研究成果，对所引用的材料尽量注明出处。然百密难免一疏，如有遗漏之处，敬请谅解。

广少奎

2015 年 3 月于曲阜师范大学拾遗书斋

第一章
中国早期的教育活动

　　在中国这片辽阔的土地上，很早就有了人类的存在和活动。人类面临大自然的严酷考验，只有依靠集体力量和技能传承才能存活下来，由此产生了人与人之间的联系，也产生了教育活动。所谓早期教育活动，是指夏代之前尤其是学校出现之前的教育活动，也即我国数百万年之间以生产与生活技能为主要内容、以示范与模仿为基本形式的非制度形态的活动。此期教育活动虽然没有确切文字记载，但其状况可以从考古实物中推测，从古人类学、民俗学、民族学资料中重塑，也可以借助后世的神话、传说与故事给予一定反映。

第一节　教育起源及活动概述

人类历史从哪里开始，教育活动就从哪里开始，正所谓"有人斯可教，有教斯可学，自开辟则既然矣"①。生动的祖先崇拜、英雄传说和神话创世记载，为我们描绘早期教育活动的场景提供了珍贵的素材；大量考古实物以及丰富的民族学、民俗学资料，也为我们重描早期教育活动的历史镜像提供了基本可能，更足证中国教育活动之早绝不亚于世界其他地方。

一、光明来自东方，东方应重中国

"光明来自东方"，这是一句既有常识意义又富含哲理的经典判断，也是人们耳熟能详的光辉命题。它从考古的角度、比较的视野，用诗意的语言揭示了东方世界对于人类文化的历史贡献。这一命题原是捷克考古学家、古文字学家赫罗兹尼（Bedrich Hrozny）在研究了出土文物和各种文字之后，在其著作《西亚细亚、印度和克里特上古史》中得出的结论，经我国教育史学家任钟印教授深度阐发后，在教育史学界广为人知。二十多年前，任教授在为《中国教育发展史》所作的"序"中，就已用丰富的史料、精准的语言，从中外教育史比较的视野论述了这一命题。② 之后，在《中外教育比较史纲》（古代卷）中，又以一章六节约三万字的篇幅，从世界最早的文字的产生、学校的产生、书籍的产生、伟大教育家的出现等方面，对这一命题进行了全面、深入、细致的论证，从而使之不仅富含诗意与哲理，更具有了坚实的学术依据。③

显然，"光明来自东方"这一论断，是学者们对东西方历史文化系统比较的结果；"东方"并非仅指或特指中国与东亚，而是包括两河流域、古代埃及、古

---

① 《文献通考·学校考》。
② 参见喻本伐、熊贤君：《中国教育发展史》"序"，华中师范大学出版社 1991 年版。
③ 参见张瑞璠、王承绪主编：《中外教育比较史纲》（古代卷），山东教育出版社 1997 年版，第1—37 页。

代印度等更为广阔的"东方"。大量确凿证据表明，至少在公元前 3000 年以前，古代苏美尔人、埃及人、印度人都已创造出语言和文字，从对偶婚制家庭发展到一夫一妻制（亦称专偶制）家庭，并且积累了丰富的生产知识、生存技能和各种社会生活规范，产生了系统的宗教观念，出现了学校，创造出丰富的音乐、舞蹈、绘画等艺术成就。就是说，当整个西方世界还"沉睡"在原始蛮荒之时，世界东方各古老民族的文化教育就已高度发达、光芒四射了。

　　相比两河流域、古埃及和古代印度，中国文明之光的到来虽然不都是最早的，但也绝不算晚。例如，就文字而言，如果说现已确证的殷墟文字（甲骨文）已达到较为成熟的程度，那么，这绝不会是偶然形成的，之前必有一个较长时间的演化过程。郭沫若在分析了半坡遗址出土的彩陶和黑陶后认为，上面的刻画符号就是中国最早的文字，距今已 6000 余年。他断言："可以肯定地说这就是中国文字的起源，或者中国原始文字的孑遗。""彩陶和黑陶上的刻画符号应该就是汉字的原始阶段。"[①] 关于这些符号是否可以视为中国成熟汉字的前身这一问题，目前学界还有不同看法。如能证明二者之间的流变过程，那么，就比苏美尔文字、埃及文字出现至少早 500 余年。2003 年，河南省舞阳县贾湖遗址发掘的主持者张居中撰文论定，遗址中发现的甲骨契刻符号距今 8000 余年，是新石器时代早期的产物。他分析说，尽管这些刻符大多只是单字，但已具备了构成文字所需的形、音、义的基本条件，应视为殷商甲骨文出现之前的文字。[②] 若此说成立，中国文字之起源就可大大推前。再如，我国考古专家历经近十八个月的发掘，在浙江良渚遗址区内发现了规制完整的"中华第一城"——良渚古城，其文化距今 5000 年左右，是人类文明时代最早的文化遗存之一。另如，根据先贤追记和后世学者的研究，我国学校最初萌芽于虞夏之际，距今已 4000 余年。这虽比两河流域和古代埃及的学

图 1-1　山东大汶口文化的象形文字

---

① 郭沫若：《古代汉字之辩证发展》，载《考古学报》1972 年第 1 期。
② 张居中：《贾湖刻画符号的发现与汉字的起源》，载《中国文物报》2003 年 12 月 5 日第 7 版。

校出现得稍晚，但也属于人类早期教育活动的范畴。此外，与其他文明古国相似，中国也涌现出人类最早的一批部落首领、英雄人物，并且有大量的文献记载和神话传说，还产生了世界最早的政治家、思想家，以及人类历史上最伟大的哲学家、教育家。

总之，相比世界其他古文明区域，中国进入文明时代并不晚，这已被考古学和历史文献的大量证据所证明。所以，"光明来自东方"这一论断不仅适用于世界东方其他文明区域，也同样适用于中国；换言之，中国对于人类早期文明做出了重要贡献。因此，研究中国早期教育活动，既要有信心，更要有责任感，进而对这一贡献进行揭示和阐述。

二、历史还原的局限性与可能性

我国早期教育活动状况如何还原是一个极具挑战性的难题。在此方面，考古学可为我们提供极大帮助。考古学是通过发掘、调查古代的遗迹和遗物来研究人类生活样态的一门科学。与依托记载传说以及"地上"与"地下"相参验进行研究不同，考古学家通过人类的遗存实物对历史进行研究，能够有效弥补文字史料的不足。中国早期的教育活动罕有确切文字记载，因而特别需要考古学材料的帮助，才有可能推测出教育活动的内容、途径和手段。例如，通过大汶口文化墓葬所发现的"牙齿拔除者"的骨龄测定，可以推测出被拔掉部分牙齿的氏族成员，一般表示其已经获得婚姻资格，同时也是"成丁"的表征。又如，东胡族自从见诸历史记载直到被匈奴冒顿单于所灭时，一直是比较强大的。从出土的大批青铜器来看，其青铜铸造业已相当发达。青铜器冶铸工序繁多，一般要经过采矿、碎矿、冶炼、合金、制模、浇铸、修饰等一系列工序，需要具备专门的技术和知识。如果没有相应的教育活动，这些技术将难以传承。再如，莺歌岭文化遗址中发掘的陶器残片和制品，充分反映出肃慎人在陶器制作技术上的进步。其中，上层文化层中发掘的陶器，从器形、制作手法、陶器纹饰等方面来看，较之下层陶器都有明显的技术改进。在上层文化层中还出土了外形惟妙惟肖的陶猪，堪称艺术珍品。陶器的制作包括选料、定型、装饰和烧制等一系列过程。显然，这些技能不仅需要教授者进行细致、具体的指导，也要求学习者在实践教育过程中进行更多的模仿训练和实践操作。凡此种种，都可弥补文献史料之不足，为反映我国早期教育活动提供帮助。

由此可见，考古学的成果能为教育活动史研究提供极大助益。但毋庸讳言，当下考古学界也存在一些缺憾，突出表现为重技术轻理论、重实物轻阐释，其直接的结果是，近些年来尽管出土文物骤增，遗址多有发现，但并未给古史重建、年代断定等"老大难"问题带来预期的答案。有学者指出，其原因"很大程度上应归咎于我国学界只把考古看作是掘地技术，是历史学的附庸，而不是一门独立提炼信息的学科"①。毫无疑问，如果仅仅把考古作为"掘地技术"，而不是将其转化、提取为有意义的社会历史信息，中国的远古和上古史仍将是一片迷茫。此即考古学研究面临的最大瓶颈，也是考古学的局限所在。

有鉴于此，教育活动史研究借用考古资料时，须注意从教育视角进行信息解读，以尽力还原当时教育活动之场景，此即所谓"考古阐释"，也就是对考古材料所包含的人类学信息、行为学内涵和社会历史意义做出充分和可能的解释。由此一来，虽然由于依托考古实物而使阐释具有相当的客观性，却很可能又会流于主观性，从而陷入"越过材料去说"的境地。因此，有学者指出："考古阐释的主观色彩往往相当浓厚，这是因为，考古学家研究的是一种'异己'的社会；今天考古学家在用自己文化背景知识认识这种'异己'社会时，到底能释读到何种程度难以评判。而且，考古学家对古代社会的阐释永远是他自己所处立场的一种反映，难免渗透了考古学家自身的价值观念。"② 同样，教育活动史研究借助考古资料时，其阐释也会带有一定的主观色彩，需要在释读方面慎重处置，把握分寸。

除借重考古实物和资料外，教育活动史研究还应借鉴人类学、民俗学、民族学的成果，甚至应将神话与传说纳入采借范围，只是需要审慎使用和分析而已。人类学是从生物和文化的角度对人类进行研究的学科群，不仅能有效弥补考古学重实物轻阐释的缺憾，还能为还原早期教育活动的历史实境提供珍贵的"真样本"与"活化石"，因之亦成为本书研究的重要辅助资料。

民俗学作为研究民间风俗、生活习惯等现象的一门社会科学，举凡日常生活中衣、食、住、行、育、乐以及民众的思想、行为、仪节等，都是民俗学着

---

① 陈淳：《疑古、考古与古史重建》，载《文史哲》2006 年第 6 期。
② 陈洪波：《考古学阐释背后的社会思潮》，载《博物馆研究》2006 年第 1 期。

力探讨的主题。民族学则是以民族为研究对象的学科。它把民族这一族体作为整体进行考察，研究民族的起源、发展以及消亡的过程，探析其中的经济生活、政治活动和社会教化等。这两大学科虽然真正问世的时间都不甚长，但在我国都有较为悠久的历史，也有比较丰厚的文献成果，《山海经》《淮南子》《风俗通》《太平御览》《周礼》《史记》和《汉书》等，就是此方面的代表作品。这些文献是我们考察教育活动的重要资料来源，在本书各章几乎都有体现。

总之，尽管我国早期的教育活动云遮雾绕，尽管三代（夏商周）教育活动的史料记载亦有不少虚妄之处，但在我们看来，只要多方采借资料，相互参验，互为补充，就有望弥补局限和不足，为还原先秦教育活动状况与景象提供可能。正如学者所指出的：

> 人类社会存在了数百万年，而文字的历史不到一万年。人类文明史在整个人类历史中不过是短暂的一瞬。同样，有文字记载的教育思想的历史不过是全部教育思想史中简短的一个篇章。对于漫长的历史时期中没有文字记载的教育思想，我们可以通过当时的教育活动、教育习俗、传统、教育制度乃至神话传说去研究，以重现教育思想发展第一阶段的原貌，补写那一段无文字记载的教育思想史。①

此处所论虽然是针对教育思想史研究而言的，但在我们看来，这对研究我国早期教育活动的历史同样有效。

三、教育活动起源假说

要探讨早期教育活动，就必须回答教育活动的起源问题，这就不能不涉及教育起源问题了。众所周知，人们对于教育起源问题的探讨已有百余年历史。19 世纪末，法国的利托尔诺（C. Letourneau）首开此问题探讨之先河。他用大量观察事实证明，动物界广泛存在将"知识""技巧"传递给幼小动物的现象，由此认为教育源于生存、竞争之类的"生物本能"。② 英国学者沛西·能（T. Percy Nunn）也持相似的观点，认为"教育从它的起源来说，是一个生物学的过

---

① 吴式颖、任钟印主编：《外国教育思想通史》（第一卷），湖南教育出版社 2002 年版，第 3—4 页。
② ［俄］巴拉诺夫等编，李子卓等译：《教育学》，人民教育出版社 1979 年版，第 10 页。

程……甚至在高等动物中也有低级形式的教育"①。20 世纪初，美国学者孟禄
(P. Monroe) 则认为，教育起源于儿童对成人的无意识模仿，当这种"无意识
模仿"变为"有意识过程"时，真正的教育也就产生了，此即教育起源的"模
仿说"。②

在我国，杨贤江对此类问题也有过探讨。他说："自有人生，便有教育。因
为自有人生，便有实际生活的需要。不过人生的需要，随时随地有不同；教育
的资料与方法也跟着需要有变迁。这种变迁的根源，就存在于社会的经济构造
的转易。教育的发生就植根于当时当地的人民实际生活的需要；它是帮助人营
社会生活的一种手段。"③ 上述观点可概括为教育起源的"人生说"与"生活需
要说"。

20 世纪 50 年代以后，受苏联影响，我国教育理论界长期坚守"教育起源于
劳动"的观点。这一观点是从恩格斯"劳动创造了人本身"的著名论断推导出
来的。在《劳动在从猿到人的转变中的作用》和《家庭、私有制和国家的起源》
这些论著中，恩格斯详细论述了人类的起源、人与动物的区别以及人类史前时
代的状况。④ 在恩格斯看来，人类的进化是从数千万年前"攀树的猿群"开始
的。由于气候变化和生存环境的影响，古猿的活动场域由树上越来越多地转到
地面，并且逐渐摆脱了用手帮助行走的习惯，学会了直立行走，从而"完成了
从猿转变到人的具有决定意义的一步"；进而，又用解放出来的双手学会了制造
和使用简单工具，从而具有了与其他动物根本不同的活动——劳动。对于"人
猿相揖别"时的状况，恩格斯指出："一句话，动物仅仅利用外部自然界，单纯
地以自己的存在来使自然界改变；而人则通过他所做出的改变来使自然界为自

---

① ［英］沛西·能著，王承绪译：《教育原理》，人民教育出版社 1992 年版，第 38 页。
② 夏之莲主编：《外国教育发展史料选粹》（上），北京师范大学出版社 1999 年版，第 4 页。
③ 杨贤江：《杨贤江教育文集》，教育科学出版社 1982 年版，第 413—414 页。
④ 需要说明的是，恩格斯上述论著是基于摩尔根《古代社会》一书及马克思为该书所作的摘录
和批语而撰成的，是对摩尔根研究成果的新阐释。《古代社会》的出版引起了人们广泛关注，马克
思、恩格斯对此都给予了极高的评价；但该书也受到了一些批评，质疑之声至今不断。综观这些批
评，主要集中于该书不但对于人类的经济生活论述不够，对于人类的两种生产的分梳性阐述不足，
而且由于它是基于对北美易洛魁人的观察而写成的，因而其中的某些论点和假设，如关于原始社会
的分期及起源状况、关于人类婚姻形式和家庭形态的发展等等，也存在能否普遍适用等问题（摩尔
根晚年对此也有觉察）。尽管该书有所缺憾，但它为研究人类早期历史建立的系统仍基本正确，即是
说，该书以及在此基础上恩格斯所写的论著只是在细节方面略有问题。因此，在本书第一章及其他
章节，我们仍然倚重这些原理和系统。

己的目的服务，来支配自然界。这便是人同其他动物的最后的本质的区别，而造成这一区别的还是劳动。"在上述认识基础上，恩格斯阐述了以下著名论断："自然界为劳动提供材料，劳动把材料变为财富。但是劳动还远不止如此。它是整个人类生活的第一个基本条件，而且达到了这样的程度，以致我们在某种意义上不得不说：劳动创造了人本身。"①

从 20 世纪初以来，人类起源一直是科学家极感兴趣的领域。他们通过对古猿头骨化石的分析后认为，早期的猿已经能够直立行走，更接近于"正在形成中的人"。20 世纪 70 年代之后，随着分子生物技术和现代遗传学的广泛运用，人们对人类的演化历程做了新的探讨。如有人认为，古猿转变为人可能源于基因突变、染色体数目的变异、具有不利性状的个体被自然界淘汰、中性变异的遗传漂变等原因。在这种缓慢的演进过程中，自然环境的变化促成了遗传的变异，最初形态的劳动则加速了这种变异。② 可以说，尽管人们不断有新的探讨，但都没有否认劳动在人类演化历程中的重要作用。因此，恩格斯上述论断在今天看来还是经典的。

但是，将恩格斯揭示的人类演变历程与教育起源问题直接等同起来，很难具有逻辑说服力，也缺乏考古学和人类形态学的证据。因此，20 世纪 80 年代后，我国学者对苏联的这一观点展开了热烈辨析。例如，孔智华指出，从恩格斯"劳动创造了人本身"的论断中推导出"教育起源于劳动"的逻辑结论，是把马克思主义简单化和庸俗化了。他认为，既然探讨起源问题，就必须向前追溯，因此，教育起源于人类教育的前身，即起源于古猿的教育。③ 任钟印教授著文指出，恩格斯所说的创造了"人"的"劳动"是指"正在形成中的人"利用天然工具进行的简单劳动，是不完全意义上的"劳动"；而米丁斯基所说是指已经形成的人使用人造工具所从事的劳动。这是两种不同性质的"劳动"，所以米丁斯基的论断和恩格斯的原则并不相干。④ 有学者进而认为，教育及其起源问题的论析应分两个层次：一是作为独立形态的教育，起源于"劳动过程中的原始

---

① 《马克思恩格斯选集》第 3 卷，人民出版社 1995 年版，第 508—510 页。
② 参见张斌贤主编：《外国教育史》，教育科学出版社 2008 年版，第 5 页。
③ 孔智华：《人类教育并非起源于劳动》，载《华东师范大学学报》（教育科学版）1984 年第 4 期。
④ 任钟印：《略论教育的起源》，载《江汉大学学报》1991 年第 3 期。

训练";二是融化在劳动中的教育成分,起源于"以劳动为基础的社会生活"。无论是哪一种,"离开劳动发展史,既难以解释教育的发展,更没有指望揭开教育起源的奥秘"①。此外,还有学者从"起源"的词源学、发生学等意义入手,认为教育起源于人的生理本能和心理需要,进而提出"本能说"和"需要说";亦有学者循此线索,发展出"双重需要说""多重需要说"等等。② 针对上述状况,有学者总结指出,教育起源所涉及的问题,"实质是教育的产生、发展的动力问题,是教育的社会职能问题,是对教育的概念进行科学抽象的起点问题"③。换言之,这已涉及教育"是什么""为什么""怎么样"等问题,远远超出了教育起源本身的论域。

由此可见,自 20 世纪 80 年代以来,我国教育理论界曾就教育起源问题进行过热烈的探讨,争论数年未有定论,之后"热度"骤减。之所以如此,不仅仅因为论述的含义、角度各有不同,更因为这涉及更为广泛而复杂的问题,诸如何为"教育"、何为"学习"、何为"起源"、何为"产生"等。诸如此类问题,实质上又关涉教育的本质、结构、属性问题,关联对于"教育"一词是从哲学意义或历史层面去解析,还是从实然表现或应然构成来理解,以及对于"起源"或"源起"是从语义学、发生学去把握,还是从形态、构成等方面去解读。由此使教育起源成为一个典型的"不说还明白,越说越糊涂"的问题,以至于今天已罕有人再费力论析。

应该肯定,以上诸说对于探析教育活动的起源问题都颇有助益,但同时也应指出,这些说法或不够正确,或有欠全面,或失之简单。具体而言,第一,无论动物界有多少种类、多么精细、何等"聪慧"的试误、模仿、练习之类的行为,都算不上真正意义的学习,至多是种"准学习"现象。教育乃人类所独有,这是必须坚持的最基本论断,舍此即无以谈教育。因而,教育起源的"生物本能说""古猿教育说""人类前身说"都是虚妄不实的。第二,任何一种活动或行为,无论起源的动因、条件还是背景,都只是为这种行为的产生提供前

---

① 陈桂生:《也谈人类教育的起源问题》,载《华东师范大学学报》(教育科学版)1986 年第 2 期。

② 参见孙培青主编:《中国教育史》(第三版),华东师范大学出版社 2009 年版,第 2—3 页。

③ 孙喜亭:《教育学问题研究概述》,天津教育出版社 1989 年版,第 96 页。

提、基础与可能，而绝不等于行为本身，不管这种动因是源于自身层面（人生生活、生理本能或心理需要）还是来自社会层面（社会生活或经济结构的变化）。因而，教育起源的"人生说""社会生活说""双重需要说""多重需要说"也均不正确。第三，教育既是有经验者对他人的言传身教，也是经验不足者对别人的学习借鉴，是二者的合一、综合或联合体。所以，上述"模仿说""学习说""原始训练说"也不够全面，至多是"学"或"教"单方面的起源。第四，"劳动起源说"逻辑不够严谨，论据也不充分，因为它既犯了外延扩大的毛病，更严重忽视了"以致我们在某种意义上不得不说"这句深具保留意蕴的前置性状语，是对马克思主义理论的简单移植。

教育起源尚且如此复杂，教育活动的起源问题就更难说清了，因为这还涉及对"活动"一词（内涵、层次、类型、表现等）作何理解的问题。在此，我们既无能力也无精力做全面探讨，只想在上述基础上着重申明如下几点：第一，既然要探讨某种事物的起源，那么，所谓"起源"就应包含这种事物最基本的构成要素（即"内核"），即是说，以后的种种表现无非是此类要素的丰富和扩充，而不是对"起源期"事物内核的本质性背离。正如要探讨生命的起源，其起始状态一定是基本生命存在，哪怕是最简单的生命形式，而绝不能是生命之前的某种状态或某些物质。第二，既然探讨的是生命体的活动，那么，即便在其起源阶段或起始状态时，也都应表现为外显的、可观察的行为，而不是内隐的意图或内在的动力与压力，也就是说，生命活动的起源表征绝不能是"需要""动因"之类的内在因素，而应是其外在的显现和形态。第三，既然探讨的是教育这一活动的起源，而众所周知，教育活动乃是由教与学（最早则表现为示范与模仿）这两大基本要素构成的，那么，唯有这两大要素共同存在时，才可称为教育活动的真正起源。

基于上述，我们认为，就原生态意义而言，第一，教育活动从一开始就是有目的、有意识的行为，是起源于也仅存于人类的，不管此时人类多么幼稚，生存技能多么低下；第二，人类的教育活动不仅包括模仿行为，更应包括示范行为，二者缺一不可；第三，当且仅当这两种行为同时发生时，教育活动才算是正式产生或真正起源。以上三点阐述即为我们的基本观点，可综合简称为教育活动起源的"人类示范模仿说"。就时间而言，教育活动源于人类生活的最早时期（即源于考古年代的旧石器时代之前、地质年代的"新生代"之"第三纪"的"中新世"，或人类学谱系的"正在形成中的人"的时期，距今 300 万—1400 万年）；就生成而论，教育活动源于人类自身生存所面临的各种严酷环境和现实压力；至于教育活动（内容、途径、方法等）日渐丰富，则肇因于人类群体生活的各类需求和发展的某些预想。此即我们对于教育活动起源与相关问题的基本认识，由于罕有考古学方面的有力证据，故而仅能以"假说"称之。[1]

图 1-2　教育活动起源假说图示

众所周知，自然界很多动物都有与生俱来的较成熟的生存技能和技巧，或者这些技能和技巧很快就能被幼小动物"掌握"或"复制"。人类则不然，年幼者必须通过后天的学习才能得以发展。相比其他动物，人类有更长的哺乳期和成长期，这一方面固然是人类"不成熟"的表现，另一方面，却为其后的发展奠定了基础——人类有着更长的学习模仿期。

人类为了自身的繁衍和发展，必须与他人发生不同程度的交流、传递和学习等行为，这便产生了教育活动。这一活动的意义和作用，正如学者所指出的："没有上辈人对下辈人的言传身教，生产经验就不能积累，劳动技术也不能习传；反之，没有下一辈对上辈人的模仿学习，一切从头开始，重复前人做过的发明创造，就谈不上进步与发展。"[2]

此外，马克思在《资本论》中曾有一个生动的比喻，说出了人与其他动物的重大区别。他说："蜘蛛的活动与织工的活动相似，蜜蜂建筑蜂房的本领使人间的许多建筑师感到惭愧。但是，最蹩脚的建筑师从一开始就比最灵巧的蜜蜂

---

[1] 应该说明的是，学界已有与我们非常接近的观点。如任钟印教授就提出教育起源于"人类的童年"，即起源于"正在形成中的人"的时期。他指出："正在形成中的人虽然还不能制造工具，但已经知道利用天然的工具木棒、石块从事简单的劳动。……为了个体生命的维持和群体生命的延续，必须将已积累的原始劳动经验、个体在群体中的相互关系、简单的行为规范传授给下一代，这就需要进行教育。"（吴式颖、任钟印主编：《外国教育思想通史》第一卷，湖南教育出版社 2002 年版，第 5—6 页）

[2] 陶愚川：《中国教育史比较研究》（古代部分），山东教育出版社 1985 年版，第 3 页。

高明的地方，是他在用蜂蜡建筑蜂房以前，已经在自己的头脑中把它建成了。"①
就是说，只有人类才有意识、有理念、有规划，能根据对于客观世界的认识和
自身需要能动地改造世界，使之转化为日益适合人类生存的环境。正是在这些
因素和动力的推动下，教育活动的产生才成为必需，教育活动的发展也才成为
可能。

四、史前人类教育活动概说

活动起源于如上"假说"，从逻辑推理层面而言可能尚称妥当，对于阐述我
国早期的教育活动却带来了极大困难。这是因为，我国真正意义的历史并不算
长，有文字记载的历史则更短；即使从最早使用文字并成为"信史"的商朝算
起，距今也只有约 3500 年。因此，我国早期教育活动的状况很难叙述，也就只
能靠考古学、民族学、民俗学和古人类学等方面的资料给予补充和互证，再辅
以一定的推测与想象。

中国历史究竟有多长，目前尚无统一定论。如果自拥有"二重证据法"证
明业已存在的夏朝算起，距今约有 4200 年；从有着"三皇五帝"的传说时代算
起，约有 4600 年；从盘古、女娲等神话时代算起，距今则有约 5000 年。以上即
为中国传统意义上的历史长度，也是史学家基本认同的时间。就考古学方面来
看，如果从标志着我国文明萌芽的磁山文化时代算起，距今约一万年。无论怎
样的算法，相对于以上论定的教育活动起源于数百万年之前而言，这些时段显
然也都短得不成比例。

为便于阐述早期教育活动状况，在此有必要引入"史前时代"（Prehistoric
Times）的概念。从人类产生到文字出现之间的时期，被史学界称为"史前时
代"。由于世界各地人类发明文字的时间并不相同，因而史前时代没有一个普遍
适用的特定时限。不过，作为一种泛称，它通常指公元前 4000 年以前的时期，
即考古学视野中的"青铜时代"之前。为明确教育活动起源与史前时代各分期
之关系，且为后文叙述方便起见，现综合各方材料，将人类史前时代的各类分
期与地质年代相对照，列表如下。

---

① 《马克思恩格斯全集》第 23 卷，人民出版社 1965 年版，第 202 页。

表 1-1　史前时代各分期与地质学分期对照表

地质学分期	地球初期	太古代	元古代	古生代	中生代	第三纪·古新世	第三纪·始新世	第三纪·渐新世	第三纪·小新世	第三纪·上新世	第四纪·更新世·早	第四纪·更新世·中	第四纪·更新世·晚	第四纪·全新世①	全新世②	全新世③	全新世④	全新世⑤	全新世⑥
考古学分期											旧石器时代·早	旧石器时代·中	旧石器时代·晚	中石器时代	新石器时代	青铜时代（包括红铜时代）·早	青铜时代·中	青铜时代·晚	铁器时代
人类学分期									攀树猿群		正在形成的人	（完全形成的人）猿人	智人	现代人种					
时代划分											蒙昧时代·低级	蒙昧时代·中级	蒙昧时代·高级	野蛮时代·低级		野蛮时代·中级		野蛮时代·高级	
发展阶段划分											原始人群时期			母系氏族时期·氏族的产生与发展		母系氏族时期·氏族繁荣		父系氏族时期·原始社会逐步解体	
婚姻与家庭											族内婚血缘家庭			族外婚普那路亚家庭	对偶婚对偶家庭	对偶婚向一夫一妻过渡		一夫一妻制及家庭	

　　按照地质学分期，第三纪的中新世为 2500 万年之前，上新世则为 1200 万年之前。由此相对照，人类的教育活动乃是在"中新世"晚期逐步产生的。由上表可见，这一时期，人类已从"攀树的猿群"时代走出，进入"正在形成中的人"的时代，或曰进入"蒙昧时代"的低级阶段或"人类的童年"① 时期。这一时期，人与猿的区别越来越明显，人自身的特征越加显现，突出表现为学会了直立行走，并且开始使用最原始的工具采集植物的果实、根茎等作为食物。直

---

① 恩格斯：《家庭、私有制和国家的起源》，人民出版社 1972 年版，第 19 页。

立行走不仅使人解放了双手，从而便于使用工具，还使人类的发声器官发生了重大变化，分音节语逐渐产生，从而给人类的意图表达和相互交流提供了便利。尽管这种表达还极为简单且很不顺畅，但是，"这些正在形成中的人，已经到了彼此间有些什么非说不可的地步了。……而口部的器官也逐渐学会了发出一个个清晰的音节"①。从考古学方面来看，这一时期尚处于旧石器时代之前，人类使用的工具是木棒、石块等天然之物。虽然这些工具还极其简单粗陋，尚未有人类加工的痕迹，但是毫无疑问，能够使用这些工具，也是"正在形成中的人"长期试误和探索的结果，不仅一定程度地扩展了人的自然机能，也是人类向着改变自身迈出的"具有决定意义的一步"；更为重要的是，准确、有效地使用这些工具也需要一定技巧，必须通过示范和模仿才能将技巧传承下去。我们认为，此即人类最初意义上的教育活动。

随着工具使用技巧之类传承活动的逐步推进，人类自身"所作出的改变"越加明显，越来越能"使自然界为自己的目的服务"。由此，"人猿相揖别"的过程渐趋结束，人类进入旧石器时代。旧石器时代是石器时代的初期，距今约在5万年至250万年之间。在这200余万年的演变历程中，人类的食物种类发生了重大变化，由以植物果实为主逐渐变为捕捞鱼类、虾类、贝壳类和其他水栖动物为食，偶尔也能捕猎到一些陆上动物（弓箭之类的复杂工具是人类到中石器时代才发明出来的，从此猎物才成为人类的日常食物之一）。相应地，采集、捕捞和捕猎成为人类的主要活动内容，其中蕴含的知识和技能无疑需要教育活动来传承。需要提及的是，由于工具过于简单，要围捕和猎杀一些比人强壮的动物，必须靠人们集体协作方能完成，这更需要通过教育活动来实现。

在整个旧石器时代，人类虽然还未掌握筑房技术，主要居住在洞穴之中，但已逐渐摆脱了对自然工具的依赖，开始探索更符合人类需要的新工具，创造出初步加工的木棍、石器等工具（未加磨制），并且掌握了使用技术，这就使得教育活动的内容日益多样化了。尤需说明的是，人类在此时代还学会了用火和取火。从天然火的发现和利用，到火种的保存和再利用，再到发明人工取火技术，足可视为人类改造自然和自身的又一重大变革，因为这不仅能御寒取暖、

---

①《马克思恩格斯选集》第3卷，人民出版社1995年版，第511页。

增强团结、吓退野兽，而且能烤熟来自动物的肉类食品，从而易于食物消化，有助于增强体质、发展智力。这一技术当然也需要通过教育活动来传承。

到旧石器时代中期，人类又逐渐产生了模糊的宗教意识，并创制出了简单的丧葬仪式以及相应的音乐、舞蹈和其他艺术形式，"成年礼"（或称"成丁礼""青年礼""加入式"）也在此期产生。之后，至迟到旧石器时代晚期，人类则形成了确定的宗教意识，自然崇拜和图腾崇拜现象也随之产生。与上述进程相伴随，人类的婚姻状况由族内婚逐渐发展到族外婚，家庭形式则由血缘家庭演变为"普那路亚"（Punalua）家庭，氏族组织也开始出现，集体生活变得愈益重要。① 由此，不仅教育活动的内容越加丰富，人类也告别了原始人群时期，进入一个新的发展阶段——氏族社会时期。

以上即为人类史前时代部分时期（即氏族时期之前）教育活动之大概。在这一漫长的历史进程中，教育活动亦经历了深刻的变化，总体趋势是由简单到复杂，由个体到集体，由自然到初步伦理化，表现为教育内容不断丰富，层次趋于多样，集体性与社会性因素逐渐增多，但活动方式基本是示范加模仿，再加上一定的语言辅助。由此可知，一方面，教育活动的确是源于人类示范与模仿两大行为的，起源与发展的动力则来自于人类所面临的环境变化和生存压力；但另一方面，也正是凭借这一活动，人类才能与动物界渐行渐远，不断做出各种尝试和改变，主动地适应周围的一切，由此又推动了教育活动的发展，使人类能够在原有基础上继续改进。因此，教育活动与人类自身的发展是相伴而行、相互推动的。由此也能进一步证明，教育绝不是源于和存在于动物界，而是仅存于人类的一大活动，是推动人类进步的最大因素。

不过，以上所述乃是就史前整个人类而言的。通过对类人骨骸和能够直立行走的人类化石的技术测定，考古学界大多认定，人类最早活动于非洲热带莽原地区（African savannas）。之后，由于自然环境的巨大变化，加之食物来源与种类的日渐多样化，人类才开始向世界其他地区迁徙。相比之下，我国境内的人类活动的时间要晚近一些。对业已发掘的人类遗骨、遗骸化石的碳14放射性测定表明，我国境内的人类活动是从约200万年之前开始的，经历了从早期猿

---

① 关于人类婚姻、家庭演变状况，参见本书第八章相关叙述。

人、晚期猿人再到早期智人和晚期智人的完整演进历程。1985 年，考古学家在湖北巫山县发掘出附有两颗牙齿的人类下颌骨化石，科学测定距今 200 万年以上，这是我国古人类研究的最新证据，将中国境内人类活动的时间大大前移。之前，在云南元谋也发现过人类牙齿的化石，距今约 170 万年，人类学谱系为早期猿人；在陕西蓝田发掘出的猿人头骨化石，距今为 60 万—70 万年，谱系属于晚期猿人。1921 年 8 月，在北京房山周口店附近发现一处遗址，1927 年开始发掘研究。对其中的人类遗骸化石（"北京人"）的测定表明，遗址距今为 50 万年左右，考古学年代为旧石器时代早期。

应该特别提及的是，上述早期遗迹中，研究人员在"北京人"遗址中发现和发掘出的物品最多，堪称考古学领域的世界之最，该遗址也因此被联合国教科文组织列为世界文化遗产。研究者先后发掘出五个比较完整的人类头盖骨化石，还有牙齿、胫骨、下颌骨、肢骨碎片、头骨碎片化石等，分属 40 多个不同年龄、不同性别的个体；此外，还有 100 多种野兽化石和多达四层的灰烬，以及大量的石器、骨器和石片，共 10 万件以上。研究表明，当时的"北京人"过着群聚群婚（族内婚）的生活，已经产生了语言，食物种类多样，已能够制造简单的石器，并且至少懂得了使用火的相关知识，掌握了一定的技能。① 这为阐述我国史前时代的教育活动提供了一定的证据。

五、神话与传说：教育活动的历史回音

虽然古人类学和考古学成就不菲，但用之于我国数百万年的史前时代仍显极其单薄。更何况，在史前的早期遗迹中，除"北京人"遗址较为丰富外，其他发现多为零星的化石类证物，不仅难以透露出教育活动的完整信息，它们本身亦是"沉默的历史"，需要研究者加以研判、推断与想象。所以，要真切、形象地反映我国早期的教育活动，就不能完全依靠这些证物，而必须将史前时代的另一鲜活材料——神话与传说，加以采借和使用。

---

① 人类早期取火之法主要有二：一是钻木取火，二是燧石撞击。前者很难留下考古学证据，后者则需要燧石、黄铁矿石等材料。在"北京人"遗址中未发现燧石等证物，因此，由成层成堆的灰烬和被火烧过的石头、骨头等遗存物来推断，只能证明"北京人"已会用火和保存火种，且表明他们使用的至少是天然火。

　　和人类的其他艺术形式一样，神话与传说本质上也是反映一定社会生活、产生于社会基础之上、作为观念形态而存在的艺术形式，用马克思主义者的话说，是"通过人民的幻想用一种不自觉的艺术方式加工过的自然和社会形式本身"①。远古时期人民创造出的神话传说并非完全是异想天开或虚幻不实的，而是折射出生活中的需要和劳动中的感受，表达了生存与发展的愿望和期求，反映了人类的教育理念和活动意蕴，是史前时代人类教育活动的历史回音。

（一）神话类型及其基本意蕴

　　神话与传说产生于人类生活的早期阶段，东西方皆然。在古希腊，神话传说既包括神的故事，也包括英雄事迹。神的故事主要叙述神的产生、天地开初、人类起源和神的谱系，著名的神祇有宙斯、波塞冬、哈台斯、雅典娜、阿瑞斯等等。他们身上被赋予的不同"神力"，折射出人们对石器时代、血缘家庭、父权社会等史前状况的追思与想象。英雄事迹之著名者，则有特洛伊战争、俄狄浦斯、伊阿宋率众取金羊毛等等。通过这些故事中英雄人物的事迹，反映出人们对于古人勤劳、勇敢的赞美和对集体力量的讴歌以及对于英雄人物的崇敬和钦羡。

　　在古埃及，据说早在天地之初，从水中的莲花里就诞生了"太阳神"阿蒙；他的子女"空气之神"休和"雨水之神"泰芙努特结为夫妇，诞生了"天穹之神"努特和"大地之神"凯布；两者又结合在一起，生育了"丰饶之神"奥西利斯和"生命之神"伊西斯，继而二人也结为夫妻；努特和凯布还生育了塞特和奈芙提斯，他们同样结为夫妇。此外，埃及人还把动物之头安在这些神祇的身上，如太阳神阿蒙有时就用羊头作为象征，养育女神哈索尔顶着牛的脑袋，战争女神塞克美特长着狮子的头，科学之神托特则是白鹤头。毫无疑问，这些神祇和传说乃是人类早期族内婚、血缘家庭等习俗的反映，其形象则是图腾崇拜现象的历史遗存。

　　伟大的文明必有伟大的神话。与世界其他文明古国相似，我国也流传着各种各样的神话传说，有关于人类起源的，也有关于战争和抗争的，还有关于早期自然灾害的。每一个神话都是人类文明发展的标记，每一个传说都有教育活

---

　　①《马克思恩格斯选集》第2卷，人民出版社1995年版，第113页。

动的意蕴。在我国悠久的历史长河中，主要流传着以下几种类型的神话。

1. 创世神话

中国古代的创世神话，以盘古的故事最为著名。盘古是中国古代传说中开天辟地的神。徐整所著之《三五历纪》谓：

> 天地混沌如鸡子，盘古生其中，万八千岁，天地开辟，阳清为天，阴浊为地。盘古在其中，一日九变，神于天，圣于地。天日高一丈，地日厚一丈。盘古日长一丈，如此万八千岁。天数极高，地数极深，盘古极长。后乃有三皇。数起于一，立于三，成于五，盛于七，处于九，故天去地九万里。

这是一则典型的卵生神话。卵生是自然界的一种普遍现象，先民由此设想，宇宙也应该是破壳而生的。宇宙卵生神话对阴阳太极观念有极重要的影响。同时，宇宙生成的人格化、意志化过程也反映出先民对人类自身力量的坚定信念。

盘古不仅分开了天和地，也是自然万物的缔造者。另一则载于《述异记》中的神话则说，盘古死后，呼吸变为风云，声音变为雷霆，两眼变为日月，肢体变为山丘，血液变为江河，皮毛变为草木……这种"垂死化身"的宇宙观，暗喻了人和自然的对应关系。在中国古代，关于宇宙万物的神话还有多种表达形态，如帝俊的妻子羲和生育了十个太阳，另一个妻子常羲生育了十二个月亮，等等。《山海经》中所记录的烛龙之神，其生理行为就直接引发了昼夜、四季等自然现象。这些都表明了先民对宇宙、万物等自然现象力图进行积极探索和解析的思维追求。

2. 始祖神话

与关心宇宙的起源一样，人们对自身的起源也怀有极大兴趣。而有关人类起源的神话传说，则首推女娲的故事。女娲又称女娲氏、娲皇，是中国古代传说中的上古氏族首领，后逐渐成为中国神话中的人类始祖，生活时代约为新石器时代中晚期。

根据神话记载，女娲人首蛇身，法力无边。她是伏羲的妹妹，也是伏羲的妻子，这无疑是史前人类婚姻状况的一种折射。在目前出土的汉代画像石中，常能见到"伏羲鳞身，女娲蛇躯"且二人两尾缠绕的形象，有的则是男捧太阳、女托月亮，或是男执曲尺、女持圆规。最有趣的是山东嘉祥武梁祠中的一幅画像，二神中间还有一个活泼可爱的小孩儿，手拽二人衣袖在空中摇荡，成为兄妹结合、子孙繁盛的形象表征。

女娲的主要功绩为抟土造人和炼石补天。这两大壮举奠定了女娲的历史地位，使之成为民间信仰中的神祇，被作为人类始祖来崇拜。女娲补天，显示出她作为宇宙大神的地位和胸怀万民的情操。《淮南子·览冥训》记载说：

图 1-3　女娲伏羲画像石

> 往古之时，四极废，九州裂。天不兼覆，地不周载。火爁焱而不灭，水浩洋而不息；猛兽食颛民，鸷鸟攫老弱。于是女娲炼五色石以补苍天，断鳌足以立四极，杀黑龙以济冀州，积芦灰以止淫水。苍天补，四极正；淫水涸，冀州平；狡虫死，颛民生；背方州，抱圆天。

女娲经过辛勤的劳动和奋力的拼搏，重整宇宙万物，为人类的生存创造了必要条件。女娲不仅有补天之功，还是人类的创造者。《太平御览》卷78引《风俗通》云：

> 俗说天地开辟，未有人民。女娲抟黄土作人。剧务，力不暇供，乃引绳于絚泥中，举以为人。故富贵者，黄土人也；贫贱凡庸者，絚人也。

这则神话意蕴丰富，不但虚构了人类产生的情形，也试图阐释人类为什么会有社会地位的差别。女娲补天和造人的不朽功绩，既反映了人们对女性延续种族作用的肯定，也是对女性社会地位的认可，塑造了一个神通广大而又辛勤劳作的女性形象。

此外，女娲还为人类建立了婚姻制度，教给男女婚配生子，被后人尊为"皋禖之神"。所谓"仲春之月，令会男女，于其时也，奔者不禁"①，即每年仲春二月在祭祀女娲期间，青年男女可以自由交往，不受礼法干涉。所以，女娲还是传说中的婚姻之神。

---

① 《周礼·禖氏》。

3. 洪水神话

以洪水为主题或背景的神话，在古埃及、古希伯来等民族普遍存在。学界对洪水神话的成因提出过种种解释，如河道决口、气候骤变等。研究者一般认为，历史上曾经有过的洪水灾害是极为惨烈，以至于在人类心灵中留下了无法磨灭的印记，成为一种集体表象，伴随着神话一代代地流传下来，提醒人们对自然威力保持戒惧和敬畏，同时注意自己的行为。

国外的洪水神话大多表现这样一个主题：天帝对人类的堕落甚感失望，因而用洪水对人类加以惩罚；洪水之后人类的再造，则反映出对人们对人性的反省和批判。保留在我国古代文献中的洪水神话，却主要是把洪水看作一种自然灾害，揭示的是与洪水抗争、拯救生民的积极意义，强调人的生存智慧及斗争精神。在这些神话中，最杰出的英雄当数鲧和禹父子。《山海经·海内经》载：

> 洪水滔天。鲧窃帝之息壤，以堙洪水，不待帝命。帝令祝融杀鲧于羽郊。鲧复（腹）生禹，帝乃命禹卒布土以定九州。

鲧为了止住人间水灾，不惜盗窃天帝的息壤（即增长不止的神土），引起天帝的震怒而被杀。他的悲惨遭遇赢得了后人深切的同情和尊敬，如屈原作《离骚》为他鸣不平："鲧婞直以亡身兮，终然夭乎羽之野。"鲧由于志向未竟，死不瞑目，尸体三年未烂，终于破腹生禹，新一代的治水英雄由此诞生。

禹继承鲧的遗志，开始也是采取"堙"的方法，但仍难以遏止汹涌的洪水，于是改用疏导的方法。为疏通水路，禹到处奔波，去寻找泄洪的所在。《吕氏春秋》载，他向东走到海边，向南走到羽人裸民之乡，向西走到三危之国，向北走到犬戎国，到处考察河道、

图1-4 "大禹治水"浮雕

地形。祸害人间的洪水终于被大禹制服，同时也诞生了一个为民除害又充满智慧的史前英雄形象。大禹治水的故事，集中反映了先民在生存斗争中所积累的经验，也表现出人类在自然灾害面前大无畏的英勇气概。

4. 战争神话

战争是任何民族在其发展过程中都无法回避的重大主题，我国亦然。在我国史前神话中，战争神话占有很大的分量，最著名的则是炎黄之战与大战蚩尤

的故事。黄帝和炎帝是中原两个大部族的首领，在各自发展与扩张的过程中发生了严重的冲突，即所谓"二帝用师以相济（挤）也，异德之故也。异姓则异德，异德则异类"。《史记·五帝本纪》说：

> 炎帝欲侵陵诸侯，诸侯咸归轩辕。轩辕乃修德振兵，治五气，艺五种，抚万民，度四方，教熊、罴、貔、貅、䝙、虎，以与炎帝战于阪泉之野。三战，然后得其志。

这则神话实际上是对一次历史事件的记录和解释，其中所言"修德""抚万民"等，明显是后世儒者的附会，但黄帝和炎帝在阪泉（今河北省怀来县）之野确实发生过惨烈的战争。黄帝居然能驱使熊、罴等猛兽参加战斗，为这次战争增添了神奇超俗的色彩。这些猛兽很可能是隶属于黄帝的某些部落的图腾，表明很多部落跟随着黄帝参加了战斗。阪泉之战以黄帝的胜利而告终。由于两个部落有血缘亲属关系，黄帝没有屠杀炎帝部落，而是与他们结成部落联盟。炎黄部落联盟经过长期的发展，形成后来华夏族的雏形。

炎黄两大部族融合后，又与九黎首领蚩尤爆发了激烈的战争。九黎即九夷，属东夷族，是在今山东曲阜及周边地区发展起来的。之后，蚩尤率部落联盟西进豫东，进攻炎帝所部。蚩尤拥有 9 个部落，81 族，势力庞大。他兽身人语，如同妖魔（可能出自炎黄部落的故意丑化）。据说蚩尤已经能够制造兵杖、刀、戟、大弩等兵器，这与父系氏族时期我国冶金术的发展程度是相符的。此外，蚩尤还有许多铜头铁额的兄弟，可能暗示其军队已经装备了金属盔甲，兵力相当强悍。在此情形下，炎帝部落节节败退，居地尽失。蚩尤紧追不舍，炎帝只好向黄帝寻求援助。黄帝于是率部迎击，与蚩尤在涿鹿展开激战。《山海经·大荒北经》云：

> 蚩尤作兵伐黄帝。黄帝乃令应龙攻之冀州之野。应龙蓄水，蚩尤请风伯、雨师纵大风雨。黄帝乃下天女曰魃，雨止，遂杀蚩尤。

在上述战斗中，双方使用了金属兵器，还请来了风伯、雨师助阵，连旱、雾等自然现象也成了相互进攻的利器。这不仅可以看出祈雨、止雨等巫术对人类早期活动的重要影响，还提及了史前时代的一些重要的发明创造。因此，战争神话不仅是我国史前表象的一种反映，还是我们窥探人类古代生存状况的一个窗口。

5. 发明创造神话

黄帝因屡战屡胜而确立了其中华民族的始祖形象。出于对黄帝的爱戴，后世把我国的许多史前发明创造，诸如建造屋宇、开凿水井、缝制衣冠、制造舟车、炼石为铜等功劳，都归在了黄帝或其臣子的名下。这样，黄帝又成了一个善于发明的传奇人物。此外，仓颉创文字、伶伦造律吕、大挠作甲子、隶首作算数、容成作调历、臾区占星气等，也都被归于黄帝大臣的"创造序列"；连黄帝的妻子嫘祖也"不甘寂寞"，发明了育蚕、丝织等农业和手工技术。

同样，由于炎帝也被尊为华夏祖先，后人也将一些创造发明算到他的身上，并称他为神农氏。在早期传说中，神农氏和炎帝原本是时代不同的两个人物。神农氏为"三皇"之一，生活的时代远早于炎帝，至少在千年以上。到战国时期，人们将两个人合在一起，称为炎帝神农氏，说"包牺氏没，神农氏作，斫木为耜，揉木为耒"①，炎帝神农还"始尝百草，始有医药"。当然，这些发明也是史前时代集体创造的。

黄帝之后，我国进入了英雄传说的时代。人们把征服自然、改造自然的种种伟绩都加在神话英雄的身上，自然之神逐渐被人类自己的神所代替，从而标志着人类主体意识的日益突显。在我国神话传说中，后羿不仅是弓箭的发明者，也是一个神射手。传说死于后羿弓箭之下的骇人妖孽有凿齿、九婴、大风、猰貐、封豨等，这可视为初民狩猎活动的一种历史折射。不过，后羿最辉煌的业绩要数射落九个太阳。据《山海经》的《大荒南经》《大荒东经》等篇记载："羲和者，帝俊之妻，生十日。"这十个太阳住在树上，轮流出现，"一日方至，一日方出"，把大地烤得极其炙热，使人类无法生活。于是羿弯弓搭箭，"仰射十日，中其九日，日中九乌皆死，堕其羽翼，故留其一日也"，人间的秩序得到了恢复。需要一提的是，十个太阳都是天帝俊和天后羲和所生的儿子。所以，要射落九日，不仅需要神技和神力，更需要超人的胆略和气魄。因此，后羿成为集发明与英勇于一身的人物，也成为勤劳、智慧、勇敢的劳动人民的代表。

6. 顽强抗争神话

除以上类型的神话外，还有一些神话显示了人类不屈的个性、悲怆的勇气

---

① 《周易·系辞下》。

和对自身不可动摇的信念。《山海经·海外北经》曰：

> 夸父与日逐走，入日。渴欲得饮，饮于河渭；河渭不足，北饮大泽。
> 未至，道渴而死。弃其杖，化为邓林。

夸父为何不自量力，非要与落日的速度一较高下，其初衷已不得而知；但他那强烈的自信心，奋力拼搏的勇气，以及他那融入太阳光芒之中的高大形象，构成了一幅气势磅礴的图画，反映出古代先民壮丽的理想和追求。而他渴死道中的结局，弃杖为林的举动，又为整个故事涂上了一层挥之不去的悲情色彩。

另一则与自然抗争的神话故事，发生在一个纤弱的女孩身上。《山海经·北山经》曰：

> 又北二百里，曰发鸠之山，其上多柘木。有鸟焉，其状如乌，文首、白喙、赤足，名曰精卫，其鸣自詨（叫）。是炎帝之少女，名曰女娃。女娃游于东海，溺而不返，故为精卫，常衔西山之木石，以堙于东海。

女娃虽然被东海淹死，却化而为鸟，以弱小的生命、微薄的力量，从西山飞越苍茫大地，衔着小小的树枝、石块来填海，日复一日地向浩瀚的大海复仇。这是何等凄美的画面，又是何等悲壮的传说！正是这种明知徒劳仍要抗争的精神，支持初民走过史前那些险恶、艰难的漫长岁月，迎来了文明的曙光。

（二）神话传说实质简析

中国流传着许多生动鲜活的史前神话和传说。每一类神话都有其意蕴，都从一个侧面、以一种特殊的方式记录了先民的探索足迹、活动历程和精神风貌。那么，对于这些传说应作何解析？其实质又是什么呢？在此方面，德国学者卡西尔（E. Cassirer）有一段较长的话语，深刻阐述了语言、神话、艺术和宗教的本质所在以及人与动物的根本区别。他说：

> 显而易见，对于统辖一切其他有机体生命的生物学规律来说，人类世界并不构成什么例外。然而，在人类世界中我们发现了一个看来是人类生命特殊标志的新特征。……人不再生活在一个单纯的物理宇宙之中，而是生活在一个符号宇宙之中。语言、神话、艺术和宗教则是这个符号宇宙的各部分，它们是织成符号之网的不同丝线，是人类经验的交织之网。……人的符号活动能力（Symbolic activity）进展多少，物理实在似乎也就相应地退却多少。在某种意义上说，人是在不断地与自身打交道而不是在应付

事物本身。他是如此地使自己被包围在语言的形式、艺术的想象、神话的符号以及宗教的仪式之中，以致除非凭借这些人为媒介物的中介，他就不可能看见或认识任何东西。……神话本身并非只是一大堆原始的迷信和粗陋的妄想，它绝不只是乱七八糟的东西，因为它具有一个系统的或概念的形式。但另一方面，又绝不能赋予神话结构以理性的特征。……因此，我们应当把人定义为符号的动物（animal symbolicum）来取代把人定义为理性的动物。只有这样，我们才能指明人的独特之处，也才能理解对人开放的新路——通向文化之路。①

对于以上分析我们相当认同。神话传说乃是史前人类实践活动经验的艺术总结，是劳动智慧的历时性折射，是技能技巧的文化记录，是人类对于自身发展前景的期待与幻想，或者更确切地说，是人类早期教育活动的历史回音。我们认为，在各种各样的神话传说中，至少包含如下几方面的教化意蕴。

首先，透露出先民深重的生存忧患意识。众所周知，中华民族发源于以黄河流域为中心的广大地区。在史前时代，这一地区除不断出现洪水和旱灾外，还分布着很多密林、灌木丛和沼泽地，繁衍着毒蛇猛兽。《山海经》对此多有提及，如"兕""蛊雕""罗罗鸟"等，都是半人半兽或半禽半兽的食人怪物。从对这些怪物的描述中，可以看出先民对生存环境的警惧之心。事实上，在史前时代，尤其在弓箭未曾发明的旧石器时代，人类的生存环境是极其恶劣的。这必然会在先民头脑中留下深刻的历史记忆，并且以神话的形式反映出来，从而教育后代须谨记环境的威胁，竭力去适应环境。

其次，表现出先民可贵的英雄主义气概。我国神话传说在展示人类生存境遇的同时，还塑造了一些可歌可泣的保护神，由此表明，人类在自然界面前绝不是逆来顺受、无所作为的。如上述女娲、后羿的神话和大禹的传说，描绘了人类的恶劣处境，但最终都以胜利告终。与西方奥林匹斯诸神的享乐精神明显不同的是，我国的神性主人公都能正视现实、坚忍不拔，显示出人在自然界面前的庄严与伟大。这对后代树立征服自然的信心具有极大的教化意义。

再次，折射出先民所具有的厚生重德观念。对民众生命的爱护和尊重，是

---

① ［德］卡西尔著，甘阳译：《人论》，上海译文出版社1985年版，第32—33页。

中国文化的一贯精神，所谓"天地之大德曰生"就反映了这种思想。这与西方神话视人类为创造物、附属品、原罪者有明显不同。如前述之大禹、后羿，皆为造福人类且德行敦厚的英雄，而不是颐指气使的人类主宰，这就使传说中的英雄具有了可亲可敬的人格魅力。我国神话还表现出自然和人之间的亲和关系，也包含着一种厚生重德的观念。如日月之神羲和，不但职掌日月出入，调和阴阳风雨，还要"敬授人时"，以利于生产和生活；春神句芒的到来，则使得"生气方盛，阳气发泄，句者毕出，萌者尽达"①，给人类带来了美好的憧憬和期待。凡此种种，都体现出英雄人物浓厚的爱民理念，对于熔铸后代良好的人文情操极具教益。

最后，体现出先民顽强的生存意志和抗争精神。生存环境的艰苦激发了先民不屈的精神，由此孕育出一大批反抗自然、对抗权威的神话英雄。前者如精卫面对难以征服的自然仍以纤弱的生命顽强拼搏，后者如盗取"息壤""息石"的鲧以及"怒触不周山"的共工等。最有名的莫过于《山海经·海外西经》所载的刑天："帝断其首，葬之常羊之山。乃以乳为目，以脐为口，操干戚以舞。"即使断首以死，也要一手擎着盾牌，一手操着板斧，对着天帝大舞不止。这是一种何等的抗争气魄，又是何等的壮烈之举！这类知其不可而为之的顽强性格，通过神话故事的传扬，成为中华民族生生不息的精神源泉，也成为中国历史长河中的巨浪狂飙，风浪既起，远播万里。

总之，的确不能将神话看成"原始的迷信和粗陋的妄想"，更不能看成一堆"乱七八糟的东西"。正如高尔基所言："在原始人的观念中，神并非一种抽象的概念、一种幻想的东西，而是持有某种劳动工具的十分现实的人物。神是某种手艺的能手，是人们的师傅和同行。"② 究其实，神话所反映和体现出来的精神、理念与操守，所树立起来的形象和榜样，以及所蕴含的技能技巧、聪明才智，都足以垂范众民、教谕后代，引发持久而深远的模仿效应。换言之，神话本身就可视为我国早期教育活动的内容与教材，创制神话则有类于一种教化传承活动。

①《礼记·月令》。
②［苏］高尔基著，孟昌、曹葆华、戈宝权译：《论文学》，人民文学出版社1978年版，第99页。

六、变女为男：欺世盗名的历史篡改

值得一提的是，除上述神话和传说外，在《淮南子》《风俗通》《太平御览》以及《周易》《拾遗记》《艺文类聚》等文献中，还记载了我国的很多史前发明创造的故事。与神话传说相似，这些发明创造也被归到了氏族能人身上，也可视为我国史前教育活动的历史折射。

(一) 我国史前发明传说补赘

氏族能人的发明创造故事，被后人描述得绘声绘色、生动形象，有些还颇具背景交代和细节描写，比神话传说的"活动目的"更明，"活动过程"更细，且有更浓厚的"技能传承"的韵味，因而更可归为我国早期"原汁原味"教育活动的范畴。以下从《淮南子》等文献中采撷数例，以为前文之补赘。材料来源不再一一注明。

1. 燧人氏钻木取火

燧人氏又称"燧皇"，为著名的"三皇"之一（史上"三皇"共有八说，较为公认者是伏羲、女娲、神农，或者伏羲、神农、燧人氏，亦称羲皇、炎皇、燧皇），是我国传说中钻木取火技术发明者，其事迹在古籍中有所记载。

图 1-5　燧人氏钻木取火

传说古代有一个国家叫"燧明国"，因为地理位置靠西的缘故，太阳和月亮都照耀不到。燧人氏来到燧明国，在树林中休息，发现四周有光明。他四处寻找光源，发现树上栖息着一些长细爪、黑脊背、白肚皮的大鸟。这些鸟用坚硬的喙去啄树干，在一啄一啄之间发出火光。燧人氏砍掉燧木的枝条，用坚硬的东西钻它，也可以发出火花；然后用产生的火花引燃火绒，生出火来。于是，他采回了很多燧木条，并把这一取火技术教给族人，告诉他们把食物做熟之后食用，可以去除腥膻味和避免疾病。人们跟随燧人氏学会了取火的技术，逐渐改变了茹毛饮血的生活。

2. 有巢氏教民筑房

有巢氏又称大巢氏，是我国传说中巢穴和筑房技术的发明者。也有人认为，

这是掌握此项技术的一个时代或部族的代称。从原始的山洞居住发展到建造巢屋，是人类文明发展的一个新阶段。就整个人类而言，掌握筑房技术大约距今1.5万年，即中石器时代或母系氏族时期。

相传远古时代，人类穴居野外，经常会遭受猛兽虫蛇的攻击。在恶劣环境的逼迫下，部分人开始往北迁徙。但是北方气候寒冷，许多人宁可留在危险的南方，也不愿向北迁徙。聪明的有巢氏看到人们的困境后，就考虑如何解除人们居住的困扰。当他看到鸟儿在树上筑巢之后，从中得到了启发：人类也可以像鸟儿一样筑巢居住，这样就可以避免禽兽的攻击了。于是，他指导人们用树枝和藤条在高大的树干上建造巢房，四壁和屋顶都用树枝遮挡得严严实实，既能挡风避雨，又可防止禽兽的攻击。从此，人们告别了那种担惊受怕的日子。

3. 伏羲氏教人捕鱼

伏羲氏是我国古代传说中的圣贤，著名的"三皇"之一，又称庖（包）牺氏或宓牺氏。《三皇本纪》称他"养牺牲以供庖厨"，即教给人民畜牧驯兽，以供厨房之用。《周易·系辞下传》亦载，庖牺氏"作结绳而为网罟，以佃以渔"。唐代史学家司马贞把这两个记载结合起来，说伏羲"结网罟以教佃渔，故曰宓牺氏；养牺牲以庖厨，故曰庖牺氏"。把教给人民结网打鱼和驯养动物的功劳全归在了伏羲氏身上。

（二）欺世盗名的历史篡改

由前述可知，在我国传统文献中，保存有大量人类史前活动的神话、传说和发明创造的故事。所有这些，一定程度上可视为以生活技能传承为特征、以示范与模仿为形式的教育活动。但是，略加留意，即可发现其中的重大问题。别的姑且不论，仅从人物名称来看，上述故事的主人公大多是男性，而极少提及女性，即便提到，也多附属于男性。应该说，这与历史事实是极不相符的。大量证据表明，早在母

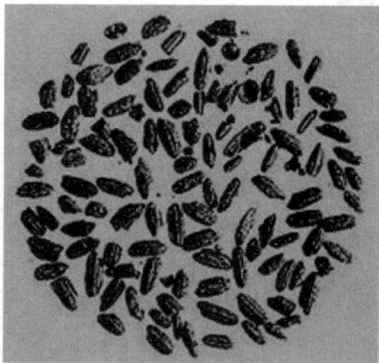

图 1-6　贾湖遗址的碳化稻粒

系氏族时期，我国的生产技术就已相当成熟。例如，1961年，人们在河南省舞阳县贾湖村附近发现一处遗址，考古年代为距今约7800—9000年的新石器时代

前期，属于母系氏族时期。1983—2001 年，考古工作者先后进行了七次发掘，共发现房址、窑穴、陶窑、墓葬、兽坑、壕沟等各种遗迹近千处，以及陶鼎、陶罐、陶壶、陶碗、陶杯、骨镞、骨针、骨锥、骨刀、磨棒、石斧、石镰、石铲、石凿、石刀、石钻、石砧、砧帽、石环、权形器、石磨盘等遗物数千件。此外，还发现有反映农业与种植业起源的碳化稻粒、豆粒、栎果、野菱、野胡桃、野大豆等植物种子，各类鱼、鳖、龟、紫貂、狗獾、豹猫、野猪、梅花鹿、麋鹿等动物骨骼和甲骨契刻符号等等。这些出土文物表明，我国母系氏族时期已有了发达的原始农业、种植业和制陶业，已能驯养动物，且已有了较为成熟的音乐艺术形式和具有文字性质的人类刻符。① 这就雄辩地说明，把农业、畜牧业乃至取火、筑房技术统统归功于男性，不仅严重违背历史事实，而且将女性在史前时代社会发展中的贡献一笔抹杀了。

　　母系氏族是女性叱咤风云的时代。尽管不可能排除男性在种群繁衍、技能传承及氏族事务管理中的作用，但是，这一时代最为活跃的乃是女性，作出重大社会贡献的是女性，"指点江山""当家做主"的更是女性。这正如国外人类学家所考察的那样，在后世尚存的安卫多地氏族中：

　　　　每一个图腾集团中有四个女族长，由各家最年长的女人或女家长选出。这四个女人，选择"萨君"——平时酋长——并与"萨君"共同处理这个图腾集团的事务。安卫多地族包含十一个图腾氏族，氏族会议包含十一个图腾的诸领袖，就是四十四个女人十一个男人，因此女人常占实际的多数，而萨君们必得服从她们的意旨。②

　　即是说，虽然平时氏族的酋长由男性来担任，但由谁来出任这一职务，却是由女性决定的。男酋长不过是以"母舅"的身份行使权力，忠实代表母族利益而已。关于女性历史上的这种地位，马克思和恩格斯都有类似的论断。马克思在作了相关考察后指出：

　　　　长屋通常是由妇女管理……贮藏品是共有的；但是那些由于无能为力而没有把自己的一份送到公有贮藏所的不幸的丈夫或情人，那就要倒霉了。

---

　　① 唐建：《贾湖遗址新石器时代甲骨契刻符号的重大考古理论意义》，载《复旦学报》1992 年第 3 期。

　　② ［德］F. 缪勒利尔著，王礼锡、胡东野译：《家族论》，商务印书馆 1935 年版，第 165 页。

不管他在这个屋内有多少子女或有多少属于他的财产，他反正随时都能待命捆起行囊滚蛋。他甚至不敢企图反抗。家对他来说变成了地狱……他除去回到自己的克兰或像常见的那样到其他克兰中去另求新欢以外，没有任何其他方法。[1]

恩格斯则明言：

> 那种认为妇女在社会发展初期曾经是男子的奴隶的意见，是我们从18世纪启蒙时代所继承下来的最荒谬的观念之一。在一切蒙昧人中，在一切处于野蛮时代低级阶段、中级阶段、部分地也处于高级阶段的野蛮人中，妇女不仅居于自由的地位，而且居于受到高度尊敬的地位。[2]

事实上，考古学证据早已用铁的事实明白显示了早期女性的历史贡献，人类学家也以大量的研究成果指明了女性曾经的地位。在我国，也有人从"情理"及"事理"层面对女性的贡献做过推理性论断。如康有为在《大同书》中就以很长的行文胪列了女性的种种劳绩，详细论述了"人道文明之事，藉女子之功最多"的情形和道理。他说：

> 盖自男女相依以来，女任室中之事。男子猎兽而归，则女为之脔切，即司中馈，则火化熟食之事，必自女子创之。至于调味和羹，酱齑珍饵，次第增长，皆由中馈之事，亦必皆创自女子。……即论文字创自结绳，而画圆画方，谐声尚象，亦必居室暇逸者乃能创之，非逐兽于畋，血溢不止者所能为也。至于记数出于手指，渐加千万，更为乘除，亦非逐兽无暇者所能，亦必女子创为之也。其他蒉桴土鼓，渐进而截竹裁桐，编丝穿孔，分析音节，更非逐兽奔走之人所能创造，亦必居室闲逸有静性者乃能创之。又若图写禽兽，抚造草木，描象人物，模范山水，亦皆性静情逸，乃能生趣盎然以为摹写，必非逐兽血涌之人所能创造。是故文字、算数、音乐、图画，凡诸美术，大率皆女子所创为；今古史所述，类皆男子，而女子无人。则男子后起之秀，渐丁文明之时，既在农耕、熟食、居室之后，不待逐兽，亦有静暇，乃取女子创造种种之事为器物，大推广之。既为女子之主，遂攘窃其名，此犹大匠作室，而大书于梁栋者必曰某官；巧冶铸钟，

---

① 马克思：《摩尔根〈古代社会〉一书摘要》，人民出版社1965年版，第32页。
② 恩格斯：《家庭、私有制和国家的起源》，人民出版社1972年版，第45页。

而铭刻于筍虡者必曰某父，其实皆非男子所能为也。……凡此皆世化至要之需，人道至文之具，而其创始皆自女子为之，此则女子之功德孰有量哉，岂有涯哉?①

康氏所言虽多推测，且不无以偏概全之论，但揆诸情理亦非全然不通。将长文择述于上，旨在揭明史前时代女性先民们可能做出的种种贡献，并且进一步阐明前述各种传说与故事，极有可能多是后世学者"变女为男"的"欺世盗名"之举。我们以为，所谓神话云云，大都是后世诸人为父权张目的伎俩而已。

第二节　中国早期的生产教育

要考察中国早期的生产教育活动，就不能不论及石器时代。这是人类早期生活的一个重要时代，我国亦然。传承（或传授与学习、示范与模仿）生产劳动技能，是此期教育活动的主要内容。这些技能包括火的控制与传播、工具制造、采集狩猎和农业、畜牧业技能等。传承这些技能，既是人类生存和发展的重要条件，也是我国先民教育活动最重要的表现。

一、石器时代生产状况概说

石器时代指人类制造和使用石制工具的时代，被考古学界用来表示"金石（铜石）并用时代"以前的漫长时期。这是人类从猿人逐步进化为现代人的时期。一般来说，石器时代是从约 250 万年以前第一件人造的石制工具出现开始的。这时的人类能力有限，只能制造和使用石质器具；器具的不同外貌和不同加工程度，则决定了石器时代的阶段划分。为便于下文及后文阐述，现将石器时代分期与人类社会发展阶段和文明状况略作对照，列表如下。

---

① 康有为著，陈得媛、李传印评注：《大同书》，华夏出版社 2002 年版，第 178—180 页。

表 1-2　石器时代各分期与人类社会发展和文明状况对照表

石器时代分期	旧 石 器 时 代			中石器时代	新石器时代
	早 期	中 期	晚 期		
人类社会发展阶段	原始人群时期		母系氏族时期		
			氏族的产生与发展		氏族繁荣
人类文明与表现	利用天然火，人工取火（50万年前）	出现模糊的宗教意识和丧葬仪式	图腾崇拜现象产生（5万年前）	弓箭制造筑房技术	制陶、农业、畜牧业出现

　　如上表所示，石器时代一般分为旧石器、中石器和新石器时代三个阶段，距今约 5000—250 万年；所对应的人类发展阶段则是原始人群和母系氏族时期，人类已处于"完全形成的人"的时期。东汉袁康《越绝书》将古人使用的工具分为石、玉、铜、铁四个阶段，这是对史前时代的一种朴素而天才的认识，远非考古学意义的论断。

　　到旧石器时代，人类已告别了使用天然工具的状态，以使用人工打制的石器为标志，食物种类以采集植物果实为主，偶尔辅以水生、陆生动物的肉类食品。旧石器时代是石器时代的早期阶段，时段极其漫长，距今约为 5 万—250 万年，又细分为早期、中期和晚期；相应地，人类经历了从早期猿人、晚期猿人（30 万—150 万年前）、早期智人（即"古人"，20 万—30 万年前）再到晚期智人（亦称"新人"，5 万年前）的发展历程。总体来说，在旧石器时代早期，人类已经学会了用火技术，中期出现了骨制器物，晚期已经能制造简单的组合工具，而且开始形成了母系氏族，婚姻状况则由族内婚演变为族外婚。我国的元谋猿人、蓝田猿人、"北京人"等，基本处于旧石器时代的早、中期。这一时代我国的考古学文化类型，以山西襄汾的丁村文化、沁水的下川文化为代表。

　　中石器时代是打制石器与磨制石器兼用的时代。在这一时代，冰河期渐渐过去，出现了一个较为温暖的亚间冰期。由于自然气候变暖，先民的采集和渔猎活动有了较大发展。为了能在变化了的环境中生存下去，新的发明创造不断出现，且总数比旧石器时代更多。这是旧石器时代向新石器时代的过渡阶段。中石器时代的特色是用燧石组合成小型工具，在某些地区可以找到捕鱼工具、石斧以及独木舟和船桨之类的木制物品。其间，人类最重大的发明是掌握了弓箭、筑巢（房）技术，母系氏族处于发展期，对偶婚逐渐产生。我国1930年于北京周口店附近发现的山顶洞人大体处于这一时期。

新石器时代人类主要使用磨制和琢制石器，会使用陷阱捕捉猎物。这是石器时代的最后阶段，约从1万年前开始，结束时间从距今2000多年至5000多年不等。人类此期已开始从事农业和畜牧，并驯服野生动物以供食用。食物的来源变得相对稳定，这使人类由逐水而居逐步变为定居。在此基础上，人类生活得到了更进一步的改善，已经能够制作陶器，并发明了原始纺织技术。新石器时代是母系氏族发展的全盛期，亦细分为早、中、晚三个时段。到晚期阶段，对偶婚逐步发展为一夫一妻制（专偶制），社会性质逐渐从母系氏族向父系氏族过渡。

在我国，新石器时代早期的代表性文化是河南新郑的裴李岗文化。此时人类的工具制造技术已较为复杂，但社会尚无明显分层。新石器时代中期以渑池仰韶文化为代表，此期社会贫富分化逐渐加大，生产力水平显著提高。而以马家窑文化、龙山文化为代表的新石器时代晚期，大约出现在4000年前。考古学研究显示，我国新石器时代的文化呈现多元并存的情形：在河南省、河北省南部、甘肃省南部和山西省南部发现的仰韶文化，具备使用红陶、彩陶以及食用粟米和畜养家畜的特质，距今约5000—7000年；而大约同一时间，尚有浙江省东边的河姆渡文化、浙江省北边的良渚文化、山东省中西部的大汶口文化等。

以上即为石器时代以及人类文明发展的基本状况。就教育活动而言，石器时代早期，我国先民以传承火的使用技术、简单的工具制造技术为主要内容，表现为生产技能的示范与模仿；至中后期，尤其到母系氏族繁荣时期，教育活动的内容趋于丰富，包含生产技能与生活习惯（习俗）两大类。鉴于本章下一节要对中国早期的生活教育予以专述，此处仅就生产技能的发明与传承状况做些阐述，其间将援引考古学、民族学、民俗学等学科的相关成果。

二、火的发明、控制与技术传承

在漫长的历史岁月中，对火的认识、控制与传播成为人类发展的重要因素。人工取火技术的发明，火的使用与控制技能的代际传承，使人类第一次获得了对于自然的支配力量，既改变了环境，也改变了自身。

人类对火的认识是一个从实践到认识，再从认识到实践的发展过程。起初，人们主要通过两种方式保存天然火种。一种是固定贮火方法，就是不断往火堆中投放木料，不用时用灰土盖上，使其阴燃；用时再扒开灰土，添草木引燃火堆。民俗学调查显示，生活在西藏自治区的珞巴族就是用这种方式（即"篝火方法"）保存火种的，他们在房子中间挖出一个火塘，再由专人不断向火堆里添加木块或木棒，使火种长夜不息。另一种是流动贮火方法，即利用菌类、朽木贮存火种，类似阴燃的火把。这种方法的优点是火种可以移动，缺点是贮火时间较短。游牧部落主要使用这种方法。例如，鄂伦春族就是利用桦树上的蘑菇（一种菌类）保存火种的；四川大凉山的彝族则是将一种选定的野草捻成绳状，点燃一端，使其阴燃，一根烧完再点一根。

随着渔猎活动的发展，这两种方式日渐难以满足游居生活的需要。人们发现，在制作石器时，两块燧石相撞会出现火星；制造木棒时，木头经过长时间摩擦也会发热。这些现象给人们以很大启发，逐步发明出摩擦起火、打击取火等技术。经过数万年的摸索，人们逐步掌握了用黄矿石同燧石相击取火的方法。这是人类最早发明的取火方法。研究表明，在生产生活实践中，各地少数民族掌握了不同的取火方法，如佤族的摩擦取火，苦聪人的锯竹取火，黎族的钻木取火，景颇族的压击取火和竹筒取火，等等，这些方法有的直至新中国成立前后还在沿用。

火的使用改变了人类的生活方式，使人们摆脱了茹毛饮血的生活，开始食用烤制食品。《白虎通》记载："燧人钻木取火，教民熟食，养人利性，避臭去毒。"古人通过燧人氏钻木取火的故事，借以表达出火对人类生产、生活的意义。通过火的使用，不仅使人的健康状况、智力水平得以改善，同时也促使人性情发生转变，逐步摆脱了茹毛饮血的野性习俗。

三、工具制造技能及其传承

制造和使用工具是人类自身器官和自然机能的延伸，是人对自然环境的掌控和改造，也是人区别于动物的重要标志。打制石器当然不是石头相击的简单游戏，而是人类有目的地辨别选取石料，进而加工成具备一定功能的工具的生产活动，是人类生存技能的一大表现。

　　研究表明，人类早期的石器制作要经过预备石料和实际制作两个阶段。预备石料包括对石料的辨认、石料产地和产量的判断以及相关采集、搬运等工作；实际制作可以分为直接打击法和间接打击法。直接打击法是指用"硬锤"或者"软锤"直接打击石核和石片以制造工具的方法。硬锤是用硬度较高的砾石制作的打击工具；软锤指用质地较软的岩石以及鹿角、骨和硬木棒等制作的打击工具。直接打击法细分为锤击法、砸击法（也称两极打击法）、锐棱砸击法、碰砧法、投击法（也称摔击法）。① 起初人们主要是运用直接打击法打制石器，如丁村出土的石器采用的就是直接打击法中的碰砧法。间接打击法是利用中介物打击石核、

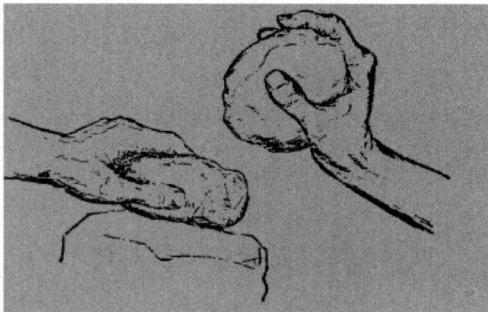

图 1-7　在石砧上打击石器制造工具

石片的方法，可细分为正向间接打击法、逆向间接打击法和压制法（胸压、肩压等）。间接打制的方法比较复杂，主要用来打制细小石器，供人生活之用。用间接打击法制作的工具主要是尖状器、刮削器、雕刻器和各类石刀。山西下川遗址出土的石器以细小石器为特点，石核有椎状、柱状、漏斗状和一台面、对台面等。石器有琢背小刀、雕刻器、屋脊形雕刻器、鸟喙状雕刻器、尖状器、刮削器、石制锥钻等。②

　　随着工具制造水平的发展，人类还发明了磨制和钻孔之类技术。北京山顶洞遗址出土的骨针，长 82 毫米，表面光滑，一头是锋利的针尖，另一头是有残缺的针孔。这件精巧的骨针需要经过选材、刮磨、钻孔等多道工序才可完工。磨光是将石器在一块磨石上反复摩擦，摩擦时加一些水和细砂。穿孔主要有两种方法，一种是用坚硬的木棍穿孔，木棍用两个手掌转动；另一种是采用"弓弦法"，即用弓的弦带动木棍旋转。③ 在贵州省兴义市猫猫洞遗址中，考古学家

---

① 张之恒：《中国旧石器时代考古》，南京大学出版社 2003 年版，第 57—60 页。
② 王建、王向前、陈哲英：《下川文化——山西下川遗址调查报告》，载《考古学报》1978 年第 3 期。
③ ［苏］柯思文著，张锡彤译：《原始文化史纲》，人民出版社 1955 年版，第 54—55 页。

还出土了一批骨锥、骨刀和角铲。研究显示，制造这些工具需要经过打琢成形、刮削加工、磨制定型等工序，证明人类已掌握了较为精湛的修理工艺与磨制技术。[①]

由以上简述既不难看出先民的聪明智慧，也可窥见人类文明的进步足迹。这些工具虽然都还是石质的，但其制作已需要较为复杂的知识、工序和技能，必然伴随着示范与模仿活动。可以说，工具制造技术的传承和传播过程，也就是教育活动的展开过程。在这一过程中，"学徒"们要掌握石器的制作流程，要学会对石料的质量、特性、功能进行辨别和判断，尤须在实践中跟随"师傅"进行观摩、辨别，用心学习和揣摩每一道加工程序，经过反复练习进而最终掌握，并将其传承、发展与革新。

四、采集、狩猎技能及其传承

采集和狩猎是先民获取生活资料的重要手段，相应地，相关技能的传授成为教育活动的重要内容。起初，我国先民过着"茹草饮水，采树木之实，食蠃蚌之肉，时多疾病毒伤之害"[②] 的生活。采"树木之实"主要是用手摘取，也使用铲式和锄式的采掘工具；采"蠃蚌之肉"则还要借助于尖木棒等工具。妇女是采集活动的主要承担者，并负有教养儿童的责任。

由于采集的多是树木之实，而树木之实会因季节、气候而有所不同，所以，女性们还要教会儿童根据季节的变化选择食物。这在学者对少数民族的研究中也有反映。例如，东北的鄂伦春族根据不同的季节采集不同的食物：春夏多采摘植物的嫩芽、枝叶；夏天采集花、枝

图 1-8　少数民族孩童的习射活动

---

① 曹泽田：《兴义猫猫洞文化》，载《贵州文史丛刊》1981 年第 3 期。
②《淮南子·修务训》。

叶；秋后收集果实，挖掘块根，还包括一些菌类，如木耳、猴头、蘑菇等。① 除了植物之外，他们还捕捉一些小动物，如河蚌、青蛙、蜗牛、蜻蜓、青蛇、野蜂等，作为食物来源之补充。《尔雅》郭璞注云："土蜂，啖其子，木蜂，亦啖其子。"据学者研究，四川凉山彝族保留下来的"吃蜂儿"（彝语称"吉支"）习俗，应该就是这种史前采集活动的折射。②

自从弓箭发明以后，狩猎就成为人们获取食物最重要的来源，相应地，传承狩猎技巧亦成为重要的教育活动。③ 到中石器时代，人们已经能够借助不少工具进行捕猎，如石球、石镞、弓箭、竹矛、竹刀等。除这些人工制作的工具外，人们还利用火进行捕猎。用火驱赶、围攻野兽，成为一种非常有效的方法，类似史籍所载"烧山林，破增薮，焚沛泽，逐禽兽"④。研究表明，鄂伦春族经常用火来攻击野兽。他们集体出猎，一同把野兽赶到山头上，拿着火把轰吓。野兽受到恐吓四处奔跑，猎手伺机射杀。四川彝族还发明了用火攻熊的方法。发现熊隐藏在山洞中时，猎手在洞口放火熏烟，等待熊被熏得视力模糊时，则入洞射击。东北地区至今流传的"棒打獐子瓢舀鱼，野鸡飞到饭锅里"谚语，可能就是对先民渔猎生活的形象描写。

上述传承活动及其历史痕迹，在学者的研究中都有反映。例如，在山东大汶口文化王因遗址地层中，考古工作者发掘出各类动物的遗骸。经鉴定，有猪、獐、鹿、狍、貉、獾、狐、虎、牛、狗、猫、野鸡、青鱼、草鱼、龟、鳖、鳄、蚌、螺等。⑤ 这说明，早在新石器时代，先民的食物类型相当多样，且渔猎生活已成常态。再如，据学者研究，鄂伦春族儿童从三四岁开始，就由成人为其制作各种类型的弓箭，如响箭、木箭、尖头箭和钝头箭，从小了解箭的各种性能；鄂温克族的男孩长到七八岁，在人与枪身差不多高的时候就骑马上山，随同父

---

① 参见麻国庆：《开发、国家政策与狩猎采集民社会的生态与生计——以中国东北大小兴安岭地区的鄂伦春族为例》，载《学海》2007 年第 1 期。

② 宋兆麟：《从彝族对野蜂的利用看人类由食蜂到养蜂的发展》，载《中国农史》1982 年第 1 期。

③ 四川的耳苏人，古代以擅射闻名，至今保存着"射箭节"习俗。节日期间，人人参加射箭比赛。

④《管子·揆度》。

⑤ 解华顶、张海滨：《淮河流域新石器时代采集与渔猎经济的观察》，载《华夏考古》2013 年第 1 期。

兄打猎，学习如何寻找野兽踪迹，如何瞄准猎物、射中要害等等。[①] 可以说，正是在此类活动的过程中，示范与模仿活动得以自然开展，人类积累的生存经验也得以代际相传。

五、农业、畜牧业技能及其传承

如前所述，到新石器时代，亦即母系氏族繁荣时期，先民已开始从事农业、畜牧业生产活动，食物来源较为稳定，物质生活已有基本保障。关于农业活动的考古学证据，在黄河和长江流域都有不少发现。例如，在山东省广饶县傅家遗址的一件鼎内，曾发现先民粟粒的遗存；而在莒县陵阳河遗址出土的 M12 人骨，经测定，食谱中有约 1/4 为 C4 成分，而 C4 成分一般认为应是粟类植物。又如，在枣庄建新遗址的发掘中，考古学家通过水洗法，从灰坑内获取了 60 粒轻碳化的粟粒；在胶东半岛的长岛县北庄遗址一期文化红烧土的墙皮中，人们发现了掺有许多黍子的皮壳。[②] 再如，在河姆渡遗址中，考古学家发现了大量的稻谷遗存，其中有稻谷、谷壳、稻秆、稻叶，经鉴定确认为栽培稻。这些证物和其他禾本科植物、木屑、小木片和泥土混在一起，堆积厚度 40—50 厘米。[③]

如此多的考古学证据，充分证明农业在我国起源甚早，分布范围亦相当广泛。母系氏族时期，妇女是农耕技术的发明者，也是农业生产的承担者，同时肩负着将此类技术传承给后代的责任。农作物的种植、培育与收获，一般要经过选种、播种、保护、收割、贮藏和加工等诸多环节。每一个环节都需要示范与模仿，方能将蕴含的技能传承下去。其他暂且不论，仅就农作物保护而言，就需要一些方法和技巧，足以体现出人类的聪明才智。众所周知，鸟兽是农作物的天敌。先民们为了阻止鸟兽的破坏，发明出一些保护农作物的措施。例如，广西瑶族至今沿用的措施就是在地里插起竹竿，竹竿上挂有穿孔的竹筒，微风吹过，竹筒发出声响，以此来恐吓鸟兽；更多地区则是在田地里树起稻草人，以其上扎制各种形状与颜色的附属物吓退鸟兽。农业是新石器时代的重要技术

---

① ［俄］史禄国著，吴有刚等译：《北方通古斯的社会组织》，内蒙古人民出版社 1985 年版，第449 页。

② 何德亮：《山东新石器时代农业试论》，载《农业考古》2004 年第 3 期。

③ 周季维：《长江中下游出土古稻考察报告》，载《云南农业科技》1981 年第 6 期。

发明，不仅为人类生活提供了稳定的食品，改善了人类的物质生活，同时为畜牧业和手工业的发展创造了条件。

农业生产的稳定以及猎狩技术的发展，为动物的驯育饲养提供了条件。到新石器时代，我国习称的"六畜"已基本齐全，包括狗、猪、牛（黄牛、水牛）、羊（绵羊、山羊）、马、鸡，都已实现驯养或家养。由于狗具有易于驯化、灵敏快速、颇通人性等特点，因而成为人们狩猎的重要助手。这些在考古学中都有证物。例如，在下王岗遗址 112 号墓的随葬物中，人们发现了一具狗的骨架。据研究，这只狗具有人工驯养的明显特征，足证在此之前，先民已经历了一个驯育狗的过程。[1] 与狗相似，猪也是主要的家畜。在河北磁山遗址中，人们即发现有成堆放置的人工饲养的猪狗骨架，说明此时猪也已被先民驯养。在大汶口文化曲阜西夏侯遗址，人们发现 125 座墓中有随葬品，三分之一以上随葬家猪的骨，其中有的用半只猪，有的用猪的下颚骨，有 43 座墓出土猪的头骨，共计 96 个，一座墓中最多发现了 14 个。[2] 随葬猪的数量如此之多，说明猪已成为新石器时代的主要家畜。

总之，无论种植农作物还是驯育、饲养、放牧家畜，都是人类生存所必需的，都是我国早期生产教育活动的重要内容，也都须经过人类长期的示范与模仿，方能实现技术的传承与发展。当然，远在石器时代，由于文字尚未出现，教育活动的方式主要是口耳相传、切身实践。如对种植时令和环境的把握，对农作物生长情况的观察，播种的方法、看护的方法、收获的方式、加工的手段、贮藏的方法以及对家畜的驯服、饲养、繁殖等等，都需要有经验者传授给年轻一代，或者年幼者跟随老者学习。裴李岗遗址发现窖穴（粮仓），以及出土石臼、石磨盘等工具，说明当时已掌握粮食储存、加工等较为复杂的知识和技术。

---

① 贾兰坡、张振标：《河南淅川县下王岗遗址中的动物群》，载《文物》1977 年第 6 期。
② 王吉怀：《中国远古暨三代宗教史》，人民出版社 1994 年版，第 121 页。

第三节　中国早期的生活教育

中国早期的教育活动，尽管表现多种多样，内容亦较为复杂，但大体可分为生产教育和生活教育两大类。无论哪一类活动，都既为人类生存所必需，亦为人类延续所倚重，其知识、技能和规范都须在长期的实践活动中，通过示范与模仿，才能既实现传承，也得到发展。正是这些逐渐丰富与多样化的知识和规范，构成了中国早期生活教育活动的主要内容。

一、氏族时期概说及相关问题说明

氏族是继原始人群之后出现的以血缘为纽带、以世系相联结的人类共同体，是史前时代人类生存最重要和最基本的组织单位（之后产生了部落、部落联盟等组织形式）。就整个人类而言，氏族时期大约始于旧石器时代晚期，止于金石并用时代的高级阶段，分为母系和父系氏族两个时期，母系氏族又细分为初始期和繁荣期两个阶段。在我国，母系氏族约从 5 万年前开始，止于约 5000 年前；父系氏族则从 5000 年前开始，止于夏代出现之前的公元前 21 世纪。

氏族时期的主要特征是：靠血缘纽带维系人群关系，实行族外婚；生产资料归氏族共同占有，成员共同劳动，平均分配产品，氏族成员地位平等；公共事务由推选出的氏族首领管理，重大问题（血亲复仇、收容养子等）由氏族成员会议决定；同氏族人有相互援助和保护的义务；在共同生活基础上形成共同的语言、习惯和信仰，有共同的名称和图腾，等等。母系氏族是生产力低下和群婚制度的必然产物，妇女经营农业、养殖业，管理家务，在经济生活中起主导作用；世系按母系计算，财物归母系亲族继承。随着畜牧业的发展和劳动分工的细化，男子在经济生活中逐渐处于支配地位，世系改按父系计算；财物改由父系亲族继承，男子成为维系氏族的中心。氏族逐步联合为部落，进而演变为部落联盟。随着私有制和阶级①的产生，人类步入一个新的发展阶段——阶级社会或文明时代。此即氏族时期状况之大概。

　　行文至此，应该对有些问题做些交代和说明了。这些问题是：第一，由前表所示与前文所述可以看出，对于历史学所称的史前时代，其他学科亦有不同的分期和称谓，如考古学分为石器时代、金石并用时代、铜器（红铜、青铜）时代等，地质学分为更新世、全新世，有的则分为原始人群、母系氏族、父系氏族时期，或蒙昧时代、野蛮时代。以上不同的分期及称谓既相互交叉，又有所重叠，给考察我国早期教育活动带来了很大的不便。第二，人类早期的某些技能和习俗，其发展和演进往往经过很长历程，跨越几个时期。例如，人类从发现、使用再到学会人工取火，就经过了早期猿人和晚期猿人阶段，取火技术的日臻完善则包括的时段更多。再如，人类朦胧的宗教意识是从晚期猿人开始的；至晚期智人时期，不仅具有了明确的宗教信仰，还出现了普遍的图腾崇拜现象；至于相关的仪式习俗，也是随时间的延续而越加繁杂。因此，以上述任何一种分期为视角进行早期教育活动的考察，都会出现逻辑不周、行文不密的问题，还会将一个完整的教育活动分割开来。所以我们考虑再三，决定不以如上分期作为逻辑依据，而是本着"先有生产，后有生活"的历史认知，以"生产教育""生活教育"作为考察的主线。至于各个学科的不同分期，则是随文略予提及。第三，基于上述同样的原因，加之为叙述方便起见，在本书后续章节中，将广泛使用"远古""上古"等概念。"远古"主要是指母系氏族时期，"上古"则是指父系氏族时期。

　　众所周知，人类不仅要从事生产劳动，还须过集体生活，因此，集体生活的行为规范教育成为早期教育活动的重要组成部分。这不仅反映出人类生活的伦理性特征，更凸显出人类存在的社会性特质，乃是人与动物界渐行渐远的显著标志。其中，生活教育又可细分为婚姻礼俗、生活习俗、原始艺术、原始宗教教育等不同类型。以下亦参引民族学、民俗学、考古学的相关成果，对我国早期的教育活动进行分类考察。

————————————

　　①"阶级"是以往政治史、文化史、教育史等著作经常使用的词汇。为与之有所区别，在本书后文中，只要有可能，我们就代之以"阶层"或"集团"。

二、婚姻礼俗教育

人类的生产分为物质生产和人自身的生产两大类。婚姻状况不仅决定了人的种系繁衍，也决定了家庭的形态构成，决定了人与人之间的关系状况。所以，婚姻礼俗成为人类早期教育活动的一大内容。与世界其他各古老民族一样，我国先民的婚姻形式也经历了从族内婚到族外婚、从群婚（杂婚）到个体婚的演变过程，时段则从原始人群时期延续至父系氏族时期。其中，母系氏族时期的族外婚又经历了氏族间群婚与对偶婚两个发展阶段。之后，再演变为个体专偶婚，即一夫一妻制婚姻，逐步进入父系氏族时期。

在原始人群即人类生活的早期，最初的婚姻发生在本族内所有男女之间。经过长期经验的积累，人们认识到不同年龄之间的生理差别，在内部逐渐地选择了按辈分划分的婚姻，即年龄相近的兄弟姐妹相互通婚，排斥了上下辈之间的婚姻与性关系。这时，所有姐妹都是兄弟的共同妻子，兄弟则是姐妹的共同丈夫，夫妻都有共同的血缘。这是人类最早的婚姻形态，由此形成了族内群婚的血缘族群。①

到旧石器时代早、中期，由于人工取火技术的发明和石器的不断改进，人类的生产力水平有所提高；又由于人口的繁衍，一个血缘族群不得不分裂成几个族团。为满足日益增长的人口生活的需要，族团与不同族群之间必须保持一定的合作与联系，于是产生了族群之间的通婚。到旧石器时代晚期即母系氏族早期阶段，人们更加认识到族内通婚的生理危害，又从大量事实之中认识到族外通婚对后代体质发育的良好作用，从而更加严格地限制兄弟姐妹间的直接婚

---

① 有学者依据阿注婚能够长期存在甚至屡禁不绝，而不是随物质生产水平的提高与发展而消亡等事实，指出早期人类自身的生产方式即婚姻、家庭方式，并不总是如摩尔根等人所阐明的，是随着物质生产方式的变更而变更的。即是说，物质资料和人类自身这两种生产活动以及与之相适应的社会关系，是在两个不同领域内同时并存的。由此，学者们提出"两合氏族群婚"的概念。就是说，早期人类物质资料的获取、生产与分配是按照集体协作与共享原则在本氏族内进行的，氏族内部从一开始就不存在性活动和婚姻关系；人的种群繁衍则是按照遗传优势原则在两个邻近氏族之间进行的，氏族之间只有性交活动而无产品分配活动。此即"两合氏族群婚"。这样一来，人类也就不存在摩尔根所说的血缘婚和血缘族群了。这一观点较为新颖，但我们认为这可视为恩格斯等人所说"例外"情况，故本书不予采纳，仅备为一说。参见陆绯云：《试论阿注婚与两合氏族群婚的内在联系——对摩尔根血缘群婚的一点质疑》，《上海大学学报》（社科版）1990年第2期；[苏]谢苗诺夫著，蔡俊生译：《婚姻和家庭的起源》，中国社会科学出版社1983年版，第129—176页。

姻关系，普遍实行不同氏族之间的群婚。这是人类逐步发展出的一种新型的婚姻形态。英国人类学家爱德华·泰勒（Edward Taylor）指出：

> 族外婚能使一个成长中的部落通过与其他分散的氏族联姻而保持自身的稳固，使之胜过那些被隔绝开来、孤立无援的小型血缘族通婚群体。在世界历史中，屡次摆放在原始部族面前的，是必须在族外婚和被消灭之间作出简单而又实际的抉择。①

族外婚不仅能够改善人类体质和血缘，还能有效应付环境与战争的威胁，是人类"优势选择"（苏联学者谢苗诺夫语）的结果。

史前人类这种族内严格禁婚的礼俗，在我国后世的少数民族生活中还能发现。例如，1956 年民主改革前夕，云南省宁蒗县永宁地区的纳西族仍保留着上述原始的婚姻形态。他们认为，近亲结婚"会使后代成为白痴"。纳西族称氏族为"尔"，不同"尔"之间的男女才可以通婚。② 镇康独龙族则认为，"'克勒'（即血缘集团）成员互相通婚，会使所生子女成为哑巴"，因此，他们也严格禁止族内通婚。③ 族内禁婚阻止了近亲婚配的可能性，避免了"男女同姓，其生不蕃"④ 的不良后果。

到母系氏族中后期，开始出现"对偶婚"这种新型婚姻形式。对偶婚是不同氏族的成对男女短期或长期同居，构成较为明确的婚姻关系。早期的对偶婚是夫对妻的"暮合晨离"；晚期对偶婚则发展为"夫居妻家"，但随时可以离异，女方也可以继而招求"新欢"。研究者的调查结果表明，在对偶婚中，"妇女不仅是其丈夫的主妻，她也是他的伴侣，是为他安排伙食的主妇……他们共同照料子女"⑤。男女一起劳动和消费，但世袭仍按母系计算，所生子女属母系所有。此时人类仍属于群婚形态，只是已从群婚时代男女单纯的性关系转变成为一种较为广泛和灵活的社会关系。对于这种婚姻形式，恩格斯指出：

> 在一切形式的群婚家庭中，谁是某一个孩子的父亲是不能确定的，但

① 转引自［美］L. A. 怀特著，沈原等译：《文化的科学——人类与文明研究》，山东人民出版社 1988 年版，第 305 页。
② 严汝娴、宋兆麟：《永宁纳西族的母系制》，云南人民出版社 1984 年版，第 105 页。
③ 杜国林：《中国西南诸民族氏族公社的历史考察》，载《思想战线》1980 年第 1 期。
④《左传·僖公二十三年》。
⑤［美］摩尔根著，杨东莼、马雍、马巨译：《古代社会》（下册），商务印书馆 1977 年版，第 459 页。

谁是孩子的母亲却是知道的。即使母亲把共同家庭的一切子女都叫作自己的子女，对于他们都担负母亲的义务，但她仍然能够把她自己亲生的子女同其余一切子女区别开来。由此可知，只要存在着群婚，那末世系就只能从母亲方面来确定，因此，也只承认女系。[1]

这种婚姻形式在我国学者笔下也有反映。例如，纳西族的男女结合通常是不需要手续的，也不需要举行仪式，只要两情相悦就可住在一起，建立起一种男不婚、女不嫁的"偶居"关系；男方可以随时离去，女方则可另寻男友。此即当地的"走婚"或"阿注婚"（"阿注"，在纳西族语中意为"朋友"）。"阿注"的人数不受限制，几个、十几个以至几十个、上百个不等。[2] 可见，这是一种典型的史前群婚礼俗的遗存。这种礼俗在我国古代文献中也有记载。例如，古代朝鲜半岛上的高句丽婚俗大致如此：

> 其俗作婚姻，言语已定，女家做小屋于大屋后，名婿（婿）屋。婿暮至女家户外，自名跪拜，乞得就女宿，如是者再三，女父母乃听使就小屋中宿，停顿钱帛。至生子已长大，乃将妇归家。[3]

"婿屋"的设立亦体现了对偶婚"暮合晨离""夫居妻家"的礼俗特色。同居期间所生子女概属女方，由女子负责教养，男子没有抚养教育的责任。在此情况下，孩子的生身父亲是无法确定的，抚养和教育后代的只能是女性，世系也只能以母系计算。因此，妇女在氏族中享有崇高的社会地位，氏族所有成员都要尊敬女性。这正如学者所指出的：

> 旧石器人比起新石器人来当然是更野蛮的人，但又是个更自由的个人主义者和更有艺术的人。新石器人开始受到约束：他从青年时就受到训练，吩咐该做什么，不该做什么，他对周围事物不能那么自由地形成自己独立的观念。[4]

"新石器人"指的就是母系氏族时期的人，他们都是要被"吩咐"做事的，年轻时就接受女首领的教化、影响和指挥，"受到约束"。

---

[1] 恩格斯：《家庭、私有制和国家的起源》，人民出版社1972年版，第38页。
[2] 曹大为：《中国古代女子教育》，北京师范大学出版社1996年版，第34页。
[3]《三国志·魏书·乌丸鲜卑东夷传》。
[4]〔英〕韦尔斯著，吴文藻等译：《世界史纲——生物和人类的简明史》，人民出版社1982年版，第132页。

随着生产工具的改进，生产经验的积累，人类终于告别了蒙昧时代，进入以农牧业为主的野蛮时代。当农牧业生产在食物的稳定性和收获量方面比渔猎经济越来越多地显示出优越性时，男子就逐渐转入了原本由女性开辟的农牧业领域。男子身强力壮，在生产中表现出压倒女性的优势，从而成为社会生产的主要力量。这不仅使财富占有状况发生了变化，还使得男女的社会地位发生了根本性转变；表现在婚姻制度上，即出现了以男性为主的一夫一妻制婚姻形式及相应的家庭、经济关系。对于这种巨大的转变，女性当然不会无动于衷，而是要拼命维护自己"性自由"的权利。虽然这种"突出地由女性表现出来的人类的自私推迟了严格的专偶制的实现，一直推迟到人们的思想发生大动荡而将人类引入文明社会之时"①，但女性的这种反抗毕竟难以左右男女自然分工所带来的巨大影响，特别是女子养育子女、照顾家庭之类的繁杂事务，使她们不能更多地参与社会劳动，逐渐放弃了对社会生活的主宰权。

以上男女易位的历史变迁，在大汶口文化墓葬的研究结果中得到证实。大汶口文化是主要分布于山东和苏皖两省邻近山东地区的史前遗址群落，包括山东兖州王因遗址、诸城呈子遗址、广饶五村遗址、胶县三里河遗址以及江苏邳州刘林遗址等，时段从母系氏族延续至父系氏族时期，具体可分为早、中、晚三期。② 发掘结果显示，在第Ⅱ期的墓葬中，男女随葬品数量大致相等，如在一座男性墓中发现骨针2枚，一座女性墓中发现骨锥和磨石各1件，说明此期女性在生产劳动中还发挥着重要的作用；但在第Ⅳ期（属大汶口文化晚期，父系氏族时期）的一座墓葬中，则发掘出随葬物品41件，其中男性物品36件，有石斧、石锛、石凿、石刀、骨刀、骨矛、猪牙钩等，女性物品仅5件，为骨针、骨锥和石纺轮。这说明，到大汶口文化晚期，男性不仅从事渔猎活动，还从事农牧业和手工业活动，女性从事的则是纺织之类的家务活动。此外，在第Ⅲ、Ⅳ期发现的多座异性双人或核心家庭（即两位成人与孩童）的合葬墓中，均可看出男性中心的痕迹。③ 例如，在第Ⅲ期的第35座墓中，男性就是位于墓穴中心

---

① [美]摩尔根著，杨东莼、马雍、马巨译：《古代社会》（下册），商务印书馆1977年版，第465页。

② 高广仁：《试论大汶口文化的分期》，载《考古学报》1978年第4期。

③ 邵望平：《中国大百科全书·考古学·大汶口文化》，中国大百科全书出版社1986年版，第83页。

的，且随葬品都是紧靠在男性一边；女性被挤在墓穴一侧，旁边是一小孩，紧倚在女性右边，腿骨压在女性身上，被女性用右臂搂住身体。这说明，此时女性已专司抚育孩子的职责了。

在一夫一妻婚姻与家庭中，女性再也没有了"叱咤风云"的风采，也不再拥有自主择偶的权利了。一夫一妻制具有两个主要特点：一是建立在丈夫的统治之上，二是婚姻的不可离异性。恩格斯严正指出："母权制的被推翻，乃是女性的具有世界历史意义的失败。丈夫在家中也掌握了权柄，而妻子则被贬低，被奴役，变成丈夫淫欲的奴隶，变成生孩子的简单工具了。……为了保证妻子的贞操，从而保证子女出生自一定的父亲，妻子便落在丈夫的绝对权力之下；即使打死了她，那也不过是行使他的权力罢了。"① 在此情形下，女性日益被圈固在家庭内部，整天忙于家务和抚养子女，由此形成了新的婚姻礼俗。

综上所述，不同的婚姻关系会产生不同的家庭组织形式，进而会产生不同的生活礼俗和行为规约。这些礼俗和规约就成为早期教育活动的重要内容。如在母系氏族时期，教育内容更多地倾向于尊重女性地位、肯定女性贡献、敬畏女性权威等等；而在父系氏族时期，教育内容和重心则大相径庭，女性地位受到贬低，男尊女卑的伦理观念被强化。以上这些内容，有的是通过氏族长者的宣扬而进行的，有的是在家庭中由父母进行耳提面命式的教导，有的则是儿童参加集体生活或通过日常生活中的观察、模仿而习得的。无论是哪一种，基于实践活动的示范与模仿，无疑是此类礼俗最基本的传承方式。

三、生活习俗教育

生活习俗是人类在集体生活中形成的习惯和风俗。衣、食、住、行是人类生活的具体化，是不同历史条件下日常生活的具体体现。这既是人类对物质世界的客观需求，也是人类主观求索的某种反映。由此形成的各种习惯风俗，乃是我国早期教育活动的重要内容，当然也需要通过示范与模仿来传承。以下仅对先民的衣、食、住习俗及其教育活动进行考察。

（一）穿戴习俗

衣着穿戴是人类区别于动物的重要标志之一，由此形成的有关习俗，更使

---

① 恩格斯：《家庭、私有制和国家的起源》，人民出版社 1972 年版，第 54—55 页。

人与动物渐行渐远。人类开始穿戴衣饰，不但为了防冷御寒，挡体遮羞，还基于在生活实践中逐渐产生了审美意识，具有了美化自身的需要，从而使穿戴日益显示出社会性、文化性的特征。

在旧石器时代早期，人类最早的"衣服"是树叶、草类植物的茎叶和禽兽的毛皮。到旧石器晚期和中石器时代，人们的衣着穿戴水平有了一定进步，开始穿以麻、葛为原料的缝制衣服。在北京周口店的山顶洞、云南省保山市蒲缥镇的塘子沟等旧石器晚期遗址中，均发现了骨针之类的缝制工具。骨针的使用可以说明，此时缝制衣服的习俗已经出现。在江苏吴江县草鞋山遗址，人们发现了三块纺织物残片，经鉴定其纤维原料可能是野生葛，花纹为山形斜纹和菱形斜纹。① 这说明，披叶穿皮的习俗已被穿麻衣葛所替代。

到新石器时代，人类的穿着水平有了新的进步，突出表现为纺织品已较为普遍地得到运用。这有不少考古学证据能够证明。例如，在河姆渡遗址出土了麻线、木纺车和很多木制的机件；在仰韶文化遗址发现了一些以麻为原料的纺织物；在半坡遗址还出土了不少布纹分明、经线清晰的纺织品；在良渚文化早期遗址中，则发现了用家蚕丝纺的丝线、织的丝带和平纹绢布，绢布每平方寸的经纬密度已达到120根。相关分析表明，到新石器时代，人们已掌握了平纹纺织法，且已开始使用水平式踞织机。② 之后，尤其到父系氏族晚期，我国还出现了丝织品。相传黄帝之妻嫘祖，就是教民育蚕治丝的"蚕神"。

除注重衣着外，先民在生活中还逐步注意穿戴装饰，从而显示出了初步的审美意识，使着装穿戴日益显示出文化习俗的特征。随着生活条件的不断改善，先民的装饰品日益精致，如耳饰、项饰、戒指、手镯等等，都已逐步出现。这在考古遗址中也有很多发现。如在大汶口文化遗址中，就出土了大量的

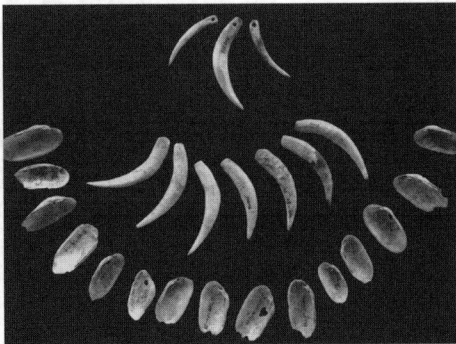

图 1-9　半坡遗址发现的装饰品

----

① 胡继高：《江苏省吴江县发现古遗址》，载《考古通讯》1955 年第 2 期。
② 白寿彝总主编，苏秉琦主编：《中国通史》（第 2 卷），上海人民出版社 2004 年版，第 107 页。

陶臂环；在山东省广饶县傅家遗址中，则发现数量可观的石环、石镯、玉璧、骨簪、石耳坠等物品。[1] 在陕西省临潼县姜寨遗址，在 7 号墓的一位少女的随葬品中竟然发现，墓主除拥有石器和陶错各 1 件、石珠 12 颗、骨管 1 件、玉坠饰 2 件之外，还有一副用 8577 颗骨珠联成的项链。[2] 这些都清晰地表明，先民对穿戴已十分"讲究"。

在衣着和装饰不断演进的历史进程中，教育活动也渗透其中。起初，长者讲述给孩子如何披叶穿皮，以防寒遮羞；随着麻葛之类纤维物品日益广泛的使用，长者则须传授给孩子制衣、织布等技术；为了培养孩子审美意识和审美能力，还要教其如何恰当地佩戴装饰品。概言之，这些制衣技能和衣着装饰之类的习俗，皆须通过示范与模仿来传承。

（二）饮食习俗

饮食为人类生存所必需，是人类必须直面的第一要务。从植食到肉食，从生食到熟食，人类的饮食习惯经历了不断发展、逐渐成熟的过程。在此过程中，习俗逐步定型，文化特征日显。

在人类社会的早期，先民最初是以植物的果实、块根等天然食物果腹的。由于食物来源短缺，世界各地都出现过人类相食的现象。马克思曾云："由于所有这些食物（即植物的果实、块根和鱼类——引者注）来源都靠不住，所以在广大的产鱼地区以外，人类便走到了食人的地步。古代食人之风的普遍传布，已逐渐得到证实。"[3] 恩格斯也指出：在蒙昧时代的中级阶段即旧石器时代早期，"专靠打猎为生的民族，是从未有过的；靠猎物来维持生活，是极其靠不住的。由于食物来源经常没有保证，在这个阶段上大概发生了食人之风，这种风气，后来保持颇久"[4]。我国古代文献中也有相关食人习俗的记载，如《后汉书·南蛮西南夷列传》云：

> 南方曰蛮，雕题交阯。其俗：男女同川而浴，故曰交阯。其西有噉（啖）人国，生首子辄解而食之，谓之"宜弟"。味旨，则以遗其君，君喜

---

① 山东省文物考古研究所、东营市博物馆：《山东广饶县傅家遗址的发掘》，载《考古》2002 年第 9 期。

② 曹大为：《中国古代女子教育》，北京师范大学出版社 1996 年版，第 26 页。

③ 马克思：《摩尔根〈古代社会〉一书摘要》，人民出版社 1965 年版，第 5 页。

④ 恩格斯：《家庭、私有制和国家的起源》，人民出版社 1972 年版，第 20 页。

而赏其父。取（娶）妻美，则让其兄。今乌浒人是也。

这说明，即使到了汉代，在某些文明欠发达的民族中，还存在着"杀首子"的食人习俗。

人类相食的野蛮做法也为考古学证据所证明。例如，在辽宁锦西沙锅屯洞穴遗址中，人们发现有 40 多个个体的头骨、躯干骨，骨头零散，脚骨有裂痕。专家由此认为，此即当时食人习俗的表征，居于洞穴之民即为食人之族。再如，在广西桂林甑皮岩新石器时代洞穴中，曾出土有人类头骨 14 个，其中至少有 4 个有人工打击的痕迹。专家考证后指出，这种痕迹是用某种尖状器具猛力打击而成的。在河姆渡遗址，食人之俗也有迹可寻。而在距今约 10 万年的山西阳高徐家窑人遗址，1976—1977 年发掘出土的人类化石几乎全部破碎，有些相同的个体人骨分散得很远。据此推测，当时也存在着食人的恶习。①

在我国，人类相食的最早遗存当属"北京人"遗址。研究过"北京人"的美籍德裔人类学家魏敦瑞（Weidenreich. F）于 1940 年发表《中国猿人是否残食同类》一文，接着又出版了专著《中国猿人之头骨》（经济部中央地质调查所 1943 年版）。在这些论著中，他做出了北京猿人相食同类的推测。其理由是：按正常情况，猿人的肢骨、躯干骨的数量都要比头骨多；北京猿人却相反，代表 40 多个个体的北京猿人只有上臂骨 3 件、锁骨 1 件、大腿骨 7 件、小腿骨 1 件，而头盖骨却有 14 件，下颌骨有 15 件，牙齿有 166 枚；北京猿人头盖骨有被器物敲打过的痕迹，具有现代法医学常见的凹陷和压碎伤性质的迹象。我国学者认为，上述推测绝非胡说，至于洞穴中多见头骨而少见身体骨骼，很可能是将头盖骨作为盛水用具所致。② "北京人"遗址的考古年代为旧石器时代。这说明，食人之风在我国先民中确是存在的。有学者综合研究后认为，从人类出现至四五万年前这一漫长时期中，我国存在着程度不等的食人现象。③ 随着人类自我认识的逐步清晰，尤其食物来源日益稳定和多样化，同类相食现象才逐渐淡去。

随着人工取火技术日臻完善，人类发明出多种饮食器具，制造出各种炊事

---

① 贾兰坡：《北京人生活中的几个问题》，载《史前研究》1983 年第 2 期。
② 贾兰坡：《远古的食人之风》，载《化石》1979 年第 1 期。
③ 陈奇：《古代食人探源》，载《贵州师范大学学报》（社会科学版）2004 年第 5 期。

用具，还掌握了多种食物烹煮方法。例如，在西安半坡遗址（包括姜寨、北首岭、元君庙等遗址）中，人们发掘出六座以上烧制陶器的窑址，还出土了数量颇为可观的陶制器皿，如碗、盘、钵、壶、瓮、缸、罐等。在这些饮食、炊事与生活器具中，最引人注目的是夹砂陶罐和陶甑。前者是一种烹煮食物的陶器，后者则是底部开有若干小孔的器具。这说明，当时人们不但学会了烧烤食物，而且学会了用水煮食和用蒸气蒸煮食物。再如，在山东省诸城呈子遗址中，人们也发掘出数量不少的鬶、甗、罐、盆、碗、壶，以及环足盘、单耳杯、薄胎高柄杯等陶制器物。[①] 鬶是下方有三个空心足的煮食炊具，甗是中部置有箅子的蒸气炊具，罍、盉皆为盛酒的陶器。这些用具足以说明，早在母系氏族时期，我国先民就已熟练掌握了用火的技能，不仅用火来煮沸饮用水，酿制酒类饮品，而且能加工出易于消化、美味可口的食物，从而使人类的日常饮食逐步摆脱了野蛮原始的习惯，日臻走向文明与成熟。

毫无疑问，在上述饮食习惯的转变历程中，是不可能离开教育活动的。先民的每一次饮食习俗的转变与成型，都既是生活教育的内容，也是生活教育的成效，都是与日常生活相伴而行的，也须依靠生活中的示范与模仿方能实现。

（三）居住习俗

居住不仅仅是一种生活方式，也可视为一种生活习俗。不同时期、不同地域、不同自然条件下的人们，其居住习俗是有所不同的。《礼记·礼运》说："昔者先王未有宫室，冬则居营窟，夏则居橧巢。""营窟"与"橧巢"就是穴居和巢居。由穴居和巢居，再到居于人工营造的住所，不仅仅是居住方式和地理位置的变化，其中也包含着相应的教育传承活动。

人类最早的居住方式是"洞穴居"，即利用天然形成的洞穴作为栖身之地。古人记载说："上古穴居而野处，后世圣人易之以宫室。"[②] 说的就是以山洞为居所的居住方式。这在考古学中有很多发现，如北京的周口店遗址、山顶洞遗址等等，皆属于这种居住的类型。其中最典型的则属辽宁省喀左县水泉乡"鸽子洞"遗址。这是经地下水长期溶蚀形成的一处石洞群，因洞中多有野鸽栖息，

---

① 昌潍地区文物管理组、诸城县博物馆：《山东诸城呈子遗址发掘报告》，载《考古学报》1980年第 3 期。

② 《周易·系辞下》。

故称"鸽子洞"。其主洞高大宽敞，进深 15 米，分上下两层；从洞连环互通，又有众多小洞纵横其间。鸽子洞背倚青山绝壁，俯瞰凌河碧波，既有利于避兽御敌，又方便汲水和渔猎，是我国先民生活智慧的具体体现。

随着农业和畜牧业的发展，人类逐渐告别山林，走向广袤而气候复杂的平原地区。由于在平原地区很难找到山洞之类的现成居所，人类逐渐发展出"地穴居"和"巢居"两种方式。地穴居即在平地上选择基址，挖地成穴，是对"洞穴居"方式人工改造的结果；巢居则是选择较为粗壮的树干，用树枝在树上搭建居所。以土为墙，掘洞而居，这是人类将自然洞穴的构造原理应用到平地生活的创造性发明，虽然仍具有原始简朴的特色，却预示着人类新生活的开始，也标志着人类居住设计技术的初步产生。

在我国北方，最早的地穴是口小底大、全部位于地平面以下的袋型洞穴。这是适应黄河流域土层结构和气候条件的一种居住方式。洞穴底层面积只有几平方米，深约数米，是一种圆形竖穴，被称为"袋型竖穴"。[1] 洞穴冬暖夏凉，坚固耐用，显示出北方先民生活中的聪明才智。随着时间的推移，全置地下的袋型竖穴逐渐发展成为一种"半地穴式"房屋，即房屋的一半在地下，另一半则建在地面以上，在洞穴上方的地面加培土墙，并在周围竖立若干木柱以支撑房顶，房顶用树枝和草覆盖以避风雨。之后，先民才将居所从地下完全转移到地面之上，创造出由基础、墙壁和屋顶三大部分构成的地面建筑，并逐渐发展出高于地面的"土台建筑"。

与北方地穴和土台式建筑不同，南方由于湿润多雨，土质疏松潮湿，不宜挖地成穴用以居住，于是先民探索出"巢居"这种独特的方式。构木为巢，利用自然长成的树木建成居所，是先民适应环境的做法。由于居处较高，上下不便，加之在树上建巢既缺乏足够活动空间，亦不便储存较多食物，从而给人类日常生活带来了不少麻烦。经过长期探索，"巢居"逐渐演变为"半巢居"方式，即用山岩和大树为构架或在多棵树之间建造房屋；再往后，先民又创造出一种以地面为基础、由木柱支撑地板、以竹木结构为主而搭成的"木台建筑"。

---

① 晁福林：《先秦民俗史》，上海人民出版社 2001 年版，第 152 页。

从此，人类的居所从空中走向了地面。① 这种建筑离开了地表，既可通风防潮，又可避免毒虫伤害，而且立柱结构之长短和布局也非常灵活，能适应不同地形，有效应对潮湿闷热的气候和平原山地等复杂的环境，所以在南方地区得到广泛的运用。这在北方某些偏远地区也偶有所见，如青海省齐家文化时期的喇家遗址。②

木台建筑在很多考古遗址中都有发现，如三峡地区的屈家岭遗址、广西的顶蛳山遗址、浙江吴兴的钱山漾遗址等等，最具代表性的则是浙江余姚的河姆渡遗址。在该遗址中，人们发现了十余排由木桩、圆木和木板组成的建筑基址，在第四文化层中还发现了排列更加密集的木桩基址遗存。③ 根据出土的动植物遗存分析，新石器时代的河姆渡地区正值全新世大西洋气候期，温暖多雨，河湖沼泽化，水草地、草原、疏林空前发展，为木台建筑的大量出现既提供了必要条件，也提出了必然要求。④

木台建筑亦称"干栏式建筑"。其具体做法是：先在地面打下数排木桩，作为整个建筑的基础；继而在排桩上架设横梁，以起到平面承托的作用；然后在横梁上铺设木板，再于其上立柱、架梁、盖顶，并以竹木板材作为墙壁。由此，便形成了一种独特的多层式楼房，人栖其上，牛羊犬豕蓄其下，下层亦可储存生活

图 1-10　干栏式建筑

物品与其他杂物。这是一种高于地面的木土混合建筑，依靠精湛细密的榫卯结构来支撑房屋，并以长脊短檐、倾斜度大、两面坡式的独特屋顶，适应南方风

---

① 张宏彦：《试论史前考古与古环境研究的关系》，载《西北大学学报》（自然科学版）1995 年第 6 期。
② 叶茂林等：《青海民和喇家遗址发现齐家文化祭坛和干栏式建筑》，载《考古》2004 年第 6 期。
③ 浙江省文物管理委员会等：《河姆渡遗址第一期发掘报告》，载《考古学报》1978 年第 1 期。
④ 魏华：《略谈新石器时代我国的干栏式建筑》，载《文物世界》2013 年第 2 期。

大雨多的气候条件。①

　　仅由以上简述即可看出，早期的居所建筑包含有大量的技术要素与设计理念，这无疑要靠教育即示范与模仿来传承。在巢居和穴居阶段，所传承的内容更多集中于如何选材、如何布局、如何选取穴址、如何垫土夯筑等；地面居之后，随着婚姻和家庭组成方式的转变，教育内容更注重氏族间的友爱、互助、尊老慈幼等道德观念的传承。例如，西安半坡遗址中有一座规模很大的长方形房屋，"主室是氏族议事和原始宗教活动的地方"，"主室内右为女柱，左边为男柱，男女成年，即在各自的柱前举行成丁仪式"。② 氏族长老在"主室"内举行氏族会议，氏族成员学习如何与人相处、如何处理事务等习俗，同时学习尊老敬长、氏族团结的伦理风尚。

四、原始艺术教育

　　在获取生产资料和生活必需品的同时，人类也非常注意丰富日常生活，美化生活环境。至少在母系氏族时期，先民就已具有了独具特色的音乐和舞蹈，还创造出了丰富的绘画、雕刻作品，我国早期的艺术教育活动由此产生。

（一）音乐舞蹈教育

　　乐舞或歌舞起源于先民的劳动过程和生活实践，是原始民俗和生活教育的重要内容。音乐原是为协调劳动动作、增强集体力量、减轻劳作疲劳而创作的劳动号子，也用于抒发人们生活中的各种感受。最初的音乐往往是即时性、口头性的，舞蹈也是原生态的，具有极鲜明的情景性，因而乐舞之类的活动极易随时间流逝而衍化或绝传。尽管如此，在传世文献和古文化遗迹中仍保留下来一些珍贵的线索和物证，使我们能够略窥远古乐舞及其教育活动的蛛丝马迹。

　　我国历史文献提到的早期乐舞主要有两类。一类乐舞是以氏族能人的创业经历或事迹命名的，如《韶》《云门》《大咸》《承云》等。《韶》亦称《大韶》，因用编管排箫为主要吹奏乐器，又称为《箫韶》，是虞舜时代敬颂先祖的祀典乐曲；《云门》是歌颂黄帝丰功伟绩的乐舞，因黄帝代表的氏族以朝日云霞为图腾

---

　　① 吴汝祚：《河姆渡遗址发现的部分木制建筑构件和木器的初步研究》，载《浙江学刊》1997年第2期。
　　② 陶愚川：《中国教育史比较研究》（古代部分），山东教育出版社1985年版，第6页。

而得名；《大咸》又称《咸池》，"咸池"是神话传说中的日落之地，表现祭奠先祖亡灵的内容；《承云》则是颛顼在位时命乐官采集民间音乐而制作的乐曲，乐声"熙熙凄凄锵锵"，用以表达对天帝的敬重。[1] 这些乐舞向民众传达出丰富的教化信息，如敬佩英雄、敬颂祖先、敬畏上天等，也有助于增强氏族民众的凝聚力和向心力，因而本身即为一种教育活动。

另一类乐舞以部落称号而命名，如"葛天氏之乐""朱襄氏之乐""伊耆氏之乐"等，反映出远古时代一些部落能歌善舞的活动特质。这在先秦文献中有不少记载，尤以《吕氏春秋》最丰富。如该书的《大乐》《侈乐》《和乐》《古乐》等篇，都是专论古代乐舞活动的文字。如《古乐》篇云："昔古朱襄氏之治天下也，多风而阳气蓄积，万物散解，果实不成，故士达作为五弦瑟，以来阴气，以定群生。"该篇还有如下生动的记载：

> 昔葛天氏之乐，三人操牛尾，投足以歌八阕：一曰《载民》，二曰《玄鸟》，三曰《遂草木》，四曰《奋五谷》，五曰《敬天常》，六曰《达帝功》，七曰《依地德》，八曰《总禽兽之极》。

这是中国第一篇保存最完整的歌舞活动的记载，被学者称为"歌舞之祖""远古的狂欢"。表演时由三人领舞，众人齐和，与舜时乐官夔所说"击石拊石，百兽率舞"[2] 的状况非常相似。这说明，早在葛天氏时期，先民就已具有了亦牧亦农的生活方式。如上八段乐舞中，《载民》是整个舞乐的开篇，歌颂的是"负载人民的大地"[3]；《玄鸟》欢呼春回大地的喜人景象，歌颂了玄鸟（即羽毛黑色的燕子）这只"春天之神"；《遂草木》即"顺草木"，歌唱的是狩猎、畜牧方面的内容；《奋五谷》即播散五谷，模拟农业劳作的情景，表现了先民树艺五谷、祈求丰收的生活习俗；《敬天常》是祈敬上天、再现日月天象的内容，是对上苍进行祭祀的乐舞；《总禽兽之极》则是乐舞的高潮和终曲，以性狂欢为特色，通过模拟动物形态来表现先民心中的生殖崇拜和喜悦之情。[4] 这些乐舞活动，在后世少数民族日常活动中多能见到。尤须一提的是，以上乐舞是由三人分别手执

---

[1]《吕氏春秋·古乐》。
[2]《尚书·益稷》。
[3] 杨荫浏：《中国古代音乐史稿》，人民音乐出版社 1980 年版，第 5 页。
[4] 孙文辉：《巫傩之祭——文化人类学的中国文本》，岳麓书社 2006 年版，第 157—176 页。

牛尾（即黄牯牛、白水牛、黑水牛之尾）、顿脚踏着节奏唱出的。这与我国西南地区的彝族、白族、傈僳族等少数民族中至今犹存的"打歌"（亦称"踏歌""打跳""跳歌""跳乐""左脚""跌脚"等）民俗极为相似，足可证明这一历史记载的真实可靠。

考古遗迹中发掘出的许多物品，为探索我国早期教育活动提供了有力的物证。例如，人们通过对贾湖遗址墓葬的数次发掘，共出土了25支骨笛。这批骨笛多置于墓主人股骨两侧，由鹤类动物腿骨制作而成。对遗址中出土的泥炭和木炭标本的碳十四测定（经树轮校正）表明，其年代距今约7800—9000年，属典型的新石器时代。[①] 骨笛有五孔、六孔、七孔和八孔数种，能吹奏出6—7声音节，有音乐家还以此吹奏出了完整的现代乐曲。这说明，早在母系氏族时期，先民就已具有了较为成熟的乐器制作技能。又如，骨哨是先民早期歌舞时常用的乐器，由大型鸟类的翅骨钻孔制成。这在考古遗址中也多有发现。如1959年在江苏省吴江县梅堰遗址、1973—1974年在浙江余姚河姆渡遗址、1979年在河南省长葛县石固遗址等地，均发掘出了大量骨哨。碳14测定（经树轮校正）表明，这些骨哨距今至少在6000—7000年以上，亦属新石器时代物品，为裴李岗文化或良渚文化时期的遗物。[②] 再如，陶埙是我国北方常见的古老乐器，有1—6个音孔，音声空旷悠远，是先民非常喜爱的吹奏乐器。这种乐器在考古遗址中发现得更多，如在西安半坡遗址、陕西省临潼市姜寨遗址、陕西省淳化县黑豆嘴遗址、河南省郑州市大河村遗址、河南省尉氏县桐刘遗址、甘肃省玉门市火烧沟遗址、河南省偃师二里头遗址等地，均出土了各种形制和形状的陶埙。[③] 这些陶埙亦属于新石器时代的器物。此外，陶鼓、摇响器（陶响器）、陶铃、陶钟（陶铙）亦为先民时常使用的伴奏类乐器，这在新石器时代的遗址中也有很多发现。[④] 以上出土的各类乐舞器材，为研究先民艺术教育活动的开展状况提供了无

---

① 河南省文物研究所：《河南舞阳贾湖新石器时代遗址第二至六次发掘简报》，载《文物》1989年第1期。

② 河南省文物研究所：《长葛石固遗址发掘报告》，载《华夏考古》1987年第1期；江苏省文物工作队：《江苏吴江梅堰新石器时代遗址》，载《考古》1963年第6期。

③ 参见尹德生：《原始社会末期的旋律乐器——甘肃玉门火烧沟陶埙初探》，载《西北师院学报》1984年第3期；郑州市博物馆：《郑州大河村发掘报告》，载《考古学报》1979年第3期；中国科学院考古研究所洛阳发掘队：《河南偃师二里头遗址发掘简报》，载《考古》1965年第5期。

④ 参见王子初：《中国音乐考古学》，福建教育出版社2003年版，第67—86页。

可辩驳的物证。

（二）绘画雕刻艺术

绘画和雕刻与人类生活息息相关。早期的雕刻包括骨雕、牙雕、陶雕和石雕等不同种类。这些作品既反映出先民对生活的理解和展望，还可看出环境对人类生存的影响，乃是先民进行艺术教育活动的实物载体和效果体现。这类作品在考古遗址中有极多发现，此处仅举数例略析。例如，考古证物显示，河姆渡人在距今约7000年以前，就掌握了较为精细的器物创造技术，并于其上绘制艺术作品。除部分佩饰是审美物品外，绝大多数器物既是实用物品，又是审美对象，体现了河姆渡人自发的审美意识。[①] 在器物创造过程中，他们继承了旧石器时代钻孔、染色、磨光等手法，形成了独特的艺术表现力。研究表明，河姆渡人制作陶器时，已经使用了泥条贴筑和慢轮修整技术，而且常用木拍、鹅卵石将器物压光，还用竹木和尖锥工具雕刻，使器物更光滑、更规则，纹饰也更精美。特别是其中的划画手法，诸如压印、拍印、捏塑、堆贴等，起到了明显的装饰性效果。[②] 这些艺术创作技巧，诸如着色的技巧、工具的使用、敲凿和磨刻的方法等等，无疑需要通过示范与模仿之类活动来传承。

与河姆渡等地的南方陶器不同，北方陶器上的各种绘画和雕刻更多地表现出浓墨重彩、粗犷豪放的特色，有的绘画作品还被赋予了更多象征性意义。例如，大地湾遗址是位于甘肃省秦安县邵店村附近的新石器时代的人类遗址。自1978年开始，甘肃省文物工作队对该遗址进行了持续性的田野发掘，发现了大批地画作品。这些作品描绘人物时，常常运用影象式的没骨画法，描绘动物时则用线条加以勾勒，反映出先民已能针对不同对象运用不同的表现手法。相关研究表明，地画中最重要的人物不是凌驾于众人之上的威严神祇，而是与氏族成员和睦相处并对后代具有庇佑作用的祖先，有着温厚、淳朴的面貌。[③] 由此表明，到新石器时代，人类已很大程度地摆脱了对自然的依附，着重于表现人自身的力量。这无疑对后代深具教化意义。

---

① 朱志荣：《河姆渡器物的审美特征》，载《浙江社会科学》2006年第6期。
② 吴玉贤：《河姆渡的原始艺术》，载《文物》1982年第7期。
③ 张朋川：《迄今发现的我国最早的绘画——大地湾原始社会居址地画》，载《美术》1986年第11期。

再如，河南省临汝县庙底沟遗址出土的彩陶绘画《鹳鱼石斧图》，画面生动形象，惟妙惟肖，颇具故事性、观赏性与情境性。[1] 该图绘于陶缸的一侧，约占缸体面积的一半，用笔夸张，线条粗犷，是一幅很有气魄的大型作品。画面的左边为一只侧立的高大白鹳，衔着一条"听话"的鱼，右边竖立着一把圆弧状巨斧。在构图方面，作品由鹳、鱼和巨斧三部分组成，两侧大，中间小，使画面显得极为工稳；鹳鸟为了叼起这条鱼，两足前撑，身子略为后仰，极具动态平衡的艺术效果，表现出掌控一切、高高在上的气势。在用色方面，鸟身用白色平涂，鱼和石斧都用粗犷的黑线勾勒，对比十分鲜明；鱼尾和石斧的把手则施以重色，以增加整个画面的厚重感。

特别有趣的是，鹳和鱼的比例相差很多，大小对比突出，孰胜孰败已一目了然。尤其是鹳和鱼的眼睛，被做了完全不同的处理：鹳眼画得很大，目光炯炯，俨然一位颐指气使的征服者；鱼眼则画得很小，似乎已经无力挣扎，只能静而待毙。此外，画面右边竖立的那柄巨斧，斧刃向外，似在恫吓众人，彰显出主人的气概和威势；白鹳两眼盯着斧背，则好像是在看管着自己的权势，不容他人染指。斧是金文"王"字的雏形，亦为远古的兵器，大概表现主人生前的赫赫事功。远在数千年前，先民能够创作出这样富含意蕴且结构合理的作品，不仅表明人们已掌握了艺术创作的一般规律，也折射出艺术教育活动的作用和成效。

艺术创作不仅需要构图和用色方面的技巧，还须通晓数学方面的知识，这在考古证物中也有反映。例如，西安半坡的元君庙遗址曾出土了一件陶钵，上面绘有一个复杂的几何形图案。经测量，其长宽分别等于钵身的周长和三角纹的高度。研究人员推测，要做到这些，必须计算出器面展开的长度并予以等分，

图1-11　鹳鱼石斧图

① 张绍文：《原始艺术的瑰宝——记仰韶文化彩陶上的〈鹳鱼石斧图〉》，载《中原文物》1981年第1期。

再根据等分部分的大小来计算三角纹及其间距大小。换言之，要装饰这个几何形图案，必须具备测算圆形陶器周长的知识，以及对周长及三角纹之角予以等分的能力，即须掌握数学上的"除法"。此外，这些三角纹由9层或10层锥刺点构成，底边为9个或10个等距的锥测点。这样，几比是先锥刺底边，而后逐层减少锥刺点，直到三角之尖，还是先锥刺三角纹之尖，再逐层增加锥刺点，直至底边，都说明陶工已具有了"数"的概念和"加""减"的能力。[①] 也就是说，陶工制作三角纹及其组合图案时，除追求画面的对称美感外，还运用了许多数学方面的知识。由此可见，先民在进行艺术教育活动时，也包含着数学知识等方面的教育，从而印证了艺术教育活动的丰富性和多样性。

五、原始宗教教育

在每一个历史悠久的地区，宗教都是发源甚早的一种活动。作为一种社会存在，较为成型的宗教一般具有如下四大要素：宗教观念（或思想）、宗教情感（或体验）、宗教行为（或活动）、宗教的组织和制度。在人类生活的早期却不是如此。当时人们的知识水平相对有限，对于周围环境的认识往往是零散、模糊、直观的，因而早期的宗教活动乃是人们对环境要素的信仰与崇敬，也是对宇宙存在的一种尝试性模式解析。

人类最初的宗教教育活动是以各种崇拜的方式进行的，经历了从自然崇拜到灵魂崇拜与祖先崇拜再到更高层次的图腾崇拜的历程，表征着先民对世界认识的不断深入。与此相伴的是祭祀活动，包含有大量的教化内容，形成了不少语言和行为禁忌，进而演变为后世的"礼"（仪范规则）教和"乐"（音乐、舞蹈、诗歌）教。

自然崇拜是人类对环境万物的崇敬，包括对日月星辰、风雨雷电等自然现象和鸟兽鱼虫的崇拜。在人类早期，与先民息息相关的是动植物，最初的宗教观念也就来自于对它们的思考。研究表明，至少在早期智人时期（30万年前），先民就具有了模糊的宗教意识，产生了"万物有灵"观念。在渔猎时代向农耕时代转变的过程中，人类逐步开始对其他自然物体的崇拜。太阳是人类生活、

---

① 李国钧、王炳照总主编：《中国教育制度通史》（第一卷），山东教育出版社2000年版，第34页。

万物生长不可缺少的，能给人带来光明和温暖；在有月光的夜晚，人们也可以
感觉到光亮和安全。于是，对太阳、月亮等自然物的崇拜活动逐渐出现。

继自然崇拜而起的是灵魂崇拜和祖先崇拜，主要表现是形成了埋葬和祭祀
死者的习俗。人类最初尚无灵魂观念，对死者也没有埋葬仪式，甚至还会在食
物短缺时将死者拿来食用。随着时间的推移，先民们逐渐认识到，虽然死者已
逝，但灵魂依然存在，极有可能还活动在特定区域里。在先民看来，这些神灵
神通广大，如果不好好安置他们，灵魂就会作祟降祸。灵魂与祖先崇拜由此产
生。这种将万物与鬼魂、祖先同祭的礼俗，实质上将祖先的地位抬升了起来，
从而向致祭、参祭者传扬了氏族、血缘的重要性。这不仅可以表达对祖先的眷
恋之情，也有助于强化血缘观念，学会祭拜的各种仪式，培养伦理道德观念和
进取精神。

上述活动在考古学和民俗学方面都有证据。前者如上文所述的大地湾所发
现的地画，居于画中最显眼位置的就是氏族祖先。民俗学研究则表明，在西双
版纳的傣族聚居区，每个村社都有自己的祖先，称为"丢拉曼"（即寨神）；鄂
温克族将氏族之神称为"舍卧刻"，每逢人们打到野兽，就将兽血涂在这些神的
身体之上，或用兽油来祭祀；鄂伦春族把"阿娇鲁"作为氏族祖先之神。除祭
拜各氏族的祖先之外，人们也祭祀一些有创业之功的先神，如神农、周弃（稷
神）、帝喾（观天象造神）、尧（禅让天下）、舜（耕于历山）、鲧（治水而死）、
禹（治平水土）、颛顼（教民创造财富）、契（教育）、冥（治黄河而死）。[1] 黄帝
是中华民族共同的祖先，也是上古时期众多发明和劳绩的拥有者，因而受到很
多民众的祭拜，至今犹然。

图腾崇拜是在自然崇拜基础上产生的，是将某种物象作为超自然神灵进行
祭拜的活动。远古时期，先民相信人与某种动物、植物或其他自然物之间有一
种特殊的联系，认为每个氏族都源于这种动物或植物。这种物就是该氏族的图
腾，如龙、凤、熊、罴、虎、豹、貔、蛇等。图腾是氏族的集体象征和重要徽
记，是保护氏族的至上神祇，被视为神圣不可侵犯的东西。[2] 图腾信仰对早期社
会的经济、文化和艺术都产生了影响，在绘画、雕刻、舞蹈、建筑上都烙上了

---

① 范文澜主编：《中国通史简编》（第一编），人民出版社 1965 年版，第 193 页。
② 宋兆麟、黎家芳、杜耀西：《中国原始社会史》，文物出版社 1983 年版，第 469 页。

图腾的印记，至今还能见到很多例证。

在母系氏族时期，图腾崇拜极为盛行。考古发现，在一些部落联盟的首脑驻地，门外都竖立着代表各氏族部落的图腾柱；在马家窑出土的彩陶上，人们还发现了鱼、蛙、鸟以及人首虫身等图像。[①] 后世很多的少数民族也保留着图腾崇拜的遗迹，如鄂伦春族、鄂温克族和赫哲族共同信仰熊图腾；贵州省某些地区的苗族则保留着祭龙的仪式。在图腾崇拜活动中，年轻人聆听图腾的神话故事，增进对图腾祖先的情感，知晓氏族发展的历史，也学习祭祀方面的礼仪。同时，绘制、雕刻图腾的过程也是美育活动的过程，不单是绘画技术的训练与学习，也是审美能力以及审美情趣的培养与激发过程。

与崇拜活动关系密切的是祭祀，这在考古学遗址中也有不少发现。例如，1979 年，考古工作者在辽宁喀左县东山嘴村发现一座红山文化时期的遗址，其中心部分为一大型方形基址，前端部分为石圈形台址和多圆石砌基址。经辨认，多圆形基为三个相连的圆形基址。遗址中出土了大量陶器、石器和骨器，如浅腹钵、敛口钵、敞口盆、圈足盘、亚腰斧等；石圈周围有若干妇女陶塑像，腹部凸起，臀部肥大，孕妇特征明显；方形基址内还出土有双龙首璜形玉饰和鸮形绿松石饰物。[②] 妇女塑像群的发现，足证该遗址具有祭祀生育神、农神和土地神的多重意义。再如，考古学者 1987 年在浙江余杭瑶山发掘了一处良渚文化祭坛遗址。祭坛建在小山顶上，平面略呈方形，边长约 20 米。坛面中心有一红土台，长约 7.6 米，宽约 6 米，围绕红土台有一灰土带。祭坛上的墓葬内出土了许多玉质礼器，表明祭坛可能是祭司和贵族们祭天礼地的场所。[③] 祭祀活动不仅仅是向神灵表达敬意，也能够向民众传播思想观念和行为禁忌，加强氏族成员间的团结，而且一般认为，祭祀活动也是我国后世"礼教"之渊源。

与教育活动关系更密的是巫术和巫师。巫术是进行宗教活动所需的技术及其表现形式，是利用虚构出的法术和手段来达到人类主观愿望的一种方式。原始巫术有多种表现形式，如祈求式、诅咒式、灵符式、占卜式等。按性质划分，

---

① 白寿彝总主编，苏秉琦主编：《中国通史》（第 2 卷），上海人民出版社 2004 年版，第 256 页。
② 郭大顺、张克举：《辽宁省喀左县东山嘴红山文化建筑群址发掘简报》，载《文物》1984 年第 11 期。
③ 浙江省文物考古研究所：《余杭瑶山良渚文化祭坛遗址发掘简报》，载《文物》1988 年第 1 期。

巫术可分为两种：一是通过供奉、讨好等手段，祈图祖先和鬼神保护，免灾降福；二是通过咒骂、驱赶等手段，驱鬼辟邪，保佑平安。随着巫术的逐渐复杂化，巫师这一特殊阶层开始形成。巫师一般受过专门训练，掌握一定的宗教和其他方面的知识，并且会施行"法术"，具有半人半神的特点，是原始宗教的解释者、宣传者和执行者，也是我国最早意义上的知识分子。在人类社会早期，无论开战、庆贺，还是成丁礼、婚丧嫁娶乃至为人治病等活动，都由巫师主持；到氏族社会后期，甚至连新生儿的接生、取名等等，也要巫师参与。因而，巫师在先民生活中有着举足轻重的地位。

　　史前巫师的巫术占卜活动，不仅有祭台、祭坛等遗址可供证明，在考古学方面也能找到其他证据。例如，在龙山文化、齐家文化等地的遗址中，考古工作者就发现了许多动物的骨骼，其中不少为卜筮活动的产物，有着明显的烧灼痕迹。在这些卜骨中，有的灼号烧得较老而出现裂痕，有的多达50多个灼号。这些灼号或裂痕即是用来占验凶吉的。[①] 再如，在山西龙山

图1-12　故宫藏良渚玉琮

文化的陶寺遗址、安徽潜山的薛家岗文化遗址、广东曲江的石峡遗址，都发现过玉质或石质的琮类物品，其形状外方而内圆，为中空长筒状。在江苏省吴江县草鞋山文化遗址中，人们还发现了迄今最大的一件玉琮，其上端刻有圆圈，下为火形符号，底部内侧刻有斜三角记号。[②] 台湾学者张光直综合分析后认为，琮类物品绝非如外国学者所说，是原始纺织业使用的工具，其兼含方圆的形象寓意"天圆地方"，为贯通天地之意；而各地发现的玉琮或石琮多出土于大型墓中，足证琮类物品乃是原始社会巫师的遗物，是先民借以通天达地的"法器"。他进而认为，在中国历史上，应该有一个巫政结合并产生了特权阶级的时代，

---

　　① 白寿彝总主编，苏秉琦主编：《中国通史》（第2卷），上海人民出版社2004年版，第340—341页。

　　② 汪遵国：《良渚文化"王尽葬"述略》，载《文物》1984年第2期。

可称为"玉琮时代"。①

不论巫术起源于何时，可以肯定的是，巫师乃是上古氏族生活中最重要的人员。他们常常集医药、术数、乐舞等技能和文化、历史知识于一身，是先民心目中的全知全能之人。由于巫师身份特殊、地位显赫，因而其"技术"是保守很严的。在不得已的情况下，主要以两种形式秘密传授：一种是师传徒受，一种是父传子受（如彝族的"毕摩"，就是父子相传）。教育方式则是示范与讲解，辅以必要的行为训练。巫师授徒都有严格的要求，也有正规程序。例如，鄂温克族和鄂伦春族都是长期信仰"萨满教"的民族。每个氏族都由萨满（巫师）主持宗教祭祀活动。学者研究表明，在鄂温克族中，要成为一个萨满是很不容易的，其具体要求和程序是：

> 做一个萨满，就必须要学会一整套的法术。往往是拜外氏族的萨满为师，为期三年，每年夏季举行三天的领神仪式。老萨满在训练新萨满时，第一年最为隆重。以鹿或犴祭奠萨满的主神（即"舍卧刻"神），在"仙人柱"里火位的北边立两棵神树，左边是落叶松，右边是桦树，两棵树间拉一皮绳，把献祭的鹿或犴的心脏、食道、肺、肝等挂在其上。在这两棵神树之前还立两棵小神树，同样是一松一桦，把献祭的鹿或犴的血涂在小神树上。与此同时，在"仙人柱"的西边还要挂一月亮，东边挂一太阳，都是木制的模型。另外用木头做成的两个大雁和两个布谷鸟，也在"仙人柱"的东西两边各挂一个。

> 到了第四年，新萨满的法具已备齐，举行最后一次的隆重仪式。从此，新萨满就可以独立地进行宗教活动了。②

事实上，萨满在古代鄂温克等族中不仅是氏族首领，还是氏族生产生活的组织者，氏族习惯法的解释者和维护者，须有很高的素养。可以说，在人类由愚昧走向文明的进程中，巫师不仅是科学技术的保存者和传播者，也是精神文化的重要创造者，在文化传承的历史进程中发挥了独特的作用。

---

① 张光直：《中国青铜时代》，三联书店1999年版，第289—304页。
② 秋浦等：《鄂温克人的原始社会形态》，中华书局1962年版，第98页。

第四节　氏族末期的教育活动及学校教育的萌芽

氏族末期即父系氏族时期，即考古学所称的金石并用时代和青铜时代。这一时期，手工业逐步从农业中分离出来，制陶业、制铜业、纺织业逐渐独立且形成规模；相应地，氏族社会的政治制度也产生了新的变革，由部落逐步过渡到部落联盟与军事民主阶段。[①] 在此背景下，我国早期的教育活动出现重大变化，活动的内容和层次更加多样，出现了最早的文字，还产生了学校教育活动的萌芽。"这样，我们就走到文明时代的门槛了。"[②]

一、"禅让制"及其教化意蕴

所谓"禅让制"，乃是帝王通过一定的仪式和程序，将权力和地位让渡给他人的制度。一般而言，"禅让"有广义、狭义之分。凡是将权位和平让渡给他人的，无论让给本族还是他姓，即为广义的禅让；狭义的禅让则是指氏族社会末期异姓或异族之间的权位让渡。前者在历史上为数不少，从先秦至晚明皆有其例；后者则存在于传说中的"五帝"时期或唐虞时代，主要发生在尧、舜、禹之间，并以禹之子启建立起"家天下"的世袭制而告终。

禅让反映的是最高政权的变更状况，与教育活动似乎关涉不大，但细究之下并非如此。因为一方面，通过对禅让之背景、程序和要求的分析，可以看出一定社会形态下文教活动的政策走向；另一方面，禅让可视为特殊情况下特殊形式的人才选拔活动，所以通过对受禅者必须具备的素养、才能等内容的分析，亦可窥见一定时期有关人才的养成目标和教化思路。即是说，禅让不单单是政治活动，更是一种深层次的教育活动。因此，在本书的后续章节，我们将对此进行认真分析。更何况，作为起源较早的一种活动，禅让足可发挥出巨大的示范效应，背后亦有着深刻的社会教化意蕴。所以在此对这一活动予以专门探讨，

---

① 严文明：《论中国的铜石并用时代》，载《史前研究》1984年第1期。
② 恩格斯：《家庭、私有制和国家的起源》，人民出版社1972年版，第162页。

且以此提领后续相关各章。

有关资料表明，早期社会的"禅"可能是一种礼仪活动；或起源于"墠"字，本义为打扫、整治郊野的土地以供祭祀，后演变为祭祀用的平台。许慎释"禅"为"祭天也；从示，单声"①，说明"禅"原本是一种祭天活动。"让"则是让渡权和位的意思。根据史书记载，禅让的宗旨和实质是"让贤"。禅让是多因素作用的复合过程。禅位之人应该具有"公天下"的胸怀，受禅之人不仅要有深孚众望的贤德、出类拔萃的才能，还须具备某种神圣的资质，再经过一整套神秘庄严的仪式，才足以在神权政治时代实现权与位的合法性、权威性交接。

通过一定的仪式和平地让渡权力，常被后世传为美谈，因为这给权位易主之类惯常需靠武力方能实现的事件披上了一层温情合法的外衣。然而，对禅让之事持怀疑与否定态度的也不乏其人。如荀子明言："世俗之为说者曰：'尧、舜擅（禅）让。'是不然。天子者，势位至尊，无敌于天下，夫有谁与让矣！"②《竹书纪年·辑校订补》称："尧德衰，为舜所囚。舜囚尧，复偃塞丹朱，使不与父见。"刘知几《史通·疑古》篇亦称："尧之授舜，其事难明，谓之让国，徒虚语耳。"《韩非子·说疑》篇说得更直接，谓：

> 舜逼尧，禹逼舜，汤放桀，武王伐纣。此四王者，人臣弑其君者也，而天下誉之。察四王之情，贪得人之意也；度其行，暴乱之兵也。然四王自广措也，而天下称大焉；自显名也，而天下称明焉。则威足以临天下，利足以盖世，天下从之。

这是法家对古代"圣王"最直白的批判和怀疑，揭露出所谓的"圣王"云云，无非是以威压众、以利驱民之辈，绝非儒者所称的"承天之命""施泽于民"③。当然，这是法家为其"法后王"的主张服务的论说，所言虽不能全信，但也反映出战国学人对禅让活动的存疑。

纵观各种材料，最激烈的否定观点来自以顾颉刚为代表的"古史辨"派。他们不仅认为远古禅让的故事渺茫难信，而且认定此说"乃是战国学者受了时

---

① 许慎：《说文解字》，中华书局 1963 年版，第 9 页。
②《荀子·正论》。
③《孟子·万章上》。

势的刺激，在想象中构成的乌托邦"，是由"墨家为了宣传他们的主义而造出来的"，① 然后"经墨家的鼓吹，渐渐成熟，流入了儒家的学说中，儒家本来是富于整齐增饰故事的本领的，他们既漆出舜禹禅让的故事来，于是尧、舜、禹成为禅让故事中的三尊偶像"②。此说一出，在学术界引发了相当激烈的论辩，至今余声不绝。有研究者指出，近世以来对禅让的指斥实质上源于一种对时间标识的误读，是用一种后世的文化和心态去解读早先发生的文化和心态的现象，正如当年欧洲白人入侵美洲，以其奸猾心态去判断当地友好的印第安人一样，是不相信世上还有心怀善意的人类的表现。③

　　尽管对禅让之事尚有一些怀疑，但现今学界多已承认，上古时期的禅让活动确曾发生过，只是可能不如后世描绘得那般温文尔雅、美好理想而已。事实上，该活动不仅《尚书》《史记》等传世文献明确有载，揆诸其他资料，也可间接证实。例如，在我国古代一些介绍边裔或非华夏族群的文献中就有这种活动的类似反映，如《三国志·乌丸传》注引《魏书》云：

　　　　乌丸者，东胡也。……俗善骑射，随水草放牧，居无常处。……常推募勇健能理决斗讼相侵犯者为大人，邑落各有小帅，不世继也。数百千落自为一部，大人有所召呼，刻木为信，邑落传行，无文字而部众莫敢违犯。

　　乌丸在史书中亦作"乌桓"，是发展较为滞后的非中原族群。由"邑落各有小帅""数百千落自为一部"等情况看，其社会形态应为氏族或部落，必要时才结为部落联盟，所处发展阶段正与中原华夏诸族上古时期的状况相当。族中的"大人"和"小帅"是不能世袭（不世继）的，通过"推募"才能担任其职，足证部落首领须经选举才能产生，任期有限。另外，《魏书·宕昌羌传》有相似的文字，记载古羌族的一支在部落联盟形成之前的状况：

　　　　宕昌羌者，其先盖三苗之胤……姓别自为部落，酋帅皆有地分，不相统摄，宕昌即其一也。俗皆土著，居有屋宇……国无法令，又无徭赋。惟战伐之时，乃相屯聚。不然，则各事生业，不相往来。

　　① 顾颉刚：《禅让传说起于墨家考》，见《古史辨》（第七册·下编），上海古籍出版社1982年版，第30—107页。
　　② 童书业：《"帝尧陶唐氏"名号溯源》，见《古史辨》（第七册·下编），上海古籍出版社1982年版，第1—30页。
　　③ 朱小丰：《论禅让制度》，载《社会科学研究》2003年第3期。

宕昌羌"国无法令，又无徭赋"，说明其尚处于前国家阶段；但已有部落酋帅而"不相统摄"，说明部落联盟还没有正式形成；从各部落"战伐之时，乃相屯聚"之情形来看，行之日久就会产生军事酋长。军事酋长既为公推，则无疑不能世袭，年老或不称职时就须代以他人。

近些年来，尤其自《古代社会》和《金枝》等海外经典著作得以译介后，我国学者多已认识到，古代文献中的所谓禅让，实即原始部族首领的民主推举制，这为研究古代禅让制提供了新的材料和视角。民族学和人类学资料显示，史前人类共同体首领民主推举是由来已久的。摩尔根的调查表明，美洲印第安人推举产生首领就是以氏族组织为基础的；在那些还没有氏族的组织中，推选的基础是摩氏所称"伙婚群或甚至比这更早的游牧群"组织。他说：

> 在易洛魁人塞内卡部中，每逢一个首领死去时，本氏族的成员就举行一次会议来提名继任人。按照他们的习惯，必须在两名候选人当中投票表决，这两人都得是本氏族的成员。每一个成年的男女都被召集来，让他或她表示赞成选谁的意见，得到最大多数人同意的候选者就成为被提名的人。但还需要得到其余七个氏族的同意才算正式完成提名手续。其余的氏族为了商讨这件事按胞族举行会议，如果他们拒绝同意此人，则提名无效，本氏族就要另选别人。当本氏族所提名的人获得其余氏族认可以后，选举才告完毕。但是，新的首领仍须经过部落联盟会议的授职，或照他们的说法，叫作经过"推举"（raised up），才能就任。以上就是他们授予"最高领导权"的方式。①

英国学者弗雷泽也有相似的研究。他在名著《金枝》中记述了大量原始部族首领产生的过程与状况，如中世纪俄罗斯南部的喀萨尔人、南亚马拉巴尔海岸的卡利卡特人、同在印度半岛的基拉卡邦人以及斯堪的那维亚半岛上的古代瑞典等。例如，对非洲的调查表明：

> 朱库人是尼日尔河大支流贝努埃河上的一个未开化的部落。在他们的国家里，"盖特里城是由一个王统治的，他是由该城的头人们用以下方式选出来的。当头人们认为，国王统治得够久了，他们就传出话来，说'国王

---

① ［美］摩尔根著，杨东莼、马雍、马巨译：《古代社会》（上册），商务印书馆 1977 年版，第71 页。

病了'——这是个公式，大家都懂得，意思是他们要杀他了，不过这个意图从来没有更明白地说过。然后他们决定谁当下一个王。他统治多久须要由要人们聚会决定；这个问题的提出和回答是由每人往地上投小木棍来表示，他认为新王该统治多少年，他就投多少根小木棍"①。

就是说，原始部族的首领并非终身制职务。当人们认为有必要时，就可以根据一定的程序和方法予以更换。弗雷泽指出："据我们掌握的材料可以确定，许多古代希腊国王在位的年限只有八年，至少每当八年之期终结时，要重新举行就任圣职的仪式，重新接受神所恩赐的新的活力。"② 事实上，在神性充斥的上古时期，任何一次重大的天灾人祸，都可能被先民看作是部落首领失去神性的标志，都可能引发让权位于其他有神性者的事件，即出现禅让之类行为。

从 20 世纪后期开始，考古学界出土了不少能够与传世文献进行比照的新石器时代晚期的资料，为研究早期文明提供了前所未有的条件。如郭店一号墓出土的《唐虞之道》《穷达以时》，《上海博物馆藏战国楚竹书》收录的《容成氏》和《子羔》等，都言及上古时期的禅让。其中，《唐虞之道》还明确将禅让制度与利天下观念联系起来，有所谓"尧舜之王，利天下而弗利也。禅而不专，圣之盛也。利天下而弗利，仁之至也"之语。这些竹简在沉埋千载之后重新面世，似乎为禅让活动的存在提供了新的证据。

史料表明，禅让作为上古时期最重要的一大活动，不仅极其郑重严肃，而且有一整套严密的程序。那么，受禅之人应有哪些条件？活动又是怎样进行的呢？《史记·五帝本纪》云：

> 舜年二十以孝闻；三十而帝尧问可用者，四岳咸荐虞舜，曰"可"。于是尧乃以二女妻舜，以观其内；使九男与处，以观其外。舜居妫汭，内行弥谨。尧二女不敢以贵骄事舜亲戚，甚有妇道。尧九男皆益笃。舜耕历山，历山之人皆让畔；渔雷泽，雷泽上人皆让居；陶河滨，河滨器皆不苦窳。一年而所居成聚，二年成邑，三年成都。

----

① [英]詹·乔·弗雷泽著，徐育新等译：《金枝》（上册），新世界出版社 2006 年版，第 399 页。

② [英]詹·乔·弗雷泽著，徐育新等译：《金枝》（上册），新世界出版社 2006 年版，第 410 页。

　　由此可知，舜虽然因孝而名显于世，但仍要接受尧对其理家为人、外务能力、治理能力等各方面的考察。在经历了这些考验之后，尧帝尚未满意，还要考察舜的识人、任人以及处理联盟内外事务的才智。如此经过数年后，尧才有将帝位传给舜的意思。

　　尧对舜如此，那么，舜对禹禅位时的情形又是怎样的呢？史料表明，舜对禹也是经历了长期的考察，才最终决定禅以帝位的。舜对禹主要考察其治理洪水、教民农作等实践与业绩。《史记》载，虽然禹"为人敏给克勤；其德不违，其仁可亲，其言可信；声为律，身为度，称以出；亹亹穆穆，为纲为纪"，但舜仍不放心，继续对禹进行考察。《史记·夏本纪》说：

　　　　禹伤先人父鲧功之不成受诛，乃劳身焦思，居外十三年，过家门不敢入。薄衣食，致孝于鬼神；卑宫室，致费于沟淢。陆行乘车，水行乘船，泥行乘橇，山行乘檋。左准绳，右规矩，载四时，以开九州、通九道、陂九泽、度九山。令益予众庶稻，可种卑湿；命后稷予众庶难得之食。食少，调有余相给，以均诸侯。

　　禹为治理洪水劳身焦思，且身先士卒，为民创造福祉，处事公允。正因其德、其行受到人们的推崇，历经十余年，禹最终被推为舜的继承人。

　　由上可见，先民对禅让之事是极其严肃的。虽然《史记》对此活动有所记载，但所说的多是舜、禹理政的业绩，对禅让的具体程序言之不详。对这一程序记载得最为完整的是《尚书·虞夏书》。该书的《尧典》和《舜典》云：

　　　　帝曰："咨！四岳。朕在位七十载，汝能庸命，巽朕位。"岳曰："否德，忝帝位。"曰："明明扬侧陋。"师锡帝曰："有鳏在下，曰虞舜。"帝曰："俞！予闻，如何？"岳曰："瞽子。父顽、母嚚、象傲，克谐。以孝烝烝，乂不格奸。"帝曰："我其试哉！女于时，观厥刑于二女。"厘降二女于妫汭，嫔于虞。帝曰："钦哉！"

　　　　虞舜侧微，尧闻之聪明……乃命以位。慎徽五典，五典克从；纳于百揆，百揆时叙；宾于四门，四门穆穆；纳于大麓，烈风雷雨弗迷。帝曰："格！汝舜。询事考言，乃言厎可绩，三载。汝陟帝位。"舜让于德，弗嗣。

　　上文中的"四岳"一词，实际上就是各地方的部落酋长；帝尧"咨！四岳"，则是部落联盟首领尧召集部落酋长们开会议事。综合《尚书》相关记载，禅让的整个过程可分为提名、认定、考核、执政、登位等几个环节。由上文可以看出，仅就提名和认定两个环节而言，就至少具有如下情形：第一，继承人的问题由部落联盟首领在议事会上提出来，但提名一般不由他而由别的酋长提出；第二，被提名不一定获得通过，联盟首领可以反对酋长们的意见，反之亦然；第三，只有在与会者一致同意的情况下才能做出决定。①

提名和认定环节尚且如此慎重，对候选人的考察就更严格了。据上文所载，尧对舜经过三年的考察，认为舜已经完全有能力登上帝位了；舜却认为自己德才还有欠缺，表示愿将帝位让给其他有德者。经过长达二十八年的历练，直到尧去世时，再通过一整套的仪式，舜才"格于文祖，询于四岳，辟四门，明四目，达四聪"②，最终登上了帝位。

《尚书·虞夏书》中的上述记载，当然不能排除后世儒者的加工，研究者认为，这是较为忠实地记载了禅让活动的可信史料，后人整饰的成分较少。③ 从整个过程来看，禅让活动是在民主提名、共同讨论、长期考察等基础上进行的，贯穿着原始的"代议制"精神。这与易洛魁人、古希腊、古罗马时期实行的"一致同意"原则基本相同，而与人们习常以为的"一言堂"式的"选贤让位"说有着原则的区别。

虽然《尚书》中对禅让过程记载得较明确，但关于舜和禹的人品人格，直到孟子那里才逐步清晰起来。这在《孟子·万章上》篇中有详细的阐述。当时，万章、咸丘蒙对禅让颇有疑窦，曾就舜"何为其号泣也？""然则舜怨乎？""象日以杀舜为事，立为天子，则放之，何也？""尧以天下与舜，有诸？""舜有天下也，孰与之？""舜既为天子矣，敢问瞽瞍之非臣，如何？"等问题请教孟子。于是，孟子借题发挥，对舜的德行修养、为人处事，舜如何对待亲属等做了大段论述，字里行间充满溢美或开脱之词。诸如说舜"君子可欺以其方，难罔以非其道"，"仁人之于弟也，不藏怒焉，不宿怨焉，亲爱之而已矣"，"孝子之至，莫大乎尊亲；尊亲之至，莫大乎以天下养"，"天子不能荐人于天，不能使天与

① 王汉昌：《禅让制研究——兼论原始政治的一些问题》，载《北京大学学报》（哲社版）1987年第6期。
②《尚书·虞夏书·舜典》。
③ 彭邦本：《先秦禅让传说新探——传世文献与出土资料的综合考察》，四川大学2006年博士学位论文。

之天下"，还说舜"居尧之宫，逼尧之子，是篡也，非天与也"等，无非欲将尧舜描绘成"敦厚"的圣贤、"孝悌"的典范、"举贤"的楷模，以达到宣扬其思想的目的而已。这种托古人以售其说的举动，难免遭到战国时人的批评和怀疑。

不过，由此亦可看出，到战国时期，即便是在儒家内部也有人开始怀疑"圣王"之"圣"者为何了。事实上，在上古"民神杂糅"的神秘文化氛围下，只要有突出的才能、开放的胸襟，具有为部落联盟认真做事的实绩，又能按照民主规制公正办事，即德才兼备者，就能脱颖而出，得到族群的拥戴，并不非要具备后世儒家所张扬的孝悌仁义之类的素。正如荀子所明言："夫曰尧舜擅（禅）让，是虚言也，是浅者之传，陋者之说也。"① 因此，儒家将此类素养强加在禅让活动中，乃是一种"画蛇添足"的蠢举。此举不但引发了人们的种种疑窦（如尧之"衰"、舜之"孝"、禹之"私"），而且削弱了禅让活动"公天下"的行为实质，冲淡了"禅"这一活动的原始礼教内涵；更为关键的是，这还窄化了禅让过程中可贵的民主参与原则和一致同意精神，淡化了禅让活动的社会教化作用。

二、手工业者的技能及其传承

如果说，禅让以万众瞩目的活动特质而能够发挥引领风尚、教化人心的功用，那么，手工业者之间的技艺传承则是氏族社会末期的又一种实实在在的教育活动。较之以往，这一时期手工业领域出现了许多重大变化，至少表现在如下几方面：一是制作技术水平显著提高，如纺织品制作得更加细密精致，制陶慢轮修整技术改为快轮技术，玉器制作由使用解玉砂（金刚砂）变为使用砣具（集切割、雕刻、抛光功能于一体的新型工具）等等。二是出现以红铜、青铜为代表的新型原材料和新兴行业，从此金属器具走入先民的生活，我国进入所谓"金石并用时代"和"青铜时代"。三是基于建筑技术不断进步和生存与防卫的需要，很多聚居地变为邑落、城市，甚至成为部落联盟的中心，从而使手工业者的相互学习与交流更为便捷，也使大规模的联合与协作成为可能。由此，我国出现了人类历史上的"第二次大分工"，即农业和手工业的分离。四是上述种

---

① 《荀子·正论》。

种变化，还使得手工业者间的技能传承逐渐走出了早期"示范加模仿"的活动模式，系统传授、操作训练、工艺设计等成分日益增加，从而使该领域教育活动的行业化、专门化特征日臻显明。

因此，虽然前文对于技能传承活动已着墨甚多，但如上这些重大变化，使得我们仍然不能不对此期手工业者的技能传承进行专门考察。在我们看来，这类活动因其专门化特征日益凸显，因而足可与萌芽于社会上层的学校教育活动一起，并视为此期教育活动的"两璧双星"。事实上，自此次社会大分工之后，不仅手工业者因长于制作祭祀器物而使其社会地位有所提高，其技艺与理念的传承也成为先秦教育活动的一大内容；以后商周时期的以职为氏、世守其业、分业而教等，无非是这一活动的延续和深化。这些内容将在本书的后续章节中予以考察。由于篇幅所囿，且为避免与前文重合，此处不再对制陶、制玉、纺织等技能及其传承进行探讨，而是立足"青铜时代"的历史背景，仅对铜质金属的开采、冶炼和加工方面的技能与传承活动略予论析。

红铜即纯铜、天然铜，也称紫铜，韧性和延展性都较好，但质地很软，不适合制造工具器物，所以红铜时代仍以使用石器为主，该时代也就成为石器时代向青铜时代的过渡期。青铜是红铜与锡或铅的合金，颜色青灰，故名青铜，熔点在 700℃～900℃之间，比红铜的熔点（1083℃）低。含锡 10% 的青铜硬度为红铜的 4.7 倍，性能良好。关于中国何时进入红铜时代，现今观点不一。考古学工作者在陕西姜寨遗址、山东胶县三里河遗址及辽宁牛河梁红山文化遗址等地出土的文物中都发现过铜制品（铜管、铜片、铜锥和铜环）。有学者据此判断，齐家文化和龙山文化时期，即为中国的红铜时代。[①] 不过，红铜制品在我国并没有得到广泛的使用，因此也有学者认为中国没有经历过红铜时代。与之不同的是，青铜由于硬度较高，所以被广泛运用于器具制造，我国也就存在过众所公认的"青铜时代"，时段从氏族末期延至周代，历时一千余年。

青铜采冶业是从石器加工和烧制陶器的生产实践中逐渐产生的。人们在寻找和加工石料的过程中，逐步识别了自然铜与铜矿石；在烧制陶器过程中积累起来的丰富经验，为冶铜业提供了必要的高温知识、耐火材料、造型材料与造

---

① 路迪民：《论中国铜石并用时代和青铜时代的分期》，载《西安建筑科技大学学报》1999 年第 1 期。

型技术。例如，龙山文化遗址中出土的黑陶和白陶的烧陶温度均与铜的熔点接近，当时使用陶模具制作泥坯和印制花纹等技术与铸铜的模具功能有相似之处，冶铸用的熔炉、型范等都是陶质用具，炼铜用的木炭也与烧陶所用的燃料一致。[1] 因此，人们在制作石器或为寻找原料而出没于山丘时，逐渐认识了自然铜与孔雀石等铜矿石，采掘这些金属原料很可能就成了他们的新工作。

有关情形表明，最早的采矿是从地表挖掘开始的。当发现矿脉或矿带向深部延伸之后，工匠们创造了从地面向地下挖掘竖井，并由竖井底部向四周开拓巷道的方法。当发现深部还有矿石后，又从巷道中向下开挖竖井。这种井并不直接通向地面，故称"盲井"。用这种方法采掘时，一般须在井巷中用木质的框架做支护。框架通常用榫卯式或内撑式搭接法制作，能够承受巷道的顶压、侧压和底压，确保坑下人员的生命安全和采掘工作顺利进行。综合而言，采用竖井、平巷、坑采等方法，可以从地下较深的地段掘取矿石，比露天采矿效率高、数量多、省工时。此类矿藏知识与开创技巧，当然是工匠们在长期实践中积累和探索出来的，也须通过实践活动实现传承。

铜矿开采如此复杂，其冶炼和加工技术就更为繁复了。这不仅需要具备很多物理和化学知识，对于温度、湿度、气压乃至模具类型、铸造方法、修整技术等等，都有很高的要求，对各种操作规程规定得更为严格。遗憾的是，由于此类技术是在工匠之间传承的，没有留下确切足够的文字记载，加之冶炼场地常常因在矿山附近而被湮没，因而考古资料亦数量极少，于此仅能约略述之。

在金属冶炼方面，目前虽经努力，人们也只发现过部分早期炉壁、坩埚残片、矿石等物；虽然也发掘出一些炉渣的残留，但即便对这些残留物进行细致分析，也无法推知之前的冶炼过程与技术；至于矿物的物相和熔融温度，提纯过程中的物理化学变化等等，就更难以知晓了，因而只能依据现有材料进行推测。有学者认为，早期金属中的原始青铜和黄铜，很可能是利用共生矿或某种混合矿偶然炼出的，在技术上与紫铜的冶炼并无太大区别，与后世的铜合金冶炼却有不同，因为没有繁杂的金属提纯和人为合金配制过程。[2] 至于早期冶铜、铸铜所用设备，主要包括两大类型。一是坩埚，这在临汾煤山龙山文化遗址等

---

① 何堂坤：《中国古代金属冶炼和加工工程技术史》，山西教育出版社 2009 年版，第 37—39 页。
② 严文明：《论中国的铜石并用时代》，载《史前研究》1984 年第 1 期。

处都可看到。坩埚设备虽被研究者认定是用于化铜的，但肯定也能用于炼铜，只是外部尺寸须大些而已。二是地穴炉，目前尚未发现有关实物。早期冶炼遗址一般接近矿山，地穴炉不易保存下来，是否使用过，还只能是推测。郑州牛砦发现过化铜留下的炉壁残块，目前尚难分辨残块属于地穴炉还是坩埚炉，但地穴炉的可能性是不能排除的。[1]

从冶金和矿物学角度而言，早期的炼铜原料主要是如下三种。一是自然铜，即原本存在于自然界中的铜块和铜粒，几乎大小铜矿都有一定藏量。其组织和成分都不甚均匀，或晶粒较粗，或包含细小的角状晶，或有较大的空穴，隙缝中还经常沉集一些非金属杂物，故须经冶炼和锻打之后才可铸造器皿。二是单金属氧化矿。早期冶铸遗物中所见主要是孔雀石，这在山东栖霞和湖北铜绿山古坑道中都有发现。孔雀石又有铜绿、绿矿、绿青、石绿等名称，其冶炼产品是红铜。三是单金属氧化矿的某种混合矿，或多金属共生矿。在仰韶、龙山、齐家文化时期，我国主要有铜—锡、铜—铅、铜—锌等多种共生矿，冶炼产品是原始铜合金。学者综合各种资料后认为，早期的用铜、冶铜大体上经历了三个不同的阶段：一、直接利用自然铜，用冷锻、热锻或熔铸方式成型。二、利用单金属氧化矿直接冶炼出红铜；利用双金属、多金属共生矿或某种混合矿冶炼出原始青铜、原始黄铜或原始砷铜；利用冷锻、热锻、熔铸等方式成型。三、利用两种或两种以上的矿物金属，采用某种方式，冶炼并配制出铜合金。[2]

从出土文物来看，我国铜器铸造技术很早就已发明。最早的铜器是仰韶文化时期的遗物，距今已有 6000 余年。到龙山文化时期，工匠们铸造出了形制更为复杂的铜铃、铜鬹和铜容器。铜器铸造技术一般使用的是单面范、双合范或多合范，前者如东乡铜刀、武威皇娘娘台的铜刀等，后者如从皇娘娘台采集的条形器等。只有少数几件器物，如陶寺遗址的铃形铜器、王城岗遗址发掘出的容器、广河齐家坪遗址出土的空首斧和素面镜、尕马台七角星纹镜等，造型较为复杂。[3] 学者研究表明，山西陶寺遗址发现的铃形铜器，其铸造工艺程序应该

① 韩汝玢、柯俊：《姜寨第一期文化出土黄铜制品的鉴定报告》，见半坡博物馆等编《姜寨——新石器时代遗址发掘报告》，文物出版社 1988 年版。
② 何堂坤：《中国古代金属冶炼和加工工程技术史》，山西教育出版社 2009 年版，第 25 页。
③ 河南省文物研究所等：《登封王城岗遗址的发掘》，载《文物》1983 年第 3 期。

包含如下五个环节：首先作一个泥模，并依模翻范；其次是阴干、分型；第三是做芯子，还要设计好固定芯子的范芯座；第四为烘范、合范；第五为浇铸。[1] 之后，用陶质复合范浇铸制作铜器技术得到了更为充分的运用。陶范的选料、塑模、翻范、花纹刻制均相当考究，浑铸、分铸、铸接、叠铸等技术日渐成熟。随后发展出来无需分铸的失蜡法工艺技术，更是铜器铸造工艺的一大进步。

铜器铸成后，其上常常还要钻孔。钻孔技术大约发明于旧石器时代晚期，到新石器时代发展到了较为成熟的阶段。该技术最早用来钻制骨器、蚌器和石器，之后才运用于铜器，在技术方面是一脉相承的。考察表明，安徽含山大城墩遗址出土的两块斧形铜饰牌都很薄，应是锻制而成的，其后端有一小孔，像是由两面对钻出来的。[2] 这是我国最早的金属钻孔实例。此外，在早期发现的铜器中，陶寺铜铃、尕马台七角星纹镜都是穿了孔的。[3] 可见钻孔技术较早就在铜器上得到了运用。

由以上简述可以看出，相比其他生产活动，铜器制作的程序更为复杂，至少包括开采矿石、冶炼铸造、加工修整等几大类的成套工序和技能。这就要求从业者不仅有一定的行业知识，掌握工艺技术，并且需要相互之间的协调与合作。例如，仅就采矿来说，就须包括矿藏辨认、巷道支护、照明、排水、提运等一系列复杂的工作。因此，工匠们不仅仅需要相互学习，相互借鉴，还必须树立整体流程观念和全局意识。如此一来，手工业者之间的教育活动不但突破了"示范加模仿"的早期模式，也不单单停留在系统传授、操作指导等技能层面上了，更包含着相互联合、共同协作的集体性教育理念以及成败与共、尊师敬长的伦理性教育内容。由此，不仅使手工业领域成为一所规模庞大的"实践性学校"，也开后世手工业者"行规教育"活动的先河。

三、学校教育产生的背景与条件

如果说，手工业领域如上状况足可视为氏族末期教育活动的一大特色与构成，那么，萌芽于社会上层的学校教育活动更值得关注，因为这是教育活动由

---

① 李京华：《中原古代冶金技术研究》，中州古籍出版社 1994 年版，第 16—19 页。
② 张敬国：《含山大城墩遗址第四次发掘的主要收获》，载《文物研究》1988 年第 4 期。
③ 何堂坤：《中国古代金属冶炼和加工工程技术史》，山西教育出版社 2009 年版，第 35 页。

自然形态走向制度形态的最重要体现。正因如此，在很多教育史著作中，对于萌芽状态的教育活动都浓墨重彩地给予阐述。有鉴于此，本着"详人所略、略人所详"的原则，本书仅对此类内容略予提及。

（一）显贵的形成引起教育活动的分化

人类社会任何现象的产生都是有其原因、背景与条件的，学校教育活动的产生亦是如此。教育活动的分化即是学校教育产生的原因之一。父系氏族社会时期，随着禅让制式微，家族（部族）世袭制逐步产生，进而形成了最初的部落显贵，构成了社会的统治阶层。这些显贵不仅操控着权力和财富，也垄断了社会上层的教育活动。在管理生产、指挥战争、协调内部关系、主持会议和宗教仪式等活动的过程中，逐渐形成了专门的知识与技能。这些知识与技能既为显贵所把控，也成为巩固显贵地位的重要手段。

随着生产力的提高和社会的发展，脑力劳动和体力劳动开始分离，教育活动亦分化为培养劳心者的继承人教育和培养劳力者的社会性教育两大类。这种分化在舜时期已初露端倪，其后趋势日益显明。舜执政时期，设置了专门的公职人员，对显贵后代进行教育。舜命令夔掌管音乐事务，负责教导贵族的后代，以诗、歌、声、律施教，是社会上层专门针对继承人的教育。《史记·五帝本纪》载："契，百姓不亲，五品不驯，汝为司徒，而敬敷五教，在宽。""五教"是指"五常"之教，即父义、母慈、兄友、弟恭、子孝，用以教化百姓，属于社会教化的活动范畴。两类不同教育的逐步出现，既可视为教育活动内容丰富、类型多样的重要表现，也是受教育权利不平等的明显表征，预示着传统氏族社会行将解体。

教育活动的社会分层，使此期上层教育活动的内容和手段产生了新的变化，即教育内容日益脱离生产实际而日显其"文化"的特征，教育手段更加远离"示范加模仿"的模式；或者说，施于显贵后代的教育活动，其内容主要表现为军事教育、道德教育及礼乐教育，施教手段则表现出明显的强制性。[1] 具体说来，此期军事教育为部落之间的战争所必需，不仅训练作战技能，也包括武器的制作；道德教育强调"孝道"观念，以维护一夫一妻制家庭和私有财产的父

---

[1] 孙培青主编：《中国教育史》（第三版），华东师范大学出版社 2009 年版，第 7 页。

子相承；礼乐教育则用于沟通部落联盟内部的感情，增强相互间的团结，亦宣扬天尊地卑、男尊女卑等观念。为督促贵胄子弟勤于学业，统治者还明文规定可对学习者施以一定的惩罚，如《尚书·虞夏书·舜典》有云："象以典刑，流宥五刑。鞭作官刑，扑作教刑，金作赎刑。"其中的"教刑"即是对学习者施行的处罚。"扑"是榎楚做的木棍类刑具，由负责教育的官员执掌，实施"挞其背"的刑罚。《礼记·学记》中所谓的"夏楚二物，收其威也"，也是对"教刑"及其作用的一种表达。由此，"教刑"虽是诸种刑罚中较轻的一种，却也开"惩罚性教育"活动的先河，影响所及，后世屡见不鲜。

（二）文字的产生引发教育活动的需求

如果说，教育活动的分化为学校教育的产生提供了背景与条件，那么，文字的产生则为学校教育活动的产生提出了迫切的要求。后世虽有"仓颉造字"的传说，但这仅能表明我国文字起源较早，而不能视为个人所创。事实上，文字的产生是一个不断完善的过程，是先民集体智慧的结晶。由此也就引发了教育活动的新需求，即以学习、认识、掌握与刊写文字为特点的学校教育。

文字是记录信息、传播文化和传授知识的工具。在生产和生活实践中，原始先民发明了多种记事的方法，如结绳、木刻记事等，继而逐步发明出了文字。

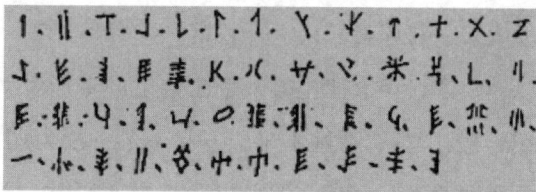

图 1-13　西安半坡的刻画符号

《易经·系辞下》曰："上古结绳而治；后世圣人，易之以书契；百官以治，万民以察。"这虽然有"英雄创造历史"之嫌，但所追述的其实也是早期文字的发明与使用状况。目前，关于我国文字最早发明于何时，学界的观点还不一致，这在前文已有不少陈述；但发明于数千年前的氏族社会时期，当是毫无异议的。另一毫无异议的是，先民最早发明的是用于记事和表意的刻画符号，之后才发明了象形文字。有学者据此认为，汉字起源于图画；由于实用的需要，它们才被逐渐符号化，进而形成了成熟的文字。① 近些年来，考古工作者在西安半坡、山东大汶口、四川大凉山、河南舞阳、浙江余姚等遗址中发现了大量的刻画符

---

① 汪宁生：《从原始记事到文字发明》，载《考古学报》1981 年第 1 期。

号，为我国文字发明之前的状况提供了丰富的演变证据，且将中国文字发展史向前推进了一大步。文字的产生及相关教学的需要，不仅直接推动了学校教育活动的产生，而且对文化积累、文明进步和社会发展发挥了不可替代的作用。

四、萌芽形态的学校教育

学校教育是一种制度化的教育形式，是教育系统和教育结构中的主体部分。严格而完整意义上的学校教育活动，须以教授文字、传承知识、传播文化为要务，须使受教育者掌握一定技能，养成一定素养，有助于其成长。在氏族社会时期，这种意义的教育活动尚未出现，因而只能将此期的学校教育称为"萌芽形态"。根据文献记载和其他资料，这类形态的学校教育活动主要有以下数种。

（一）明堂

明堂，相传为神农氏时期所设。神农氏是我国传说中的神话人物，是我国由渔猎时代走向农耕时代的代表性人物，或可视为一个善于农耕的部族的代称。如前所述，到农耕时代，先民已由逐水草而居逐渐变为筑房定居乃至聚落而居，所以，神农氏所设的"明堂"当为先民聚所附近的"大房子"。半坡等地的考古发掘表明，一个比较完整的早期氏族聚所，由一个广场和四周分布的若干大小房子组成；大房子为方形，周围环集着若干圆形小房子，构成一个亲族单位的居住群。考古学家认为，圆形小房子为先民日常的居住设施，方形大房子则是"议事厅""公共活动室"和氏族祭祀的场所，类似于后世宗族的祠堂，或《诗经》中所称"公堂"。①

对于早期"明堂"可能具有的功能，有学者做了如下推断：

> 明堂原是公众集会之处和各种集体活动的中心，具有祭祀、议事、处理公共事务、青年教育和训练、守卫、养老、招待宾客及明确各种人社会身份的功能。进入阶级社会以后，统治者利用明堂作为祭祀和布政施教之处，但原来明堂的各种功能仍有痕迹可寻。②

---

① 《诗经·豳风·七月》云："十月涤场，朋酒斯飨，曰杀羔羊。跻彼公堂，称彼兕觥，万寿无疆。"记载的是氏族成员于农闲时节聚于"公堂"宰羊饮酒、相互欢庆的场面。李亚农认为，公堂即古代的学校，"大概就是祠堂之类的也可作学校用的氏族公有的堂屋"。（李亚农著：《中国的奴隶制与封建制》，华东人民出版社 1954 年版，第 17 页）

② 汪宁生：《释明堂》，载《文物》1989 年第 9 期。

可见，明堂是一个多功能的公共活动场所，教育（或称教化）只是其功能之一，并不具备传承文字的功能；且明堂为神农时期所设，距今至少在 5000 年以上，所以，将明堂称为我国最早的萌芽形态的学校，或曰公共教化的场所，是较为恰当的。

（二）成均（韵）

成均，传说中"五帝"时代设立的教育机构，晚于明堂。按照古代字书的解释，"成均"本是指经过人为平整的平坦而宽阔的场地，即建在氏族部落居住区内的广场。这类广场在农耕地区较为普遍，收获季节用于打场或堆积收获物，同时也是氏族成员聚会、娱乐、举行规模较大的宗教祭祀活动或向氏族成员宣告氏族首领教令的场所。陕西临潼姜寨遗址母系氏族部落居住区的中央，便有一个面积达 1400 多平方米的广场；甘肃大地湾遗址中，在建筑面积达 130 平方米的"大房子"对面，也有一处近 1000 平方米的广场；在云南纳西族母系氏族居住区内，发现有类似广场的遗迹。凡此种种，足证成均之设确有其事。

早期的成均是氏族首领用酒款待"郊人"的地方，也在此举行一些集体性的祭祀活动，是施行社会教化的所在。之后，成均的功能逐渐有所变化，"学校"特色日显。《周礼·春官宗伯》云："大司乐掌成均之法，以治建国之学政，而合国之子弟焉。"郑玄亦解释说，"均，调也。乐师主调其音"，"成均之法者，其遗礼可法者"，即成均的乐教传统流传后世，成为借鉴；而"均字即韵字之古文。古代教民，口耳相传，故重声教。而以声感人，莫善于乐"。[①] 由此可知，成均历经演变，最后成了施行乐教的场所。

由于成均之学的记载多成书于后世，故其有无还需考诸各类文献且印证于考古发现。上古时期我国乐教发达，史书对此记载颇多。如相传太昊之时，作《立基》之曲；黄帝之时，命伶伦造律吕，命大容作《咸池》之乐。由此可见，乐教乃是上古时期的一种重要活动。近些年来原始乐器陆续出土，则为这一活动提供了有力的物证。如河南贾湖遗址、浙江河姆渡遗址、西安半坡遗址等地出土的大量骨哨、骨笛和陶埙，皆是先民常用的吹奏乐器；庙底沟遗址出土的陶钟是迄今发现的最早的打击乐器，马家窑遗址还发现了远古时期的陶号。这

---

① 孟宪承等编：《中国古代教育史资料》，人民教育出版社 1961 年版，第 31 页。

些考古发现均可证明，上古时代我国的音乐已具备一定水平；自然，先民也就有可能辟出专门场地，开展乐教活动。

乐教有固定内容、特定技能和独立形态，已有别于一般民众的生产和生活教育；相应地，乐的学习也成为一种身份的象征，是显贵子弟才有权学习的内容。舜命夔"典乐"以教胄子，且已有了专门乐师的设置，说明在成均受教的已是脱离了生产劳动的人，成均也已不是劳动部门而是专门的教育场所，因而足可称为我国学校教育活动的萌芽与开端。即是说，它虽不是正式的学校组织，但已经开展有目的、有计划的教育活动，带有明显专门化趋势，为后世学校和教育机构的产生奠定了基础。

（三）虞庠

除以上所述外，"庠"也是传说中我国早期的一种学校。相传庠为有虞氏之学，故也称虞庠，略晚于成均。《礼记·王制》云："有虞氏养国老于上庠，养庶老于下庠。"说明庠并不是一种真正的学校，而只是带有教育作用的养老机构。关于"庠"字，许慎释为"礼官，养老。……从广羊声"①。"广"字表形，意为房舍；"羊"指家畜之羊，为人类最早驯养的动物之一。所以有学者认为，庠最早应该是饲养家畜的场所，由体力较弱、责任心强的老者负责看管，以后才渐变为养老的所在。② 另一种说法是，有虞氏之时，只有族中的老者才有资格享用味道鲜美的羊肉，所以庠原本就是以羊肉献于老者的敬老之处。③ 以上两种解释的区别只是庠的起源有点不同，都承认庠是一种养老敬老的所在。我们认为把庠释为养老之所是有道理的，众所周知，在知识相对有限的上古时期，亦即美国著名人类学家玛格丽特·米德（M. Meed）所称"前喻文化"时代，阅历丰富的老者一般被认为是知识和智慧的化身，知晓各种生活礼仪和规范，因而会受到氏族中人的敬重；同时，老者也常常是对氏族作出贡献且体力较弱的人，有资格也有必要得到赡养。所以，敬老养老是十分自然的事情。更何况，养老活动就其本身而言，就是一种社会教化和伦理教育，能够向氏族后代传达血缘和族亲的情感与观念。

---

① 许慎：《说文解字》，中华书局 1963 年版，第 192 页。
② 喻本伐、熊贤君：《中国教育发展史》，华中师范大学出版社 2011 年版，第 10 页。
③ 孙培青主编：《中国教育史》（第三版），华东师范大学出版社 2009 年版，第 9 页。

据文献记载，关于庠的起源，还有另外一种说法。《礼记·明堂位》云："米廪，有虞氏之庠也。"米廪即"粮仓"之意，是氏族储存公共粮食的所在。这说明，到虞舜时期，先民的农耕技术已有了较大进步，农业产品出现了一定剩余，因而建起了储粮之所。在河南郑州大河村氏族房屋遗址中，发现两个储藏室，分别为约8平方米和2平方米，足证文献中有关"米廪"的记载应非虚言。米廪常由不便于劳动的老者看管，所以亦成为老者的聚集活动之地，和人们行敬老之礼的场所。无论起源者何，庠最终变为养老之所、教化之地，当无异议。氏族社会时期，无论礼仪习俗还是生产知识与技能，都需要有经验的老者传授给年轻一代。虞庠正是这种氏族部落共同抚养儿童、赡养老人的场所。

由此可见，上古时代所谓"学校"，既不是儒家褒扬的完美无缺的"大学"，也不是真正意义上的学校，但它们确是引导先民步入文明开化时代的重要途径，其中的某些传统也被中国古代教育所继承，并成为后世追述三代教育的理想化身。明确这种关系，正是描绘早期学校教育雏形的主要线索。

第五节　早期教育活动之补赘

除以上详述的各种生产教育和生活教育活动之外，我国早期尚有其他许多重要的教育活动，如成年礼活动、祭奠礼活动等。这些活动或郑重其事，或规制严格，或别具特色，亦可反映出早期教育活动的生动图貌。由于这些活动颇含教化意蕴，是不可置而不论的，加之前文对此未曾述说或述之不详，故撷取几例而析之，以为"补赘"。

一、成年礼活动：基于人类学、考古学和民俗学的研究

所谓"成年礼"，亦称"青年礼""加入式"（人类学术语），我国古代称为"冠礼"或"成丁礼"。这是史前部落中的一种极其重要的活动，且历代传承不辍，只是形式有所变化而已。有研究者指出，人一生要经历四个重要的"通过

仪式": 出生、成年、结婚和死亡。① 其中，成年仪式对于每个人而言都意义重大，因为这不仅标志着个体生理方面的完全成熟，而且标志着人走向社会生活的真正开始，标志着他们从此有权进入成年人的活动领域，以成年的姿态面对他人。换言之，对适龄氏族成员举行成年礼，不单单是其生理成熟的社会性认同，更是其开始社会生活的宣言，是其新型角色转换的表征。因此，在部落生活中，成年礼仪式隆重、肃穆而庄严，训练严格，考察苛刻，教化与规训的意蕴颇重。佛罗斯特认为，在某些史前部落中，适龄成员"要参加一系列的'仪式'，其内容通常包括一段时间的严格训练和考验。这段时间可由几天到长达几年。在典礼仪式的壮观场面下，青年被打上成人的标记，并且向他强调必须学习"②。对此，美国教育史学家孟禄说得更明白。他指出：

> 成年礼活动使得原始教育的教学得以进行。对于那些准备步入成年人社会的青年人来说，他们要被迫与部落中的其他人相隔离，学习一些成为部落正式成员所需要的许多神秘的东西。这一仪式就像复杂的现代教育一样，接纳个人进入社会生活方式是通过获得它的有组织的文化产物得以实现的。③

事实上，在举行成年仪式的前夕或活动过程中，氏族首领都要给即将成年的氏族成员讲述本氏族的历史、道德、规范或习俗。为了训练和考验他们，氏族中还形成了一些特殊的仪式，如拔牙、切割、隔离、绝食、烟熏、火烤、穿耳、文身、殴打、咬头皮、穿鼻梁、猎头等等，并且更改服饰和发饰。④ 凡此种种，说明成年礼仪式是隆重苛刻、一丝不苟的。

研究表明，氏族成年礼的形式主要有两种，即考验型和标志型。所谓考验型，就是通过一些较长时间的身体上的折磨来考验儿童的勇敢和毅力。有学者在研究了原始部落的活动后指出，成年礼的考验"是长久而严酷的，有时简直就是真正的受刑：不让睡觉，不给东西吃，鞭笞，杖击，棍棒击头，拔光头发，敲掉牙齿，黥身，割礼，再割礼，放血，毒虫咬，烟熏，用钩子刺进身体钩着

---

① 金泽：《宗教禁忌研究》，社会科学文献出版社 1996 年版，第 154—159 页。

② [美] 佛罗斯特著，吴元训等译：《西方教育的历史和哲学基础》，华夏出版社 1987 年版，第 11 页。

③ 瞿葆奎主编：《教育学文集·教育与教育学》，人民教育出版社 1993 年版，第 187—188 页。

④ 宋兆麟：《中国风俗通史·原始社会卷》，上海文艺出版社 2001 年版，第 277 页。

吊起来，火考验，等等。这些仪式的动机，无疑是想查明新行成年礼的人的勇敢和耐性，考验他们的丈夫气，看他们是不是能够忍受痛苦和保守秘密"①。所谓标志型，则既有人体标志型，也有服饰标志型，通过设置一些标志表明幼年儿童业已成年。如独龙族，十二三岁时开始义面，称为"绣面"；"绣面"过程极其虔诚、认真，过程结束，则意味着少年已经成年。与独龙族不同，纳西族通过改变服饰和服装来表示成年，被称为"更服礼"，即男子举行穿裤子仪式，女子举行穿裙子仪式。

以上活动与习俗，在考古学方面都有证据。例如，考古发现，在大汶口文化早期，我国已有拔牙以标志成年的习俗。墓葬中发掘出的拔牙者，年龄一般在 15—20 岁的性成熟期，个别为 25 岁左右。再如，人们在对江苏省邳县大墩子遗址出土的新石器时代人骨研究后指出，在 42 例人骨中，幼年个体中没有发现牙齿被拔除的现象，无论男性还是女性的拔牙者，其年龄都在 15—20 岁之间。② 有学者据此认为："拔牙是一个人成年的标志，以别处子，同时也是开始过婚姻生活的开始，所以拔牙也是招引异性的手段。如果未成年或不拔牙，尚不能生育，自然会'妨害夫家'。对于一个欲成年的人来说，拔牙是一种严峻的考验，也是一个人勇敢的标志。装饰的目的是取悦于异性，拔牙装饰就有这种作用。"③即是说，凡是拔牙的氏族成员，一般表示其已经获得婚姻资格，同时也是一种成丁的表示。

史前时代的成年礼，不只是一个人即将参与社会生活的宣告，更是一种集体身份的认同过程，氏族成员从此就可拥有组织归属的权利，所以这对每个人而言都极为重要。有学者在对考古遗址中的墓葬状况研究后认为："先夏文化如半坡遗址里幼儿的瓮棺葬，绝大部分埋在住房附近，可能就是因为那些夭折的孩子没有成人，所以不能进入氏族的墓地。"④ 还有研究者对摩梭人进行了专门的田野调查，表明成年礼对氏族成员有着无与伦比的意义。

13 岁以前，人的寿命还没有到手，还不能算一个完完全全的人，只能

---

① ［法］列维-布留尔著，丁由译：《原始思维》，商务印书馆 1981 年版，第 344 页。
② 韩康信等：《江苏邳县大墩子新石器时代人骨的研究》，载《考古学报》1974 年第 2 期。
③ 宋兆麟：《中国风俗通史·原始社会卷》，上海文艺出版社 2001 年版，第 103—104 页。
④ 戴庞海：《中国文化史探研》，大象出版社 2012 年版，第 25 页。

算一个小孩。不满 13 岁的小孩，没有什么规矩需要他们遵守。一般有人在 9 岁、11 岁、13 时为小孩举行成丁礼，之所以将其提前到 9 岁，是因为家中人希望孩子早点成人，早点把生命交给他（她），使其成为一个真正有自己生命的人。在摩梭人的规矩中，没有举行成丁礼的，还不能算是一个真正的人，他的生命还不稳定，还不能算一个人。所以，摩梭人在对待还没有举行成年礼的孩子时是有差别的。如果在没有举行成年礼以前就死去，家人就将其随便安葬，不能实行火葬，因为他还未成人，不能享受成人的待遇。没有举行这种仪式，就不能进入祖先坟地与祖先团聚，他将不能作为自己家族中的成员而存在，也不能享受后代对他的供奉与祭祀，不能进母屋中的火塘享受后人的拜祭。①

就是说，在摩梭人看来，如果没有举行成人礼，就不能得到身份的认同，不可能拥有成人的权利，连生命都不是属于自己的，甚至死后灵魂也得不到安息。换言之，只有通过了成人礼仪式，人才能算是一个完整意义上的人，才能真正拥有自己的生命，掌控自己的命运。

既然成人礼对每个人都如此重要，那么，整个仪式必然是极其郑重的，肯定有一整套严整庄重的"规定动作"。事实正是如此。例如，有学者曾对摩梭人的成人礼活动进行研究，展示如下步骤：

1. 冬至当日买好、裁好缝制新衣服的布，缝制时间无特别讲究；2. 请达巴占卜选择时辰；3. 通知村人，请人们参加孩子的成年庆祝；4. 仪式准备：酒、肉、干果、猪、牛、羊等；5. 达巴、喇嘛念经并烧香；6. 宣布仪式开始：鸣枪放炮；7. 达巴、喇嘛念经，"保爷"带着行礼者向四个方位鞠躬跪拜；8. 把行礼者的衣服烟熏后在狗身上象征性穿戴；9. 进母屋换衣服；10. 达巴呼唤家中祖先的名字，同时，主妇向祖先献食物；11. 换好（衣服）后跪拜喇嘛，听喇嘛念祝福经；12. 跪拜天地四方；13. 跪拜锅庄、达巴、喇嘛、经堂、父母、保爷；14. 劝在仪式现场的人吃肉喝酒；15. 宴请村人，接受祝福，餐后送客人归并还礼；16. 携礼品走访亲友，拜见家族

---

① 吴晓蓉：《仪式中的教育——摩梭人成年礼的教育人类学分析》，西南师范大学 2003 年博士论文，第 68 页。

中人，接受祝福；17. 锅庄晚会。①

由此可见，摩梭人的成年礼仪式是不厌其烦的，甚至可以说是相当烦琐的，要耗费很多时间。当然，这一活动不只庄重，亦包含着深刻的教育意蕴，因为从这些仪式中年轻人不仅可以学到尊老敬长、以礼待人等传统美德，体会成人仪式所蕴含的责任和使命，同时，在达巴、喇嘛诵经的过程中，也能习得族史、族规等内容，增强氏族团结与集体认同感。

概要而言，氏族时期的成年礼活动，其教育作用至少表现在以下方面：首先，成年礼是检验儿童成长和发展的标准，如考验型的成年礼即是对儿童勇敢、毅力和耐性的考察。其次，通过成年礼仪式，年轻人得以了解族内历史（神话和传说），学习尊老敬老、团结互助等美德。例如在瑶族的"度戒"仪式中，度戒者要随同戒师对天发誓，立誓行善积德、孝敬父母，忌挥霍浪费、欺负老幼等等。再次，成年礼活动亦是儿童告别"旧我"、迎接"新我"的过程。儿童通过这种仪式获得"新人"的身份，牢记作为一名成年者所应肩负的责任和应尽的义务。正如学者所指出的："生是在实际上分娩时开始的，但要完全成人则是在行了成年礼仪式以后的事。"② 最后，在整个成年礼活动的过程中，年轻人还要接受特殊的教育和严格的训练，有专门的场所和人员对他们进行教育和管理。这也为后来学校管理阶层的形成创造了条件。

二、产翁与坐床：一种古老而荒唐的习俗

前文已有所言，抹杀女性在人类早期生活中的种种劳绩，将贡献公然赋予或悄然转换到男性的神性人物身上，乃是后世文人的欺世盗名之举。这种现象中外古代皆有。其实，在人类历史上，还有更为大胆或曰无耻之极的举动，就是将生育权也从女性身上剥夺，即女性生了孩子，堂而皇之地"坐月子"的却是男性。这种习俗被称为"产翁"，也称"装产"或"坐床"。史料记载：

> 南方有獠妇，生子便起。其夫卧床褥，饮食皆如乳妇。稍不卫护，其孕妇疾皆生焉。其妻亦无所苦，炊爨、樵苏自若。又云：越俗，其妻或诞

---

① 吴晓蓉：《仪式中的教育——摩梭人成年礼的教育人类学分析》，西南师范大学 2003 年博士论文，第 62 页。

② [法] 列维-布留尔著，丁由译：《原始思维》，商务印书馆 1981 年版，第 300 页。

子，经三日，便澡身于溪河。返，具糜以饷婿。婿拥衾抱雏，坐于寝榻，称为产翁。①

女人刚生下孩子就不得休息，马上要去打柴、做饭、洗衣服，还要将饭菜端到装模作样地"拥衾抱雏"的男性身边，这可谓对女性权利最厚颜无耻的剥夺了。这种挑战人类常识的"大无畏"之举，不独古代中国才有，西方亦然。例如，西方有学者记述说：

> 大家当然晓得所谓"巴斯克的男产"（Couvade basquo）这个习俗。这个习俗就是当女子生了小孩子，是父亲坐床，是父亲假装作痛，大家也是照应父亲，几乎是很相信真是父亲生了小孩子了。并且邻居男女来贺喜的也是贺父亲，也是照应父亲……并不挂念于母亲，母亲仍然是专心去做她的家务。这个习惯并不是一个神话，它是真正存在的，并且从好几个世纪以来都是保存着的。……女子于生产以后，就即刻起来做事，如同绝没有遇着任何事故似的。当女子生了小孩以后，男子于此时，就自称伤痛，用最可笑的形式自己保重起来。至于那位真正生了小孩的可怜的弱女子，却不得不去做一切的事，不得不为她的丈夫去预备饭食，似觉是好等他恢复精力，能够起床。②

由此可见，在剥夺女性天然的生理权利方面，中西方有着惊人的一致性。那么，男性为何如此滑天下之大稽，公然将完全不属于自己的权利据为已有呢？学者分析说：

> 地球上有这样一种普遍的习惯，当然就需要有一种解释，我们的解释是："男子装产"的习惯，就是由"母系家族制度"到"父系家族制度"之一个过渡的形态的表征。……装产的习惯，是男子用来夺取女子的财产和她的品级之欺骗的手段中之一种。因为女人的生小孩子，就是在家庭中享得特权的原因。男子之所以装产，因为他要使人相信他也是生小孩子的人。③

①《太平广记》卷 483。
② ［法］沙尔·费勒克著，许楚生译：《家族进化论》，上海大东书局 1930 年版，第 139—142 页。
③ ［法］沙尔·费勒克著，许楚生译：《家族进化论》，上海大东书局 1930 年版，第 144—146 页。

　　可见，男子"装产"不纯粹是生理层面的问题，而是涉及两性间家庭利益的争夺、社会地位的较量和其他主动权的掌控，是男性从根本上废黜母系主导的一个重要手段。这就难怪男性们会如此大胆猖狂、恬不知耻，也难怪此类举动会成为"一种普遍的习惯"了。

　　为掩盖这种有违常识的赤裸裸的剥夺，男性们还煞费苦心地编出了一种理论上的说辞，即所谓"单亲生育论"。例如，在古希腊剧作家埃斯库罗斯的名剧《俄瑞斯忒斯》（一译《奥列斯特》）中，阿波罗就在大庭广众之下宣称：

　　　　母亲不能创造子女，也不能生育，只是给那种子提供滋养。是父亲创造，而她仿佛好客的主妇把客人接进家门，把那接受过来的胚胎加以保藏；对他给予关照，使神不能加害摧残。为了向你证实这种看法，我要说：是父亲创造，用不着母亲。①

　　就是说，母亲充其量也就是"种子"成长所必需的"土地"而已。"土地"无关紧要，可以随意更换；"种子"举足轻重，弥足珍贵。可见，"男尊女卑"的历史毒素不只古代中国有，古代西方亦然。

---

① 转引自曹大为：《中国古代女子教育》，北京师范大学出版社 1996 年版，第 52 页。

第二章
文教政策的生成与实施

  所谓文教政策，乃是由国家和政府制定与颁布的发展文化教育事业的总方针。它体现了一定社会和历史时期教育的性质、任务和基本内容，规定了办学的指导思想，影响着学校教育的体制、发展规模和侧重点。同时，它又是整个国家教育行政运行过程的一个重要环节，对教育行政具有纲领性的指导作用。文教政策的实施主体是国家和政府，实质则是国家意志在文化教育方面的体现。由于不同时代的政治、经济、文化以及社会其他背景有所不同，教育面临的形势和任务也不尽相同，因而历代文教政策的出发点、着眼点和侧重点也都有所不同。

第一节　先秦文教政策概说

我国历代统治者非常重视文教政策的制定。统治者通常利用文教政策来掌控舆论和政治走向，规范人们的思想行为，巩固自身统治。

一、文教政策与教育活动关系简析

文教政策作为官方颁布并强力推行、用以规范和指导文化教育事业的总方针，为教育活动的展开既规定了出发点，也指明了落脚点。虽然其规范、指导对象是文化和教育两大领域，但是，由于文化和教育之间有着极为密切的关系，而且由于我国历史上的教育既与政治统治密不可分，又与社会教化基本同义，因此可以说，文教政策很大程度上亦可视为教育政策。

从字面上看，文教政策往往表现为语言文本而非具体的教育活动，所以，要反映教育活动的发展历史，似乎不应将文教政策列为研究内容，细究之下却并非如此。这是因为，第一，文教政策不仅能在很大程度上影响和决定教育活动的性质和发展走向，还能形塑教育活动的面貌与特征；第二，文教政策亦常常表现为某种或特定的教育活动的结果，亦能折射出教育活动的影子；第三，文教政策形成和出台本身，亦可视为一种广义的教育活动。因此，要探析某一时期教育活动状况的深层原因，梳理教育活动生成、发展和演进的历史脉络，就不能不对文教政策及其实施状况乃至出台过程予以专题考察。

二、夏代存否之论与最早王朝之问

探讨文教政策必然涉及国家或政权的存在与否。因此，一个首先不能回避的问题就是夏朝是否存在。从先秦文献记载来看，我国是存在夏朝的；从考古学的角度来说，夏朝存在的真实性依然在探求中，还没有最直接有力的文物证据（如商朝的存在有安阳殷墟、甲骨文等证明）来证实夏朝的存在，所以西方历史学家对我国的夏王朝不予承认。《史记·夏本纪》中有夏代世系的明确记载，多数学者认为是可信的。但是即便如此，依然需要用考古和测量手段去找到并判断哪些是夏代的物质文化遗存，进而恢复夏朝的历史。

自1959年起，我国开始"夏墟"调查工作，拉开了夏商断代工程和夏文化探索的序幕。数十年来的考古调查和发掘工作，使夏文化探索的目标逐渐缩小。学术界现今基本认定，二里头遗址为代表的二里头文化就是夏文化，它为最终解决夏朝存在问题创造了条件。毫无疑问，夏朝是否存在是个棘手的学术问题，非我们绵力所能解决。在此，我们认定夏朝是存在的，其原因概述如下：

第一，从史书记载来看，我国历史上有过夏王朝。中国现存最早的一部记载上古历史的典籍《尚书》专列有《虞夏书》，对夏朝及之前的历史有所记载。如《禹贡》开篇即云："禹别九州，随山浚川，任土作贡。禹敷土，随山刊木，奠高山大川。"记载了大禹治水后划分了九州，确定了疆界，并制定出根据不同土地贡纳税赋的标准。这大概算是我国最早的"税法"了。《甘誓》则记录了禹的儿子启列数有扈氏的罪行以及讨伐出征前的誓言，云：

有扈氏威侮五行，怠弃三正，天用剿绝其命，今予惟恭行天之罚。

……用命，赏于祖；弗用命，戮于社，予则孥戮汝！

在《尚书》的《商书》与《周书》中，也有对夏之状况的记述。如《商书·汤誓》记载说："伊尹相汤伐桀，升自陑，遂与桀战于鸣条之野，作《汤誓》。王曰：'格尔众庶，悉听朕言。非台小子敢行称乱，有夏多罪，天命殛之。'"《周书·召诰》更明确地说："我不可不监于有夏，亦不可不监于有殷。"即周人明言要以夏商的教训为借鉴。上述这些，都足以说明夏确是存在的。

此外，其他文献对夏朝的事迹也有记载。如《诗经·大雅·荡》就有"殷鉴不远，在夏后之世"之诗句，《礼记·礼运》则称："今大道既隐，天下为家，各亲其亲，各子其子……故谋用是作，而兵由此起。禹、汤、文、武、成王、周公，由此其选也。"这段话将禹汤并称，把夏商齐观，道出了夏正处

图 2-1　偃师二里头墓葬

于我国从上古社会向阶级社会过渡的史实。《左传·昭公六年》云："夏有乱政，

而作禹刑；商有乱政，而作汤刑；周有乱政，而作九刑。"亦将夏商周并称，更确证了夏朝的存在，且表明到夏代国家的形态业已基本形成。《孟子·滕文公上》亦云："夏后氏五十而贡。"（每五十亩纳税）《史记·夏本记》也说："禹乃行相地宜，所有以贡。"如此等等，足见夏的存在并非虚言。

第二，即便从已有考古发掘来看，也不能排除夏朝的存在。据史书记载，禹的父亲鲧[①]居于崇（即嵩，今河南嵩山），禹原住在阳城（今河南登封），后都于阳翟（今河南禹县）。近些年来，通过对二里头遗址的发掘，找到了夏朝存在的不少证据。首先，在该地发现了大型宫殿遗址，其中二号宫殿东西为 58 米，南北为 72.8 米，规模相当可观，说明当时很可能已经建立起了国家。其次，在河南登封王城岗也发现了古城堡遗址，从中还发现了与城堡遗迹同时的奠基坑，坑内为夯土筑层，在两层夯土之间埋有成人与儿童的骨架，少者埋 1 具，多者埋 7 具。死者有成年男性、青年女性和儿童。这种现象应与当时遗址建筑的祭祀活动有关。这些遗迹属于王城岗二期，碳 14 测定的年代为距今 4000—5000 年，正好在夏纪年之内。

值得注意的是，考古工作者曾在山东济南附近龙山的城子崖发掘出大量文物（龙山文化），其中的陶器涂成内红外黑的颜色。经分析，其谱系应处于仰韶文化之下、殷商文化之上，即是说，这些物品当为氏族末期至夏代的文物遗存。此外，在龙山遗址还发现有若干文字，这更令人深思，因为如果说现已确证的殷墟文字已经达到较为成熟的程度，那么，其间必然有一个长时间演化的过程，由此推测，夏朝很可能也有了自己的文字，只是未曾有成熟的发现而已。所以，单从甲骨文发掘于殷墟这一事实，便认定我国文字只是从商朝始，进而否认夏朝的存在，也是没有充分依据和说服力的。

另一个问题更具挑战性，即夏朝是否我国历史上第一个正式的王朝。近些年，我国考古专家在浙江良渚遗址区内发现"中华第一城"——良渚古城。考古学界认为，这是继河南安阳殷墟遗址发掘后中国考古界的另一重大发现，或

---

① 有学者认为，鲧并非《史记》《山海经》等文献所认为的是位男性，而是上古时期的一位著名女性，因此才有"鲧复（腹）生禹"的传说；甚或是"鲧部落"或"鲧时代"的一种称谓，因而才有夏族治水的业绩。（参见曹大为：《中国古代女子教育》，北京师范大学出版社 1996 年版，第 17 页；王宇信：《由〈史记〉鲧禹的失统谈鲧禹传说的史影》，载《历史研究》1989 年第 6 期）

许能够改写中国历史，即由现在认定的夏为最早朝代，改成良渚古国为最先，因为良渚文化距今 5000 年左右，是远早于夏代的。

根据出土的陶器碎片推断，古城年代不晚于良渚文化晚期，也就是距今 4000 年以前。古城大致以良渚遗址区内的莫角山遗址为中心，城墙东西长 1500—1700 米，南北长 1800—1900 米，面积达 290 万平方米，是迄今我国发现的最大古城遗址。从位置、布局和构造来看，古城有"中心祭坛"和"中心神庙"，建有宫殿群落，生活着王和贵族。

目前，考古学界发现良渚时代的古城约有六十多座，小的只有十几平方米。良渚文化主要分布区域是今太湖流域，包括余杭良渚，还有嘉兴南、上海东、苏州、常州、南京一带；再往外还有扩张区，西到安徽、江西，往北一直到江苏北部，接近山东。专家认为，以良渚文化覆盖面之广，古城其实就是"良渚古国"之都。

毫无疑问，良渚既可能为古国且疆域广大，就应改写中国断代史，将我国文明时代大大提前。但是一方面，这并未否定我国有夏朝的存在，只是有可能将中国"最早王朝"的"桂冠"从夏代的"头上"移走；另一方面，尽管考古新

图 2-2　浙江良渚遗址全景图

发现非常重要，但由于发掘出的是建筑遗址，出土的是陶土器物等物证，尚无完整清晰的文字材料对良渚古国的政治、经济、文化、教育等情形给予印证性说明，因而目前对其文教政策是无法阐述的，只能有待时日。因此，我们此处梳理先秦文教政策，包括后文阐述其他内容时，仍然依照通史惯例，以夏代为我国王朝之始。

三、人与神、德与武关系的不同抉择

文教政策的出台与施行，其背后一般需要有较为统一的稳定政权为保障。上古传说时期，由于尚未形成强有力的国家形态的政权，因此严格说来，这一时期尚未推行过真正意义的文教政策，充其量仅仅出现了后世历代文教政策的

思想萌芽。与之相似，到了春秋尤其是战国时期，由于礼崩乐坏、战争频仍，诸侯国各自为政、策略不一，从而使得文教政策的规范性、统一性再度受到削弱。这是考察先秦文教政策时必须予以交代的两个特殊时期。

总体上看，先秦不同时期的文教政策，其侧重点是有所不同的，从而显示出各自不同的特色。具体而言，上古传说时代的文教政策，除"泛神"崇拜外，还以"五伦"之教为宗旨，突出的是以"德"教民的特色。夏朝在继承这一传统的同时，一方面对于天命已有所敬畏，但另一方面更注重军事教育和武士的养成，凸显出非常鲜明的"以武立国"的特色。商代虽然也注重军事教育，但更重视的是"率民以事神"，宗教教育被置于非常突出的位置。西周在借鉴夏商经验教训的基础上，文教政策的重心被重新定位在人伦方面，显示出对于上古文教政策的趋近和认同。而到春秋战国时期，文教政策的规范性、统一性受到了极大的冲击，加之一些思想比较先进的知识分子敢于突破传统，对天命、鬼神提出质疑，因而这一时期的文教政策具有鲜明特色。值得注意的是，在某些诸侯国，由于争霸图存的需要，尚武政策被再度倚重，从而表现出对于以往政策的某些"回归"的迹象。

由此可见，先秦不同时期的文教政策，实质上就是统治者根据不同的时代背景和任务目的，对于人与神、德与武关系不同抉择的结果，或者说，就是对于强调人伦还是尊崇天命，崇尚武力还是注重德教的不同选择的结果。先秦时期，尤其是西周之前，人们对于自然界、对于自身以及自身与自然界关系的认识能力相对不高，文教政策之出台不能不将重人还是重天作为首要问题来对待，即是说，宗教天命意蕴的多寡，乃是考察政策出台之背景时必须考虑的首要因素。有鉴于此，以下对于夏商周文教政策之背景的梳理也就不追求面面俱到，而主要着眼于人们对于人神关系或天人关系的不同态度与取舍。

第二节　上古时代文教政策的生成与实施

上古时代，由于生产力低下，自然条件异常恶劣，人们为了生存，需要与大自然进行斗争；但同时，人们对"威力无穷"的大自然又有着天然的崇拜，用古朴的仪式来表达对自然神的敬意。总的来说，这一时期人们对于文化、教育并没有形成特定认知；此时虽已产生了氏族部落联盟，但尚没有形成强有力的统一管理，不可能出台真正意义上的、为国家和政府所强力推行的文教政策。然而，历代文教政策的思想萌芽，正是在这一时期悄然萌生的。

一、文教政策的最初萌生

我国文教政策渊源甚古。在国家政权正式形成之前，已经可以追寻到文教政策的身影了。根据记载，我国历史上第一个文教政策当属舜对契所发布的教育指令，内容是舜告诫身为司徒的契要改善德行不足的现状，用"五教"来教化百姓，即《尚书·尧典》所云："契，百姓不亲，五品不驯，汝为司徒，敬敷五教，在宽。"后人多将"五品"解释为"五伦"，也就是君臣、父子、夫妇、兄弟、朋友；而"五教"即是"五伦"之教，进而衍生出"君臣有义、父子有亲、夫妇有别、长幼有序、朋友有信"五个方面的教育。

从"五伦"和"五教"的规范主体可以看出，这一政策的核心在于协调人与人之间的关系，由此达到社会教化的目的。舜在这里提出的"敬敷""在宽"，意思是要求缓慢而细致地推行社会教化。也就是说，推行文教政策的方式是通过"五教"，使"五品"逐渐渗透到人们的生活和行为中，作为生活和行为的基本准则，其实质就是推行以德为主的教育。此外，《尚书·尧典》还记载，舜对其属下指令说：

> 夔，命汝典乐，教胄子：直而温，宽而栗，刚而无虐，简而无傲；诗言志，歌永（咏）言，声依永（咏），律和声；八音克谐，无相夺伦，神人以和。

显然，这是以诗歌、音乐等教育后代，使他们提升素养的指令性政策，也是古人进行教育指导活动的证明。由此可以看出，上古时代，部落首领已经具有了一定的文化控制意识，开始使用指令、指导的方式推行社会教化。虽然相关记载零星可数，但无疑说明文教政策思想在这一时代已然萌芽。

二、文教政策的重心抉择

众所周知，进入氏族社会以后，我国社会的组织形式是以血缘关系为纽带的氏族。各部落以部落联盟的形式，在首领带领下从事生产和生活。在此情形下，文化、艺术、教育等更高一级的发展需求，自然也就被置于维持生存所必需的最基本的活动之后。因此，这一时期的文教政策并不像后代那样明确地独立出来，也没有清晰而具体的表述。

上古时代，各部落首要的目标是生存。要求得生存，不仅需要物质产品的生产，还需要集体生活的营造、人际关系的协调以及如何应对部落之间的战争。即是说，管理阶层面临着"德"与"武"关系的抉择。在此问题上，部落联盟首领们将重心放在了前者，即注意采取措施对民众进行教化。这种教化策略，就可以看作是文教政策的内容变式和最初形式。

这一时期，文教政策思想主要寓于部落的对外交往和内部生活中，以厚德感化为主。实施厚德感化的典型莫过于尧和舜。尧在位数十年，德行敦厚，勤恳为政，四方拥戴。年老之时，尧传位于舜而非其子丹朱。这是因为：

> 尧知子丹朱之不肖，不足授天下，于是乃权授舜。授舜，则天下得其利，而丹朱病；授丹朱，则天下病，而丹朱得其利。尧曰："终不以天下之病，而利一人。"而卒授舜以天下。[①]

尧让位于舜，是考虑到百姓心之所向，因为"诸侯朝觐者不之丹朱，而之舜；狱讼者不之丹朱，而之舜；讴歌者不讴歌丹朱，而讴歌舜"。舜能为天下百姓谋福利，深得民心，所以尧将权位让与舜。那么舜的德行如何呢？《史记·五帝本纪》载：

> 舜年二十以孝闻。三十而帝尧问可用者，四岳咸荐虞舜，曰"可"。于是尧乃以二女妻舜，以观其内；使九男与处，以观其外。舜居妫汭，内行弥谨。尧二女不敢以贵骄事舜亲戚，甚有妇道。尧九男皆益笃。舜耕历山，历山之人皆让畔；渔雷泽，雷泽上人皆让居；陶河滨，河滨器皆不苦窳。一年而所居成聚，二年成邑，三年成都。

由上可知，舜年仅二十就因为孝行而闻名天下了。所以当尧询问普天之下谁的德行可以担任部族首领时，"四岳"无一不推荐舜。正是因为统治者注重选人以德，并注意以德感化万众，才在社会上形成了浓厚的尚德之风。

---

① 《史记·五帝本纪》。

三、政策实施的主体与对象

以厚德感化为特征的文教政策,其实施对象主要有二:一是针对本部族联盟内的人民,其目的是实现"以德化民";二是针对部族联盟以外的其他部族,其目的是实现"协和万邦"。一般情况下,较大的部落联盟会把自己视为文明程度较高的部族。这样,"厚德感化"政策的实施主体也就主要是部落联盟首领,包括最高首领及其辅臣。

在面对自然生存考验和应对部落战争冲突的双重压力下,部落联盟首领们选择将"厚德感化"作为文教政策的核心思想而执行。该政策的主要实施程序是:统治者自身首先要具备道德,然后推己及人,以道德教化百姓。这就要求各个部族首领以"德"作为首要的行为准则进行自我规范,以此达到规范百姓的目的。《韩非子·五蠹》有云:"上古竞于道德,中世逐于智谋,当今争于气力。"一个"竞"字,形象地说明了统治者竞相努力地彰显自己的德行,以期感化万众、形塑民风的状况。

四、政策实施的例证略析

这一时期,有关文教政策实施的具体情形,史料记载不多。下面撷取史书记载之几例,一睹上古时期的部族首领是如何践行"厚德感化"政策的。据《尚书·尧典》载:

> 曰若稽古,帝尧曰放勋,钦明文思安安(晏晏)。允恭克让,光被四表,格于上下;克明俊德,以亲九族;九族既睦,平章百姓;百姓昭明,协和万邦。黎民于变时雍。

意思是,尧这个人诚信、恭谨、节俭、谦让,能够明察四方,光照四海,兼及上下,既能够表彰有才德之人,使九族团结,又能在此基础上,考察分辨其他百官众族的政事;百官众族的政事辨明以后,又协调万邦诸侯。天下的民众都因此受到教化而变得和睦起来。这段记载说明,尧具备非凡的治理才能,无论对内还是对外,都能做到道德纯备,温厚宽容。另外,《史记·五帝本纪》亦载,唐尧:

> 其仁如天,其知如神。就之如日,望之如云。富而不骄,贵而不舒。

黄收纯衣，彤车乘白马。能明驯德，以亲九族。九族既睦，便章百姓。百姓昭明，合和万国。

尧以德行与智慧要求自己，并以此为基础，形成一个互相影响的"连锁效应"，凭借自己的道德，先育九族，再化众官，最后达到协和万邦的效果。所以，当面临外部的祸乱与入侵时，尧能够接受舜的建议，"流共工于幽陵，以变北狄；放驩兜于崇山，以变南蛮；迁三苗于三危，以变西戎；殛鲧于羽山，以变东夷"①。通过"放逐"和"贬谪"的方式，把反对他的氏族部落流放至边远少数部族地区，并用本族先进的文化去影响蛮夷戎狄的风俗习惯，达到"蛮夷率服"的目的。这样一来，既惩治了反对他的氏族部落，又使本族文化得以传播和延续。

舜通过禅让制继承氏族部落领袖之后，采取的也是德化政策，反对以武力解决问题。据《韩非子·五蠹》载："当舜之时，有苗不服，禹将伐之。舜曰：不可，上德不厚而行武，非道也。乃修教三年，执干戚舞，有苗乃服。"这样不仅避免了战争给部落人民带来的灾难，而且舜通过加强自身修养，以身作则，形成一股强大的道德凝聚力，最终以修身齐德的姿态赢得了其他部落的仰慕拥护乃至自愿归附。厚德感化政策发挥如此大的效用，更加刺激了统治者以此为动力继续执行。

不仅尧、舜、禹如此，皋陶也积极提倡厚德感化，主张实施德政。他将刑杀的图像刻在器物上，用来警戒那些违背德政的人。此外，帝喾"高辛生而神灵，自言其名。普施利物，不于其身。聪以知远，明以察微。顺天之义，知民之急。仁而威，惠而信，修身而天下服。取地之财而节用之，抚教万民而利诲之，历日月而迎送之，明鬼神而敬事之"②。可见，在当时，施行德政已经成为部族首领心照不宣的选择，成为治理国家的一种指导思想。

总之，上古时代是我国文教政策思想的萌芽时期。虽然这时以明确指令颁布的文教政策如凤毛麟角，但"厚德感化"作为文教政策思想的重要内容，却一直为统治阶层所强化，并通过逐步渗透的方式，以达到教化百姓的目的。实际上，这既是上古时代崇尚素朴之民风使然，也无意中触及了文教政策的深层

---

① 《史记·五帝本纪》。
② 《史记·五帝本纪》。

精髓，即注重以理劝说、以德感化。道德教化也因此成为一种传统，作为文教政策必不可少的内容，贯穿于中国古代历史的各个时期。

第三节　夏代文教政策的生成与实施

自禹建立夏朝后，我国就从上古社会进入奴隶社会；其后，启继承王位，破坏了世代沿袭的禅让制度，使"公天下"变为"家天下"，由此也使上古社会的"民主"制度彻底破碎。由于史料记载的缺乏，很难对夏代的文教政策做出详细的梳理，但从仅有的文献中，亦可大致辨识此期文教政策的面目。夏继承了上古社会的"厚德感化"政策，依然把它作为一种治国准则来遵循。然而，社会性质毕竟发生了变化，文教政策随之具有了若干新的面貌。

一、政策生成背景简述

由上古时代而来的夏王朝，因受以前传统宗教观念的影响，其统治政策涂上了一定的宗教色彩。同上古社会的神灵崇拜观念相比，夏代宗教观念最显著的变化在于：由以前的"泛神"崇拜转变为对特定对象的崇拜。除天神之外，他们还崇拜"帝"、祖先、先公等，即加入了祖先崇拜的因素。这样，宗教对象就变得相对具体而丰富了。

《礼记·表记》有云："夏道尊命，事鬼敬神而远之。"这言简意赅地表明了夏对待鬼神的态度。夏人迷信鬼神，相信命运。"夏道尊命"表明夏统治者是信奉、尊崇天命的，而且将其作为治国的一项原则。这一方面是为了论证君主地位的合理性，因为只要人们相信在位君主的权力是天赐的，其统治就具有了不容置疑也不敢质疑的权威；另一方面，也与当时人们对于自然与自身的认识能力相对较低有关，是社会存在之于社会意识的必然反映。

夏人尊奉天命，而占卜是人们探问天意的最佳方式，由此，占卜就成为夏人主要的活动。他们坚信，占卜可以沟通神灵与现实生活，这样，主持占卜的"巫者"也就具有了特别重要的作用。而对"巫者"，在品德、气质、智能等方面都有严格的要求，巫职人员的训练也就成为夏代教育的重要内容。由此推想，宗教祭祀必然成为国家政治生活不可或缺的内容。通过祭祀，人们不仅可以寄托对神灵和祖先的崇敬，同时有助于对百姓臣民进行孝悌礼义方面的教化。因此，与鬼神相关的祭祀、卜筮等活动，在一定程度上左右了夏代的文化氛围，并作为文教政策的一种隐形内容与方式影响着夏代的教化。所以，夏代文教政策不可避免地打上了宗教的烙印。

应该一提的是，夏虽然尊奉天命，却"事鬼敬神而远之"。这说明，夏人并没有把对天命和祖先的崇拜推向极致。他们在尊崇和侍奉鬼神时，并未将其作为理事治国的唯一原则，这多少体现了氏族社会的流风遗韵。

二、文教政策的重心转向

夏前后共17王，存国470余年。在如此漫长的时间里，夏文教政策并非前后一贯，而有明显的重心转向。相比上古时代分散的部落组织形式，夏拥有较为稳定的掌控区域，也有较为有力的政权形式。在此背景下，其文教政策表现出独特的风格。其内容主要有如下两端。

（一）重戎尚武

众所周知，夏代政权最终建立并稳固下来，主要靠的是武力征服。启与不肯臣服的有扈氏之间经历了夏初最大的一次战争，最终"天下咸朝"，逐步稳定了国基。《史记·夏本纪》记载了这次战役之前启召集臣下举行的誓师大会，从中或可看出启在军事方面的深谋远虑：

> 将战，作《甘誓》，乃召六卿申之。启曰："嗟！六事之人，予誓告汝：有扈氏威侮五行，怠弃三正，天用剿绝其命。今予维共行天之罚。左不攻于左，右不攻于右，汝不共命。御非其马之政，汝不共命。用命，赏于祖；不用命，戮于社，予则帑戮女。"遂灭有扈氏。天下咸朝。[①]

从誓词中可以看出，启大兴讨伐的主要原因是有扈氏犯了"威侮五行，怠弃三正"的罪行，即不仅轻视"五行"，而且怠慢和抛弃"事天""事地""治人"等"三正"，所以有扈氏的灭绝是"上天"的旨意。这样，征伐有扈氏就成

---

① 《史记·夏本纪》。

为一种天命不可违的义举。这是从思想上争取人心。另外，启治军严明，告诫士兵要各守其职、各尽其责，凡是立功者都在先祖神位前给予奖赏，违命者则在社神神位前严惩不贷，或降为奴隶，或直接处死。这是在行动上恩威并施。

经过激战，启最终战胜有扈氏，随之诸侯臣服。仅此一例就足以证明，早在夏建立之初，就存在着对新生政权心有不满的氏族部落。夏统治者意识到，当时的任务并非仅仅镇压这些反抗，还须兼顾国内政权结构的设置和经济的发展。在这种内外皆须整治的情况下，重戎尚武无疑是解决问题最直接、最便捷也最有效的方法。据载："大乐之野，夏后启于此舞九伐。"即是说，夏后氏启在一个

图 2-3　河南新郑望京楼发掘的夏代墓葬

叫作"大乐"的原野之上，教授人们操练"九伐"之舞。"一击一刺为一伐"[1]，"九伐"就是九个回合的击刺。所谓"舞"，不同于今天的舞蹈，实际上就是"武"。"九伐之舞"就是关于击刺的军事训练。由此可以断定，在夏代，军事教育的确占有十分重要的位置。

当然，新生事物的成长不是一帆风顺的。在新的政权形式下，由于与周边部族、方国经常发生战争，加上部族间的仇杀，国内的叛乱，使得夏经常处于动荡不安的情势之下。《史记·夏本纪》中就有胤侯征羲和、夏伐三苗等战争的记载。在此背景下，夏代为树立权威，保住政权，便将重戎尚武作为文教政策的中心内容而确立下来，并贯穿王朝始终。

（二）施之以德

虽然重戎而尚武，但这并不意味着夏代统治者只以蛮力或赤裸裸的武力求得统治，他们也很注重德政德教在征服人心、稳定统治方面的重要作用。这是夏代文教政策的另一个内容，也是从上古继承下来的遗风。

---

① 《礼记·乐记》。

禹作为夏代开国之君，他的思想就像风向标，影响着夏朝历代统治者。禹不仅主张以厚德感化政策教化百姓，而且注意严于律己、修身明德。他颁布政令说："祗台德先，不距朕行。"① 意思是，诸侯们首先要尊崇天子的德行，不准违背天子推行的德政。乍看之下，他是通过政令的方式来加强自己的权威，实际上其中却包含着禹美好的期望，即通过颁布政令的方式来推行其德教政策。《尚书·大禹谟》记载了禹对德政的理解，原文如下：

> 禹曰："於！帝念哉，德惟善政，政在养民。水、火、金、木、土、谷惟修；正德、利用、厚生惟和。九功惟叙，九叙惟歌。戒之用休，董之用威，劝之以九歌，俾勿坏。"帝曰："俞！地平天成，六府三事允治，万世永赖，时乃功。"

此处所说的"善政"就是"德政"，主要表现是"养民"。禹认为真正的德政不仅是统治者自身注重正身修德，更重要的是把百姓民生放在第一位，除了做好"六府三事"（九功）造福天下，还须编制"九歌"（九功之德皆可歌也，谓之九歌），以使"九功"能够更为广泛地流传。由于禹以身垂范，敬业修德，再加上对百姓的谆谆告诫，最终团结了众多部落，出现"海外宾服，四夷纳职，合诸侯于涂山，执玉帛者万国"② 的局面。《史记·太史公自序》云"维禹之功，九州攸同，光唐虞际，德流苗裔"，叙述的也是禹推行德政的业绩。

如前所云，夏以武力建立政权，大败有扈氏，扫除了政治上最大的障碍。但是，若以此判定灭有扈氏之战完全是以武力取胜，则是大错特错的。实际上，甘泽之战并非一战而成，其中的曲折可以从《吕氏春秋》的记载中一窥究竟：

> 夏后相与有扈战于甘泽而不胜，六卿请复之。夏后相曰："不可，吾地不浅，吾民不寡，战而不胜，是吾德薄而教不善也。"于是乎处不重席，食不贰味，琴瑟不张，钟鼓不修，子女不饬，亲亲长长，尊贤使能，期年而有扈氏服。③

由此可知，启和有扈氏在甘泽展开了大规模的战争，但是没有取得胜利。大臣们要求再战，启不赞同。他认为，自己所拥有的土地和人民都比有扈氏多，

---

① 《尚书·禹贡》。
② 《淮南子·原道训》。
③ 《吕氏春秋·先己》。

却没有取得战争胜利，主要原因在于自己德行不厚、教化不善。于是，他坐卧不用多重席，吃饭不要求菜肴丰盛，不弹琴瑟，不设钟鼓之娱，尊老爱幼，尊重任用贤能之士。就这样，一年之后，启名声大噪，最终取得了对有扈氏的决定性胜利。《吕氏春秋》总结道："故欲胜人者，必先自胜；欲论人者，必先自论；欲知人者，必先自知。"想要战胜别人，一定要先战胜自己；想要评定别人，先要评定自己；想要了解别人，先要了解自己。可见，启是深谙此理的。

此外，《尚书·胤征》记载了胤侯奉命征伐羲和出征前聚众誓师的誓词。誓词中列举了羲和的种种离心背德之举，从反面印证了夏注重"施之以德"的文教思想。誓词云：

> 惟时羲和颠覆厥德，沈（沉）乱于酒，畔官离次，俶扰天纪，遐弃厥司，乃季秋月朔，辰弗集于房，瞽奏鼓，啬夫驰，庶人走。羲和尸厥官罔闻知，昏迷于天象，以干先王之诛。《政典》曰："先时者杀无赦，不及时者杀无赦。"今予以尔有众，奉将天罚。尔众士同力王室，尚弼予钦承天子威命。

从誓词中可以看出，夏代对于失德者是十分仇视的。誓师是为了鼓舞士气，提高军队的战斗力，然而该誓词除了起到战争动员的作用外，还给人们传达了这样一种价值观：羲和失德，不尊天时，必然受到讨伐。以此告诫人们引以为鉴，否则就会重蹈覆辙。由此可以看出，德教政策不只是君主一厢情愿的期望，还付诸行动，希望大臣以同样的要求相约束，否则就征伐之。

可惜的是，施之以德政策的效果虽然不错，却不是每位君主都能够认真奉行的，尤其到王朝后期，统治者往往改弦更张，从而导致政治昏暗与日俱增。这恐怕也是历代统治者共同的问题所在。例如，帝太康就不再修身明德，而是沉湎游乐，荒废政事。有一次出猎，他的五个弟弟侍奉其母一同前往，而太康被有穷国的国君羿率领民众阻于黄河北岸，其弟在洛水之北等候了一百余日，也不见太康返回，于是各作诗一首表示对其责难。这就是《尚书》记载的《五子之歌》。具体内容是：

> 其一曰："皇祖有训，民可近，不可下，民为邦本，本固邦宁。予视天下愚夫愚妇，一能胜予，一人三失，怨岂在明，不见是图。予临兆民，懔乎若朽索之驭六马，为人上者，奈何不敬？"

其二曰:"训有之,内作色荒,外作禽荒。甘酒嗜音,峻宇雕墙。有一于此,未或不亡。"

其三曰:"惟彼陶唐,有此冀方。今失厥道,乱其纪纲,乃底灭亡。"

其四曰:"明明我祖,万邦之君。有典有则,贻厥子孙。关石和钧,王府则有。荒坠厥绪,覆宗绝祀!"

其五曰:"鸣呼曷归?予怀之悲。万姓仇予,予将畴依?郁陶乎予心,颜厚有忸怩。弗慎厥德,虽悔可追?"

这五首训诫诗虽然措辞的宽严程度不同,但无一例外地表达了对夏帝太康"失德"的不满,而且每首诗都有训诫的侧重点,其中不乏对夏帝太康背弃尧帝治道,破坏尧帝纲纪,违背先祖禹"民可近,不可下;民为邦本,本固邦宁"原则的诘问。可以看出,太康失国最主要的原因就在于他摒弃了"施之以德"这一治国的核心原则。这是不遵先王遗训的血淋淋的教训。

三、文教政策的实施条件

文教政策能否真正发挥作用,与保障措施是否有力有着直接的关系。保障措施的出台,无疑也是一种重要的活动。法律的规范性、强制性特点,使其成为文教政策实行的最好保障。史学界多认为,我国法律的起源可以上溯到上古传说时代,对于人们行为的约束主要是通过适用于兵的"刑"和源于祭祀的"礼"两种途径实现的。随着国家的建立,夏代有了地域上的划分,建立了国家机构和公共权力系统,包括军队、职官、监狱以及贡赋制度等,各种律法(为与后世正规的法律相区别,下文特意用"律法"一词指称这一时期出台的各种行为规范)也随之产生并已初具规模。奴隶主利用"天命""天罚"的神权思想对下民进行教化,给政治统治披上了一层神秘的外衣。所以,夏代律法的产生最初与天命思想密切相关,国家政权的建立更促成了律法的初步完备。

建立在"为政尚武"基础上的夏代律法,特点是既极为严酷,又条目众多。概括而言,夏代的律法主要涉及四个问题。一是性质问题。《左传·昭公六年》云:"夏有乱政,而作禹刑。""禹刑"以禹命名,但并非大禹所作,而是夏朝统治者为追念其先祖而命名的,因"夏有乱政"而作,也就是说,制定"禹刑"的主要目的是镇压暴动和反抗,是对不服从者的强制性约束。二是来源问题。

受"夏代尊命"和"事鬼敬神"思想影响，夏人遵循"奉天罚罪"的法制观。这一观念承继氏族时期鬼神崇拜的观念，成为夏人律法制定与实施的基本依据。假借天意发布王命，乃是夏代律法颁布的最主要方式。这在启讨伐有扈氏时所作《甘誓》中可以清楚地看出来。三是种类问题。夏有"五刑"的规定，史籍中还有"夏刑三千条"① 之说。据《周礼·司刑》记载："夏刑，大辟二百，膑辟三百，宫辟五百，劓、墨各千。"上述五种刑罚，都是对人之生命或身体的戕害，可见夏律法之严酷；"五刑"数目相加，总数竟达三千种之多，可见律法之严密。四是实施问题。虽然国家形成伊始，行政机构尚不完备，但是夏却设立了监狱等国家强制性机关，还建立了数目可观的军队。《左传·哀公元年》称，夏少康失国逃亡时，"有田一成，有众一旅"，说明夏代的军队已有一定的编制。军队和监狱等的设置，为夏律法的执行提供保证。

总之，建立在武力征服基础上的夏代，"尚武"是其文教政策最核心的内容。除此之外，夏统治者也注重宗教天命和德政德教在维护统治方面的作用。由此形成了以尚武为主、天命和德教为辅的特点。夏代严酷、严苛与严密的律法，则为上述政策的推行提供了强制性保障。

第四节　商代文教政策的生成与实施

商是我国历史上的第二个王朝，处于奴隶社会渐趋鼎盛时期。商汤立国后，汲取夏代灭亡的教训，认识到"天难谌，命靡常"，采取"宽以治民"的政策，使政治局面变得相对稳定，经济和文化都获得了一定的发展。正因有如此举措，《诗经》中才会出现"昔有成汤，自彼氐羌，莫敢不来享，莫敢不来王"② 的颂歌。这为商代文化教育的发展和文教政策的执行提供了有利的条件。

---

① 长孙无忌：《唐律疏议》。
②《诗经·商颂》。

一、文教政策的出台背景

商汤之初，其国并不太大，后来四处征伐，灭掉许多小国，商王国的版图才逐渐得以扩大。特别是攻灭昆吾、夏桀，"尽有夏商之民，尽有夏商之地，尽有夏商之财"[1] 之后，便拥有东自洛水、西至羌境的广大地域，建立起我国的一个强大的奴隶制国家。《战国策·齐策四》云："古大禹之时，诸侯万国。……及汤之时，诸侯三千。"《吕氏春秋·用民》篇也有相似的表述，云："当禹之时，天下万国，至于汤而三千余国。"这种"国"即部落数字的锐减，正是成汤不断进行统一战争的结果。

商族战胜夏族的过程，就是商王朝建立的过程。在宗教观方面，商与夏一样是宣扬天命、尊崇鬼神的。例如，汤讨伐夏桀时，就打着"天命"的旗号，宣扬自己灭夏的正义性。他在《汤誓》中明确宣称"有夏多罪，天命殛之"，而且说"夏氏有罪，予畏上帝，不敢不正"，[2] 把对夏的讨伐说成是天命所召，而自己是承受天命、担当大任、顺应人心的，有点"不得已而为之"的意味。这就不仅鼓舞了士气，还赢得了民心，为最后取胜做足了舆论功夫。

与夏代相比，商代的宗教内容也呈现出明显的不同。除了尊天之外，商代也非常注重对祖先的尊崇和祭祀活动。《礼记·表记》云："殷人尊神，率民以事神，先鬼而后礼，先罚而后赏，尊而不亲。其民之敝，荡而不静，胜而无耻。"可以看出，商代统治者将对鬼神的尊崇上升到了国家意志的高度，尊神、事神成为国家自上而下的"必修课"。既尊神

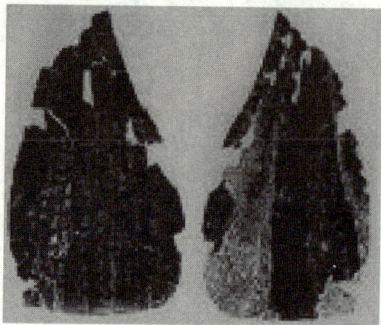

图 2-4　商代甲骨文

又敬鬼，这与夏人"事鬼敬神而远之"的做法多有异趣。在商代人的观念里，最重要的是神的意志，其次是鬼的意志，也就是祖先的意志，最后才给予"礼"一席之地。所以，商代人所奉行的最高政治原则，就是依据上帝鬼神的意志去治理国家。

---

[1]《吕氏春秋·分职》。
[2]《尚书·汤誓》。

被孔子称为殷之"三仁"之一的箕子，在《尚书·洪范》篇中明确表达了"神权至上"的思想，反映了殷商时期"率民以事神"的社会现实。篇中说：

> 皇极之敷言，是彝是训，于帝其训。凡厥庶民，极之敷言，是训是行，以近天子之光。曰天子作民父母，以为天下王。

意思是，天子所颁布的准则是至高无上的，天子的教导符合上帝的意旨，凡是臣民都应当把天子所颁布的准则当作最高准则，并按照这一准则行事，这样才算是亲附天子的臣民。

正是缘于对鬼神的极端推崇，商人对待卜筮的态度十分虔诚，凡事皆须顺从甲骨卜辞所示。在他们看来，做好占卜祭祀就是在承接天意。这样，卜筮就像架在天与人之间的一座桥梁，成为向人们传达鬼神意志的中介。在商代，大至国家政事，如征伐、祭祀、庆典，小至百姓出行、天气、收成，任何事都要占卜，而且必须依卜筮之象而行。甲骨文中有不少关于日常生活小事的卜辞，如"丙子卜，多子其学，不遘大雨？"说的是在丙子日卜问上天：子弟们上学回来的时候，会不会碰上大雨？连这样的日常小事都要占卜，可见商代卜筮活动是非常频繁的。

可以说，人们如此信奉鬼神，除了受当时的认识水平局限之外，其中也隐含着统治集团借助鬼神来维护自身统治的伎俩。这在夏代的宗教观念里已经体现出来，商代更是如此，正所谓"圣人以神道设教，而天下服矣"①。按照殷人共同信奉的鬼神观，如果君主是受命于天，没有谁敢于悖天而行却不怕天降惩罚的。这样，统治集团就以宗教作为统治工具，控制了被统治阶层的思想。所以，宗教思想是政治统治的根据，也是一切文化政策的思想基础。商王常利用代行"天罚"来恐吓被统治者。具有讽刺意味的是，既然最初统治者可以利用鬼神形成的威慑力去巩固统治，那么，在适当的情况下，人们也会借助鬼神的意志揭竿而起，"顺应天命"地推翻既有统治。商朝终结之前，武王伐纣打着的正是这一旗号。

二、鬼神崇拜下的政策订立

商代文教政策虽然受宗教观的影响极大，但也包含了比以往更为丰富的内

---

① 《周易·观卦》。

容。其具体内容主要包括三方面：一是"以乐造士"的人才培养政策，二是重视德教的社会教化政策，三是朴素的重民思想。

(一)"以乐造士"的人才培养政策

由于对鬼神的极度崇拜，祭祀也就成为商代最重要的政治活动。既然祭祀如此重要，当然就离不开音乐、诗歌和舞蹈（"乐教"）。为了营造浓烈的宗教氛围，"乐教"受到统治者的格外重视，在商代获得了前所未有的发展。商代手工业的发展以及青铜冶铸水平的提高，使乐器的制作水平大为提高，更加促进了音乐的繁荣和音乐教育的发展。在这样的背景下，虽然道德教育、社会教育等无法获得单独的发展，只能是宗教的附庸，但是商代毕竟生活在现实之中，即使迷信宗教，也不能完全无视现实。实际上，统治者对于乐教以外的教育还是相当重视的。根据箕子所述，治国有八项政务："一曰食，二曰货，三曰祀，四曰司空，五曰司徒，六曰司寇，七曰宾，八曰师。"[①] 其中司徒居第五。司徒是当时掌管教育的官名，主管社会教化。商人将社会教育列为第五，说明商代已经将教化列为国家主管的政事，并给予一定的地位。

商代重视宗教教育，加上祭祀人员的培养需求，于是催生了商代特有的学校——瞽宗。同以往一样，商代的"庠"也以养老为主要职能，但教育作用相对突出。《礼记·王制》记载，"殷人养国老于右学，养庶老于左学"，就是利用庠的养老职能来宣扬孝悌之道。商代的"序"也是讲武习礼的场所，除了军事训练，更强调品德培养。相对于"庠""序"而言，瞽宗是一种新型学校。据韦昭所言："古乐正，知天道者也，死以为乐祖，祭于瞽宗，谓之'神瞽'。"[②] 由此看来，瞽宗是一种祭祀"乐祖"的神庙。同时，瞽宗也是进行礼乐教育的场所。《江陵项氏松滋县学记》中说，殷人"以乐造士，故其学为瞽宗"，直接点明了瞽宗的乐教性质，这也从一个侧面印证了马端临商代"以乐造士"的论断。

关于瞽宗的乐教性质，《国语·周语下》有如下更为详细的说明：

> 古之神瞽，考中声而量之以制，度律均钟，百官轨仪，纪之以三（古纪声合乐以舞天神、地祇、人鬼），平之以六（六律），成于十二（律吕），天之道也。夫六，中之色也，故名之曰黄钟，所以宣养六气、九德也。由

---

① 《尚书·洪范》。
② 《国语·周语下》。

是第之。二曰太蔟，所以金奏，赞阳出滞也。三曰姑洗，所以修洁百物，考神纳宾也。四曰蕤宾，所以安靖神人，献酬交酢也。五曰夷则，所以咏歌九则，平民无贰也。六曰无射，所以宣布哲人之令德，示民轨仪也。

从这段话可以看出，瞽宗中的音律教育不仅用来确定音调和量度的标准，还蕴含着各种行事的法则以及道德的熏陶与培养。音律平分为六，正中之律（第一律）为黄钟，用以宣养六气、九德。然后依次排列，第二律为太蔟，用以演奏乐钟，辅助阳气散发积滞；第三律为姑洗，用以洁洗万物，合神迎宾；第四律为蕤宾，用以安静神人，宴饮宾客；第五律为夷则，用以赞颂万物的成长，安定民心；第六律为无射，用以弘扬前贤的美德，为民众树立榜样。由此可见，瞽宗中的乐教包含的内容十分广泛，涉及社会生活的各个方面，具有浓厚的宗教意味。

由此可知，"乐教"在商代是作为文教政策的核心内容而存在的，"以乐造士"则是人才培养的主要政策。当然，"以乐造士"所造的"士"，是要为宗教祭祀活动服务的，这与后世的"士"有很大不同。

(二)"以德教民"的社会教化政策

在重视"乐教"的同时，商代统治者对于德教德政也不忽视。在他们看来，只有君王施行德政，臣下才不敢居功自恃，天下才能永保太平，即所谓"一人元良，万邦永贞"①。但是，商代的德教政策与之前有着明显的不同。由于将鬼神意志上升到至高无上的地位，所以商代的"德"也多带有宗教色彩，强调顺从天命和遵从先祖的意旨，如《尚书》的《盘庚》篇、《微子》篇、《高宗肜日》篇等有关文献中屡次提到的"德"及"厥德"，其实都是指带有宗教意义的德。

虽然宗教味道浓重，商代还是颇为重视"以德教民"之策的。孔子云："夫民教之以德，齐之以礼，则民有格心。教之以政，齐之以刑，则民有遁心。"②意思是，只有用道德教化民众，用礼义约束他们，民众才有向善的心愿。商初统治者对此理解颇深。《尚书·仲虺之诰》记载成汤灭夏立国后，将桀流放于南巢，但总感到惭愧，因为觉得自己不是以禅让继承君位，而是以武力取得地位，害怕后世以此对自己进行责难。这时，汤的左相仲虺就劝勉他说：

---

① 《尚书·太甲下》。
② 《礼记·缁衣》。

有夏昏德，民坠涂炭。天乃锡王勇智，表正万邦，缵禹旧服，兹率厥
典，奉若天命。夏王有罪，矫诬上天，以布命于下。帝用不臧，式商受命，
用爽厥师。

仲虺以夏桀的残暴与成汤的德政对比，以图说明夏桀灭亡是顺民心和应天
命的必然结果。在仲虺看来，夏桀是有罪的，因为夏桀假托天命来统治百姓，
却滥杀无辜，不为百姓着想。成汤为救百姓于暴政之下，利用上天赐予的大智
大勇，以德政治天下，成为天下的楷模与表率。这就是明君与昏君的区别。然
而事实上，无论对夏桀还是商汤而言，"天命"都只是一种工具而已。仲虺的这
种"婉约表达"，想必会让成汤心中的惭愧有所减弱。同样是托于天命，夏桀施
暴政、失民心，以致亡国；商汤施仁政、得民心，得以拥有天下。正如伊尹所
言："德惟治，否德乱。"① 就是说，能否以德治国是国家存亡的关键。

此外，祖己在训导高宗武丁的时候，甚至将德行德政与人的寿命长短联系
在了一起。这是商"以德教民"之策的另一种表现。祖己训诫说："惟天监下
民，典厥义。降年有永有不永，非天夭民，民中绝命。民有不若德，不听罪。
天既孚命，正厥德。"② 意思是，上天监察下民，着重的是他们的行为是否符合
道义，上天赐予人的年寿之所以有长有短，不是上天有意缩短某些人的寿命，
而是他不按照道义行事而中途丧命。这些人德行不善，又不认为自己有罪，所
以上天便惩罚他们，以此端正他们的德行。这种利用"天命"来教导统治者施
行德政的做法，是商代惯用套路。

（三）亦重人事的保民用民政策

如上所言，到了商代，整个国家自上而下笼罩在天命鬼神的氛围之中。对
于天命鬼神的推崇，不仅影响着政治方向，而且蔓延到文化教育领域。但是，
这并不代表商代只尊鬼神而不注意现实人事。实际上，早在商朝建立之初，注
重人事的思想已现端倪。如开国之君商汤就从"桀不务德"而亡的教训中受到
启发，告诫人们须注重人事，普爱万物。《史记·殷本纪》载：

汤征诸侯，葛伯不祀，汤始伐之。汤曰："予有言：人视水见形，视民
知治不。"……汤出。见野张网四面。祝曰："自天下四方，皆入吾网。"汤

---

① 《尚书·太甲下》。
② 《尚书·高宗肜日》。

曰："嘻,尽之矣!"乃去其三面。祝曰："欲左,左;欲右,右。不用命,乃入吾网。"诸侯闻之,曰:"汤德至矣,及禽兽。"

可见,仁爱思想不仅用于治国、施于百姓,就连禽兽也包括在内。在商汤看来,治理国家的好坏从百姓身上就可以考察清楚,真正的贤明之君应该注重百姓的反馈信息,为民建功,勤勉做事。他虽然没有明确提出"重民"的思想,但已经认识到"民"对政治治乱的反馈作用,是"重民"思想的一个开端。

随着历史的发展,至盘庚执政时期,便把"重民"作为一种治国理念明确提出来。《尚书·盘庚》有云:"我王来,既爱宅于兹,重我民,无尽刘。"盘庚迁都被视为商朝政治的一件大事,是商朝由弱而强的转折点。盘庚迁殷前,商朝都城已经过历次变迁,但都未能安定,所以当盘庚提出要迁都时,反对的声音很大,大多数贵族与百姓不愿意搬迁,有些贵族甚至煽动平民起来反抗。然而,面对贵族集团矛盾激化、自然灾害频发、社会动荡不安的现状,迁都是大势所趋。于是,盘庚对贵族、臣子诱导劝说,阐明大义,使大家明白迁都是顺应民意之举,旨在不使人民受到伤害,即"重我民,无尽刘"。

迁都以后,盘庚再次向群臣训话,要群臣克勤克俭,不要贪婪聚财;要体恤民情,率领臣民共建家园。这其实也是盘庚的施政方针,体现了他的"保民"思想。商代后来还出现了"敬民"的史料记载,如《尚书·高宗肜日》中就有"王司敬民,罔非天胤"的语句,描述的是高宗时的政策状况。商朝重民思想的出现,为西周注重人事、人伦、教化之社会氛围的形成奠定了基础。

三、文教政策的实施保障

商朝律法的一个重要特点就是对夏代神权思想的继承,且较之更进一步。商人对天命鬼神的极度崇拜,使其律法完全涂上了一层宗教的色彩,其显著特点就是实行"天罚"。这是商朝立法的指导思想。统治者借助上帝神或祖先神的权威来统治人民,把统治者设定为天与人沟通的中介。商王因受天命执行"天罚",商王的任何作为都成了上天的意志。由于上天旨意的传达还须依靠占卜,所以占卜的官吏一定程度上也有司法权。此外,商朝还设立了管理法律的专门官员,如中央司法长官为司寇,其下设"正""史"等审判官。这是商代在司法执行体系方面的"新创"。

　　商朝的主要法律是《汤刑》。同《禹刑》一样，《汤刑》并非汤所作，而是商朝统治者为追述祖先而命名的，是商朝法律制度的总称。《左传·昭公六年》记载："商有乱政，而作汤刑。"可见，它也是针对当时的"乱政"而作的，是关于如何镇压奴隶和平民反抗的制度性规定。值得注意的是，较之夏朝，商朝刑罚的种类更加繁多，除了死刑、肉刑等"五刑"外，还有徒刑、流刑等。《荀子·正名》有云："后王之成名：刑名从商，爵名从周，文名从《礼》。"即是说，后世历朝历代的刑罚之名大多是从商朝沿袭而来的，这从一个侧面证明了商朝刑罚之多。严苛之极的律法规定，使人们动辄就有可能被施以刑罚。

　　商代律法不仅刑罚种类多，而且严酷程度远超以往，最严酷恐怖的要数商纣王制造的"炮烙"之刑。"以酒为池，悬肉为林，使男女倮相逐其间，为长夜之饮。百姓怨望而诸侯有畔者，于是纣乃重刑辟，有炮烙之法。"[1] 何谓炮烙？《列女传》解释为："膏铜柱，下加之炭，令有罪者行焉，辄堕炭中，妲己笑，名曰炮烙之刑。"可见，所谓炮烙，其实就是在铜柱上涂油，下面炭火加热，然后让有罪的人在上面行走，很快就会坠入炭中烧死，其残酷程度不忍卒睹。除了刑罚残酷，商朝也注意从机构设置上加强法律的威慑作用，不仅设置了监狱，还分级设立了司法机关来处理具体的法律事务。

　　总之，神权至上的社会基调，使得"乐教"成为商代文教政策的核心内容。除此之外，商代也非常注重德政、保民等政策的推行。统治者在人员编制、刑罚种类、机构设置等方面的制度建构，为上述政策的推行提供了律法的保障。

第五节　西周文教政策的生成与实施

　　西周作为代商而起的奴隶制国家，开创了我国奴隶社会的全盛时期。在政治方面，西周采用分封制，在全国建立起许多诸侯国，诸侯又把土地和人民分封给卿大夫，卿大夫再把家业交由家臣或士来管理，从而形成了从天子到诸侯

―――――――――

　　[1]《史记·殷本纪》。

到卿大夫再到士的"金字塔"式统治秩序；在伦理方面，西周强调宗法制，建立起讲究大宗、小宗之别的等级制度，通过血缘宗族关系把奴隶主贵族联系起来。宗法制的核心是严嫡庶、亲疏、长幼之别，实行嫡长子世袭制。由此，西周形成了国家组织与宗法制度相结合的国体特点，凸显出重人事、重伦理的教育特色。西周的文教政策就是在这种背景下，呈现出别具一格的样态。

一、政策形成背景略析

公元前1046年，周武王在牧野誓师，历数商纣王之罪，欲与纣王决战。沉浸在歌舞宴乐中的纣王这才意识到统治的危机，但是军队主力在外一时难以调回，于是临时组建奴隶和俘虏之军17万人迎战，两军于牧野交锋。令人瞠目的是，两军刚一相遇，纣王的军队就纷纷倒戈，调转矛头转而攻击纣王。结果纣王惨败，逃至朝歌，于鹿台自焚而亡。高高在上的一国之君沦落到国破身亡、不战而败的悲惨境地。

经牧野一战，周武王终于成就了灭商大业。然而，这并不代表周王朝自此可以高枕无忧，所谓"得天下易，治天下难"，统治者必须时刻保持警惕，才能守住政权。而且纣王军队阵前临时倒戈的事实，也给周初统治者一个当头棒喝。在政权交替的过程中，他们已深切体会到"天道靡常"的道理，特别注重总结商朝的亡国教训。商朝"率民以事神"、奉鬼神为圭臬的统治观念已经不足以稳定江山。于是，西周一改商代神权统治的登峰造极之势，人成为统治者观念里最有价值的因素。由于统治者不再完全依靠鬼神、天命等来维护自己的统治，不再盲信鬼神意志，因此周人对待与鬼神有密切关系的祭祀、占卜等的热情也相应地有所减退。

事实上，早在商代末年，人们就已有不盲目相信占卜的意识了，只不过这还只是个体的觉醒。史料记载：

> 文王将田，史编布卜，曰："畋于渭阳，将大得焉。非龙非螭，非虎非罴；兆得公侯，天遗汝师；以之佐昌，施及三王。"文王曰："兆致是乎？"史编曰："编之太祖史畴，为禹占，得皋陶，兆比于此。"文王乃斋三日，

乘畋车，驾畋马，畋于渭阳，卒见太公，坐茅以渔。①

周文王外出畋猎要占卜问天，这在当时是司空见惯的。此时处于商朝末年，实际上受鬼神观念的影响仍很严重，但是从卜辞的具体内容，即卜辞所兆文王畋猎的收获"非龙非螭，非虎非罴"，而是"以之佐昌，施及三土"的"公侯"，可以看出人们已经慢慢走出神权的世界，进入现实的场景。这充分说明，此时的占卜已经不再执拗于虚无缥缈的神，而是倾向于实实在在的人。而且文王"兆致是乎"的反问，也反映出对于占卜之事并非盲目相信的态度。

众所周知，后来周文王确于渭水之滨得遇姜太公（又称姜尚、吕尚或太公望）并加以重用。相对于文王而言，西周重人事而轻鬼神的趋向，在姜太公这样的谋略家身上体现得更为明显。以姜太公为代表的开明政治家"当仁不让"地引领了西周重人事的风尚，给那些以卜筮为准绳、以求神为靠山的人当头一棒。正如当今学者所说："殷人'重民'的思想火花此时在姜太公的头脑中已发展成为一种重人事的思想路线，完成了政治思想意识的一次大飞跃。"② 通过下面这段记载，可以清楚地看到这一飞跃到底是如何体现的。

居二年，纣杀王子比干，囚箕子。武王将伐纣，卜龟兆不吉，风雨暴至，群公尽惧，唯太公强之劝武王，武王遂行。③

对于武王来说，伐纣是国家政治军事上的重大事件。商周之际，由于长期受鬼神崇拜的熏陶，武王及其众臣也遵循着"大事必卜"的惯例，伐纣之前须先问天卜筮。颇具戏剧性的是，明明是一件天时、地利、人和三者皆备的讨伐，可当武王大军准备一举推翻纣王残暴统治时，卜筮征兆却并不吉利，而且恰逢暴风骤雨。当然，以理性分析来看，这是一次势在必行的征伐，但在当时，大多数人却并未达到这种认识水平。在"群公尽惧"的情况下，只有一人能够不受卜筮的影响，敢于站出来力劝武王伐纣，这人便是姜太公。他力排众议，坚持征伐之举，最后终于赢得了战争的胜利。

武王伐纣告捷，姜太公不信天命、坚持理性判断的政治决断自然而然地得到了印证，由此引发了关于人的一番思考，轻鬼神重人事的政治基调也逐步确

---

① 《六韬·文韬·文师》。
② 赵承福主编：《山东教育通史》，山东人民出版社 2001 年版，第 21 页。
③ 《史记·齐太公世家》。

定下来，这就决定了"礼"在西周文教政策的重要位置。必须一提的是，虽然已经意识到人的重要作用，但这并不意味着宗教已经完全退出西周的历史舞台，只是这时鬼神已被置于人事之后，不再居于首要地位罢了。历史的延续性决定了周人不可能完全脱离鬼神的束缚。

二、文教政策的人伦定位

西周政治建制的完善、宗法制的确立以及世袭制的发展，使文教政策拥有较夏商时期更为稳定的实施条件。周初分封了许多诸侯国，各国推行不尽相同的文教政策。因此，西周时期的文教政策也呈现出更加丰富的内容。虽然各诸侯国的文教政策不尽相同，但总体而言，德与礼乃是西周文教政策的核心内容。这反映出统治者关注的重心已经从尚武、尊天转向注重德政、德教与现实人伦。以下将对西周及各诸侯国文教政策之大要分别述之。

(一) 以"礼"为核心的文教政策

西周时期的教育大权掌控在奴隶主贵族手中，即所谓"学即其政，政即其学"。为使教育更有效地为奴隶主统治服务，西周主要实行以"礼"为中心的文教政策。《礼记·表记》云："周人尊礼尚施，事鬼敬神而远之，近人而忠焉，其赏罚用爵列，亲而不尊。"西周重"礼"，尤重人伦之礼，与此相适应，在教育方面也无不遵循着礼的原则。礼是西周文教政策的主要内容，学校教育的"六艺"之首便为礼，培养崇礼、奉礼的人才，是西周教育最主要的目标。

那么，究竟什么是"礼"？西周的"礼"又有什么特色呢？许慎《说文解字》有言："礼，履也，所以事神致福也。从示从豊。"可见，"礼"本来与祭神密切相关，是人们在祭神时毕恭毕敬的态度及其相应仪式。上古时代，人们以为一切均受"神意"的支配，所以要"事神致福"。于是，氏族长老和家庭父母都把祭神仪式作为教育其成员和子女的重要内容。正如《礼记·礼运》所

图 2-5　"礼"字演变图

云："夫礼之初，始诸饮食。其燔黍捭豚，污尊而抔饮，蒉桴而土鼓，犹若可以

致其敬于鬼神。"意思是，上古社会"礼"的产生是从饮食开始的。在他们看来，这种生活方式就是对鬼神最大的敬意，这就是最原始的"礼"的仪式。可以看出，这时的"礼"仅仅局限于"事神致福"的祭祀仪式。

在经历了夏商时期的"事神致福"和"神道设教"之后，到西周时期，"礼"逐渐完备和成熟起来，并作为文教政策的中心内容。正如孔子所说："殷因于夏礼，所损益可知也；周因于殷礼，所损益可知也。"① 夏商周三代的"礼"有着一脉相承的关系。经过夏商两代的发展，到西周时期，"礼"已上升为西周文教政策最核心的指导思想，其含义由宗教上的"事神致福"转变为伦理上的道德准则，成为西周宗法制的一种精神。关于"礼"的演进过程，钱穆从文化史的角度进行过论述，他说：

"礼"本是指宗教上一种祭神的仪文，但我们在上文述说过，中国古代的宗教，很早便为政治意义所融化，成为政治性的宗教了。因此宗教上的礼，亦渐变而为政治上的礼。但我们在上文也已述说过，中国古代的政治，也很早便为伦理意义所融化，成为伦理性的政治。因此政治上的礼，又渐变而为伦理上的，即普及于一般社会与人生而附带有道德性的礼了。②

从这段话可知，"礼"在西周已具备了宗教、政治和伦理三大层面的含义。"礼"是从祭祀活动中产生的，带有鲜明的宗教色彩，目的是逢迎、讨好鬼神以祛除灾祸。这种原始认知，自上古至西周以前从未消亡过，所以"礼"的宗教意义一直都暗含其中。有所变化的是，西周时的"礼"已经把过去对神的敬意改造为对人的尊敬，进而成为一种以身份等级为基础的揖让之礼，并作为社会行为规范为人们所遵循。这是"礼"在政治与伦理意义上的延伸。

西周时期，人们已清楚地认识到，"礼"在确定人伦亲疏、决断嫌隙、区别异同、辨别是非等方面发挥着重要作用，不仅如此，"礼"还被看作是区分人与动物的根本标准，即所谓"鹦鹉能言，不离飞鸟；猩猩能言，不离禽兽。今人而无礼，虽能言，不亦禽兽之心乎？夫唯禽兽无礼，故父子聚麀"③。也就是说，一个人如果不懂"礼"，与动物是没有区别的；人如果想有所成就，不遵循

---

① 《论语·为政》。
② 钱穆：《中国文化史导论》（修订本），商务印书馆1996年版，第72页。
③ 《礼记·曲礼上》。

"礼"是万万不能的。所谓"道德仁义，非礼不成；教训正俗，非礼不备；分争辩讼，非礼不决；君臣上下、父子兄弟，非礼不定；宦学事师，非礼不亲；班朝、治军、莅官、行法，非礼威严不行；祷祠祭祀，供给鬼神，非礼不诚不庄"①。所以，"礼"成为人们一切活动的行为规则，所谓"治之经，礼与刑，君子以修百姓宁；明德慎罚，国家既治四海平"②。通过"礼"的制约作用，使社会道德规范上升到政治规范的高度。这样，伦理意义上的"礼"也就具备了政治性特征，在实际发展中为统治阶层所利用。

（二）"以德化民"的教化策略

就内容而言，西周"尊礼"文教政策的内核实际上就是"德"。"德"具有丰富的内容，外化为行为规范，就形成了"礼"。"礼"与"德"是密不可分的。总结前朝灭亡的教训，遵循上古德治的原则，西周统治者认识到，只有通过自身遵循"礼"，并将"礼"的内核——"德"凸显出来，做到"以德化民"，才有可能将"礼"完全植根于每一个人的心中。基于此种观念，"以德化民"也就成为西周统治者力求达到的标准，也成为文教政策的另一重要内容。

图 2-6　西周何尊器铭文

周代统治者对"以德化民"政策都能尽最大可能地去实施，这在许多青铜器铭文上都有所反映。例如，西周何尊铜器上刻有"惠（惟）王恭德裕天，顺（训）我不敏"的铭文，记载了统治者重德敬天的事迹。又如，西周中期穆王时的《班簋》（又称《毛伯彝》）铭文载，毛公伐东国乱戎后，将获捷之事告于"上"，曰："隹民亡（无）出才（在）彝，昧天令，故亡。允才（哉）显，隹敬德，亡（无）攸违。"西周晚期宣公时《毛公鼎》铭文记载，周宣王仍以文武行德政，使"皇天弘厌厥德，配我有周，膺受大命"来勉励毛公。

周代统治者这种政策，在传世文献中也有很多记载。如《尚书·康诰》曰："显考文王，克明德慎罚，不敢侮鳏寡。庸庸祗祗，威威显民，用肇造我区夏。"

①《礼记·曲礼上》。
②《荀子·成相》。

即是说，文王按照"明德慎罚"的原则，对百姓施以恩泽，在治理国家时重点强调教化与安抚，而不是惩戒与刑罚。这段文字传达出了西周最朴素的"敬德保民"思想。更须一提的是，对于当时的周边民族，周文王也能采用德化怀柔的文教政策，实行"德治"以徕远人。《韩非子·五蠹》记载："古者，文王处丰、镐之间，地方百里，行仁义而怀西戎，遂王天下。"意即周文王拥有高尚的德行，能够以仁治国、以德服人，妥善处理与其他部族的关系，才能成为拥有广土众民的天子。对于周文王的德行，墨子也给予过极高的评价。他说：

> 昔者，文王之治西土，若日若月，乍光于四方，于西土不为大国侮小国，不为众庶侮鳏寡，不为暴势夺穑人黍稷狗彘。天屑临文王慈，是以老而无子者，有所得终其寿；连独无兄弟者，有所杂于生人之间；少失其父母者，有所放依而长。此文王之事，则吾今行兼矣。[1]

此外，西周政制创建之初，时任太保的召公也清楚地意识到，夏商之所以灭亡，在于统治者虽受天命却寡德失民。《尚书·召诰》专门记载了召公营建洛邑时总结夏商灭亡历史教训的诰词。诰词云：

> 我不可不监于有夏，亦不可不监于有殷。我不敢知曰，有夏服天命，惟有历年；我不敢知曰，不其延，惟不敬厥德，乃早坠厥命。我不敢知曰，有殷受天命，惟有历年；我不敢知曰，不其延，惟不敬厥德，乃早坠厥命。今王嗣受厥命，我亦惟兹二国命，嗣若功。

从这段话可以看出，召公恳切地劝诫成王要吸取教训，勉励他施行德政，希望成王做到"王其德之，用祈天永命"，使周朝历久不衰。

西周重德敬德思想不仅表现在对统治者的劝诫上，还表现在对被征服的殷民的统治方面。对待臣服者，他们注重采取"以德化之"的策略。如周公就曾告诫康叔说："汝惟小子，乃服惟弘王，应保殷民，亦惟助王宅天命、作新民。"[2] 文王去世以后，至武王时期，也一直秉承着文王的"以德化民"原则。如《淮南子》记载："武王欲昭文王之令德，使夷狄各以其贿来贡，辽远，未能至，故治三年丧，殡文王于两楹之间，以俟远方。"[3] 直至西周中期，"以德化

---

① 《墨子·兼爱中》。
② 《尚书·康诰》。
③ 《淮南子·要略训》。

民"仍然被置于重要的地位。例如，有一次，"穆王将征犬戎，祭公谋父谏曰：
'不可！先王耀德不观兵。'"①"耀德不观兵"直白地道出了西周在处理"德"与
"武"关系方面的立场，是对西周"以德化民"政策的精练概括。

(三)"因俗简礼"的同化政策

在西周，"礼"的重要性是不言而喻的。"礼"的内容十分丰富，具有很强
的规范性与程序性，这就使"礼"本身存在一定的局限性，就是"礼"的实施
是非常烦琐的。尤其对于底层劳动人民来说，是不可能完全按照周礼行事的。
这就要求统治阶层采取灵活的统治策略，要在具体情况下懂得具体分析，学会
相时而动。对于这一点，姜太公有极为深刻的认识，并付诸实践。

据载，太公封齐后，根据当地的历史文化传统和习俗，制定了"因其俗，
简其礼，通商工之业，便鱼盐之利"②的治国方针，将道德教化与发展生产结合
起来，并提出"尊贤能，赏有功"的用人政策。"因俗简礼"政策包括两方面的
含义：一是尊重百姓的习俗，在传统习惯与礼仪制度的基础上，以人们最容易
接受的方式去治理；二是在现有制度的基础上，以便宜为准则简化烦琐的礼仪，
为人民更好地从事生产生活提供便利。客观而言，"因俗简礼"是充满智慧的治
国谋略，它突破了传统的循规蹈矩的治理政策，是一种制度和方法上的创新。

根据实际情况，采取"因俗简礼"政策去管理百姓，与按部就班地把"礼"
强加给百姓相比，乃是两种不同的治国方案，起到的效果也大相径庭。《史记·
鲁周公世家》对比了两种政策的不同效果，可以清楚地看到二者的差别。史载：

> 鲁公伯禽之初受封之鲁，三年而后报政周公。周公曰："何迟也？"伯
> 禽曰："变其俗，革其礼，丧三年然后除之，故迟。"太公亦封于齐，五月
> 而报政周公。周公曰："何疾也？"曰："吾简其君臣礼，从其俗为也。"及
> 后闻伯禽报政迟，乃叹曰："呜呼，鲁后世其北面事齐矣！夫政不简不易，
> 民不有近；平易近民，民必归之。"

所谓"报政"就是汇报施政效果。施政效果报捷的早晚疾迟，是施政方针
佳与不佳、效果善与不善的体现。在受封时间相当的情况下，鲁公与姜太公一
个三年报政，一个仅五个月就报政，其中的差别在于，伯禽治鲁完全遵循西周

---

① 《国语·周语》。
② 《史记·齐太公世家》。

"礼"的样本，以对于鲁国来说几近陌生的周礼去改造固有的风俗传统，当然收效很慢。长期积淀的习俗绝非朝夕之力能够改变的，伯禽三年之后能向周公报政，已经算是比较快的了，但效果可想而知。姜尚采取了与伯禽完全不同的做法，不仅不照搬周礼，还采取"简其君臣礼，从其俗为"的策略，所以收效甚快。后来，四方之民多归向齐国。这与姜尚因地制宜地实施社会教化的治理方针是分不开的，也再次印证了姜太公"因俗简礼"的文教政策确为明智之举。

另外，从上述记载也可以看出，鲁国和齐国虽然采取了两种不同的教化方略，但并未打破周王朝维护统治、教化民众的意旨。因此鲁国报政虽晚，却也没有受到什么惩罚。这说明，周王朝下属的封地属国有自行进行政教管理的自由，只要不违背周王朝的治理宗旨，具体的社会教化政策的推行、方式方法的选择以及文教政策的实施是有一定弹性的。

三、文教政策的实施之道

经过夏代的开创，商朝的发展，至西周时期，我国的律法已越加成熟。西周的一切行动以"礼"为准则，其律法自然也摆脱不了"礼"的牵绊，呈现"礼法并用"的特点。这一特点是以"明德慎罚"为依据的，"明德慎罚"则是西周立法的指导思想。《尚书·康诰》记载："惟乃丕显考文王，克明德慎罚。"简单地说，"明德慎罚"就是崇尚德政，慎用刑罚。"明德"即尚德、敬德，是"慎罚"的指导思想和保证；"慎罚"则是对待刑罚要谨慎，不仅要求刑罚适中，还要做到不乱罚无罪，是"明德"在行动上的具体落实。由此，"明德慎罚"决定了西周律法是秉承着"德"的原则制定与施行的。

姜尚在治国安民的过程中，将礼与法结合起来，主张先礼而后法，即"明仁义以为本，系法度以为末"。先礼而后法并不代表不崇尚法律，这是史家关于西周在礼与法的关系上共同的结论。《司马法·仁本》记载："贤王制礼乐法度，乃作五刑，兴甲兵以讨不义。"可以看出，礼乐、法度和五刑被同等视作"讨不义"的前提与必要准备，体现了"礼法并用"的思想。

为什么一定要实行"礼法并用"政策呢？《礼记·杂记》对此作出了精辟的回答："张而不弛，文武弗能也；弛而不张，文武弗为也；一张一弛，文武之道也。"文武之道实际上就是礼法并用之道，"张"为"法"，"弛"为"礼"，一

"张"一"弛",便是亦"礼"亦"法"。《太平御览》所引《世要论》称:"德多刑少者,五帝也;刑德相半者,三王也;刑多德少者,五霸也;纯用刑而亡者,秦也。"这是从历史比较的角度将上古、三代、春秋战国等不同时期的"德""刑"关系及其政策实施效果所作的简要概括。

应该申明的是,西周统治者虽然主张礼法并用、先礼后法,但这并不影响其律法的严肃性。《史记·周本纪》记载:"九年,武王观兵盟津。师尚父号曰:'总尔众庶,与尔舟楫,后至者斩!'"可见,西周的律法是十分严明的。对于破坏社会秩序的行为,西周统治者坚决采取严刑镇压的政策。与夏商相似,西周的罪名和刑罚种类也十分繁复,只《吕刑》中对犯人施行刑罚的规定就多达三千条,同时还规定了罚金等级和赎刑制度。但需注意的是,虽然姜太公强调"刑罚不施于无罪,不因喜以赏,不因怒以诛",刑罚的实施要以实际情况而定,即"所憎者,有功必赏;所爱者,有罪必罚。存养天下鳏寡孤独,赈赡祸亡之家"①,但是,事实上西周法律的适用对象也有一定的局限性,正所谓"礼不下庶人,刑不上大夫"。西周是宗法制国家,对于贵族阶层,其优待地位体现得尤其明显,尤其是在"礼"的规范下,等级特点非常突出。

西周刑罚严明,实施起来具有坚决性,但亦十分慎重,这与其"明德慎罚"的思想有关。《六韬·文韬·赏罚》记载了文王与姜太公直接的问答,表述了赏罚的目的及实行赏罚的原则。文王问太公:"赏所以存劝,罚所以示惩。吾欲赏一以劝百,罚一以惩众,为之奈何?"姜太公是这样回答文王的:

> 凡用赏者贵信,用罚者贵必。赏信罚必,于耳目之所闻见,则所不闻见者莫不阴化矣。夫诚,畅于天地,通于神明,而况于人乎!

这里强调了赏信罚必的重要意义,即只有做到"诚"字,才能"赏一以劝百,罚一以惩众"。这是实施赏罚的基本原则。

综上所述,在姜太公的影响下,西周推崇的治国之道是敬德保民,同时以"法"规约,提倡"明德慎罚",礼法并用,这在中国政治思想史上具有深远的意义。自此以后,政治家们或选择强调"德""礼",或选择强调"法""罚",总是一主一辅,从未彻底摒弃任何一方。如果说刑法体现的是一种国家意志的强

---

① 《六韬·文韬·盈虚》。

制性，表现出政治策略的刚性色彩，那么，"德化"则凸显出一种柔性劝说的色彩，立足的是人之行为的自觉性。两者对于社会的稳定与发展，都是不可缺少的。数千年后，西方出现的所谓社会管理理论，其思想、主张或策略之大要无非如此。

第六节　春秋战国时期文教政策的生成与实施

春秋战国是我国由分封制社会向郡县制社会过渡的时期，其在政治、经济、文化方面都经历了巨大的动荡。可以说，大动乱与大变革，就是这个时期的代名词。对此，学者有如下精辟的论述：

> 在群雄角逐中，大多诸侯均注重现实的物质利益，视教育为以缓济急之策，因而鲜有重视文化教育者。不过，纷乱的政局和频仍的战乱，却为思想自由和文化繁荣提供了契机，使"政教合一"的模式松动乃至离散，从而为私学的发展和勃兴，以及教育理论的繁荣创造了条件。①

因此，春秋战国时期，虽未形成统一的文教政策，却为政策的制定做了较为充分的论争，也在理论上做出了必要的铺垫和酝酿。其后各代王朝文教政策的制定，其思想和主张多渊源于此。

一、人之价值的凸显：政策转变背景述略

春秋战国是我国社会的转型时期，在宗教方面也面临着重要转变。这一时期，人们的宗教观既承接了西周"轻鬼重人"的特点，同时增添了新的内容，具有了不同的特质。一方面，此时天命观在人们的思想中仍然占据一定地位，人们一如既往地承认天命的重要作用，甚至有人把天命视为对国家生死存亡起决定性作用的因素，认为"国之存亡，天命也"②。在春秋战国时期的很多文献中，对于这一点都有所涉及。如《国语·郑语》中的"天之所启，十世不替"

---

① 喻本伐、熊贤君：《中国教育发展史》，华中师范大学出版社 2011 年版，第 22 页。
②《国语·晋语六》。

和《左传·僖公二十八年》所说的"天之所置，其可废乎"，都证明了当时人们对"天"的尊崇。然而，另一方面，这时的天命观虽然依旧鲜活，却不再是最初意义的纯粹崇拜了。这一时期，由于社会动乱带来的自由，使一些思想比较先进的知识分子得以出现，他们敢于突破传统，对天命提出质疑。正是这种质疑，使具有人文精神的理性思想得以出现。所以，尽管传统宗教观念仍在人们的心目中占据重要的分量，但是也阻止不了人们对自身价值的探索。这种具有人文精神的理性崇拜，预示着人们已经从传统的具有强烈迷信色彩的卜筮文化中跳出来，转向更加关注人之价值的理性崇拜的轨道上来。人们从唯"天命"是从变成敢于质疑天命，如《诗经》中竟出现了对天进行抱怨的词句："悠悠苍天，曷其有所？""悠悠苍天，曷其有极？""悠悠苍天，曷其有常？"① 这在以前是断然不可想象的。因此，不能不说这是一个很大的历史进步。

既然仍受宗教的影响，那么，卜筮之事就不会废弃。不过，这一时期，即便是卜筮这种活动，也被加入了许多理性因素，开始以理性的人文精神来说明自然和社会的变化。正所谓"卜以决疑，不疑何卜"②，即是说，占卜只在人们对事情产生怀疑、对事物存在疑虑时才能起到作用，而在人们没有任何疑虑时，是根本用不着占卜的。这种说法在很大程度上承认了占卜的局限性，将其作用框定在一定范围内，是对之前无事不卜、无时不卜、占卜无所不能的否定，也就等于是对天命绝对权威的否定。《左传》中的"圣人不烦卜筮"③，说的也是这个意思。可见，这一时期人们已不再完全相信占卜，而注意探寻道德修养对吉凶祸福的影响。

二、文教政策的悄然回归

"礼"是春秋时期最为重要的观念。人们一般认为，到春秋尤其是战国时期，周天子已经完全失去了统治权威，诸侯国之间纷争不断，已经没有谁还有心思讲究"礼"了。然而，证诸事实并非如此。齐桓公小白"九合诸侯，一匡天下"，其"合""匡"行为的深层意蕴就在于依礼行事。只是到了战国时期，

①《诗经·唐风》。
②《左传·桓公十一年》。
③《左传·哀公十八年》。

社会变革迫在眉睫，各诸侯国面临兼并与称霸、危亡或生存的生死抉择，"礼"才彻底失去了立足之地。

（一）春秋时期："尊礼"传统的顽强延续

众所周知，西周是崇尚"礼"、以礼制来维持统治的。在这种氛围的长期熏陶下，"礼"已然成为人们生活中习以为常的事情，以至于到了春秋时期，虽然面临着"礼崩乐坏"的现实，"礼"也不可能骤然消失，不可能被人们全然抛弃。

春秋时期，人们对于"礼"有着难以割舍的留恋，关于"礼"的论述层出不穷。孔子就是最典型的例证。他曾告诫弟子"不学礼，无以立"①，要求弟子"兴于诗，立于礼，成于乐"②，而且主张一切行为都要以"礼"为规范，做到"非礼勿视，非礼勿听，非礼勿言，非礼勿动"③。不仅孔子，像子产、晏子、孟献子、左丘明等，都对"礼"的地位和价值进行过论述。虽然人们对"礼"有不同看法，但是在共有的时代背景下，总能达成一些共识。

"礼"作为行为规范，其起源与宗教祭祀是密不可分的。直至西周时期，注重人事的观念居主导之后，"礼"才被注入了较多的人文和理性的因素。春秋时期的"礼"是继周而来的，所以带着很强的人文气息，且保持了"礼"在尊卑等级方面的规定性。《左传·宣公

图 2-7 西周 "六佾" 之舞

十二年》载："君子小人，物有服章，贵有常尊，贱有等威，礼不逆也。"就是说，君子与小人贵贱有别，"礼"的作用就在于守等差之别，明高下之分。凡是不守尊卑等级秩序者，就是违"礼"的行为。孔子对此种行为最为愤慨。如季氏僭用八佾之舞，孔子就怒斥道："八佾舞于庭，是可忍也，孰不可忍也！"④ 之所以如此生气，是因为按照周"礼"的规定，不同地位与等级的人，羽舞的规

①《论语·季氏》
②《论语·泰伯》。
③《论语·颜渊》。
④《论语·八佾》。

格和数量严格有别，即"天子用八，诸侯用六，大夫四，士二"①。鲁国大夫只能用四羽（四佾）之舞，他却超越诸侯，直接僭用天子之礼，是严重的违"礼"行为。

不仅如此，"礼"还在道德层面上对人的活动进行规范。晏子所述"父慈子孝，兄爱弟敬，夫和妻听，礼也"，就是从"礼"的道德意义上说的。那么，"礼"有哪些内容，又有什么作用呢？从《左传》所载子大叔答赵简子的论说中，或许可窥其一二。《左传·昭公二十五年》记载：

> 简子曰："敢问何谓礼？"（子大叔）对曰："吉（昔）也，闻诸先大夫子产曰：'夫礼，天之经也。地之义也，民之行也。'天地之经，而民实则之。则天之明，因地之性，生其六气，用其五行。气为五味，发为五色，章为五声，淫则昏乱，民失其性。是故为礼以奉之。为六畜、五牲、三牺，以奉五味；为九文、六采、五章，以奉五色；为九歌、八风、七音、六律，以奉五声；为君臣、上下，以则地义；为夫妇、外内，以经二物；为父子、兄弟、姑姊、甥舅、昏媾、姻亚，以象天明；为政事、庸力、行务，以从四时；为刑罚、威狱，使民畏忌，以类其震曜杀戮；为温慈、惠和，以效天之生殖长育。民有好、恶、喜、怒、哀、乐，生于六气。是故审则宜类，以制六志。哀有哭泣，乐有歌舞，喜有施舍，怒有战斗，喜生于好，怒生于恶。是故审行信令，祸福赏罚，以制死生。生，好物也；死，恶物也；好物，乐也；恶物，哀也。哀乐不失，乃能协于天地之性，是以长久。"

由此可见，"礼"是使人们行为合乎天地之性、达到生命长久、生死皆得其宜的保证；"礼"能够协调各种人际关系，是返回天地之性的需要。把"礼"提高到与天地并立的地位，看成是治理国家的决定因素，是整个社会必须遵循的法则，这是春秋时期人们对"礼"的基本认识。下面再通过一个事例，能够更为直观地感受"礼"的作用。据载，鲁庄公去世之后，鲁国发生内乱，政治一直未能稳定。齐桓公得知这种情况后，很想趁机把鲁国吞并，就向仲孙询问是否可行。仲孙回答：

> 不可，犹秉周礼。周礼，所以本也。臣闻之，国将亡，本必先颠，而

①《左传·隐公五年》。

后枝叶从之。鲁不弃周礼，未可动也。君其务宁鲁难而亲之，亲有礼，因重固，间携贰，覆昏乱，霸王之器也。[①]

仲孙劝诫桓公不能夺取鲁国，理由是鲁国目前还依据周礼行事。在他看来，周礼是立国的根本，一个国家的灭亡就像大树倒下一样，必然是躯干先倒，而后枝叶才随之倒落。鲁国在春秋时期是周礼保持比较好的诸侯国，人称"周礼尽在鲁矣"。所以，仲孙劝诫桓公不能轻举妄动。所谓"坏国、丧家、亡人，必先去其礼"[②]，齐桓公要想称霸，最好的策略是亲近有"礼"的国家，依靠政权巩固的国家，离间内部涣散的国家，消灭昏庸动乱的国家。在仲孙的劝说下，齐国最终没有发兵攻打鲁国。由此可以看出，"礼"不仅有利于国家内部的稳定和团结，有时候也能在一定程度上消除国家外部忧患，是定国安邦的一层柔性保障。

（二）战国时期："尚武"政策的蔚然成风

如果说春秋时期"礼"在人们心目中还占据着一定的地位的话，那么进入战国时期后，"礼"则日益成为一种美好的幻想。这是因为，"在春秋争霸的历程中，'礼'的迂阔与无用已经被屡屡证明，而'法'的明快与实用，又每每在变法诸国中顿收实效。……有鉴于此，法家思想便成为战国时期的主流意识形态"[③]。由于在实际中收效甚微，"礼"不再受到统治阶层的重视，而纷纷将"尚武"作为新的国家政策来推行。武力成为证明一个国家实力的最有说服力的工具；相应地，军事实力的强弱也就成为人们关注的重点。为迅速增强军事实力，各国纷纷选择最直接而迅速的途径进行变法。第一个变法的是魏国，之后韩国、楚国、秦国等纷纷效仿，掀起了战国变法运动的高潮。

秦国是变法最晚的一个，却是最为典型也最有成效者。与其他国家相比，秦国"尚武"政策推行得最为彻底，渗透到社会生活的各个方面，就连储君的废立也与"尚武"政策挂钩。就是说，秦国君主之位的继承，并不遵循严格意义的嫡长子继承制，而是"择勇猛者立之"。不仅如此，秦国还制定了一系列赏罚措施来保障"尚武"政策的执行。如《韩非子》明确记载："商君之法曰：斩

---

① 《左传・闵公元年》。
② 《礼记・礼运》。
③ 喻本伐、熊贤君：《中国教育发展史》，华中师范大学出版社 2011 年版，第 23 页。

一首者，爵一级，欲为官者为五十石之官；斩二首者，爵二级，欲为官者为百石之官；官爵之迁与斩首之功，相称也。"① 意思是按照所斩首级给予爵位，并按照爵位的高低给予相应的特权。《商君书》也载："能得甲首一者，赏爵一级，益田一顷，益宅九亩，除庶子一人，乃得入兵官之吏。"② 这样一来，便将全国上下都纳入战争的轨道，使秦国愈发强大起来，最终得以统一六国。《史记·张仪列传》中有一段张仪游说韩国时对秦国军队气势的描述，足以看出秦国实施"尚武"政策的效果。张仪说：

> 秦带甲百余万，车千乘，骑万匹，虎贲之士，跿跔科头、贯颐奋戟者，至不可胜计。秦马之良，戎兵之众，探前趹后，蹄间三寻腾者，不可胜数。山东之士，被甲蒙胄以会战；秦人捐甲徒裼以趋敌，左挈人头，右挟生虏。夫秦卒与山东之卒，犹孟贲之与怯夫；以重力相压，犹乌获之与婴儿。夫战孟贲、乌获之士以攻不服之弱国，无异垂千钧之重于鸟卵之上，必无幸矣。

通过山东之卒与秦卒强烈鲜明的对比，足以看出秦国军队英勇善战。其气势之磅礴，战阵之威武，怎能不令敌军生畏、胆寒？同为诸侯国，秦国能够脱颖而出，成为一个傲视群雄的大国、强国、霸国，不能不说是其坚决推行"尚武"政策所致。

需要指出的是，"尚武"政策只是各国统治者适应当时社会形势的一种应对举措。事实上，通观各国统治者的所作所为，并不是完全靠武力求得"生存权"和"话语权"的，也并非将武力作为解决问题的唯一方式。换言之，"尚武"政策不过是各国在特定背景下的特别之举，是图存求霸的一种积极的或无奈的选择而已。

三、文教政策的一统弱化与多元展现

"百家争鸣"活动开始于春秋末年，战国中期达到鼎盛，至战国末走向尾声。当时，周天子"共主"的地位已江河日下，经济实力也日益衰微。战国时期的纷乱时局，使得无论政治、经济还是思想文化领域都面临着不可避免的重

---

① 《韩非子·定法》。
② 《商君书·境内》。

组与变革。"天子失官，学在四夷""乱世则学校不修"，就是此时官学状况的真实写照。官学的衰败刺激了私学的勃兴。私学的兴起，使学术下移到民间，教育对象由贵族扩大到平民阶层。这就为学术的广泛传播奠定了基础，也为"百家争鸣"活动创造了条件。

同时，一个新的阶层开始兴起，搅乱了原本稳定的社会结构，这一阶层就是士。在"礼崩乐坏"的大变革中，原本属于贵族最底层的士阶层从宗法制等级森严的羁绊中摆脱出来，成为社会上一股不容忽视的力量。加之各国为取得霸主地位，竞相招贤纳士，笼络人才，又极大地助长了士阶层的声势。就这样，这一新生的独立阶层在乱世中以独有的方式昭示着其存在的价值。他们带着不同的思想学说奔走各国，著书立说，议论时事，最终形成了多个学派。各学派之间既互相论辩争锋，又互相学习借鉴。正是在这样的背景下，盛大宏伟的"百家争鸣"应运而生。

一般认为，"百家争鸣"的"百家"是虚指，只是极言学派之多，非言其实。虽然并不一定有"百家"，但其学派众多却是不容置疑的。仅为我们所熟知的学派，就有儒家、墨家、道家、法家、阴阳家、名家、兵家、纵横家等等。其中，影响较大且在以后的朝代中呈现出消长态势的是儒家、道家和法家。一般认为，儒家思想孕育了我国传统文化中的政治理想和道德准则，道家学说构成了我国两千多年传统思想的哲学基础，而法家思想中的变革精神则成为历代进步的思想家、政治家改革图治的理论武器。这些学派的活动及其思想，共同构建了中华民族传统文化的基本精神。由此可见，"百家争鸣"局面的形成具有穿越时空的影响力和辐射力。

众所周知，一个国家文教政策的制定与执行，总是以稳定的政治环境为基础的。像春秋战国这样政治动荡、纷争不断的时期，天子已失去了掌控大局的能力，国家已处于分崩离析的状态，因而也就不可能有统一的文教政策。且不说面对"礼乐征伐自天子出"到"礼乐征伐自诸侯出"的现状，周朝统治者既没有魄力也没有能力再推出任何文教政策；退一步讲，即便是统治者有制定文教政策之类的活动，出台了相关法令，凭借其当时的地位、权力与威望，也难以真正实行，只能面临早夭或衰竭的命运。

战国时代被公认为我国思想史、文化史上的"黄金时代"。然而颇具讽刺意味的是，这种"黄金时代"却是战乱频仍、民不聊生的"黑暗时代"所孕育的。当时，诸侯争霸，各自为政，面对的具体问题不同，治国理念和施政方略也有差异，所以我国已不可能有"放之四海而皆准"的统一的文教政策。这并不意味着这一时期没有文教政策，因为各诸侯国作为互相独立的统治形式和实体，也需要发展文化教育，更需要推行社会教化。因此准确地说，此期我国已不存在统一的文教政策，换言之，由战乱所导致的一统弱化与面貌多元，乃是这一时期文教政策的突出特点。"百家争鸣"局面的出现，各家对于人性、教化、治乱、王霸等问题的论辩与争鸣，既可视作这一时期文教政策弱化所导致的结果，也可视为此期文教政策多元主张的表现。事实上，证诸史实，这一时期魏国的文侯李悝变法，秦国的商鞅军功入仕政策，皆可视为法家主张的现实运用；而鲁国的为楚所灭，齐国的由盛转衰及其后期的勉力维持，则可视作儒家、稷下道家思想在战国这一特定时期的历史命运。所有这些，都给后世统治者制定文教政策提供了充分的借鉴。

第七节　文教政策再解读：基于"轴心时代"的理论视角

从"百家争鸣"局面对此后中国历代的深远影响来看，战国时代实可称为中国教育活动发展史上的"轴心时代"。从"轴心时代"的理论视角对本章内容做些总结和解读，既能帮助我们厘清此前文教政策及其相关活动的脉络、轨迹与底蕴，也有助于明晰此后历代文教政策的构成要素和生成胚基。

一、"轴心时代"理论：一种有用的分析视角

"轴心时代"（the Axial Age 或 the Axial Era，也有人译为"枢轴时代"，或称"轴心期"，the Axial Period），是由德国哲学家卡尔·雅斯贝尔斯（Karl Jaspers）提出的重要概念。雅斯贝尔斯在研究人类文化发展史时发现，希腊、中东、印度、中国等地域的文化原来都是独立发展起来的，既没有彼此沟通，

也没有相互影响，却在同一历史时期出现了一种有趣而奇特的现象，就是都在文化方面产生了质的巨大飞跃，形成了现代主要文明各自的文化轴心。因此，在 1949 年出版的《历史的起源与目标》（The Origin and Goal of History）一书中，雅斯贝尔斯分析指出，公元前 800—前 200 年之间，尤其是公元前 600—前 300 年间，可视为人类文明史上的"轴心时代"。"正是在那里，我们同最深刻的历史分界限相遇，我们今天所了解的人开始出现。我们可以把它简称为'轴心期'。"① 这是人类文明精神的重大突破期，也是对此前（即"前轴心时代"）文化的"超越"期。在这个时期里，各个文明区域里都出现了伟大的精神导师——古希腊有巴门尼德、希罗多德、赫拉克利特、修昔底德、苏格拉底、德谟克里特、柏拉图、亚里士多德等等；以色列有犹太教的先知们四处游走，传经布道；古印度有释迦牟尼及其弟子群，佛教、耆那教等开始创立；中国则有孔子、老子、庄子、孟子、荀子……这些人不仅思想博大精深，而且多有皇皇巨著问世。他们提出的思想原则塑造了不同的文化传统，一直影响着当地人类生活的各个方面。所以，雅斯贝尔斯指出："对我们来说，轴心期成了一个尺度。在它的帮助下，我们衡量各种民族对整个人类历史的意义。"②

让人更感兴趣的是，人类历史上的"轴心时代"不仅在时间上非常接近，在地域和文化方面也有许多相似之处。就前者而言，其区域主要集中在北纬 30 度上下，也就是北纬 25 度至 35 度之间；就后者而论，虽然中国、印度、中东和希腊之间有千山万水的阻隔，但在"轴心时代"，不同地区的文化中却有很多相通之处。雅斯贝尔斯说："在所有地方，轴心期结束了几千年的古代文明，它融化、吸收或淹没了古代文明，而不论成为新文化形式载体的是同一民族或别的民族。前轴心期文化，像巴比伦文化、埃及文化、印度河流域文化和中国土著文化，其本身规模可能十分宏大，但却没有显示出某种觉醒的意识。"而到了"轴心时代"，古希腊、以色列、中国和印度都产生了对人类"终极的关怀"，都出现了人类自我意识的"觉醒"，开始意识到自身作为整体的存在，也意识到自身的局限，这使得各个不同民族都"获得了全人类所具有的共同的东西"，人类从此被"一个共同的起源和目标"联结在一起。在雅斯贝尔斯看来，所谓"起

---

① 雅斯贝尔斯著，魏楚雄、俞新天译：《历史的起源与目标》，华夏出版社 1989 年版，第 8 页。
② 雅斯贝尔斯著，魏楚雄、俞新天译：《历史的起源与目标》，华夏出版社 1989 年版，第 62 页。

源"和"目标"乃是相互关联的："我考虑到起源，就会想到目标，反之亦然。起源和目标不可能获得任何令人信服的感性的真实形体，我们可用下列符号表明它们：'人类之诞生'——起源；'不朽的精神王国'——目标。"①

雅斯贝尔斯认为，人类"最不平常的事件"集中出现在轴心期。在这一时期，此前人类持续千年的神话时代走向终结，首次出现了后世所称的理智和个性，产生了一大批先哲大师。他们用理智的方法、道德的方式来面对世界，思考人生，或者以超自然的形式思考天人关系，以丰富的意象创立了宗教。从此，"人类一直靠轴心期所产生、思考和创造的一切而生存，每一次新的飞跃都回顾这一时期，并被它重燃火焰。……轴心期潜力的苏醒和对轴心期潜力的回忆，或曰复兴，总是提供了精神动力"②。例如，欧洲的文艺复兴就把目光投向古希腊而使欧洲文化重新燃起光辉，从而对世界产生了重大影响；中国的宋明理学在受到佛教、玄学的冲击后，再次回归孔孟而把中国哲学提高到一个新水平，深刻地影响了东亚诸国。即便是宗教，表面看来似乎是对虚幻世界的描述，实际上却既体现为对现世人生的关怀，也是对道德操守的张扬，还表现为对原始宗教神话及各种崇拜的超越和突破。而无论宗教或者其他道德学说所表现出的超越和突破，对以后的西方、印度、中国和伊斯兰世界产生了深刻影响，很大程度上形塑了"轴心后时代"不同地区的文化面貌。

同时，雅斯贝尔斯还指出，"轴心时代"并非是尽善尽美的。因为这一时期先哲大师们获得的杰出成就，由于缺乏传授给大众所必需的顺畅、正规的渠道而使得精英和众生之间的鸿沟变得异常之大；个别贤哲展现的最高思想潜力及其实际表达没有成为当时的共同财富，因为大多数人跟不上他们的步伐。当这一时代丧失其创造力时，各个文化区随之都出现了教条僵化和水平下降情况。这种结局起初是政治性因素所导致的，因为在中国、印度和西方，几乎同时兴起了主要靠征服起家的强大帝国，如中国出现了暴秦统治，印度建立了孔雀王朝，西方则兴起了希腊帝国和罗马帝国。即便如此，"轴心时代"的意义也是不容小觑的。因为它不仅提供了借以探讨其前和其后全部发展问题的标准，而且

① 雅斯贝尔斯著，魏楚雄、俞新天译：《历史的起源与目标》，华夏出版社1989年版，第34页。
② 雅斯贝尔斯著，魏楚雄、俞新天译：《历史的起源与目标》，华夏出版社1989年版，第14页。

展现人类丰富的精神力量，其影响直至当今。①

由此可见，雅斯贝尔斯提出的"轴心时代"绝不是一个单纯的地域空间性概念，也不是一个静态的历史时间性概念，而是一个以动态、系统、比较的观点对人类文化发展史进行研究的结果，是一个跨区域、跨时段、跨文化的概念，有着丰富而深刻的内涵。我们认为，"轴心时代"理论虽然是基于文化发展史研究而提出的，但它所阐明的思想以及所包含的一些概念，如"轴心时代""前轴心时代"以及"超越""突破"等，不仅从横向上为我们提供了评判文教政策的参照和坐标，而且有助于我们从纵向上对先秦文教政策进行比较分析，并且，这也有助于我们解析秦以后历代的文教政策，因而这一理论对分析先秦文教政策有着重要的意义与价值。②

二、历代文教政策的袭变承传

从"轴心时代"的理论视角看，中国历史上的"轴心时代"主要发生在春秋战国时期，即公元前 770 年到公元前 221 年。历史进入这一时期，像是偏离了轨道的飞车一样，把原有的社会秩序冲击得七零八落。周王室衰微，地方豪强四起，冲突与兼并战争经年不断，统治阶层的社会控制态势日益松动，无不昭示着这是一个剧烈动荡的社会转型时代，也是一个思想解放、学者辈出、异说纷呈的时代。

在这一令后人极为心仪的时代里，很多以往未曾触及的问题、未曾思考的

---

① 雅斯贝尔斯著，魏楚雄、俞新天译：《历史的起源与目标》，华夏出版社 1989 年版，第 12—13 页。

② 需要说明的是，我们注意到，目前学界对于"轴心时代"理论也有一些质疑之声。有人认为，"轴心时代"论说虽能提供文化论析与历史观照上的一些便利，却不乏局限性和束缚性，因为它很可能遮蔽或淡化"轴心时代"之前人类文明的漫长发展。通常认为，现代西方文明有两个源头，即古希腊和希伯来文明。但稍稍涉猎一下世界史便知道，它们并非西方最早的源头，还可追溯到埃及和两河流域文明。这两大文明都是希腊和希伯来文明的祖先，至迟在公元前 3500 年左右就出现了。而古希腊文明大约兴起在公元前 8 世纪，是在大量引进东方元素，在宗教、哲学、文学、艺术等方面发生"东方化革命"以后才发展起来的。还有人认为，在雅斯贝尔斯所划分的人类发展历史上（经历史前、古代文明、轴心时代和科技时代四个阶段），埃及和两河流域文明到第二阶段就绝灭了，古希腊文明在第三阶段才开始，只有中华文明跨越全部四个阶段。因此，"轴心时代"理论虽具有反西方中心论的意味，却也变相提高了希腊文明在人类文化史上的地位，是不符合历史发展事实的。我们认同上述观点，但这并不妨碍我们引入这一理论，用以分析我国先秦时期的文教政策，且对秦以后历代的文教政策做些展望。

领域都被学者们提了出来，并进行了精彩激烈的论辩，如人性之辩、义利之辩、天人之辩、名实之辩、王霸之辩等，都成为名噪一时的著名辩题。其他如经与权、心与物、知与行、礼与法、治与乱、道与器、体与用等，学者们也都有所触及。由此既产生了不同的思想，形成了不同的学派，也提供了多种治政理国的构想和方案。如果从"轴心后时代"的视角看，这些论辩和探讨不仅开阔了人们的学术视野，深化了人们的理性认识，而且丰富了先秦学术思想的内容，促进了先秦文化思想的繁荣。更为重要的是，这还为后世学术探讨准备了命题、划出了论域，设定了语汇，引领了方向，为之后中国思想发展史的繁荣培植了胚芽，奠定了基础。

文教政策作为由国家和政府制定、颁布与施行的发展文化教育事业的总方针，是体现特定历史时期教育的性质、任务和基本内容的重要载体。就其深层底蕴而言，文教政策作为国家重大的教化（或管理）方略，需要弄清或回答人能否教化、以何教化、何以教化、为何教化等问题。如此，政策的制定与出台方能具有坚实的理论基础。由此反观我国"轴心时代"的著名辩题就不难发现，人性之辩实则探讨人能否教化及其是否需要教化的问题；义利之辩探讨的是以何教化、为何教化的问题；天人之辩关心的是人与周围世界的关系问题，或者说关心的是教化是否重要的问题；名实之辩要弄清的是形式与内容、概念与实质的问题，或者说，要解决的是文辞的能指与所指的问题；至于王霸之辩及礼法之辩，则更与文教政策关系密切了，因为它们直接探讨的就是以何教化、何以教化等重大问题。其他如经与权、心与物，或者关心活动的原则性与灵活性问题，或者探寻心性修养与外在环境的关系问题，都或多或少地与文教政策有关。因此完全可以说，"轴心时代"的种种辩题，对于我国文教政策的再度生成意义重大，为政策的后续酝酿、制定和出台开启了序幕，准备了素材。

由此可见，"轴心时代"不是专属于文化思想的，亦可用以审视文教政策及其相关活动。毫无疑问，这种令人心仪的"轴心时代"绝非突然来临的，而是来源于"前轴心时代"。如前所述，我国上古时代，人们对大自然有着天然的崇拜，常常用古朴的仪式来表达对自然神的敬意，此期的文教政策也就难免会受到"万物有灵论"观念的影响。到夏代，人们的宗教观念发生了显著的变化，由"泛神"崇拜转变为对特定对象的崇拜，同时，占卜成为夏人最主要的活动；

相应地，培养占卜之士和能征善战的勇者，也就成为夏代文教政策的致力方向。到了商代，中国社会演变成为典型的"神本"社会，天命迷信一统天下，卜筮无处不在、无时不在。在此背景下，不仅文教政策涂上了一层浓浓的天命色彩，而且祭祀也成了商代最重要的政治活动。为了祭祀鬼神，商统治者大肆杀生，最终遭致人民的强烈怨恨，商随之灭亡。

自商周之际始，中国历史发生了一次悄然的转折。转折的表现之一，就是人们的观念开始从神本走向人本，从君本转向民本，把人从天命神权的束缚下解放出来。从古公亶父起，周人即不忍杀人父子，又能从商的覆灭中汲取教训，认识到"唯人万物之灵"，"民之所欲，天必从之"①。民本思想已呼之欲出。事实上，正如前文所引述的那样，早在商代末年，人们就已有不再盲目相信天命、占卜的意识觉醒了。而史料所记的"曹刿论战"所"论"的那次战争发生在公元前684年，更清晰地反映出"前轴心时代"的观念对人们的影响已十分淡薄。《左传·庄公十年》记载：

> 十年春，齐师伐我。公将战，曹刿请见。其乡人曰："肉食者谋之，又何间焉？"刿曰："肉食者鄙，未能远谋。"乃入见，问何以战。公曰："衣食所安，弗敢专也，必以分人。"对曰："小惠未遍，民弗从也。"公曰："牺牲玉帛，弗敢加也，必以信。"对曰："小信未孚，神弗福也。"公曰："小大之狱，虽不能察，必以情。"对曰："忠之属也，可以一战。战则请从。"

公元前684年正处于我国"轴心时代"初期。从这则记载中可以看到，当时人们的观念已经发生了一定的变化，已认识到决定战争胜负的不是少数的统治者（"肉食者鄙""小惠未遍"），也不是天上的神灵（"神弗福也"），而是人民；当权者只有不滥用刑狱，能够做到以情感民，才"可以一战"。毫无疑问，这是一种鲜明的人本或民本观念。而曹刿只是一个普通的知识分子，通过他来反映这种变化，说明这种观念在当时的社会已经颇有影响了。

由此可见，早在西周初期，奉鬼神为圭臬的观念已日渐淡薄，天命不可恃、民心不可违的理念悄然滋长。在此情形下，西周统治者将政策关注的焦点转为注重人事，把眼光从天上转到人间，于是制礼作乐，出台了"经礼三百，曲礼

---

① 《尚书·泰誓》。

三千"的周礼，严嫡庶、亲疏、长幼之别，并且提倡"明德慎罚""敬德保民"。这是对"前轴心时代"敬神事鬼、敬畏天命思想的修正和改造，开我国传统教育重人事、讲伦理、轻神事、远天命的先河。

然而，仅仅到了东周时期，西周社会的那种"郁郁乎文哉"的井然秩序就开始松动了。这使得"轴心时代"的文化精英们认识到，仅仅注重现实世界秩序的建构，仅仅从外显的角度规范人的行为是远远不够的，更重要的是要进行人心的整肃，道德的劝化。其意蕴正如孔子所言："人而不仁，如礼何？人而不仁，如乐何？"于是一些有识之士，尤其是儒家和道家的学者们，纷纷把目光转向对人内心世界的开悟与教化上，注重对人之力量的赞美，注重对人终极价值的关怀，从而为"轴心时代"涂上了一层鲜明的人文色彩，进而抒写了"轴心时代"文教政策之多元的壮丽图景。

综上可见，对于宗教、天命与神权的逐步疏离，对于现实、现时、现世社会的日益切近，对于人之精神与价值的日趋关注，乃是人们观念从"前轴心时代"向"轴心时代"演变的基本历程。这一历程也大体贯穿或反映于夏商周所制定的文教政策之中，上文已有述及。然而，令人亦颇感兴味的是，纵观先秦历代文教政策的内容，一方面固然表现为上述疏离、切近和关注趋势的不断推进，另一方面却也显示出不少向此前文教政策之历史"回归"的迹象。例如，西周时期"敬德保民""重德崇礼""明德慎罚"的政策，一定程度上可看成是对上古时期"厚德感化""以德化人"之做法的回归；战国时期各国变法"尚武"蔚然成风，亦可视为对夏代"为政尚武""以射造士"政策的某种因袭。这充分说明，历代文教政策之订立绝不是任意而为，而是当政者在对于以往政策和做法的既"变"且"袭"的基础上制定的。

三、文教政策构成要素简析

在战国"诸侯异政"的历史背景下，各国统治者都在寻求他们最欣赏的"治平"之术。由于"轴心时代"诸子所代表的阶层不同，对于治平之术的方案设计也就有所不同，从而形成了"百家异说"的局面。如儒家"祖述尧舜，宪章文武"，"言必称尧舜"，对于五帝、三王都极为推崇；墨家"背周道而用夏政"，推崇为天下福祉而不辞辛劳的大禹；农家"必种粟而后食"，以炎帝神农为尊；黄老学派推重黄帝，多言垂拱而治的无为之术；阴阳家倡导"五德终始"论，对自黄帝起的历代兴亡规律极其关注；法家虽不推重先王，但对"五伯"①之类变法而强的"后王"们是极感兴趣的。这些学派对于既有的治平之术的不同采择，既可视为对历史人物及其政策的不同解读或审视，亦可作为对未来政策及走向的瞻望、重组、预想或谋划。

在诸子百家中，对治平之术集中探讨且对后世影响最大的，当属儒、墨、道、法四家。他们提出的治世方略为后世统治者提供了政治及社会管理的多种备选方案。具体说来，秦的迅速崛起、统一全国及二世而亡，既可以看成法家治世方略的一次实验，也可以看出纯任法家的直接弊害；西汉初期国力的迅速恢复以及之后各种社会问题的养疴为痼，可以视为道家治世方略的一次实验，从中亦不难窥见道家主张的优长与短绌；西汉中期"独尊儒术"政策的确立以及此后两千多年儒家学说基本居于思想文化的主流地位，则可以看作儒家治世方略的一次长期而复杂的实验。至于墨家，由于它所代表的是"农与工肆"阶层的利益，而这一阶层在秦之后两千多年的社会中始终未能形成一支有力的政治力量，因而其治世方略未能付诸政治实验，主要以"行规"的形式存在于民间。因之，"轴心时代"的"百家争鸣"实为此后的政治和社会管理模式——当然也包括文教政策的模式——奠定了基础，准备了路径，提供了选择。

需要申明的是，对四家治世方略的如上简析，只是就一般意义而言。事实上，秦代二世而亡只是证明法家方略不能被用到极致，而不能说明法家主张于政治统治和社会管理无所裨益。例如，法家对法律之于社会管理规范作用的重视，对帝王统御之术的探讨等，就被后世统治者直接借鉴。道家的治世方略虽然绌于社会秩序的整饬，却有利于休养生息、恢复国力，缓和社会矛盾，并为仕途失意的政治家提供了一方自由的精神天地。墨家的治世方略则不仅长期存在于民间社会，存在于手工业者阶层，而且墨家思想中所体现出来的轻生死、重然诺、以天下为己任的精神，直接为"游侠"阶层所继承。至于儒家的治世方略，在战国之后长达两千多年的传统社会中也不是一成不变的，而是充分吸收了各家思想，经历了"援老入儒""外儒内法""三教合流"的基本历程。

---

① "五伯"为春秋五霸，即齐桓公、晋文公、楚庄王、吴王阖闾、越王勾践。也有人将秦穆公、宋襄公列入。总之，都是春秋时期赫赫有名的政治人物。

　　总之，相对于浩瀚的历史长河来说，"百家争鸣"时间虽很短暂，但其闪耀的光辉却是难以遮掩的。"百家争鸣"是春秋战国时期政治、经济的变革在文化教育领域的反映，造就了中国思想文化发展史上的第一个"轴心时代"，代表了中国思想文化发展的新阶段、新起点。此后中国思想文化的发展都可以从这一时代中寻到根源，得到启迪。因此，对于春秋战国这一特定时期来说，"百家争鸣"是文教政策弱化的结果，是统治阶层思想控制放松的反映；但对于之后我国漫长的历史而言，却是其文教政策构成要素之渊薮。

第三章
官学教育活动

公元前 3000 年前后，中国、埃及以及西亚两河流域相继出现了学校，且皆为官办性质，教育乃是统治阶层的特权。虽然学界对世界上最早的学校出现在什么时代、什么地方还众说纷纭，但有学者研究指出，世界上最早的学校当是在亚述、巴比伦建立的，略早于埃及。① 与之相比，中国学校的问世也不算晚。自从官学问世之日起，教育活动也就揖别了"原生态"的形式，步入了一个新的发展阶段。在经历了 1600 余年的发展、演变后，到春秋时期，我国出现了私学。从起源上看，官学的产生远远早于私学。因此，要考察中国教育活动的发展历史，就不能不从考察官学活动开始。

---

① 参见滕大春：《关于两河流域古代学校的考古发掘》，载《河北大学学报》1984 年第 4 期；陈晓红、毛锐：《失落的文明：巴比伦》，华东师范大学出版社 2001 年版，第 18 页。

第一节　先秦官学及其教育活动概说

我国历史上的官学兴办甚早。据传说，远在五帝时期，我国就已出现了"成均""庠"等机构，开展了多种形式的活动，教育教化活动即为其中之一。学界现已认定，"成均"和"庠"即为我国学校教育的萌芽；我们认为，此类机构也可视为我国官学设置的肇始。此后，制度形态的官学在夏代和商代都有不少设置，到西周时期则更趋完备。相应地，官学中的各种活动内容丰富、形式多样，表现出非常鲜明的时代特色。

一、先秦"官学"述略

所谓官学，就是由各级政府主持、兴办和管理，在教育结构或教育体系中处于主流地位的办学形式。依据其兴办主体的不同，官学可大概分为中央官学和地方官学两大类。依据其功能定位、程度深浅以及坐落方位的不同，中央官学有不同的分类，如商代中央官学已有了左学、右学或大学、小学的区别；西周时期的中央官学则有"四学""五学"之设，具有了较为完整的规制。根据行政区划的不同，地方官学分为不同的等级，且被赋予不同的名称。如商代地方官学有序、庠的设置；西周时期地方官学则有乡校、州序、党庠、家塾等不同的称谓。

与私学相比，三代（即夏、商和西周时期，以下同）官学的经济基础是土地国有制，办学目的是为未来培养统治人才，由此使得此期教育呈现出非常突出的"学在官府"特征。即是说，一方面，学术资源与教育大权由奴隶主贵族完全垄断和把持，其他人既无权利也无资格接受教育；另一方面，只有官方拥有文字记录的法制规章、典籍文献以及祭祀典礼所用的礼器也全部掌握在官府手中，普通人既接触不到，也无力拥有。此外，学生的入学资格、学习内容等也都受到地位身份的严格限制。"学在官府"不仅造成了极大的教育不平等，使受教育成为特殊阶层的一种特权，而且导致无论国学还是乡学都缺乏思想言论的自由，缺乏与现实社会生活之内容的贯通。在此情形下，官学教育活动也就日益呈现出形式化、凝固化和空疏化的弊端，教育活力每况愈下。

尽管如此，在秦之前长达近两千年的时间里，官学教育仍然以其制度完备、经费稳定、师资充裕、内容正规等特点，成为三代教育的主要实施载体和最主要的表现形式。与此相比，统治阶层之外的人们，所接受的只能是统治阶层所推行的社会教化，只能是广义上的生产劳动教育和社会生活教育，学习内容既不系统正规，教育形式也远非制度化，教育活动更是零散、片段，与原始时期的教育活动几无二致。因此，要较为典型地反映三代教育活动的状况，就不能不主要从官学教育活动的考察入手。

二、官学教育活动概说

三代官学活动的突出特征是"学在官府"，不仅表现为教育权利、教育内容等完全由统治阶层所掌控，还表现为官师不分（官师合一）和政教合一。在这种教育体制下，官吏既是行政官员，也是学校的管理者，还是学校的教师，教育活动由他们来主导。这种官师不分的情况体现于宫廷教育活动中，就是太师、太保、太傅等国之重臣，同时也是帝王之师。他们多由王族的长老或是国王的岳父担任。《大戴礼记·保傅》记载："昔者周成王幼，在襁褓之中，召公为太保，周公为太傅，太公为太师。保，保其身体；傅，傅之德义；师，导之教训。此三公之职也。于是为置三少，皆上大夫也，曰少保、少傅、少师，是与太子宴者也。"由此可见，国之"三公"也是学之"三老"。后来西周官制逐渐分化，师、保的职责偏重于教育教化而非政治活动，爵位亦有所降低。

教育机构与行政机关不分，是"学在官府"的又一重要表现，这也深刻地影响到教育活动的开展。从国学活动来看，学校既是施教的场所，又是祭祀、献俘、献馘等活动的地方。例如《礼记·王制》篇称："天子将出征……受成于学，出征，执有罪反，释奠于学，以讯馘告。"被称为"大教之宫"的明堂也是国学的重要组成部分，而朝政、祭祀等行政事务与活动亦均在此地举行。诸侯设立的"泮宫"同样是饮酒献俘之所在，说明诸侯的国学也是行政机构与教育场所合一的。就乡学活动而论，大司徒以下各职官所掌政令、教治，皆以"化民成俗"为大务。庠、序、校既是乡学之所在，也是举行乡饮酒礼、乡射之礼、养老尊贤以及士人议政等活动的地方，同样属于政教合一的体制。

从现代学校管理学的角度而言，科学有效的管理活动至少应该具备明确的管理目标、丰富的管理内容、灵活的管理方法、恰当的管理制度以及与之相匹配的管理评价体系，同时需要管理者和管理对象（就学校而言，主要是教师和学生）的紧密配合。这些是在总结前人经验的基础上概括而成的。先秦时期，官学管理活动并未有如此细致的规定和内容，这与当时的生产力发展水平和人们的认识水平相关。但从历史"长时段"的视角与教育活动的发展方向上看，自从教育管理活动的种子在人类意识里萌发开始，管理制度的完善就已提上议事日程了。这种日趋完善的趋势，在夏商周时期就有所彰显。虽然就教育管理的成熟程度而言，三代教育管理制度总体上尚处于初级阶段，但若考虑到奴隶制社会所处的发展阶段和发展水平，我们又不得不惊叹其教育管理活动中所蕴含的智慧了。在长达1600余年的时间里，官学管理制度及其活动从无到有，由初创到发展，再从发展到完备，经历了一个较为完整的发展周期，其中所包含的管理理念和举措方略，对后世产生了深远的影响。

最后应该说明的是，无论夏、商还是西周时期，官学教育活动就其主旨而言，始终都是和道德教育、社会教化等活动联系在一起的，较早时期甚至是合而为一的。即是说，尽管官学的师资配备、学习内容、管理活动等似乎显出一些"专门化"的迹象，但离真正意义的专门化尚有不小差距，各类活动所传递和传播的基本理念仍是道德教育和社会教化，重心不在于专门知识的授受，简言之，教育很大程度上即等于教化。综观东西方古代之各主要民族和地区，其最初之教育活动大多如此。这是我国先秦时期官学教育活动的又一重要特征。

第二节　夏代官学教育活动

夏代是我国最早的王朝，也是我国第一个奴隶制国家。这一时期，社会生产力较之前有了较大程度的发展，经济水平也有所提高。表现在手工业和农业方面，就是夏代不仅能够铸造多种纹饰的青铜器和陶器，还出现了人工水利灌溉。在此基础上，夏代统治者建立军队，修筑城池，对外掠夺扩张，对内镇压反抗，以此来巩固和发展政权。夏代统治者还建立起了一些管理机构，进行行政管理，教育事务也是行政管理的重要任务之一。夏代官学活动的主要特点是，教育活动与政治、军事活动结合进行，教育机构与政治机构是合为一体的；官学的教育管理活动，主要由国家行政管理机构中的司徒主持。夏代的官学教育活动就是在此框架下展开的。

一、官学教育活动的肇始

任何一种事物的产生都须以一定的条件为基础，官学教育活动也是如此。生产力的发展，文字的出现，是学校产生的两大必备条件，也是教育活动得以进行的重要基础。虽然学界对我国文字源于何时仍无明确定论，但据史料记载，在原始社会末期已经出现了文字的萌芽，到商代则已有了成文的历史，即所谓"惟殷先人，有册有典"①。这是已被史学界普遍认同的事实。文字不仅能够记载人类的生产生活经验及思想活动，而且能够跨越时间和空间的局限，将人类文明代代传承下去。文字的这种巨大功能，使其不仅成为重要的教育手段，而且由于掌握文字需要专门教学，从而也就成为学校产生和发展的重要条件和动力。

夏代已进入有文字记载的文明时代。先秦典籍《国语》《左传》等书就引用《夏书》中的不少材料。如《左传·昭公十七年》记载："夏，六月甲戌朔，日有食之。……于是乎百官降物，君不举，辟移时，乐奏鼓，祝用币，史用辞。故《夏书》曰：'辰不集于房，瞀奏鼓，啬夫驰，庶人走。'此月朔之谓也。""辰不集于房"，意即日月相交不在正常的位置。这是我国最早的一次日蚀记录，这种现象使得当时的人们十分恐惧。太史将《夏书》引为佐证，说明当时的确存在夏代之书。《史记·夏本纪》太史公也说："孔子正《夏时》，学者多传《夏小正》云。"再次证明夏代已有文字之书。此外，《礼记·礼运》篇还记载了孔子与子游的对话。该篇云：

①《尚书·多士》。

言偃复问曰:"夫子之极言礼也,可得而闻欤?"孔子曰:"我欲观夏道,是故之杞,而不足征也,吾得《夏时》焉;我欲观殷道,是故之宋,而不足征也,吾得《坤干》焉。《乾坤》之义,《夏时》之等,吾以是观之。"

由此可见,孔子曾经到"杞"地做过历史调查,并获得《夏时》这样一部天文历法之书。而且,从这段记载还可以看出,至春秋末年,人们仍然可以看到《夏时》,由此再次证明夏代确实已有文字,并已有了人类文明的若干记载。

既然有了文字,加之政治教化和军事训练的需要,夏代在此基础上便创立了我国最早的学校。这是我国官学设置的正式开端,也是制度化教育活动的真正开始。关于夏代学校设立状况,古籍文献中有一些记载。如《礼记·明堂位》说:"序,夏后氏之序也。"《古今图文集成·学校部》亦云:"夏后氏设东序为大学,西序为小学。"《孟子·滕文公上》也载:"夏曰校,殷曰序,周曰庠,学则三代共之,皆所以明人伦也。"关于夏代学校的设置,《礼记·王制》篇记载得较为详细。该篇云:

凡养老:有虞氏以燕礼,夏后氏以飨礼,殷人以食礼,周人修而兼用之。五十养于乡,六十养于国,七十养于学,达于诸侯;八十拜君命,一坐再至,瞽亦如之,九十使人受。……夏后氏养国老于东序,养庶老于西序;殷人养国老于右学,养庶老于左学;周人养国老于东胶,养庶老于虞庠。

由此可以看出,夏代至少已设有"序""校"这两种不同称谓的学校,并且,它们还承担着各不相同的活动之责,教育教化活动即为其中之一。

相关记载表明,"序"本为教人引弓习射、进行军事训练活动的场所,以后逐步演变成兼有养老功能之场地,敬老活动即在此处开展。如上所引"凡养老:有虞氏以燕礼,夏后氏以飨礼","燕礼"即"设宴于寝"的"一献"之礼,宴毕致醉即止,礼节较轻;"飨礼"则"设宴于朝",以尊卑为献数,仪式隆重。它要求"体荐而不食,爵盈而不饮,依尊卑而为,献取数毕而已"。可见,夏代是很重视养老之礼的,且已有了较为复杂的行为要求。可以说,无论在"东序"还是"西序"中开展养老活动,无疑都在宣扬"以老为尊"的理念,这本身即为一种教育教化活动;至于军事训练,自然也是一种广义的教育活动。

　　"校"是夏代官学的又一设置。《说文解字》说："校，从木，交声。""校"原为以木栏围成的较为宽阔的场地，本为养马驯马的场所，逐渐演变为习武和军事技能训练之地。《孟子·滕文公上》记载，古代"设为庠序学校以教之。庠者，养也；校者，教也；序者，射也"。"序"在夏代是较高等级的教育活动场所，与之不同的是，夏代之"校"为乡学。《史记·儒林列传》记载，公孙弘与太常臧、博士平议论三代之学时曾称："乡里有教，夏曰校。"春秋时期，郑国还有乡校的设置，人们仍然"朝夕退而游焉，以议执政之善否"①。据此可推知，夏代"校"为等级较低的乡学，应该大致无错。与"序"相似，夏代之"校"除进行军事教育活动外，以后还逐步演变成施行教化活动之地。《礼记·乡饮酒义》称：

　　　　乡饮酒之义：主人拜迎宾于庠门之外，入。三揖而后至阶，三让而后升，所以致尊让也；盥洗扬觯，所以致洁也；拜至、拜洗、拜受、拜送、拜既，所以致敬也。尊让、洁、敬也者，君子之所以相接也。君子尊让则不争，洁、敬则不慢。……乡人、士、君子，尊于房户之间，宾主共之也。尊有玄酒，贵其质也。

　　依照通常解释，此处的"庠门"即乡校之门，而乡校则是接待或款待乡大夫、州长、党正及卿士们（即乡人、士、君子）的重要场所。此处所记"乡饮酒之义"，虽然至西周才礼仪完备，但并不能排除夏代的乡校也有此种活动。由此可以推断，夏代之"校"除教人军事技能外，也具有教人礼仪的职能。

　　虽然关于夏代学校的记载至今没有出土文物的直接证实，但从这些先秦的文献资料来看，即使各书的记载有一定的出入，但其相互补充和印证恰恰证明夏代确实有学校存在，并且据此也可以断定，夏代官学已承担了一定的教育和教化活动的职能。从这个意义上来看，夏代确可视为我国官学教育活动的开端；只不过，夏代的官学并非独立、纯粹的教育机关，教育教化活动只是官学的多种活动之一。

---

　　①《左传·襄公三十一年》。

二、教育活动的主要内容

由于受到社会发展水平和人们认识能力的局限，加之夏代面临的特殊历史背景，夏代初创的官学教育就其活动形式而言还不够丰富，其活动内容也十分有限。夏代官学活动的内容主要包括两个方面：一是军事技能教育，二是人伦道德教育。

（一）"以射造士"：夏代的军事教育活动

国家的建立并不意味着统治者可以坐拥政权，更不意味着能够高枕无忧。面对新生政权的不稳固以及外族反抗势力此起彼伏的双重威胁，夏代统治者采取"尚武"政策，依靠军队的威慑力来维护和巩固政权。他们一方面依靠征伐掠夺战俘充当奴隶，以加强自己的力量；另一方面，又依靠武力镇压奴隶及其他氏族部落的反抗。因此，夏代刚一建国就采取了武人专政之策，重戎尚武随即成为夏代最重要的文教政策。尤其是夏初启与有扈氏之间"大战于甘泽"的一场战争，更凸显了军事实力在维护统治方面的巨大作用。在此背景下，军事教育也就成为夏代官学教育活动的重要内容。《史记正义·夏本纪》引古逸书《帝王纪》中的材料，记述了夏代政权更迭的一则变故：善射的有穷氏世掌射正之职，因其族人皆精通射技，世代奉职于夏王室；至太康之世，有穷氏首领羿凭借武力，驱逐太康夺取政权，率领部族自鉏迁于穷石，主持政权后又恃射而不修人事，终被其子寒浞所杀。在羿夺取政权和失去政权的更替过程中，武力是具有决定性意义的因素，得失之间足以证明军事实力的巨大功用，也反映出军事教育在夏代统治者心目中的重要性。难怪元代马端临有"夏后氏以射造士"[1] 的经典概括。

夏代军事教育活动以"射"为主，辅以"御"的训练，"序""校"则是此类活动最重要的场所。《说文解字》释"序"字说："以东西墙也，从广。"[2]"广"为象形文字，意为房舍。金文的"序"字，就像在"广"中射箭的样子，

---

[1]《文献通考·学校考》。
[2] 许慎：《说文解字》，中华书局 1963 年版，第 192 页。

用以表示习射之所。① 这已为学界所公
认。《越绝书》卷十一称夏代"以铜为
兵"，肯定夏代已经开始使用青铜兵器。
考古学家在河南偃师二里头夏文化遗址
中，曾发现并出土了钺、刀、青铜戈等
兵器。这些铜兵器的发现，也可以印证

图 3-1　古代军事训练画像石

夏代是非常重视军事训练的。毫无疑问，军事教育活动肯定会在夏代所设的
"序""校"之类官学中进行。

此外，《山海经·海外西经》还记载："大乐之野，夏后启与此舞九伐。"这
是说，夏启曾在一个名叫"大乐"的原野上，教授人们操练"九伐"之舞
（武）。《礼记·乐记》曾解释道："一击一刺为一伐。""九伐"即九个回合的击
刺，说明夏后氏在与有扈氏的征战中，曾进行过军事训练活动。相传到夏代中
期，启之曾孙少康曾与"代夏政，恃其射也"的东夷族作战。在这场战争中，
少康不仅教民习射，而且依靠其子杼发明的铠甲，最终战胜了善射的东夷族，
从而实现了有名的"少康中兴"。

由上可知，夏代官学教育中的确以"射"作为主要活动内容。此外，《尚
书·甘誓》记载有夏启"左不攻于左，汝不恭命；右不攻于右，汝不恭命；御
非其马之正，汝不恭命"的誓词。意思是说，战车左右两侧的士兵如果不用利
箭射杀自己这边的敌人，驾车的士兵如果不能精通御马之法，都是不遵从命令
的行为。这说明，到夏代时人们已发明了兵车，并且已懂得"兵车之法"。由此
推断，夏代很可能也有"御"即驾驭战车这方面的军事教育活动。当然，这就
须在"校"这类场地宽广的地方进行了。

（二）"教民为义"：夏代的人伦教育活动

如上所述，除了进行射、御等军事教育活动之外，夏代官学还兼有养老敬
老活动的功能，在潜移默化中承担着人伦道德教育的任务。养老敬老是夏代
"序"的重要任务，"校"则要教人待人接物的礼仪。养老敬老本是原始时期的
遗风遗俗，到了夏代却发生了明显的变化，即"凡养老：有虞氏以燕礼，夏后

① 毛礼锐、沈灌群主编：《中国教育通史》（第一卷），山东教育出版社 1985 年版，第 59 页。

氏以飨礼"。透过"飨礼"的要求不难看出，尊老敬老的礼仪中蕴含了极为鲜明的尊卑等级的伦理观念，这成为夏代"序"进行人伦道德教育的重要活动内容。"校"作为夏代乡学，也是承担人伦教育活动的一种重要形式。朱熹解释道："校，以教民为义。"孟子云："学则三代共之，皆所以明人伦也。"① 由此可见，夏代的"校"兼有教化之义，所教内容以人际伦常为主，要求学习者掌握尊贤敬长的礼节。

对于官学上述活动的细节、要求及其目的旨趣，《礼记·乡饮酒义》也有明确的阐述。该篇有言：

> 祭荐、祭酒，敬礼也；哜肺，尝礼也；啐酒，成礼也。于席末，言是席之正，非专为饮食也，为行礼也，此所以贵礼而贱财也。卒觯，致实于西阶上，言是席之上，非专为饮食也，此先礼而后财之义也。先礼而后财，则民作敬让而不争矣。

> 乡饮酒之礼，六十者坐，五十者立侍以听政役，所以明尊长也。六十者三豆，七十者四豆，八十者五豆，九十者六豆，所以明养老也。民知尊长养老，而后乃能入孝弟；民入孝弟，出尊长、养老，而后成教；成教，而后国可安也。君子之所谓孝者，非家至而日见之也；合诸乡射，教之乡饮酒之礼，而孝弟之行立矣。

这里说得很明白，官学活动的种种礼仪礼节，都是为着推行道德教化，使人们能够"敬让而不争"，最后将"孝弟之行"树立起来。

此外，《吕氏春秋·先己》还记载有夏后氏以身作则、教民重德的事迹，亦可辅证夏代之人伦道德教育的存在。该篇云：

> 夏后相与有扈战于甘泽而不胜，六卿请复之。夏后相曰："不可，吾地不浅，吾民不寡，战而不胜，是吾德薄而教不善也。"于是乎处不重席，食不贰味，琴瑟不张，钟鼓不修，子女不饬，亲亲长长，尊贤使能，期年而有扈氏服。

这就是说，夏后启能够最终战胜有扈氏，依靠的乃是改变"教不善"的弊端；而"善教"又包含着"子女不饬""亲亲长长""尊贤使能"这类人伦道德

---

① 《孟子·滕文公上》。

的内容，也就是孟子所说的"明人伦"的教育。这从另一个侧面表明，夏代统治者是非常重视人伦道德教育的。而这方面的内容，必然会以一定的方式反映和贯彻于夏代官学教育活动之中。

三、官学教育的管理

如上所言，夏代作为我国脱胎于部落联盟的第一个政权形式，所建立的官学仍透露着新生的稚嫩，仍是融多种活动于一体的，教育活动只是其中之一。官学虽属初创，但不仅设置较为齐全，而且实行了分级设学，初步构筑了一个较为完整的官学教育体系。这使得教育管理也变得复杂起来，需要专门的人员从事教育管理工作，对于学生也需要一定的管理措施。

在教育管理人员方面，夏代设置司徒作为中央一级的教育行政长官，主管官学的教育教化事务。除此之外，地方也设有掌管社会教化的长官，如瞽、啬夫、党正等。相对于中央大司徒对教育的专管权力来讲，瞽、啬夫等人所负的教化职责仅是其众多职责之一，并非专职管理。《尚书大传·夏传》记载："天子三公，一曰司徒公，二曰司马公，三曰司空公。百姓不亲，五品不逊，则责之司徒。"可见，司徒对夏代教化事务负主要责任。这种制度设计后来直接为商周所借鉴，并且开后世在中央、地方设置教育官员的先河，具有重大意义。

在学生管理活动方面，夏代从入学程序到管理方式再至考核标准，都有了一定的规定。首先，从入学程序上看，夏代规定夏历二月为大学开学日期，要选择吉日入学，并举行开学典礼。《夏小正》载："二月……丁亥，万用入学。"其传解释说："丁亥者，吉日也。万也者，干戚舞也。入学也者，大学也。"这是我国有关学年和入学制度的最早记载。其次，从管理方式和手段来看，夏代既重约束，也有感化，即所谓"戒之用休，董之用威，劝之以《九歌》，勿使坏"[1]。采取惩戒与感化相结合即恩威并施的方式施行教育。再次，夏代提出了较为全面的关于人才培养和考核的标准，申明要"赋纳以言，明试以功，车服以庸"[2]，体现了既重知识又注重实际能力的原则。由此可见，夏代官学教育管

----

①《左传·文公七年》。
②《左传·僖公二十七年》。

理活动虽然距离形成固定的制度体系还有差距，但已出现了制度化和规范化的雏形。

总之，夏代虽然还没有专门的教育机构和学校，但已把教育教化事务作为行政管理的重要任务之一，设置了专门的人员进行管理活动。从以上种种阐述皆可看出，夏代已初步建立起了我国最早的官学教育体系，开展了一定程度的活动。这标志着我国古代文明时代的到来。

第三节 商代官学教育活动

商代是我国历史上的第二个王朝，处于奴隶制社会发展时期。和夏代相比，商代的生产力有了较大程度的提高，政治制度日益成熟，文化教育水平也有了较大的发展。与此相适应，商代的官学教育及其活动也呈现出长足发展的态势，官学教育活动更加多样。其主要表现是，学校类型设置多样，并且已有了中央、地方等多种级别的官学设置。各级学校有其主要的教学活动内容，以初具形貌的"六艺"教育为主，且教学活动由不同的教师分别主持。此外，在教学管理活动方面，商代也有不同程度的新创。

一、官学教育机构的长足发展

到了商代，官学教育较夏代时有了进一步发展，形成了较为完善的办学形式和教育体系。毫无疑问，这须以生产力的发展和文化水平的提高为基础，更得益于商代统治者对教育的重视程度。研究发现，商代甲骨卜辞中有不少是与教育相关的。例如，有卜辞记载："壬子卜，弗，酒小求学？"意思是，壬子这一天举行占卜活动，弗求问上帝，为了王子求学，要祭祖以求赐福，卜问这样做是否可行。商代是我国历史上宗教色彩十分浓重的朝代，国家大事"惟祀与戎"，祭祀是一国之大事。因此，凡是与祭祀相关的活动在整个国家事务中都是居于重要地位的。从上述卜辞中可知，商代"王子求学"时，须先"祭祖以求赐福"。由此可见，奴隶主贵族是把下一代的教育当作大事来看待的。

毫无疑问，统治者对教育的重视程度越高，官学的发展道路就越顺畅。在统治者支持下，商代学校在设置上实现了分级分类设置，类型更加多样化。就中央一级的学校设置而言，就设有瞽宗、右学和左学，进行专门的典礼、祭祀、礼乐和其他教育活动；地方一级的学校设置则包括序和庠，是进行军事和人伦教育活动的重要场所。

"瞽宗"是新见于商代的一种学校名称，属于大学性质。史料记载说："古之神瞽，考中声而量之以制，度律均钟，百官轨仪，纪之以三（古纪声合乐，以舞天神、地祇、人鬼），平之以六（六律），成于十二（律吕），天之道也。"后儒韦昭注"神瞽"云："古乐正，知天道者也，死以为乐祖，祭于瞽宗，谓之'神瞽'。"①《周礼·春官·大司乐》亦云："凡有道者、有德者，使教焉。死则以为乐祖，祭于瞽宗。"《文献通考》也记载说："瞽宗，乐师之所宗也。古者有道德者使教焉。死则以为乐祖，于此祭之。"从这些记载来看，瞽宗乃是祭祀乐祖的神庙和施行乐教的地方，以礼乐之类的教育活动为主，传授有关宗教祭祀方面的礼仪知识，其中渗透着一定的伦理道德教育内容，但其旨趣更在于强化顺从天命和先祖意旨的观念和行为。② 除瞽宗外，商代在中央还设有右学和左学。据《礼记·明堂位》记载："殷人设右学为大学，左学为小学，而作乐于瞽宗。"可见，右学和左学为不同的求学阶段，一为大学，一为小学。《礼记·王制》也说："殷人养国老于右学，养庶老于左学。"郑玄注曰："右学，大学，在西郊；左学，小学，在国中王宫之东。"从这些记载中可知商代确有右学、左学之设，并与瞽宗共同构成商代的中央官学。

庠、序是商代的地方官学。与中央官学传授祭祀、礼乐等专门技能不同，庠和序的功能更倾向于社会教化。商代统治者设有各种养老的名目，在地方设庠，直接目的是养老，其根本目的则在于以养老为手段，向民众实施孝悌之道的教化，所以伦理道德教育乃是商代庠的主要内容。所谓"上老老而民兴孝，下长长而民兴悌"，基本反映了商代设庠的教育目的。序是从夏代直接继承下来

---

① 韦昭注：《国语·周语下》。
② 李国钧、王炳照总主编：《中国教育制度通史》（第一卷），山东教育出版社 2000 年版，第 49 页。

的，但商代增添了新的内容。《礼记·射义》载：

> 古者诸侯之射也，必先行燕礼；卿大夫之射也，必先行乡饮酒之礼。
> 故燕礼者，所以明君臣之义也；乡饮酒礼者，所以明长幼之序也。故射者，
> 进退周还必中礼。内志正，外体直，然后持弓矢审固；持弓矢审固，然后
> 可以言中。此可以观德行矣。

这就是说，尽管在"序"中也进行习射的军事训练，但商代更强调的是品德培养，统治者试图通过它来达到"明君臣之义""明长幼之序"的目的。

此外，甲骨卜辞和文献记载也为商代官学教育活动的发展状况提供了有力的佐证。其中有关于占问建校地址、教学内容及何日上学等记录，这说明，当时人们对于学校选址、上学日期等具体内容已甚为关注。由于殷商教育比较发达，当时还有许多"方国"派遣子弟前来游学。这不仅是我国古代各地区、各民族文化教育交流活动的具体表现，而且表明商代的教育制度确已达到了一定的发展水平，已领先于周边各个"方国"。

二、教育活动的主要内容

到商代时，我国不仅官学设置类型日益多样，教育教学内容也已开始呈现多样化特色。"六艺"教育活动此时已见端倪。初具形貌的"六艺"教育成为商代官学教育活动的主要内容。

（一）尊神孝祖：礼乐教育来自宗教情怀

《左传·成公十三年》记述商代文教状况时，曾云"国之大事，惟祀与戎"，说明商代统治者最重视的是宗教教育和军事教育。《礼记·表记》云："殷人尊神，率民以事神，先鬼而后礼，先罚而后赏，尊而不亲。其民之敝，荡而不静，胜而无耻。"从中可以看出，商代统治者将对鬼神的尊崇上升到了国家意志的高度，尊神、事神成为全国上下必行之事。既尊神又敬鬼，主张"先鬼而后礼"，所以商代人所奉行的最高政治原则，就是依据上帝鬼神的意志去治理国家。

为了加强政治统治，奴隶主贵族在极力提倡宗教天命的同时，还把本族的祖先作为至高无上的神，将尊神和孝祖视作一回事。《尚书·太甲中》记载，商王太甲"背师保之训"，不守居丧之礼，被公认为是违反"孝"之道德的行为，

贵族们把他流放到一个叫作"桐"的地方，待他反省悔过之后才接他回来当政。伊尹还教训他今后要"奉先思孝"，要遵守祖训，不能忘记祖宗的恩德。由此可见，尊神和孝祖乃是统治者极为重视的道德观念。这自然需要在各级官学中通过活动的方式加以宣扬。

"孝"不仅对于统治者如此重要，同时被规定为整个社会的道德要求，是各级官学教育活动的中心内容。甲骨文中"教"字多写成𡥀，左半部分即"孝"字，像"子曲伏于父"，右半部分像手持棒头的形状。由此，"教"字最初本意应是表示用棍棒迫使儿子尽"孝"。将孝祖和尊神并列而言，体现了商代对于鬼神的推崇。事实上，殷人的宗教情怀，在政权建立伊始就有所表现。例如商汤伐夏桀时，就打着"天命"的旗号，宣扬自己灭夏的正义性。他在《汤誓》中说"有夏多罪，天命殛之"，而且说"夏氏有罪，予畏上帝，不敢不正"，把对夏的讨伐完全说成是天命所召，而自己是承受天命、担当大任、顺应人心的。这是商汤借助宗教的名义，使自己在讨伐夏桀的过程中多了一层保障。此外，从祭祀人员的培养需求看，"瞽宗"的产生，也从一个侧面印证了商代重视宗教教育的特点。

商代统治者不仅极力推崇宗教天命，将其视为至高无上的权威，而且对待卜筮的态度十分虔诚，凡事皆须顺从甲骨卜辞所示。在他们看来，做好占卜祭祀就是在承接天意。这样，卜筮就像架在天与人之间的一座桥梁，成为向人传达鬼神意志的中介。在商代，大至国家政事，如征伐、祭祀、庆典，小至百姓出行、天气、收成，"凡事必卜"，都要询问天意，必须依卜筮之象而行。这在甲骨文中有不少记载，还有不少关于日常生活小事的卜辞。例如，"丙子卜，贞，多子其徙学，版（返）不遘大雨？"说的是，有人在丙子日卜问上天：子弟们上学回来的时候，会不会碰上大雨？另有一卜辞说："丁酉卜，其呼以多方小子小臣。"① 连招呼贵族子弟（"多方小子小臣"）这等小事也需要"一本正经"地占卜，由此可见，殷人的宗教情怀在日常生活的小事中表露无遗。正是这种宗教情怀，使得商代"以乐造士"的文教政策得以生成，也使得礼乐教育达到了此前无法比拟的高度。

---

① 郭沫若：《殷契粹编》，科学出版社1965年版，第114页。

殷人奉鬼神宗教，必然要经常举行祭祀活动，这些活动都要有相应的礼仪、舞蹈和音乐，因此，贵族子弟必须接受礼乐方面的教育，商代礼乐教育由此发展。商代的礼教和乐教在教育的具体活动中往往合二为一，二者并举，但是相较而言，乐教更为重要。习舞、学乐是商代大学重要的教育内容，祭祖、献俘、养老典礼等都在大学进行。《诗·商颂》有云："庸鼓有斁，万舞有奕，我有嘉客，亦不夷怿。"这是祭祀成汤的颂歌，描绘了祭礼的热烈场面，其中提到敲庸（镛）和跳"万"舞。由此可知，乐教的包含面很广，有歌诗、奏乐、舞蹈等；其功能也不止一端，除能够使人愉悦外，还有助于涵养人的观念，更有利于政治的统治。正是由于乐教在治理国家中发挥着如此重大的作用，因而商代极为重视礼乐教育，以此作为学校教育活动的重要内容。祭礼之处必有舞乐，舞乐之处必有礼教，礼教必须从属于事神致福的宗教教育范畴。可以说，商代礼乐教育和宗教教育就是这样结下了难解的情缘。

（二）射御育人：军事教育源于政治需要

与夏代相似，商王朝也是以武立国的。商汤得天下，并不意味着新的社会制度的产生，而是奴隶制国家政权的更迭，其统治并没有发生质的变化，仍是奴隶制的延续和发展。武力对于商王朝统治而言，具有"守"和"攻"的双重意义，"守"即维护对内统治，"攻"则是对外用兵。商代的"攻"不再仅仅限于对中原的争

图 3-2　商代官学军事教育图

夺，而是转向开疆拓土的远征。由此，军事活动在国家政治生活中显得愈益重要，军事教育更凸显了为维护政治统治服务的本质。下面首先从商代军队的构成略述军事活动与政治统治的密切联系以及军事教育在商代的重要性。

在奴隶制发展时期的商代，其统治以王都为中心，有"内服"与"外服"之分。所谓"内服"，即以商王朝都邑为中心的邦畿之地，是商王朝直接有效的

统治区域，设有百官（百僚、百辟）进行管理；"外服"则是指邦畿以外的列国（方国），是王朝非直接控制而由诸侯治理的区域，承担着护卫王畿、奉命征伐、缴贡纳赋等义务。与这一政治统治格局相适应，商代军队也存在着"王室军"和"方国军"两大系统。从甲骨卜辞和文献记载中不难发现，王室军是由两部分构成的：一是以地域为准，以"众"为兵源编组而成的"师旅"；一是以血缘为准，由王室或其他世家大族之"族众"为兵源组成的"族军"。王室军是商王朝最主要的军事力量。与之有所不同的是，方国军是一种因商王朝强弱而具有两重性的军队：当王室军强大、方国臣服于王室时，方国军就成为王室军的辅助力量；而当商王朝对它们还不能实施有效统治或者统治力量削弱时，方国军则为王室军的敌对武装力量。正因如此，商王朝更重视对王室军的军事训练，以保证自身政权的稳定。

由此可见，对贵族子弟的军事训练对于商代政治稳定具有极端重要的作用，军事教育也就成为商代官学教育的重要内容。考古学家从殷墟中发现了大量的青铜兵器，如戈、矛、戚、刀等。武器的多样化说明商代的战争已十分频繁，且战争动员的人数也较多。从当时的战争需要来看，军事教育的主要内容以"射"和"御"两门军事技艺的掌握为主。当时的战争以车战为主，车兵是骨干，而战车又是依赖马来拉动的。因此，武士要学会驾驭车马，掌握"御"之技艺是商代士兵最基本要求。同时，战争中的武器以弓箭居多，由此，射箭也成为军事训练的重要内容。奴隶主贵族要成为大大小小的头目和武士，具备过硬的作战本领，不经过一定的军事训练是不行的。这样，以"射""御"为主的军事训练成为商代军事教育活动的主要特点。

商代注重军事教育活动，可以从甲骨文中得到印证。有一甲骨文云："丁酉卜，其呼以多方小子小臣。其教戒。亚立，其于右利，其于左利。""多方"指多个地方，"小子小臣"指的是习武受训的贵族子弟，"教戒"指教授攻守搏击及阵法；"亚"是军事教官，"亚立"指教官"亚"站立于阵列之中；"其于右利，其于左利"指"小子小臣"以"亚"所站位置为中心进行或左或右的列阵训练。这是召集贵族子弟练习击刺和阵法的教学训练。不仅如此，有关专家还解释称，"戒"字像人手持戈，含有两种含义：一是持戈而警戒，一是持戈而舞蹈。① 由此或可推知，在商代学校中教"戒"，可能兼有习武和习乐两方面内容。就是说，军事教育蕴含着礼乐教育的内容。

（三）实用教学：书数教育得益于文化发展

商王朝是公元前 16 世纪开始统治黄河中下游广大地区的奴隶制政权，处于我国奴隶制发展时期。与夏代不同，商代的历史已有明确的文字记载，还有大批出土文物可供印证。商后期王都遗址殷墟（今河南安阳小屯村一带）出土了大批 3000 多年前的甲骨和青铜器。甲骨文是殷商王室的占卜记录，反映了商代政治、经济、军事、宗教、文化、教育等多方面的信息，是研究商代历史文化最直接最可靠的文字材料。在文字和文化发展的基础上，商代书数教育为奴隶主贵族所重视，成为商代官学教育活动的一大亮点。

我国到殷商时期，甲骨文已高度成熟，并且已有了专门的文字刻写工具以及与较为成熟的文字水平相应的书教。我国古代的书教，是指识字、书写等方

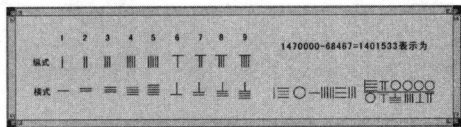

图 3-3　商周算筹计数的摆法

面的教育。在业已出土的甲骨文中，单字达 3500 多个，大量属于象形文字，但形声、会意、假借等方法已普遍使用，说明当时的文字已发展到基本成熟的地步。既然文字如此成熟，识、刻文字也就成为官学教育的一大活动内容，而且成为贵族子弟的特权。要学会使用文字，就要会阅读和书写。据研究，甲骨文中的"聿"字就是习字者以手握笔的形状。商代学子就学，首先要习字学书，承担这一教学任务的主要是甲骨文所载的"师"。"师"是商代教授"刻习文字"的人，即所谓"为之师范者，从旁捉刀助之"。后世戏称的"捉刀"一词就源于此。② 甲骨文中的不少骨片是学生练字时刻写的，以笔画简单而经常使用的干支文字做练习。其中有一片骨片饶有趣味，上面有五行字，重复地刻着从甲子到癸酉的十个干支。其中只有一行刻得精美整齐，其余四行字迹歪歪斜斜，中间

---

① 孙培青主编：《中国教育史》（第三版），华东师范大学出版社 2009 年版，第 16 页。
② 李才栋、谭佛佑、张如珍、李淑华主编：《中国教育管理制度史》，江西教育出版社 1996 年版，第 14 页。

夹着两三个刻得整齐的字。据郭沫若分析，那一行整齐精美的字是教师刻的范本，另四行是学生学刻的；中间夹杂着的几个较为整齐的字，很可能是教师手把手教时刻的。这为商代的书教提供了实际的物证。

与书教纯粹学习文字有所不同的是，商代的数与术相联系，亦称数术，这与其重视宗教天命的习俗有关。商代注重卜筮活动，而"筮"就是数。《左传》云："筮，数也。"① 故而"数术"的教学活动，是由司掌宗教的人员主持的。数术内容包罗万象，至少有天文、历谱、五行、蓍龟、杂占、刑法等六个方面。甲骨文中，较多反映了天文、历法及数学的相关信息，也有关于日食、月食、大星的相关记录，这些都是商代官学应该学习的内容。另外，商代在数学上已采用十进位法，在甲骨文中已有一、十、百、千、万等数字，最大的数字是三万。这些也是官学应该学习的内容。出土文物还表明，商代已经能够进行一般的算术运算，并能绘制较复杂的几何图形，所以算数之学必然成为商代官学教育教学的活动内容。总之，商代书数教育的发展是得益于其文字的成熟和数字、文化发展水平的，并与其社会实际应用密切相关。

三、官学教育的管理

商代的社会制度是宗教、政治、文教三位一体的典型，宗教的地位尤为显赫，教育从属于宗教和政治。虽然如此，商代的教育管理活动却也在发展中不断完备，并有不少新创之举，可谓内容丰富、制度初成。

(一) 分工明确：政教合一的管理活动

如前所言，虽然官学教育制度已渐趋完备，教育活动内容也日益丰富，但商代没有独立的教育行政机构和专门的教育长官，教育管理活动仍由行政官员担任；教师也尚未成为独立的社会职业，而多由神职人员担任。据《尚书·君奭》记载，周公曾云：

> 君奭！我闻在昔成汤既受命，时则有若伊尹，格于皇天。在太甲时，则有若保衡。在太戊时，则有若伊陟、臣扈，格于上帝，巫咸乂王家。在祖乙时，则有若巫贤。在武丁时，则有若甘盘。率惟兹有陈，保乂有殷，

---

① 《左传·僖公十五年》。

故殷礼陟配天，多历年所。

这段记载中所提到的商代不同时期的治世能臣都是"巫"。他们既是国家的重要辅臣，有"格于上帝"的神力，又负有劝教帝王、教化民众的责任。至于其下的宗、祝、卜、史等官员，则既要主持宗教事务，还要传授各种文化知识。由于商代尊神敬鬼的宗教色彩十分浓重，这些神职人员的地位往往很高。如成汤时期担任"阿衡"之职的伊尹，就被视为治理国家的楷模而备受商王器重。伊尹死后，"沃丁以天子之礼葬之"①。此后，伊陟作为太戊的老师，辅佐太戊成就了"殷复兴，诸侯归之"的事业。因此，伊陟也受到商王的极大尊崇。《史记·殷本纪》载："帝太戊赞伊陟于庙，言弗臣。伊陟让，作《原命》。""言弗臣"，意即商王不以待臣之礼对待老师。

商代没有设置独立的教育行政机构和专门的教育长官，教育活动中却形成了分工明确的管理特色。中央所属的学校，如瞽宗、右学、左学等，主要由司掌宗教的最高长官"司徒"和"作册"管理；诸侯辖区内的地方学校，如庠和序，则由较低级别的"侯""伯""甸"等管理。商代学校的教学内容已开始多样化，"六艺"教育活动已见端倪，进而出现了分科教学的萌芽。瞽宗是专门教习礼乐的地方，教师由专门的乐官充任并主持教学工作；尊神事鬼的教育活动，由宗、祝、卜、史等宗教人士实施并主持；养老、孝悌等人伦道德教育活动，主要由国老和庶老来主持；至于射、御、戎、戒等军事技能教学活动，则主要由军中的武将、教官担任和管理。

(二) 养老之制：承上启下的敬老活动

养老敬老是自原始社会时期就已逐渐形成的社会风尚，后来为夏、商所继承。养老敬老活动不仅具有人伦教化的作用，还体现着尊师、重学的意义。从表面上看，这一活动体现了统治者"尊年敬德"的美德，实质上是统治者欲借此来推行人伦之道、孝悌之义，以维护既有的社会秩序，归根结底是其对于社会的一种教化方式和管理措施。从这个层面而言，养老敬老乃是虞、夏、商三代不可或缺的教育手段，敬老活动也就成为官学教育活动的重要组成部分。

殷商时期的养老制度在借鉴前代的基础上，又有了新的发展，显示出承上

①《史记·殷本纪》。

启下的特色。《礼记》称："有虞氏皇而祭，深衣而养老；夏后氏收而祭，燕衣而养老；殷人冔而祭，缟衣而养老。""凡养老，五帝宪，三王有乞言。五帝宪，养气体而不乞言，有善则记之为惇史。三王亦宪，既养老而后乞言，亦微其礼，皆有惇史。"① 就是说，商代在举行养老仪式、开展敬老活动时，也要止冠冕、着礼服，但服色与前代已有不同；同时还要"乞言"即请教于老者，并详细记之，以为行动之准则。由此可见，到了商代，养老之礼的正规性、规范性已进一步加强，养老之制已日趋成型。这无疑开启和熔铸了我国古代教育活动中的伦理化倾向，并深深地影响到西周官学活动的面貌。这正是我国传统教育活动的重要特点之一。

总之，处于奴隶制发展阶段的商代，其官学教育活动日益丰富，加上经济的发展、文字的成熟乃至统治者对教育活动的重视，使得商代官学不仅类型多样，而且管理制度日趋严密，呈现出鲜明的时代特色。在中国教育活动发展史上，商代有着极为重要的地位，所谓"殷因于夏礼，所损益可知也；周因于殷礼，所损益可知也"②，即指明了商代承前启后的重要作用。西周就是在借鉴商代的基础上进一步发展，从而达到了奴隶社会官学教育活动的最高峰。

第四节　西周官学的管理活动

西周是我国奴隶社会的全盛时期。与夏、商相比，西周的官学教育活动既有继承之处，也有革新之处。由于西周已具有了完备的社会制度，在此基础上还建立起了一整套的礼乐制度、社会教化制度和官学教育制度，教育内容因此较夏商时期更为丰富，管理体制日臻完善，官学管理活动也独具特色。所有这些，都使得西周官学管理成为我国教育活动发展史上的第一个高峰期，对此后中国两千年的官学教育管理活动产生了深远的影响。

---

①《礼记·内则》。
②《论语·为政》。

一、官学管理的指导思想

对于西周时期的礼仪制度，孔子有过高度的评价。他曾满怀景仰地说："周监于二代，郁郁乎文哉！吾从周。"① 西周的礼仪制度之所以"郁郁乎文哉"，是因为统治者在商亡的教训中深切体会到"天道靡常"的道理，建立起了一套完整的、充满人伦气息的宗法制度。等级有序，亲疏有别，各安其位，以德劝化，乃是西周宗法制度的实质所在。与此制度相依相伴的是礼乐制度，"尊礼"则是这一制度的核心。

夏、商、周三代的"礼"有着一脉相承的关系，并在损益中不断发展。正如孔子所说："殷因于夏礼，所损益可知也；周因于殷礼，所损益可知也。"在西周分封制与宗法制的政治土壤中，"礼"逐渐从以往的"事神致福"和"神道设教"的态度和仪式中走出来，转变为伦理上的道德准则，成为西周宗法制的一种精神。

如前所言，这种走向是伴随着人们宗教观的转变而发生的。《礼记·表记》云："周人尊礼尚施，事鬼敬神而远之，近人而忠焉，其赏罚用爵列，亲而不尊。"虽然祭祀活动（"事鬼敬神"）仍然是国家至关重要的大事，却是"近人而忠焉"。这种"重人事"的思想使"礼"从对鬼神的敬意中解脱出来，转而变为对祖先、长辈和上位之人的尊敬。这种转变使"礼"慢慢成为一种以身份等级为基础的揖让、尊卑之礼，并作为社会行为规范为人们所遵循，由此，"礼"的伦理、道德、教化意义得以进一步彰显。《礼记》有言：

> 道德仁义，非礼不成；教训正俗，非礼不备；分争辩讼，非礼不决；君臣上下、父子兄弟，非礼不定；宦学事师，非礼不亲；班朝、治军、莅官、行法，非礼威严不行；祷祠祭祀，供给鬼神，非礼不诚不庄。②

就是说，"礼"俨然成为人们一切活动的行为准则。对于西周时期这一转变，王国维有一段精辟的论述："周之制度典礼，实皆为道德而设，而制度典礼

---

① 《论语·八佾》。
② 《礼记·曲礼上》。

之专及大夫士以上者，亦皆为民而设也。周之制度典礼，乃道德之器械。"①
"礼"不仅成为等级秩序的代名词，而且掺入了非常浓厚的人伦道德的因素。

不仅如此，"礼"在西周还有其他方面的作用。例如，《礼记·曲礼上》指出："夫礼者，所以定亲疏、决嫌疑、别异同、明是非也。礼，不妄说人，不辞费；礼，不逾节，不侵侮，不好狎。修身践言，谓之善行；行修言道，礼之质也。"该篇又云："太上贵德，其次务施报。礼尚往来：往而不来，非礼也；来而不往，亦非礼也。人，有礼则安，无礼则危。故曰：礼者，不可不学也。"就是说，是否学会"礼"，是否能够依"礼"行事，不仅关乎人的道德修养，而且已经成为关乎社稷安危的大问题。因此，作为西周时期的一种特有意识形态，"礼"已成为维护政治秩序的重要工具与手段。这就决定了"礼"之观念的培植，"礼"之行为的塑造，必定成为官学教育的中心任务，也成为学校教育的主要目标。因此，"以礼造士"不仅是西周文教政策的核心，也是西周官学教育管理活动的指导思想。

二、官学管理的体系依托

西周是我国奴隶制官学教育发展的最高峰，不仅集前代官学设置之大成，并且有所创新而自成系统。据文献记载，西周的官学设置大致可分为两大类：一类是由中央设立的国学，系专为奴隶主贵族子弟而设；一类是由地方政府设立的乡学，系为一般奴隶主子弟而设。两类学校等级森严，界限分明，为管理活动提供了完备的体系依托。

（一）国学及其管理活动概述

西周时期的国学，依据学生入学年龄和程度高低分为大学和小学两级。《礼记·王制》记载："天子命之教，然后为学。小学在公宫南之左，大学在郊。天子曰辟雍，诸侯曰泮宫。"《大戴礼记·保傅》载："古者年八岁出就外舍，学小艺焉，履小节焉。束发而就大学，学大艺焉，履大节焉。"可见，小学与大学既有程度之别，又有内容之衔接。

小学设置之具体状况，史无确载，不知其详；入学年龄，古籍也记载不一，

---

① 侯外庐、赵纪彬、杜国庠：《中国思想通史》（第一卷），人民出版社1957年版，第79页。

有八岁、十岁、十三岁、十五岁诸说。据学者分析，这与学生家庭政治地位的高低是直接相关的。① 关于小学的位置，《礼记·王制》说："小学在公宫南之左。"这说明，西周的小学设于王宫的东南。小学的管理人员，依据《周礼·地官司徒》的记载来判断，应是师氏和保氏。他们同时兼任小学的教师。

小学的学习年限为七年，学习内容首先强调的是德行教育。如《周礼·地官司徒》所云："教三行：一曰孝行，以亲父母；二曰友行，以尊贤良；三曰顺行，以事师长。"其次，还要学习社会生活的基本知识与技能。如《礼记·内则》所云："九年，教之数日。十年，出就外傅，居宿于外，学书记……朝夕学幼仪，请肄简谅。十有三年，学乐、诵诗、舞《勺》。成童舞《象》，学射御。""数日"即朔望、干支之类的知识，"书计"即六书、九数之类的技能，"幼仪"即幼童应习的礼仪；乐、诗、舞亦为小学应习的内容，其中《勺》为"文舞"，《象》为"武舞"，皆为小学教学活动之内容。

与小学相比，史籍对于西周天子所设的大学记载较为详细。依照记载，天子所设的大学规模较大，共分为"五学"：中曰"辟雍"，又称"太学"，四周环水，为天子举行乡射之礼及承师问道之所；其东之学曰"东序"，又称"东胶"或"东学"，为教学干戈、羽籥之所，由乐师主持；西曰"瞽宗"，亦称"西学"或"西雍"，为教学礼仪之所，由礼官主持；南曰"成均"，亦称"南学"，为教学乐舞之所，由大司乐主持；北曰"上庠"，或称"北学"，乃教学典书及政事之所，由诏书者主持。四学环绕辟雍，依水而建，最尊者乃居中之辟雍。

由此可见，"五学"传授的科目有所不同，也各有主持者和管理者。大学的教学已具有较强的计划性，其表现是按时间、按地点进行教学。此方面内容下文详述，兹不赘言。此外，各诸侯在国都所在地亦设有大学。诸侯所设大学规模较小，设置也甚简单，仅有一学，名"頖宫"；因半面临水，故亦称为"泮宫"。泮宫与辟雍实质相同，皆为高等教育性质之学校。名称之异，不在于分程度，而在于别等级。可见，西周的学校设置既种类齐全，又等级森严。相关管理活动即依此展开。

---

① 参见孙培青主编：《中国教育史》（第三版），华东师范大学出版社 2009 年版，第 19 页。

（二）乡学及其管理活动概述

西周的乡学建制，主要按地方行政区划设立。地方区划大小不等，学校名称也就各不相同。至于详细建制情况，历来说法并不一致。《礼记·学记》云："古之教者，家有塾，党有庠，术（遂）有序，国有学。"清人毛奇龄在其所著《学校问》中则曰："至于乡以下，则有四学。……一曰乡校，一曰州序，一曰党庠，一曰家塾。"西周的地方行政区划，据《周礼·地官司徒》载："王畿千里，有六乡、六遂。乡之制，五家为比，五比为闾，四闾为族，五族为党，五党为州，五州为乡。遂之制，五家为邻，五邻为里，四里为酂，五酂为鄙，五鄙为县，五县为遂。""乡"指京城以外、百里以内的地方；"遂"为百里以外、二百里以内的地方。如此算来，"六乡"有 30 州、150 党、750 族、3000 闾、15000 比、75000 家；"六遂"则有 30 县、150 鄙、750 酂、3000 里、15000 邻、75000 家。依据西周的生产力发展水平，在如此众多的地方行政单位，是绝不可能遍设学校的。已有学者推测指出，西周统治者对于居于"六遂"的奴隶（即"野人"），除实行训民的社会教化外，不可能设学立教，故遂之学应属乌有。[①]我们认为，即便是在"六乡"之内，塾、庠、序、学也不可能严格按照每一行政区划普遍设立，但是，这也不能排除西周有按行政区划设置官学之做法，只是未严格按照每一区划普遍设立而已。因此，一方面我们可以断言，《学记》所云应该有后儒的美化成分；另一方面，从地方学校的这种设置上也可以看出，西周的乡学也是既借鉴前代，又等级森严的。

既然乡学亦为官学，其管理活动必然亦由官员兼任。大司徒是全面主管地方教育的官员，其下设有小司徒、乡大夫、乡师、州长、党正、父师、少师、闾胥等官员，他们都是地方乡学的主持者和教师，同时也是管理者。

三、官学管理的制度设计

相对于夏商而言，西周的官学管理活动上升到了一个新的高度，既对教师的活动提出了明确要求，也对学生的活动作出了全面规定。此外，西周还开创了视学制度，完善了养老制度，并将视学与养老活动结合在一起。内容全面，

---

① 毛礼锐、沈灌群主编：《中国教育通史》（第一卷），山东教育出版社 1985 年版，第 74 页。

制度完备，是西周官学管理活动的突出特点，也成为我国教育活动史上的一大
亮点。

（一）官学入学管理活动

西周时期的官学，不论国学与乡学，学生的入学资格都有严格的条件限制，
包括身份条件和年龄条件的限制。这可视为对于学生的入学管理活动。就身份
而言，国学招收的学生一般是贵胄子弟，也招收一部分由乡大夫选拔出来的
"俊士"。史料有云："乐正崇四术，立四教，顺先王诗书礼乐以造士。春秋教以
礼乐，冬夏教以诗书。王太子、王子、群后之太子、卿大夫元士之适子、国之
俊选，皆造焉。"① 这说明，国学中大学学生的入学条件是很高的，主要招收上
层官员的子弟。小学学生的入学条件与大学相似，除奴隶主子弟外，也招收极
少数"庶人之子弟"，即一般下层官员的后代。至于平民百姓的子弟，是无法享
有入国学学习权利的。受教育权利的不平等，是西周宗法等级制度在教育上的
直接反映。

关于入学年龄条件，文献记载颇有出入。综合各种文献，西周时国学中的
小学入学有八岁、十岁、十三岁、十五岁等说法，大学入学则有十五岁、十八
岁、二十岁之说。如今通常认为，八岁入小学、十五岁入大学的是王太子，十
三岁入小学、二十岁入大学的是指公卿太子、大夫元士之子，十五岁入小学、
十八岁入大学的是指"余子"（即大夫、元士之妾所生之子，亦称"众子"）。可
见，身份地位越高者，其子弟入学年龄越小，反之则越大。入学年龄的不同，
绝非由学生素质高下所决定，同样反映了西周宗法制度对受教育权利的规范和
制约。

相比国学，乡学的入学资格较为宽松。除一般奴隶主的子弟外，部分庶民
及平民子弟亦可入学学习，学习内容为初等教育性质。至于其入学年龄，古籍
记载不详。宋代朱熹认为："人生八岁，则自王公以下，至于庶人之子弟，皆入
小学。"② 具体根据如何，不得而知。在乡学学习的学生，只有少部分经升学选
士，才有进入国学的少许希望。普通奴隶的子弟，则完全被剥夺了入学受正规

---

① 《礼记·王制》。
② 朱熹：《四书集注·大学章句序》，中国书店 1994 年版，第 1 页。

教育的权利，只能接受一定的社会教化。

（二）教学内容管理活动

西周的学校教学因其教育对象的不同，教学内容随之而异。国学的教育对象为贵胄子弟，故以诗、书、礼、乐作为教学的重点，即所谓"春秋教以礼乐，冬夏教以诗书"，具体包括德、行、艺、仪四个方面。小学与大学所教内容有所不同。小学学小艺、履小节，主要教授洒扫、应对、进退等"幼仪""长幼之节"之类的初步行为规范，书、数等初步的文化知识，舞蹈、射御等初步的运动技巧。大学学大艺、履大节，是在小艺小节基础上的丰富和深入。西周的大学教学首重礼乐，射御次之，辅以书数。

西周时期的大学就其教学活动的安排而言，已有相当严密的计划性，突出表现为依照固定的时间、地点进行教学。《礼记·文王世子》对此有详细的规定。该篇云：

> 凡学，世子及学士，必时。春夏学干、戈，秋冬学羽、籥，皆于东序。小乐正学干，大胥赞之；籥师学戈，籥师丞赞之；胥鼓《南》。春诵、夏弦，大师诏之。瞽宗，秋学《礼》，执《礼》者诏之；冬读《书》，典《书》者诏之。《礼》在瞽宗，《书》在上庠。凡祭与养老、乞言、合语之礼，皆小乐正诏之于东序。大乐正学舞干、戚，语说，命乞言，皆大乐正授数。大司成论说，在东序。凡侍坐于大司成者，远近间三席，可以问；终，则负墙。列事未尽，不问。

由此可见，西周时期的大学不仅实施分科教学，而且有固定的时间、地点和专职人员负责。如此严密的活动安排，是前所未有的。

至于乡学的教学内容及活动安排，按照《礼记·王制》所载，主要是"司徒修六礼以节民性，明七教以兴民德，齐八政以防淫，一道德以同俗"。所谓"六礼"，是指冠、婚、丧、祭、相见、乡饮酒等六类礼仪；"七教"是指父子、兄弟、夫妇、君臣、长幼、朋友、宾客等七类伦理教化内容；"八政"则是指度、量、数、制（事物之广狭）、饮食、服制、事为、异别等诸方面的生活内容。可以说，由司徒负责的这些内容，几乎包含了社会及日常生活的各个方面。统治者希望通过这些礼节礼仪的实施，对民众进行道德伦理的教化。另外，据

《周礼·地官司徒》载："大司徒以乡三物教万民。"所谓"乡三物"，即"一曰六德：知、仁、圣、义、忠、和；二曰六行：孝、友、睦、姻、任、恤；三曰六艺：礼、乐、射、御、书、数"。由此可知，乡学的教学内容为"六德""六行"和"六艺"，相比国学缺少了"六仪"之类的内容。这些由大司徒负责教授。

（三）考核奖惩管理活动

西周的国学制定有分年度的考核奖惩和升级制度，由此开展相关的管理活动。学生每年入学，来年考核一次，由主管教育教化的官员主持。《礼记·学记》载："比年入学，中年考校，一年视离经辨志，三年视敬业乐群，五年视博习亲师，七年视论学取友，谓之小成；九年知类通达，强立而不反，谓之大成。"说明西周的大学为九年，分为两段五级。第一到第七年为一段，称为"小成"；第八到第九年为一段，称为"大成"。五级是指第一、三、五、七、九年，各为一个考核阶段，各阶段都有具体的考核标准。考核既考德行，也考道艺，达到"大成"程度，即可取得毕业资格，以备录用。考查中若发现不能达到要求又不听教导者，逐级上报至国王。王命公卿、大夫、元士等入学，习礼说教予以感化；如仍不改变，王亲自视学以示警告；若再不悔改，则迁送远方，终身不齿。对于合格的学生，最直接的奖励是给予官职、爵位、俸禄。《礼记·王制》云："大乐正论造士之秀者，以告于王，而升诸司马，曰进士。司马辨论官材，论进士之贤者，以告于王，而定其论。论定，然后官之；任官，然后爵之；位定，然后禄之。"

乡学也有考核奖惩办法，首先由乡大夫负责考核。先考德行，再考道艺。经考核合格报送于司徒，称为选士。司徒从选士之中选择优秀者升入国学中的大学，称为俊士。再经过一段时间的学习，由大乐正考核，合格者称为进士。最后由司马论定水平，将优秀者报经天子批准，授官定爵。对于乡学中不听教导者，由乡大夫主持，邀请乡中耆老给予道德感化。重复再三，若不悔改，也流放远方，终身不齿。

在当时的条件下，上述考核、奖惩之类的管理活动当然未必付诸实施，但从文献记载来看，纵使只是理想，能将学校教育、考核选拔、录用授官三者紧密结合起来，形成人才的培养、考核、录用前后相继的完整体系，其制度设计也是相当完备的。

（四）养老视学活动

"以德治国"的西周对养老活动特别重视，而且把养老和视学两大活动结合起来。统治者通过尊老敬贤活动来宣扬自身的美德，同时也是实现社会教化的一种重要途径。而视学制度及其活动则是西周督学、督教的重要手段。依照规定，每年天子都要亲自视学数次，同时举行设宴、献酬、致酢、"乞言"、"合语"之类养老的典礼。视学与养老相结合的制度设计及活动形式有助于维护社会秩序，是统治者治国安邦的重要举措。

养老活动起源于原始社会末期，夏商两代继承之。西周的养老活动则完全继承了虞、夏、商的做法并日臻完善，形成一套等级有序、待遇有别的制度体系。据《礼记·王制》载："凡养老，有虞氏以燕礼，夏后氏以飨礼，殷人以食礼，周人修而兼用之。五十养于乡，六十养于国，七十养于学，达于诸侯。"也就是说，西周年满五十的老人养于乡遂之学，年满六十的养于国学中的小学，年满七十的养于国学中的大学。自天子以至诸侯，概莫有外。一国之长老，由各诸侯致养；天下之长老，由天子致养。西周规定按年龄大小由地方或国家分别承担养老责任，在政策上，中央和地方都负有养老的责任。此外，《礼记·内则》还有如下更为详细的养老规定：

> 五十异粻，六十宿肉，七十贰膳，八十常珍，九十饮食不违寝，膳饮从于游，可也。六十岁制，七十时制，八十月制，九十日修，唯绞、衿、衾、帽，死而后制。……五十杖于家，六十杖于乡，七十杖于国，八十杖于朝，九十者，天子欲有问焉，则就其室以珍从。

以上从日常饮食、丧具制作、拄杖资格等方面，对不同年岁的老人享受何等待遇，都作出了明确的规定。由此可见，西周的养老活动在制度规定上已经相当精细、严密，是以往朝代不能比拟的。

西周如此重视养老活动，不仅鉴于老年人积累有丰富的知识经验，更出于宗法等级社会按长幼之序、定尊卑之礼的政治需要，正如《礼记·王制》所说："养耆老以致孝。"值得注意的是，西周以前的养老活动，较多地保存了原始氏族时期"尊老""敬老"的遗风流韵；西周的养老活动则更多地带有"尊年敬德"的象征意义，仪式化特征和道德教化用意十分鲜明。

将养老活动与视学活动结合在一起，是西周的新创。视学即天子到学校去视察，西周在此制度设计上是相当严密的。王应麟在《玉海·学校篇》引《三礼义宗》曰："凡一年之中，养国老有四，皆用天子视学之时。"就是说，一年之中，天子必亲往学校视察四次，每次视学都有庄严的仪式。《礼记·文王世子》对天子视学活动有一段生动的描述：

> 天子视学，大昕鼓征，所以警众也。众至，然后天子至，乃命有司行事，兴秩节，祭先师先圣焉。有司卒事，反命，始之养也。适东序，释奠于先老，遂设三老、五更、群老之席位焉。适馔省醴，养老之珍具，遂发咏焉。退，修之以孝养也。反，登歌《清庙》。既歌而语，以成之也。言父子、君臣、长幼之道，合德音之致，礼之大者也。下管《象》，舞《大武》。大合众以事，达有神，兴有德也。正君臣之位、贵贱之等焉，而上下之义行矣。有司告以乐阕，王乃命公、侯、伯、子、男及群吏曰："反，养老于东序。"终之以仁也。

由此可见，天子视学的当日清晨，先击鼓以集合大众，然后行设奠祭先圣先师之礼。祭祀完毕，由学官向天子复命。视学中，要进行比射，考查教练者的教学成绩。次日，照例要举行隆重的养老礼：先设下三老、五更及群老的席位，周天子亲自省视所备的酒醴、肴馔和用具，然后奏乐，迎接老人们入席，并歌唱《清庙》之诗。席间，施"乞言""合语"之礼，恭敬地请求老人讲述"父子、君臣、长幼之道"，以教育全体学生尊老敬德，学习上下等级关系和礼节。之后，众人还要奏乐，天子讲话，才结束了一场正式的视学活动。

《礼记·乐记》在讲到天子宴请"耆老"时说："天子袒而割牲，执酱而馈，执爵而酳，冕而总干，所以教诸侯之弟也。"郑玄在《礼记·文王世子》注文中有云："天子以父兄养之，示天子之孝悌也。"这些都说明，西周的视学与养老活动是对贵族子弟进行教育并树立社会风尚、巩固统治、稳定社会秩序的一种重要形式。这些耆老齿德俱尊，社会生活和文化经验丰富，将其养于学校，对于启迪后进和传播文化具有重要作用。将视学与养老活动相结合，不仅反映了西周社会有"尊年敬德"的传统美德，也反映了西周统治者尊师重教的德行，还可以使青年学生在潜移默化中遵循孝悌之道。这一教育管理活动与举措，至今仍不乏现实意义。

四、政教合一：官学管理的主要特色

西周官学管理活动的另一重要特色就是"学在官府"。这是与奴隶主贵族的专政统治相适应的。由这一局面催生出的则是政教合一和官师合一，即教育管理活动由宗教官员或行政官员兼任，未设专职的教育行政官员，学校教师由官吏兼任。

西周学校教育中的官师不分，首先表现为国之重臣太师、太保、太傅，同时也是帝王之师。史料云：

> 昔者周成王幼，在襁褓之中，召公为太保，周公为太傅，太公为太师。保，保其身体；傅，傅其德义；师，导之教训。此三公之职也。于是为置三少，皆上大夫也，曰少保、少傅、少师，是与太子宴者也。①

由这段记载可知，太保、太傅、太师"三公"分工负责：一者负责保其身体，一者负责傅其德义，一者负责导其教训，同时三者又紧密合作，共同担负教导之责。除"三公"外，西周还设有"三少"，作为"三公"的助手，协助"三公"共同辅佐天子，教喻太子。后来西周官制逐渐分化，师保便成为太子导师的专称，执政的辅宰之臣则别以"卿士"名之。从职官的分化过程来看，也可说明最初的师保是官师合一的职事。

西周的国学、乡学和宫廷教育的情况基本相同，也是亦官亦师。《周礼》记载，大宰为群官之首，总揽六典之政，其中包括"教典"。具体的教育行政则由天官即《周礼》中被称为"春官"的宗伯负责。宗伯"掌邦礼，以佐王和邦国"，属下为大司乐（也称大乐正）。国学由大司乐主持，负责宗教祭祀与国家典礼之事。大司乐下面还有许多官员分掌其职。据《礼记·文王世子》载，有小乐正、大胥、小胥、籥师、籥师丞、师氏、保氏等，分职任事。《周礼·春官》中也有类似记载。至于乡学教师，也都由国家及地方各级行政官员兼任。大司徒是全面主管地方教育的官员，其下设有小司徒、乡大夫、乡师、州长等

---

① 《大戴礼记·保傅》。

官员。小司徒是大司徒之副职，职责是掌理建邦之教法；乡大夫为乡官之首，职责是掌其乡之政教禁令；乡师为乡大夫之属，职责是掌其所治乡之政教；州长、党正为各州、各党之首长，职责是掌理所治州、党之政令教法；父师、少师则是退休乡里的大夫或士，负责在乡学中施行教化，如《尚书大传》卷五《略说》所载："大夫、士七十而致仕，老于乡里，大夫为父师，士为少师。"由此可见，上述官员既掌管民众教化，主持地方学校，也是地方长官，管理行政事务；既有教职，又有官职。

综上所述，西周教育是官师合一的行政体制，管理活动即由此展开。教育机构与行政机关合而为一，教育人员与行政官员一身二任，是奴隶社会"学在官府"的重要表现。这是与当时社会生产力发展水平相适应的，也是教化即教育这一政治观念下的必然结果。实际上，我国奴隶社会的"政教合一"把教育作为政治的一部分，将其视为化民成俗的重要手段，开教育与政治"联姻"之先河，对后世产生了深远的影响。

第五节　西周官学的教学活动

三代官学教育教学活动，在内容、方式、手段上都有相承相因的关系。到西周时期，不论小学或是大学，都是以"六艺"为基本学科和教学内容，只是在要求上有不同层次而已。西周官学教学活动内容丰富，科目确定，设置规范，足可作为透视三代教学活动的"范本"。

一、"礼""乐"之教学活动

礼乐教育活动一直贯穿于夏、商、西周教育的始终，也是古代思想政治教育活动的重要内容之一。西周的礼和乐是密切配合的，凡是举行"礼"之活动的地方必有"乐"，礼乐贯穿于整个社会生活，对年轻一代思想政治、道德品行的培养起着重大作用。可以说，礼乐教育是西周"六艺"教育活动的中心。

西周统治者认为周礼源于"天命"，遵守礼即"敬德"，只有"敬德"才能

"保民"，因此，西周奉行"以礼造士"的文教政策。在这一政策指引下，西周"礼"的教学活动，相对于其他五艺而言，处于举足轻重的地位。《左传》有云："礼，经国家，定社稷，序民人，利后嗣者也。"① 可见，"礼"是西周的立国之本，关系到国家的前途和命运，包含了从政治制度、经济、军事到社会生活一切方面的道德规范；而"礼"之教也蕴含着丰富的内容，是保证这些道德规范贯彻执行的重要手段和方式。

西周国学所教的"礼"，是贵族生活中所常见的"五礼""六仪"，其具体内容则非常繁复，有"经礼三百，曲礼三千"之说。相传，周礼有五类：吉礼（祭祀）、凶礼（丧葬）、宾礼（交际）、军礼（征战）、嘉礼（吉庆）。《周礼·春官》云："以吉礼事邦国之鬼神，以凶礼哀邦国之忧，以宾礼亲邦国，以军礼同邦国，以嘉礼亲万民。"五礼共分为三十六目，皆邦国之重大典礼，贵族子弟要从政必须习知。六仪，指祭祀之容、宾客之容、朝廷之容、丧纪之容、军旅之容、车马之容。贵族子弟习礼仪，不是单纯讲"礼典"，而是要实学实习，反复演练。贵族子弟学会了礼和仪，在政治活动和外交场合，行动会合乎规范，显示贵族的尊严，有利于任官和治民。

"乐"与"礼"是难以分割的。乐教内容十分广泛。郭沫若说过："中国旧时的所谓'乐'（岳），它的内容包含得很广。音乐、诗歌、舞蹈，本是三位一体可不用说，绘画、雕镂、建筑等造型美术也被包含着，甚至于连仪仗、畋猎、肴馔等都可以涵盖。所谓'乐'（岳）者，乐（洛）也'，凡是使人快乐，使人的感官可以得到享受的东西，都可以广泛地称之为'乐'（岳）。但它以音乐为其代表，是毫无问题的。"② 荀子也曾有云："夫乐者，乐也，人情之所必不免也。故人不能无乐，乐则必发于声音，形于动静。"③ "乐"是综合艺术课程，是各门艺术的总称，即孔颖达所谓"古者教学子以诗乐，诵之谓背文暗诵之，歌之谓引声长咏之，弦之谓以琴瑟播之，舞之谓以手足舞之"④。由此可见，乐教活动具有内容层次化、形式多样化等特点。

---

① 《左传·隐公十一年》。
② 郭沫若：《青铜时代》，《郭沫若全集·历史编》（一），人民出版社 1982 年版，第 492 页。
③ 《荀子·乐论》。
④ 《毛诗正义·郑风·子衿》。

西周国学由大司乐管理教务，主要职责是主持乐教活动，负责以乐德、乐语、乐舞教国子。《礼记·乐记》对贵族的乐教理论做了较为详细的阐发。所谓"乐德"，其目的是对贵族子弟灌输"中、和、祗、庸、孝、友"等道德观念。西周立国推行"德治"，乐教也以德为重，所谓"德成而上，艺成而下"。① 乐教之"德"，既有政治宗教之德，也有人际伦常之德。所谓"声音之道，与政通矣"，西周统治者明确要求乐为政治服务，同时乐德之教又通过艺术的感染力，使学生从道德认识到道德情感都至于中和，以起到移风易俗的作用。所谓"乐语"，包括兴、道、讽、诵、言、语。其中，兴和道是有关阅读和写作知识的教育，讽和诵主要讲的是诗歌教学，言和语是两种文体，近乎今天的作文教学。② 所谓"乐舞"则包括大舞和小舞两类。大舞指《云门》《大卷》《大咸》《大夏》《大濩》《大武》等六代乐舞，也称为"六乐"。③ 乐师还教国子小舞，如《羽舞》《皇舞》《干舞》《人舞》《象舞》等。这些乐舞用于不同的场合。大舞和小舞是西周大学教育的重要内容，由大司乐和乐师分别执教，贵族子弟都要学习。《礼记·内则》说，贵族子弟到十三岁时就要学乐，诵诗，舞《勺》；十五岁成童后，则要舞《象》。此外，据《周礼·春官》记载，王室的乐舞机构大司乐以下，共有奏乐、唱歌、舞蹈及其他工作人员近 1500 人，可见西周王室对乐舞教育活动是十分重视的。

总之，西周的"礼"和"乐"是紧密相连、互为表里的，其教育作用各有侧重。《礼记·文王世子》云："凡三王教世子，必以礼乐。乐所以修内也，礼所以修外也。礼乐交错于中，发形于外，是故其成也怿，恭敬而温文。"西周统治者利用礼乐教育活动，以达到正风化俗、内外兼修、维护秩序的目的。

二、"射""御"之教学活动

射，指的是射箭的技术训练。御，指的则是驾驭马拉战车的技术训练。"射"和"御"是军事训练必备内容。西周以人数较少的部族统治人数较多的部

---

① 《礼记·乐记》。
② 转引自毛礼锐、沈灌群主编：《中国教育通史》（第一卷），山东教育出版社 1985 年版，第102—103 页。
③ 《周礼·春官·大司乐》。

族及其联盟，所以射御是必不可少的军事训练项目。"射"在国学、乡学中都是重要的学科和教学活动，都有一定的教练场所。教"射"有五条要求，相应有五条标准。郑玄解释说：一为"白矢"，要求射箭透靶，见其镞白；二为"参连"，前射一箭，后三箭连发而中；三为"剡注"，力猛锐使箭贯物而过；四为"襄尺"，尊者卑者同射之时，不能并肩而立，卑者须退后一尺；五为"井仪"，射四箭皆要中靶并呈"井"状（具体要求见表 3-1）。

表 3-1　"射"的项目与标准

项目名称	具体标准与要求
白矢	射透箭靶，见其镞白，重在臂力
参连	一箭射出后，马上三箭连发，重在速度
剡注	矢入箭靶，羽颈高，箭头低，重在锋利易入
襄尺	与君同射，不能并肩，臣须后退一尺，以别尊卑
井仪	四箭皆要射中箭靶，成"井"字形，重在箭法准确

西周贵族生下男孩，房门之左上方要挂弓，第三天就要背着婴孩举行"射"的仪式，表示男子的责任是抵御四方，捍卫国家，即所谓"射者，男子之事也"。到了入小学年龄，贵族子弟就要接受正规的训练。射箭的标准都有如此细致的规定，可见西周对射箭的重视程度。

不仅如此，射箭还成为选拔人才、擢升人才的重要标准。射箭技术高超，在当时不但是一种荣耀，也是身份、地位与财富是否能够保持抑或获得的重要依据。《礼记·射义》说：

　　古者天子之制，诸侯岁献，贡士于天子，天子试之于射宫。其容体比于礼，其节比于乐，而中多者，得与于祭。其容体不比于礼，其节不比于乐，而中少者，不得与于祭。数与于祭而君有庆，数不与于祭而君有让。数有庆而益地，数有让而削地。

由此可见，"射"不但有一定的技术标准，而且若达不到应有的水平，不仅不能参加王族的祭祀大典，连土地都要被削减。所以，西周对射箭的教练十分重视，训练十分严格，国学、乡学都要为贵族青年参加大射与乡射准备条件，每年大祭之前要举行射箭比赛并选拔武士，仪式隆重，活动场面十分热烈。

此外，同商代一样，西周的武装力量也以战车为主，只是此时的装备力量较商代时已大为增强。为保存军事力量，增强军事实力，西周武士必须有驾驭战车的能力和技术，青年达到一定的年龄，就要接受相应的训练活动。御的教练活动有五项，简称"五御"，依次为"鸣和鸾""逐水曲""过君表""舞交衢""逐禽左"。每项标准都有具体的要求（具体要求见表3-2）。

表 3-2　"御"的项目与标准

项目名称	具体标准与要求
鸣和鸾	"和"在轼，"鸾"在衡。车行时，二铃铿锵齐鸣
逐水曲	沿曲折的水边驰驱而确保不使车落入水中
过君表	"君表"是辕门。要求驾车过辕门时，准确不偏
舞交衢	车行于通衢大道，旋转快慢适度，切合舞蹈节拍
逐禽左	驱车逐禽兽，要善于将其拦于左边，以便射杀

《礼记·曲礼下》云："问大夫之子，长，曰'能御矣'；幼，曰'未能御也'。"可见，贵族子弟以"能御"和"未能御"来区别长幼。只有经过严格的训练，才能完全达到五项标准要求。这时才算掌握了真正的"御"的技能，也才能算是真正"长大"。

三、"书""数"之教学活动

"书"指写字，"数"指算术。读写算是学习一切文化的基础，因此之故，"书"和"数"也就成为必备的文化基础知识技能，属于小学教育活动的内容，即《大戴礼记·保傅》中所谓"小艺"范畴。因此，书、数教育自然有其不同于其他教育活动的特点。

从事教授"书"的教育活动，需要具备一些基本条件，书写工具则是首要的。西周书写使用的主要工具是刀笔、竹木，字体为大篆。这为西周"书"之教提供了物质条件。其次，识字课本也是学习写字的重要参考。据记载，西周已有供小学文字教学的字书。《汉书·艺文志》曰："《史籀》十五篇。"注云："《史籀篇》者，周时史官教学童书也。"这是中国教育活动史上记载最早的儿童识字课本（今已失传）。

　　书写工具和识字课本使"书"之教成为可能。在此基础上，对儿童进行具体的教育活动时，要遵循一定的学习顺序。按照其身心发展的特点，一般而言，儿童教育是从识字、书写开始的，学习内容有先后之分。《礼记·内则》提出：九年，教之数日。十年，学书记。"数日"，即认识、背诵由天干地支组成的六十甲子；"学书"，即学习书写六十甲子，认识与书写东、南、西、北、中五方之"方名"。这是文字教学的初步。《周礼》还提出了"六书"的总名。后世学者对六书的名称顺序解析不一，但都认为汉字构成有六种方法。西周的识字教学活动可能已采取了多种方法。据史书记载，其方法之一可能是按照汉字构成的方式分类施教的。《汉书·艺文志》载："古者八岁入小学……教之六书，谓象形、象事、象意、象声、转注、假借，造字之本也。"以"六书"分类施教，使学生能够知字之来源，明字之形义。

　　商代，"数"已作为学校教育活动的内容；至西周，"数"有很大发展。文献记载，西周时六岁儿童开始学从1至10的"数数"；九岁儿童学"数日"，即学习纪日法，先学甲子纪日，然后逐渐加深。十岁儿童开始学"计"，即计算能力的培养，包括学习十进制的文字记数方法和"筹算""九数"的计算方法。其中对"九数"历史上有不同的解释，但西周已有田亩、赋税、财务等会计事务，在实际生活需要的基础上，发展了多种计算方法，据说已有"方田、粟米、衰分、少广、商功、均输、盈不足、方程、勾股"等"九数"。学习九项计算方法，是官学中较高的教学活动要求。从"九数"之类的内容可以看出，西周关于"数"的教育教学活动就内容而言是相当丰富的，其要求也颇高。

四、中国最早的"素质教育"："六艺"教育简评

　　前文已述，夏代是"六艺"教育的肇始期，商代时"六艺"教育已初具形貌，至西周时，"六艺"教育则成为学校教育教学活动的经典内容。在长达1600余年的时间里，"六艺"教育经历了发生、发展、完备的过程。西周在夏代尚武、商代敬神的基础上，向文武兼备、诸育并举的方向发展，使"六艺"教育从内容到形式都臻于完善。完全可以说，"六艺"教育是我国最早的风格独特、自成体系的"素质教育"，是中国对人类文明的一大贡献；而这一活动模式的规

范完善、制度完备期，则非西周时期莫属。

西周时期的"礼"为政治伦理内容，包括政治制度、道德规范和典礼仪式，其内容主要为吉、凶、宾、军、嘉等"五礼"，以及祭祀、宾客、朝廷、丧纪、军旅、车马等"六仪"。施行礼教的目的，是从多方面培养人的礼仪观念、行为规范和交往能力。"乐"是对礼的配合，主要包括乐、歌、舞以及仪仗、畋猎等内容，以及乐德、乐语、乐舞等形式。施行乐教的目的，在于通过陶冶的形式使人养成尊礼好乐的习惯，达到通人伦、变风俗、和上下、正人心、表情感等目的。"射"作为起源很早的军事教育内容，到西周时期已有五项标准，对射箭时的力量、速度、准确性和仪式提出了明确的标准，还要求"进退周还必中礼"，"内志正，外体直，然后持弓矢审固"。[①] 也就是说，要求"射者"有明确的目标志向、高尚的体育道德、良好的竞技状态，以培养"持干戈以卫社稷"的武士。"御"即驾驭战车的训练，也是军事教育的重要内容，到西周时也具有了五项训练标准，要求驾车时沉着、敏捷、熟练和配合。此"艺"的活动目的，在于使贵族子弟成为大大小小的头目和武士，具备骁勇顽强的作战本领。书数为文化知识方面的课程，是大学、小学都必须学习的内容。"书"即文字教学，包括认读与书写两大方面的教学，具体教授指事、象形、会意、形声、转注、假借等"六书"。通过"书"教，旨在使学生知字音、字形、字义及字之源流，培养其实际生活的基本知识和技能。"数"即算术教学，具体包括"数数""数日""筹算""九数"等内容，不仅要传授数学知识，还要进行技能训练。此"艺"的活动目的，旨在培养学生的计算能力，使他们学会纪日方法以及处理田亩、赋税、财务等事务的能力。

综上所述，"六艺"教育具有多方面的教育因素：既重思想道德，也重文化知识；既注意传统文化的传承，也注重实用技能的训练；既重视文事，也强调武备；既注重行为规范的礼仪养成，也关注内心情感的表达。简言之，其中包含了德、智、体、美多方面的教育意蕴。因此，将"六艺"教育称为我国最早的、自成体系的"素质教育"或"和谐教育"，是毫不为过的。

---

① 《礼记·射义》。

第六节　三代官学教育活动之总结

　　夏、商、西周处于相同的社会形态之下，有着相似的历史环境，其政权都是建立在"土地国有制"的经济基础之上，因而在官学设置、内容安排等方面表现出明显的继承性，教育教学活动因之具有相似甚至相同的总体特征。但是，三代官学又呈现出不同的变化状况，有着较为鲜明的发展趋势和轨迹。如果将其置于中外比较的视野中，又可看出我国先秦教育活动更深层次的意义。

一、官学教育活动的总体特征

　　每个朝代的教育都是在对前代进行批判的基础上继承和发展起来的，因之，三代官学教育的发展是相互关联的。综合而言，可将其官学教育活动的总体特征概括为以下几点。

（一）养老尊师，政教结合

　　养老敬老是早已有之的社会风尚，夏商两代继承之，逐渐向制度化方向发展，至西周时养老制度及其活动基本成型，并日臻严密和完善。夏代还没有专门意义的学校，但作为养老之所在，我们一方面看到氏族尊老传统的继续存在，另一方面，也能看到与教育相关的礼仪和内容。殷商时期的养老活动在借鉴前代的基础上又有新的发展，要正冠冕、着礼服，还要"乞言"，养老之礼的正规性、规范性在加强。西周的养老活动则更倾向于按长幼之序、尊卑之礼的政治需要，由地方或国家分别承担养老责任。《礼记·乡饮酒义》记载：年满六十的老者可以安坐，五十的老者则应立侍，"以听致役，所以明尊长也"；六十的老人可享受"三豆"之礼，七十的老人享受"四豆"之礼，八十者享受"五豆"之礼，九十者享受"六豆"之礼。这足以反映出养老是一种标榜等级、崇尚礼节的活动，实为导引社会风化的示范性举措。

　　官师合一、政教结合是我国奴隶社会官学教育活动的重要特征。原始社会末期，学校教育尚处于萌芽状态，无特定的专职教师担任教育工作，施行教育的职责一般由氏族首领或有威望的长者担任。夏代，教育工作也由行政官员担任。至商代，虽然学校教育制度已渐趋完备，教育内容也日益丰富，但商代仍没有独立的教育行政机构和专门的教育长官，教育工作仍是由行政官员担任的。虞、夏、商的官师制度，直接影响到西周的官师合一、政教合一的制度建构，"学在官府""学术官守"的特征愈加明显。由此，政教结合便成为三代官学的共同特征。

（二）重视宗教，注重军事

为了巩固统治，夏、商、周统治者都极为重视宗教教育和军事教育活动。"为政尚武"，实行"武人"专政，是夏代政治统治的突出特征。为适应这种需要，夏代极为重视军事教育。同时，夏代也极为重视宗教祀典活动，因此，这也成为国家政治生活的一项重要内容。《国语》中有一段长长的文字，记载了古代圣王制祀典礼的情况：

> 法施于民则祀之，以死勤事则祀之，以劳定国则祀之，能御大灾则祀之，能扞大患则祀之。非是族也，不在祀典。昔烈山氏之有天下也，其子曰柱，能殖百谷百蔬。夏之兴也，周弃继之，故祀以为稷。共工氏之伯九有也，其子曰后土，能平九土，故祀以为社。黄帝能成命百物，以明民共财，颛顼能修之，帝喾能序三辰以固民，尧能单均刑法以仪民，舜勤民事而野死，鲧鄣洪水而殛死，禹能以德修鲧之功，契为司徒而民辑，冥勤其官而水死，……故有虞氏禘黄帝而祖颛顼，郊尧而宗舜；夏后氏禘黄帝而祖颛顼，郊鲧而宗禹；商人禘舜而祖契，郊冥而宗汤；周人禘喾而郊稷，祖文王而宗武王；幕，能帅颛顼者也，有虞氏报焉。杼，能帅禹者也，夏后氏报焉。上甲微，能帅契者也，商人报焉。高圉、大王，能帅稷者也，周人报焉。凡禘、郊、祖、宗、报，此五者，国之典祀也。①

从上述记载可见，夏商周三代的宗法祀典具有一定的连贯性，确定宗法祭祀规格的依据也具有相通的准则。通过祭祀，不仅可以寄托对祖先和神灵的敬慕之情，也是对后世臣民的道德示范仪式。因此，宗教祭典活动，绝不仅仅是一种反映人们畏惧或迷信鬼神心态的现象，更多的是人们追思前辈英烈征服自

---

①《国语·鲁语》。

然、为人造福、推动文明进步的历程。可见，祭祀活动是宗教教育的重要形式，也是一定意义上的道德教育活动。

商代继夏而起，除继续强化国家的镇压、征伐职能外，还在意识形态方面建立了一套神权政治的体系，把上帝、天命、鬼神等观念大肆加以宣扬，所以《礼记》有商代"率民以事神"的记载，《左传》有"国之大事，惟祀与戎"的追记。只是相比之下，商代更为重视的是宗教教育活动，并且将其视为治国的第一要务。周朝在完成了对商代的武力否定之后，建立了一套完整的宗法制度。等级有序，亲疏有别，是这一制度的实质所在。西周时倡导"以礼造士"的文教政策。与夏商相比，周朝更为重视礼乐教育以及宗法亲疏的等级宣扬，似乎温和了许多，但是从西周人才选拔时对于射箭技艺的重视，以及其军队发展的程度而言，西周对于军事教育活动也是十分重视的。

（三）教育垄断，等级森严

首先，三代官学教育的大门都只是朝贵族子弟开放。如前所述，夏代的学校只是奴隶主贵族及其子弟练习骑射的场所。商、周虽有"国学"与"乡学"之分，但教育对象仍然是奴隶主贵族子弟。进入"国学"学习，仅限于王子及公卿、诸侯、大夫的子弟，一般贵族子弟都很难进入。进入"乡学"学习的人，主要是一般奴隶主贵族子弟，反映了统治阶层内部的等级差别。至于"百工"和农业奴隶，则只能习其父兄所业，永远没有读书的权利。其次，三代学校教育活动的内容可以归纳为两大类：一类是奴隶社会的各种典章制度，即代表了奴隶主贵族的意识形态；另一类是军事训练，即奴隶主贵族对外扩张，对内镇压奴隶。显然，这些内容是维护统治不可或缺的两种手段，也是造就政治、军事和宗教人才所必备的科目。

总之，我国三代官学的教育活动，同上古时期的教育比较，发生了本质的变化，就是官学教育大权为奴隶主阶层所垄断，教育具有了鲜明的阶级性和等级性。这是为奴隶社会"土地国有"的经济制度和"宗法等级"的政治制度所决定的，体现了教育为统治者服务的性质。明朝国子监祭酒宋讷曾言："盖学所以扶天理，淑人心也。皇极由之而建，大化由之而运，世道由之而清。风化本源，国家政务，未有舍此而先者。或有未备，则无以维三纲五常之具，示做人重道之心。"① 宋讷的这段论述，用于说明统治者重视学校教育的原因倒是十分恰当的。有学者表述得更为直白，曾言："古代教育管理的出发点和归宿均是从统治阶级的政治利益，如巩固政权、维护宗法等级制度、防止内乱、以求长治久安等方面考虑的。"② 三代统治者重视学校教育的作用，其动机就是如此。

二、官学教育活动的发展轨迹

三代官学教育活动的发展是一脉相承的。因为传承，才不至于造成文化的断裂，这是中华民族文明得以延续的根由所在。然而，世界上唯一不变的就是变化。各个朝代，各有损益，这也是中华文明得以永葆青春、继续向前的关键所系。就此而言，随着经济、社会的发展和文化的进步，三代官学教育活动发生了一些明显的变化，主要呈现以下几方面的发展轨迹。

（一）学校设置渐成体系，官学活动日益多样

夏代是我国第一个奴隶制国家，奴隶制学校开始萌芽。夏代设有"序""校"这两种不同称谓的学校。"序"与"校"性质不同，前者为国学，后者为乡学。此时的学校虽以军事训练和社会教化为主要职能，但已承担了一定的教育职能。就此来看，夏代可视为我国官学教育活动的真正开端，但由于处于初创时期，官学类型仍较单一，相关活动也不甚丰富。

商代形成了较为完善的学校形式和设施，由此也使教育活动更有依托。商代学校在设置上实现了分级分类设置，类型更加多样化。中央一级设有瞽宗、右学和左学，进行专门的典礼、祭祀、礼乐和其他教育活动；地方一级的学校设置则包括序和庠，是进行军事和人伦教育活动的重要场所。中央和地方学校相互结合，不仅实现了社会教化和人才培养的双重目标，还维护了奴隶主贵族的统治地位。商代建校设学的分级分类设置，在历史上起到了承前启后的重大作用。

至西周时，官学教育活动获得了进一步发展，不仅集前代学校之大成，还有所创新而自成系统。西周的学校设置大致可分为两类：一类是由中央设立的

---

① 《明经世文编》卷 5《大明敕建太学碑》。
② 程斯辉：《中国教育管理模式研究》，武汉工业大学出版社 1994 年版，第 8 页。

国学，系专为奴隶主贵族子弟而设，依据学生入学年龄和程度高低分为大学和小学两级；一类是由地方政府设立的乡学，系为一般奴隶主子弟而设，按地方行政区划设立，地方区划大小不等，学校名称各不相同。两类学校等级森严，界限分明，建制更为精细。这对后世产生了深远的影响。

（二）教育内容逐步定型，官学活动特色鲜明

从教育教学内容来看，三代官学教育活动的发展过程也是以"六艺"为中心的课程内容的定型过程。夏代，官学教育的主要内容还只是军事教育和人伦教育，军事教育居于主要地位，人伦教育则是兼而有之。重视军事教育活动是夏代巩固新生政权的必然选择，教育的内容较为简单，以"射"为主，辅以"御"的训练。夏代的另一教育内容是围绕养老敬老的功能而存在的。"序"和"校"都承担着社会教化的职责，尤其是"校"作为乡学的一种重要形式，发挥着"教民为义""明人伦"的作用。

商代学校类型多样，教学内容也丰富起来，"六艺"教育活动初具形貌。由于殷人奉鬼事神，必然要经常举行祭祀活动，而这些活动都要有相应的礼仪和音乐，因此，商代礼乐教育源于殷人的宗教情怀。商王建国后，主要依靠武力来维持统治，因此，军事活动在国家政治生活中显得愈益重要，以"射""御"为主的军事教育也就成为商代教育活动的内容之一。而商代得益于文字的成熟，为适应社会需要，书数教育活动亦为奴隶主贵族所重视。到了西周时期，教育活动在夏代尚武、商代敬神的基础上，向文武兼备的方向发展，而且在要求和层次上比前代要完善和细致，从而使官学教育活动表现出不同于其他古老民族和文明地区的特色。

（三）制度设计日趋完善，管理活动走向有序

夏代建立了一定的教育体系，需要相应的管理机构和与之对应的管理活动。不过，这时学校教育仍处于较低阶段，所以中央仅设司徒，作为最高教育行政长官；地方则设瞽、啬夫等，掌管广泛的社会教化事务。商代为政治、宗教、文化教育三位一体，故教育行政制度从属于宗教和政治，还没有独立的教育行政机构和教育行政长官。中央所属学校，主要由司掌宗教的最高长官"司徒"和"作册"等负责领导，并主持管理行政事务；诸侯统治区的地方学校，则由

低级的地方官吏负责。

西周学校管理活动上升到一个全新的高度。由于奴隶制国家机器建制完备，形成了完善的官僚体系，教育行政管理体制亦与之相适应，构成了一个从中央到地方较为完备的体系。这一体系从入学资格到教学内容与课程设置，以至于考核奖惩与选拔任用都有明确的规定，还将养老制度与视学制度相结合，从而使教育管理活动呈现出有序化的态势。宗法制作为西周社会最主要的制度设计，其实质是一种等级森严的礼仪制度，使得西周的教育管理表现出极强的阶级性，进而造成"学在官府"的教育管理体制。这一体制完成了从原始的社会生活教育向专门化学校教育的过渡，标志着三代官学教育活动已达到顶峰，也标志着我国古代官学管理制度的真正奠基。

三、官学教育活动简论：基于中外比较的视角

如果将先秦时期官学教育活动的总体特征与发展轨迹置于中外教育比较的视野中，则会发现，此期我国的教育活动不仅特色鲜明，而且是对人类文明的一大贡献，即是说，三代官学教育活动不仅是属于中国的，也是世界教育活动发展史的重要组成部分。

应该说，此期中外教育活动可资比较的内容有很多。如我国的"以射造士"就可以与斯巴达的军事教育活动做些比较，"以乐造士"可与古埃及、古印度的宗教教育活动进行比较，"以礼造士"则可与西方的"学为文士"活动加以比较。由于篇幅所限，此处仅将我国教育活动的核心内容"六艺"与西方著名的"七艺"做些简要比较，从中即可看出我国教育活动的深层意义。

如前所述，"六艺"教育堪称我国自成体系的"素质教育"或"和谐教育"。无独有偶的是，在与先秦十分相近的时间里，西方也出现了特色鲜明的"素质教育"或"和谐教育"，即众所周知的"七艺"。"七艺"正式定型较晚，其源头却可上溯至古希腊时期。学界业已公认，"七艺"中的前"三艺"（文法、修辞学、逻辑学）奠基于雅典的"智者派"，而为后"四艺"（算术、几何、天文、音乐）做出完善之功的则是"希腊三哲"之一的柏拉图。① "七艺"自古希腊时

---

① 参见张斌贤主编：《外国教育史》，教育科学出版社 2008 年版，第 79—87 页。

期形成后，经由古罗马帝国教育的改造与发展，以后正式列入中世纪大学的学习科目，对后世西方教育产生了极其深远的影响。

"七艺"中的前"三艺"源于雅典民主政体的现实需要，为了培养有高度文化修养、广博知识、雄辩口才的商业活动家、政治家和外交家。为此，智者们研讨并制定了各种文法规则，讨论了各种词类，对语言中的逻辑与修辞给予了极大的关注，对演讲中的许多问题进行了认真的研究。对于后"四艺"的意义，柏拉图给予了深刻的论证和说明。在他看来，学习这些知识的直接目的是为了军人的实战训练，如调兵列阵、安营扎寨、观测气候、提高士气等；其更高目标则是追求真理，使人的灵魂转向"理念世界"，能够认识"真理和最高的善理念"，能够"寻求美者和善者"，简言之，就是使人们达到真、善、美的境界。[1]

由此可见，"六艺"和"七艺"都是基于社会的现实要求和人们的生活需要而产生，以其功用价值为基础的；都既重视传统文化，也注意实用技能，分门别类地提出了很多标准和要求；都包含了德、智、体等多方面的教育内容，都是为促成人和谐发展的教育。[2] 此外，"六艺""七艺"的复杂要求，还进一步推动了中西方学校及其活动的发展，如中国有校、序、庠、学、瞽宗、辟雍等等，古希腊有文法学校、弦琴学校、体操学校、青年训练团等，古罗马则建立了文法学校、修辞学校、文艺学校等教育机构。

应该说明的是，无论中国的"六艺"还是西方的"七艺"教育，都具有强烈的阶级性，只为奴隶主贵族子弟开设，他人无权享受。如前所述，中国三代的教育都是"学在官府""政教合一"；古希腊的教育也是为了培养能够英勇善战、保卫城邦和参与政治的贵族子弟，广大奴隶子弟无权接受这些正规的教育。

由此可见，中西方在信息相互隔绝的情形下，在大致相近的时间里，基于各自不同的社会、历史、文化背景，却都发展出了人类最早的"素质教育"或"和谐教育"。这是令人惊奇的现象，也足以引发人们的深度思考。当然，"六艺"和"七艺"教育也有些许不同。例如，"六艺"尤其是礼乐射御"四艺"，

---

① 参见柏拉图著，郭斌和、张竹明译：《理想国》，商务印书馆1986年版，第288—297页。
② 参见张瑞璠、王承绪主编：《中外教育比较史纲》（古代卷），山东教育出版社1997年版，第255—257页。

乃是较高阶段的教育内容，而"七艺"主要是中等程度的教育；"六艺"教育特别注重礼仪规范和思想道德的教育，"七艺"教育则更多强调实用知识和技能的训练，尤其注重雄辩家的培养。由此可见，"六艺"和"七艺"各具特点，各成体系。但也正因为如此，我们才有理由说，"六艺"教育乃是我国对世界教育的一大贡献，先秦时期是无愧于人类文明"轴心时代"之称号的；依照"六艺"教育所开展的教学活动，不仅是中国的，也是世界教育活动发展史的重要组成部分。

　　总之，三代的官学教育活动，在我国教育活动发展史上具有非常重要的地位。这一时期的官学教育活动是中华民族的骄傲，为我国古代教育活动的发展奠定了基础，开辟了道路。例如，两级、两类的学制，奠定了古代官学制度的基本格局；文武兼备、诸育兼顾的"六艺"教育，则推动了我国古代教育活动的发展。但是，夏、商、西周的教育毕竟是我国古代文明形成时期的教育，总体来看尚处于比较低的水平。至春秋战国时期，随着奴隶制经济的瓦解和周天子政权的旁落，奴隶主逐渐丧失了对学校教育活动的垄断，代表新兴地主阶层利益的私学破土而出，我国古代教育活动得以迈上一个新的台阶。

第四章

私学教育活动 （上）

从公元前 770 年周平王迁都洛邑至公元前 476 年，史称春秋时期。这是社会形态的大变革、大转型时期。这次变革根源于社会经济结构的变化。铁制农具和牛耕的逐渐推广、水利灌溉的日益普及，为社会形态变革奠定了坚实的物质基础。伴随着政治、经济制度的变革，在文化教育领域也引发了深刻的变化，主要标志就是官学衰退、私学兴起。这导致了我国持续约 1600 年的官学教育活动的结束，相伴而来的是私学教育活动的逐步昌盛。

第一节　官学、私学之关系及私学教育活动概说

春秋是我国社会大变革的时期。这一时期，奴隶主贵族为维护原有的地位和权益，千方百计阻挠制度变革，新兴地主阶层则强烈要求改革旧制度，由此引发了日益严重的制度冲突，使以往的"礼乐征伐自天子出"逐渐变为"自诸侯出"乃至"自大夫出"，甚至出现了"陪臣执国政"的现象。在此背景下，私学教育日益兴起，成为这一时期占主流地位的教育活动。

一、官学教育的逐步衰落

夏、商和西周时期教育的一个重要特点就是"学在官府"，即奴隶主贵族完全垄断官学教育大权。"学在官府"的产生有着多方面的原因。有人曾将其归结为"惟官有书""惟官有器""惟官有学"三大方面。[①]　清人章学诚对此也有精到的论述。他说：

> 理大物博，不可殚也。圣人为之立官分守，而文字亦从而纪焉。有官斯有法，故法具于官；有法斯有书，故官守其书；有书斯有学，故师传其学；有学斯有业，故弟子习其业。官守学业，皆出于一，而天下以同文为治，故私门无著述文字。[②]

这是从事物产生的角度对"学在官府"现象做出的分析。事实上，"学在官府"现象的原因固然很多，但最根本的在于奴隶社会的生产资料和经济大权为奴隶主所垄断，奴隶和平民生活困顿，才最终造成了民间无力有书、有器、有学的现象。

到春秋初年，"学在官府"的格局开始解体，呈现出"天子失官"的状况。究其原因，最根本的在于统治者经济权力的下移，以及由此导致的政治、文化权力的下移。春秋时期，铁制农具和牛耕技术日益广泛地使用于农业生产，大

---

① 孟宪承编：《中国古代教育史资料》，人民教育出版社 1980 年版，第 14 页。
②《校雠通义·原道第一》。

大提高了农业生产力，使得私田不断增加，甚至出现了"私门富于公室"的状况。同时，各地手工业快速发展，商品经济日益活跃，出现了像临淄这样人口众多、经济富庶的"国际大都市"。与此形成鲜明对照的是，传统的"溥天之下，莫非王土"的"土地国有制"格局被打破，周王室的收入来源日益拮据，国库匮乏，越来越难以支撑庞大政府机构的财政费用。

伴随着经济权力的逐步下移，统治者的政治权力也逐渐式微。特别是周平王东迁以后，对各地的控制力日益丧失。最初是周天子无法维持"礼乐征伐自天子出"的共主地位，后来各诸侯国也难以维持"礼乐征伐自诸侯出"的格局，进而造成了"天下无道""王纲解纽"的现象。在此背景下，无论是周王室兴办的国学还是各地举办的乡学都难以维持。以往供职于官学的文化职官为生计所迫，不愿再过枵腹从公的生活，纷纷流落四方，自谋生路，以到各地传授文化知识为业，出现了"学在四夷"的状况。如上三种现象交织在一起，共同促成了"学在官府"制度的解体，造成了官学教育活动的每况愈下。

官学教育活动之所以盛时不再，除以上原因外，还有其他方面的原因。一是社会动乱日益频繁，大小战争不断，统治者自保尚且不足，根本无暇顾及学校教育，出现了"乱世则学校不修"①的状况。二是在传统制度之下，奴隶主贵族享有世袭富贵的特权，学习文化知识与其权位没有直接关系，因而这些人往往苟且偷生、纸醉金迷，缺乏进取精神和学习兴趣，如周大夫原伯鲁就公开承认自己"不悦学"，并申言"可以无学，无学不害；不害而不学，则苟而可"②。这就直接导致了官学教育活动的衰废。三是到春秋时期，以往的"六艺"教育日益趋于空疏和形式化，文武并重的教育内容已变成枯燥的道德说教，甚至原来具有实战性质的"贯革"之射也日渐变为"观德"的礼射，如在举行礼射活动时，就有"君使士射，不能，则辞以疾"③的现象，装病请假已完全"合礼"化了。凡此种种，都造成了官学教育活动江河日下。

官学教育活动的衰落并非一日而成的，经历了从西周末到春秋初较长时间的演变。整个春秋时期，见于史载的官学活动只有两条：一条是《诗经·鲁

①《毛诗·郑风·子衿序》。
②《左传·昭公十八年》。
③《礼记·曲礼下》。

颂·泮水》中"明明鲁侯，克明其德；既作泮宫，淮夷攸服"的诗句，描述的是鲁僖公在泮宫设宴，庆祝战胜淮夷的事迹；另一条是《左传·襄公三十一年》记载的郑国执政子产"不毁乡校"，被后人传为德政之美谈。在近三百年的时间里，官学活动仅有区区两条记载，且在泮宫举行的是宴会，乡校进行的是议政活动，皆与真正意义的教育教学活动无关。由此可见，春秋时期官学教育活动的衰落，的确已是不争的事实。

二、私学教育的异军突起

与官学衰废形成鲜明对照的是，春秋时期是私学异军突起的时期。官学衰废和私学勃兴是相伴而生的，是一个历史过程不可分割的两面。私学之所以能够勃兴，除官学活动衰废所带来的发展真空外，还肇因于士阶层的崛起和养士之风的逐渐形成。

养士之风初兴于春秋，发展于春秋战国之交，鼎盛于战国。春秋时期的士是自由民，位居四民之首，有可能上升到统治者的队伍之中，也可能沦为自食其力者，是个自由程度很高的社会阶层。他们多能掌握一技之长或一定的文化知识，积极寻求进身之阶，成为社会上异常活跃、能量极大的一股势力。

图 4-1　私学活动场景示意图

春秋时期政治格局的变化一再表明，士的聚散去留极大地影响到一个国家的盛衰兴亡，统治者也从实践中逐渐认识到"得士则昌，失士则亡"的道理，如"春秋五霸"之首的齐桓公就以求贤若渴、礼贤下士而著称。史载，他为得到更多士人的襄助，打破"等人上门"的传统做法，派遣"游士八十人，奉之以车马、衣裘，多其资币，使周游于四方"，① 为齐国罗致天下贤士。不仅如此，他还善于发现人才，一旦确定对方能够为己所用，就马上委以重任。刘向《新序·杂事》记载，齐桓公曾邂逅因穷困而"饭牛于车下"的宁戚，发现对方是

---

① 《国语·齐语》。

个人才，连夜举火，"授之以为卿"；路遇麦丘邑人，竟然"扶而载之，自御而归，礼之于朝"。如下一则记载更能显示出齐桓公求才若渴的姿态：

> 齐桓公见小臣稷，一日三至，不得见也。从者曰："万乘之主，布衣之士，一日三至不得见，亦可以止矣。"齐桓公曰："不然。士之傲爵禄者固轻其主，其主傲霸王者亦轻其士。纵夫子傲爵禄，吾庸敢傲霸王乎？"五往而后得见。天下闻之，皆曰齐桓公犹下布衣之士，而况国君乎？于是相率而朝，靡有不至。齐桓公之所以九合诸侯、一匡天下者，遇士于是也。①

为得到一位布衣之士，齐桓公竟不顾万乘之主的身份，五次屈尊拜访。士人在统治者心目中的重要性，由此可见一斑。

在统治者竞相罗致的特定条件下，贤士成为一种可以"待价而沽"的职业，并且身价日益"看涨"，所以大批自由民到处求师问学，以求能"学好文武艺，卖与帝王家"，由此也就引发了社会上广泛的教育需求。而传统的官学教育不仅日趋没落、内容空疏，而且依然抱守等级观念，排斥自由民的学习参与。这种供需之间的巨大落差，为私学教育活动的骤兴注入了蓬勃活力。

此外，私学活动的勃兴还有赖于文化典籍的民间扩散和文化职官大量流落各地。春秋以前，各类天文、历法、历史等典籍和知识皆为王室所垄断，掌管和编撰典籍的职官为朝廷供养。这些人被称为"畴人"或"畴官"。如司马迁就曾明言，其祖先世代掌管朝廷历法，到周宣王时，才"失其守而为司马氏"②。春秋时期，除各诸侯国之间相互征伐外，周王室的矛盾也日益加剧，利益与王位之争时有发生。如周惠王时，就爆发了惠王与王子颓及五大夫因"夺园为囿"而产生的冲突；周襄王时，则爆发了叔带勾结异族欲谋王位的战争。③ 受王室争斗的影响，不少职官携带典籍避祸他方，使周王室垄断的文化知识得以在各地传播。又如，周景王死后，王子朝起兵争夺王位，失败后率领召氏、毛氏、尹氏、南宫氏等贵族和王宫"百工"，"奉周之典籍以奔楚"，使得楚国替代东周王城而成为全国的文化中心。再如，《论语·微子》记载，受战争影响和生活所迫，乐师挚到齐国，乐师干到楚国，乐师缭到蔡国，乐师缺到秦国，打鼓的方

---

① 《新序·杂事》。
② 《史记·太史公自序》。
③ 《史记·周本纪》。

叔迁到黄河之滨，摇小鼓的武跑到汉水地区，少师阳和击磬的襄移居海边。这些原为王室服务的文化职官携带大量典籍、礼器流落到各地，依靠知识和技能谋生，使文化学术向社会下层扩散，造成了民间既有"书"有"器"亦有"学"。这是春秋私学教育活动能够勃兴的又一重要原因。

三、春秋私学教育活动概说

春秋时期的私学是在私人讲学活动的基础上产生的，后来逐渐发展、分化而形成了众多学派。一般而言，"私学"具有两重含义：一是指私家学派，二是指私人教育形式。二者之间的关系是密不可分、互为条件的：私家学派是在私人教育的过程中逐渐形成和发展起来的；私人办学要能生存和发展，也要以一定的学术地位和社会声誉为基础。

私学起于何年已无可确考。不过学界公认，至少在孔子之前私学就已经产生了，这从《论语》中子贡赞扬孔子"学无常师"以及孔子到处求师问学的经历皆能证明。《庄子·德充符》则进一步说，鲁国有位"兀者"（腿瘸者）名叫王骀，讲学时"从之游者，与仲尼相若"，其门徒数量甚至达到"与夫子中分鲁"的程度，堪与孔子私学相媲美。《吕氏春秋·离谓》也载，邓析在郑国开设私学，以律书《竹刑》专门教人"学讼"，还时常与执政者子产作对，"子产治郑，邓析务难之。与民之有狱者约，大狱一衣，小狱襦袴。民之献衣、襦袴而学讼者，不可胜数"。《左传》中也记载，早于孔子的晋大夫叔向，因贤德受到平公的特殊尊重，一些投往其他贵族门下的人转而投身叔向。这些史料都说明，到孔子招收子弟时，私学教育活动已相当普遍，竞争也日趋激烈。

春秋末至战国初期，私学教育活动更加繁荣。"聚徒成群"、评议时政，以求为世所用，成为此期私学活动的基本特征。此时另一值得注意的现象就是不仅出现了私家学派，还萌发了学派间的争鸣，从而为战国"百家争鸣"活动开启了序幕。最早挑起争鸣的是墨家与儒家。墨家创始人墨翟曾"学儒者之业，受孔子之术"，后因不赞同儒家的"厚葬""乐教""爱有差等"、重义轻利等主张而创立墨家私学。墨家认为儒家"靡财而贫民""伤生而害事"，所以"背周道而用夏政"，对儒家展开了猛烈的批评。墨家纪律严明，上说下教，周游天下，为百姓利益不辞辛劳，逐渐发展成为与儒家齐名的显学。

私学从无到有，从各自发展到相互辩驳，是中国教育活动史上划时代的大事件。它表征着教育活动重心的一次大转移，开创了教育活动的新模式、新天地、新领域。首先，私学教育活动突破了"天子命之教，然后为学"的藩篱，使教育从官府束缚中解放出来，促成了教育活动独立、自由的发展，有利于学派的创生和学术的繁荣。其次，私学的创立与发展，打破了教育活动被贵族垄断的局面，推动了学术文化向社会基层的下移，促进了古代文化的大传播、大传承、大发展。再次，私学教育活动的日益活跃，促进了传统教育理论的发展，催生出像《论语》《孟子》《老子》《墨子》这样的教育名著。这些著作或记载了私学教育活动的丰厚内容，或包含着私学教育活动的深邃智慧，从而丰富和充实了传统教育活动的理论宝库。最后，伴随着私学的产生、发展和竞争加剧，社会上还出现了真正意义上的教师。他们摆脱了以往"官师"身份的束缚、局限和纷扰，具有充足的时间和精力来从事教育活动，专门研究这一活动如何开展，如何才能开展得生动、鲜活、有效，从而极大地提升了教育活动的质量和水平，推动了中国教育活动的发展进程。

第二节　孔子私学教育活动综述

孔子是春秋时期最著名的私学大师、社会活动家和平民教育家。相比其他私学，孔子所创办的私学具有明确的培养目标和活动指向、独特的教育活动方法、广泛的活动参与对象，还具有较为完整的教材和教学内容，因而成为当时成效最显著的一所私学。

一、教育活动的参与对象

所谓教育活动的参与对象，就是关于哪些人有权、能够和应该参与教育活动的问题。春秋末期，面对"学在四夷"的社会现实，孔子从"性相近也，习相远也"的理论前提出发，明确提出"有教无类"的办学方针，使那些愿意学习的人，不论贫富、贵贱、族别和智力高下，都可有权利和机会参与教育活动。

孔子不仅在中国教育活动史上首次明确提出这一方针，而且将其贯彻到活动实践中。他所招收的门徒，不分贵贱、贫富、畛域、种族和年龄，皆可入学。史料表明，其弟子至少来自齐、鲁、宋、卫、秦、晋、陈、蔡、吴、楚、燕等十多个诸侯国；弟子的成分也颇为复杂，除少数贵族子弟外，大部分是庶民子弟，有穷居陋巷的颜渊和身着芦衣的闵子骞，生活捉襟见肘的原宪和衣若悬鹑的子夏，父为贱人的仲弓、鄙家出身的子张和商人背景的子贡，以及"野人"子路、"大盗"颜浊聚等等，都属于地位低下的平民阶层。这使孔子私学具有了广泛的社会性和开放性。同时，孔门私学教育对象多是成人，门徒多在二十岁以上，有的父子同学，如曾参和其父曾皙，颜回和其父颜路；有的边工作边继续从学；有的则是在从政、经商之后继续接受教育，或者在从政、经商、学习之间时常转换。这说明，孔子并不因门生年龄差距而拒之，更不因弟子业已有成而不教。

孔子弟子之年龄不一、出身不等、族别不同，为当时所绝无仅有，实为"有教无类"的活标本。当时就有人对此颇不理解，以为孔子收徒过于驳杂。如《荀子·法行篇》记载：南郭惠子曾问："夫子之门何其杂也?"子贡回答说："君子正身以俟，欲来者不距，欲去者不止。且夫良医之门多病人，檃栝之侧多枉木，是以杂也。"子贡以名医身旁多病人、良工之侧多弯木为喻，赞扬了孔子正身以待的高尚品格和教育艺术的高明善化。《孟子·尽心下》则追述说"夫子之设科也，往者不距，来者不距"，对孔子兼收并蓄的胸怀和诲人有术的教育艺术也颇为钦佩。

若从严格意义上说，孔子所施行的并非彻底的"无类"，而是有一定前提条件的，要能做到"洁己以进""举一反三"。他曾言："自行束脩以上，吾未尝无诲焉。"① 意思是说不分地位高下，只要拿出"束脩"之类的见面礼，就对其加以教诲。他还说过："惟上智与下

图 4-2　孔子出生地——尼山

① 《论语·述而》。

愚不移"①，就是说，"下愚"者也不在受教育之列。就此而论，其"无类"确实不够彻底，但这是不能苛责的。应该说，"有教无类"方针不仅使教育活动的对象和范围有了极大扩展，而且使教育活动的功能结构产生了重大变化，增添了新的政治、文化功能。就政治功能而言，这不仅使寒微之士得以增长才干、跻身仕途，改变了社会地位，而且为国事管理者素质的提高提供了可能，并对传统官学教育活动造成了很大冲击。从文化功能来看，这一方针的施行，使文化的传承与传播、保存与活化、交融与创新成为可能，为之后战国时期"诸子并起""百家争鸣"准备了条件、做好了铺垫。

二、教育活动的目标指向

人类的任何有意识的活动，不仅要有明确的参与对象，还要有清晰的目标指向，才有可能使活动有序进行。教育活动自然也不例外。只有目标和方向明确，教育活动才能有所着眼点、着力点和侧重点。孔子私学活动的目标指向就十分明确，即培养从政的"君子"。

孔子私学立足和关注的是以"士"为主体的新兴阶层。相比于"君子"，"士"在先秦儒学中是个不常被提及的概念。孔子曾称："士志于道，而耻恶衣恶食者，未足与议也。"② 曾子则说："士不可以不弘毅，任重而道远。仁以为己任，不亦重乎？死而后已，不亦远乎？"③ 由此可见，士在儒家学者看来只是一般的从学之人，与君子相比还有较大差距。君子是孔子心目中比较理想的人物。在《论语》中，孔子及子弟谈及君子多达107次，且常常将其与"小人"对称，以揭示二者的品格分野；有些段落则将君子品格展开加以论述，如《论语·宪问》载："子路问君子。子曰：'修己以敬。'曰：'如斯而已乎？'曰：'修己以安人。'曰：'如斯而已乎？'曰：'修己以安百姓。修己以安百姓，尧舜其犹病诸？'"就是说，君子之品格至少有二：一要能"修己"，二应能"安人"。"修己"即修养自身，这是成为君子的先决条件；"安人"即要从政为政，即"己欲立而立人""己欲达而达人"，这是成为真正君子的必要途径。

---

① 《论语·阳货》。
② 《论语·里仁》。
③ 《论语·泰伯》。

孔子私学活动所要培养的君子，是一种来源于士阶层又有悲天悯人的入世情怀的人。他们不同于道家的隐逸之人，以保养自身、领悟"道体"或追求精神自由为目标，而是要投身现世、改造社会；他们也不同于墨家的兼爱之士，以求得实际物质利益为旨归，而是要通晓人际伦常，守名分、明尊卑，依礼行事；他们更不同于法家的刑名之徒，以鼓励耕战、研究法术为其责，而是以取法先王、恢复礼治社会为己任。由此可见，就活动的目标指向而言，孔子私学既有其独特之处，又有其明确的侧重点。

从"为政在人"的思想出发，儒家明确提出"不仕无义"的主张，鼓动统治者任用贤才，"学而优则仕"是这一教育活动旨趣的具体表达。"仕而优则学，学而优则仕"虽出自子夏之口，但确为孔子所认同。这句话包含了多重意思：一是学习为从政的必要准备，从政则是学习的重要目的；二是从政有余力便要去学习，学得驾轻就熟就须去从政；三是学习与从政之间没有非此即彼的截然分野，二者是相互贯通的；四是揭示和体现了儒家学与用的关系构想，反映了孔子通过教育改造社会的办学目的。"学而优则仕"是孔子"举贤才"主张在教育上的体现，直接冲击了贵族世袭制度，体现了"用人唯贤"的原则精神。

三、教育活动的内容与科目

教育内容是达成教育活动目标的重要条件之一，也是教育活动能够有效进行的重要依凭。孔子从培养从政君子的目标出发，所订立的活动内容和基本教材是"六经"，即《诗经》《尚书》《礼》《乐》《易》《春秋》，也称"六书"。《诗经》是以往的诗歌、雅言、颂词的选集，包含了丰富的风俗习惯、政治伦理、自然常识等内容；《尚书》记载了从远古到夏、商、西周的政治史实和为政之道，尤其详细记载了西周的文武之道；《礼》即《士礼》，后世称为《仪礼》，是关于西周时期的宗法等级制度、道德标准和礼仪规范的记录；《乐》即《乐经》，记载了上古以来的各种艺术成就，包括音乐、舞蹈、歌曲等多种形式；《易》又称《周易》，是一部哲学思辨的著作，专门研究事物的消长变化；《春秋》是孔子以鲁国 242 年的史实而修订的编年体著作，寄寓了孔子的价值取舍和社会政治思想。这六种教材，从政治、历史、礼仪、音乐、诗歌、社会风情、思想方法等各方面反映了当时的传统文化，摒弃了天命鬼神思想，丰富和发展了我国教育活动的内容。

孔子的"六经"和三代的"六艺"有所不同，不同点在于，"六经"偏重伦理道德和文化知识，"六艺"则偏重才能和技术的训练。孔子教学活动的主要科目是礼和乐。他曾告诫弟子说，"兴于诗，立于礼，成于乐"①，"游于艺"②，指出了这四类内容对于人成长的不同作用。"诗"指《诗经》，"艺"则指"六艺"，即礼、乐、射、御、书、数，是到西周时逐步定型的官学教育内容。其中，"书""数"皆是"小学"之教，非孔子教学活动关注的内容；尽管孔子射、御的水平都很高，但"射"和"御"也不是孔子私学活动的必设课程。纵观《论语》一书，"射"字只出现五次，"御"字则仅出现三次，且并非作为教学内容而提及，因此，孔子培养的人才是以文教为重点的。在文教中，又尤其重视人的思想道德教育，主张一般的文化知识的学习必须服从于道德教育的需要，即所谓"弟子入则孝，出则弟，谨而信，泛爱众而亲仁，行有余力，则以学文"③。其学生还曾介绍说"子以四教：文、行、忠、信"，即以文献、品行、忠诚、信义四个科目设科教人，也从另一角度反映出孔子教育活动的内容安排。

四、教育活动的原则和方法

孔子在长期的私学教育实践中，与弟子们开展了丰富多彩的教育活动，形成了不少颇有成效的活动原则和方法。这是孔子私学中最有价值的内容之一，对后世产生了深远影响。

（一）启发诱导

在私学活动中，孔子特别注重运用"启发"式方法进行教学，明确主张"不扣不鸣"，反对强行灌输。我国语汇中的"启发"一词就是孔子提出的，最早源于孔子的下述名言："不愤不启，不悱不发，举一隅不以三隅反，则不复也。"④ 这段话不仅是"举一反三"的最早出处，而且表明了教育活动的一个重要前提，就是活动者须有自觉主动的心向。孔子认为，"启""发"之后，如学

---

① 《论语·泰伯》。
② 《论语·述而》。
③ 《论语·述而》。
④ 《论语·述而》。

生还不能做到"举一反三"，说明未能进入积极思考的活动状态，教师也就不必再讲下去，教育活动就应该暂时中止；换言之，只有学生有了充分的心理准备和强烈的学习需求时，教育活动方能取得成效。这是孔子长期教育实践经验的体会。

那么，作为学生，如何才能具备这种心理准备和学习需求呢？孔子认为，教师一方面应该循循善诱、因势利导，另一方面则须注意适可而止、适时而教。如当子夏问"巧笑倩兮，美目盼兮，素以为绚兮"是何意义时，孔子只答以"绘事后素"，引导子夏说出"礼后乎"（即礼产生于仁之后）的答案。当子贡问"贫而无谄，富而无骄，何如？"时，孔子也仅仅答以"未若贫而乐，富而好礼"，诱导子贡说出"如切如磋，如琢如磨"的深层意义。正是因为孔子既善于激发学生的活动热情，又给学生充分的思考空间，使得学生对其教育艺术极为钦佩。如颜回就曾感叹地说："夫子循循然善诱人，博我以文，约我以礼。欲罢不能，既竭吾才，如有所立卓尔。虽欲从之，未由也已。"[1] 这种活动方法竟然能使学生有"既竭吾才""欲罢不能"的感觉，可见教学活动效果之显著。

（二）教学相长

在教育活动中，孔子非常注重与学生相互探讨、相互学习、共同提高。《论语·学而》记载："子贡曰：'贫而无谄，富而无骄，何如？'子曰：'可也。未若贫而乐，富而好礼者也。'子贡曰：'《诗》云："如切如磋，如琢如磨。"其斯之谓与？'子曰：'赐也，始可与言《诗》已矣！告诸往而知来者。'"可见，对于喜欢思考、善于联想的学生，孔子是十分赞赏的。相比之下，颜回虽是孔子的得意门生，但孔子对颜回深信师说、不肯存疑的做法并不满意，曾说："回也，非助我者也，于吾言无所不说（悦）。"[2] 换言之，他希望弟子们能够展开讨论，对其学说的完善有所帮助。面对勤奋好学、思维活跃的学生，孔子曾深有感触地说："后生可畏，焉知来者之不如今也？"[3] 对于那些能够启迪自己的学生，孔子更为欣赏。如《论语·八佾》记载："子夏问曰：'巧笑倩兮，美目盼兮，素以为绚兮。何谓也？'子曰：'绘事后素。'曰：'礼后乎？'子曰：'起

---

① 《论语·子罕》。
② 《论语·先进》。
③ 《论语·子罕》。

（启）予者，商也！始可与言《诗》已矣。'"子夏能说出孔子尚未阐发的意义，这令孔子非常赞赏，赞扬子夏启发了自己。可见，不以师者、圣者、能者自居，以平等的姿态与学生相互交流，是孔子私学教育活动的一大特色。

（三）立志践仁

在与学生的互动中，孔子注重引导学生立足现实、面向未来，确立以"守道践仁"为人生的志向和追求。在孔子看来，只有确立远大的志向、理想和追求，人才能够不断进步，造福社会。因此，他希望学生能够"笃信好学，守死善道"，不要为外在的干扰而动摇志向，还提倡弟子应该"当仁，不让于师"。他还郑重地指出："三军可夺帅也，匹夫不可夺志也"，向学生申明志向对人发展和成长的重要作用。孔子认为，生活在乱世中的士人，必须立志践仁，以高度的标准要求自己，所以他明确主张"志于道，据于德，依于仁，游于艺"①，把立志于道看成人之修养的首要条件，把追求真理视为人生的终极目的。孔子还坚定地认为，道德修养是不能依靠外在强制的，而需要人的自觉努力，因此，面对那些对"仁"践行不力或以为"仁"高不可攀的学生，孔子一针见血地说："仁远乎哉？我欲仁，斯仁至矣。""为仁由己，而由人乎哉?"②就是说，在孔子看来，道德修养绝不是闭门自修就能获得的，而是要亲身参与社会实践活动；也只有通过活动这一途径，士人方能提升自己、完善品行、成为君子。

（四）学思结合

将学习与思考结合起来，以学为基础，以思求深入，是孔子极为重视的又一教育活动方法。孔子以博学著称，却以"学而知之""学而不厌"者自认，曾自言"发愤忘食，乐以忘忧，不知老之将至云尔"③，坦言自己的知识和才能都是学来的。在此基础上，他明言"学而不思则罔，思而不学则殆"，认为学和思皆有局限和弊端，二者应该相互结合、不能偏废。在孔子看来，学习与思考都是教育活动中所必不可缺的，前者有利于学问的增加，后者有助于学问的整合。《论语·卫灵公》记载，孔子曾对子贡说："赐也，女以予为多学而识之者欤?"对曰："然，非欤?"曰："非也。予一以贯之。"孔子在这里告诉子贡和其他学

①《论语·述而》。
②《论语·颜渊》。
③《论语·述而》。

生，学习固然能够增长人的见识，思考也须臾不可忽视，因为只有通过思考才能悟出内在的东西，求得思想、学问的沟通和连贯，故而他明确指出："君子有九思：视思明，听思聪，色思温，貌思恭，言思忠，事思敬，疑思问，忿思难，见得思义。"[1] 正是由于强调好学重思，孔子的私学教育活动开展得既生动有趣，又效果卓著，培养出了一批善于思考的儒家学者。

（五）多闻阙疑

与学思结合密切相关的是多闻阙疑，这是孔子倡导的又一教学活动方法。所谓多闻，就是要多方学习、多方见闻、勤于发问、善于观察，也就是既要注意获得间接经验，又要注重获得直接经验；所谓阙疑，则是要有思考、存疑和批判的态度，不专横武断、固执成见、自

图 4-3　教学活动场景图

以为是。孔子曾明言："多闻阙疑，慎言其余，则寡尤；多见阙殆，慎行其余，则寡悔。"[2] 朱熹注释说："多闻见者学之博，阙疑殆者择之精，慎言行者守之约。"[3] 这是孔子对学、闻、言、疑关系的重要阐述，告诫学生只要专心学习，增长见闻，善于思考，就能够学问日益博洽，修养不断提高。孔子还曾自言，"我非生而知之者，好古，敏以求之者也"，"盖有不知而作之者，我无是也。多闻，择其善者而从之，多见而识之，知之次也"，[4] 阐明自己的学问、见识都源自于对古代文化典籍的学习，并期望学生能够多听、多看，以扩大知识的来源和范围，还要求学生"敏而好学，不耻下问"。事实上，孔子自己就是好学勤问的典范。例如《论语》就明确记载说，"子入太庙，每事问"；很多其他史料也表明，孔子曾先后向郯子、师襄、苌弘、老聃等求教，甚至传闻七岁的项橐也曾为孔子师。可见，孔子是模范地践行了"三人行，必有我师"主张的。孔子还告诫学生说"博学而笃志，切问而近思，仁在其中矣"[5]，希望学生要"毋意，毋必，毋固，毋我"，即不要主观臆断，不要一意孤行，不要固守成见，不要唯

---

① 《论语·季氏》。
② 《论语·为政》。
③ 朱熹：《四书集注·论语集注·为政第二》。
④ 《论语·述而》。
⑤ 《论语·子张》。

我独是，主张在破除"四毋"的基础上去思考和存疑。

以上仅从四个基本维度，对孔子私学教育活动给予了约略展示。由此不难看出，无论从活动的参与对象、目标指向、内容科目还是活动的原则、方法等等方面，私学都大大不同于以往的官学。正是这种不同，更加凸显出私学存在的意义和价值。由此我们更有理由断言，春秋时期私学教育活动的出现，确实极大地提升了我国教育活动的质量、效益和水平，有力地推进了中国教育活动史的发展进程。

第三节　孔子私学的教育教学活动

孔子从 30 岁开始设教育人，其一生专注于聚徒讲学有三个较长的时段。第一次是从 30 岁到因避鲁国内乱而出走齐国之前，时间约为 5 年左右；第二次是从由齐返鲁到从政之前，时间长约 15 年；第三次是从 68 岁回到鲁国至去世之前，时间亦约为 5 年。虽然有如上大致的划分，但这种划分是很不严格的。事实上，孔子自 30 岁之后就从未完全中断过教育活动，无论是早年游齐还是中年从政期间皆是如此。即便是在"自我放逐"的列国之行中，甚至在"子畏于匡"、陈蔡绝粮的困顿时刻，孔子也依然是讲诵弦歌不衰。那么，在 40 余年的时间里，孔子为什么如此重视教育教学活动？这一活动是怎样开展的？效果、影响又是如何？以下即主要从孔子与某一弟子"双边活动"或"个别交谈"的角度出发，对这些问题作些展示和考察。

一、教育教学活动之动因

我国从很早时期开始，就非常重视教育对国家社会的作用。《礼记·学记》说："古之王者，建国君民，教学为先。"到了春秋时期，虽然官学教育活动已相对衰落，但重视教育的传统并未中断，而是被私学接续了下来。正是这种体认，为私学教育活动注入了深厚而持久的动力。就孔子而言，他对教育作用的体认可归结为两大方面，即教育对人的作用和对社会的作用。

（一）教育对社会稳定与发展的作用

儒家学派不是一个仅仅满足于教书育人的学派，而是一个立足教育、积极干政、有着一整套政治主张和社会理想的学派。可以说，孔子私学从其开始之日起，就是以植根现实生活、关注社会政治为特色的。穷则化育人才，达则改良政治，是孔子私学教育活动的立足点和出发点，也是其私学教育活动的一大动因。

孔子对教育社会作用的体认，主要表现在以下方面：首先，孔子鲜明地提出了"庶、富、教"的主张，把教育视为立国治国的三大要素之一，以期形成社会的良风美俗。其次，孔子认为教育乃是为政之本，为政则须实行"德治"。所谓"德治"，就是通过道德的引导、榜样的作用、礼制的规范，使人心悦诚服、自觉遵守，而不是通过刑杀来震慑人心。他曾言："道之以政，齐之以刑，民免而无耻；道之以德，齐之以礼，有耻且格。"[①] 他还明确地告诫统治者："为政以德，譬如北辰，居其所而众星共之。"事实上，从某种程度上说，"为政以德"也就是一种完善自身、影响他人的教育活动。正因如此，当子张问何以从政时，孔子直言说："不教而杀谓之虐；不戒视成谓之暴；慢令致期谓之贼；犹之与人也，出纳之吝，谓之有司。"[②] 可以看出，孔子极为重视教育的社会教化作用，反对"不教而诛""不戒视成"等为政的"四恶"政策。

（二）教育对人之改变与提升的作用

教育能在社会上发挥作用，是建立在教育对人具有重要作用的认识基础之上的。孔子对于教育的这一作用是非常肯定的，这是他大力开展私学教育活动的又一动因。在中国教育史上，孔子首次提出人"性相近也，习相远也"的著名论断。这一论断是人类认识史上的一个重大突破，成为人人都有权利受教育、都有可能受教育、都应当受教育的理论依据。

在此基础上，孔子认为，人也可以大致进行分类对待，即"生而知之者，上也；学而知之者，次也；困而学之，又其次也；困而不学，民斯为下矣"[③]；

---

① 《论语·为政》。
② 《论语·尧曰》。
③ 《论语·季氏》。

"中人以上，可以语上也；中人以下，不可以语上也"①；"惟上智与下愚不移"②。孔子的这一分类虽然遭到不少学者的批评，但我们认为这是不能苛求的，因为"上智""中人""下愚"三种类型，正与现代差异心理学所说的智力"超常""中常""低常"之人相当；而"上智"和"下愚"尤其是"生而知之"的人，数量不仅极少，而且是孔子虚悬一格、存而不论的。在孔子看来，绝大多数人都有权利接受教育，也应该受教育。通过勤学不止，好问阙疑，思行结合，道德修养，人就能摆脱"习相远"的弊端，走上成为"君子"的光明之途。

由上可见，孔子对于教育的意义和作用是非常重视的，其认识可概括如下：第一，人人都应受教育，人人都可受教育，人人都能通过教育得以改变和提升；第二，社会应该进行改造，而社会改造靠政治，政治清明靠人才，人才成长靠教育。比较而言，孔子开创的儒家学派更重视教育的社会作用。浓厚的入世情结与强烈的参政意识，决定了这一学派必然把教育对人的改造、提升、完善等方面的作用视为改良政治的基础、前提和准备，而把教育的社会作用视为人展示政治抱负、寻求愿望实现的重要途径。孔子之所以倾数十年之力开办私学，其深层动因即在于此。

二、教育教学活动之表现

纵观数十年的私学教育经历，可以说，因材、因情、因时、因地开展活动是孔子私学教育活动的突出特点，也可视为这一活动的基本表现。

（一）夫子教人，各因其材

在长期教育生涯中，孔子以"有教无类"方针为指导招纳了大量弟子。要将他们培养成人才，前提条件就是要对其进行细致的了解。孔子通过谈话、观察和交往，探索出了解弟子的许多方法。例如，他非常注意从言论的角度了解对方的思想特点，又注意与其行动结合起来，主张"听其言而观其行"；认为不能仅凭公开场合的表现，还要结合考察对方私下里的行为，所以应该"退而省其私"；还强调不能凭一时的行为作判断，而要考察对方从思想到行为的全过

---

① 《论语·雍也》。
② 《论语·阳货》。

程，即应该"视其所以，观其所由，察其所安"①。通过这些方法，孔子对弟子不同的性格、志向、言行、态度等加以分析和概括，据此开展活动，从而在中国教育活动史上首次创立了"因材施教"的教学方法。

"因材施教"四个字并非孔子明确提出，而是宋代理学家朱熹的概括，即所谓"夫子教人，各因其材"。但孔子不仅首创了这一方法，而且在实践中充分地加以运用。例如，孔子曾言："由也果""赐也达""求也艺"，② 这是从优点方面对学生的评价；"柴也愚""参也鲁""师也辟""由也喭"，③ 这是从缺点方面对学生的分析；"师也过，商也不及""求也退""由也兼人"，④ 这是从比较角度对学生的区分。正是由于对学生了解得如此准确，孔子才能根据每个学生的具体情况，采取不同的施教方法。例如，当学生"问仁""言志"时，孔子皆因人而异地作出了不同的回答。《论语·先进》中记载的如下一段事例，更能看出孔子教育活动的灵活性和针对性：

> 子路问："闻斯行诸？"子曰："有父兄在，如之何其闻斯行之？"冉有问："闻斯行诸？"子曰："闻斯行之。"公西华曰："由也，问闻斯行诸，子曰'有父兄在'；求也，问闻斯行诸，子曰'闻斯行之'。赤也惑，敢问。"子曰："求也退，故进之；由也兼人，故退之。"

子路和冉有同样问了老师"听到一个好主张，就马上去做吗？"的问题，孔子的回答却是截然相反的，他叮嘱子路应该先问父兄再去行动，对冉有的回答则是应该马上去做。之所以回答不同，是因为孔子认为子路行为莽撞，而冉有遇事畏缩，所以对前者强调谨慎，对后者则给予鼓励。由此可见，孔子的确是运用"因材施教"方法的大师。

（二）依情而定，区别以待

在长期教育实践中，孔子不仅大量运用"因材施教"的方法开展活动，还常常根据弟子的家庭背景、行为状况、做事特点等，对他们施以有所区别的教育。此方面例证很多，散见于《论语》各处，最集中也最典型的，则莫过于对

---

① 《论语·为政》。
② 《论语·雍也》。
③ 《论语·先进》。
④ 《论语·先进》。

弟子"问孝"的不同答复了。《论语·为政》记载：

> 孟懿子问孝。子曰："无违。"樊迟御，子告之曰："孟孙问孝于我，我
> 对曰'无违'。"樊迟曰："何谓也?"子曰："生，事之以礼；死，葬之以
> 礼，祭之以礼。"

> 孟武伯问孝。子曰："父母唯其疾之忧。"

> 子游问孝。子曰："今之孝者，是谓能养。至于犬马，皆能有养；不
> 敬，何以别乎?"

> 子夏问孝。子曰："色难。有事，弟子服其劳；有酒食，先生馔。曾是
> 以为孝乎?"

同样是"问孝"，孔子的回答却很不相同：孟氏是鲁"三桓"之一，名尊位
显，家财殷富。针对孟懿子的这种家世背景，孔子的回答是"侍奉父母不要违
礼"。回答之后，孔子尚感意犹未尽，又借樊迟驾车之机补充说：所谓孝，就是
父母活着的时候要以礼侍奉；死后也要以礼安葬、按礼祭祀。这一回答无异于
说，孟懿子家财再多，也不能僭越礼制对待父母，否则就是陷父母于违礼的不
孝行为。孟武伯是孟懿子之子，名仲孙彘，死后谥号"武"，可见此人平生是勇
猛尚武的。既然尚武，就很可能到处惹事，令父母担忧，所以，孔子对他"问
孝"的回答是"只让父母担心孩子的身体疾病，就算是尽孝了"。

相比之下，孔子对子游、子夏的回答就颇异其趣了。与孟懿子父子不同，
子游二人都出身于平民家庭，没有多少资财孝敬父母和师长，所以孔子的回答
也不一样。他对子游说，不要以为能养活父母就是孝，如果缺乏恭敬之心，那
跟饲养犬马没有什么不同。对于子夏何以敬师的问题，孔子回答说，别以为替
先生做事、给先生酒食就是孝了，真情敬师、脸色和顺才是最难的。简言之，
对家境贫寒的人而言，孝敬长辈之心是最为重要的。

可见，对于同样的问题，孔子作出的回答并不相同。这已不能算是因材施
教，而是依情而定了。"孝"乃是个本之人心而发之于外的东西，也是难有固定
标准的行为。对财大气粗的人来说，似乎只有讲排场、比阔气才能显示对父母
生前与死后的孝。孔子在此义正词严地指出，那种罔顾礼制的豪奢之举，恰恰
是对父母最大的不孝。对于那些家庭贫寒的人而言，似乎能够让父母吃饱穿暖，
就算是尽孝了。孔子则斩钉截铁地说，缺乏真情的所谓"孝"，实质上只是一种

"供养"或"饲养"，与真正的"孝道"毫不相干。孔子的这番言论，可谓一针见血、入木三分，今天读来也令人警醒、深思。

需要指出的是，以上四条资料虽然都记载于同一篇中，但并非同一时期的活动。子游、子夏是孔子晚年回鲁国后才收的弟子，孟懿子在孔子开办私学后不久就拜了师，孟武伯则是孟懿子之后代。因此，上述活动相隔时间应在三四十年。由此足可看出，孔子的教育活动确是将"依情而定"贯彻始终的。

（三）就地取材，随时施教

与官学不同的是，私学往往没有固定的教育活动场所，开展的多是"流动教学""旅行教学""现场教学"。孔子私学更是如此。纵观孔子的一生，至少有20年的时间是在异国他乡度过的。他曾率弟子适周、游齐、居卫、过陈、至蔡、奔楚，到处宣传自己的主张。每到一处，只要稍有闲暇，孔子就马上开展教学活动；甚至在行走的路上，也是经常与弟子就某些问题展开讨论。

例如，为避开"斗鸡之变"而引发的鲁国内乱，孔子于公元前517年带领弟子出走齐国。当孔子师徒经过泰山脚下的一段山坳时，路遇避居深山的一位妇人正在坟墓前哀伤地哭泣。孔子派子路前去问个究竟。据《礼记·檀弓下》记载：

> 夫子式（轼）而听之，使子路问之曰："子之哭也，壹似重有忧者。"而曰："然。昔者吾舅死于虎，吾夫又死焉。今吾子又死焉。"夫子曰："何为不去也?"曰："无苛政。"夫子曰："小子识之，苛政猛于虎也!"

为了逃避沉重的赋税和徭役，妇人一家竟然选择在凶险的山里生活，亲人相继丧命虎口也不愿离去。这让孔子大为震动，也让弟子们看到了现实的残酷。他悲愤地对弟子们说："你们要记住，苛繁的赋役，是比老虎还要凶猛的东西啊!"通过这一悲惨的事例，孔子向弟子阐明了反对苛政、力主德政的思想。

再如，在周游列国的途中，孔子师徒曾被围困于陈、蔡之间。在团团围困之中，大家好几天没有进食，对前途甚是迷茫，孔子却始终保持着乐观的精神。子路被眼前的状况弄得心烦意乱，没好气地问孔子："君子也有穷途末路的时候吗?"孔子坦然回答说："君子走投无路时也会坚守德操，小人到这时候就肆无忌惮，无所顾忌了！"① 子路并不服气，心有怨气地说："我听说：'行善的人，上天以福报答他；作恶的人，上天以祸报复他。'现在我们一直是积德行义、胸怀理想，为什么处境却还是这样窘迫呢？"孔子语重心长地说：

> 由不识，吾语女（汝）！女以知者为必用邪？王子比干不见剖心乎！女以忠者为必用邪？关逢龙不见刑乎！女以谏者为必用邪？伍子胥不磔姑苏东门外乎！夫遇不遇者，时也；贤不肖者，材也；君子博学深谋不遇时者，多矣！由是观之，不遇世者众矣，何独丘也哉？且夫芷兰生于深林，非以无人而不芳。君子之学，非为通也，为穷而不困，忧而意不衰也，知祸福终始而心不惑也。夫贤不肖者，材也；为不为者，人也；遇不遇者，时也；死生者，命也。今有其人不遇其时，虽贤，其能行乎？苟遇其时，何难之有？故君子博学、深谋、修身、端行，以俟其时。②

在这里，孔子针对"绝粮七日，弟子馁病"的严酷现实，向子路当然也向所有在场的弟子阐述了顺境须有作为、逆境更不能气馁的道理，希望他们能够志存高远、眼界开阔。他还满怀信心地对弟子们说，从前，晋公子重耳的称霸之心产生于流亡途中的曹国，越王勾践的称霸之心产生于被围时的会稽，齐桓公小白的称霸之心产生于逃亡之地莒国。所以，处境不窘迫的人想得就不远，没流亡过的人志向就不大。你们怎么知道在这叶子飘落的桑树底下，我就一定不能得意呢？告诫弟子不要为一时的困难所左右。在此，孔子用逆境当教材，以旷野为课堂，因时而论地给弟子们上了一堂生动鲜活的思想教育课。

（四）因时而论，有感而发

众所周知，孔子所创办的私学，一开始就是以植根现实生活、关注时事政治为特色的，因时而论、有感而发，乃是其私学活动的又一突出表现。这方面也有极多例证，以下仅举一例略作分析。

在从楚国负函前往卫国帝丘的路上，想到即将要在卫国从政，孔门师生很自然地对如何从政问题展开了讨论。话题是由直率的子路开头的。他问孔子："卫君待子而为政，子将奚先？"意思是这次去了卫国，如果执政的话，老师您首先要做什么？孔子坚定地回答，如果一定让我执政，那就先从"正名"开始。

---

① 《论语·卫灵公》。
② 《荀子·宥坐》。

在这里，子路事实上向孔子提出了一个很直接、很尖锐，同时也很重要、很严峻的问题，即面对父子相残的混乱局面，面对儿子当政、父亲流亡的政局，卫国的这个"政"应该从何处入手。对于这样一个重大问题，恐怕孔子在从负函返回的路上就一直思考着，所以马上给予了明确的回答：所谓"正名"，绝不仅仅是厘清概念，理顺逻辑关系；用之于政治，"正名"就是要正名定分，明确每个人的权利和义务，进而辨清统治权的合法性问题。

这一问题本来并不复杂，但在"礼崩乐坏"的春秋时代却是极其复杂的，因为名分等级已被冲击得七零八落，要"正名"谈何容易。而在卫国，这就不仅复杂而且相当致命了，因为此时当政的卫出公辄是卫灵公的孙子、世子蒯聩的儿子。灵公死后，按"名分"理应由蒯聩继任君位，但他因不满南子的淫乱、专权行为，谋杀未成而逃亡在外。本来，灵公次子郢亦可为君，但郢对此并不热心，最后由辄即位。辄即位后，与其父蒯聩大打出手，拒绝其回国，使其流亡在外。这使辄不论在"君臣"关系上还是在"父子"名分上，都不仅不"正"，而且无"德"，国内外对此议论纷纷。从另一方面说，蒯聩要想夺取君位，既不"名正"也不"言顺"，因为他密谋行刺南子，是为忤逆不孝；事败流亡敌国，罪同叛国不忠；被废太子之位，本已被剥夺了"接班"的权利，却在父亲尸骨未寒时就来抢夺君位，更是犯上无耻。所以，如果从"正名"的角度来看，这父子二人全是寡廉鲜耻之辈，都根本没有资格继承君位。

子路当然知道上述情况，所以当孔子一提出"正名"，子路就认为这简直是太要命了。因为如果真要"正名"，那就不仅蒯聩出任国君无望，而且还肯定会惹怒卫出公，这不但使孔子在卫国难以立足，而且恐怕还会招来弥天大祸。好不容易获得一个从政的机会，老师为什么不能稍有变通呢？为什么偏要去捅当政者致命的"死穴"、去揭人家滴血的"伤疤"呢？想到这里，子路脱口而出："有是哉？子之迂也！奚其正名？"意思是：是这样吗？老师您太迂腐了！干吗要先正名？孔子不高兴地说：

> 野哉，由也！君子于其所不知，盖阙如也。名不正，则言不顺；言不顺，则事不成；事不成，则礼乐不兴；礼乐不兴，则刑罚不中；刑罚不中，则民无所措手足。故君子名之必可言也，言之必可行也。君子于其言，无

所苟而已矣。①

孔子的一席话说得振振有词，不能说全然没有道理。事实上，他的"正名"思想虽然不可否认有胶柱鼓瑟之弊，但对于规范"治世"中的人际关系还是非常有用的，因而深刻地影响了后世。尤其是"名不正则言不顺"的表述，成为至今脍炙人口的至理名言。应该说，孔子比子路看得更深，触及了当时各国尤其是卫国乱象的一个较深的根源问题，那就是当政者僭位越权、违礼行事，置皇皇礼制、人际伦常于不顾，使得纷乱难以遏制。可见，孔子的私学活动绝不是闭门造车式的坐而论道，而是密切关注社会现实，有的放矢，有感而发。

三、教育教学活动之结果

长年跟随孔子的学生曾由衷地评价说，夫子以"文、行、忠、信"四教育人，"循循然善诱人，博我以文，约我以礼"，使人"既竭吾才"却又"欲罢不能"。这一评价生动地表明了孔子教育活动的效果。数十年来，孔子运用高超娴熟的技巧，从弟子各自的兴趣、爱好、才能等具体情况出发，对他们施以不尽相同的教育，培养出了一大批优秀的人才，如"德行"优异的颜渊、闵子骞、冉伯牛、仲弓，长于"言语"的宰我、子贡，善于"政事"的冉有、季路，喜好"文学"的子游、子夏等著名弟子。其他如有若、原宪、高柴、樊迟、陈亢、公冶长、公西华、巫马期、林放等等，也各具特色、各有所长，可谓人才济济、文武兼备，对于战国时期的政局产生了不可忽视的影响。

孔子不仅培养了众多弟子，还以"韦编三绝"的精神、"述而不作"的态度，删削、整理了三代文献，编成"六经"，用以别嫌疑、明是非，针砭时弊、惩恶扬善。"六经"目的各有侧重，对人的思想教育都有价值，是孔子在多年私学教育活动过程中编写而成的。尤其是《春秋》一书，寄寓了孔子最主要的政治思想，是他用力最勤也最为重视的著作。《孟子·滕文公下》云："世衰道微，邪说暴行有作。臣弑其君者有之，子弑其父者有之。孔子惧，作《春秋》。《春秋》者，天子之事也。是故孔子曰：'知我者，其惟《春秋》乎；罪我者，其惟《春秋》乎！'"《史记·孔子世家》亦云："《春秋》之义行，则天下乱臣贼子惧

---

① 《论语·子路》。

焉。""六经"的编撰不仅使孔子私学在教育内容上独树一帜，而且丰富和发展了我国古代的教育内涵，为私学活动的有效开展提供了坚实的基础。

第四节　孔子私学的师生交流活动

孔子的私学教育活动，由于注重引导学生修养身心和改造社会，注意采取灵活多样的方式方法进行教育，因而成效最著、声望最高。鉴于前文已从孔子与某一弟子之间"双向活动"的视角对孔门私学活动作出了概要考察，本节将主要从孔子与众弟子之间"多向互动"或"聚众而谈"的相互交流的维度，对孔子私学的活动状况再作进一步的考察和分析。

一、师生交流状况概述

在"礼崩乐坏"的社会变革时代，孔子编订六经，培养弟子，传播思想，不仅对中国传统文化的传承、丰富和发展做出了卓越的贡献，而且通过灵活多样的方式和形式，将私学教育活动推进到一个崭新的发展阶段。

根据活动的对象、问题、时间、地点的不同而采取不同的方式，是孔子私学活动非常鲜明的特点。就活动的主体、表现、构成和向度来看，孔子既有"独白"式的思想表述，也有与弟子之间的对话交流；既有与某一弟子的双向对话，也有与众弟子之间的多向论说；既有同时面对多位弟子的活动场面，也有虽面对多位弟子，却是逐一与弟子进行单独对话的活动记录。如此等等，都足以表明孔子私学是以灵活多样、不拘一格为特征的。

孔子不仅以谈话的方式来教育弟子，自己还乐于交游、善于交游，更告诫弟子以交游方式进行学习。"三人行，必有我师焉。择其善者而从之，其不善者而改之"①，就是孔子乐于交游、善于学习的名言。《论语》开首的《学而》向我们展示的也是交游学习的热烈场景："学而时习之，不亦说乎？有朋自远方来，

---

① 《论语·述而》。

不亦乐乎?"将交游与接待远方来客视为人生的乐趣。《论语·卫灵公》还记载:

> 师冕见,及阶。子曰:"阶也。"及席,子曰:"席也。"皆坐。子告之
> 曰:"某在斯,某在斯。"师冕出。子张问曰:"与师言之道欤?"子曰:
> "然。固相师之道也。"

师冕是鲁国的盲人乐师。他的到来令孔子非常高兴,因为可以相互探讨乐教的问题。但师冕行动不甚方便,于是孔子告诉他哪里是台阶、哪里是席子,对盲人照顾得相当仔细。可见,孔子不仅喜欢交游,在平时待人接物、饮食起居之间,也注意用自己的行为教育学生。

孔子不但视交游为乐趣,还将交游之人分为"益友"和"损友",告诫弟子们须区别对待。他说:"益者三友,损者三友。友直、友谅、友多闻,益矣;友辟、友善柔、友便佞,损矣。"[1] 意思是说,同正直、诚实、见闻广博的人交游是有益的,所以应该对其亲近;同邪僻、趋炎附势、巧言令色的人交游是有害的,所以应该敬而远之。孔子以自己的经历告诉学生,良师益友之间切磋学艺,有助于产生新知、激励创新,是人成长的必备条件之一。

通过谈话、交友、游历、定居讲授等途径,孔子的私学活动开展得既灵活多样,又丰富多彩,逐渐形成了独特的意蕴与内涵。具体而言,在活动方法上,他主张"举一反三",力行"叩其两端""攻乎异端";在学习方法上,他力倡学思结合、学行并重,要求学生树立"敏而好学,不耻下问"的态度;在师生关系上,他力倡民主与平等,赞赏学生独立思考的精神,欢迎学生对自己的思想与行为提出批评,激赏"后生可畏",鼓励学生"当仁,不让于师"。所有这些,无不体现出孔子大教育家的风范,也反映出孔子私学活动的丰富内涵。

总之,孔子私学活动开展得颇有成效。之所以能够如此,以至于能让学生"欲罢不能"甚至顶礼膜拜,盖源于孔子的教育活动不尚空谈,源于对每一位学生的性格、爱好、思维特点等都了如指掌。《列子·仲尼篇》记载说:

> 子夏问孔子曰:"颜回之为人奚若?"子曰:"回之仁,贤于丘也。"曰:
> "子贡之为人奚若?"子曰:"赐之辩贤于丘也。"曰:"子路之为人奚若?"
> 子曰:"由之勇贤于丘也。"曰:"子张之为人奚若?"子曰:"师之庄贤于丘

---

① 《论语·季氏》。

也。"子夏避席而问曰："然则四子者何为事夫子?"曰："居，吾语汝。夫
回能仁而不能反，赐能辨而不能讷，由能勇而不能怯，师能庄而不能同。
兼四子之有以易吾，吾弗许也。此其所以事吾而不贰也。"

孔子认为，颜回之仁、子贡之辩、子路之勇、子张之庄（端正）都是非常
突出的，也非常可贵。这些优点都是自己比不上的，但他们却都只能此而不能
彼，只能一点而不能其余，都难以"执两用中""允执其中"，所以亦有所缺憾
和不足。可以看出，孔子对弟子了解得是极其深刻、细致和准确。这正是其私
学教育活动能够取得显著成效的原因所在。

二、师生交流场景例析

在长期实践中，孔子与其弟子之间开展了大量的交流活动。通过这些活动，
既让弟子们畅所欲言地发表观点，孔子自己也适时阐发了思想、教育了弟子，
还使得师生之间的情感日益浓厚。以下即从"多向互动"的维度，采撷几个经
典场景，对孔子私学的师生交流活动状况略加考察和分析。

（一）农山论志

孔子开创的儒家学派是一个以修己安人为标准，以己达达人为职责，以改
造社会、改良政治为使命的学派。因此，引导弟子们论抱负、谈志向，也就成
为孔子私学活动的一大内容和方式。"农山论志"就是一个经典的案例。

农山是鲁国都城曲阜以北的一座山，海拔并不甚高，但与周围平原相比，
山势也略显峻拔。有一次，孔子在子路、子贡、颜渊的陪同下，向北游至农山。
孔子感叹地说："在这里静心思考问题，什么想法都会出现的。你们每个人谈谈
自己的志向吧，我最后再作选择和点评。"对于这一活动的具体情形，《说苑》
《韩诗外传》《孔子家语》等都有大同小异的记载。

据《孔子家语·致思》篇记载，抢先发言的是子路。他走上前说："我希望
有这样一个机会：白色的军旗像月亮，红色的战旗像太阳，钟鼓的声音响彻云
霄，繁多的旌旗在地面舞动。我带领一队人马进攻敌人，必会夺取敌人千里之
地，拔去敌人的旗帜，割下敌人的耳朵。这样的事只有我能做到，就让子贡和
颜渊跟着我吧!"孔子赞叹道："多么勇敢啊! 堪称勇士。"

子贡也走上前说道："我愿出使到齐楚交战的广阔原野上，两军的营垒遥遥

相望，扬起的尘埃连成一片，士兵们挥刀交战。我穿戴着白衣白帽，在两国之间穿梭游说，论述交战的利弊，解除国家的灾难。这样的事只有我能做得到，就让子路和颜渊跟着我吧！"孔子又赞叹说："多有辩才啊！可做辩士。"

图 4-4　农山论志图

唯有颜回后退了几步，未曾说话。孔子见状，对颜回说："颜回，为什么他们谈了志向，而你却不谈呢？"颜回回答说："文武两方面的事，子路和子贡都已经说了不少，我还说什么呢？"孔子说："每个人都是有其志向的，你就说说吧。"颜回回答说："我听说，薰草和莸草不能藏在同一个容器中。尧和桀也不可能共治一个国家，因为他们不是同一类人。我希望能够辅助明王圣主，向人民耐心地宣传父义、母慈、兄友、弟恭、子孝这五种德行，用礼乐来教导人民，使百姓不加固城墙，不越过沟池而战，剑戟之类的武器改铸为农具，平原湿地放牧牛马，每个家庭都没有思念亲人之苦，国家千年而无战争之患。这样，子路就没有机会施展他的勇敢，子贡也没有机会运用他的口才了。"孔子听了，表情郑重地说："这种德行真美好！"子路举起手来问道："请问老师，您赞同哪种志向呢？"孔子说："不耗费财物，不危害百姓，不费太多的言辞，只有颜回才有这个想法啊！"

在这一活动中，孔子借赞同颜回之机，向弟子们委婉地表达了自己的政治追求和人生志向。他认为，子路奋勇杀敌、所向披靡，虽然勇气可嘉，但算不上远大的志向；子贡辩才滔滔、纵横捭阖，虽然可不战而屈人之兵，也算不得什么宏伟的抱负。只有以德治国，用礼乐教化人民，使家无离散之思，国无战火之患，才能算是具有高远眼光的政治追求和人生志向。

（二）侍坐言志

引导弟子们纵论理想、畅谈志向，适时予以点评，是孔子私学活动时常采用的方式。这不仅有"农山论志"的案例可资证明，还有更为著名的另一案例，即载于《论语·先进》篇的"侍坐言志"。有学者研究指出，由于活动者之一的公西华是孔子晚年所收的弟子，而另一位活动者曾点又未参加周游列国之行，因此可以判断，该章记录的是孔子晚年归鲁后的一次活动。① "侍坐言志"是《论语》中篇幅最长的活动记录之一，也是孔门师生言志的经典篇章。据《先进》篇记载，整个活动情形如下。

有一天，子路、曾点、冉有、公西华陪孔子坐着。孔子对众弟子说："不要因为我的年龄比你们大一点，你们就不敢尽情说话了。你们平时总是说：'没有人能了解我啊！'现在假使有人赏识你们，你们将怎么做呢？"

子路率先起身说："一个拥有千辆兵车的国家，夹在几个大国之间，外有军队入侵，内有连年灾害，国家内忧外患。假如这个国家交给我来治理，以三年为期，我不仅可以使人民在战场上能够骁勇善战，还可使他们知道御敌抗灾的方法。"

孔子听罢，微微一笑，转头问冉求："冉求，你是怎么想的呢？"冉求回答说："若是要我去治理一个面积有六七十里或者五六十里的小国，也以三年为限，便可使百姓温饱富足。至于修明礼乐，就只有等贤人君子来完成了。"

孔子又问公西华："公西华，你有什么想法呢？"公西华回答说："我不敢说能做到什么，只是愿意学习罢了。当宗庙祭祀或者诸侯会盟之时，我愿身着礼服，头戴礼帽，做一个小小的赞礼司仪之人。"

孔子又问道："曾点，你有什么志向呢？"曾点此时正在弹瑟。听到孔子发问，曾点弹瑟的声音渐渐稀疏下来，最后"铿"的一声停下。曾点说："暮春三月，天气转暖之时，春天的衣服已经穿上了。我和五六位成年人、六七个少年一起到沂河里洗洗澡，在舞雩台上吹吹风，唱着歌走回家。这就是我的志向，我所向往的生活。"孔子长叹一声说："曾点，你的想法我很赞同啊。"

子路等人都出去后，曾点问孔子："他们三个都说了志向，老师觉得他们的想法怎么样？"孔子说："不过是各自谈谈志向罢了！"曾点问："老师为什么笑仲由呢？"孔子说："治理国家要讲礼让，可他的话却一点不谦让，所以笑他。"曾点又问："难道冉求所讲的不是治理国家吗？"孔子回答说："怎么能说方圆六七十里或五六十里的就不是国家呢？当然是国家。"曾点接着又问道："那么公西华所讲的不是治理国家吗？"孔子答道："祭祀和会盟，不是诸侯之事又是什

---

① 李启谦：《孔门弟子研究》，齐鲁书社 1987 年版，第 170 页。

么？若以公西华的才华只能做一个小司仪，那么谁又有能力来做大司仪呢？"

以上即为"侍坐言志"活动的大致过程。对于孔子"吾与点也"之论，学界历来有不同的解释。有人认为，这表明曾点向往一种无忧无虑的生活；而孔子一生命运多舛，故听后深表赞同。有人认为，"春服既成""浴乎沂""风乎舞雩""咏而归"等，所说的是"上巳"节里的活动，目的在于除灾祛邪，以求风调雨顺；孔子有感于曾点关心民众生活，故叹曰"吾与点也"。还有人"研究"指出，"冠者五六人"意即三十人，"童子六七人"就是四十二人，两者相加为七十二人，就是指孔子的七十二门徒，这表明曾点希望七十二子都能过上优哉游哉的生活，故孔子深许之。[1]

我们认为，以上诸说或未详真意，或过于牵强。事实上，仅从字面就不难看出，子路、冉有和公西华所讲的都是拘泥实际的"形而下"的治国方略，都是着眼于当前或战事纷争、或生活不保、或礼乐不修而谈志向的，都是只顾眼前而未瞻长远，故孔子只是部分赞同。而曾点以生动形象的方式描绘了礼乐之治下的太平景象，展示了人民其乐融融的生活面貌，反映出"仁"和"礼"的治理效果，表现了儒家所希望的理想社会状态，所以深为孔子所赞赏。

（三）陈蔡论道

在孔子列国之行中，"厄于陈蔡"是最为艰困的一段历程，很多史书对于这段经历都有记载。如《孟子·尽心下》说，孔子师徒"厄于陈蔡之间，无上下之交也"。《荀子·宥坐》称："孔子南适楚，厄于陈蔡之间，七日不火食，藜羹不糁，弟子皆有饥色。"《孔子家语·困誓》言："孔子遭厄于陈、蔡之间，绝粮七日，弟子馁病。"在这种极度困厄的时刻，不少随行弟子面露愠色，对孔子坚守的"道"产生了怀疑，连一向乐观的子贡都愁容满面。孔子认为有必要开展一次讨论。于是，在旷野上、天地间，孔门师徒展开了一场别开生面的"谈困论道"活动。《史记·孔子世家》有如下较详细的记载。

孔子首先把子路叫过来，问道："《诗经》说：'匪兕匪虎，率彼旷野。'我们不是恶兽，却被困在这旷野上。是我们的主张错了吗？我们怎么落到这步田地？"子路回答说："是不是我们还不够'仁'，所以别人不相信我们？是不是我

---

[1] 李启谦：《孔门弟子研究》，齐鲁书社 1987 年版，第 168—169 页。

们还不够'智'，所以别人处处为难我们？"孔子听罢，反问道："真是这样吗？假如仁者都能取信于人，那还会有伯夷、叔齐这种饿死的君子吗？要是智者都能行得通，还会有王子比干那样的惨剧吗？"

孔子又把子贡叫过来，问了同样的问题。子贡回答说："这是因为老师的政治主张太高深，所以天下容不下老师。老师对自己的主张不肯变通，才落到今天的地步。"孔子对这种回答也不满意，批评说："端木赐啊，种田好手能把地种好，却未必会收割、有收成；能工巧匠技艺高，却未必能把器物做得好、纹理顺；君子追求真理，以纲纪秩序治天下，也未必能让天下容。现在你不在追求真理上下功夫，却老想着如何能够见容于世。端木赐，你的志向真不远大！"

子贡走开后，孔子又把颜回叫过来，也问了同样的问题。颜回的回答与以上几位不同，显得颇有意味。他说：

> 夫子之道至大，故天下莫能容。虽然，夫子推而行之。不容何病？不容然后见君子！夫道之不修也，是吾丑也；夫道既已大修而不用，是有国者之丑也。不容何病？不容然后见君子！

对于孔子"吾道非耶？吾何为于此？"的问题，子贡和颜回的回答虽然都是"夫子之道至大，故天下莫能容"，但子贡接下来的回答却没让孔子满意，因为子贡提供的是种"削足适履"、以求为用的答案。颜回的后续回答与子贡不同。他认为，君子的耻辱不是不能见容于世，而是不去追求真理；只要认定自己的主张正确，就要坚持不懈、坚守到底，绝不应该屈己以媚世。颜回的回答让孔子很满意，他笑着说："颜回啊，要是你发了财，我就给你当管家！"对颜回的这种"笃信好学，守死善道"的精神深表赞同。

三、师生交流效果简述

由上可以看出，孔子在私学"多向互动""聚众而谈"的交流过程中，常常是先让弟子各抒己见，自己再予以点评、发表见解。在此过程中，既没有一成不变的固定"答案"，更不搞以势压人的"一言堂"教育，从中折射出的是孔子开放、自由的活动观和平等、民主的师生观。事实上，在如何对待学生、如何使交流活动顺利进行方面，孔子有很多令人称道的做法，以上不过是挂一漏万的例举。由此，弟子们不仅受到了教诲，而且与孔子之间形成了亲逾父子、其乐融融的情感关系。孔门师生之间的这种关系，堪称我国教育活动史上的典范。

例如，能言善辩、长于经商的子贡，"事孔子一年，自谓过孔子；二年，自谓与孔子同；三年，自知不及孔子"①。自此之后，子贡一生跟随孔子，无怨无悔，事师如父。尽管师生之间也有上述"陈蔡论道"时的口角之争，还有孔子对子贡"赐也，好说（悦）不如己者"的评价，甚至还有"子贡方人，子曰：赐也贤乎哉？夫我则不暇"的记载，即对子贡讽刺别人的做法进行了批评，但彼此不仅未曾淡化关系，反而因相互直言不讳、真情袒露而愈觉亲近。《史记·孔子世家》载："孔子病，子贡请见。孔子方负杖逍遥于门，曰：'赐，汝来何其晚也？'"这是孔子对子贡的批评，但更包含着对亲人的殷殷思念之情。正因如此，孔子去世后，其他弟子皆服丧三年，唯子贡庐墓六年之久，充分表现出对于老师深深的怀念之情。

又如，性情鲁莽、为人勇武的子路，曾经很不客气地"陵暴孔子"；成为孔子的弟子后，还屡屡对孔子粗言相犯。上述师生谈论"正名"问题时，子路直言孔子太过迂腐，就是其中的一例。最严重的一次是"子见南子"时，子路竟毫不掩饰地面露愠色，弄得孔子只好发誓说："予所否者，天厌之！天厌之！"②子路"冒犯"孔子的事件仅在《论语》中就有六次记载，可称孔子弟子之最。孔子对子路的批评也最多，《论语》中记载的有十次之多，远远超过对其他弟子的批评。然而，这不仅未曾使二人关系走向紧张和对立，反倒因彼此语言直率、相互关爱而日益和睦。例如，孔子对子路就极为欣赏并评价很高，说子路"片言可以折狱者，其由也与！"③"由也好勇过我，无所取材"，"道不行，乘桴浮于海，从我者，其由与！"④还颇为满意地说："自吾得由，恶言不闻于耳。"⑤子路对孔子更是忠心耿耿，时时跟随，处处维护，孔子有病时他为之祈祷，陈蔡绝粮时他设法为孔子做饭，表现出深厚的爱师之意、尊师之情。

再如，以"言语"著称的宰予，也曾受到孔子的批评。宰予认为儒家的"三年之丧，期已久矣"，主张改三年为一年，孔子责备说，"予之不仁也！子生

① 《论衡·讲瑞》。
② 《论语·雍也》。
③ 《论语·颜渊》。
④ 《论语·公冶长》。
⑤ 《史记·仲尼弟子列传》。

三年，然后免于父母之怀"，① 认为宰予之主张是忘记父母之恩的不仁行为。孔子对宰予最严厉的批评，无过于因其"昼寝"而说他"朽木不可雕也"。但总体来看，二人的师生关系还是非常和谐的。这不仅是因为孔子的批评是满含爱意的督责之言，宰予对此心领神会，还因为宰予作为一位不可多得的干才，深受孔子的器重，以至于在"言语"科中被排在长于言辞的子贡之前。另一方面，宰予也未曾因为孔子的批评而心生怨恨。相反，即便是在陈蔡绝粮的困顿时刻，宰予也一直跟随老师，并由衷地对子贡说："以予观于夫子，贤于尧、舜远矣！"②

另外，孔子对于其他学生也有过不少批评，如批评樊迟学习种田、种菜是"小人"之为，批评冉求帮助季氏敛财是"非吾徒也"；但是，这也非但没有恶化师生之间的关系，反倒使得彼此愈觉亲切，感情更为深厚。正是因为孔子德行高尚、学问渊博，又爱生如子、循循善诱，所以当其在世时，就被弟子们称为"圣人"；孔子去世之后，弟子们还总想把失去的老师找回来；未能如愿时，只好奉相貌有些近似孔子的有若为师，以寄托无尽的哀思。师生感情能如此笃厚，是与孔子在长期教育活动中能够始终坚持平等待人、诲人不倦的做法分不开的。

总之，大量事实证明，孔子对待学生是本着平等、和善、爱护态度的；弟子们对孔子也非常爱戴，视之如父。孔子襟怀坦荡的师风，不私其子的行为，关爱有加的态度，不仅折服了跟随他的弟子，而且为私学教育活动增添了融洽、和谐的因素。尤应指出的是，学问渊博、修养深厚如孔子者，不仅鼓励学生"当仁，不让于师"，而且在学生面前也能坦承自己的不足，如曾后悔地说："吾以言取人，失之宰予；以貌取人，失之子羽。"③ 并且感慨地说："后生可畏，焉知来者之不如今也？"④ 当陈司败指出错误时，孔子竟然高兴地说："丘也幸，苟有过，人必知之。"⑤ 这种坦言不足的崇高风范，为中国教育活动史留下了享誉千载的为师佳话。

---

① 《论语·阳货》。
② 《孟子·公孙丑上》。
③ 《史记·仲尼弟子列传》。
④ 《论语·子罕》。
⑤ 《论语·述而》。

第五节　孔门师生的社会实践活动

众所周知，孔子创办私学的目的之一，就是通过培养人才来积蓄力量、改造社会，教育不过是其影响现实、参与政治的前提、途径和准备而已。因此，关注现实、评议政治、积极投身社会实践，乃是孔子私学团体的经常性活动。这样，包括从政在内的社会实践活动，也就成为私学活动的一大内容。

一、变革与坚守：实践活动的目标概说

孔子生活在"礼崩乐坏"的春秋末期。这一时期，周王朝的统治权力早已名存实亡，诸侯国之间以强凌弱、以众暴寡，战争频繁，冲突不断，社会正处于新旧交替的大动荡时期。对于当时社会的混乱状况，孔子曾满怀忧虑地说：

> 天下有道，则礼乐征伐自天子出。天下无道，则礼乐征伐自诸侯出。自诸侯出，盖十世希不失矣；自大夫出，五世希不失矣；陪臣执国命，三世希不失矣。天下有道，则政不在大夫；天下有道，则庶人不议。①

面对"政在大夫"甚至"陪臣执国政"的"无道"局面，孔子旗帜鲜明地主张恢复西周鼎盛时期的社会政治制度。在孔子看来，三代以来的等级制度是经过历史考验的，是"监于二代""郁郁乎文哉"的。因此，当晋国"铸刑鼎"的消息传到鲁国时，孔子非常激愤，马上用最严厉的话语谴责了这一事件。他说：

> 晋其亡乎，失其度矣。夫晋国将守唐叔之所受法度，以经纬其民，卿大夫以序守之。民是以能尊其贵，贵是以能守其业。贵贱不愆，所谓度也。文公是以作执秩之官，为被庐之法，以为盟主。今弃是度也，而为刑鼎，民在鼎矣，何以尊贵？贵何业之守？贵贱无序，何以为国？且夫宣子之刑，夷之蒐也，晋国之乱制也，若之何以为法？！②

---

① 《论语·季氏》。
② 《左传·昭公二十九年》。

公元前513年冬天的"铸刑鼎"之举，是晋国大贵族赵鞅与荀寅联手在汝水边筑城和征用民夫，将执政大夫范宣子所制定的《刑书》铸在铁鼎上，以求使国家刑律家喻户晓，让人们能够依照刑律行事。但在孔子看来，晋国此举极为不妥，因为这样就撕去了伦理教化温情脉脉的外衣，非常不利于尊卑名位的维持，因此他断言："看来晋国快要灭亡了，晋国的政治已完全乱套了。"

虽然孔子反对"法治"，力倡"礼治"，但他并不认为西周社会政治制度绝对不能变更，即"殷因于夏礼，所损益可知也；周因于殷礼，所损益可知也。其或继周者，虽百世可知也"①。然而孔子同时又认为，其他制度或能适度损益，但以"君君、臣臣、父父、子子"为核心的等级制度必须得到严格遵守，特别是依仗势力、无视身份的僭越礼制行为，是绝对不能容许的。这是孔子社会实践活动的首要目标，也是他为治理乱世开出的根本"药方"。

在坚守这一目标的同时，孔子对统治者杀人立威、厚敛肥己的行为极为愤慨，对于贵族阶级的道德堕落痛心疾首、大张挞伐。他一针见血地斥责说：

> 今之君子，好色无厌，淫德不倦，荒怠傲慢，固民是尽，忤其众以伐有道，求得当欲不以其所。古之用民者由前，今之用民者由后。今之君子，莫为礼也。②

孔子认为，现实之所以混乱不堪，根源就在于无德者在位、在位者无德。因此，天下要么有德者居之，要么在位者就应以德要求自己。他谆谆告诫说："为政以德，譬如北辰，居其所而众星共之。"③ 就是说，只要统治者能够以德治国，就会像居于中天的北极星一样，会得到天下人的拥护和爱戴；只有统治者"道之以德，齐之以礼"，民众才能摆脱"免而无耻"的局限，达到"有耻且格"的程度。他还一再告诫执政者："政者，正也。子帅以正，孰敢不正？"④ "苟正其身矣，于从政乎何有？不能正其身，如正人何？"⑤ 只要当权者以身作则，百姓就能受到感化，"德政"目标就有望实现。概言之，铲除"苛政"土壤，抨击"刑政"流弊，力倡"德政"模式，是孔子社会实践活动的又一重要目标。

---

① 《论语·为政》。
② 《大戴礼记·哀公问于孔子》。
③ 《论语·为政》。
④ 《论语·颜渊》。
⑤ 《论语·子路》。

中国自古以来就是一个权力至上的社会,有了权力就拥有了一切,就有望支配一切。一个人如果手无寸权,没有相应的政治地位,那么即使学问再博洽,主张再合理,也难以发挥出改造社会、建功立业的实际效用。因而,孔子想从政的愿望要比从事教育、传播学术迫切得多。要从政就必然要密切关注现实政治,因此,孔子师徒经常谈论从政、为政问题,也常对他人的为政措施进行评判。诸如"足食,足兵,民信之矣""善人为邦百年,亦可以胜残去杀矣""博施于民而能济众""有国有家者,不患寡而患不均,不患贫而患不安"等,都是孔门评判政事的名言,也可视为孔子私学活动的一大内容。

二、实践活动的过程与表现

为实现上述目标,孔子与弟子积极投身社会实践。纵观孔子一生,以游历、从政为基本内容的社会实践活动,有三个较为集中的时期。一是 35 岁由鲁至齐,到 37 岁返鲁,时间约两年余;二是 51 岁至 55 岁,在鲁初任中都宰,旋迁司空、司寇,继而主持齐鲁"夹谷之会",主导鲁国"堕三都",前后历 4 年;三是 55 至 68 岁,率弟子由鲁出发周游列国,时间长达 14 年。以下即对这三个时期的社会实践活动作些考察。

(一) 游齐欲政

孔子 35 岁时,鲁国爆发了著名的"斗鸡之变"事件。这是权贵们由斗鸡赌博而最终将鲁国国君驱逐出境的重大政治事件。孔子虽没参与这一事件,但对昭公被逐是深表同情的。所以昭公离鲁不久,孔子也因"鲁乱"离开故国,去往邻邦齐国。孔子适齐时,齐国当政的是以"苛政"著称的齐景公。景公"好治宫室,聚狗马,奢侈,厚赋重刑"①,动辄对民众施以"刖刑",使得临淄城竟然出现假肢贵、鞋子贱的惨状。而且志大才疏的景公为重振霸业,还屡屡对外用兵,搞得人民苦不堪言。当时,齐国统治集团中流血冲突不断,内部矛盾重重,国君大权旁落,政权主要控制在几家大贵族手里,其情形比鲁国好不了多少。

孔子来到齐国之时,就面临如此复杂的形势,他却想把推行"德政"的希

---

① 《史记·齐太公世家》。

望寄托在暴君身上。为在临淄有一个落脚之地，孔子屈尊做了高昭子的家臣。齐景公以前就对孔子有所知晓，加上高氏的大力推荐，孔子很快就得以拜见景公。《晏子春秋·外篇》在《重而异者》《不合经术者》两卷中多次记载孔子拜见景公的情形，并记述了孔子与晏婴、齐国太师等人的关系。遗憾的是，孔子适齐后犯了一个大错误，就是没有及时拜会晏婴；何况当年晏婴至鲁时，还专门去拜访过孔子。齐景公和子贡都发现了此事的不妥之处，但是孔子固执己见，还说晏婴是三朝元老，在官场上十分顺利，说明他是有三条心的，其人品很值得怀疑。此话经景公之口传到晏婴耳中，晏婴大为不满，当即斥责孔子"未见婴之行而非其顺"，还向景公发表了一番"始吾望儒而贵之，今吾望儒而疑之"①的感慨，晏婴与孔子就此交恶。这就埋下了孔子在齐欲政受挫的首因。

史料记载，孔子曾多次拜见景公，景公请教了很多问题，如天子庙灾问题、如何治国问题等，孔子则向景公提出"君君、臣臣、父父、子子"的八字方针以及"政在节财"的治国主张。应该说，这些主张是切中时弊的，因为当时高、国、崔、庆、田等几家贵族势力甚强，齐国的确有君臣权力倒置的问题，而景公也确有奢侈无度、讲究排场的弊病。但孔子过于直言不讳，"政在节财"不仅让景公十分不悦，而且"八字方针"也让景公无可奈何，因而其主张的实际可行性是大成问题的。把治国希望寄托在大权并不在握的国君之身，而且忽视协调与贵族的关系，这就注定了孔子的主张必然落空。

据《晏子春秋》《史记·孔子世家》等记载，齐景公一开始是很重视孔子的，特别是"八字方针"的理论阐述，曾使景公大为兴奋，因为这绝对有助于加强君权。为了能让孔子留下来为自己服务，景公很想重用孔子，并要把尼谿这个地方分给孔子作食邑。消息一出，贵族们纷纷反对，理由很简单，如果按照尊君抑臣、重农抑商的那套主张去做，不仅贵族们的末日就到了，而且齐国实力将从此衰落。晏婴更是站出来大加阻挠。他说：

> 行之难者在内，而儒者无其外，故异于服，勉于容，不可以导众而驯百姓。自大贤之灭，周室之卑也，威仪加多，而民行滋薄；声乐繁充，而世德滋衰。今孔丘盛声乐以侈世，饰弦歌鼓舞以聚众，繁登降之礼以示仪，

---

① 《晏子春秋·不合经术者》。

务趋翔之节以观众。博学不可以仪世，劳思不可以补民，兼寿不能殚其教，当年不能究其礼，积财不能赡其乐。繁饰邪术以营世君，盛为声乐以淫愚民。其道也，不可以示世；其教也，不可以导民。今欲封之以移齐国之俗，非所以导众存民也。①

一句话，晏婴认为，孔子的那一套繁文缛节对百姓来说毫无用处，非但不能使齐国强大，反而会给齐国造成灾难。

既然重臣对孔子的评价如此之低，齐景公也就没有兴趣重用孔子，也不再提封食邑的事情。但孔子还是努力向景公宣传他的"德政"政策，最终，齐景公跟孔子摊牌说："奉子以季氏，吾不能。"齐国的其他贵族更不客气，甚至秘密谋划除掉孔子。孔子听到风声后向景公寻求帮助，景公只冷冷地说了句："吾老矣，弗能用也。"② 话都说成这样，孔子知道自己的"德政"理想只能化为泡影。恰在此时，孔子收到弟子南宫派人送来的信简，说鲁国现状暂趋安稳，孔子也担心会遭齐国贵族暗算，于是和弟子们收拾行囊，回到鲁国，结束了意欲从政的第一次尝试。

（二）在鲁为政

在鲁国，孔子经过漫长的等待，终于在 51 岁时等到了从政的机会。虽然从政时间不过短短四年，然而，任中都宰仅仅一年，其政绩就令人刮目相看；任司寇时依情断案，使社会风气有了明显改观；夹谷会盟时迫使齐归还侵地，取得了罕见的外交胜利。可以说，在孔子主导下，鲁国政治面貌焕然一新。这是一场"鲁一变，至于道"的雄心勃勃的计划，是孔子的一次真正从政的机会，也是其社会实践活动的重要篇章。

1. 一份满意的从政"答卷"

公元前 501 年，经"三桓"提议，孔子被鲁定公任命为中都（今山东汶上县）宰。孔子对自己的理政能力非常有信心，据《孔子家语·相鲁》记载，孔子上任后，依照周礼的制度精神，制定了长幼有序、饮食有别、强弱异任（根据不同的身体素质给予不同的工作）、男女别途、路不拾遗、用具简朴等礼节，还特别对丧礼作了"为四寸之棺、五寸之椁，因丘陵为坟，不封不树"等具体

---

① 《晏子春秋·不合经术者》。
② 《史记·孔子世家》。

规定。他在制订这些规定时，注意把道德教育的寓意融入其中，让人们在遵守礼法的同时受到道德的教化。如此施行仅仅一年，人们的生产、生活就秩序井然，出现了路不拾遗、商贾无欺的太平景象，中都地区由是大治。

有人对孔子这一业绩甚表怀疑，断言这是后人的吹捧和美化。我们认为，这虽然不能完全排除夸张的成分，但也具有相当的真实性。因为第一，"为政"是孔子极感兴趣的一个话题，也是师徒一直以来热衷讨论的。俗话说："当局者迷，旁观者清。"在此情形下，一旦有了从政之机，孔子就能迅速抓住为政的要害和关键，如此必然事半功倍。第二，孔子绝不可能一人赴任，而是会带着一帮弟子，组成颇有规模的一套"为政班底"。他们之间既非常熟悉、相互协作，又各司其职、人尽其才，共同服从于孔子的领导。如此必然政令畅通、执行有力，既能最大限度地降低协调成本，又能极大地提高为政效率。第三，孔子等了那么多年才终于等到了这样一个机会，自然倍加珍惜且热情极高。而且他也深知，这肯定是当权者的一种政治试探，是对他理政能力的一次考验。因此，孔子必然殚精竭虑、倾尽全力，将中都作为步入政坛的一份"答卷"、一场"宣言"。

2. 由地方到朝廷

中都大治使孔子的影响力迅速扩大。消息传到都城，定公特意召见孔子，开门见山地问道："学子此法以治鲁国，何如？"孔子回答说："虽天下可乎，何但鲁国而已哉！"① 于是，孔子被擢升为司空，主管水土、建筑等事。孔子上任后，经常组织勘察地形，还把土地分为山林、川泽、丘陵、坟衍（即高原）、平地五类，根据不同的土壤条件种植不同的作物，使土地各尽其利，生产得到发展。这在两千多年前是非常科学的，可视为土壤学的早期应用。

此外，孔子任内还做了一件尊君抑臣的大事。当时，鲁昭公去世后，季平子为了发泄内心的怨恨，有意将昭公葬在国君公墓之外，并且用深沟将二者隔开。孔子当了司空后，便命人将沟填平，并把昭公之墓迁回公墓中。此举当然引起了季氏的不满。孔子找到季桓子，对他说："贬君以彰己罪，非礼也。今合之，所以掩夫子之不臣。"② 孔子说得振振有词，弄得季桓子也有口难辩，只好

①《孔子家语·相鲁》。
②《孔子家语·相鲁》。

承认事实。过去国君慑于季氏淫威敢想而不敢做的事情，现在却让孔子做成了，而且做得光明正大。这使得孔子的政治声望进一步提升。

3. 夹谷之会，完胜齐国

由于政绩卓著，孔子很快由司空迁为司寇，主管治安司法。鲁定公十年（公元前 500 年），齐鲁决定在边境上的夹谷（今山东省莱芜市境内）举行会盟。为了赢得这次外交的胜利，两国在会盟之前都做了认真准备。鲁国除做好其他各项准备外，还认真选择了相礼。在诸侯会盟的重大场合，相礼的作用非同小可，既要熟悉会盟过程中的各种复杂礼仪，掌握国与国之间的交往惯例，还要为国家尽力争取利益。孔子自幼习礼，对各种礼仪非常谙熟；他曾在齐国住过一段时间，与齐国君臣都有交往；而且如今他不似从前，已是国家的一名公职人员。所以从各方面看，孔子都是担任相礼的最适合人选。

"夹谷之会"的最终结果是，一向软弱的鲁国不仅在气势和道义上压倒了齐国，而且迫使齐归还了郓、汶阳、龟阴等大片被侵占的土地。这可是前所未有的大事件，大长了弱国的志气。似这等不费一兵一卒就让齐国退还土地之事，实在令人吃惊不小。不少史书将胜利完全归功于孔子，是夸大了孔子的作用。事实上，国际外交要靠国家的实力说话，也要看各国面临的形势如何，更取决于什么是国家的当务之急。当时齐国面临强晋的巨大压力，因而与长期结怨的鲁国和解，是齐国对外关系唯一正确的选择。要和解就要有实际行动，甚至需要作出一些实质性让步。两害相权取其轻，暂时的让步是为了谋取更大利益。这才是齐国同意退还土地的根本原因。

当然，如此说并非意味着否认了孔子的作用。恰恰相反，他的机智、勇敢，审时度势，适时加码，是鲁国此次外交完胜的重要原因。对于这次活动过程，《史记》《孔子家语》等都记载得非常详细、生动。在几次关键时刻，孔子都当机立断、挺身而出，显示出其过人的胆识和才能。此次会盟，齐国迫于形势的压力，明知与鲁国结盟乃是唯一的选择，却又心有不甘，想处处占上风、摆架子，还设法羞辱鲁国。孔子的高明之处则在于，他一方面洞悉强齐为何主动对弱鲁"示好"，摸透了齐必须与鲁结盟的"底牌"；另一方面则及时抓住齐国的几次失误，显示外交的主动和强硬，将齐置于道义的不利位置，最终迫使齐作出退还土地的重大让步。因此，鲁国此次大获全胜，孔子是功不可没的。

4. 礼堕三都，功败垂成

夹谷之会后，孔子的声望更加高涨。过去，孔子声望主要来自学问和教育，来自其洁身自好的君子操守；现在，中都大治、夹谷完胜显示出孔子还有非凡的政治才干。在此背景下，孔子开始着手进行一项重大的政治革新工程，即以"堕三都"为名义，实施其弱私家、强公室、整秩序的宏伟计划。

"三都"是"三桓"在各自封地内筑起的高大城堡，城内储有粮食，还驻有数量可观的私家军队。当时，季孙氏的领地是以费邑为中心的广大地区，叔孙氏的领地以郈邑为中心，孟孙氏的领地则在靠近齐国的郕邑周围。由于"三桓"长期住在都城曲阜，实际管理封地的是他们的家臣。这些家臣依托高大的城池，逐渐与"三桓"分庭抗礼，成为割据势力。

公元前498年夏，"堕三都"行动首先在叔孙氏的领地郈邑开始。子路当时出任季氏宰，具体指挥这次非同寻常的政治"大手术"。之所以先拿郈邑"开刀"，不仅是因为叔孙氏力量最弱、便于下手，而且侯犯的叛乱刚刚结束，叔孙氏还心有余悸，所以拆除郈邑的工作进行得比较顺利。可是，当轮到拆除季氏领地费邑时，还未动手，就引起了盘踞在那里的公山不狃和叔孙辄等人的极度恐慌。经过商议，他们认为与其坐以待毙，不如主动出击，于是率军队悄悄向鲁都进发。都城陷入混乱之中。鲁定公和他的儿子以及孔子、孟孙氏、叔孙氏等人都跑到季桓子家中避难，季氏将他们安排到数丈高的"武子之台"躲藏起来。叛乱者得知国君及重臣都在季氏家中，率军将季氏府邸围住，并攻到台下。因为台子太高，叛军一时未能得手。危机时刻，孔子命令武将申句须、乐顾领兵从高台上冲击叛军。叛军被攻得阵脚大乱，退出曲阜，向费邑逃窜。公室军队乘胜追击，在姑蔑（今山东省泗水县东）彻底打败了叛军。公山不狃与叔孙辄逃亡到齐国。于是费邑也被顺势拆掉。[①]

拆掉郈邑、费邑两个城堡后，"三都"中只剩下孟孙氏的郕邑。不过，孟孙氏对"堕三都"虽然同意，却并不十分积极，因为自己并没有陪臣作乱的切肤之痛。耐人寻味的是，这时孟孙氏的当家者不是别人，而是孔子的学生孟懿子！对于他来说，是老师的政治理想重要还是家族的利益重要，他不能不斟酌权衡。

---

① 《史记·孔子世家》。

恰在此时，驻守郕邑的公敛处父来找孟懿子，对他献策说："堕郕，齐人必至于北门。且郕，孟氏之保障也，无郕是无孟氏也。子伪不知，我将不堕。"① 孟懿子觉得很有道理，于是依计行事，表面赞成堕郕，暗中支持公敛处父全力反抗，堕郕受到很大阻力。

季孙氏和叔孙氏此时如梦方醒，明白了"堕三都"的真实意图，对此事也不再支持，"堕三都"计划就此搁浅，孔子与"三桓"的政治"蜜月"也随之结束。孔子感到在鲁国已难有从政之望，悲怆之余，率弟子依依不舍地离开鲁国，去别国寻求从政之机。孔子的第二次社会实践活动就此终结。

（三）周游列国

公元前 497 年，55 岁的孔子率弟子踏上了"自我放逐"的道路，也踏上了他人生最精彩、最丰富也最艰难的一段旅程。在长达 14 年的游历生涯中，孔子师生到过卫、宋、曹、郑、陈、蔡、楚等国，其间经历了许多磨难，也有过令孔子极为难堪甚至愤怒的事情。例如在匡地，孔子一行

图 4-5　孔子周游列国图

被当地人围困五日，粮米断绝，形势危殆，颜回还一度掉队。后来，孔子派出弟子求助于卫国大夫宁武子，宁武子说服匡人收兵，才解救了被围困的孔子一行。又如，在蒲邑，孔子师徒两次被公叔戌的叛军围困，经艰苦谈判才得以摆脱。在卫国，虽然孔子受到卫灵公的礼遇，但不仅不委孔子以重任，而且先是发生了"子见南子"事件，让孔子百口莫辩，后有"招摇过市"的"丑次同车"之事，更令孔子难堪之极。事后孔子气愤地说："吾未见好德如好色者也!"② 表达了对卫灵公行径的极度不满。在宋国，孔子不满于司马桓魋耗费民力为自己雕制石质棺椁的荒唐行为，曾评论说："若是其靡也，死不如速朽之愈也!"③ 从而招致桓魋的怨怒，意欲加害，孔子等人只好冒险"微服过宋"。在陈国，孔子虽然也受到礼遇，所被问到的却是些与治国无关的问题，如"楛矢贯隼""鲁庙

① 《左传·定公十二年》。
② 《论语·卫灵公》。
③ 《礼记·檀弓上》。

火灾"等等，满足的只是君臣对名物制度的好奇心。特别是"陈廷辨矢"一事，一方面固然显示出孔子博学多识，另一方面则反衬出陈国君臣不学无术、混天聊日的堕落之态，令孔子感到在陈多待无益。在陈、蔡之间，孔子师徒再次被人团团围住，陷入空前的绝境。《史记·孔子世家》云，当地人"围孔子于野。不得行，绝粮。从者病，莫能兴"。总之，十多年间，孔子率领弟子们到处奔走、居无定所，但结果不是被围困追堵，就是被当作摆设、招牌或名物古董，始终未有真正从政的机会，以致被郑人讥讽为"累累若丧家之狗"，被隐士抨击为"四体不勤，五谷不分，孰为夫子？"

在漂泊过程中，孔子也遇到过一些可与论政之人，如蘧伯玉、孔文子、司城贞子等，但最有名的要算沈诸梁。沈诸梁是楚国负函（今河南省信阳市）的守城大夫。他勤学好问、礼贤士人，对孔子久生仰慕之情。所以，当孔子一行到达负函时，沈诸梁非常高兴地邀孔子留下。

孔子在负函停留了大约一年。其间除与沈诸梁论政外，还带领弟子到周边地区考察，途中碰到不少隐士。后来，孔子在从负函回卫国的路上，又遇到了一些隐士。这些隐士有各种类型。从职业上说，有看门的"晨门"，有执杖的"丈人"，也有扶车的"接舆"；从语言上讲，有的深沉，有的尖锐，有的洒脱。这些人既不想在乱世中助纣为虐，也不想与统治者合作，去成就一番什么丰功伟业。于是他们采取明哲保身、与世无争的态度，出没于山林河海之间。与积极救世者不同，这些人属于乱世中的"另类"。他们选择的道路和孔子完全不同，但孔子对他们是心怀敬意的，曾怃然而叹说："鸟兽不可与同群，吾非斯人之徒与而谁与？天下有道，丘不与易也。"[①] 在这怃然而叹的背后，表露出的是孔子深沉的入世取向、现世观照和救世情怀。

公元前484年，孔子这位为传道救世四处奔波的老者，终于在68岁时结束了异国漂泊的生活。十余年间，孔子历尽艰辛，始终没有找到从政的机会，最后空怀壮志，怆然而返。不过，政治意图虽未实现，其他的收获倒很丰富。他与弟子或习礼树下，或论道旷野，开展"挫折教育""现场教学"，使弟子们领悟到坚守和信仰的重要性；他周游列国，对各国的政治、人文、地理进行了考

———————————

① 《论语·微子》。

察，对现实社会状况有了更深刻的了解；他走过许多地方，在使其思想得以传播的同时，也招收到来自各地的更多弟子；他"木铎"警世，"问阵不答"，与弟子谈"正名"、论"德治"、说"隐士"，既使其学说得到了不断完善，也使弟子们进一步加深了对其思想精髓的理解和感悟。总之，周游列国活动虽然未能使孔子获得从政之机，但其作用和影响却也不容小觑。

三、圆凿方枘：实践活动的结果简析

上文以孔子活动为主线，对孔门师生的社会实践活动进行了考察。大体说来，孔子弟子们的实践活动是多有成效的。如子路在出任季氏宰和蒲邑宰期间，都将辖区治理得颇为安定；高柴任鲁国郈邑宰和卫国"士师"时，政绩也颇可称道；冉求做了季氏管家之后不仅战功卓著，还帮助季氏进行税制改革，成为季氏器重的股肱之人。其他如子游、子夏、仲弓、闵子骞等，也都出任过各地长官，政绩颇佳，显示出孔子私学集团巨大的政治能量和社会活动能力。

相比之下，孔子的社会实践活动并不十分顺利，只是在年过半百时才真正担任过重要官职，推行过改造社会的实际计划。那么，是孔子完全无视现实状况，才导致其政途坎坷、命运多舛吗？事实并非如此。《孔子家语·辩政》载：

> 子贡问于孔子曰："昔者齐君问政于夫子，子曰'政在节财'；鲁君问政于夫子，子曰'政在谕臣'；叶公问政于夫子，子曰'政在悦近而来远'。三者之问一也，而夫子应之不同。然政在异端乎？"孔子曰："各因其事也。齐君为国，奢于台榭，淫于苑囿，五官伎乐，不解于时，一旦而赐人以千乘之家者三，故曰政在节财。鲁君有臣三人，内比周以愚其君，外距诸侯之宾以蔽其明，故曰政在谕臣。夫荆之地广而都狭，民有离心，莫安其居，故曰政在悦近而来远。此三者所以为政殊矣。"

可见，孔子思想也颇具灵活性。孟子对于孔子的这一特色颇为推崇，盛赞孔子为四类"圣人"中之最高的"圣之时者"。既然孔子思想不乏灵活性，那么为何在现实中又屡屡碰壁呢？鉴于"堕三都"是孔子最重要的社会改造措施，故以此为例略析其因。

"堕三都"是孔子一生政治事业的巅峰之作。这一计划的功败垂成，给予孔子的打击极其沉重，宣告了"鲁一变，至于道"理想的破灭。这一政治实验何

以夭折，其原因概有以下几个方面：首先，在从政的四年间，孔子在政坛上确实取得了一定成绩，特别是夹谷会盟之后，其社会声望一时无出其右。然而他或许没有意识到，这主要不在于他道德操守是如何坚定，而是得益于陪臣作乱所导致的"三桓"一时之间的手足无措。这些大贵族并不傻，他们抬举孔子是为了打击陪臣，绝不是让人给他们掘坟墓的。超过了他们设定的范围，任何改革都必然招致强烈的反对。孔子学生孟懿子在此事上的阳奉阴违，就是自身利益大于一切的最好例证。

其次，孔子的最高理想是把鲁国作为"实验样本"，将其推广到整个天下，再造一个"礼乐征伐自天子出"的局面，"堕三都"的深意即在于此。但问题是，"君君臣臣"都是相对而言的：大夫对陪臣而言是君，对国君而言则是臣；国君对大夫而言是君，对天子而言则是臣。由此就不难明白，当旨在对付陪臣时，大夫们当然会支持他；而当眼前祸患稍减，要还政于国君时，就必然招致大夫的反对。可以断言，当孔子要把这一"最高理想"推广到各国去，以推重天子的权势，就更会招致各国君主（对天子而言他们也是臣）的群体反对。以一介布衣之力，要与这么一群政客作对，这将是力量何其悬殊的一场较量！须知，春秋末期是个乱世，政客们大权在握，想要劝说他们隆重君权，是无异与虎谋皮的，这是孔子政治悲剧的现实根源。

再次，"堕三都"计划对特定的鲁国而言，当然最欢迎者是鲁定公了；但鲁国的实际当权者是"三桓"。他们之所以能为所欲为，就是因为他们削弱了王权。只要孔子不坚持削弱"三桓"的权力，贵族们也需要孔子来装点门面。可是，孔子社会改造计划的要义之一，就是上下有序、尊卑有别，是要贬臣而隆君的。更关键的是，孔子是一个很有政治品格的人，曾明确宣称"不义而富且贵，于我如浮云"。在关系到理想与追求的大是大非问题上，他丝毫也不含糊；换言之，其灵活性是有底线、有限度的，背后则是对于"王道政治"的力倡与坚守。这是孔子"堕三都"计划功败垂成的思想根源。

总之，孔子置身乱世，开出的却是治世"药方"，因而其方案"文不对题""圆凿方枘"，与春秋时期的现实扞格不入。"堕三都"计划的失败乃至孔子整个社会实践活动屡屡碰壁，其根本原因即在于此。

第六节　孔子私学的日常管理活动

　　与官学相比，私学有着鲜明的管理特色。事实上，作为一种新型的教育活动形式，私学不仅在教育教学、师生交流、社会实践等方面与官学不同，在日常管理方面也与之有异。下面仍以孔子私学为例，对春秋私学的管理活动状况作些分析和考察。

一、管理活动原因简述

　　如前所述，孔子创办的私学，是一种不拘地点、不拘时间、不拘形式的"流动学校"。史料表明，孔子的教学既有定居讲授，也有游历学习；既有集中性的讲解，也有针对性的启发；既可在官员府邸中进行，也可在田野垄亩间开展，甚至有时将"学校"办在周游各地的路途之中、车辇之上。可以说，孔子足迹所到之处，都是其随时施教的场所；目光所及之事，都是其传扬思想的凭借。这在《论语》中有大量记载。例如，孔子阐述的"庶""富""教"思想，就是在去往卫国途中看到人口众多而与弟子在车上对话时有感而发的；又如，孔子的"逝者如斯夫，不舍昼夜"的事物运动观思想，是与弟子们一同"观川"时阐述的；再如，孔子的"正名"思想，则是直接针对"名不正"而即位的卫出公，在与子路的激烈论辩中阐述的；甚至在极端危险的情况下，孔子还与弟子"习礼大树下"。可见，采取灵活、自由、多样的形式进行教学，可谓孔子私学教育活动的突出特色。

　　另外，孔子所创办的私学还是一所典型的"开放性学校"。其开放性表现在三个方面，一是求学者可以自由择师、自主进退，二是在招收弟子时不分地点、不分时间、不分年龄、不分水平，三是不少弟子在入仕或经商之后还常回到孔子身边来请教、汇报。事实上，孔子不仅没有设立过固定的教育场所，没有确定一成不变的教学内容，更没有数量固定的弟子。可见，就办学方式而言，孔子的私学也是自由灵活、因时制宜的。

正是由于私学既是一种"流动学校"，也是一种自由度、开放度很高的教育组织形式，因而管理工作也就显得尤其必要。当然，由于私学性质独特，所以其管理既不同于此前刻板僵化的官学管理，也有异于后世规范明确、秩序严整、条理清晰的学校管理，而是显示出私学初创时的独有面貌。

二、孔子私学的学生管理

孔子从事私学教育四十余年，其教学常常是因地、因时、因事制宜的。弟子来去自由，数量不定，其日常管理也就呈现出人情味浓、灵活性强、自由度高的特点。以人为本乃是孔子私学教育活动的重要理念，这在《论语》中有不少记载，在此仅举一例说明。《雍也》篇记载说："伯牛有疾。子问之，自牖执其手，曰：'亡之，命矣夫！斯人也，而有斯疾也！斯人也，而有斯疾也！'"学者们一般认为，以德行见长的冉伯牛，此时患的是一种有传染性质的疾病，别人不敢靠近，唯有孔子从窗户中"执其手"，与其爱徒诀别，并且连声痛言："这样的人，怎么会有这样的病！"可以看出，孔子对于弟子的生命和健康是极其珍视的。

以人为本不仅体现在孔子如何对待弟子方面，还表现在孔子与弟子对于人之权利及现世人生的关注中。他曾对弟子说，"饮食男女，人之大欲存焉；死亡贫苦，人之大恶存焉"①，肯定人有"饮食男女"的自然需求和权利。《论语·乡党》篇记载："厩焚。子退朝，曰：'伤人乎？'不问马。"这是一条常被后世学者引用的史料，是人们公认的孔子具有人本思想的经典确证，表现了孔子重人轻物的思想特色。他还明言："丘也闻，有国有家者，不患寡而患不均，不患贫而患不安。盖均无贫，和无寡，安无倾。"② 在孔子看来，每个人都有分得财富的权利，财富的多寡则要依其地位和贡献，否则国难治理，家也难以安定。当有学生问鬼神、生死问题时，孔子明确回答说："未能事人，焉能事鬼？""未知生，焉知死？"③ 体现出他对人的重视和对现世社会的关怀。《说苑·辨物》载：

子贡问孔子："死人有知将无知也？"孔子曰："吾欲言死者有知也，恐

① 《礼记·礼运》。
② 《论语·季氏》。
③ 《论语·先进》。

孝子顺孙妨生以送死；欲言无知，恐不孝子孙弃不葬也。赐欲知死人有知
将无知也，死徐自知之，犹未晚也。"

很明显，上述言论反映出孔子对于现世人生的关注，以及人之生应该尽其
在我、积极有为，死则归之于天、听其自然的态度。正是因为孔子能够始终做
到以人为本，因而不仅招揽、聚集了一大批弟子，还感召了很多弟子九死不悔
地终生追随。

三、孔子私学的教学管理

教学是私学中最重要的一种活动，也是孔子私学活动中最有特色的内容。
在日常教学中，孔子不但善用启发式、励志式等方法开展活动，还常常引用弟
子们熟悉的历史人物，如文王、武王、周公、管仲、子产等人的言行进行教学，
并注意用譬喻或实物为辅助来阐明抽象的思想。例如，他以流水为喻来阐释万
物生生不息的道理，用严冬的松柏来隐喻君子的节操，用"北辰"来比喻施行
"德政"的效果，用"草上之风"喻君子之德，其他如路、车、山、水、门、户
等日常实物，也是孔子随时采用的教学辅助材料。这种直观而生动的教学技巧，
是孔子能够吸引人们前来就学乃至长期追随的重要原因。

孔子在教学过程中对待弟子非常平等、民主，弟子们对孔子也常常是直言
不讳、言无不尽，因而孔门师生之间形成了其乐融融、亲逾父子的良好关系，
这在上文已有不少考察与分析，此处再举两例说明之。《史记·孔子世家》云：

公山不狃以费叛季氏，使人召孔子。孔子循道弥久，温温无所试，莫
能己用，曰："盖周文武起丰镐而王。今费虽小，傥庶几乎？"欲往。子路
不悦，止孔子。孔子曰："夫召我者，岂徒哉？如用我，其为东周乎！"然
亦卒不行。

这一事例说的是孔子在鲁国经过长期等待，似乎等到了一次从政之机，提
供"舞台"的是季氏家臣公山不狃。当时公山不狃占据季氏的领地费邑，密谋
向季氏提出挑战。孔子决定接受邀请，前去费邑"参政"。一个以维护尊卑礼仪
为己任者，竟然从都城跑到卿大夫远处的采邑，掺和到一场陪臣反对主公的行
动之中，这实在令人匪夷所思。所以子路得知孔子欲往后很不高兴，毫不客气
地加以制止。孔子辩解说："召我去岂是白召我的？那是要让我去干一番事业

的！不要小看费邑这个地方，当年周文王、周武王建立基业的丰和镐都不大。倘若真能用我，我就能造出个像东周一样的礼仪之邦来！"经子路一搅和，去费邑"参政"的事也就作罢了。不过从这件事可以看出，孔子对于弟子的批评是坦然接受的。

以上事例也同载于《论语·阳货》中，文字虽有同有异，然意思相同。另一例也载于《阳货》篇中，该例云：

> 子之武城，闻弦歌之声。夫子莞尔而笑曰："割鸡焉用牛刀?"子游对曰："昔者，偃也闻诸夫子曰：'君子学道则爱人，小人学道则易使也。'"子曰："二三子：偃之言是也。前言戏之耳！"

有一次，孔子路过鲁国的武城（今山东省费县、平邑一带），听到伴着琴瑟唱歌的声音。孔子听了微微一笑，对时任武城宰的子游说："割鸡还用牛刀?"意思是，治理这么一个小地方，还用得着如此费劲儿? 子游反驳说："老师曾经说过：'君子学习了礼乐之道就有仁爱之心，百姓学习了礼乐之道就容易听从使唤。'我这是依照老师教导行事的。"孔子只好改口说："子游说得对，我刚才是开玩笑的。"这一事例再次证明，孔子是以平等心态对待弟子批评的。

由此可见，以平等、宽厚的态度对待弟子，乃是孔子私学活动的突出特色。但是另一方面，对于弟子的不良言行，孔子批评得也毫不客气。例如，他曾对子路说："由，诲女（汝），知之乎? 知之为知之，不知为不知，是知也。"① 教导子路对待知识要有老老实实的态度。当冉求对孔子抱怨"非不悦子之道，力不足也"时，孔子一针见血地批评说："力不足者，中道而废，今女画。"② 批评冉求半途而废、浅尝辄止，自己先划出了裹足不前的界限。孔子特别反对弟子学习懒惰、不思进取。他以自己的事例告诉弟子："我非生而知之者"，"十室之邑，必有忠信如丘者焉，不如丘之好学也"，"可与言终日而不倦者，其惟学乎"!③ 并感慨道："饱食终日，无所用心，难矣哉！"④ 所以，当发现"宰予昼寝"时，孔子气愤地说："朽木不可雕也，粪土之墙不可圬也，于予与何诛!"⑤

---

① 《论语·为政》。
② 《论语·雍也》。
③ 《韩诗外传·卷六》。
④ 《论语·阳货》。
⑤ 《论语·公冶长》。

当发现冉求替季氏改税敛财、违背了自己"仁"与"德政"的主张时，孔子更加愤怒地斥责说，冉求"非吾徒也，小子鸣鼓而攻之，可也!"① 语气之严厉，大有从此与冉求彻底决裂之势。此外，孔子对子贡、樊迟等也都有所批评，言辞有时也相当严厉。

总之，孔子一方面对弟子是平等和气、宽爱有加的，另一方面，对他们的要求也相当严格，即是说，孔子对弟子是宽严有度、爱责结合的。正是因为孔子爱深责切，使弟子深深感受到老师的大爱无疆、良苦用心，从而保证了私学活动的顺利进行。

四、孔子私学的组织管理

如前所言，私学是一种与官学迥然不同的教育形式，实行的是自主办学、自主管理、自由就学、自由择师的活动；而其中最重要的不同之处，就是人们可以自由择师和就学，因此，如何才能吸引人们前来学习，乃是决定私学办学成败的关键。毫无疑问，这一问题是不可能依靠制度或规则解决的，而是有赖于私学主持者的个人魅力、社会影响以及学说的吸引力、凝聚力和感召力。

私学所面临的这种求学者进退自主的问题，使孔子私学一度也颇为尴尬，导致教学活动陷入难以进行的困境。《论衡·讲瑞》记载：

> 少正卯在鲁，与孔子并。孔子之门，三盈三虚，唯颜渊不去，颜渊独知孔子圣也。夫门人去孔子，归少正卯，不徒不能知孔子之圣，又不能知少正卯，门人皆惑。

这一事件的背景是，当时孔子在鲁已办学有年，弟子越聚越多，并逐渐传到上层社会，引起了鲁国贵族乃至国君的重视，从而对季平子的权势造成了强烈挑战。于是，在季氏的支持下，少正卯也开私学、设教坛（"卯坛"），宣传法家思想，主张变法革新；季氏家臣阳虎等人也极力鼓吹"卯坛"。在他们的鼓动下，"卯坛"一时吸引了许多听众，使得孔子生徒流失了不少。这说明，当时的私学的确呈现出激烈竞争的态势；同时也说明，有些所谓"私学"，背后实有着培植势力或政治依附的性质。

---

① 《论语·先进》。

与有些"私学"着意拉拢力量、着眼政治图谋不同，孔子私学从一开始就以伦理道德育人为特色。面对"三盈三虚"的状况，孔子以"往者不追，来者不拒"的态度淡然处之，始终坚信自己思想的正确性，加之充分运用启发诱导、因材施教等技巧，在私学活动中首开人评和时评之风，从而使其私学最终战胜了挑战，从学之人与日俱增。尽管孔子曾言"君子博学于文，约之以礼，亦可以弗畔矣夫"①，还明确主张"非礼勿视，非礼勿听，非礼勿言，非礼勿动"②，但这是向弟子指明"礼"之于人的重要性，并非以此对弟子进行组织管理。质言之，孔子私学之所以能战胜挑战，不是依靠强制或规则，而应归功于他不断总结教学经验、提升教育技巧、增强人格的感召力，从而团结和吸引了大批弟子。

五、孔子私学的经费管理

在春秋时期的私学中，孔子私学的规模最大。尽管是否有"弟子三千"颇可怀疑，但门徒近百已成公论。即便是周游列国之时，孔子身后也常有数十人跟随。要维持如此多人的日常开支，无疑需要不少经费。孔子维持私学数十年，其经费从何而来？由于"子罕言利，与命与仁"，加之孔子明言"君子喻于义，小人喻于利"，"放于利而行，多怨"，③"见小利则大事不成"④，所以《论语》中对钱财之事甚少提及。综合各方面的资料，其经费来源渠道至少有三：

第一，孔子自己的俸禄。孔子从政时间虽然不长，但在担任鲁国要职的四年间，其收入是颇高的。孔子的俸禄究竟有多少，可从《史记·孔子世家》的记载中推知。孔子刚到卫国时，卫灵公曾问他一年领多少俸禄，孔子说"奉粟六万"，卫灵公就命人按这个标准给孔子发俸。"奉粟六万"之数量如何，可从《论语》中的另一材料来衡量。《论语·雍也》记载："原思为之宰，与之粟九百，辞。子曰：'毋，以与尔邻里乡党乎！'"这是说，原思（原宪）给孔子当管家，孔子给了他九百粟米作为年俸。即是说，孔子的年俸乃是普通官员的六十

---

① 《论语·雍也》。
② 《论语·颜渊》。
③ 《论语·里仁》。
④ 《论语·子路》。

余倍，可见其收入是颇高的。需要说明的是，孔子虽然周游列国 14 年，但居住在卫国的时间最长，因而必定接受了不少卫灵公给予的优俸，从而为其私学活动积累了不少经费。

第二，达官贵人的赠予。孔子为推行其政治主张，不仅着眼于鲁国，还遍历周边诸国，由此结交了很多达官贵人，如齐景公、卫灵公、卫出公、宋景公、陈湣公等国君，以及高昭子、公叔戌、蘧伯玉、孔文子、司城贞子、沈诸梁等重臣。这些人或意图利用孔子之招牌，或仰慕孔子之为人，也就不能排除资助孔子师徒之举。即便是在居鲁期间，孔子在很长时间里与季孙氏保持着较为和谐的关系。季孙氏富可敌国，曾屡有资助孔子办学之事。如据《说苑·杂言》载，孔子自己就承认："自季孙之赐我千钟，而友益亲。"这在《孔子家语·致思》篇中也有同样的记载，可证季孙氏确曾资助过孔子。另外，孔子至齐、在楚时，齐景公、楚昭王皆曾欲给孔子以土地、尊之为封君，虽然因晏婴、子西等人的强烈反对，孔子最终未能获得土地，但钱帛之类的封赏赠予必定不少。如上这些赠予，成为孔子私学经费的又一来源。

第三，弟子的缴纳与捐赠。对于"自行束脩以上"的"束脩"之意，学界还有不尽相同的解读，但将其视为一种拜师的见面礼，已为大多数人所公认。十条干肉之类的礼品，缴纳虽不算多，但弟子们各交一份，其总数也不能小觑，何况家境富裕的学生如果自愿，其学费也可以"上不封顶"。事实上，孔子弟子中就有家财巨富的，如孟懿子、南宫敬叔、司马牛等皆是家资甚巨的贵族，公西华也是鲁国的富家子弟。他们成为孔子弟子后，向老师缴纳经费当属自然。另外，出身于"结驷连骑""家累千金"的子贡，其本人也极善于经商，是孔子七十二徒中"最为饶益"者，其富甚至可与诸侯"分庭抗礼"。《吕氏春秋·察微》亦载："鲁国之法，鲁人为人臣妾于诸侯，有能赎之者，取其金于府。子贡赎鲁人于诸侯，来而让不取其金。"子贡用自己的钱赎回人后，本来按规定可到国库去领取同样钱数，但他并不去领，可见其财富之多。拥有此等财富，子贡对他最敬重的老师提供一些资助，无疑是情理中事。

还应一提的是，其他一些弟子入仕后，所得俸禄为数也不少。如《孔子家语·致思》篇载，子路曾对孔子说：

昔者，由也事二亲之时，常食藜藿之实，为亲负米百里之外。亲殁之后，南游于楚，从车百乘，积粟万钟，累茵而坐，列鼎而食。愿欲食藜藿，为亲负米，不可复得也。

此处所载的虽是子路痛诉无亲可孝的幽怨，但也可看出子路入仕后的经济状况。事实上，对于"禄"的问题，孔子并不讳言，如他曾明确告诉弟子："言寡尤，行寡悔，禄在其中矣。"①"耕也，馁在其中；学也，禄在其中矣。"② 由于孔子主张"干禄"，因而或由他举荐，或由同学推荐，弟子入仕者数量不少。这些人获得俸禄后，也时常捐给孔子以充私学之资。

由上可见，孔子私学经费的来源是多方面的。正是因为经费数量不少，孔子才能维持数十年的私学活动；正是因为经费来源颇多，孔子才设置了专人管理、安排这些经费的收支；正是因为办学经费并非官府拨给，孔子私学才能自主自立，对政治、时局、权贵等给以自由讥评，对社会治乱问题发表独立见解。

第七节　私学教育活动的特点与影响

上文主要以孔子私学活动为例，对春秋时期的私学教育活动进行了分门别类的考察。与官学相比，私学作为一种全新的教育组织形式，显示出其巨大的生命活力。应该说，这是在春秋特定历史条件下所出现的现象，是学校教育合规律性发展的反映。因此，在上述考察的基础上，应该对私学活动的特点作些总结，以便对这一新型教育形式有一整体的认识和定位。

一、私学教育活动特点概述

作为"天子失官"历史条件下蓬勃兴起的一种民间办学形式，私学教育活动与官学相比有很多不同之处，很多方面都表现出前所未有的新特点。

（一）活动目标方面

以往官学建立在土地国有的经济基础之上，因而其培养目标是造就维持现

---

① 《论语·为政》。
② 《论语·卫灵公》。

有社会秩序的接班人；而私学建立在土地私有基础之上，其服务对象以新兴地主阶级为主，包括士、农、工、商等在内的诸多阶层，因而培养目标也就呈现出多元化的态势。如孔子私学活动是培养"学而优则仕"的从政"君子"，墨家要培养"各从事其所能"的"兼士"，法家则培养"智术之士""能法之士"和"耿介之士"。这就使私学教育的活动目标与以往有了很大不同。

（二）活动内容方面

诚如前述，三代官学活动的内容限于"六艺"，灌输旧有的政治观念和道德思想，偏重于历史文化和军事教育活动；私学的创办则不以官方意志为转移，其活动内容主要传授各学派的政治观点、道德思想以及新知识、新技能，与大变革时期的现实生活有着密切的联系。

（三）活动对象方面

如前所述，官学的受教育权为奴隶主所垄断，学生的入学资格受到贵族身份的严格限制，因而其教育活动对象只能是奴隶主贵族子弟；而私学则以自由受教为原则，活动对象的范围大大扩展，布衣受教育的机会显著增加。

（四）活动方式方面

相比之下，官学有固定的教育场所和相应的基本设备，各种制度较为完备，因而其活动方式比较规范；私学则未必能有固定的教育场所，各种制度也不够规范，主要是以教师为中心，所实施的是"流动教学""旅行教学""针对性教学"，在活动方式上具有较大的灵活性。

（五）教师构成方面

官学是"官师合一"，由政府的职官兼任教师，其工作以官事为主、教学为次。私学则是官师分离，以具有知识、技能、思想之人为师。教师成为一种独立的社会职业，他们不是因其政治身份和地位而是以其学术水平担任教职的。

（六）经费来源方面

由于官学是统治者所创办的，因而其教育经费相对充足，来源也较为稳定；私学经费的来源渠道则既不固定，也不充足。从各种资料记载来看，其中既有官方资助、豪门赠予，也有学派自筹、弟子贽纳。经费来源渠道的多样化，是私学活动能够保持自主性的重要保证之一。

（七）学生管理方面

官学有修业年限、成绩考核、毕业出路等一整套较规范的制度；私学则既无年限规定，也无出路之定规。各家私学之弟子，长有随师数十年乃至终生者，短有不及数月甚至更短者。学生自由择师是各家私学管理所面临的一大问题，也是私学活动能够长葆生命力的重要原因。

（八）行政管理方面

传统官学与政府部门无异，使官学教育越来越成为衰落和僵死的教育；私学则管理较为宽松，自主性较强，人情味较浓，·多少具有一些创新意识和民主精神。

二、私学教育活动影响简评：以"长时段"为视角

私学的异军突起在教育活动史上有着重大意义，是一次划时代的革命。对于私学这种意义和影响的认识，可以借鉴布罗代尔"多元时段"理论中的"长时段"历史观加以评判。

（一）"长时段"历史观述要

所谓"长时段"历史观，是法国年鉴派第二代代表人物费尔南·布罗代尔（Fernand Braudel）提出的"多元时段"理论中的一个重要概念。布罗代尔一生著作很多，如《15 至 18 世纪的物质文明、经济和资本主义》《地中海：空间和历史》《地中海：人类与遗产》等。在最早出版的史学巨著《地中海与腓力浦二世时期的地中海世界》一书中，布罗代尔提出了地理时间、社会时间、个体时间三个概念。在该书序言中，布罗代尔这样解释他的撰写结构与意图：

> 本书分为三个部分，每个部分自成一篇总体说明的论文。第一部分论述人与其周围环境关系的历史，一部近乎静止不动的历史，流逝与变化滞缓的历史……一部几乎超越时间的、与无生命事物接触的历史。……在这部静止不变的历史之上显示出另一部慢节奏的历史……一部社会史，即群体与团体的历史。……最后还有第三部分，即传统历史部分，或可称之为个体、事件史……一种表层上的激荡，即潮汐在其强烈运动中掀起的波浪，一部起伏短暂、迅速、激动的历史。……这样我们便把历史分解为几个层次，或者说，把历史时间区分为一个地理时间，一个社会时间，一个个体时间。①

---

① 转引自张芝联：《费尔南·布罗代尔的史学方法》，载《历史研究》1986 年第 2 期。

后来，他把这三种时间称为"长时段""中时段"和"短时段"，而把它们各自对应的历史事物分别称为"结构"（structures）、"局势"（conjunctures）和"事件"（eventments）。

1958 年，布罗代尔在《年鉴》的"辩论与斗争"专栏发表论文，题为《历史与社会科学：长时段》，全面阐述了他的长时段历史观。在他看来，历史时间可以分为相互联系的长时段、中时段和短时段，分别表述三个不同层次的历史运动，而其中的长时段历史也就是结构史，是最基本、最重要的一个阶段，对人类社会的发展起长期的决定性的作用。布罗代尔曾云：

> 我面对着地中海，有好几年的时光，一直是恍恍惚惚的。我是在 1941 年，也就是在着手工作 18 年之后才了解地中海的。那天，我领悟到地理学是减缓历史步伐的一项好工具，是一种可以回归到原点的方法。从那时起，我才发现以地中海为历史主题的优点。①

他用海洋来比喻三个时段的关系：历史的波浪挟着隆隆涛声和闪烁的浪花，在深不可测的大海上奔腾，历史是阳光永远照射不到其底部的沉默之海。在大海之上，高踞着在历史上造成喧哗的人们。但恰恰像大海深处那样，沉默而无边无际的历史内部的背后才是真正传统的本质。因此，只有在长时段中才能把握和解释一切历史现象。

（二）私学教育活动的历史影响

严格说来，长时段历史观是布罗代尔回溯、研究历史时所主张的一种探索时距，一种有望发现历史"结构"或"沉默之海"的"地理学方法"。我们可以"反其道而用之"，用以向后审视历史，即在判断、评价某些历史事件时，应该将眼光后延百年、数百年乃至上千年，方能看清其深远影响。此即我们"长时段"视角之意。从这一视角来看，私学的勃兴不仅昭示了我国教育重心的一次大变革，打破了"学在官府""政教合一"的枷锁，而且承担了官学难以完成的使命，并在以后的历史长河中成为能与官学分庭抗礼的一支方面军。

第一，私学冲破了"政教合一"的枷锁，使教育活动从政治活动中分离出来。教育已经真正成为以育人为专门职能的事业，从而完成了学校教育和自然

---

① 张广智、张广勇：《现代西方史学》，复旦大学出版社 1996 年版，第 73 页。

形态教育的第二次分离，推动了教育活动自身的独立化进程。这对于学校活动自身的发展，乃至中国古代整个社会文化的发展都产生了深远影响。

第二，春秋时期，各派私学都将教育活动对象由少数贵族扩大到社会平民，这不仅使社会下层的人享有了受教育的机会，而且在扩大教育活动基础的同时，也促进了学术文化向民间的转移，促进了整个社会教化水平的提高，推进了中国民间社会兴学重教这一优良传统的形成。

第三，与春秋私学相伴而生的是，教师由过去"官师合一"的身份变为专职教育工作者，成为从事文化知识的继承、传递、传播和创造的阶层，较少受到政事的干扰和政府的控制，从而使我国文化学术得到了迅猛发展，也使得教育活动水平得到了很大提高，这对后世影响也极为深远。

第四，私学的兴盛推动了先秦"百家争鸣"局面的形成。私学学生有自由来去、自由择师的权利。在此背景下，私学大师一方面根据社会发展的现实需要，争相革新学术，标新立异；另一方面则四处游学，广招门徒，由此营造出战国"百家争鸣"的可喜局面，促成了中国文化"轴心时代"的形成。

第五，这一时期的私学教育活动大都紧密结合现实的政治变革，由此促成了教育服务社会的传统。例如，孔门私学"学而优则仕"的教育目标，就凸显出私学立足教育而积极干政的办学特点。至汉代儒术定为一尊之后，入仕为宦不仅成为求学受教的基本目标，也逐渐成为历代教育活动的基本模式。

第六，学者在创办私学的过程中，积累了丰富的知识教育、能力教育、品格教育等方面的经验，如教学上的因材施教、启发教学、教学相长，道德教育上的自省自克、改过迁善，以及注重师生间学问的质疑论难、争鸣探讨等等，也由此形成了各具特色的教育理论流派，出现了《大学》《中庸》《弟子职》《学记》等教育专著，为中国古代教育思想的发展奠定了深厚的基础。

最后，私学是伴随着个体经济的产生而产生的，自此也几乎贯穿了我国传统社会和教育的始终。私学教育活动的一些突出特色，也由此不能不影响到官学的发展，并为官学所吸收。古代私学和官学一起，此消彼长，共同承担着人才培养和社会教化的重任，一起推动了我国文化教育的繁荣和发展，也使教育活动呈现出更加生动多姿的面貌。

第五章

私学教育活动 （下）

　　战国时期是我国政局动荡、思想多元、学术繁荣的时代。由于战争频仍、政权多变，统治阶层无暇也无力顾及官学教育，导致私学教育活动日臻活跃。以平民为主体的士阶层进一步成长，则为私学教育的发展提供了强劲动力。在此背景下，诸子开展了丰富多样的教育活动，为我国后世教育提供了取之不尽的源头活水。本章将本着尊重历史、反映历史的原则，主要就儒、墨、道、法四大学派的私学教育活动进行较为细致的考察和分析，对其他各家则合并予以考察，最后对战国时期的私学教育活动做些总结和后续影响分析。

第一节 私学教育活动背景及状况概说

公元前 475 年是我国社会发展史上的一个重要界标。按照一般观点，我国从此进入了"封建社会"。① 从公元前 475 年至公元前 221 年，在中国大地上出现了"七雄争霸"的局面。这一时期，被史家称为战国时代。

一、私学活动背景述略

战国时代是我国社会大变革的时代。铁制工具已被广泛使用，交通运输和农田灌溉日渐普及，农业和手工业生产都达到了较高水平，城市日渐兴盛繁荣。这就为思想、教育的发展提供了坚实的物质基础，也为更多人从事脑力劳动提供了相应的可能。同时，战国时代又是社会矛盾异常尖锐和复杂的时代，奴隶主贵族和新兴地主之间、地主中不同阶层之间、各诸侯国之间，展开了错综复杂的斗争。在此背景下，学者们作书刺世、以干世主，铸造了中国历史上教育文化发展的辉煌时代，教育活动迎来了一个新的发展阶段。

养士用士之风源于春秋，到战国初愈演愈烈，这是战国时期的政治斗争使然。这一时期首倡此风者是魏文侯。他任李悝为相，以吴起和乐羊为将，使西门豹治邺，此为"用士"；尊子夏、田子方、段干木、禽滑釐等为师友，是为"养士"。在这些人的辅佐下，魏国兵伐郑国，大败秦国，成为战国初实力最强的国家。除魏文侯外，赵简子、齐宣王、燕昭王等也以礼贤下士而名噪天下。《战国策·秦策一》在谈到合纵之策的效用时，认为各国不费一兵一卒，就使秦不敢出关向东，作者评论说："夫贤人在而天下服，一人用而天下从。"《孟子·

---

① 我国是否自战国即进入封建社会，甚至是否存在西方意义上的"封建社会"，学界有不同看法。我们不拟讨论这一问题，但会尽量避免使用"封建"字眼，偶尔使用也基本是"分封建制"之意。关于春秋与战国的分界，历来也有不同分法：《史记·六国年表》把周敬王崩、元王立之年即公元前 476 年作为分界。郭沫若的《中国史稿》、翦伯赞的《中国史纲要》均持此说。我们亦从之。吕祖谦（《大事记》）、杨宽（《战国史》）以孔子作《春秋》绝笔之年即公元前 481 年作为春秋战国的分界，《资治通鉴》将周威烈王二十三年（公元前 403 年）韩、赵、魏列为诸侯作为战国起始之年；也有把"三家分晋"（公元前 453 年）作为战国起始年的。兹备于此。

滕文公下》对士的作用亦有如下赞誉："公孙衍、张仪岂不诚大丈夫哉？一怒而诸侯惧，安居而天下息。"士在各国政治中的作用，由此可见一斑。

到战国中期，不仅各诸侯国之间，而且公室权贵之间，封君私门之间，养士用士也已蔚成风气，如孟尝君田文、平原君赵胜、信陵君无忌、春申君黄歇，被称为"战国四公子"，门下食客均达数千。凡有一技之长者皆被罗致，甚至"士无贤不肖者，皆谦而礼交之，不敢以其富贵骄士。士以此方数千里，争往归之"①。他们一方面凭借很高的礼遇延揽各种人才，另一方面则依靠士的拥戴而力量大增，"以相倾夺，辅国持权"②，成为举足轻重的政治力量。

由于各国权贵争相养士，使得士成为一个具有相当独立性的阶层。士虽然流品很杂，但大致说来，大都是些具有一定知识、道德和勇力的人。他们与政要之间不存在人身依附关系，合则留，不合则去。这种"士无定主"的流动现象，使士的人格得到了很大程度的张扬。各国政要竞相养士进一步强化了士的独立意识，使其更加桀骜不驯。例如孟子就曾明言："说大人，则藐之，勿视其巍巍然。"③ 并以其咄咄言辞，令国王虽然"勃然乎变色"，却也只能"顾左右而言他"。再如，鲁穆公曾向子思表达敬意，表示愿待之以友，子思竟认为鲁穆公应尊以师礼，并应派人随侍左右。正因如此，当齐王表示愿意在都城中给孟子建造房屋，且"养弟子以万钟"时，孟子却因其主张不被采纳而断然拒绝，并对学生慨言："五百年必有王者兴，其间必有名世者。……夫天，未欲平治天下也；如欲平治天下，当今之世，舍我其谁也？"④ 正是在这样意气风发的社会氛围中，知识阶层才能够思想很少束缚，进而促成了战国时期思想文化的大繁荣。

二、战国私学活动状况概说

私学始于春秋而盛于战国。社会的动荡使得不同阶层的矛盾日益复杂，不同学派根据自身立场提出应对之策。同时，养士之风的盛行、知识阶层独立人格的张扬，也促成了私学教育活动的繁荣。各家既相互批判，又相互融合，思

①《史记·魏公子列传》。
②《史记·春申君列传》。
③《孟子·尽心》。
④《孟子·公孙丑下》。

想学术得以空前发展。在时代动力的推助下，战国时期出现了"百家争鸣"的繁荣景象。当时出现了儒、墨、道、法、阴阳、名、纵横、杂、农等"九家"，还有小说家、兵家、医家等。随着时代的发展，同一学派内部也出现了错综复杂的支派，如孔子去世后儒家渐次分为"八派"；墨子去世后墨家则分为相里氏之墨、相夫氏之墨、邓陵氏之墨等"三派"；道家也有庄子、杨朱、稷下黄老等不同派别；法家则有李悝、商鞅、李斯、韩非等代表人物。

如上各个学派之间以及学派内部的学者之间，常常是既相互论战与争鸣，又彼此借鉴和学习。这一时期，各派基于对现实不同的解读，着眼于私学教育活动不同的教育目的，开展了多姿多彩的活动。如儒家讲"仁""义""礼"，培养从政君子；法家言"法""术""势"，"以法为教，以吏为师"；墨家主张兼爱、非乐、非攻，提出著名的墨家"十论"，还重视科技知识的学习；道家主张无为、贵柔、守雌、处下，行"不言之教"，力倡因任自然；兵家注重辩证法的运用，重视攻守之术的研习；名家注重对名实、共相与殊相等的研究，重视对"辩士"的培养。所有这些，都促成了丰富多彩的私学教育活动，使战国成为无愧于中国文化"轴心时代"之盛誉的新时期。

第二节　儒家的发展及其教育活动

众所周知，儒家学派是由孔子创立的一大学派。孔子之后，经由其弟子、再传弟子以及孟子、荀子等人的发展，儒家成为战国时期最有影响的学派之一。

一、儒家的分化及教育活动概说

儒家学派自孔子肇始，经七十子之传而盛。在诸多后学的努力下，儒家学派终于因其徒属众多、活动频繁，成为战国时期与墨家并称的"显学"。《韩非子·显学》云：

世之显学，儒墨也。……自孔子之死也，有子张之儒，有子思之儒，有颜氏之儒，有孟氏之儒，有漆雕氏之儒，有仲良氏之儒，有孙氏之儒，有乐正氏之儒。……故孔墨之后，儒分为八，墨离为三。取舍相反不同，皆自谓真孔墨；孔墨不可复生，将谁使定世之学乎？

这是被后人广为引用的一段话。不过，必须特别指出，韩非此语并非是要赞扬儒墨，而是为其论点服务的，旨在论证其"无参验而必之者，愚也；弗能必而据之者，诬也"的结论，因而不能完全信以为真，也不见得十分准确，但也粗略地展示出了儒家后学发展的状况，尤其是战国时期儒家学派的分化状况。

关于先秦儒家后学的教育教学活动及其成果，据《汉书·艺文志》记载，有《曾子》十八篇、《宓子》十六篇、《漆雕子》十三篇等等；至于再传弟子，则计有《子思》二十三篇、《魏文侯》（子夏弟子）六篇、《李克》（子夏弟子）七篇等。至于儒家后学的社会、政治、教育活动及其影响，《史记·儒林列传》则有如下记述：

自孔子卒后，七十子之徒散游诸侯，大者为师傅卿相，小者友教士大夫，或隐而不见。故子路居卫，子张居陈，澹台子羽居楚，子夏居西河，子贡终于齐，如田子方、段干木、吴起、禽滑釐之属，皆受业于子夏之伦，为王者师。

事实也的确如此。如孔子去世后，子夏开宗立派地传播孔子的思想。他所创立的"西河学派"，培育出大批经国良材，开了战国时代变法运动的先河。又如，澹台灭明是春秋末期武城人，也是孔子晚年所收的弟子，曾"欲事孔子，孔子以为材薄"。拜师入门后，澹台灭明学习勤奋，进步极快，后曾"南游至江，从弟子三百人，设取予去就（规定了收留和开除弟子的章程），名施乎诸侯"，干出了一番堪与子夏相媲美的教育事业。

不仅如此，很多后学还在各自的教学活动中对孔子学说既有继承，又有发展。远者如孟、荀不说，仅就孔子晚年弟子的曾参而言，对孔子思想就有很多拓展。例如，曾参曾明确说过："父母爱之，喜而不忘；父母恶之，惧而无怨。"①"父母生之，子弗敢杀；父母置之，子弗敢废；父母全之，子弗敢阙。"②就是说，子女的一切言行都须以父母的好恶为标准，这比孔子"敬而不违""能竭其力""事父母几谏"的思想更进了一步。又如，孔子要求后代应"三年无改

---

① 《尸子·劝学》。
② 《吕氏春秋·孝行》。

于父之道"，曾参更具体地说要"不改父之臣与父之政"；① 孔子明言"不饮'盗泉'之水"，曾参则主张"不入'胜母'之闾"，② 以此表明对母亲的敬重。又如，孔子明言"不在其位，不谋其政"，即居官者必须尽职于政事，在下者则不能越位谋政；曾参进一步阐发说"君子思不出其位"，③ 就是君子思考问题都不能超越其位分职责。再如，孔子主张"父母在，不远游；游，必有方。"认为父母健在时子女不应游历在外，如果必须外出，则要让父母知其所在；曾参则又进一步，主张"义不离亲一夕宿于外"，④ 认为儿女一夜也不能宿于别处。

曾参对儒家思想不仅是"照着说"和"顺着说"，还有许多"接着说"的概括和阐发。例如他曾对学生说："夫子之道，忠恕而已矣。"这是对孔子思想的高度浓缩，也是深谙儒家"仁道"之内涵的经典概括。他还明言："慎终、追远，民德归厚矣。"认为只要慎重地对待父母的丧礼，追念远代的祖先，百姓的道德就能趋于敦厚，这无疑是对儒家教化思想的新阐发。他还颇有感触地说："士不可以不弘毅，任重而道远。仁以为己任，不亦重乎？死而后已，不亦远乎？"⑤ 这种敢把"仁"之重任担在肩上，不惜牺牲生命的志士情怀，比孔子"三军可夺帅也，匹夫不可夺志也"的思想内涵更深、眼界更远。面对不可一世的当权者，曾参还豪情满怀地说："晋楚之富，不可及也。彼以其富，我以吾仁；彼以其爵，我以吾义。吾何慊乎哉？"⑥ 这种不要把统治者看得高不可攀的思想，与孟子"说大人，则藐之，勿视其巍巍然"的主张如出一辙，是对于人之自立、自信、自尊的高度倡扬。

可见，孔子去世后，诸弟子及后学接续孔子未竟之志，或为师傅卿相，或友教士大夫，使儒家学派成为战国时期重要的政治力量。由于儒家徒属众多、支派繁复，无法将其教育活动尽作详述，除以上简述曾参外，下文大体以时间为序，择其要者述论如下。

---

① 《论语·子张》。
② 《盐铁论·晁错》。
③ 《论语·宪问》。
④ 《战国策·燕策一》。
⑤ 《论语·泰伯》。
⑥ 《孟子·公孙丑下》。

二、颜氏之儒的教育活动

韩非所说的"颜氏之儒"，属于"八儒"中较有争议的一派。孔门弟子中颜姓弟子甚多，如颜祖、颜哙、颜何、颜宰、颜高等等，加上颜回父子，共计有八九位之多，因而韩非所谓颜氏之儒具体何指，人们意见并不统一。不过总的来看，人们倾向于指颜回一派。

（一）颜回简说

颜回，亦称颜渊，名回，字渊，又字子渊，春秋末年鲁国曲阜人，生于公元前 521 年，卒于公元前 481 年，享年四十一岁。颜回少孔子三十岁，是孔子最器重、最得意的弟子，被列在"德行"一科，位列孔门弟子"十哲"之首，被后世尊为"复圣"。

颜回出生在鲁国都城曲阜，一生没有任官。《论语·雍也》记载，孔子曾称赞说："贤哉，回也！一箪食，一瓢饮，在陋巷。人不堪其忧，回也不改其乐。贤哉，回也！"可见，颜回的家庭状况是比较贫寒的。不过，《孔子家语·七十二弟子解》云，颜回与其父颜路（即颜由，字路，亦字季路）皆为孔子弟子，颜路在孔子刚开始设教时即入学。从父子二人都拜孔子为师来看，颜回的家庭状况最初还不至于一贫如洗，应该是有点资财

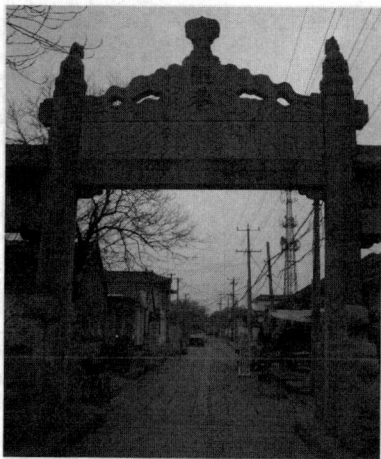

图 5-1　曲阜陋巷

的；只是由于二人一直追随孔子，都未曾出仕，家道才日益衰落，以至于颜路给儿子办丧事时，不得不去打孔子之车的主意。

在孔子弟子中，颜回以其聪明努力、勤奋好学著称。《论语·为政》载："子曰：'吾与回言终日，不违，如愚。退而省其私，亦足以发，回也，不愚。'"意思是说，孔子曾一整天地给颜回讲话，颜回只是仔细聆听，不谈任何反对意见，很像个木讷的人；但是私底下发现，颜回不仅掌握了所讲的内容，而且还有自己的见解，所以并非愚蠢之人。《论语·公冶长》则记述说："子谓子贡曰：'女（你）与回也孰愈？'对曰：'赐也何敢望回？回也，闻一以知十；赐也，闻

一以知二。'子曰：'弗如也！吾与女弗如也！'"其意是说，孔子有一次问子贡，你与颜回谁更聪明？子贡是位能言善辩、反应机敏的外交家，却坦承自己不敢和颜回比。孔子也认为，子贡确实比不过颜回，连自己也比不过他。由此可见，颜回的聪明是师生公认的。

颜回不仅才智出众，而且好学不已，这在《论语》中也有很多记载。如《雍也》篇载："哀公问：'弟子孰为好学？'孔子对曰：'有颜回者好学，不迁怒，不贰过，不幸短命死矣！今也则亡，未闻好学者也。'"《先进》篇也载："季康子问：'弟子孰为好学？'孔子对曰：'有颜回者好学，不幸短命死矣！今也则亡。'"两篇意思大同小异，都表明在孔子看来，其他弟子没有谁比颜回更能够荣膺"好学"的称号。《论语·子罕》则说："子曰：'语之而不惰者，其回也欤！'"意思是说，在孔子看来，只有颜回是整日听讲而不倦怠的。同篇还记载："子谓颜渊，曰：'惜乎！吾见其进也，未见其止也。'"这是颜回去世后孔子发出的惋惜之语。可见，颜回的勤奋与好学确是众人难以企及的。

在德行操守、时事眼界以及志向抱负和社会理想方面，颜回相比孔门众弟子更是不同。如他曾坦言："舜是什么样的人？我是什么样的人？有作为的人都会像他那样！"① 很有与舜一比高下的抱负。当孔子问颜回将来有何志向时，颜回的答复是：不夸耀自己的优点，不表白自己的功劳。② 这种不夸夸其谈的品质和志向，很有"敏于事而慎于言"的修为。而能够充分表明颜回志向的莫过于"农山论志"的事例了。在他看来，子路奋勇杀敌、所向披靡，虽然勇气可嘉，但算不上远大的志向；子贡辩才滔滔、纵横捭阖，虽可不战而屈人之兵，也算不得什么宏伟的抱负。只有用礼乐教化人民，使家无离散之苦、国无战火之患，才能算是真正的政治追求和人生志向。这与孔子的政治追求是高度吻合的。因此，孔子对子路不问战争性质而热衷拼杀的做法并不认同，对子贡沉湎于纵横游说的外交之举亦不十分欣赏，对于颜回的志向则给予了很高的期许。

简言之，在孔门弟子中，颜回以虚心好学、德行出众、志向高远而著称，这在《论语》《史记》《孔子家语》中都能找到极多例证。孔子不仅多次夸奖颜

---

① 《孟子·滕文公上》。
② 《论语·公冶长》。

回好学仁德，称其为贤人，而且坦言"颜回啊，要是你发了财，我就给你当管家!"① 对颜回的激赏之心、钟爱之情无以复加。

(二) 颜回可能的教育活动

由于史料缺载，对于颜回是否有过教育活动难以断言。应该注意的是，虽然颜回早卒，但仍活了四十一岁。由此可以推测，按照颜回无与伦比的勤奋程度，如果从三十岁左右开始，至去世前也应该有不算太短的时间收授弟子。《论语·先进》载："颜渊死，门人欲厚葬之，子曰：'不可。'门人厚葬之。子曰：'回也视予犹父也，予不得视犹子也。非我也，夫二三子也!'"对于这里的"门人"是指孔子之门人，抑或是颜回之门人，历代注家解说不一，但多认为是孔子门人。这是颜回有否弟子的唯一材料。

在孔门之中，颜回最受孔子器重和赏识，是被孔子视为"衣钵"传承的不二人选；他的学问造诣、道德修为乃至人格境界都达到了极高的层次，有代孔子授徒的能力和资格。由此推断，颜回是很可能有门人的。即使颜回主观上不以立派为念，待其去世后，尤其是孔子去世之后，一些人以颜回为宗，形成一个慕其学问、崇其修为的"颜氏之儒"，并非不可能之事。当然，这些都只能是推测，因而"颜氏之儒"的教育活动究竟如何，自然也就难以谈起。

三、子夏之儒的教育活动

子夏，姓卜，名商，字子夏，春秋末年晋国温（今河南省温县西南）人。生于公元前507年，卒于何年不详，是孔子中年以后所收的得意弟子，被列在"文学"一科，孔门弟子"十哲"之一。

(一) 子夏简说

与子路、颜回等相似，子夏也出身贫苦，不过相比之下，其家庭状况似乎更加糟糕。《荀子·大略》记载说："子夏家贫，衣若县（悬）鹑。人曰：'子何不仕?'曰：'诸侯之骄我者，吾不为臣；大夫之骄我者，吾不复见。'"就是说，子夏直到学有所成时，还穿着破烂的衣服，就像悬在空中的鹑毛一样。当有人问他为何不去做官时，他还坚持说，官可以做，但绝不能委身态度不恭敬的人。

---

① 《史记·孔子世家》。

可见，子夏出身是相当贫寒的。

子夏长大后，拜孔子为师；但何时拜师，史无明载。根据其年龄及籍贯推断，应该是在孔子周游列国之时。拜师后，子夏的学问、才干都迅速得到提升，并很快在政治舞台上崭露头角。《论语·子路》记载，孔子去世前，子夏已出任莒父宰一职，曾向孔子问政，令孔子说出"欲速则不达"的道理来；据《韩诗外传·卷六》所述，子夏还曾回到卫国，担任"行人"之类的职务，为卫君做过一些事情。更为可信的事迹是，孔子去世后，子夏退居魏国西河（济水、黄河之间）地区，专以教授弟子为业。由于他学问渊博，魏文侯曾拜他为师；而像田子方、段干木、吴起、禽滑釐之类的社会活动家，"皆受业于子夏之伦，为王者师"①。由此，子夏成为战国初期儒家学派最重要的代表人物之一，名声传遍魏国。《礼记·檀弓上》记载，曾参曾说："吾与汝事夫子于洙泗之间，退而老于西河之上，使西河之民，疑汝于夫子。"就是说，西河地区的民众已俨然将名声显赫的子夏视为孔子一般。可见子夏在魏国影响之大。

（二）子夏的教育活动

子夏拜师入门后，学业进展极为迅速，成为孔门弟子中的佼佼者。孔子去世后，子夏守墓三年后西行入魏，在西河地区开宗立派，讲授古代典籍，被后世誉为儒家传经之鼻祖。晚年，子夏双目失明，又经历了丧子之痛，但他发扬孔子坚忍不拔的精神，以"章句"注解经典，通古鉴今，经世致用，培育出大批经国治世的良材。子夏的教育活动，主要表现在以下方面。

1. 继承与发展孔子思想

对于孔子的教诲之恩，子夏时时牢记在心；对于孔子的学说，子夏则既注意继承，更敢于突破和创新。就继承而言，如在天命观方面，孔子曾说："君子有三畏：畏天命，畏大人，畏圣人之言。"② 子夏则说："商闻之矣，死生有命，富贵在天。"③ 在交往观方面，孔子主张孝、慈、忠、信；子夏则说："贤贤，易色；事父母，能竭其力；事君，能致其身；与朋友交，言而有信。虽曰未学，

①《史记·儒林列传》。
②《论语·季氏》。
③《论语·颜渊》。

吾必谓之学矣。"① 在对待民众的态度方面，孔子主张"敬事而信，节用而爱人，使民以时"。子夏则认为"君子信，而后劳其民；未信，则以为厉己也"②。在教育目的和社会功用方面，孔子主张"修己以安百姓""修己以安人"③。子夏则进一步明确说出"仕而优则学，学而优则仕"的名言。所有这些，都可视为子夏对孔子思想的一脉相承。

学界业已公认，子夏思想中蕴含着法家敢于改革的精神，可视为对孔子思想的变革和发展。这不仅表现在子夏通过对《春秋》的研究，主张国君要"善持势""早绝奸之萌"，④ 表现在他对于旧制度的崩溃持豁达、乐观的态度，表现在他不固守死礼、乐于接受新事物的思想特质，而且体现在他所培养的学生，如田子方、段干木、吴起、李克等，都是具有改革精神和有作为的人物。此外，子夏长于丧礼和丧服研究，著有《丧服传》一书，详述天子以下的人死后的礼节和服饰，这也可视为是对孔子"礼"思想的延续和拓展。

2. 尚勇教人

在孔子众弟子中，子夏个性鲜明，为人颇有特色。首先，与子路相似，子夏也是率直勇武之人。史料记述，当齐景公问"吾欲善治齐国之政"的问题时，晏婴答复说："臣闻仲尼居处惰倦，廉隅不正，则季次、原宪侍；气郁而疾，志意不通，则仲由、卜商侍；德不盛，行不厚，则颜回、骞、雍侍。"⑤ 晏婴的回答是，齐国现在称霸诸侯还不到时候，因为所需的官员还不完备（"官未具也"）。此处晏婴以孔子为例，意思是说，人家孔子周围弟子甚多，当他郁结成疾、心情不畅时，就由子路和子夏在旁服侍。将子路和子夏并提，说明子夏之勇堪比子路。

3. "好与贤己者处"

有资料记载，子夏的学生曾与他人谈论过老师交友的问题，这说明，子夏十分注意以自己的交友风格教育弟子。与子贡"好说（悦）不如己者"迥然不同的是，子夏"好与贤己者处"，就是善于跟比自己优秀的人交朋友。《论语·

---

① 《论语·学而》。
② 《论语·子张》。
③ 《论语·宪问》。
④ 《韩非子·外储说右上》。
⑤ 《晏子春秋·内篇问上》。

子张》记载，子夏弟子曾向子张请教交友问题。子张问：你们的老师是什么见解？弟子说，子夏主张只与可交之人交往，对不可交的人则避而远之。子张说：我听人讲，作为君子，应该尊敬贤者而包容大众，赞美好的而同情差的。我们自己如果是贤者，那对别人有什么不能宽容的？如果不是贤者，那别人会拒绝我们，我们又如何能拒绝他人呢？可见，与子张不同，子夏是将交友主动权掌握在自己手里的，目的是通过交往向别人学习，不断提高自己。正因为与"好说不如己者"的子贡不同，所以孔子才直言不讳地说他死了以后，子夏在学业上会蒸蒸日上，而子贡的学业会每况愈下。

4. 儒家传经第一人

在教育史学界，人们常常把儒家"传经大师"的桂冠戴在荀子头上，这实在是个历史的错谬，因为早在荀子之前，子夏就已经以解经、传经而著名了。[①]在此方面，子夏的成就很高，可称儒家传经第一人。后人称："孔子弟子，惟子夏于诸经独有书。"据考证，在《春秋》的传承方面，《春秋公羊传》的作者公羊高是子夏弟子，《春秋谷梁传》的作者谷梁赤也是子夏高徒；在《诗经》的传承方面，据《汉书·艺文志》载，《诗经》传到汉代已有不少流派，《鲁诗》《齐诗》和《韩诗》外，还有《毛诗》即毛公之学，而《毛诗》"自谓子夏所传，而河间献王好之，未得立"；出任魏文侯相的李克，著书七篇，也自称是子夏的学生。可见，子夏在儒家经典传承方面确是贡献卓著的。《后汉书·邓张徐张胡列传》所载的徐防之言，更能说明子夏在此方面的成就。他说："臣闻：诗书礼乐，定自孔子；发明章句，始于子夏。""章句"就是对经典加以解说注释的文字。如果没有"章句"，后人对经典就很难读懂，更难把握和体会。子夏的这一功绩很了不起，贡献仅次于孔子，对后世产生了深远的影响。

四、子张之儒的教育活动

子张之儒是战国早期儒家的重要一派。子张即颛孙师，是孔子最年轻的弟子之一。《史记·仲尼弟子列传》记载："颛孙师，陈人，字子张。少孔子四十八岁。"《史记索隐》引郑玄《目录》云："阳城人。"阳城，县名，战国时属陈

---

① 参见高培华：《卜子夏考论·子夏传授〈六经〉考析》，社会科学文献出版社 2012 年版，第256—319 页。

郡。《孔子家语·弟子解》也认为子张是"陈人",而《吕氏春秋》则记载说:"子张,鲁之鄙家。"因此子张有陈人、鲁人两种说法。

子张是孔子的著名弟子,虽未能列入"十哲"之中,但亦为孔门"七十二贤"之一。孔子去世之时,子张只有二十五岁,所以子张的活动应主要是在战国时期。他虽然出身寒微,但跟从孔子学成之后,积极干政,发展势力,后来成为"天下名士显人"。子张之儒的教育思想和活动主要表现在以下方面。

图 5-2 子张石刻像

(一) 热心政治,学为干禄

与其他许多弟子相似,子张也出身寒微。也许正因如此,子张对于"干禄""政治"比较关心。虽然《论语·先进》篇记载孔子所举擅长"政事"的弟子中只有子路和冉有,但我们不能就此否定子张的政治才干。对于子张热衷政治的学派特色,《论语》和其他一些文献都有所记载,例如:

> 子张学干禄。子曰:"多闻阙疑,慎言其余,则寡尤;多见阙殆,慎行其余,则寡悔。言寡尤,行寡悔,禄在其中矣!"①

> 下无用则国家富,上有义则国家治,长有礼则民不争,立有神则国家敬,兼而爱之则民无怨心,以为无命则民不偷,昔者先王立此六者而树之德,此国家所以茂也。②

《论语·颜渊》篇还记载说,子张有一次问孔子:"士应该怎样做才可称为显达?"孔子问:"你所说的显达是什么意思?"子张答道:"在朝廷做事须有名声,在卿大夫家中做事也须有名声。"孔子回答说:"你所说的叫名声而不叫显达。所谓显达,就是既要天性质直,心志好义,又能察人言语、观人容色,对别人存心退让、甘为人下。这样的人,无论在朝廷还是卿大夫之家做事,都必定能有所显达。那些一味追求名声的人,只在外貌上假装仁者,实际行为却不如此,却以仁人自居而毫不心疑。这种人在朝廷做官时能有名望,在卿大夫之家做官时也能有名望,但都是骗取而已。"

---

① 《论语·为政》。
② 《大戴礼记·千乘》。

从这些记载中可以看出，子张是十分热衷于政治的，对从政问题多有思考。因此，他所开创的学派对政治亦十分关心。事实上，弟子们之所以不避辛苦地跟从孔子学习，以及很多青年之所以从异国他乡来拜孔子为师，一个重要原因就是孔子不仅是位学问大家，而且对从政极有研究。子张就是其中的一位典型代表。

（二）勤学好问，注重外表

翻开《论语》一书即可发现，子张的勤学好问在弟子中是非常出名的。例如，仅就"问学"而言，他就向孔子请教达二十次之多，足可称弟子之最。除此方面创了纪录外，子张还向孔子问"政"、问"行"、问"仁"、问"明"、问"达"、问"崇德"、问"辨惑"、问"十世可知欤？"……如此等等，可以说，子张所问问题品类之多，完全可以厕身孔门弟子之最的行列。可见，子张是很想从孔子那里尽可能地多学一些东西的。因此，以"如饥似渴、有疑即问"来评价子张，是十分恰当的。

正因为问题非常驳杂，所以孔子在世时，子张就受到了同学的批评。如当时同为年轻弟子的子游就曾批评他说："吾友张也，为难能也，然而未仁。"曾参也批评说："堂堂乎，张也！难与并为仁矣。"① 子游是孔门"十哲"之一，具有"抓大放小""重本轻末"的处事特色；曾参是后世著名的"内发派"学者，注重通过"一日三省"以实现修身养德。他们的批评都能折射出子张之儒的毛病，就是只重学习知识和外在的东西，有夸夸其谈之弊，而不太注意在修己之道上下功夫。到战国末期，荀子对这一问题看得更清楚，他批评说："弟陀其冠，神禫其辞，禹行而舜趋：是子张氏之贱儒也。"② 意思是，帽子戴得歪斜不正，讲话言辞索然无味，学禹跛脚走路，仿舜小步疾行，是子张之类的贱儒。这说明，子张一派在内心修养方面的确不甚注重，而是偏重于模仿圣人的言行。

（三）讲求忠信，积极实践

作为孔子的晚年弟子，子张在《论语》一书中出现 25 次，直逼早期的著名弟子。这从一方面说明，尽管子张的修养功夫尚不全面，甚至还有瑕疵，但其言行也得到了后代儒者的认同，至少在战国儒家群体中，子张占据了重要位置。

_____

① 《论语·子张》。
② 《荀子·非十二子》。

事实上，孔子对子张的好学还是非常喜爱的，这从对子张的各种问题多做了耐心回答就可看出。对子张而言，老师不顾年迈、不厌其烦地答复，他也心存感激。如《论语·卫灵公》记载，子张曾问孔子"行"的问题，孔子回答说："言忠信，行笃敬，虽蛮貊之地，行矣。言不忠信，行不笃敬，虽州里行乎哉？立，则见其参于前也；在舆，则见其倚于衡也，夫然后行。"子张听罢，马上将这些话"书诸绅"，就是写在系衣服的带子上，以示永不再忘，努力践行。

以后，子张在忠信、笃敬方面的修养果然十分了得，甚至还发表了类似的言论来教育弟子、评判他人。例如他曾明言："执德不弘，信道不笃，焉能为有？焉能为亡？"[①] 意思是，那些对美德不弘扬、对道义不忠实的人，有他和没他都是无关紧要的。他还不无豪情地对人明言："士，见危致命，见得思义，祭思敬，丧思哀，其可已矣。"就是说，士遇到危险时应该敢于献身舍命，有利可得时须考虑一下是否该要，祭祀时要庄重恭敬，居丧时须哀痛悲伤，能做到这些就可以了。可见，孔子的苦心教育在子张身上确是见了成效的。以后，子张也以自创一派的骄人业绩，既报答了孔子的教诲之恩，也超越了"在邦必闻，在家必闻"的局限，实现了"显达"于世的愿望。

关于子张弟子的具体状况史载不多，但根据文献也可推知一二。如《礼记·檀弓上》云："子张之丧，公明仪为志焉。"《礼记·祭义》载："公明仪问于曾子曰：夫子可以为孝乎？"子张和曾参同为孔子晚年招收的弟子，因而公明仪问孝于曾子之事，足以反证公明仪为孔门再传弟子、子张之徒。有资料显示，子张之子申祥也可能跟随其父学习家学。另外，孔子的裔孙子思虽受教曾参，可能也受教于子张。当然，随着子思思想的成熟，二人之间的思想差距也日渐拉大，这便有了子张之儒与子思之儒的不同。

五、子思一派的教育活动

子思，孔子嫡孙，名伋，字子思，鲁国人，战国初期著名思想家、教育家，生于公元前 483 年，卒于公元前 402 年，享年 82 岁。由于子思上承曾参、下启孟轲，又由于他述乃祖之意作《中庸》，将孔子思想发扬光大，故被后世尊为

---

① 《论语·子张》。

"述圣"。

（一）子思简说

《史记·孔子世家》载："孔子生鲤，字伯鱼。伯鱼年五十，先孔子死。伯鱼生伋，字子思。"子思生于哀公十二年，时值孔子自卫返鲁不久。次年伯鱼五十而终，使孔子受到很大精神打击。"伯鱼前妻无德。……妻不可化，乃出之。后妻贤，生子伋。未几，伯鱼卒，守节抚孤。"① 就是说，和祖父相似，子思也是早年丧父，也是在其庶母的辛勤抚养下长大的。

图 5-3　子思行教图

子思虽为孔子之孙，但因年龄尚幼，祖父年事已高，故未能亲随孔子习学受业。但是，良好的家庭文化氛围，加以生母悉心的照拂，使子思比同龄儿童较早地成熟起来。据载：

> 夫子闲居，喟然而叹。子思再拜请曰："意者子孙不修，将忝祖父乎？抑羡尧、舜之道，恨不及乎？"夫子曰："孺子焉知吾志？"子思对曰："伋闻夫子之教曰：'其父析薪，其子弗克负荷，谓之不肖。'伋闻之大恐而不懈也。"夫子欣然笑曰："然乎，吾无忧矣。"②

孔子作为一代教育家，是非常重视培养后代的。这从上引孔子责伯鱼学《周南》《召南》及教诲伯鱼"学诗""学礼"等皆可见出。可惜，伯鱼在子思仅一岁时便撒手尘寰。这样，孔子只好将家学之传寄托在子思身上，因而上述祖孙间的对话应是可信的。于此，我们不仅能体察到孔子"喟然而叹"的良苦用心，还能看出子思很小就善解人意，聪慧过人，志向远大。

孔子去世时，子思年仅五岁，后从学受业于曾参。曾参学问博洽，尤以孝行著称，如此，孔子仁道思想得以传于子思。近些年来，以郭店竹简为代表的简帛研究的兴起，为我们研究子思的教育活动状况提供了较多的资料。

---

① 郑晓如：《阙里述闻》。
② 冯云鹓：《圣门十六子书·子思子书卷一》。

（二）子思的教育活动

子思成年后，曾居于卫国，后到宋国；居于鲁、游于费时，曾被鲁缪公、费惠公尊为贤者，待以师礼；晚年返回鲁国，宣扬儒学，著书立说，此为子思一生之概要。综合而言，子思的教育思想与活动主要表现在以下几方面。

1. 秉承中和，践行中庸

中庸思想是儒家重要的道德准则，最早由孔子提出，子思继承了这一思想，并作《中庸》一书。"中庸"之意，一言以蔽之，即致中和。"中也者，天下之大本也；和也者，天下之达道也。"[1] 子思把中庸之道提升到了世界观的高度，把它视为宇宙万物的本体与法则。"率性之谓道，修道之谓教。"这是致中和的方法途径，意为自觉按照天赋的中和之德行事，这就是道；经过修道的过程，这就是教。子思认为，治理国家必须从修身和诚身入手，侧重于知、行两个方面。通过致中和，就能使自在之性发展成为自觉之道，从普通人修养成为至诚之人。此即子思教徒的基本思想。

2. 以德抗位，高风亮节

子思思想的一个重要特征就是"以德抗位"，这在传世文献与出土文献中都有记载。如《圣门十六子书》载："缪公亟见于子思，欲以为国相。子思叹曰：'若为相而不得行吾道，相之耻也。'遂不受。"《孟子·万章下》对此记载颇多，如：

> （万章）曰："君馈之，则受之，不识可常继乎？"（孟子）曰："缪公之于子思也，亟问，亟馈鼎肉。子思不悦。于卒也，摽使者出诸大门之外，北面稽首再拜而不受。曰：'今而后知君之犬马畜伋。'盖自是台无馈也。"

> 缪公亟见于子思，曰："古千乘之国以友士，何如？"子思不悦，曰："古之人有言曰事之云乎，岂曰友之云乎？"

郭店竹简《鲁穆公问子思》中也有如下类似的记载：

> 鲁穆公问于子思曰："何如可谓忠臣？"子思曰："恒称其君之恶者，可谓忠臣矣。"公不悦，揖而退。

在这些记载中，子思的屡屡"不悦"，都表现出十分强烈的"以德抗位"的

---

① 《礼记·中庸》。

精神。这些气概和精神深深影响了后世，尤其是孟子的"天爵、人爵"之论、"说大人，则藐之"的姿态以及"平治天下，舍我其谁"的情怀，无不肇始于此。

3. 安贫乐道，品性豁达

与"以德抗位"的精神相应，子思还表现出了一种安贫乐道的人生态度和价值观。在孔子弟子中，颜回是安贫乐道的典范，子思也有这样的思想品质。《说苑·立节》记载：

> 子思居于卫，缊袍无裘，二旬而九食。田子方闻之，使人遗狐白之裘，恐其不受，因谓之曰："吾假人，遂忘之；吾与人也，如弃之。"子思辞而不受。子方曰："我有，子无，何故不受？"子思曰："伋闻之：妄与，不如弃物于沟壑。伋虽贫也，不忍以身为沟壑，是以不敢当也。"

就是说，自己虽然贫困得只能穿布袍，吃饭上顿不接下顿，却不能轻易地接受别人的施舍帮助，贫穷之中自有快乐。他还曾言："道伸，吾愿也，今天下诸侯其孰能哉？与其屈己以富贵，不如抗志而贫贱。"[①] 子思的铮铮傲骨，于此可见。

4. 设学授徒，著书垂世

据文献记载，子思有确切的设学授徒活动。如《孔丛子》记载说，向子思问学或交往的至少有如下数人：子思之子子上、曾子之子曾申、子张之子申详以及县子、羊客、卫公子交、鲁穆公等，但也应指出，这些人是否为子思弟子也很难判断。子上属于家学相传，自然也可视为其弟子，而曾申、申祥等人与子思同辈，难以算作师徒关系。县子事迹见于《礼记·檀弓上》。仔细阅读其与子思的对话，似乎也不像师生的口吻。卫公子交倒是欲拜子思为师，然子思未许。至于鲁穆公之师从子思，则有着君臣与师生交错的关系，很难证明穆公对子思之学有所承传，但是竹简中论述已经证明鲁穆公确有向子思问学的情况。由于子思乃孔子嫡孙，加之《史记》说孟子"学于子思之门人"，因而可以基本肯定，子思肯定是会设学授徒的，但由于史载匮缺，我们已很难列出明确具体的弟子名单了。

---

① 冯云鹓：《圣门十六子书·述圣子思子传》。

除设学授徒外，子思最闻名的当属著述了。《汉书·艺文志》记载子思有著作 23 篇，但留存下来的仅有《礼记》中的《中庸》《表记》《坊记》等几篇。尤其是《中庸》一书，集中反映了子思的思想，也是子思对儒家思想的重大贡献。如前所言，中庸是由孔子最早提出的，但也只是作为一种道德准则或行为方式提出而已，并未做深度阐发。但是经过《中庸》的阐述，中庸便具有了多重意义：它既被推重为一种修养境界，也被看成是一种处事准则；既被强调为一种方法论，也被理解为一种世界观；既被看作事物之本源，也被视为君子之当行。即是说，它既论述了从认识世界到认识人自身（由外而内）的问题，还阐明了从何以修身到何以处事（由内而外）的问题；既蕴含伦理学、政治学、教育学等多种学科的意义，也具有方法论、认识论、宇宙运行论等多方面的内涵。子思的这一贡献，惠及千秋，影响极深。

六、孟子一派的教育活动

孟子名轲，战国时邹（今山东省邹城市）人，约生于周安王十二年（公元前 390 年），卒于周赧王八年（公元前 307 年），享年八十四岁。[1] 孟子是鲁国贵族孟孙氏的后代。据《列女传》和《韩诗外传》载，孟母品性贤良，很注意教育孩子，为此曾三迁其居和断机教子。这类故事大家耳熟能详，虽然不一定真实，但也反映出孟子早期的教育环境。

孟子一生的大部分时间从事教育事业，中年以后曾怀着政治理想游历各国，其规模、阵势大大超过当年孔子的列国之行。晚年回故乡专门从事教学和著述。作为战国时期著名的儒学大师，孟子的教育思想与活动主要表现在以下几个方面。

（一）教学收徒，桃李满园

在"诸子异说"的时代背景下，各派为宣扬自家学说都致力于开坛讲学，孟子也不例外。可能约在公元前 343 年，孟子在邹就已开始收徒讲学。[2] 孟子到底教授了多少弟子，《史记》中无专门记载，只能根据《孟子》一书进行推算。

---

① 孟子生卒之年的这种推定，见赵承福主编《山东教育通史》（古代卷），山东人民出版社 2001 年版，第 165 页。

② 杨泽波著：《孟子评传》，南京大学出版社 1998 年版，第 108 页。

清代赵岐在注疏《孟子》时，对孟子弟子状况有所用心，注明孟子的弟子共十五人：乐正子、公孙丑、万章、陈臻、公都子、充虞、季孙、子叔（?）、高子、徐辟、咸丘蒙、陈代、彭更、屋庐子、桃应；注明学于孟子者共四人：孟仲子、告子、滕更、盆成括。在声名不显则不予著录的古代，能搜集出如上有名有姓的人物，其数量已不算少了。《孟子·滕文公下》记载，学生曾称孟子"传食诸侯"时有"后车数十乘，从者数百人"的排场，可见，孟子确是桃李满园、徒属众多的。

（二）师生交流，坦诚相对

战国时期是思想空前自由的时代，学者之间常常是畅所欲言的。师生之间似乎也染上了这种畅快的时代气息，孟子与其门生就是如此。学生有疑问可以直接问老师，老师则知无不言、言无不尽。下面以孟子与得意门生桃应的一段对话为例，来一窥当时师生坦诚之状：①

桃应问曰："舜为天子，皋陶为士，瞽瞍杀人，则如之何？"孟子曰："执之而已矣。""然则舜不禁与?"曰："夫舜恶得而禁之? 夫有所受之也。""然则舜如之何?"曰："舜视弃天下犹弃敝屣也。窃负而逃，遵海滨而处，终身诉然，乐而忘天下。"②

桃应问孟子，舜作为天子，如果其父亲瞽瞍杀人了他作何打算，这是一个典型的道德两难问题。自古忠孝难以两全，孟子的回答却使舜做到了两者兼顾：舜先履行天子的职责，命令属下把父亲抓起来，然后再偷偷地背负父亲逃走，沿着海滨住下来，把曾经做过天子的事情忘掉。细究这段对话，似乎桃应有故意为难孟子的意思，看老师能否回答难度如此大的问题。由此可见，孟子一派的师生关系是相当和谐的，可谓是彼此直抒胸臆、自由畅快。

（三）游历各国，传播思想

与孔子相似，孟子一派也有较长时间的周游列国之活动。根据有关资料推算，孟子四十岁以前主要在邹读书授徒，基本上没有从事政治活动；约近五十岁时首次游齐，时值威王当政末年。威王热衷于武力，对仁政不感兴趣。孟子

① 孟子"师生交流"及"劝谏君王"活动的例证很多，详见本书《稷下学宫的教育活动》之相关部分。
②《孟子·尽心上》。

居齐数年，不为所用，失望之下整装游历他国。

公元前336年，"惠王数被于军旅，卑礼厚币以招贤者"①。是时魏国已将国都迁至大梁，故魏又称梁，魏惠王又称梁惠王。孟子率徒离开齐国，旋即应邀至梁。在与梁惠王的对话中，孟子先后阐述了"先义后利""与民同乐""勿夺农时""庠序之教""施仁政、省刑罚"等主张，梁惠王表示"愿安承教"。不久，惠王崩，襄王即位。孟子对襄王印象很差，认为他"望之不似人君，就之而不见所畏焉"，不是能行仁政的君王。失望之下，孟子不久便离开了魏国。

孟子听到宋王将行仁政，便率徒来到宋国。至宋不久，孟子就发现宋王身边小人多而"善士"少，且仁政之策很难付诸实施。例如宋大夫戴盈之就曾说："什一，去关市之征，今兹未能，请轻之，以待来年然后已，何如？"② 孟子见此状况，便决计离开宋国。孟子由宋返邹时，适逢邹鲁两国发生冲突。邹穆公对人民不肯效命疆场很恼火，不知该怎么办。孟子回答说："凶年饥岁，君之民老弱转乎沟壑，壮者散而之四方者，几千人矣；而君之仓廪实，府库充，有司莫以告，是上慢而残下也。"③ 意思是说，只有体恤百姓，整顿吏治，施行仁政，人民才能拼死效力。

孟子居邹期间，滕国定公死，文公即位。孟子接到文公礼聘便动身赴滕，他的许多思想都是在与文公对话中谈出来的。例如，孟子曾就如何施行王政谈了具体的想法。他说："民之为道也，有恒产者有恒心，无恒产者无恒心。……是故贤君必恭俭礼下，取于民有制……夏曰校，殷曰序，周曰庠，学则三代共之，皆所以明人伦也。"④ 以上所述既是对孔子"富而后教"思想的阐发，也吸收了管仲"仓廪实则知礼节"的观点，在一定程度上反映了人民的要求。

在孟子的教导下，滕国在仁政方面取得了一些成绩，但它毕竟是小国，难以左右天下大势，所以孟子再度入齐。此时齐国乃是宣王执政，而孟子此时也已是"从者数百人"的一派大师了。所以一到齐国就受到宣王的尊敬，并拜为齐卿，"受上大夫之禄，不任职而论国事"。孟子对齐国施行仁政信心很足，认

---

①《史记·魏世家》。
②《孟子·滕文公下》。
③《孟子·梁惠王下》。
④《孟子·滕文公上》。

为以齐国目前的国势，再加上仁政的感召，则统一天下"易如反掌"。然而他很快就发现，宣王依然是个尚武之君。于是，他利用一切机会，就"尚贤""保民而王""为民父母""汤放桀，武王伐纣"等问题向宣王展开仁政攻势，其言辞之激烈，有时竟使宣王"勃然乎变色""王顾左右而言他"。

孟子等人此次居齐时日较长。齐湣王十一年，齐出兵伐燕。孟子以为此举是救燕民于水火，因而极力促成伐燕，不料实质却是"杀其父兄，系累其子弟，毁其宗庙"的强盗行径。这令孟子大失所望。此间孟子曾因母丧过鲁返邹。其时乐正克正仕于鲁。经他介绍，鲁平公准备去晤见孟子，后因宠臣臧仓指责孟子"后丧逾前丧"违礼而未果。孟子闻言，感叹道："行或使之，止或尼之。行止，非人所能也。吾之不遇鲁侯，天也。臧氏之子焉能使予不遇哉？"[1] 话虽如此说，孟子心里明白，这表明孔子思想的影响即便在鲁国也已衰微。至此，孟子要求诸侯行仁政的希望彻底破灭，遂辞退客卿之职，拒绝了齐王的一再挽留，离齐经宋返邹，终老于故乡。

（四）著书立说，影响后世

孟子一派的理想人格是"大丈夫"，即所谓"富贵不能淫，贫贱不能移，威武不能屈"者，教育目的则是"明人伦"。教育目的决定了教育内容，即以伦理道德为主体。孟子主张兴办庠、序、校等教育机构来培养学生，教导人们处理好人与人的关系，掌握社会生活准则。

孟子晚年依然收徒讲学，并且开始著书立说。他与弟子万章、公孙丑等人一起，将多年的言论编成《孟子》一书。该书约三万五千字，记录了孟子游说于各国君王以及师生之间有关学术问题的问答与论辩活动，还可以反映出战国时期百家争鸣的活动盛况。《孟子》行文或气势磅礴，感情充沛，雄辩滔滔；或说理透辟，娓娓道来，极富伦理性。该书问世后即流传后世，尤其经宋儒阐发后，在中国历史上产生了深远的影响。

孟子的一生虽然从政并不算成功，却率徒四处游历，开展了丰富多彩的教育活动。孟子是孔子之后最重要的教育家和思想家。他从人性论出发，创立了我国教育史上著名的"内发说"；他所倡导的"大丈夫"人格，激励了无数后

---

[1]《孟子·滕文公下》。

人，成为中国教育思想宝库中的珍贵遗产。

七、荀子一派的教育活动

荀子是先秦儒家最后一位大师级人物，也是先秦学术的集大成者。其教育思想及实践活动对战国末期的社会政治、学术的发展和儒家教育思想的继承与传递都发挥了重大的作用。正因如此，宋代以前，荀子一派在儒家学者心目中的地位是高于孟子的。可以说，如果没有荀子的贡献，就难有汉初儒学的发展，也难有此后经学研究的繁盛局面。

（一）荀子简说

荀子，名况，亦称荀卿或孙卿，战国末期赵国（今山西省南部）人，生于约周赧王二年（公元前 313 年），卒于约秦王政九年（公元前 328 年）。在荀子生活的时代，百家互相吸收与融合，儒家教育活动亦接近尾声。荀子自年轻时代就崇拜孔子。他曾两次游学于稷下学宫，受到道、兵、名、农等诸家思想的影响。荀子在稷下学宫居留时间很长，在此所从事的学习和教学活动，对于他研究和吸收诸子百家之长、增长知识和构筑思想体系，都起到了十分重要的作用。

中年以后，荀子打破"儒者不入秦"的惯例，曾会见秦昭襄王和秦相范雎，对秦国民风之淳朴、吏治之严明十分赞赏。公元前 256 年，荀子离秦至楚，被楚春申君委以兰陵令，但仅一年就因谤离楚赴赵，"赵以为上卿"。公元前 265 年，荀子再次来到楚国，春申君复任他为兰陵令，此后荀子定居兰陵，从事著述和讲学。公元前 238 年，春申君被刺，荀子遭贬，直至老死，卒后葬于兰陵，终年八十八岁。

（二）荀子的教育活动

荀子立足儒道，汇通百家，是先秦百科全书式的思想家。作为战国后期杰出的教育家，荀子的教育活动主要表现在以下几方面。

1. 稷下讲学活动

齐国的稷下学宫是当时的学术文化交流中心。荀子前往学宫学习、交流和讲学，可以看作是荀子教育活动的一个辉煌时期。《史记·孟子荀卿列传》载：

> 荀卿，赵人，年五十始来游学于齐。……淳于髡久与处，时有得善言。
> ……齐襄王时，而荀卿最为老师。齐尚修列大夫之缺，而荀卿三为祭酒焉。

这段记载引发了学界的一段公案，即荀子何时始游学于齐。现有二说：一主五十岁始游于齐，司马迁之《史记》、刘向之《孙卿书叙录》等主此说；一主十五岁始游于齐，应劭之《风俗通》、晁公武之《郡斋读书录》均主此说。今有学者以荀子五十岁才堪膺"老师"之称、"祭酒"之职，进而否定十五岁之说。我们认为此说并不确当。史料表明，齐宣王之时，荀子就曾居于齐；荀子离齐适楚，是在公元前285年前后。① 据荀子生年推算，十五岁时，约为公元前299年。可见，荀子十五而游学于齐，仅就时间而言即无不通之处；且"游学"也者，加之五十岁之老者也似有谬。另外，齐宣、湣之时，稷下学宫正值盛期；以荀子之好学，加以受"十有五而志于学"之儒训濡染，此间游学于齐，于理亦通。

可见，荀子十五岁始游于齐，似更近于史实。这当然并不否认五十岁再游于齐。因此，"五十"云云，很可能是笔误或传抄之误。不管这些分析是否确当，可以肯定，是学宫的那种学无常师的宽松环境造就了荀子，使他不仅能深通儒业，还能旁及各家；也正是学宫的不治而议的良好学风成就了荀子，使他能声名鹊起、显学当世。能成为"最为老师"的一代学术巨擘，自然非有教育活动不可，由此也可断言，闻声影从的弟子也当不在少数。

2. 师生交流活动

荀子一生的主要时间和精力都从事教育活动，由此培养出很多学生，著名的就有毛亨、浮丘伯、张苍、韩非、李斯等人。在稷下那种自由论辩的情形下，荀子与学生展开了非常频繁的学术交流活动。现以荀子与陈嚣和李斯两次"议兵"对话为例，以窥其师生交流活动之一斑：

> 陈嚣问孙卿子曰："先生议兵，常以仁义为本；仁者爱人，义者循理，然则又何以兵为？凡所为有兵者，为争夺也。"

> 孙卿子曰："非汝所知也！彼仁者爱人，爱人故恶人之害之也；义者循理，循理故恶人之乱之也。彼兵者，所以禁暴除害也，非争夺也。故仁者之兵，所存者神，所过者化，若时雨之降，莫不说喜。是以尧伐驩兜，舜伐有苗，禹伐共工，汤伐有夏，文王伐崇，武王伐纣，此四帝两王，皆以

---

① 参见《史记·儒林列传》《盐铁论·论儒》。

仁义之兵行于天下也。故近者亲其善，远方慕其德，兵不血刃，远迩来服，德盛于此，施及四极。《诗》曰：'淑人君子，其仪不忒。'此之谓也。"

在此，陈嚣问荀子：既然以仁义为本、仁者爱人，为何还要谈论军事，为何还要用兵，还要争夺厮杀？荀子以历史上的事例尽心地作出解答，论述了只有仁义之兵才能驰骋天下的道理。接着，李斯也问了荀子一个相似的问题：

李斯问孙卿子曰："秦四世有胜，兵强海内，威行诸侯，非以仁义为之也，以便从事而已。"

孙卿子曰："非汝所知也！汝所谓便者，不便之便也；吾所谓仁义者，大便之便也。彼仁义者，所以修政者也；政修则民亲其上，乐其君而轻为之死。故曰：凡在于君，将率末事也。秦四世有胜，諰諰然常恐天下之一合而轧己也，此所谓末世之兵，未有本统也。"①

李斯认为，秦国四代都有胜利的战果，威力扩展到诸侯各国，然而秦国并不是靠什么"仁义"去从事战争，只是依靠便利的原则去做罢了。针对李斯提出的异议和怀疑，荀子阐述说，你所说的不是真正的便利，只有仁义才是大的便利；秦国虽然四代都有胜利的战果，但是却随时提心吊胆，唯恐天下合力反击，所以，不以仁义而以权宜之计获胜，会恶果暗生、贻害无穷。

以上引文都十分平白。不难看出，陈嚣的问题不仅直截了当，似乎也有怀疑老师思想的意思。李斯比陈嚣更为犀利，简直是刻意与老师"唱反调"。然而，荀子却知无不言、言无不尽，对学生的问题都作了耐心回答。虽然《荀子》一书没有记录这些对话是否是在稷下那种环境中进行的，但从中不难发现，荀子一派的师生交流是非常顺畅、平等的。

3. 传述六经活动

众所周知，"礼论"是荀子教育思想的基本出发点，他曾明言："礼者，法之大分，类之纲纪也。"② 即是说，礼既是用来规范人伦的客观需要，也是治国平天下的根本。作为深通儒家学说的大师，荀子对于诸经的学术特点及教育作用有着深刻的认识。他在《劝学》中指出：

《书》者，政事之纪也；《诗》者，中声之所止也；礼者，法之大分，

① 《荀子·议兵》。
② 《荀子·劝学》。

类之纲纪也。故学至乎《礼》而止矣。夫是之谓道德之极。《礼》之敬文也，《乐》之中和也，《诗》《书》之博也，《春秋》之微也，在天地之间者毕矣。

意思是说，《尚书》是记载政事的；《诗》是表达人们志向的；《乐》是培养人们和谐一致的感情的；《礼》则是规定礼仪准则和确定法律的总纲，也是各类条例的纲要。荀子以为，如果不把《礼》放在首位，而只重视《诗》《书》等其他经典，那就"譬之犹以指测河也，以戈舂黍也，以锥餐壶也，不可以得之矣"①，因此，荀子极为重视《礼》的传授。

荀子不仅对"六经"有如此清晰的认识，而且极为重视传承这些经典。荀子在此方面的作用和影响远超孟子，更为战国其他儒者所难及。据清人汪中考证，《诗》到汉代有三传，即浮丘伯的《鲁诗》、毛亨的《毛诗》和韩婴的《韩诗》。其中浮丘伯和毛亨均为荀子的弟子，《韩诗》中引荀子说《诗》者凡四十四处，亦与荀子的传授有关。《春秋》也有三传，其中两家为荀子所传，即以《谷梁传》授浮丘伯，以《左传》授张苍。关于《易》，刘向曾称"荀卿善为《易》"，在《荀子》之《非相》《大略》篇中，其义可见。关于《礼》，传至后世的《礼记》中的《乐记》《三年问》《乡饮酒》，就是《荀子》中《礼论》和《乐论》的版本；《大戴礼记》中的《曾子立事》篇，就大同小异于《荀子》中的《修身》和《大略》。所以汪中称："荀卿之学，出于孔子，而尤有功于诸经。……盖自七十二子之徒既殁，汉诸儒未兴，中更战国、暴秦之乱，六艺之传赖以不绝者，荀卿也。"② 这种说法一方面说明了荀子作为传经大师的地位，另一方面也足以看出荀子教学活动的巨大成效。

4. 著书立说活动

荀子晚年著书传业，倾力所著的《荀子》一书不但被众多名家所采用，且历经千年而不废。郭沫若指出，《孟子》《庄子》《荀子》《韩非子》乃是先秦散文的"四大台柱"，而"孟文的犀利，庄文的恣肆，荀文的浑厚，韩文的峻峭，单拿文章来讲，实在是各有千秋"。这当然只是从文学方面来论说的。事实上，《荀子》一书对于哲学、伦理、政治、经济、军事、教育、名学、法学、军事

---

① 《荀子·劝学》。
② 汪中：《荀卿子通论》。

272

学、心理学、语言学、自然科学，皆有涉猎，可谓先秦的一大思想宝库。这也正如郭沫若所说，荀子"不仅集了儒家的大成，而且还可以说集了百家的大成……他是把百家的学说差不多融会贯通了"①。

《荀子》今传本凡三十二篇，二十卷，集中体现了荀子的思想。与《论语》《孟子》等语录体著作不同，它开了儒家个人著作体的先河，对先秦许多学术问题都作出了总结性论断。在书中，荀子运用"本末相顺，终始相应""物类之起，必有所始"的思维方式，从本体论高度建构体系，使其思想博而不乱、结构严整。他礼法结合的思想，"形具神生""人定胜天"的理论，为儒家思想增添了人本主义的因素；他对认识论的阐发，对教学方法的阐述，对教师地位与作用的强调，不仅丰富了儒家教育思想的宝库，其影响甚至远及王充、柳宗元、王夫之、戴震等后儒。特别需要指出的是，荀子的"青，取之于蓝，而青于蓝"的名言，可视为对孔子"后生可畏"思想的另一种诠释；"非我而当者，吾师也"之论，则是对孔子"当仁，不让于师"精神的继承；他的"学不可以已""不积跬步，无以至千里"等论述，更是对儒家终身学习、循序渐进思想的接续和传承。

第三节　墨家的兴衰及其教育活动

与儒家并称"显学"的墨家学派，从战国初即开展了丰富多彩的教育活动。之后的两个世纪里，墨家"徒属弥众，弟子弥丰"，成为一支声势浩大的力量。秦以后，在各种因素的影响下，墨家成为几近湮没的教育团体。不过，其教育活动并未完全中绝，不仅在手工业者阶层中顽强延续，而且墨家思想中所体现出来的"轻生死、重然诺"的精神，直接为游侠阶层所继承。

一、墨家历史兴衰述论

自春秋战国之际，墨家因不赞同儒家的"厚葬""久丧"等主张而自创学派

① 郭沫若：《十批判书·荀子的批判》，人民出版社1954年版，第218页。

以后，逐渐发展成为与儒家齐名的显学。秦汉以后，代表"农与工肆之人"阶层的墨家命运多舛，历经近两千年的相对沉寂，到清初才再次受到人们的重视，至近现代则更为世人所推崇。可以说，先秦时期的各家私学，还很少有哪一派像墨家这样大起大落、历经波折的。

（一）兴起与渊源

众所周知，墨家私学的创始人是战国初期的墨子。其生卒年代说法不一，一般认为，墨子约生于公元前 468 年，卒于公元前 376 年，享年九十三岁。[①] 关于墨子的籍贯，现有楚人、宋人、鲁人三说，学界对于"鲁人"说肯定者居多，且认为墨子故里就在鲁国滕地，还在山东省滕州市举办过墨子学术研讨会，成立了墨子学会，建造了墨子纪念馆和墨子雕像。

关于墨家的渊源，古来说法有三。一是认为墨家最早可以追溯至尧舜，如《韩非子·显学》说："孔子、墨子俱道尧舜，而取舍不同，皆自谓真尧舜。"司马谈《论六家要指》也云："墨者，尚尧舜道，言其德行。"二是认为源于夏禹，如《淮南子·要略训》说：墨子"背周道而用夏政"，《庄子·天下》亦云："非禹之道也，不足谓墨。"三是认为墨家源于史佚，如《汉书·艺文志》谓："墨家者流，盖出于清庙之守。"《吕氏春秋·当染》也说："鲁惠公使宰让，请郊庙之礼于天子。桓王使史角往，惠公止之，其后在鲁，墨子学焉。"即墨子学于清庙的一位名叫"角"的史官。当今学界认为，这三种看法其实是可以贯通的，即墨家一是对历史感兴趣，二是奉尧舜禹为宗，认同上古时期的社会制度。不过相比之下，墨家更认同大禹，这不仅是因为尧舜的史迹与禹相比显得太少，更由于禹所展示出的牺牲精神与墨家推崇的精神是高度吻合的。《庄子·天下》篇对此有清晰的描述，云：

> 墨子称道曰："昔禹之湮洪水，决江河而通四夷九州也，名山三百，支川三千，小者无数。禹亲自操橐耜，而九杂天下之川。腓无胈，胫无毛，沐甚雨，栉疾风，置万国。禹，大圣也，而形劳天下也如此。"使后世之墨者，多以裘褐为衣，以跂蹻为服，日夜不休，以自苦为极，曰："不能如此，非禹之道，不足谓墨。"

---

① 据梁启超《墨子学案》和孙诒让《墨子传略》考证，墨子生于周定王初年，约在孔子卒后十余年；梁认为墨子卒于周安王中期，在孟子出生前十余年，孙则考为周安王末年。本书从孙说。

不过，若从更直接的渊源上说，墨家则应源于儒家。这一点，从现存《墨子》一书中某些篇章有比较浓厚的儒学色彩就可看出。《淮南子·要略训》亦明言：

> 墨子学儒者之业，受孔子之术，以为其礼烦扰而不悦，厚葬靡财而贫民，（久）服伤生而害事，故背周道而用夏政。

就是说，墨子应是学于儒家某位后学。当学习了《礼》《乐》，尤其了解到儒家厚葬、久服（守丧三年）等礼仪后，墨子感到儒家的主张是烦扰不堪、靡费财物，极大地干扰了人民正常的生产和生活，因而萌生出"节用""节葬""非乐"等思想，进而展开了对儒家私学的批判。

（二）兴盛及成因

春秋战国时期，铁制农具和牛耕技术广泛使用，使得农业生产水平有了很大提高，同时，手工业快速发展，商品经济活跃，"农与工肆"阶层的社会地位逐渐凸显。代表这一阶层利益的集团急于登上政治舞台。他们要求打破贵族等级特权，揭露统治者享乐腐化，控诉战争给人民带来的苦难，同时要求"饥者得食，寒者得衣，劳者得息"[①]，让人民安居乐业，使天下实现大同。

正是在这种背景下，墨家以其十大鲜明的政治主张（即尚贤、尚同、节用、节葬、非攻、非乐、非命、天志、明鬼、兼爱等"十论"），迎合了时代的需求，使其学派迅速发展壮大。面对"寇乱盗贼并兴，不可禁止"的时局，墨家义正词严地指出：

> 天下之人皆不相爱，强必执弱，富必侮贫，贵必敖贱，诈必欺愚。凡天下祸篡怨恨，其所以起者，以不相爱生也。是以仁者非之。[②]

> 上强听治，则国家治矣；下强从事，则财用足矣。……诸侯之冤不兴矣，边境兵甲不作矣。内有食饥息劳，持养其万民，则君臣上下惠忠，父子兄弟慈孝。故唯毋明乎顺天之意，奉而光施之天下，则刑政治，万民和，国家富，财用足，百姓皆得暖衣饱食，便宁无忧。[③]

可见，墨家的奋斗目标是使人们能够"兼相爱，交相利"，其政治诉求是反

---

① 《墨子·非命下》。
② 《墨子·兼爱中》。
③ 《墨子·天志中》。

对压迫和不义之战，社会理想是民和国富。要做到这些，就必须一方面以"不扣必鸣"的精神，通过"上说王公大人，次说匹夫徒步之士"①来推行"兼爱"主张；另一方面，则要通过教育活动来训练实现这一理想的人，即"兼士"。兼士要有吃苦耐劳的精神，有思维论辩的才干，还要有以天下兴亡为己任的情怀。

墨子一生勤勤恳恳，到处宣传自己的政治主张。他到过鲁、宋、齐、卫、楚、魏、赵等国，是继孔子之后第二位带领弟子周游列国的思想家。墨子一生究竟招收了多少弟子，史无确载。不过，我们可以从相关资料中做些推断。《墨子·公输》篇云：

> 公输子之意，不过欲杀臣。杀臣，宋莫能守，乃可攻也。然臣之弟子禽滑釐等三百人，已持臣守圉之器，在宋城上而待楚寇矣。虽杀臣，不能绝也。

墨子在此说得很清楚，即便把自己杀了，公输盘也休想借助其技术攻打宋国，因为弟子禽滑釐等三百人已在宋国严阵以待了。那么，"弟子三百人"是否有夸张甚至恫吓之嫌呢？我们以为不然。一是有其他史料为佐证，如《吕氏春秋·尚德》篇记载，墨家钜子孟胜死于楚阳城君之难时，"孟胜死，弟子死之者百八十"，《淮南子·泰族训》也记载："墨子服役者百八十人，皆可使赴火蹈刃，死不还踵，化之所致也。"由此可见，墨派跟随钜子出行的弟子往往在百人以上。二是在墨子弟子中，仅有名姓事迹者，据清代学者孙诒让（《墨子传授考》）和近人方授楚（《墨学源流》）考证，就有禽滑釐、县子硕、高石子、耕柱子、胜绰等 15 人，附存"佚名"者 3 人。在不重精确数量和准确记载的古代文献中，能考证出 18 人出于墨子，足可见墨子弟子之众。

墨子去世后，墨家分为相里氏、相夫氏和邓陵氏三个派别。"就南北而言，可能南方之墨是以邓陵氏（邓陵子）为主，而北方是墨学的发源地，北方墨学后学有两支：一为相里氏之墨，二为相夫氏之墨，势力较南方为强大了。"② 墨家因此遍布大江南北，影响巨大。《吕氏春秋·当染》说：墨子死后，"徒属弥众，弟子弥丰，充满天下。王公大人，从而显之，有爱子弟者，随而学焉，无时乏绝"。《庄子·天下》篇也记载：

---

① 《墨子·鲁问》。
② 陈雪良：《墨子答客问》，上海人民出版社 1997 年版，第 40 页。

相里勤之弟子五侯之徒，南方之墨者苦获、已齿，邓陵子之属，俱诵《墨经》，而倍谲不同，相谓"别墨"；以坚白同异之辩相訾，以觭偶不仵之辞相应，以钜子为圣人，皆愿为之尸。冀得为其后世，至今不决。

可见，在战国时代，除儒家私学外，最有影响者当属墨家。对于这一点，就连墨家的"死敌"儒家也不得不承认："圣王不作，诸侯放恣，处士横议，杨朱、墨翟之言盈天下。天下之言，不归杨，则归墨。"[1] 可见战国墨家状况之盛。

(三) 中衰及原因分析

墨家在战国时期风云一时，却没能逃脱中衰的命运。秦统一六国之后，以法为教，焚书绝学，墨家也遭到浩劫。之后汉罢黜百家，独尊儒术，墨家便黯然退出了显赫的历史舞台。一般认为，墨学实亡于秦季，如后人评价说："昔秦以武力吞天下，而斯、高以妖孽累其祸，废古术，臻旧礼，专任刑法，而儒墨既丧矣。"[2] 孙诒让在《墨子间诂·墨子传略》开篇亦云："墨氏之学，亡于秦季，故墨子遗事，在西汉时已莫得其详。"当然，学界也有不同声音，如有学者明言："《韩非子·显学》所述'儒墨显学'的战国中后期学术格局在西汉前期余音未了，此时期墨家与儒家的学术影响与学术地位难分伯仲。"[3] 此观点认为，墨学在秦季走向衰落，西汉前期影响更衰，其彻底退出政治舞台在时间上可能还会更长些，要囊括整个秦汉时期。

无论如何，盛极一时的墨家私学，终究渐次沉寂于历史的背后了，其衰微的原因值得探讨。首先，墨学理论自身存在很大的缺陷，是墨学中衰的内在原因。墨家思想的核心是"兼爱"，而"兼爱"就要打破贫富、贵贱的地位，代之以"爱无差等""众生平等"的新理念。这些理念在传统的血缘宗法制面前显然不堪一击，因为中国宗法制的社会结构，随着时代的演进和朝代的更替而不断强化与稳固，这就使得源自古代的氏族血缘关系得以延续下来，并且使宗族组织在中国得以长期保留。

其次，中国长期以农业立国，虽然在特定背景下，一些诸侯国靠工商业富

---

[1]《孟子·滕文公下》。
[2]《盐铁论·论诽》。
[3] 郑杰文：《〈新书〉〈淮南子〉等所见西汉前期的墨学流传》，载《山东大学学报》2004 年第 2 期。

裕起来，但是，自给自足的小农经济依然占据了国家经济的主体地位，重农轻商一直是统治政策的主流，秦代的统一、汉代的长期维持，都延续和强化了这种政策，因此，代表"农与工肆"阶层的墨家也就失去了存在的政治基础。此外，墨家在倡导人们苦行的同时，却没有构筑起一个尽善尽美的"精神家园"；其主张代表了社会底层人民朴素、美好的愿望，但终究是一种空想，是罕有条件实现的。

再次，儒道两家对墨家的批判，是墨学难以为继的一个重要原因。道家崇尚自然无为、清静自修，反对墨家自苦为极的修行方式和墨家推崇的技能技巧，也对墨家热衷政治感到不满，这在《庄子》一书中可以找到很多证据；儒家的严厉批判同样使墨家处在一个十分尴尬的境地，被儒家后学们当成反面教材来使用。长期有这两个强劲的对手，墨家衰微自然无可避免。

（四）再兴及其表现

墨家中衰之后，世间罕有研究墨家者，只有西晋鲁胜为《墨辩》做过注，可惜失传已久。后世学者偶尔也有论墨者，但对其大力推崇、深表敬意的微乎其微。直到唐代，韩愈才对墨子及墨家表示了同情与敬意。他在《读墨子》一文中指出：

> 儒讥墨以尚同、兼爱、尚贤、明鬼；而孔子畏大人，居是邦，不非其大夫。《春秋》讥专臣，不尚同哉？孔子泛爱、亲仁，以博施济众为圣，不兼爱哉？孔子贤贤，以四科进褒弟子，疾没世而名不称，不尚贤哉？孔子祭如在，讥祭如不祭者，曰："我祭则受福"，不明鬼哉？儒墨同是尧舜，同非桀纣，同修身正心以治天下国家，奚不相悦如是哉？余以为，辩（即《墨辩》）生于末学，各务售其师之说，非二师之道本然也。孔子必用墨子，墨子必用孔子，不相用不足为孔墨。[1]

韩愈看到了墨家的"兼爱"之精神，并且把儒家的"仁"与墨家的"博爱"结合在一起。但是身为儒家学者，他并未深刻理解墨家精神。

韩愈的"别具一格"引来了不少宋儒的批判。首先是程颐批判韩愈理论不严谨，接着朱熹直接质问道："昌黎之言有甚凭据？"[2] 朱熹甚至还对墨子进行了

---

[1] 马其昶校注，马茂元整理：《韩昌黎文集校注》，上海古籍出版社 1986 年版，第 39—40 页。
[2] 朱熹：《朱子语类》卷 61。

直接的"人身攻击":"且如狂简底人,不裁之则无所收检,而流入于异端。
……大率异端皆是遁世高尚,素隐行怪之人。"① 言下之意,墨家思想乃是不入
流的异端邪说。

墨家的这种困境得到改善始于清初。自王阳明去世之后,心学流弊日渐显
明,"平时袖手谈心性,临危一死报君王"便是突出的表现。这种高谈阔论的儒
者行为,遭到痛失故国的士人们的强烈否定和批判。他们痛感宋明两朝亡于异
族铁蹄,于是将对失望情绪迁怒于程朱陆王,进而涌现出一批崇尚实学的学派,
"这些学派虽然没有打出墨学的旗帜,但骨子里确确实实是墨学余脉"②,如清初
的顾炎武、王夫之、黄宗羲等人,皆主张经世致用;乾嘉时期,以戴震为代表,
主张"实事求是""无信不征";之后,龚自珍、魏源等主张"以实事程实功,
以实功程实事"。最有代表性的当属"习斋先生"颜元,他所强调的"习"完全
不同于儒家的文化学习,更多倾向于实际操作方面,即强调在教学过程中要联
系实际、坚持练习和躬行实践。

另外,由于清初"文字狱"的盛行,乾嘉学派随之兴起,人们将学术目光
投向古代文献与考据,对墨学的研究由是大盛。从汪中《校陆稳刻本墨子》
(1780 年)、毕沅《墨子注》(1783 年)到光绪朝孙诒让的《墨子间诂》(1894
年),学界对墨子文本的重视与日俱增,使墨学彻底从"异端学说"的泥潭中走
了出来。到了现当代,梁启超的《子墨子学说》(中华书局 1936 年版)、《墨子学
案》(商务印书馆 1921 年版)、方授楚的《墨学源流》(中华书局 1937 年版)、杨
宽的《墨经哲学》(正中书局 1942 年版)以及任继愈的《墨子》(上海人民出版
社 1956 年版)、高亨的《墨经校诠》(科学出版社 1958 年版)等著作的问世,使
墨家学说不仅重见天日,而且其研究在"高歌猛进"中得以不断推进。

二、内容独特的教育教学活动

墨家出于儒而辩于儒,"分庭抗礼"地建立起了一个庞大的教育集团。墨派
弟子们"显荣于天下者,不可胜数"。之所以能够如此,应该归功于所开展的各
种教育教学活动。墨家开展的教育教学活动,至少有以下几方面的表现。

---

① 朱熹:《朱子语类》卷 29。
② 陈雪良:《墨子答客问》,上海人民出版社 1997 年版,第 239 页。

（一）道德思想教育

与儒家学者相似，墨子也以社会改造者自任。他"上说下教"，被后人感慨为"其生也勤，其死也薄……虽能独任，奈天下何"①。但在墨子看来，"今夫世乱，求美女者众；美女虽不出，人多求之。今求善者寡，不强说人，人莫之知也"②。基于这一认识，墨子终生孜孜以教。看到墨子如此辛劳，有人曾劝阻说："今天下莫为义，子独自苦而为义，子不若已！"墨子随即答道：

> 今有人于此，有子十人，一人耕而九人处，则耕者不可以不益急矣。何故？则食者众而耕者寡也。今天下莫为义，则子如劝我者也，何故止我？③

就是说，因为天下很多人不求善道，他才要到处宣传；因为很多人不肯为义，他才要更加努力地倡导义。可以说，如果没有心系民瘼的胸怀和肩挑道义的使命感，是难以做到这样急公好义的。

墨子不仅自己身体力行，也要求门徒如此行为。墨子曾尖锐地指出，"饥者不得食""寒者不得衣""劳者不得息"是当时社会的"三患"；④ 而实现"国家之富""人民之众""刑政之治"，则是治国安邦的"三务"。⑤ 要解决"三患"，实现"三务"，需要人们胼手胝足、强聒不舍，不计较个人的利益得失。所以，道德思想教育被置于教育活动的首要位置。正是在这种认识下，墨家极为重视对门徒进行道德思想教育，以养成他们不怕牺牲、前赴后继的献身精神，培育以增进百姓福祉为己任的思想境界和深厚的道德修养。

（二）科技军事教育

墨家最为后人称道的特色之一，就是非常注重实用技术尤其是军事技术和科技知识的教育。不过，首先必须指出的是，墨家研究和传授军事技术绝不是为了发动战争，更不是鼓励兼并他国，恰恰相反，他们此举乃是为了反对和制止战争（"非攻"）。其次，墨家是一个具有鲜明政治主张的学派。他们更关注天下太平和人民福祉，更热衷于传播政治思想、反对不义战争，因此，自然科技

---

① 《庄子·天下》。
② 《墨子·公孟》。
③ 《墨子·贵义》。
④ 《墨子·非乐上》。
⑤ 《墨子·尚贤上》。

知识不是墨家思想的"兴趣点"所在，充其量只是墨家研究军事技术的"副产品"或"衍生品"，虽为后世推重和称道，却并非墨家活动的本意和初衷。

尽管墨家是基于如上情形而开展活动的，但是，注重军事技术和自然科技知识的传授确可视为该派的一大教育活动特色。关于此方面的例证，只要翻开《墨子》一书就能找到令人咋舌的极多材料，如《备突》《备穴》《备水》《备梯》《旗帜》《号令》《杂守》《备高临》《备城门》《备蛾傅》《迎敌祠》等等。在这些篇什中，记载了墨家大量的军事和自然科学知识，涉及现代意义的几何学、声学、光学、力学、地理学、兵法学、军事学等诸多学科，可谓琳琅满目，令人称奇。可以说，这是墨家与其他各家私学教学活动的重大区别，也是墨家经历千年沉寂而能再度复兴的重要原因。

（三）逻辑思维教育

墨家非常注重逻辑推理和思维训练。墨子认为，提出一种学说也好，分析一桩事物也好，都要有根据、讲道理，合乎逻辑，要掌握思维准则和论辩技巧。基于此，墨子首次提出了"类"与"故"的概念，论述了"察类明故"的命题。他举例说，无故杀人和有意杀人都是杀人，这是"故"；两者都属于不义之举，这是"类"。"察类"就是区别同类和异类，提高分析、归纳和认识事物的能力；"明故"则是探明事物之间的因果联系，求事物之所以然之理。"察类明故"体现了墨家遵循思维规律的特色，在中国逻辑发展史上具有重要的意义。

另一方面，墨家认为，知识有亲知、闻知和说知三种来源。亲知是直接知识，靠与外界接触的感觉、表象而获得；闻知属于间接知识，靠闻见和读书获得；说知属于推论知识，靠逻辑思辨获得。在"三知说"的基础上，墨家进而提出了衡量认识和检验知识的客观标准——"三表法"①：首先要"本之于古者圣王之事"，根据历史知识和经验来检验认识是否正确；其次要"下原察百姓耳目之实"，根据社会实际和民众经历以检验知识；第三也是最重要的，就是要"废以为刑政，观其中国家百姓之利"，即在社会实践中检验思想与主张的实际功效。"三表法"表现出墨家重视历史、尊重实际和体察民众意愿的进步性，有初步的"实践是检验真理之标准"的意味，是墨家的重大创造和贡献。

---

① 《墨子·非命上》。

（四）文史知识教育

不难看出，无论是"三知说"还是"三表法"，其中都是与历史知识和经验密切相关的，因此，文史知识的教育对于墨家来说是不可或缺的。墨子对历史极感兴趣，尤其赞赏"尊贤""尚同"的上古社会制度，这与儒家学派"法先王"、重传统等教育理念是很相似的。

不过，在如何看待和传承古代制度与文化方面，儒墨两派也有本质差异。与儒家"祖述尧舜"和重视"六艺"不同，墨家不仅"背周道而用夏政"，而且极不满意儒家重乐教、倡礼教的思想和"述而不作"的做法。墨家认为，学习古代知识是为实现"兼爱"理想服务的，要学习那些对"尚贤""尚同""天志""明鬼"等有用的东西，而不是不加选择地学习古代，更不追求以"博学"为尚。墨家尤其反对儒家的乐教主张，认为这不仅糜费人力财力，而且消磨人的意志，使人懈怠于所从事的职业，于物质生产活动有害无益。墨家推重实利、朴素节俭、注重实践的态度和做法，是与儒家文史知识教育活动的最大不同，也是该派始终未能走上政治权力中心的重要原因。

三、严格平等的学派管理

战国时期，对学派管理最严明的当属墨家。组织严密、纪律严格、人人平等、相互友爱，是墨家区别于其他各家的重要特色。这得益于墨家独具特色的学派管理活动。

（一）严格考核

要将学派思想发扬光大，无疑要以学派实力为基础，这就需要有大量的生源。墨子从"尚贤"思想出发，不仅响亮地喊出了"官无常贵，而民无终贱"的口号，而且提出"虽在农与工肆之人，有能则举之，高予之爵，重予之禄，任之以事，断予之令"① 的主张。为此，他招收的弟子多为贫贱之人，甚至招收别派不屑的"农与工肆之人"，不考虑门徒的家庭背景、文化程度，这就与儒家还要以"束脩"之礼为入学条件有所不同，更彻底地实行了"有教无类"。

不过，墨家收徒也并非没有自己的条件和标准，最重要的条件就是必须有

---

① 《墨子·尚贤上》。

不怕牺牲、前赴后继的精神，有"量腹而食，度身而衣"的品格。这典型反映在墨子招收大弟子禽滑釐的事例中。《墨子·备梯》载：

> 禽滑釐子事子墨子三年，手足胼胝，面目黧黑，役身给使，不敢问欲。
> 子墨子其哀之，乃管酒块脯，寄于大山，昧葇坐之，以樵禽子。禽子再拜
> 而叹。子墨子曰："亦何欲乎？"禽子再拜曰："敢问守道？"子墨子曰："姑
> 亡，姑亡。古有亓术者，内不亲民，外不约治，以少间众，以弱轻强，身
> 死国亡，为天下笑。子亓慎之，恐为身姜。"

这是说，禽滑釐跟随服侍墨子足有三年，手脚都起了老茧，脸晒得黢黑，整天干仆役的活，听墨子使唤，却不敢问自己想要问的事。墨子感到十分可怜，于是备了酒和干肉，来到太山，拔些茅草坐在上面，用酒菜酬劳禽滑釐。这样才算承认禽滑釐为徒。

不仅如此，由上文还可以看出，当禽滑釐"再拜"后，并没有马上向墨子求教。还是墨子主动发问，禽滑釐才拜了又拜，说出自己想学的是防守之术，而不是为人眼热的好战、刑政、纵横或"干禄"之道。由此可见，墨家收徒的先决条件就是能否做到"日夜不休，以自苦为极"[①]，其次则须符合墨家的政治追求，当然也须具有一定的辩才。至于原有身份和文化水平如何，基本不在墨家收徒的重要标准之列。

（二）纪律约束

众所周知，战国时期的其他私家学派，对于生徒多是奉行来去自由之原则的。与它们不同，墨家有明确的立法、严明的纪律，对生徒进行严格的管束。墨家钜子们非常清楚，仅仅有严明的纪律是不够的，必须有相应的惩罚措施，才能使成员像军队一样步调一致。所以墨家教育教学活动最突出的特色之一就是特别强调纪律约束。这不仅表现在墨家门徒"以裘褐为衣""以自苦为极"之类虽苦犹乐的精神风貌上，还反映在墨家钜子对门徒行为的惩罚中。此类事例在《墨子》一书中有不少记载，兹举一例说明之：

> 子墨子使胜绰事项子牛。项子牛三侵鲁地，而胜绰三从。子墨子闻之，
> 使高孙子请而退之，曰："我使绰也，将以济骄而正嬖也。今绰也，禄厚而

---

① 《庄子·天下》。

谲夫子，夫子三侵鲁而绰三从，是鼓鞭于马靳也。翟闻之，言义而弗行，是犯明也。绰非弗之知也，禄胜义也。"①

由此可见，即使是对于出外做官的弟子，墨家也要求必须严守急公好义、仁爱天下的纪律，那么对于学派内部的弟子，就更须用纪律加以约束了。正因如此，当钜子登高一呼时，墨家弟子们便能够身随影从、前赴后继，投身到保卫和平的战斗之中。相比之下，儒家虽然从政的弟子更多，却未见有被学派首领"劝退"或"变相罢免"者；虽然孔子偶尔也有"非吾徒""小子鸣鼓击之"之类的话语，那也不过是一时的气话，看不出其中有多少纪律约束的意味。

（三）不徇私情

与其他学派的松散关系大不相同，墨家组织内部有着严格的纪律。学派之中的所有人都有遵从墨家法度的义务，这使墨家成为一个战斗力、凝聚力极强的政治团体。注重学派立法、强调纪律约束、主张依法管理是墨家的特色，这一特色始于墨子。他曾明白地指出：

天下从事者，不可以无法仪；无法仪而其事能成者，无有。虽至士之为将相者，皆有法；虽至百工从事者，亦皆有法。百工为方以矩，为圆以规，直以绳，衡以水，正以县（悬）。无巧工不巧工，皆以此五者为法。巧者能中之，不巧者虽不能中，放依以从事，犹逾已。故百工从事，皆有法所度。②

可见，墨子对于法度的作用有清晰的认识，并以自身手工业者的经历为例，阐明了法度对于人之行为的重要性。

墨家向以管理严格而著称。墨家的法度一经制定就不会轻易改变，具有最高的约束效力，所有墨者都须严格遵守，钜子本人也不能例外。有一事例最能说明墨家的这一做法。史料载：

墨者有钜子腹䵍，居秦，其子杀人。秦惠王曰："先生之年长矣，非有他子也，寡人已令吏弗诛矣，先生之以此听寡人也。"腹䵍对曰："墨者之法曰：'杀人者死，伤人者刑。'此所以禁杀伤人也。夫禁杀伤人者，天下之大义也。王虽为之赐，而令吏弗诛，腹䵍不可不行墨子之法。"不许惠王，

① 《墨子·鲁问》。
② 《墨子·法仪》。

而遂杀之。①

"杀人者死，伤人者刑"是墨家在中国历史上首次提出的重要司法原则，这与《墨子·小取》篇中的"杀盗人，非杀人"② 命题一起，成为对后世影响深远的刑法思想。墨家钜子腹䵍秉公执法、不为私念，在秦王已经宽恕的情况下，依然执意杀掉了自己的独子，由此可见，"墨法"在所有墨者心目中具有崇高的法律约束力。

像这样大公无私的钜子不止腹䵍一人，另一钜子孟胜的事迹也很感人。史料记载，孟胜曾受托为阳城君守城。然而，阳城君与吴起的谋反活动有些关联，吴起很快失败，阳城君受到株连而导致封地要被收回。孟胜见守国无望，遂想慷慨赴死。弟子劝他不需要这么做，但孟胜认为在此情况下，只有赴死才是行墨家之义，于是把钜子之位派人传给宋国的田襄子。孟胜死后，弟子180余人也全部自杀殉亡。就连那两位受孟胜之托传位给田襄子的使者，返回后也未听劝阻而自杀身亡。赴死之前，孟胜向徐弱明言自己必须如此选择的理由：

> 吾与阳城君也，非师则友也，非友则臣也。不死，自今以来，求严师必不于墨者矣，求贤友必不于墨者矣，求良臣必不于墨者矣。死之，所以行墨者之义而继其业者也。……田襄子贤者也，何患墨者之绝世也？③

可见，墨家钜子不仅拥有绝对的权力，自身也须奉公守法、急公好义。正是钜子这种废私为公、不怕牺牲的精神，既为弟子树立了榜样，也为墨家赢得了良好的社会声誉。

（四）有财相分

经费是关乎私学存废的关键之一。墨家是一个门徒众多的学派。要维持至少数百人的日常开支，无疑需要不少经费。首先有必要指出的是，墨家既然以"量腹而食，度身而衣"为标准，还以自苦为极，以节用、非乐为操守，当然不需要有太多物质消耗。但是，由于墨者经常奔走于各国，很少能有时间从事直接物质生产，因而每个人亦需最低标准的生活保障。推之于整个学派，所需经

---

① 《吕氏春秋·去私》。

② 一般认为，墨家所谓"盗人"并非指一般盗贼，而是"厚作敛于百姓，暴夺民衣食之财"的"当今之主"。墨家认为，正是这些"盗人"造成了"富贵者奢侈，孤寡者冻馁，虽欲无乱，不可得也"的局面，使得人民"饥寒并至，故为奸邪"。

③ 《吕氏春秋·尚德》。

费自然十分可观。所以，要探讨墨家的管理活动，经费来源问题不容回避。

相关史料表明，墨子对这一问题早有关注，也有不少阐说，如《墨子·尚同中》有"分财不敢不均，居处不敢怠慢"之语，《天志中》有"有力相营，有道相教，有财相分"之论，《尚贤下》则有"有力者疾以助人，有财者勉以分人"之倡。就是说，墨子希望所有成员都能为学派献一份力，大家平分共享，有类于"取之于民，用之于民"，颇有些"原始共产主义"的味道。由于墨家徒属众多，大家"有财相分"，总数亦十分了得。这是墨家最基本的经费来源。

不过相比之下，墨家还是把"募捐"或"劝捐"的重点放在了从政弟子身上。这是因为，墨家弟子从政者虽不如儒家那么多，但因皆能急公好义，又身怀"非攻"的本领，故也颇受各国欢迎，有名姓可考者就有数人，耕柱子就是其中的一位。《墨子·耕柱》载：

> 子墨子游荆耕柱子于楚。二三子过之，食之三升，客之不厚。二三子复于子墨子曰："耕柱子处楚无益矣！二三子过之，食之三升，客之不厚。"子墨子曰："未可智也。"毋几何而遗十金于子墨子，曰："后生不敢死，有十金于此，愿夫子之用也。"子墨子曰："果未可智也。"

大意是说，墨子推荐耕柱子到楚国做官。几位同门前去探望时，耕柱子每餐仅供食三升，招待并不优厚。这几个人回来后告诉墨子，说耕柱子在楚国混得不咋样。墨子却说："这也不一定，要看情况。"不久，耕柱子送给墨子十镒金，并说："弟子不敢贪图财利，以违反法纪丢掉性命。这十镒金，请老师收下使用吧！"可见，耕柱子虽然为官，但依然明白自己的职责何在。以纪律约束从政弟子认捐，是墨家的一笔不小的收入来源。

四、急公好义的社会教化

墨家是以改造社会为己任的，虽然不像儒家一样关注"从政""干禄"，但从政弟子也不在少数。从《墨子》一书中可以看出，墨子有着很强的社会使命感。他带领众多弟子，大范围地奔走于各国，"其生平足迹所及，则尝北之齐，西使卫，又屡游楚，前至郢，后客鲁阳，复欲适越而未果"①，到处宣传自己的

---

① 孙诒让：《墨子间诂》，中华书局 2001 年版，第 629 页。

政治主张。急公好义、救民水火，是墨家社会教化活动的突出特点。

（一）止楚攻宋

这是墨子最重要的活动之一，也是其"非攻"主张付诸实践的一次成功之举，这一事件记录在《墨子·公输》篇中。墨子听说公输盘为楚国建造云梯，准备攻打宋国，即刻从齐国出发，十天后来到楚国。他先与公输盘论辩，运用墨家兼爱非攻的理论使公输盘折服，而后又与其在楚王面前演绎了一场精彩的"城池攻防战"：

图 5-4　公输盘云梯复原图

> 子墨子解带为城，以牒为械，公输盘九设攻城之机变，子墨子九距之。公输盘之攻械尽，子墨子之守圉有余。公输盘诎，而曰："吾知所以距子矣，吾不言。"墨子亦曰："吾知子之所以距我，吾不言。"楚王问其故。子墨子曰："公输子之意，不过欲杀臣；杀臣，宋莫能守，乃可攻也。然臣之弟子禽滑釐等三百人，已持臣守圉之器，在宋城上而待楚寇矣。虽杀臣，不能绝也。"楚王曰："善哉！吾请无攻宋矣。"

墨子以身上的革带为城，以小木片为器械，公输盘用九种方式攻城都被墨子瓦解了，公输盘用完攻城机械，但是墨子守城器械还有余。公输盘想要杀掉墨子，然而墨子早有防范，正告公输盘与楚王，他的弟子禽滑釐等三百人带着守城器械在宋国严阵以待。最后，楚国攻宋计划只好作罢，使众多民众避免了这场战争。

（二）遣徒从政

与儒家"穷独达兼"相比，墨家可谓是真正爱利天下的学派。面对战火不休的时局，墨家一方面不辞辛苦地上说下教，另一方面也颇感无奈，希冀以自身之力救万民于倒悬。这就不难理解墨家虽然不屑于高官厚禄却不得不出仕为官、从事政务的做法了。

正是基于对社会残酷现实的焦虑，墨子多次派遣弟子到各国去辅助君王、劝谏臣僚。墨家从政弟子之数虽难比儒家，却也不可小觑。例如，仅《墨子·鲁问》一篇就记载了"子墨子游公尚过于越""子墨子出曹公子而于宋""子墨子使胜绰事项子牛"等事例。墨子派遣公尚过到越国，越王很高兴，还要求公尚过去请来墨子教导自己，但被以"义"为尚的墨子拒绝了；墨子还推荐曹公子到宋国做官，学生有成就、有疑惑时回来看望老师并请教他；推荐胜绰到项子牛那里帮忙，胜绰犯了背弃义而重视俸禄的错误，因此墨子派高孙子建议项子牛罢了胜绰的官。其他如耕柱子、公良桓子等，也是墨家从政的弟子。

（三）其他社会教化活动

除以上所述外，墨子还率徒开展了其他社会教化活动。这类事例在《墨子·鲁问》篇中有多处记载。例如，墨子居鲁时曾劝导鲁君："吾愿主君之上者尊天事鬼，下者爱利百姓，厚为皮币，卑辞令，亟遍礼四邻诸侯，驱国而以事齐，患可救也。"又如，弟子公尚过游越时以墨子的理论说教越王，越王大悦，许以"请裂故吴之地，方五百里，以封子墨子"，墨子以"听吾言，用吾道，则翟将往"为答辞，最后坚辞不受。再如，到了老年，墨子还亲往齐国见田和，斥其"并国覆军，贼杀百姓"的罪过，并说教项子牛曰："伐鲁，齐之大过也。……大国之攻小国，是交相贼也，过必反于国。"

在此特别叙述一下墨子"止鲁攻郑"的事迹。当时，鲁阳文君已拥有"鲁四境之内"的庞大地盘，却还以"郑人三世杀其父，天加诛焉，使三年不全，我将助天诛也"为借口，梦想将郑国也一举纳入版图。墨子看穿了鲁阳文君借天意以成其私的图谋，直白地指出：

> 世俗之君子，皆知小物而不知大物。今有人于此，窃一犬一彘，则谓之不仁；窃一国一都，则以为义！譬犹小视白谓之白，大视白则谓之黑。是故世俗之君子，知小物而不知大物者，此若言之谓也。[1]

在这里，墨子巧妙运用"归谬推理"方法，讽刺了"世俗之君子"的荒唐无知，实质是将批判矛头指向鲁阳文君。在墨子看来，这类穷兵黩武、侵凌他国的行径，已远远不是偷鸡摸狗的"不仁"窃贼了，而是恬不知耻、颠倒黑白的欺天大盗，是残民以逞的独夫民贼。可以说，这是对"窃钩者诛，窃国者侯"的另一种表达，反映出墨子对贪得无厌的统治者的蔑视和愤恨。

---

[1]《墨子·鲁问》。

五、途径别样的学派论辩

墨家是在与儒家的论辩过程中建立起来的，所以，论辩也是墨家的重要活动，亦可视为重要的教育教学活动。但是，论辩之于墨家的意义与别派却有个不同，因为墨家是在论辩的"土壤"中诞生且在论辩的"战火"中成长壮大起来的。正因如此，我们不把学派论辩置于前文"教育教学"中顺带提及，而是作为墨家至关重要的活动单独予以论析。

首先应该说明的是，一提到学派论辩，人们自然会想起百家争鸣，进而会想到稷下学宫。这并不奇怪，因为稷下学宫不但是养士制度的产物，也是"百家争鸣"的代表、缩影和舞台。然而奇怪的是，学宫汇集了战国时期的众多学派，显赫者如儒家、道家、法家，稍逊者如阴阳家、名家、兵家，都有在稷下活动的确载，却没有见到墨家活动的记载。遍检《国语》《战国策》等文献，乃至仔细研读《墨子》一书，也未发现墨家与稷下有所关联的直接信息。

那么，在长达 150 余年的时间里，为何在稷下舞台上未看到墨家活动的身影呢？我们认为，这绝非史料失载，而是至少源于以下两点原因：第一，墨家既然以天下福祉为己任，自学派创立起，也就整天忙于上说下教，到处制止战争，承担起了各国冲突之"消防员"的角色，根本无暇在一地长期安居；第二，墨家既然以自苦为极，当然不会在意稷下"高门大屋""通衢大道"之类的优厚待遇，甚至某种程度上说，在墨家看来，这种养尊处优的生活反而有可能令人懒散、消磨意志，成为脱离劳苦大众的"腐朽"阶层。须知，墨家不仅极其厌恶"不劳而获"者，并且对那些"有余财不相分"者痛加挞伐。例如，墨子就曾严厉指出：

> 天下之百姓，皆以水、火、毒、药相亏害。至有余力，不能以相劳；腐朽余财，不以相分；隐匿良道，不以相教。天下之乱，若禽兽然。①

就是说，那些有"余财"的人宁愿任凭财物腐朽溃烂，也不肯分给别人。可见，墨家对"若禽兽然"的社会是何等失望和愤懑！

那么，载于《墨子》的大量论辩活动是在何时何地、以何种方式进行的呢？

---

① 《墨子·尚同上》。

我们认为，主要是墨家在奔走各地时，与其他学派中人相遇后以"即时交流"的方式进行的；也不排除这种可能，就是其他学者主动"登门"，向墨家这一"显学"挑战。此即我们所说的"途径别样"之意。

从交流活动的过程看，论辩活动常常是他派起问，引来墨者尤其是墨子的大段论述，或者论辩虽有若干回合，也是墨者所述居多；从交流结果看，论辩往往以墨家"大获全胜"而告终。我们认为这并不奇怪，因为只要看看《孟子》一书即可发现，论敌往往也是以"哑口无言"而收场的；如果再看看《庄子》一书，情形就更有趣了：庄子臆造出来的诸多"辩友"，不但很快"偃旗息鼓"，而且不少人变成了庄子理论的"虔心请教者"，或者用时令话语来说，变成了庄子理论的"辩托儿"！至于材料记载的为何多是儒墨之间的论辩这一点，其实也不足为怪，因为儒墨两派在很多问题上既有共同的关注点，又有很大的差别性，从而使得论辩活动主要表现在儒墨之间。

既然墨家论辩活动极少涉及其他学派，以下即主要简析儒墨之间的论辩活动。在《墨子》一书中，《三辩》《耕柱》《公孟》等篇章记录了墨子与儒者程繁、巫马子、子夏子徒、公孟子等人的大量论辩活动，主要围绕着礼乐、言行、义利、丧葬等话题展开。特别是《公孟》篇，全篇绝大部分都是墨子与公孟的论辩记载。鉴于材料太多，以下仅撷取《公孟》篇中的若干论辩例证，以窥儒墨论辩活动之一斑。一例说：

> 公孟子戴章甫，搢忽，儒服，而以见子墨子，曰："君子服然后行乎？其行然后服乎？"子墨子曰："行不在服。"公孟子曰："何以知其然也？"子墨子曰："昔者齐桓公高冠博带，金剑木盾，以治其国，其国治。昔者晋文公大布之衣，牂羊之裘，韦以带剑，以治其国，其国治。昔者楚庄王鲜冠组缨，绛衣博袍，以治其国，其国治。昔者越王勾践剪发文身，以治其国，其国治。此四君者，其服不同，其行犹一也。翟以是知行之不在服也。"公孟子曰："善！吾闻之曰：宿善者不祥。请舍忽，易章甫，复见夫子，可乎？"子墨子曰："请因以相见也。若必将舍忽、易章甫，而后相见，然则行果在服也。"

公孟子头戴"章甫"帽，腰插笏板，身着儒服，以标准的儒者打扮来见墨子，问墨子君子应该先注意服饰还是先注重作为。墨子回答说，真正的君子是注重行事而不注重服饰打扮的，并用齐桓公、晋文公、楚庄王和越王勾践四位成就霸业的君主为例，来说明成大事者绝不在乎服饰如何。再一例谓：

> 子墨子谓公孟子曰："丧礼，君与父母、妻、后子死，三年丧服；伯父、叔父、兄弟期，族人五月；姑姊、舅甥皆有数月之丧。或以不丧之间，诵《诗》三百，弦《诗》三百，歌《诗》三百，舞《诗》三百。若用子之言，则君子何日以听治？庶人何日以从事？"公孟子曰："国乱则治之，国治则为礼乐；国贫则从事，国富则为礼乐。"子墨子曰："国之治也，治之，故治也；治之废，则国之治亦废。国之富也，从事，故富也；从事废，则国之富亦废。故虽治国，劝之无餍，然后可也。今子曰：国治则为礼乐，乱则治之，是譬犹噎而穿井也，死而求医也。古者三代暴王桀、纣、幽、厉，蒍为声乐，不顾其民，是以身为刑僇，国为虚戾者，皆从此道也。"

墨子反对儒家服丧三年的礼仪制度，认为服丧时间太长会影响物质生产，影响人们的各种社会生活；也不赞成儒家颂诗舞乐之类的活动，认为都是些费时费力的无益之举。总之，墨家以为这些主张和行为既危害社会，也是本末倒置、缓不济急的行为。

六、教育活动的特点与影响

墨家学派弟子众多，"其显荣天下者，不可胜数"。有学者甚至认为，墨家比儒家学派更盛。之所以能如此，源于墨家的教育活动有其突出的特色。这对后世产生了深远的影响。

（一）教育活动的主要特点

墨家私学更加注重实践，因而相比而言，在教育理论上不如儒家私学的贡献那样大，但在教育活动方面也有其突出特点，有些还颇具独创性。

1. 学必量力

在中国教育活动史上，墨子是首先提出"量力"原则的教育家。量力具有两方面含义：一是就学生的精力而言，凡事要量力而行，切勿贪多求全；二是就学生的知识水平而言，教师应当量力而教。这就要求学生在学习上应该遵循量力原则；教师则要根据每个学生的特点，斟酌学生经过努力是否可以达成，而后决定教授学生哪些内容与技巧。史料载：

二三子有复于子墨子学射者，子墨子曰："不可。夫知者必量元力所能至而从事焉。国士战且扶人，犹不可及也。今子非国士也，岂能成学又成射哉？"①

墨子的几个学生想要学射箭，墨子阻止了他们，并告诫他们做事情要量力而行。一个人的精力是有限的，不能同时兼顾学习和学射。墨家的教育活动是在衡量学生学习能力的基础上进行的，有其科学性和合理性。

2. 注重实学

墨家以天下为己任，很重视关系国计民生的实学教育。在墨家看来，人与动物是有很大区别的，即所谓：

今之禽兽、麋鹿、蜚鸟、贞虫，因其羽毛，以为衣裘；因其蹄蚤，以为绔屦；因其水草，以为饮食。故唯使雄不耕稼树艺，雌亦不纺绩织纴，衣食之财，固已具矣。今人与此异者也，赖其力者生，不赖其力者不生。②

就是说，人类不能像动物一样仅仅依靠自然而生存，还要进行劳动才能维持生计。注重实用技术的传授和学习，乃是墨家的重要特征。这些技术不仅包括军事防御守备，也涉及农业、手工业等领域。尽管其中不少技术源于墨家"非攻"的需要，然此类技术一旦形成，便成为墨家教育活动的重要内容。

3. 言行一致

言必信、行必果，是墨家私学非常注重的道德修养。墨家是一个讲求实际利益的组织，言行都要讲求一致，即"言必信，行必果，使言行之合，犹合符节也，无言而不行也"③。可以看出，墨家不仅注重道德修养，还非常注重实践。《墨子·修身》云：

君子战虽有阵，而勇为本焉。……士虽有学，而行为本焉。是故置本不安者，无务丰末；近者不亲，无务来远。

"士虽有学，而行为本焉"一语，明确道出了行动在墨家心目中的地位。这一意思用于治国安邦方面，就是治国绝不能夸夸其谈，必须落实到实际行动中去。

---

① 《墨子·公孟》。
② 《墨子·非乐上》。
③ 《墨子·兼爱下》。

4. 不扣必鸣

墨家与儒家最大的不同之一，就是针对儒家"击之则鸣，弗击不鸣"的做法，提出了"强说强为""不扣必鸣"的思想。这一思想集中表现在以下一段论辩中：

> 公孟子谓子墨子曰："君子共己以待，问焉则言，不问焉则止。譬若钟然，扣则鸣，不扣则不鸣。"

> 子墨子曰："是言有三物焉，子乃今知其一耳也，又未知其所谓也！若大人行淫暴于国家，进而谏，则谓之不逊；因左右而献谏，则谓之言议。此君子之所疑惑也！若大人为政，将因于国家之难，譬若机之将发也然，君子知之必以谏，然而大人之利。若此者，虽不扣，必鸣者也。若大人举不义之异行，虽得大巧之经，可行于军旅之事，欲攻伐无罪之国，有之也，君得之，则必用之矣。以广辟土地，籍税贿材。出必见辱，所攻者不利，而攻者亦不利，是两不利也。若此者，虽不扣，必鸣者也。①

由此可见，"不叩必鸣"是基于强烈的使命感，针对统治者的不义行为所作出的犯颜抗争，有一种"我不入地狱谁入地狱"的豪情。用之于教育活动中，就是教育者要有积极主动的态度，对于自己笃信的东西不必待问而发。这无疑表现出墨家急公好义、舍我其谁的态度与情怀。

（二）教育活动的历史影响

正因为有了上述鲜明的活动特点，墨家才不会也没有永远中绝。儒墨两家的相互辩难，既开启了"百家争鸣"的先声，也事实上构成并保持了两派间的理论张力和实践分野，进而对中国传统文化与社会发展产生了很大的影响。

虽然墨家私学遭到儒、道、法等学派的冷嘲热讽或猛烈批判，但有意思的是，它们都或多或少地吸收了墨家思想。如荀子"兼利天下"思想就有借鉴墨子"兴天下之利，除天下之弊"思想的成分。法家对墨家思想吸收得更多，如"杀人者死，伤人者刑"就被法家直接吸取，"兼爱"被法家改造为法律面前人人平等，"尚同"思想则成为法家致力国家统一的指导原则。其影响正如胡适所云，法家的"法律之下，人人平等"，"这个观念得墨家的影响最大"。②

---

① 《墨子·公孟》。
② 胡适：《中国哲学史大纲》，东方出版社 1996 年版，第 332 页。

墨家思想不仅为先秦诸家所吸收，还深刻影响了秦汉以后的中国社会，从而虽然在形式上沉寂了两千年，但其思想却像地火一样流动在社会底层。其影响可主要从以下方面来认识：

第一，墨家思想成为农民起义和农民战争的思想武器。在压迫和剥削甚重的社会中，人民在被逼得走投无路时，往往会揭竿而起。墨家"官无常贵，而民无终贱"的思想，无疑是"帝王将相，宁有种乎"的最早表达；墨家的"兼相爱、交相利"的主张，则成为后世"有田同耕、有衣同穿、无处不均"之口号的思想来源。

第二，墨家特别强调"言必信，行必果"，并且鼓励为天下道义而献身的操守。这类思想流布到民间，转化成了讲义气、重然诺、周济天下的精神，成为民间团体的精神支柱，且催生出后世越来越多的游侠。《史记·游侠列传》云："今游侠，其行虽不轨于正义，然其言必信，其行必果，已诺必诚，不爱其躯……盖亦有足多者焉。"司马迁的这种描述，多少能够令人窥见墨家的影子。可以说，后世的一大批侠肝义胆的忠勇之士，从精神上与墨家是非常一致的。

第三，墨家重视实践，讲求实效，对后世科技发展与研究产生了重要作用。同时，墨家还是具有实践理性和学科知识的一派，对人们科学、理性地分析问题具有重要指导意义。墨家在力学、光学、数学等多个领域的突出贡献，曾一度为我国古代走上一条科技兴国之路提供了可能。遗憾的是，随着墨家的衰微、沉寂，这种预期中的科技繁荣景象被推迟了近两千年。

第四节　道家及其教育活动

道家是先秦最重要的私学流派之一，其思想之深邃、观点之独特，堪称先秦之最。道家以道、无、自然①等理念为核心，据此提出贵柔守雌、养生贵己等

---

① "自然"是道家常用的重要语汇。先秦时期，人们很少使用复合词来指称一个意思，而往往用单字表达，故"自"为本身，"然"为样貌，"自然"即"事物本来的面貌"，与今之"自然界"意义迥然不同。

思想，对中国乃至世界都产生了很大影响。然而长期以来，道家思想却被认为消极出世，缺乏对现世人生的指点和观照。这是一种似是而非的严重偏见。事实上，只要略作对照就不难发现，如果说先秦儒家致力于培养从政君子，注重实践理性，教人过一种有意义的人生，那么，先秦道家则致力于培养通透达人，长于哲理思辨，教人过一种有智慧的人生。可以说，先秦道家是中国传统思想中更内在、更超脱和更有生命意蕴的精神源泉，有效弥补了儒家理论的不足。两派既相互辩难，又相互吸纳，构成了中国传统文化的两大根基。

一、道家源流与教育活动述要

道家虽然始于老子，但先秦并无"道家"之名。此名始于汉初。司马谈《论六家要指》云："道家使人精神专一，动合无形，赡足万物。其为术也，因阴阳之大顺，采儒墨之善，撮名法之要，与时迁移，应物变化，立俗施事，无所不宜，指约而易操，事少而功多。"《史记·太史公自序》云："道家无为，又曰无不为，其实易行，其辞难知。……""道家"之名自始流行。

关于道家的渊源，有人认为源于上古隐士，演变为老庄和黄老；[1] 有人认为出于清庙之守，如《汉书·艺文志》云："道家者流，盖出于史官，历记成败存亡祸福古今之道。"后世有些人将道家远溯黄帝，不过是托古自重而已，老子无疑是道家学派的真正创始人。《史记·老庄申韩列传》云："老子者，楚苦县厉乡曲仁里人也，姓李氏，名耳，字聃，周守藏室之史也。"寥寥二十余字，对老子的生平及年代交代得很不清楚。[2] 记载较详的是孔子问礼于老子的事件。《庄子》《礼记》《韩诗外传》《孔子家语》中也有类似记载。看来孔子拜老子为师一事恐非虚言。此外，《史记》还记载，老子见周室日衰，遂有隐居之意。至函谷关，承关尹屡求，"言道德之意五千余言而去，莫知其所终"。此即老子生平之

---

① 参见冯友兰：《中国哲学简史》，北京大学出版社 2001 年版，第 54 页；南怀瑾：《道家与道教》，复旦大学出版社 1991 年版，第 142 页。

② 对于老子出生于河南省鹿邑县人们没有争议，但对老子名姓的看法并不一致。有人认为，先秦时就有"老"姓（著名者如老佐、老童），所以老子姓"老"，"子"为尊称。也有人认为，"老"、"李"古音同，"李"由"老"转出，类于荀卿亦称孙卿，"耳"为"聃"之误写。还有人认为，老子本名为"老季聃"，是老子把"季聃"去头去边，方成"李耳"，以避王子朝事件之祸。本书不做细究，依先秦文献从"姓老名聃"说，尊称"老子"。

大概。①

老子的代表作为《老子》，自汉始又名《道德经》，是中国最早的一部具有完整理论体系的哲学著作。《老子》今本分上下两部分，共八十一章，5100余字。前三十七章为"道经"，主要论述"道"之本体、运行等内容；后四十四章为"德经"，主要论述人之修养及社会治乱等事。《老子》全书思想深邃，语言隽永，言简意赅，大体押韵，融哲理、诗情、玄言、教化于一体，堪称字字珠玑的先秦经典。

老子之后，道家尽管没有形成如儒家一样的学派传承，也没有墨家严密的组织体系，却也徒属不少，且不乏名家后学。道家最早的传人是关尹，早期后学有列御寇、文子（计然?），可能还有楚人老莱子等。《吕氏春秋·不二》篇云："老聃贵柔，孔子贵仁，墨子贵廉，关尹贵清，子列子贵虚。"柔、清、虚旨趣相承，应为一派。关尹、老莱子无著作传世，传至今日的有《文子》《列子》等书。《文子》全书数万字，分"道原""精诚""十守"等十二卷，行文多以"老子曰"开头或以文子问、老子答的方式写成，对老子思想多有解释和阐发。自从《文子》被柳宗元判为"伪书"后，不仅文子为"老子弟子，与孔子并时"②的说法遭到了怀疑，连《文子》一书也被打入冷宫。但是，仔细阅读《文子》所言，其为道家作品无可怀疑。《列子》一书冠名列御寇所撰，凡八篇，然实非出自一人之手，也非一时之作，杂入了后人及晋人张湛的思想。尽管该书亦被斥为"伪书"，但通览其中的许多文字，仍有道家思想的鲜明痕迹；尤其是辑录的《杨朱》一篇，是今人了解道家杨朱思想的重要依据之一。

老子是否有过真正意义的教育教学活动，史书无传。只有《庄子》一书中有一些较为具体的"记载"，云：

> 老聃之役有庚桑楚者，偏得老聃之道，以北居畏垒之山。……南荣趎赢粮，七日七夜至老子之所。老子曰："子自楚之所来乎?"南荣趎曰："唯。"老子曰："子何与人偕来之众也?"南荣趎惧然顾其后。老子曰："子

---

① 亦有老子为晚孔子百余年的周太史儋之说，然《史记》所言含糊其辞，且与孔子"适周问礼"之事不合，故本书不予采信。

②《汉书·艺文志》。

不知吾所谓乎?"南荣趎俯而惭,仰而叹曰:"今者吾忘吾答,因失吾问。"①

柏矩学于老聃,曰:"请之天下游。"老聃曰:"已矣!天下犹是也。"又请之,老聃曰:"汝将何始?"曰:"始于齐。"②

阳子居南之沛,老聃西游于秦,邀于郊,至于梁而遇老子。老子中道仰天而叹曰:"始以汝为可教,今不可也。"阳子居不答。至舍,进盥漱巾栉,脱屦户外,膝行而前曰:"向者弟子欲请夫子,夫子行不闲,是以不敢。今闲矣,请问其过。"老子曰:"而睢睢盱盱,而谁与居?大白若辱,盛德若不足。"阳子居蹴然变容曰:"敬闻命矣!"③

从这些材料看,老子可能是有些教育活动的,还有庚桑楚、南荣趎等弟子,但这些都出自《庄子》的"杂篇"中,而杂篇一般认为是庄子后学或后世学者所写,穿凿无稽之处甚多,因而不能轻信。不过,仅就老子独著五千言而论,就可称真正的教育活动了,因为该书玄远而切近,言约而意丰,对提撕人心、教化社会极有助益。

除以上所述外,老子思想的最正宗继承者当属庄子。庄子(约公元前369—前286年)名周,字子休,战国中期宋国蒙(今河南省商丘市,另有山东曹县、安徽蒙城等说)人,出身于破落的小贵族家庭。《庄子·外物》篇云:"庄周家贫,故往贷粟于监河侯。"《庄子》的其他篇什中也有他人周济庄子的事例,足见他生活确是非常贫困的,但庄子却乐在其中,精神生活异常丰富。除短期出任过蒙城"漆园吏"外,庄子终生不愿出仕,只愿过一种"至人无己"的自由生活。《山木》篇记载,庄子穿着打了补丁的粗衣,用麻绳当鞋带从魏王面前经过。魏王很同情他的贫困,问他为何如此之"惫"。庄子回答说:"这是贫,不是惫。人有道而不能行叫'惫',衣破鞋烂叫'贫'。贫而且惫,就叫生不逢时!我生在乱世,国君昏聩,相国乱搞,想不惫又怎么可能呢?"几句话把魏王顶得哑口无言,只好目送他离去。

没有确凿材料表明庄子与他人有明显的师承关系。庄子曾收徒讲学,弟子应有不少,但留下名字的只有一位叫作蔺且的弟子,见于《庄子·山木》篇中。

---

① 《庄子·庚桑楚》。
② 《庄子·则阳》。
③ 《庄子·寓言》。

据说庄子年少时非常聪明，早年可能学过儒，以后通过"剿剥儒墨"，"以诋訿孔子之徒，以明老子之术"，①使道家真正成为一个能与儒、墨相抗衡的学派。庄子穷困了一生，却也快活自在地过了一生，留下了《庄子》这部皇皇巨著，对后世影响深远。

《庄子》今传三十三篇，十余万字，分内篇、外篇和杂篇三部分。一般认为，内篇的七篇文字肯定是庄子所写，外篇的十五篇是庄子的弟子所写，或者是庄子与弟子合作写成；杂篇的十一篇应是庄子学派甚或秦以后的学者所写，《盗跖》《说剑》等，肯定不是庄子学派的思想。集中表现庄子思想的是《逍遥游》《齐物论》《养生主》等，外篇中的《秋水》也是最接近庄子思想的篇什。《庄子》内篇的七篇文章，议论和比喻交错使用，行文汪洋恣肆，篇与篇之间形成有机的整体。无论是思想的深度、高度还是文笔的雄奇瑰丽，该书都堪称一绝。尤其是书中的寓言故事，展示出庄子超乎常人的想象力，具有石破天惊、振聋发聩的艺术感染力，开了我国浪漫主义创作的先河。

如果说庄子因论说了"道"的浩瀚无边、无所不在，展示了精神世界的自由和逍遥，以及以一种物我两忘的行为风格而被视为老子思想之正宗继承者的话，那么杨朱则从"自然""养生"等角度阐发了老子的思想。关于杨朱的名字，历史上有杨子、杨生、阳子居等多种提法，也有人认为杨朱与阳子居并非一人；关于其生卒年月，虽无明确史料记载，但亦有不少学者考证过。②杨朱与孟子都曾见过梁惠王，据此推算，杨朱可能与孟子同为战国中期的人。

杨朱一派是战国道家的著名支派，以"为我""贵己"等思想名显于世。孟子曾云："圣王不作，诸侯放恣，处士横议，杨朱、墨翟之言盈天下。天下之言，不归杨则归墨。"③可见当时杨朱学派声势之大。但自孟子此言一出，学界就不乏对杨朱盛况的怀疑，如严复认为"庄周即《孟子》七篇中所谓杨朱"，蔡元培也认为"杨朱实即庄周"，等等。最具代表性的是钱穆，他对杨朱及其学派状况做过以下一段较长的考辨，云：

①《史记·老庄申韩列传》。
②据胡适、钱穆、唐钺、冯铁流等人考证，杨朱生年为公元前450年、前440年、前395年或前370年，卒年为公元前370年、前360年、前335年或前300年。
③《孟子·滕文公下》。

墨为先秦显学，顾无论矣；至于杨朱，其事少可考见。先秦诸子无其徒，后世六家、九流之说无其宗，《汉志》无其书，《人表》无其名，则又乌见其为"盈天下"者？惟刘向《说苑》称杨朱见梁王而论治，《列子》书言杨朱友季梁，季梁先杨朱死。而季梁之死，在梁围邯郸后，则杨朱辈行，较孟轲惠施略同时而稍前。果使其言盈天下，则当时文运已兴，又胜孔墨之世，其文字言论，何至放失而无存，不又可疑之甚耶？余故知儒墨之为显学，先秦之公言也。杨墨之相抗衡，则孟子一人之言，非当时之情实也。①

在此文前后，钱穆还有对杨朱学派状况的分析，大意都是说，杨朱学派不可能有"盈天下"的盛况，更无法与墨家相提并论；孟子之所以如此夸大其词，是希望有更多"能言距杨墨者"的"圣人之徒"站出来，以拯救杨墨"无父无君"思想所导致的"率兽食人，人将相食"的危局。

应该说，以无徒、无书、无名为据否认"盈天下"，是缺乏说服力的。但是，我们还是基本赞同上述论断，因为只要翻阅《孟子》就可发现，以"夸张危言"的方式推出自己的观点，正是孟子常用的论述手法。需要指出的是，虽然没有"盈天下"的繁盛，但杨朱学派一度甚为活跃却是事实，只是一方面，就思想的广度和深度而言，杨朱比庄子相差甚远；另一方面，由于杨朱倡导极端"为我"，为后世长期误解和不容，其思想未能完整地传承下来。

战国中期，一批活跃在稷下的道家学者还掀起了一场"黄老之学"的研究热潮。"黄老之学"远托黄帝，实则以老子政治思想为基础，兼收法家、兵家等学说，成为主张积极入世的道家一派。在稷下，许多学者如田骈、慎到、接子、环渊等人，"皆学黄老道德之术"，"慎到著十二论，环渊著上下篇，而田骈、接子皆有所论焉"，②成为稷下十分显赫的一派。黄老学派的政治主张以后被汉初统治者所采用，对于疗治战争创伤、稳定社会秩序发挥了重大的作用。

此外，在稷下学宫，还有一些人也与道家有关。如"喜刑名、法术之学"的申不害、韩非，早年皆"本于黄老"，以后成为法家的代表人物。宋钘、尹文也本于道家，后吸收墨家等学派的观点而成为"宋尹学派"。他们亦主张"节

---

① 钱穆：《先秦诸子系年·杨朱考》，商务印书馆 2005 年版，第 284—285 页。
②《史记·孟子荀卿列传》。

用""尚俭"，亦坚持上说下教，"虽天下不取，强聒而不舍者也"，① 并因张扬
"情欲寡浅""见侮不辱"说而在稷下颇为活跃。慎到、环渊则逐渐背离黄老学
派，因深研治国、御人之术而终成法家人物。可见，道家思想在稷下学宫是颇
有影响的。这些本于道家的人物与流派，被合称为"稷下道家"。

综上所述，道家自老子创立后，很快便迎来了兴盛局面。虽然无明显师传
关系，但由老子开其源、后辈衍其流的道家学派，一方面以庄子、杨朱为代表，
朝着自然养生与修身养性的方向发展，最后指向了魏晋风度、竹林风骨；一方
面以黄老学派为代表，注重研究"君人南面之术"，朝着积极干世的治国方略推
进，最后与儒、法合流，成为后世文教政策的构成要素。

作为颇重一时的学派，黄老之学不仅是一种治国方略，也包含着丰富的教
育思想。首先，与原始道家不同，黄老之学吸收儒法思想，主张德以导顺、刑
以治逆，认为"天德皇皇，非刑不行；穆穆天刑，非德必倾；德刑相养，逆顺
若成"②，倡导德刑相辅的文教政策。其次，与老子"不尚贤，使民不争"不同，
黄老学派认为贤才比国土更重要，智慧比财富更宝贵，因此他们主张对贤才给
予充分的尊重，强调崇德尚贤的用人路线。再次，贵柔、守雌本是老子的思想，
黄老学派进而主张，应"会刚与柔，柔刚相成"；在此基础上，提倡修身应力戒
骄傲自满，处事则要恭谨待人。最后，主张执一得要。"一"也是老子思想中的
重要语汇，即所谓"抱朴守一""天得一以清"等等；但在黄老学派看来，"一
者，道其本也"，"循名复一，民无乱纪"，③ 因此，循道的根本表现就是知一、
行一、执一。黄老学派认为，各种事物尽管纷繁复杂，但总有源可溯、有本可
觅，因而主张"得事之要""握少以知多"。所以，黄老学派对以"博学"为特
征的儒家的私学教育活动给予了尖锐的批评。

二、老子之"道"的思维追索

众所周知，"道"是老子所着力阐述的最重要的概念，也是整个道家思想的
核心概念。要论析道家的教育活动，首先不容回避的就是要弄清什么是"道"。

---

① 《庄子·天下》。
② 《黄帝四经·十大经·姓争》。
③ 《黄帝四经·十大经·成法》。

人们曾经统计过，在《老子》81 章中，直接论及"道"的占 37 章；全书共5100多字，"道"字出现了 74 次。① 可见老子对"道"的论说是非常多的。那么，老子心目中的"道"究竟是什么呢？我们不妨回看原文。在《老子》一书中，对"道"较为集中的论述是如下几段：

> 道冲，而用之或不盈。渊兮，似万物之宗。挫其锐，解其纷，和其光，同其尘。湛兮，似或存。吾不知谁之子，象帝之先。②

> 道之为物，惟恍惟惚。惚兮恍兮，其中有象；恍兮惚兮，其中有物；窈兮冥兮，其中有精；其精甚真，其中有信。③

> 有物混成，先天地生。寂兮寥兮，独立而不改，周行而不殆，可以为天下母。吾不知其名，字之曰道，强为之名曰大。……人法地，地法天，天法道，道法自然。④

"道"的原意是指人走的"道路"，象形文字为"十"，有四通八达之意，《说文解字》释为"一达"。老子所说的当然已不是"道路"之类的原意了，而是一种哲学或形而上的抽象与概括。对于老子"道"的含义，可谓众说纷纭。如陈鼓应等人指出，"道"有如下几层含义：（1）宇宙本源、万物之母；（2）万物存在的根据；（3）万物永恒的归宿；（4）万物变化的规律。⑤ 申国昌等学者则认为，"道"有如下四层含义：（1）道是无形、无声、无体的超感觉的东西；（2）不分上下，不辨明暗，不见前后，难以命名，仿佛无物；（3）道是万物之宗，事物之源；（4）可知古始，亦可执古御今。⑥ 还有学者认为，"道"的含义可略分为：（1）原始的客观存在；（2）自然界一切物质的本源和万物运动发展的规律；（3）人世社会的规律和统治者的治国之道。⑦ 还有很多人撰文指出，"道"

---

① 参见王炳照、阎国华主编：《中国教育思想通史》（第一卷），山东教育出版社 1994 年版，第390 页。
② 《老子》第四章。
③ 《老子》第二十一章。
④ 《老子》第二十五章。
⑤ 陈鼓应、白奚：《老子评传》，南京大学出版社 2001 年版，第 115 页。
⑥ 申国昌、史降云：《中国学习思想史》，科学出版社 2006 年版，第 70 页。
⑦ 王炳照、阎国华主编：《中国教育思想通史》（第一卷），山东教育出版社 1994 年版，第390—391 页。

可解析为本源、本体、规律、运行等，或进行本体论、认识论、方法论的分割。① 如此等等，不一而足。

在我们看来，以上解析都未能切近老子的本意，因为学者们在概括"道"时，使用的都是今人熟悉的肯定性思维和确定性语言。事实上，老子使用的多是否定性思维和描述性语言。有人曾做过统计，《老子》共用"不"字 235 个，"无"字 99 个，只有一章完全没有使用"不"或"无"；如果再加上"勿""弗""未""莫""非""绝""少""希"等包含明显否定含义的词语，则全书充斥着否定型句式和判断。② 我们对此深表认同。别的姑且不说，仅就上述引文而言，老子就是用否定性思维和描述性语言来论说"道"的，例如，"吾不知谁之子，象帝之先"使用的就是描述性语言；"惟恍惟惚，恍兮惚兮"既深含否定之意（恍惚即不清晰、不确定），也颇具描述而非界定之状；至于"吾不知其名，字之曰道，强为之名曰大"，不仅否定多于肯定，且颇具无奈和勉强之意。

那么，老子为何偏重于使用这种思维方式和语言来描述"道"呢？第一，在老子心目中，"道"具有生成、涵养和统御万物的终极性质，这绝不是具体、有限的语言所能准确表述的；也就是说，在丰富玄奥的思维面前，语言显得极其苍白，缺乏必要的释解能力，此即后世所谓的"言不尽意""得意忘言"，或今天所云的"欲达"和"能达"。老子对此也颇感无奈，才屡有"道常无名""道隐无名""吾不知其名"之叹，也才有"大音希声""大象无形"之言。第二，"道"既是个超乎感觉、须靠思维来把握的观念，也是一个极具个性化的东西，会因每个人的思维水平、思考力度之差异而有不同的理解，有类于"一千个观众，就有一千个哈姆雷特"。面对"我不说你不明白，我一说你就受局限"之类的"两难表达困境"，老子只好既小心翼翼地欲言又止，又郑重其事地择言而述，深恐确定性语言会误导、圈定他人的思维；更何况，老子本人对语言能否完整表达自己的思想都深表怀疑，"子将隐矣，强为我著书"的"强"字，就清晰地表达了老子勉为其难的情形。第三，既然不能不说，却又摆脱不了"我

① 参见张勇：《试论老庄自然主义教育思想》，载《安徽师范大学学报》（人文社会科学版）2000 年第 1 期；刘文英：《老子道论的现代分疏与解读》，载《南开学报》2002 年第 2 期；等等。

② 姚蓉：《从"不言之教"解读〈老子〉》，载《江西师范大学学报》（哲学社会科学版）2002年第 1 期。

一说你就受局限"的困境，因而老子一方面不惜用大量篇幅描摹"道"的表现、运行、功用，而不是用简短确凿的语言给道"下定义"，另一方面则反复申说，"道"是"玄之又玄"的，还用"玄牝""玄德""玄览""玄通""玄同"等语汇，一再提醒人们"道"绝不是轻易就能认识的，须待每个人下一番追索的功夫方能把握，此即老子开篇谆谆告诫的"道可道，非常道"之深意。

由此可知，老子的"道"确是很"玄"的；或者说，"玄"正是老子所描述的"道"的存在形式之一，是"道"不同于世间万物的突出特征。但若因此指斥老子是故弄玄虚、唯心主义或不可知论，则是不负责任地乱贴标签。事实上，老子苦心孤诣地申说"玄"，一方面意在指引人们郑重地去体认"道"，将人们逐渐引向对宇宙苍生的哲思解读；另一方面则无异于说，不管人们的水平与程度如何，只要他认真地去思索，他所体悟出来的就是"道"，就是隐藏在纷繁物象背后的东西。可见，老子绝非"不可知论"者或"有神论"者，①而是鼓励人们去自主探索的伟大思想家。这哪里是摆谱唬人的故弄玄虚，而是令人钦羡不已的高明之处！正如有人所指出的，《老子》一书的确给人如下一种观感："从《老子》开篇伊始，思维与言说之间就似乎出现了悖离。……通观《老子》全书，它往往不是在阐述'道是什么'，而是在告诉人们'道不是什么'。"②然而正是这种论说，不仅给人们剔除了许多与"道"无关的"思维杂质"，同时又给人们自主探索"道是什么"预留了广阔的思想空间，洞开了一扇思维想象的方便之门。老子的这种逆向思维和批判、否定式的审视风格，既让他发现了"柔弱""处下"等行为方式所蕴含的积极意义，还开了道家"另眼看世界"的先河，可谓傲视前贤，迥异时人，惠及万代。

可见，老子用独特的方式申说"道"，一是唯恐自己的语言会固化人们的思维与观念，二是源于"道"的渊深难述。尽管如此，按照今天的习惯，还是要对"道"作一勉强说明。在我们看来，"道"只能是万物之母、天地之源，此外不能再赋予"道"其他含义，尤其不能赋予"规律""治国之道"等层面的意义。关于"道生万物与天地"的命题，在《老子》一书中有极多论述，如"有

① 参见吕振羽：《中国政治思想史》，上海三联书店 1938 年版，第 616 页。
② 姚蓉：《从"不言之教"解读〈老子〉》，载《江西师范大学学报》（哲学社会科学版）2002 年第 1 期。

物混成，先天地生""万物恃之以生""衣养万物而不为主"等等。相比之下，今人所谓"规律""方法"云云，无非是人们给予"道"的庸俗化、附加性的东西。至于"惟恍惟惚"，乃是"道"之表现，并非"道"本身；挫锐解纷，和光同尘，执古御今，则是"道"的功用，离"道"之本义更远。人们之所以对"道"解说纷纭，就是因为将"道"之本义与其表现、功用、运行等混为一谈。

"道生万物与天地"命题的提出，在中国教育活动史上极具意义。这不仅为道家教育思想奠定了坚实的哲学基础，从而使其理论显得更加严谨，而且使我国很早就摆脱了"上帝造人"理念的羁绊，并将"天"的权威置于"道"（亦即人类思想）的统御之下，进而使我国先秦以后的宗教活动迥异于西方。由此可见，老子之"道"论具有何等的思维穿透力和影响力！

为了着力申说"道者，万物之奥"① 的终极性意义，老子除使用上述否定性方式外，还在"道与万物"的关系论说中嵌入了一些中介性概念。学界可能未曾充分注意到，老子思想中含有一些貌似矛盾的阐述。例如老子曾云："天下万物生于有，有生于无。"然而他还说过："道生一，一生二，二生三，三生万物。"② 那么，万物究竟由谁而生的呢？再如，既然"道生一"，也即"一"是比"道"层次稍低的东西，那么为何老子还有"圣人抱一为天下式"③ 的阐说以及"天得一以清，地得一以宁，神得一以灵"④ 的箴言？须知，从这些行文看，"一"是既高且贵的，极具终极本源的意思。那么，这是否意味着"一"挑战了"道"的地位呢？

我们认为不然。首先，"一"并非由道而生，更不是前人所谓的天地阴阳未分的混沌状态，而是"道"与"一"同质、同等，实同而名异。唯有如此，才能理解老子的上述箴言，才能深味道家"抱朴守一"的理论，也才能明白黄老学派"一者，道其本也"的解说。其次，人们有个常见的习惯，就是凡事喜欢追问到底。生活中最简单的例子是，当孩子得知自己是母亲所生时，他往往要追问谁生了母亲；当被告知外婆生了母亲时，他还要追问是谁生了外婆……如

①《老子》第六十二章。
②《老子》第四十二章。
③《老子》第二十二章。
④《老子》第三十九章。

此等等，没完没了。较复杂的例子是人们面对自然万物和浩瀚宇宙时，也会产生这种"孩子似的追问"。老子在申说"道生万物"时，应该也会担忧这种追问，所以在论说"道与万物"的关系时，不是直接的关系论说，而是在二者之间嵌入了"有""无"以及"一""二""三"之类的中介性概念；即是说，老子在"道与万物"之间设置了足够多的"谁生了谁"的环节和答案，以尽力避免人们再有"谁生了道"之类的无聊、无谓之问。可见，"道生万物"乃是老子最直接的结论，是老子苦心论述的结果，是他赋予"道"的唯一本质规定，也是其诸多否定论说中难见的肯定性论断。

三、淡泊名利的个体行为解读

从古至今，道家常常被视为出世离尘的学派。之所以如此，一个重要原因就是道家人物往往是飘逸潇洒、淡泊名利的。先秦时期，这类道家人物有很多，如老子、庄子、列子、关尹、杨朱，传说中的壶丘子、老商氏、支伯高子，以及《论语》中的长沮、桀溺、"楚狂"接舆、荷杖老人等，皆是进退裕如、超迈飘逸、对个人名位不斤斤计较的人物。可以说，如果没有包容宇宙的胸襟，没有洞穿世俗的眼力，是很难有此行为的。

道家淡泊名利的行为特色始于老子。他不但"强为我著书"之后便"莫知其所终"，而且对于淡泊名利之行为极其重视。在老子看来，淡泊名利是一种人生境界，是一种心态与感觉，也是一种修养和风度。对于这一点，老子较为集中的论述有如下几段：

圣人处无为之事，行不言之教，万物作焉而不辞，生而不有，为而不恃，功成而弗居。夫唯弗居，是以不去。①

持而盈之，不如其已。揣而锐之，不可长保。金玉满堂，莫之能守。富贵而骄，自遗其咎。功遂身退，天下之道。②

众人熙熙，如享太牢，如春登台。我独泊兮其未兆，如婴儿之未孩；儽儽兮若无所归。众人皆有余，而我独若遗。我愚人之心也哉！沌沌兮！俗人昭昭，我独昏昏；俗人察察，我独闷闷。澹兮，其若海；飂兮，若无

---

① 《老子》第二章。
② 《老子》第九章。

止。众人皆有以，而我独顽似鄙。①

　　能够功成不居，将世俗的"聪明"掩
藏起来，与万物合而为一，乃是一种洞悉
人生真相、明了自然法则的成熟通达。这
是老子认定的"上德"之人应具的行为与
胸怀。正因如此，老子"修道德，其学以
自隐无名为务"的行为特色，也就令孔子
深为叹服。他曾感慨地对弟子说：

　　　　鸟，吾知其能飞；鱼，吾知其能
　　游；兽，吾知其能走。走者可以为
　　网，游者可以为纶，飞者可以为矰。

图 5-5　《道德经》碑（唐景龙二年刻）

　　至于龙，吾不能知，其乘风云而上天。吾今日见老子，其犹龙邪？②

　　如果说老子因"居周之久，见周之衰，乃遂去"的"游龙"风范而开了道
家淡泊名利的行为之先河的话，那么庄子则是这一行为最典型的代表。他特立
独行，不入流俗，在战国诸子中十分罕见。《史记·老庄申韩列传》载：

　　　　楚威王闻庄周贤，使使厚币迎之，许以为相。庄周笑谓楚使者曰："千
　　金，重利；卿相，尊位也。子独不见郊祭之牺牛乎？养食之数岁，衣以纹
　　绣，以入大庙。当是之时，虽欲为孤豚，岂可得乎？子亟去，无污我。我
　　宁游戏污渎之中自快，无为有国者所羁，终身不仕，以快吾志焉。"

《庄子·秋水》篇也有类似的记载，云：

　　　　庄子钓于濮水，楚王使大夫二人往先焉，曰："愿以境内累矣。"庄子
　　持竿不顾，曰："吾闻楚有神龟，死已三千岁矣，王巾笥而藏之庙堂之上。
　　此龟者，宁其死为留骨而贵乎？宁其生而曳尾于涂中乎？"二大夫曰："宁
　　生而曳尾涂中。"庄子曰："往矣！吾将曳尾于涂中。"

　　由此可见，庄子的确可能因才华横溢而曾为统治者青睐，被许以常人梦寐
以求的高官，但他看穿了世道沧桑、人事无常，宁愿自娱自乐也不愿出任高官，
并且以"神龟"为喻明言，宁愿自由自在地摇尾于泥塘之中，也不愿被人盖上

---

①《老子》第二十章。
②《史记·老庄申韩列传》。

麻巾、盛在竹篮里，当作珍贵物品安放在庙堂之上，从而坚拒富贵荣华的诱惑，只愿过一种逍遥自在的自由生活。

不仅如此，庄子还曾因赋闲而遭到挚友的猜忌和误会。《庄子·秋水》篇记载说：

> 惠子相梁，庄子往见之。或谓惠子曰："庄子来，欲代子相。"于是惠子恐，搜于国中三日三夜。

> 庄子往见之，曰："南方有鸟，其名为鹓鸰，子知之乎？夫鹓鸰，发于南海而飞于北海，非梧桐不止，非练实不食，非醴泉不饮。于是鸱得腐鼠，鹓鸰过之，仰而视之曰：'吓！'今子欲以子之梁国而吓我邪？"

惠施是与庄子过从最密的朋友。有人造谣说庄子要取代惠施梁国之相的位置，惠施马上相信了，还派人在京城里搜查了三天三夜。可见，连挚友都坚信只要庄子首肯，就立刻可以出仕为相。但在庄子看来，事业即便如梁国（魏国）之大，官位即便如相国之高，也无非如腐鼠一般，只有热衷腐肉的猫头鹰才稀罕，高贵的鹓鸰是不屑一顾的。守住淡泊，超然物外，静观花开花落，追求精神自由，是比高官厚禄更重要的事，也是人应该享受的一种真正的生活。那么，在"天下熙熙，皆为利来；天下攘攘，皆为利往"[1] 的背景下，尤其在儒、墨、法家都纷纷争相出仕的战国时代，庄子为何会淡泊名利、将众人孜孜以求的权位与富贵置之不顾呢？

我们认为，这既基于庄子对战国时代社会现实的深刻认识，也源于他对知识分子使命的清晰体认。众所周知，战国是中国历史上典型的动乱时代。在此情形下，某些颇具良知的知识分子一方面对民众的疾苦极具同情之心，另一方面又不想去力挽狂澜地成就一番丰功伟业，其情形正如《庄子》一书中的许由一样。据说，舜曾经想把天下让给许由来治理，许由说：

> 子治天下，天下既已治也。而我犹代子，吾将为名乎？名者，实之宾也。吾将为宾乎？鹪鹩巢于深林，不过一枝；偃鼠饮河，不过满腹。归休乎君！予无所用天下为。庖人虽不治庖，尸祝不越樽俎而代之矣。[2]

在这样一种特定的历史背景下，社会上出现了许多隐逸之士。他们不著书

---

[1]《史记·货殖列传》。
[2]《庄子·逍遥游》。

立说，不拜师收徒，过着一种不图富贵、不攀王侯的生活。到战国中期，道家隐士们一方面保持着前辈退隐的传统；另一方面，他们"在布衣之位，荡然肆志，不诎于诸侯，谈说于当世，折卿相之权"，① 抨击时弊，著书立说，表现出更高的理论自觉。他们不再一味地与世俗保持距离，而又从"方外"观照"方内"，以超然冷静的眼光来看"人间世"，因而对于当时政治之恶、社会之乱和人民之苦也就看得更真切、更深刻了。②

就庄子本人而言，自甘贫穷、拒斥权贵，无疑是他对生存方式的郑重选择，也是经过理性权衡和深刻思考的结果。降尊纡贵地出仕为官，固然能使物质生活无虞，却也就意味着要处理各种政务，要以臣下僚属的身份与统治者打交道，要陷入世俗的各种纷扰与人事纠葛之中；更何况，即便不为虎作伥，其行动也处处要受到统治者掣肘。这对个性高洁的庄子来说，是绝对不能忍受的。毫无疑问，庄子是希望"人间世"和平、和谐的，但他却不想以暴力方式来平息另一种暴力，而只想以自己的微薄之力，尽可能为人们现实中的悲惨生活、无着生命找寻一方存在的空间。

既然以一己之力很难改变战争频仍的时局，那就不如坚拒仕途，不为这一乱局增添更多人为和无谓的政治纷扰；既然其他各家之士或相机而动，或著书立说，或待价而沽，纷纷以能获得赏识、谋得权位为鹄的，那就不如退而自守，给自己留下一片清凉的世界；既然追逐功名者如过江之鲫，而功名往往伴随着争夺、厮杀、相互倾轧、钩心斗角，那就不如本着"至人无己，神人无功，圣人无名"③ 的思路，向人们昭示人世间还有另外一种实实在在、逍遥快乐的"活法"；既然很难为人们的现实生活提供一个安全的场所，那就不如以自己的哲思和文笔，为人们的精神生活开出一片天地，为人生的真正意义提供一种阐释、一套体系。上述种种考量与比照，在庄子笔下有着清晰晓畅的表述，他说：

> 刻意尚行，离世异俗，高论怨诽，为亢而已矣；此山谷之士，非世之人，枯槁赴渊者之所好也。语仁义忠信，恭俭推让，为修而已矣；此平世之士，教诲之人，游居学者之所好也。语大功，立大名，礼君臣，正上下，

---

① 《史记·鲁仲连邹阳列传》。
② 参见朱哲：《先秦道家哲学研究》，上海人民出版社 2000 年版，第 38—39 页。
③ 《庄子·逍遥游》。

为治而已矣；此朝廷之士，尊主强国之人，致功并兼者之所好也。就薮泽，处闲旷，钓鱼闲处，无为而已矣；此江海之士，避世之人，闲暇者之所好也。吹呴呼吸，吐故纳新，熊经鸟申，为寿而已矣；此道引之士，养形之人，彭祖寿考者之所好也。若夫不刻意而高，无仁义而修，无功名而治，无江海而闲，无道引而寿，无不忘也，无不有也，淡然无极，而众美从之，此天地之道，圣人之德也。[①]

可见，庄子既不想做"离世异俗"的"山谷之士"，也不想做"钓鱼闲处"的"江海之士"，更不羡慕彭祖之类的"养形之人"。他只是将思想之根深深扎在现实生活之中，通过自己迥异时人的行为和著述，向痛苦重压下的人们展示一种"淡然无极，而众美从之"的"天地之道，圣人之德"。

由此我们一方面明白了庄子为何那么愤世嫉俗，对战国时代的社会政治进行了毫不留情的讽刺与批判，另一方面也有理由说，与老子一样，庄子貌似游世离世、看破红尘，实则深怀悲悯之心，意在为现实困境之中的苦难心灵提供避难的港湾。同时也可断言，庄子关心的固然是"个体存在的身（生命）心（精神）问题"和"个体存在的形（身）神（心）问题，最终归结为人格独立和精神自由"，[②] 但这只是其思想的一个方面，或者只是其思想的显性表现而已。实质上，庄子绝非如今日一般论者所称的不关心政治问题。他对现实政治的批判，对红尘中追名逐利之人的嘲讽，以及借孔子与颜回、颜回与子贡、蘧伯玉与颜阖之口所阐述的思想等等，[③] 无不折射出他对现实政治的关心，只是这种关心不是以"四平八稳"的"正面"论述方式展示的，而是以"愤世嫉俗，匠心独运"的特殊方式，以汪洋恣肆的寓言表现出来而已。

可见，与老子相似，庄子也惯用"另眼看世界"的方法去揭示人们视为"无用之物"如栎社、樗树之背后的大用妙用，去讴歌独腿、驼背、无趾、牙齿不齐者以及屠夫、盗贼等地位卑贱者的聪明才智；与老子相似，庄子也把"道"视为万物之根本，感慨"夫道，覆载万物者也，洋洋乎大哉"，并进而认为"夫道，有情有信，无为无形；可传而不可受，可得而不可见；自本自根，未有天

---

① 《庄子·刻意》。
② 李泽厚：《中国古代思想史论》，天津社会科学出版社 2003 年版，第 171—173 页。
③ 参见《庄子》的《养生主》《人间世》《大宗师》《徐无鬼》《则阳》等诸篇。

地，自古以固存"，① 对于"道"的无所不在、无所不能进行了阐述；更与老子相似，庄子亦是一位玄远而又切近的思想家。

四、虚心实腹的社会教化探析

既然老庄皆非出世离尘的闲云野鹤，当然也就不仅关注个人的生存与发展，也非常关注社会发展的问题。事实上，老庄对于此类问题都有自己独到的见解。在道家教育活动史上，老子首开"另类"社会教化思想之先。他说：

> 不尚贤，使民不争；不贵难得之货，使民不盗；不见可欲，使民心不乱。是以圣人之治，虚其心，实其腹；弱其志，强其骨；常使民无知无欲，使夫智者不敢为也。为无为，则无不治。②

在这里，老子鲜明地亮出了自己社会教化的观点，即明确反对其他学派的"尚贤"主张，认为这是造成"民争"的根源所在；并且运用其独特的否定性思维，揭示了"民盗""民乱"乃是源于统治者过分的喜好和贪欲，进而提出虚心实腹、弱志强骨、使民无欲的"无为"教化思想。老子认为，只要和只需满足人们的基本生理需求，就能保证社会安然有序、人民素朴自然。针对统治者耽于享乐、纸醉金迷的社会现实，老子还直白地指出：

> 五色令人目盲；五音令人耳聋；五味令人口爽；驰骋畋猎，令人心发狂；难得之货，令人行妨。是以圣人为腹不为目，故去彼取此。③

就是说，"五色""五音""五味"等东西固然能使人感觉愉悦，但也会令人眼花缭乱、莫知所从，对人素朴本真的自然之性是一种直接的戕害。老子认为，统治者如果不对感官之欲加以约束，将会造成上行下效、贪欲横行的不良结果，极大地扰乱人们的心智和行为，进而使社会纷争无可遏制。

不仅如此，老子还将社会动乱的肇因做了进一步归纳，认为这都源于统治者没能实行"无为而治"之策，从而打乱了社会应有的和谐状态。他指出：

> 万物负阴而抱阳，冲气以为和。人之所恶，唯"孤""寡""不谷"，而王公以为称！故，物或损之而益，或益之而损。人之所教，我亦教之：强

---

① 《庄子·大宗师》。
② 《老子》第三章。
③ 《老子》第十二章。

梁者不得其死！吾将以为教父。①

　　天下多忌讳，而民弥贫；人多利器，国家滋昏；人多伎巧，奇物滋起；法令滋彰，盗贼多有。故圣人云：我无为，而民自化；我好静，而民自正；我无事，而民自富；我无欲，而民自朴。②

　　这样，老子通过与"圣人"作为的对照，把批判的矛头指向当世统治者。首先应该承认，老子的上述批判虽能让人耳目一新，但也颇有问题，因为其中既有很强的社会"乌托邦"色彩，也有相当成分的愤世嫉俗之处。将社会动乱根源统统归咎于统治者好色、好味、好乐等生理追求，不但是夸大其词、以偏概全的过激之论，而且将复杂的政治、经济关系问题和阶层利益冲突简单化了，因而并未找到社会动乱、民不聊生的真正根源。另外，希望废除国家、法律、礼仪、道德等"人为"的东西，希望人们置生产技能、技术进步于不顾，使社会重新恢复到素朴和谐的状态，这不仅会因倡导无政府主义而使社会更加动乱，而且付诸实际更无实现的可能。

　　但是，如果因此而否认上述批判的意义和价值，那将是很不应该的，因为这包含着老子思想的独到之处，反映出他对于历史与现实关系的深刻把握。尤其将人类社会的发展与人自然本性的损害联系在一起，可视为老子否定性思维的一个伟大发现。反观人类的历史，在很长一段时间里，社会发展往往要靠牺牲个人的发展为代价。例如，每一次社会大分工，固然会因社会结构的分层化、专门化而推动社会不断进步，但也会造成人发展的日益片面化；而当社会面临变革或转型时，则往往伴随着剧烈的动荡，给人类带来难以避免的灾难。这正如恩格斯所说：

　　以这些制度为基础的文明时代，完成了古代民族社会完全做不到的事情。但是，它是用激起人们的最卑劣的动机和情欲，并且以损害人们的其他一切禀赋为代价而使之变本加厉的办法来完成这些事情的。卑劣的贪欲是文明时代从它存在的第一日起直至今日的动力；……由于文明时代的基础是一个阶级对另一个阶级的剥削，所以它的全部发展都是在经常的矛盾中进行的。生产的每一个进步，同时也就是被压迫阶级即大多数人的生活

---

①《老子》第四十二章。
②《老子》第五十七章。

状况的一个退步。①

所以，老子的批判虽然不无偏颇，却触及了人类社会发展中的一个悲剧性的"二律背反"，就是人从自然状态到社会存在的发展固然是一种进步，但同时也是以人日益远离自然，削弱、损害乃至扭曲人的自然本性为代价的。如此一来，老子的上述思想也就颇具警省作用了，正如学者所指出的：

> 他们也触及了教育活动和教育发展中的本质矛盾，因为任何社会性原则都有可能背离自然法则，任何时代和社会的教育在体现其具体的社会要求、社会内涵时，必须注意个人的价值和发展问题。这一见解不仅有利于纠正当时儒墨教育思想的某种片面，对后来的教育也有启示。②

此外，老子将批判的矛头直指当世统治者，也不无合理之处。众所周知，春秋战国之际正是中国社会变革和转型时期，转型则往往导致社会关系的错位与重组。这是一个"饥者不得食，寒者不得衣，劳者不得息"的时代，一个"争地以战，杀人盈野；争城以战，杀人盈城"的时代；同时，这也是一个"福轻乎羽，莫之知载；祸重乎地，莫之知避"③的时代，人欲横流，攻伐为上，乱象丛生。正是在这种情况下，老子站在既游离又置身时代的立场上，将批判矛头对准贪得无厌的统治者。他严正地指出："师之所处，荆棘生焉；大军之后，必有凶年。"④ "夫佳兵者，不祥之器。物或恶之，故有道者不处。……胜而不美，而美之者，是乐杀人！"⑤ "民之饥，以其上食税之多，是以饥；……民之轻死，以其求生之厚，是以轻死！"⑥ 对统治者穷兵黩武、横征暴敛、残民以逞的行为给予了直白的揭露，希望在位者能以"不贵难得之货""大国者下流""自爱不自贵"等方式，像"圣人"那样重民爱民。可以说，老子的上述批评之语，乃是在野知识分子社会良知的具体体现，也是胸怀苍生之使命感的直接反映；至于虚心实腹、自教自化之类的民众教化之思，则表现出老子对机巧过盛、伪智横行之现实的深刻思考。这些都不无合理之处。如果一味将老子的社会教化

---

① 恩格斯：《家庭、私有制和国家的起源》，人民出版社1972年版，第174—175页。
② 孙培青主编：《中国教育史》（第三版），华东师范大学出版社2009年版，第81页。
③《庄子·人间世》。
④《老子》第三十章。
⑤《老子》第三十一章。
⑥《老子》第七十五章。

思想归为天真、迂阔甚或"开历史的倒车",显然是有失公允的。

对于老子"开历史的倒车"的批评,无过于他的"小国寡民"思想了。人们对于老子思想中的"道"论甚感玄虚也略有微词,对其"辩证法"是最为称道的,对于他的"小国寡民"主张却几无肯定。"小国寡民"主张是老子乃至整个道家社会教化思想的重要组成部分,是不能置之不论的。老子云:

> 小国寡民,使有什伯之器而不用;使民重死而不远徙。虽有舟舆,无所乘之;虽有甲兵,无所陈之。使民复结绳而用之。甘其食,美其服,安其居,乐其俗。邻邦相望,鸡犬之声相闻,民至老死不相往来。①

不少人从字面上分析,认为老子的社会理想就是要使社会回到使民"无知无欲"的原始氏族时期,因而断言老子思想是消极避世、异想天开,且有复古崇古之弊。甚至还有人坚称,老子思想是基于"原始主义的立场",是对人类"高等文明的批判",② 等等。这都是对老子思想似是而非的误读。事实上,老子"小国寡民"的论述,首先针对的乃是当时"大国众民"的社会风向与政治图谋。众所周知,"大国众民"是春秋时期各国纷纷追求的目标,而伴随这一目标的必然是大量人民死于无辜。在此情形下,老子用他独有的思维和笔触,既向人们展示出"小国寡民"的种种生活样态,同时也是向统治者明示,"大国众民"目标是不值得追求的,否则不仅会导致民生凋敝、国势日微,还会使自己成为孤家寡人,最终导致"强梁者不得其死"的结局。

其次,老子作为"周守藏室之史"即深谙王朝更替的资深史官,难道不清楚人类社会绝不可能回到原始时期吗?难道非要建议人们置众多便利器物于不用,且必须用"结绳"的愚蠢办法来"记事"吗?真的相信"民至老死"都能"不相往来"吗?所以,老子绝不是要"开历史的倒车",而是基于对现实中人们作为的深深忧虑,才在头脑中创造出来一个"小国寡民"的世界,以阐明自己的教化思想。事实上,老子将仁、义、礼看成是加重世道之乱的人为因素;换言之,这些被人们奉为信条的观念、标准、品质等等,其正确性、合理性、必要性是大可怀疑的。庄子对老子的这一思想做了极经典的阐述和发挥,他说:

---

① 《老子》第八十章。
② [美]本杰明·史华兹著,程钢译:《古代中国的思想世界》,江苏人民出版社 2004 年版,第 201 页。

物无非彼，物无非是。自彼则不见，自是则知之。故曰：彼出于是，是亦因彼。……是亦彼也，彼亦是也。彼亦一是非，此亦一是非。果且有彼是乎哉？果且无彼是乎哉？彼是莫得其偶，谓之道枢。……天下莫大于秋毫之末，而太山为小；莫寿于殇子，而彭祖为夭。天地与我并生，而万物与我为一。①

且夫待钩绳规矩而正者，是削其性者也；待绳约胶漆而固者，是侵其德者也；屈折礼乐，呴俞仁义，以慰天下人心者，此失其常然也。……自虞氏招仁义以挠天下也，天下莫不奔命于仁义，是非以仁义易其性欤？故尝试论之，自三代以下者，天下莫不以物易其性矣。小人则以身殉利，士则以身殉名，大夫则以身殉家，圣人则以身殉天下。故此数子者，事业不同，名声异号，其于伤性以身为殉，一也。②

在这里，庄子接着老子的思维理路，对人们根深蒂固的观念进行了深刻的批判。庄子认为，人们常常以己见为是、彼见为非；殊不知，不仅"己非"本人难以觉察，且"己是"在别人眼里很可能也是非，所以，是与非并无绝对的界限和标准。应该说，这一观点是极其精辟的，绝不能粗暴地归入"相对主义"的范畴。在庄子看来，不仅是与非如此，就连生与死、美与丑、高与下、大与小、寿与夭都是这样，都应"齐"之；至于仁义之类的后天标准，就更须加以反思和检点了。所以，规矩、礼仪、仁义之类的所谓观念，是大可怀疑和解析的；更何况，战国各家各据其标准，吵吵嚷嚷，无止无休，把天下弄得更乱，人心搞得更浮，令人莫知所从。

由此反观老子的思想，一方面可以发现，他所描述的"小国寡民"绝非所谓"原始氏族时期"的生活样态，因为这一时期生产力十分低下，何来"虽有舟舆，无所乘之"之论？如果非要找一个类似的状态，那也只有陶渊明笔下的"世外桃源"与之相近；另一方面，老子创造这样一个"世界"，绝不是某些论者所称的"回归往古"，而是对现实中伪善流行、俗智猖獗、巧言惑众深感不

---

① 《庄子·齐物论》。
② 《庄子·骈拇》。

满，才"极而言之"①、愤世嫉俗地申说"使有什伯之器而不用"，并明言"民至老死不相往来"。如果把这些话语当作实实在在的建议或思想，那将是胶柱鼓瑟的浮泛解读。此外，仔细品味老子"小国寡民"之论，通篇所述的无不是对现实状况的背离与反动，是以肯定之语表达的否定之思，这与老子一贯的论述风格是高度一致的。基于这些分析，我们才能理解老子为何把"小国寡民"描述得那般美好，为何知其不能却还要加以申说；同时我们也能明白，为何老子有"绝圣弃智，民利百倍；绝仁弃义，民复孝慈；绝巧弃利，盗贼无有"，以及"为学日益，为道日损；损之又损，以至于无为"②之类的社会教化之论了。

综上所述，道家学派虽然与众不同，但绝不消极避世、孤芳自赏。他们以独特的方式向人们昭示了一个心目中的世界，将心系民瘼的"古道热肠"融汇在"正言若反"、汪洋恣肆的"奇谈怪论"之中。唯有把握住道家独特的思维论述方式，并将其论说置于具体的时代背景中，才能深谙其社会教化的真意。

五、贵己为我的养生教育辨析

养生思想是道家留给后人的宝贵财富。虽然儒、医、阴阳等家也注重养生，但相比之下，道家更重视对人自然生命的呵护，也更重视对人死亡问题的关怀。冯友兰曾云："先秦道家虽然有许多派别，但都有一个一贯的中心思想：'为我'。'我'的主要东西，就是'我'的生命。"③ 这是切中肯綮的一段定评。然而，有些人却把它斥为"自私""自我"，甚至以"极端个人主义"相讥评。有鉴于此，在阐述道家养生教育主张时，也就不能不择机做些"辨说"。

在道家学派中，开养生教育思想与活动之先河的乃是老子。在战乱频仍的背景下，老子希望人们能以处下、守雌的态度，注重贵生、爱生。应该说明的是，"贵己重生"的概念并不是老子提出的，但他所强调的"贵身""摄生"和"长生久视"等思想，都可视为道家"贵己重生"的理论来源。老子的这些思想

---

① "极而言之"是古人论述思想时常用的一种方式，如孔子的"杀身成仁"、孟子的"舍生取义"、汉儒的"正其谊不谋其利"、宋儒的"饿死事极小，失节事极大"等，都是箴言式的"极言"，意在阐明极端情况下应有的取舍，绝非意味着"生"可轻易舍去。如果将这些论述仅做字面释读，则会曲解古人之意。

② 《老子》第四十八章。

③ 冯友兰：《中国哲学史论文二集》，上海人民出版社1962年版，第171页。

集中表现在以下篇章之中：

天长，地久。天地所以能长且久者，以其不自生，故能长生。是以圣人后其身而身先，外其身而身存。非以其无私邪？故能成其私。①

宠辱若惊，贵大患若身。……吾所以有大患者，为吾有身；及吾无身，吾有何患？故贵以身为天下，若可寄天下；爱以身为天下，若可托天下。②

知人者智，自知者明；胜人者有力，自胜者强。知足者富；强行者有志。不失其所者，久；死而不亡者，寿。③

名与身孰亲？身与货孰多？得与亡孰病？是故，甚爱必大费，多藏必厚亡。知足不辱，知止不殆，可以长久。④

治人事天，莫若啬。夫唯啬，是谓早服。早服，谓之重积德；重积德，则无不克；无不克，则莫知其极；莫知其极，可以有国；有国之母，可以长久。是谓深根固柢，长生久视之道。⑤

长期以来，人们对老子的上述思想有很多误解。如认为"不以其无私，故能成其私"是一种滑头主义的主张；"贵以身为天下，若可寄天下"表现了老子的世故与狡诈；"甚爱必大费""治人事天，莫若啬"表现了老子的自私；甚至还有人认为，"死而不亡者，寿"表明老子具有"有神论"或"灵魂不灭"的思想。这些都是对老子思想的严重曲解。事实上，老子通过以上论述解答了很多问题，诸如：人如何才能像天地一样自生自长、长久存活？如何才能正视世间荣辱、安身立命？如何才能明智坚强、死而不朽？如何才能超越声名财货的羁绊、获得长生？如何才能远离危境、乱中求存？如何才能积蓄自身力量、无往不胜？等等。这既涵盖自然和生理意义上的自存、贵生，也涉及社会层面上的贵身、摄生，是广泛意义上的养生思想，为道家养生理论奠定了基础。

事实上，以上所论对于指导人的现世生存极有意义。例如，老子主张，人们都应认真对待宠与辱的问题，既不应狂喜过望，也不能沮丧气馁，否则就会伤生害身；唯有厚利不倾、不乱心神，才可受天下之寄、万民所托。这无疑是

① 《老子》第七章。
② 《老子》第十三章。
③ 《老子》第三十三章。
④ 《老子》第四十四章。
⑤ 《老子》第五十九章。

正确的。又如，与西方"认识你自己"之格言相似，老子亦有"知人者智，自知者明"的箴言。这不仅是对人生道路的善意提醒，也深含历史之叹、哲理之思。又如，人们往往会被现实的功名利禄所迷惑，老子则明言，只有贵身贱物、懂得满足，才不会受到屈辱；只有适可而止，才能保持住长久的平安。再如，在老子看来，善摄生者绝不去追求"生生之厚"，才能有敏锐的危机意识，避险的能力也强于他人。"生生之厚"在短期看来好像是"贵身"，但从长远来讲却是"损身"。因而，生命需要的是顺应自然的养生之法，而不是为达长生而过分追求。这些论述不仅对身处乱世之秋的战国民众具有镜鉴作用，在今天看来也是非常精辟深刻的，看不出有丝毫"自私"的痕迹。

相传为老子弟子的文子，对于处世和养生之道也有精彩的论述。他以自然界的很多事物为喻，指明了人们应该采取的养生之道。文子说：

> 农夫劳而君子养，愚者言而智者择。见之明白，处之如玉石；见之黯黮，必留其谋。百星之明，不如一月之光；十牖毕开，不如一户之明。蝮蛇不可为足，虎不可为翼。今有六尺之席，卧而越之，下才不难；立而逾之，上才不易：势施异也。助祭者得尝，救斗者得伤。蔽于不祥之木，为雷霆所扑。日月欲明，浮云蔽之；河水欲清，沙土秽之；丛兰欲修，秋风败之；人性欲平，嗜欲害之。①

在此，文子以类比推理的方式指出，人应该对事物弄明白、搞清楚，然后再考虑对策，处理事情时才能像分辨玉和石一样；只有对形势有清晰的判断，才能做到保生、养生。

与老子等人相似，庄子对于人们的现实养生问题也极为关注，这集中表现在《养生主》《天道》《达生》《知北游》等诸篇中。例如，《庄子·养生主》篇有云：

> 吾生也有涯，而知也无涯。以有涯随无涯，殆已；已而为知者，殆而已矣。为善无近名，为恶无近刑。缘督以为经，可以保身，可以全生，可以养亲，可以尽年。

这是庄子养生思想的名言，也常常被人视为"悲观消极"。在庄子看来，人

①《文子·上德》。

的生命是有限度的，而知识、智慧（即对于外部世界的认识）没有穷尽。以有限的生命去追求这些无限的东西，那将是十分危险的；明知危险还偏要去做，那将更加危险，还会伤身而害命。正如做善事不必追求赞誉、做任何事都不要碰触律法一样，人们如果一切都能顺守中道，就可以保养身体、保全生命、赡养亲人、尽享天年。我们以为，庄子此处所云并无不妥，缘何以"悲观"相讥评？

在《达生》篇中，庄子进而指出，人不但不应追求一生无法做到的事情，也不要追求命运所无能为力的东西，即所谓"达生之情者，不务生之所无以为；达命之情者，不务知之所无奈何"。在此基础上，庄子进一步明言：

> 养形必先之以物，物有余而形不养者，有之矣；有生必先无离形，形不离而生亡者，有之矣。生之来不能却，其去不能止。悲夫！世之人以为养形足以存生，而养形果不足以存生，则世奚足为哉？虽不足为而不可不为者，其为不免矣。夫欲免为形者，莫如弃世。弃世则无累，无累则正平，正平则与彼更生，更生则几矣。

人要保住自然形体，当然须以物质为保障，而要保住生命则须以形体为基础。然而，有了物质保障就必然能保住自己的形体吗？有了形体就一定能有真正的生命吗？一切都未必，因为人的生与死是自己难以左右的。世俗之人的悲哀就是过于相信形体为生命之基础的浅见了，于是想方设法地去保住形体，这就不免为形所累。所以，人应摆脱世俗乱象的纷扰，保持心境平和，与外物同生同化，才能渐臻养生的自然之道。在这里，庄子正确指明了养生的真谛不在"养形"而在"养心"，是非常中肯的养生之见。

不仅如此，庄子还指出，真正善于养生的人不但要脱开世俗之累，还应对生死保持达观的态度，要认识到人生于天地之间，不过是"若白驹之过隙，忽然而已"。庄子借助黄帝之口，还进一步阐明了生与死的关系问题。他说：

> 生也死之徒，死也生之始，孰知其纪？人之生，气之聚也；聚则为生，散则为死。若死生为徒，吾又何患？故万物，一也。①

如果把生与死都能看得稀松平常，看成是以"气"的聚散为特征的互为循

---

① 《庄子·知北游》。

环，当然对于世俗的恩怨荣辱也就不会挂在心上了。庄子认为，这才是人与自然的真正融合，是与万物并生不亡的养生之道、人生哲学，即所谓"知天之所为，知人之所为者，至矣。……死生，命也；其有夜旦之常，天也；人之有所不得与，皆物之情也"[1]。这种看破生死的思维路数，止如有学者所指出的：

> 在庄子哲学中，它的本体论，即关于"道"的学说，是直接为它的要求个体的无限和自由的人生哲学作论证的。这个本体论的意义，主要不在于探究宇宙的本体是什么，宇宙是如何生成的等等问题，也不在于由此引出认识论上的结论，而在论证人类的生存和发展应该像宇宙自然那样，达到无限和自由。[2]

这段话正确揭示了庄子论述"道"之无所不在、无所不包的真意所在，即庄子不再像老子那样去探求宇宙的根源，而是用"道"来直接指导人的现实生活，使人能够超越生死观念的羁绊，获得自由畅快的生命体验。

如果说，老子对养生教育思想有奠基之功，庄子接续老子思想并有所发挥，那么先秦道家养生思想的另一重要人物乃是杨朱。杨朱对道家养生思想的贡献也许不算最大，但所承受的诟病却最重，也属最多。

在中国教育活动史上，对杨朱首启批判乃至谩骂之声的是孟子。他说："天下之言，不归杨则归墨。杨氏为我，是无君也；墨氏兼爱，是无父也。无君无父，是禽兽也。"[3] 又说："杨子取为我，拔一毛而利天下，不为也。墨子兼爱，摩顶放踵利天下，为之。……所恶执一者，为其贼道也，举一而废百也。"[4] 还曾明言："逃墨必归于杨，逃杨必归于儒。……今之与杨、墨辩者，如追放豚，既入其苙，又从而招之。"[5] 可见，孟子是把杨墨两派相互对照、一并批判的，意思是杨墨两派各行一端，皆是偏离正常教化之道的行为。可以说，孟子反对杨墨态度之坚决，用词之粗陋（禽兽、贼道、放豚、入苙），在中国思想史上实属罕见。且不论杨墨思想是否正确，观乎孟子之言辞，实在有失大师的风范。

---

[1]《庄子·大宗师》。
[2] 李泽厚、刘纲纪主编：《中国美学史》（第一卷），中国社会科学出版社 1984 年版，第 237—238 页。
[3]《孟子·滕文公下》。
[4]《孟子·尽心上》。
[5]《孟子·尽心下》。

这些批判之语一出，对后世就产生了极为深远的影响，使杨朱长期蒙受了不公正的指责。

孟子之所以痛批杨朱，原因在于他的"为我"思想。的确，"为我"是杨朱一派最基本的教育教化主张。那么，他为何要提出"为我"这种极易为人诟病的主张呢？《列子·杨朱篇》记载杨朱之话语云：

> 人肖天地之类，怀五常之性，有生之最灵者也。人者，爪牙不足以供守卫，肌肤不足以自捍御，趋走不足以从利逃害，无毛羽以御寒暑，必将资物以为养，任智而不恃力。故智之所贵，存我为贵；力之所贱，侵物为贱。然身非我有也，既生，不得不全之；物非我有也，既有，不得而去之。身固生之主，物亦养之主。虽全生，不可有其身；虽不去物，不可有其物。有其物，有其身，是横私天下之身，横私天下之物。不横私天下之身，不横私天下物者，其唯圣人乎！公天下之身，公天下之物，其唯至人矣！此之谓至德也。

杨朱的这些话语，大概是作伪者（疑为晋人张湛）抄自某一古书而窜入《列子》的。尽管《列子》并非列御寇所撰，但既然这些材料很可能源自先秦，也就不妨以此来剖析杨朱。由上可以看出，杨朱之所以会提出"为我"思想，是因为人无法像动物一样具备抵御自然风险的各种天生条件。因此他主张，人们不但应该用智慧来保全自己，还要善于利用外物来养生。既然拥有了生命，就应该尽力保全；既然外物有用，就不应弃置一旁。这就是养生的原则。普通民众保全身体、利用外物，都是将本属于天下的东西为己所用的；只有"圣人"才可能把这属于天下的身和物变为公有和公用，这是至人和至德，一般人是学不了的。

在阐明了人和动物、普通人和圣人的区别以及人养生应该遵循的原则之后，杨朱进一步阐述了普通民众应该如何才能养生的问题。他说：

> 生民之不得休息，为四事故：一为寿，二为名，三为位，四为货。有此四者，畏鬼、畏人、畏威、畏刑，此之谓遁民也。可杀可活，制命在外。不逆命，何羡寿？不矜贵，何羡名？不要势，何羡位？不贪富，何羡货？

此之谓顺民也。天下无对，制命在内。①

在这里，杨朱明确指出，现实之中的人们之所以不会保生养生，是因为受到寿命、名声、地位、财富四大问题的羁绊，畏首畏尾，瞻前顾后，生与死都受到外界的制约。只有超越这些世俗观念的羁绊，关注自身，注重"为我"，才能顺从自然之道，将生死掌握在自己手里。

可以看出，杨朱的"为我"主张是有较为清晰的论述逻辑的，即首先阐明了人利用外物养生的必要性；其次区分了普通人和圣人的不同，论述了普通人养生的合理性，在此基础上，进一步阐述了人何以养生的问题。杨朱明言，人生是很短暂的，正所谓"百年，寿之大齐；得百年者，千无一焉"，所以，"太古之人，知生之暂来，知死之暂往，故从心而动，不违自然之好；当身之娱，非所去也，故不为名所劝"②。他还明确指出："今吾生之为我有，而利我亦大矣。论其贵贱，爵为天子，不足以比焉；论其轻重，富有天下，不可以易之；论其安危，一曙失之，终身不复得。此三者，有道者之所慎也。"③ 应该说，这些论述固然不免有消极"自保"之意，但在"天下熙熙，皆为利来"的战国时代也是很有见地的，对孜孜于功名利禄的人不啻是一种苦心的规劝。孟子对此痛加批判，足可看出战国某些儒者以己为是、刚愎自用的做派，以及"平治天下，舍我其谁"的豪情与霸气。

众所周知，杨朱为人诟病的不仅在于他的"为我"思想，更在于他"拔一毛而利天下，不为也"的"铁公鸡"式的宣言。在《列子·杨朱篇》中，杨朱虚构了伯成子高这样一位"道家隐者"，借此阐述了这一惊世骇俗的"宣言"：

杨朱曰："伯成子高不以一毫利物，舍国而隐耕。大禹不以一身自利，一体偏枯。古之人，损一毫利天下，不与也；悉天下奉一身，不取也。人人不损一毫，人人不利天下，天下治矣。"禽子问杨朱曰："去子体之一毛，以济一世，汝为之乎？"杨子曰："世，固非一毛之所济。"禽子曰："假济，为之乎？"杨子弗应。

禽子出语孟孙阳。孟孙阳曰："子不达夫子之心！吾请言之。有侵若肌

① 《列子·杨朱篇》。
② 《列子·杨朱篇》。
③ 《吕氏春秋·重己》。

肤获万金者，若为之乎？"曰："为之。"孟孙阳曰："有断若一节得一国，子为之乎？"禽子默然。有间，孟孙阳曰："一毛微于肌肤，肌肤微于一节，省矣。然则积一毛以成肌肤，积肌肤以成一节。一毛固一体万分中之一物，奈何轻之乎？"禽子曰："吾不能所以答子。然则以子之言问老聃、关尹，则子言当矣；以吾言问大禹、墨翟，则吾言当矣。"

这是杨朱这一"宣言"的完整过程。《韩非子》中也有相似的表述，云："今有人于此，义不入危城，不处军旅，不以天下大利易其胫一毛。"① 看来，"拔一毛而利天下，不为也"的确是杨朱明确申说的主张，是他"为我""贵己""无累于物"思想的另一种表达。

那么，杨朱为何出此言语，以至于惹得众口汹汹呢？这首先源于道家人是我非的"另类"做派和思维特色。关于这一点，前文在分析老子思想时已有论述。今有不少人研究指出，杨朱距老子活动之时有数十或近百年，从而很可能未得老子亲授，但应该是读过老子著作的，因为"杨朱主题就是老子通见（vision）之不可分割的一部分，并且杨朱只是从整个通见中截取了适合他本人目的的一部分"②。因而老子的思维特色对杨朱应有不小的影响。所以，别人以为只要能"利天下"，那么舍生忘死、自苦为极都是必须肯定的；但道家偏偏要指出这种行为不值得、不应该、不正确，从而警醒人们：世间的一切都不应坚信不疑，都需要再商榷、再思考，再换另一角度去看待。

其次，"一毛"当然微不足道，但"积一毛以成肌肤，积肌肤以成一节"；进而言之，积一节也可以成全身。所以在杨朱看来，"一毛"与"全身"只有数量差异而无本质不同；"拔一毛"可能最终导致"损全身"，即老子所说的"合抱之木，生于毫末；九层之台，起于累土；千里之行，始于足下"。③ 所以，若不防微杜渐，就可能得寸进尺，最终损伤大体。

再次，"拔一毛"云云，乃是杨朱对损身害生行为的"极而言之"，这是古人"语不惊人死不休"的一种表述方式。事实上，"拔一毛"当然是不可能"利

---

① 《韩非子·显学》。
② ［美］本杰明·史华兹著，程钢译：《古代中国的思想世界》，江苏人民出版社 2004 年版，第 200 页。
③ 《老子》第六十四章。

天下"的，即杨朱所说的"世，固非一毛之所济"，然而偏偏有人发问："假济，为之乎？"这无疑是一种不谙深意的愚夫愚妇之问，所以"杨子弗应"。事实上，连"侵肌肤"能"获万金"这样的事都有人毫不犹豫地去干，试想，如果有"拔一毛"就能"利天下"这样的"好事"，谁会"何乐而不为"呢？问题在于，"利天下"绝不是轻而易举的。杨朱有言：

> 舜耕于河阳，陶于雷泽，四体不得暂安，口腹不得美厚；父母之所不爱，弟妹之所不亲；行年三十，不告而娶。及受尧之禅，年已长，智已衰。商钧不才，禅位于禹，戚戚然以至于死：此天人之穷毒者也。……孔子明帝王之道，应时君之聘，伐树于宋，削迹于卫，穷于商周，围于陈蔡，受屈于季氏，见辱于阳虎，戚戚然以至于死：此天民之遑遽者也。[1]

就是说，"利天下"是要付出极大牺牲的。杨朱举了"美之所归"的舜、禹、周公和孔子四个事例，说明"凡彼四圣者，生无一日之欢，死有万世之名。……虽称之弗知，虽赏之不知，与株块无以异矣"的道理，意在告诫人们，"利天下"是极其困难的一件事，会最终落得"戚戚然以至于死"的结局。

最后也是最重要的，杨朱并非只主张"人人不损一毫，人人不利天下"，更主张"悉天下奉一身，不取也"，即"人人不取天下"。既坚持"不利天下"，也主张"不取天下"，实则反映出杨朱心目中的"自治、自主、自为"的社会治理理想。但奇怪的是，人们在评述杨朱的养生思想时，却往往只取前者而不论后者，这就不仅让杨朱背上了"铁公鸡"的千载恶名，而且是对其思想的肆意阉割。有学者在评价杨朱"不利天下，不取天下"时曾指出：

> 夫人人不损一毫，则无尧舜；人人不利天下，则无桀纣。无桀纣，则无当时之乱；无尧舜，则无将来之弊矣。故曰天下治也。杨子为我说如此，以哲学论，亦可谓甚深微妙；或以自私自利目之，则浅之乎测杨子矣。[2]

这是对杨朱思想的公允评说。事实上，既"不利天下"，也"不取天下"，乃是杨朱对战国乱世开出的一剂药方。"不利天下"既提醒人们不要为功名利禄而搞得身心疲惫，也不赞成人们以己之是强加于人；"不取天下"则既反对统治者穷兵黩武、残人以逞的恶行，也不鼓励所谓仁人志士去做一番青史留名的事

---

① 《列子·杨朱篇》。
② 吕思勉：《吕思勉读史札记》，上海古籍出版社2005年版，第489页。

情。在杨朱看来，如果人人都能"为我""贵己""重生"，社会上就会免去很多纷扰和争斗，野心家们也就很难兜售其私，天下就会渐次太平。这虽然显得十分幼稚，但也不失尖锐、独到和深刻。

由此可见，杨朱的"为我""贵己""重生"背后深藏着对于现实的治乱之策与教化之思。"一将功成万骨枯"，"几度京华埋故垒"，是人间常见的悲喜现象。道家对此是有深刻认识的。这是道家"另眼看世界"得出的重要结论，也是其立足个体、教化社会的基本思路。对杨朱应如此看，对整个道家的养生思想也应作如是观。

在阐述了道家"重生"主张之后，还应对其"死亡观"再略作分析，方能对道家养生思想作出全面的观照。众所周知，人无论怎样善于调节自身，终归是难免一死的，而死亡是常人最感恐惧和无助的事情。所以，真正的养生教育还须致力于对人死亡的关怀，方能使人身心轻松地体会生之况味。有人说，对死亡的思考是最深刻的哲学问题，哲学某种意义上说就是一种直面死亡的学说。因此，只谈生而不论死，就不能算是一种深刻而负责的教化之道。在此方面，其他诸家或避而不谈，或语焉不详，唯道家不但坦然面对，且论之颇深、言之颇详，可谓独领先秦思想之风骚。

先秦道家对死亡都有自己的理性思考，并对死亡持有超然的态度，如"澹然独与神明居"的老子，"御风而行"的列子，"临尸鼓盆而歌"的庄子，"季梁死，望其门而歌"的杨朱，等等，其中贡献最著者当属杨朱与庄子。杨朱认为，死亡是普遍而必然的，应以平常心待之。他说：

> 万物所异者生也，所同者死也；生则有贤愚、贵贱，是所异也；死则有臭腐、消灭，是所同也。……十年亦死，百年亦死。仁圣亦死，凶愚亦死。生则尧舜，死则腐骨；生则桀纣，死则腐骨。腐骨一矣，孰知其异？且趣当生，奚遑死后？[①]

正是因为对死亡看得如此平常与通达，道家才不惧死、反重生，才能享受人生之乐，体味自然之趣，与天地合德同化。

与杨朱相比，庄子对生死问题体会得更透彻，论述也最多最全，可称先秦

[①] 《列子·杨朱篇》。

道家之最。在庄子看来，生死不仅是自然的，而且是齐同、超然的。他论生死的文字散见于《庄子》诸篇中，除前文所引外，现再引数条如下：

> 百骸，九窍，六藏，赅而存焉，吾谁与为亲？汝皆说之乎？其有私焉？如是，皆有为臣妾乎？其臣妾不足以相治乎？其递相为君臣乎？其有真君存焉？如求得其情与不得，无益损乎其真。一受其成形，不忘以待尽。①

> 古之真人，不知说生，不知恶死；其出不䜣，其入不距；翛然而往，翛然而来而已矣。不忘其所始，不求其所终；受而喜之，忘而复之。是之谓不以心捐道，不以人助天，是之谓真人。②

> 察其死，而本无生。非徒无生也，而本无形；非徒无形也，而本无气。杂乎芒芴之间，变而有气，气变而有形，形变而有生。今又变而之死，是相与春夏秋冬四时行也。③

此处纵论生死的几条材料，不过是《庄子》中此类内容之冰山一角而已。事实上，他不仅以己之口坦言生死，还通过许由、子舆、王倪、黄帝、梦中的骷髅以及蜩与学鸠、河伯与北海若的寓言故事等，对人之生死问题给予了大量的论述。临死之前，当得知弟子们想要厚葬他时，庄子还不无责备地对他们说："吾以天地为棺椁，以日月为连璧，星辰为珠玑，万物为赍送。吾葬具岂不备邪？何以如此？！……在上为乌鸢食，在下为蝼蚁食，夺彼与此，何其偏也！"④显示出庄子对于死亡远超常人的坦荡与达观。

那么，庄子为何对死亡如此达观，甚至还有"虽南面王乐，不能过也"的"乐死"之论呢？难道他真的认为"生又何欢，死又何哀？其始而本无生；非徒无生也，而本无形"吗？对于这一问题，有研究者分析说：

> 实际上，庄子所以如此贬低现世生活的价值，一方面表现了他对当时现实生活中人们苦难生活的悲哀和同情，另一方面，也只有在观念上贬低现世生活的重要性，才能更好地解除人们对死亡的恐惧和忧患……如果把生死置之度外，把人生看成是无足轻重的暂时现象，这样才能消解人们对

---

① 《庄子·齐物论》。
② 《庄子·大宗师》。
③ 《庄子·至乐》。
④ 《庄子·列御寇》。

人生得失的顾虑和对死亡的恐惧，才能使精神松弛、人生自由、生活愉快，无忧无虑地逍遥度日。①

我们认为这一分析是非常到位的，相当准确地揭示出庄子"乐死"思想的真意所在。除此之外，"乐死"思想还可从以下方面来认识：首先，众所周知，世间众人都恐惧死亡，留恋人间生活，但庄子偏偏明言死亡也是一种存在，甚至是一种"无君于上，无臣于下，亦无四时之事，从然以天地为春秋"② 的状态，至少是不算太差的一种状态。很显然，这不仅再次彰显了道家独特的思维特质，还最大限度地减缓了人们对死亡的无助之感，表现出悲天悯人的人文关怀。其次，如前所述，战国时代是一个征伐不已的时代，民众丧命沙场成为世间常态。在"寿终正寝"日益成为奢望的严酷背景下，任何一个负责任的思想家都不能对死亡问题视而不见。如果无法制止世道之乱，无力给人们撑开一面保命存生的现实之伞，那么至少也应该给人开出一片精神的天地，而不能眼睁睁地看着人们绝望无助地死去！由此观之，庄子的"乐死"思想也就绝不是"痴人说梦"或"鸵鸟政策"了，而是饱含着普度众生的人世关怀。

由上可见，对于庄子的"乐死"言行乃至整个养生思想的认知，都绝不能脱离具体特定的时代背景。只有立足于"窃钩者诛，窃国者侯"的畸形社会背景，我们才能明白，庄子为何会借他人之口，说出一番"生又何欢，死又何哀"的话来；为何会表露出"以生为丧，以死为反""既而有生，生俄而死"③ 的超俗态度；为何还屡屡借"梦"说事，④ 展示出一种生与死、物与我的齐同无碍的道理和境界。至于相依为命的老妻去世之后，庄子"不近人情"地"鼓盆而歌"，也就不能仅仅解读为看破生死的超俗之举了，而更应理解为庄子"悲伤在己、淡定示人"的一种行为，一种可敬可叹而又让人唏嘘不已的行为。简言之，貌似放诞、实则深沉，融悲悯情怀于浪漫言辞之中，乃是庄子言行的全部特色，也是其人心救赎、社会教化的深意之所在。所有这些，都是绝对不该以"自然

---

① 张瑞璠主编、陈超群著：《中国教育哲学史》（第一卷），山东教育出版社 2000 年版，第262—263 页。

② 《庄子·至乐》。

③ 《庄子·庚桑楚》。

④ "梦"在《庄子》一书中占有相当的分量，前后出现了11 次，次数之多在先秦诸子著作中是绝无仅有的。庄子究竟是实有其梦还是借梦阐思，是一个非常值得研究的有趣课题，本书对此不拟探究。

蒙昧"相言称的，否则真是唐突了古人！

六、"不言之教"本意匡论

在作出以上分析之后，我们认为，还极有必要再对道家的"不言之教"思想作些简析。就我们目力所及，不少人对"不言之教"解说是颇有舛误的。如有人认为，"不言之教"是指以"道"为主要内容的教学，也指道家独有的教学方法；有人认为，"不言之教"就是让学生"自由地表现本性"，"自由地趋向归宿"，与人本主义教育家罗杰斯的主张颇为相似；多数人则认为，"不言之教"就是主张教师"不言"，即强调教育者以身作则、率先垂范的"身教"。我们认为，或许是人们基于对当今教育灌输过多、管束过严等现象不满，才将关注的目光转向先秦道家；但由于这些解说或所指不当，或语焉不详，所寻之"药"并不"对症"，因此，有必要对道家这一思想作些本意的匡正和论析。

众所周知，道家首倡"不言之教"的是老子。在短短五千言的著作中，老子对这一思想有不少阐述，如"圣人处无为之事，行不言之教，万物作而弗始，生而弗有，为而弗恃，功成而弗居"，"虚而不屈，动而愈出；多言数穷，不如守中"，"不言之教，无为之益，天下希及之"，"知者不言，言者不知"，等等。可见，老子对此是极为重视的。在他看来，"圣人"是"不多言""不自见""不自是""不自矜"的"上德"之人；"不言之教"则是"圣人""智者"所进行的"我无为，而民自化"的教化行为，是天下众人很难达到的境界。

那么，老子为何要着力申说"不言之教"呢？这首先是老子"另眼看世界"的致思风格使然。在老子看来，世道之所以愈来愈乱，一个重要原因就是有些人上说下教，以"己是"推销仁义、张扬法术、干预政治。因此，老子一方面用"圣人"的种种作为来规劝那些奔竞功名者，并告诫"善者不辩，辩者不善"；另一方面则明言"知人者智，自知者明""知者不言，言者不知"。所以，"不言之教"是老子针对"言教过甚"的社会现状而提出来的；与"不言之教"相对的乃是"多言之教""烦言之教"，而绝不是所谓"身教"。其次，这与老子的"道"论思想有关。一方面，在老子看来，"道"是"玄之又玄"、很难论说的；另一方面，如若只字"不言"，他人又很难体察"道"之玄远精微。所以，老子只能"慎言""贵言"，因此，"不言之教"绝非完全不言的"哑巴之教"，而是慎重地"择言而教"。再次，这与老子对人教化活动过程之认识有关。有人研究指出，通常意义上的"不言"包含了"不能言"和"欲不言"两层意思，前者是低水平的难以表达，后者是高水平的不愿表达，介于二者之间的是"有言"。① 这比较准确地揭示了教育者教化活动的发展过程，即教育者开展教育活动时，常常是从"无以言"到"有以言""多以言"再发展到"择以言"的。由此也可看出，老子的"不言之教"亦非一概不言的所谓"身教"，而是教育者在深察"有言之教"弊端之后的提醒与点拨（"言教"），是在尊重受教育者自主探索基础上的适时引导，是高水平也即"圣人"层面的"言教"。

由上可见，老子的"不言之教"绝非完全"不言"，而是教育者在深谙"多言""烦言"之后的"慎言""寡言""贵言"与"择言"，这才是其"不言之教"的真意所在。事实上，老子在申说"不言之教"时，就已经预感到鲜有人能领会其旨了，他说：

> 吾言甚易知，甚易行。天下莫能知，莫能行。言有宗，事有君。夫唯
> 无知，是以不我知。知我者希，则我者贵。是以圣人被褐而怀玉。②

"甚易知"也可能"甚易谬"，虽已申明"言有宗"，但人们多泥守其"言"，有多少人能深察其"宗"？所以，"知我者希"被老子不幸而言中。

老子的上述思想和思路，被庄子完全继承下来。针对战国时期日益频繁的"强聒不止"的说教行为和众人信以为真的社会状况，庄子严正地指出：

> 甚矣，夫好知之乱天下也！自三代以下者，是已。舍夫种种之民，而
> 悦夫役役之佞；释夫恬淡无为，而悦夫啍啍之意。啍啍已乱天下矣！③

在此，庄子极力反对那种自以为是、喋喋不休的教育方式，认为这样只能导致天下大乱，人民倍感压力，没有轻松自在可言。

有人分析指出，从否定"人为""多言"出发，老子提出了行"不言之教"、学"不学之学"的主张，是道家反传统或反世俗的价值取向的体现。④ 还有学者分析说，知识的局限性、说者的局限性、听者的局限性，是庄子提出"不言之

---

① 何旭明：《论"不言之教"》，载《当代教育论坛》2004 年第 3 期。
②《老子》第七十章。
③《庄子·胠箧》。
④ 范建锋：《谈老子的"不言之教"》，载《教育探索》2009 年第 7 期。

教"的思想基础；由于人类知识可分为显性和缄默两大类，承认存在缄默知识，然后通过"不直接言"或"间接言"的方式，使受教育者去"默会"知识，则是庄子"不言之教"的致思路径。① 实际上，这才较为切近道家"不言之教"。简言之，既非所谓"身教"，也不主张绝对"不言"，方是"不言之教"的本真含义。

七、教育活动的影响与特点

由上足可看出，道家对先秦教育贡献颇著。不仅如此，道家思想对秦以后的中国社会也产生了广泛而深远的影响。英国科技史专家李约瑟曾云：中国人特性中很多最吸引人的地方，都来自道家的传统；中国如果没有道家，就像大树没有根一样。吕思勉在《先秦学术概论》中指出：道家之学，实为诸家之纲领；诸家皆其用，而道家则其体。事实上，从政治教化层而言，道家不仅因强调"道法自然""无为而治"，主张"虚静谨听，以法为符"，从而催生出史上著名的"文景之治"，而且从魏晋南北朝开始，直至南宋中期，道家思想一直是我国三大主流思想之一；与儒、佛思想合流而形成的理学与心学，则成为明清时期的统治思想。从个人修养层面说，道家超凡脱俗、张扬逍遥的思想特质，人是我非、特立独行的行为风采，在历代士人中广受追捧，从张良、河上公、何晏、王弼、葛洪，到"竹林七贤"、陶渊明、寇谦之、陶弘景、李白、王维、刘基等等，喜好道家思想的可谓代不乏人。

不仅如此，道家思想还弥散到社会的各个层面，辐射到中国传统文化的各个领域。例如，传统国画中"即白当黑""浓淡相宜"的绘画技巧，就深受道家思想的影响；中医理论中的"辨证施治""调和内外"等，也有道家思想的影子；军事学中的"以静制动""后发制人"等策略，亦受道家思想的影响；甚至在传统武术中，"柔弱胜刚强""四两拨千斤"等技巧，也有拜道家思想所赐。

由此可见，道家对中国传统社会的影响可谓既深且远。这无疑可视为道家教育活动的成效和影响。即使就狭义层面而言，道家的教育思想亦从许多方面弥补了儒家教育的不足，如儒家重人为、道家尚自然，儒家崇理性、道家长理

---

① 谭维智：《学校教育应重视不言之教》，载《当代教育科学》2006 年第 23 期。

论，儒家讲实用、道家精思辨，儒家主肯定、道家偏批判，等等。特别是两家都关注现时、现实与现世，但由于关注的角度和路数并不相同，从而既相互辩难，又相互吸纳，构成了中国教育活动史上璀璨夺目的两璧双星。

毫无疑问，道家是有着独特教育活动的，只是因注重自主自觉、践行淡泊名利、倡导"不言之教"而使其活动较为隐蔽而已。事实上，老子对"道"欲言又止的论说，庄子对"死"豁达深沉的解析，杨朱对"我"不惧人言的维护，以及稷下道家对"无为"思想的推展等等，皆可视为真正意义上的教育活动。以下仅从三个方面对其教育活动的特点作以概述。

第一，推崇自主的教育作用论。道家认为，人类的一切活动都必须取法于"道"。因此，教育要不折不扣地"唯道是从"，教育的作用就在于尊重人的自然本性，使人认识自然之"道"，并能够体"道"循"德"而行事。对教育者来说，要"贵言""少为"，不自以为是，使人能够自主、自悟和自化，这是道家教育的最高境界，含有尊重人自主发展本性、发挥内在自觉的可贵精神。

第二，张扬本真的理想人格论。道家的理想人格是培养具有"素朴"本性、"赤子"心态的人。这绝非那种愚蠢无知、毫无防备的原生状态，而是深谙了"有为"得失后的高层次回归，即所谓"常德不离，复归于婴儿""如婴儿之未孩"。因此，教育的目标就是使受教育者能够顺应自然、实现自我超越。这虽然不排除超现实的理想色彩，但也透视出道家强烈的自我意识，而且提出了社会发展和人的发展如何协调统一的重大教育问题。

第三，激发自觉的学习方法论。道家认为，学习知识首先从接触实际的感性认识开始，而不是先学习书本的间接经验。在掌握"道"的过程中，老子提出了"涤除玄览"的方法，庄子提出了"心斋坐忘"的方法，实际上，都是指为达到把握"道"的境界，人应该在内心深处清除原有的成见和定势，注重内心的直觉感悟，静观天地万物变化之理，以平常之心追随自然之道。

第五节　法家及其教育活动

法家是春秋战国时期的一个重要学派，不仅对各国政治和教育影响巨大，而且深刻地左右了整个战国时代的历史进程。与其他学派对比鲜明的是，法家以其毫不含糊的政治主张、教化举措和刚劲有力的管理政策，主导了各国的变法运动，改变了既有的政治格局，对于传统秩序造成了直接的冲击。在教育活动的理论和实践方面，法家的历史贡献虽不如儒家、墨家那样大，但其观点之尖锐、思想之鲜明、态度之坚决，在战国诸家中也颇有特色。

一、法家源流与教育活动简析

与其他学派一样，法家也是一个源远流长、人数众多的学派。[①] 战国时期法家的活动范围主要在"三晋"（赵、魏、韩）和秦国，曾多次掀起变法改革运动。就学术思想而言，法家与儒家有较深的渊源，如魏文侯、李悝、吴起、曾申等，均为子夏的学生或后学，商鞅是李悝的门生，韩非、李斯则是荀子的高徒。但是，法家对儒家也批判得最为猛烈，称儒家为"五蠹"之首，必欲除之而后快。法家人物大都在仕途上比较显赫，对战国乃至秦代以及中国传统社会的政治均产生了重大的影响。

尽管有人将先秦法家上溯至三皇五帝，但学界一般公认，法家的最早渊源乃是春秋时期齐国的管仲。管仲（？—前 645 年），名夷吾，字仲，曾与召忽同为公子纠（桓公小白之兄）之师。因王位更替事件，管仲与齐桓公曾有过"一箭之仇"，后由鲍叔牙多次举荐，于公元前 685 年相齐，执政长达四十年，帮助桓公"九合诸侯，一匡天下"，使齐国成为春秋时期的第一霸主。

管仲虽然强调治国须用礼义，但其思想中已有较明显的法治色彩。如《管子·法禁》云："法制不议，则民不相私；刑杀勿赦，则民不偷于为善；爵禄勿假，则下不乱其上。"《任法》亦云："圣君任法而不任智，任数而不任说，任公而不任私……所谓仁义礼乐者，皆出于法。此先圣之所以一民者也。"在《权修》篇中，管仲对法治的作用说得更明白，云：

---

① 我们注意到，有学者将先秦法家分为道法家（理法系）、儒法家（礼法系）、霸法家（利法系）三条脉络，空间上主要沿循"北线""中线"和"南线"三条路径，时间上则从上古延绵至汉景帝时期。但如此一来，就把诸子如孔子、老子、墨子等"一网打尽"，几乎都归入了广义法家的范畴。我们认为，尽管孔子也有一定的法制思想，老子也言"道法自然"，但所云或礼仪准则，或取法效仿，与法家之重朝廷法律法令不能等同，且"无所不包即等于一无所包"，不利于对法家进行分析与考察，故不取此说。

凡牧民者，欲民之可御也。欲民之可御，则法不可不审。法者，将立
朝廷者也。将立朝廷者，则爵服不可不贵也。爵服加于不义，则民贱其爵
服；民贱其爵服，则人主不尊；人主不尊，则令不行矣。

管仲作为各派法家之"共祖"，其贡献主要表现为：第一，从历史方面看，
管仲在齐国的变法，开启了整个春秋战国时期变法争霸的先河，对其后各国变
法及法家的形成产生了巨大的先导效应，具有示范意义；其二，从政治实践层
面看，管仲变法图强的基本策略可概括为：挟天子以令诸侯，假王道而行霸道。
春秋之时，周室虽衰而余威犹存，诸侯虽起而羽翼未丰，礼乐虽坏而争竞未炽，
故管齐政治更多地体现出从王道向霸道、从礼治向法治、从封建向官僚过渡的
特点。这种务实事功的精神，对后世法家产生了深远的影响。

管仲的上述举措和治国思想，集中反映在《管子》一书中。该书陆续编写
于战国至秦汉时期，虽然最终成书于汉代，但其蓝本亦有管仲后学与稷下先生
之功，已为今人所公认。这说明，管仲也是有教育活动的。《管子》原有 86 篇，
今本实存 76 篇，其余 10 篇仅存目录。该书是先秦时期治国、平天下的大经大
法，包括法家（如《权修》《七法》《明法》《任法》等）、道家（如《白心》《内
业》《心术》等）、儒家（如《形势》《中匡》《五辅》等）、阴阳家、名家和兵家
的观点，以法家观点为主，旁及各家。由于内容过杂，以至于后人将该书归入
杂家著作之列，并且感慨"莫知谁所为"。

稍后于管仲的郑国执政者子产，是法家的又一先驱人物。子产（约公元前
580—前 522 年）复姓公孙，名侨，字子产，郑穆公之孙，年龄略长于孔子。简
公在位时，子产被立为卿，并于公元前 543 年至公元前 522 年成为郑国执政，在
民众中颇有影响，孔子对他也给予了很高的评价，称其为"惠人也"。《论语·
公冶长》篇载："子谓子产：'有君子之道四焉：其行己也恭，其事上也敬，其
养民也惠，其使民也义。'"正因如此，子产实行改革仅三年，郑国民众就改变
了怨怼情绪，对子产有了"我有子弟，子产诲之；我有田畴，子产殖之；子产
而死，谁其嗣之？"[1] 这样的称颂。《左传·襄公三十一年》记载：

郑人游于乡校，以论执政。然明谓子产曰："毁乡校，何如？"子产曰：

①《左传·襄公三十年》。

"何为？夫人朝夕退而游焉，以议执政之善否。其所善者，吾则行之；其所恶者，吾则改之，是吾师也。若之何毁之？我闻忠善以损怨，不闻作威以防怨，岂不遽止？然犹防川，大决所犯，伤人必多，吾不克救也。不如小决使道，不如吾闻而药之也。"

这就是被后人赞誉的"不毁乡校"的故事，也是子产的一大贤政善政。他认为，以"毁乡校"而防人议论之口，犹如防川，一旦决口则伤人必多；还不如开一个小口，让它注入河道中，把民众批评当作治病的良药来看待。

子产没有著述传世，其言行事迹主要载于《左传》《史记》等书。子产在法律上和政治上的贡献主要是：第一，公元前536年，子产"铸刑书"，开创了古代公布成文法的先例，否定了"刑不可知，则威不可测"的秘密法。第二，推行作封洫、制丘赋、立谤政等改革措施，使郑国实力大增，成为中原强国。第三，提出"以宽服民""以猛服民"的主张，是"宽猛相济"思想的最早提出者和实践者。后来，儒家主要继承和发展了"以宽服民"的主张，法家主要继承和发展了"以猛服民"的思想。

与子产大约同时，郑国还有一位著名的法家人物，就是教人"学讼"的邓析。邓析（公元前545—前501年）是法家"刑名之学"的先驱，也是坚决反对儒家礼治思想的先锋。他首倡"刑名之论"，操"两可之说"，"不法先王，不是礼义"，主张"事断于法""循名责实"等，特别是在"名辨之学"和"诉讼之术"上有开创之功。

邓析是我国最早的律讼之师与法学教育家，对法律素有研究，还擅长诉讼之业。据说打官司可以达到驾驭诉讼胜败的地步，能够"以非为是，以是为非，是非无度；而可与不可日变"[1]。结果使"郑国大乱，民口欢哗"，威胁到官方对诉讼的垄断，于是"郑驷歂杀邓析，而用其竹刑"[2]。除上述外，邓

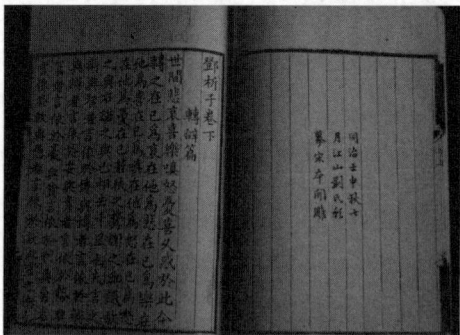
图5-6 同治年版《邓析子》

①《吕氏春秋·离谓》。
②《左传·定公九年》。

析的贡献还在于开设私学，传授法律知识。据《吕氏春秋·离谓》载，邓析是有酬传授诉讼知识的，即所谓"与民之有狱者约，大狱一衣，小狱襦袴。民之献衣、襦袴而学讼者，不可胜数"。可见，邓析的教育活动在民众中很受欢迎。这使得以往奴隶社会被垄断的法律知识，成为一般平民百姓可以获得的常识。

李悝（公元前 455—前 395 年）是法家思想形成过程中的关键人物，也是战国时著名的政治家和改革家，早年曾受业于子夏及其弟子曾申，将儒家重礼思想逐步发展为法家重法思想。公元前 406 年，李悝任魏相，主持变法。经济上，他推行"尽地力之教"和"善平籴"的政策，以保持物价，促进粮食生产；政治上，他实行法治，废除世卿世禄制度，奖励有功之人，还汇集各国法律编成《法经》，作为施政和法理的依据；在教育活动方面，他大力推行社会教化，严禁赌博、欺诈、淫奢等不良之风，使魏国迅速富强。通常认为，李悝变法是战国变法运动之始，随后楚国吴起变法、秦国商鞅变法，都发展了李悝的重农主张，在中国历史上产生了深远的影响。

如果说李悝是法家思想承上启下的人物的话，那么其学生商鞅则是法家最具影响的改革实践家。商鞅（约公元前 390—前 338 年），卫国国君后裔，姬姓，公孙氏，故又称卫鞅或公孙鞅，后因功获封于商地，亦称商鞅。商鞅年轻时就喜欢刑名之学，曾在魏国相公叔痤的手下做过家臣，对李悝和吴起等人的变法情况很熟悉。公元前 361 年，秦孝公即位，广求贤才，商鞅于是带着《法经》到了秦国，开始在秦国推行变法运动，史称"商鞅变法"。

商鞅入秦后先后两次实行变法，前后执政达二十年之久。变法的主要措施是：第一，加强君权，建立赏罚严明、统一有序的法律制度，主张"壹赏""壹刑""壹教"。第二，取消贵族世袭特权，奖励军功、重农抑商、提倡耕战。第三，重视法治、信用和权势，主张执法公平、信赏必罚。第四，提倡治国用重刑，主张"严刑去奸""以刑去刑"。第五，主张"以法为教"，"燔诗书而明法令"，禁止游宦、经商。此外，商鞅还改革秦国的户籍、土地等制度，统一度量衡，实行"什伍连坐法""开阡陌封疆"，重设行政区划。如此行之十年，"秦民大悦，道不拾遗，山无盗贼，家给人足，民勇于公战，怯于私斗，乡邑大治"①。

①《史记·商君列传》。

由于改革剥夺了贵族特权，加之执法刻薄寡恩，商鞅于公元前338年被车裂而死，累及全族，变法遂告终结。尽管如此，由于变法对社会制度冲击极大，加之变法时日很长，法制思想在秦国已深深地扎下了根，既为秦国最后统一天下奠定了坚实的基础，也使商鞅以"重法"思想而名显于世。

《商君书》又名《商君》或《商子》，是记录商鞅变法思想和措施的主要著作，战国时已有传本。韩非曾云："今境内之民皆言治，藏商、管之法者，家有之。"①《汉书·艺文志》收录《商君书》二十九篇，现存二十四篇。通常认为，其中的《算地》《慎法》《君臣》《赏刑》等七篇，是商鞅献给秦君的奏折，并非为传世而作；《垦令》《靳令》《外内》《开塞》《耕战》五篇，是商鞅亲撰的遗著；其他诸篇或语言风格不尽一致，或重复错讹之处不少，且有"孝公"之谓，故很可能是商鞅学派及后人所著。总之，《商君书》非一人之作，也非写于一时，可视为战国时期商鞅一派思想的反映，也是其教育活动的效果体现。

在法家学派思想的发展史上，慎到、申不害也是必须一提的人物。慎到（约公元前395—前315年），赵国人，战国时道、法思想家。慎到早年学黄老之术，曾在稷下讲学，受上大夫之禄。由于齐湣王刚愎自用、不听善言，慎到于湣王十七年离齐至韩，厕身韩国大夫之列。

由"弃知去己"的观点出发，慎到提出"君任法而弗躬，则事断于法矣"的主张，强调"官不私亲，法不遗爱"。慎到虽然强调尊君，但并不主张独裁，而是要求君主"用人之自为，不用人之为我，则莫不可得而用矣"②。因此，国家兴亡的责任亦非系于一人，即"亡国之君，非一人之罪也；治国之君，非一人之力也。"③慎到也非常重视"势治"，主张权势者应"抱法处势"，把权势看作执行法治的力量，看作法令能否顺利实施的根本保证。慎到还明言："贤智未足以服众，而势位足以屈贤者。"④即是说，君主只有大权在握、地位至上，才能统帅群下。因此，在法家思想谱系中，慎到是以"重势"而著称的。

慎到长期活跃于稷下，史书中常将他与淳于髡并提，可见慎到亦为稷下之

①《韩非子·五蠹》。
②《慎子·因循》。
③《慎子·君人》。
④《韩非子·难势》。

著名学者。在稷下学术浓厚的氛围下，慎到也有丰富的教育活动，且有著作传世，《慎子》即为慎到与弟子们共同写成。《史记·孟子荀卿列传》谓《慎子》有十二论，《汉书·艺文志》著录《慎子》四十二篇，现仅存《威德》《因循》《民杂》《德立》《君人》五篇及《逸文》一篇。鉴于《稷下学宫的教育活动》一章对慎到思想还有评析，此处不再多述。

申不害（约公元前385—前337年），战国郑韩时京邑（今河南省新郑市）人，战国时刑名思想家，曾为郑国小吏，韩国灭掉郑国后，申不害成为韩人，后被韩昭侯拜为相。"内修正教，外应诸侯，十五年。终申子之时，国治兵强，无侵韩者。"[1] 申不害作为法家人物，以研究"术"而著称，是三晋时期法家著名人物，《史记》说他曾著有《申子》二篇，但未能传于后世。

申不害"本于黄老而主刑名"，学术思想明显受到道家的影响，因而《史记》将他与老庄合传。申不害认为，自然运行是有本质、有规律的，人无可抗拒，只能效法。宇宙万物的本质是"静"，其运动规律是"常"、运行方法是"因"。所以，对待一切事情都应以"静"为原则、以"因"（因循）为方法，应"贵因""贵静"，其基本表现就是"无为"。但这种"无为"与老子思想已有了明显不同。《韩非子·外储说右上·说二》有云：

> 申子曰："上明见，人备之；其不明见，人惑之。其知见，人饰之；不知见，人匿之。其无欲见，人司之；其有欲见，人饵之。故曰：吾无从知之，惟无为，可以规（窥）之。"

在此，申不害告诫说，如果君主显示出智慧，人们就会有所准备地对待他；如果把见解示于别人，人们就会千方百计地恭维他；如果有欲望显露出来，人们则会设置圈套诱惑他。所以，聪明的君主只有把智慧藏起来，才能让下属们感到迷茫困惑，君王就能借此机会观察臣下、窥探人心。可见，申不害所说的"无为"，已不是老子洞悉"有为"弊害之后的"少为"，而是君主对付臣下的一种手段，即所谓"术"。

虽然申不害主张"术"，但他所说的"术"是在明法、重势的前提下使用的手段。即是说，君主治国的首要之务乃是大权在握、法律严明；但是，如果止

---

[1]《史记·老庄申韩列传》。

步于此，其地位还不是稳固无虞的，必须以术来联通势与法，才能使臣下彻底慑服。不然，势与法就会变得威严而不受用，刻板而不通达。所以他明言，"因任而授官，循名而责实，操生杀之柄，课群臣之能者"①，才是明智君主所当为。

如果说以上诸人对法家思想都有不同程度的贡献的话，那么集法家理论之大成的则是韩非。韩非（约公元前 280—前 223 年）出身韩国贵族，战国末期著名的思想家、哲学家、政论家，思想亦出于老庄，精于"刑名法术之学"，与秦相李斯同为荀子的弟子。韩非因为口吃而不擅言语，但思想深刻、文章出众，连李斯也自叹不如。

目睹战国后期韩国积贫积弱的状况，韩非曾多次上书韩王，但其主张始终未能得到采纳。韩非便退而著书，写出了《孤愤》《说难》《内外储》等文章，对数百年来法家的变法实践和思想进行了系统总结。后来，这些著作辗转流传到秦国。据《史记·老庄申韩列传》载，秦王政读了《孤愤》《五蠹》之后大加赞赏，发出"嗟乎！寡人得见此人，与之游，死不恨矣"的感叹。秦王政为了得到韩非，不惜动用种种手段，甚至以兵戎恫吓韩国。秦王政见到韩非，与之相谈甚洽，但旋即遭到了同门李斯等人的妒忌。在秦期间，韩非曾上书劝秦王先伐赵缓伐韩，但此议遭到李斯和姚贾"韩非存韩"的谗害。秦王政认可了他们的说法，下令将韩非入狱审讯。李斯派人给韩非送去毒药，迫其在狱中自杀。韩非虽然至秦未及一年就死于非命，但其"法后王"、倡"耕战"、禁游宦等理论，却深合秦之需要，为秦最后统一天下提供了思想武器。

《韩非子》今本凡二十卷，五十五篇，洋洋十万余言。全书以"法"为中心，阐述了法律在整肃人心、规范行为、治理国家中的重要作用，并论述了"以法为教，以吏为师"的必要性。同时，书中还对"术"与"势"的辅翼作用给予了强调，并全面系统地阐述了君王的"驭下之术"。例如，《二柄》篇强调君主应稳操赏罚两条大权，将最高控制手段掌握在自己手中；《八奸》篇告诫君主应明智睿达，明辨八类惑乱朝政的奸佞之辈；《十过》篇提醒为政者应谨防十种危身亡国的错误之举。总之，《韩非子》一书既对法家思想作了系统总结，也对君王的治国之道作出了全面论述，适应了天下走向统一的时代需要。

---

① 《韩非子·定法》。

综上可见，法家是先秦时期十分活跃的一大学派。他们既有显赫的政治地位和积极务实的治世才干，从而主导了各国的变法运动，同时，他们也多有私学教育活动和社会教化活动，由此既传播了法家思想，也留下了不少传世之作。鉴于法家人数众多，且本书其他章节对法家也有所论述，所以，以下仅从影响较大的法家人物之思想出发，对法家教育活动的内容、手段等作以论析。

二、教育活动的强力管控

法家的产生和发展得益于诸侯异政、列国纷争的混乱局面，但法家思想的成熟却意味着这种局面的行将结束。针对"百家争鸣"的状况，法家理政的措施之一就是强化对教育活动的政治管控，不允许人们乱议政治。在法家看来，战国时期日益炽盛的养士用士之风，养成了知识分子桀骜不驯、奔竞求用的弊病，这实在是乱世之乱的一大根源。商鞅直言不讳地抨击说：

> 国有礼有乐，有诗有书，有善有修，有孝有悌，有廉有辩。国有十者，上无使战，必削至亡；国无十者，上有使战，必兴至王。国以善民治奸民者，必乱至削；国以奸民治善民者，必治至强。国用诗、书、礼、乐、孝、弟、善、修治者，敌至必削国，不至必贫国。不用八者治，敌不敢至，虽至必却。①

在商鞅看来，百家异政、诸子异说，是导致民众莫知所从的祸患所在，也是滋生游手好闲之辈的温床。尤其是宣扬礼乐、诗书、孝悌的儒家学派，是把国家推向灭亡边缘的罪魁祸首。所以，他主张应大力推行"贱游学之人""禁游宦之民"的"壹赏""壹刑""壹教"等管控举措，即赏罚和刑政都必须出于朝廷、君主这个唯一的途径。那么何为"壹教"呢？商鞅明言：

> 所谓壹教者，博闻、辩慧、信廉、礼乐、修行、群党、任誉、清浊，不可以富贵，不可以评刑，不可独立私议，以陈其上。坚者破，锐者挫。虽曰圣知、巧佞、厚朴，则不能以非功罔上利；然富贵之门，要存战而已矣。……夫故当壮者务于战，老弱者务于守，死者不悔，生者务劝。此臣之所谓壹教也。②

---

① 《商君书·去强》。
② 《商君书·赏刑》。

就是说，对那些博学诗书、长于辩谈、讲究信廉、论说礼乐之辈，绝不能让他们得到富贵，更不准他们向君主陈述自己的思想。对于那些冥顽不化者必须彻底攻破，那些上蹿下跳者则应该予以挫败；至于标榜智慧、机巧和德行淳厚者，都不能让他们无功获利；要让富贵来自于战功，要让人死而不悔、生而努力。这才是应该张扬的教化。总之，必须废除其他所有教育活动，剥夺私家学派及其活动存在的空间，以朝廷法令作为唯一的教化内容，这就是"壹教"。

到韩非那里，对于这一问题认识得更为简洁彻底，态度也更坚定果决。他首先以儒、墨两派为例，阐明这些学派虽然人数众多、名声显赫，但由于流传较久、派系纷杂，早已是诬说多有了；继而由眼前的状况论及古代，认定人们对往古的种种说辞皆虚妄不实、不足为凭，因为区区百余年间的事情都说不明白，又遑论数千年前的种种事迹呢？他说：

> 孔子、墨子俱道尧舜，而取舍不同，皆自谓真尧舜。尧舜不复生，将谁使定儒、墨之诚乎？殷周七百余岁，虞夏二千余岁，而不能定儒、墨之真。今乃欲审尧舜之道于三千岁之前，意者其不可必乎！无参验而必之者，愚也；弗能必而据之者，诬也。故明据先王、必定尧舜者，非愚则诬也！愚诬之学，杂反之行，明主弗受也。[①]

就是说，在韩非看来，各家私学所言称的古代"先王"事迹云云，都是各执一词、为我所用的，其真实性与可靠性早已让人怀疑了。如果相信今天这帮学者们的一派胡言，那就会大上其当、为其所骗，绝非"明主"所当为。

在此基础上，韩非进而指出，私学的存在必然会导致政治的混乱，容忍游侠则意味着扰乱法治，畅行法令就必须扫荡各种私学、打击不法游侠。他说：

> 儒以文乱法，侠以武犯禁，而人主兼礼之，此所以乱也。夫离法者罪，而诸先生以文学取；犯禁者诛，而群侠以私剑养。故法之所非，君之所取；吏之所诛，上之所养也。法、取、上、下，四相反也，而无所定，虽有十黄帝不能治也。[②]

在韩非看来，不但游侠是造成社会不安的危险因子（"五蠹"之一），私学更有造谣惑众之弊，是五种"害虫"之首，也是"乱法"的"二心私学"。因此

---

① 《韩非子·显学》。
② 《韩非子·五蠹》。

韩非主张，首先必须毫不留情地取缔私学，就是要依照"禁奸之法，太上禁其心，其次禁其言，其次禁其事"①的原则，打压私学活动、钳制不法言论、整肃世道人心；其次，对私学还应该"禁其行""破其群""散其党"，要"燔诗书而明法令"，以造成一个"事在四方，要在中央；圣人执要，四方来效"②的政治和思想局面，就可以进而实现天下的强力统一。

商鞅倡导"壹赏""壹言""壹教"，加之强力推行耕战之策，由此使西陲秦国一跃而强，成为战国中后期的"西帝"霸主。当然，这还只是法家主张的"小试牛刀"，是在秦国范围内的管控之举，并未波及中原其他诸国。韩非的主张虽然更为激进，但也只是理论上的阐述而已。真正将商、韩主张大范围地加以推行的乃是秦相李斯，由此导致了先秦"百家争鸣"活动的真正终结。

秦扫灭六国后，盛行数百年的议政之风不仅未曾中止，反而由于秦对私学教育活动的过分管控和历史惯性的影响，人们对政治的评议越加炽烈，这集中表现在秦始皇三十四年（公元前213年）朝廷的一次宴会上。当时，出席宴会的人们明显分为两派，即"郡县"派和"封建"派。主郡县制和分封制的人各执一词，争论非常激烈。这表面上是对地方政治构架的不同见解，实质上反映的是"法先王"还是"法后王"的重大分歧，是在野学派政治不满的集中爆发，也是法家与儒家两派的直接对垒。结果，由于李斯的奏言，导致了大范围的禁毁私学、焚烧典籍的活动，使中国传统文化遭受到历史上第一次沉重的打击。

三、提倡耕战的教化实践指向

提倡耕战是战国时期法家最重要的变法举措。所谓耕战，就是鼓励农耕、奖励战功，这是法家重农主义主张和军功入仕思想的具体体现。应该说明的是，管仲虽然被视为各派法家"共祖"，但推行的"四民分业"政策不仅重视农业，也鼓励发展手工业和商业。到子产、李悝等人变法之时，由于郑魏两国皆地处中原、农田广阔，所以推行的是"作封洫""制丘赋""尽地力之教"和"善平籴"等政策，对工商业不予重视，由此才开了法家重农政策的先河。

与郑魏等国相比，秦国的自然条件更加恶劣，是一个地处内陆、经济落后、

①《韩非子·说疑》。
②《韩非子·扬权》。

交通不便的农业之国，所以到商鞅变法时，重农主义主张得到了更彻底的贯彻，这在《商君书》的很多篇什中都能看到，如《垦令》《农战》《算地》《开塞》等篇中，都有鼓励农耕的大量论述与建议。商鞅认为，国家应利用一切可以利用的条件来支持农业生产，实行"全民皆农"的政策。为此，必须严格限制儒生、说客、商人和手工业者的活动，要剥夺他们的生计来源，逼迫他们不得不从事农业生产。在商鞅看来，"夫地大而不垦，与无地同；民众而不用者，与无民同。故为国之数，务在垦草；用兵之道，务在壹赏。私利塞于外，则民务属于农；属于农，则朴；朴，则畏令"①。就是说，重农不仅能增强国力，还能整肃人心，使民德归于素朴，国家走向法治。

为鼓励农耕，商鞅还建议通过开征人头税、提高商业税、增加关税、严禁人口迁徙、迫使贵族子弟服徭役等措施，以改造游惰之民、辩说之士，打压工商从业者，使务农成为全民一致的行动。他明确建议说：

禄厚而税多，食口众者，败农者也。则以其食口之数，赋而重使之，则辟淫游惰之民，无所于食。民无所于食，则必农。农，则草必垦矣。

废逆旅，则奸伪、躁心、私交、疑农之民不行。逆旅之民无所于食，则必农。农，则草必垦矣。②

事实上，《垦令》通篇都是"草必垦"的建议，共计二十种，内容涉及官制、税收、人口政策、教化钳制、法令惩戒等等，可谓苦心孤诣、不厌其烦。其目的只有一个，就是让人们平日里埋头苦干，以便提高粮食产量，保障食品供应。

开阡陌、废井田、鼓励农耕，只是强国的措施和基本保障。在争霸不休的战国时代，兵戎相向乃是各国习见的"家常便饭"，因而，鼓动、激励或迫使人民投入战争，才是国家存亡的第一要务。所以，商鞅变法的又一措施就是奖励战场

图 5-7　"商鞅车裂"图

杀敌。在此方面，商鞅亦制定了不少新措施，如令人胆寒的"首功制"（以斩杀敌人头颅的数量作为赏爵的依据）、冷酷无情的"连坐法"（一家有罪而相邻九

①《商君书·算地》。
②《商君书·垦令》。

家必须监督揭发，否则十家皆课以重罪，此即"相牧司连坐"），以及肉刑、大辟、凿顶、抽肋、镬烹等酷刑，多是商鞅的"历史新创"，都是利用人趋利避害的特点，将人们驱策到战场之上，为统治者效力效劳。

那么，怎样才能真正使人们把耕战作为唯一要务呢？法家认为，必须堵塞和废除其他一切有可能使人获利、富贵和升迁的制度通道，使人们只能靠农耕获实利、凭战功得升迁。在此方面，商、韩都有十分清晰的阐述。商鞅明言："凡人主之所以劝民者，官爵也。国之所以兴者，农战也。""善为国者，其教民也，皆作壹而得官爵。"① "吾教令：民之欲利者，非耕不得；避害者，非战不免。"②

对于商鞅的上述措施及其效果，韩非于数十年后给予了明确的总结和评价。他说："公孙鞅之治秦也，设告相坐而责其实，连什伍而同其罪，赏厚而信，刑重而必。是以其民用力劳而不休，逐敌危而不却，故其国富而兵强；然而无术以知奸，则以其富强也，资人臣而已矣。及孝公、商君死，惠王即位，秦法未败也，而张仪以秦殉韩魏；惠王死，武王即位，甘茂以秦殉周。"③ 可见，在韩非看来，商鞅变法一方面是确有实效的；但另一方面，他也指出由于商鞅专务变法而不懂察人之道，导致变法成果为人所窃取，成为后继者残民以逞、中饱私囊（"益地则私封立"）的资本。韩非还相当深刻地指出：

> 商君教秦孝公以连什伍，设告坐之过，燔诗书而明法令，塞私门之请而遂公家之劳，禁游宦之民而显耕战之士。孝公行之，主以尊安，国以富强；八年而薨，商君车裂于秦。楚不用吴起而削乱，秦行商君法而富强。二子之言也已当矣，然而肢解吴起而车裂商君者，何也？大臣苦法，而细民恶治也。④

就是说，到战国末期，韩非一方面对商鞅奖掖耕战的变法措施还是基本赞同的，对其效果也相当程度地认可；但另一方面，对商鞅只知重法却不懂用术、只靠刚性奖罚却不知阴柔之道的做法也不无批评，而且认为这不但会树敌太多，

---

① 《商君书·农战》。
② 《商君书·慎法》。
③ 《韩非子·定法》。
④ 《韩非子·和氏》。

还会葬送得来不易的变法成果。

因此，在韩非看来，变法者和主政者一方面必须深谙刚柔相济之道，懂得
"扬权""安危""定法""诡使"的道理，方能有效控制国家执法阶层，保证变
法活动的持续进行；另一方面，对于民众则必须严格按法令规定进行治理，既
不需要温情劝化，更不需要文化教育，只需开展以普及朝廷律令为目标的社会
教化活动。简言之，让百姓知赏罚所由出、明自己所当为，就不仅能实现国强
而霸的目标，还能扫荡诸国，使天下最终走向统一。

四、信赏必罚的教化管理举措

从上述分析可见，法家不但重法，亦重视术和势的效用。所谓法，是用公
开条文的形式对人之行为提出明确要求；术是君主统御臣下的各种手段，势则
是统治者必须拥有的权势和地位。术和势固然有极大的作用，但它们毕竟只是
统治之策的辅翼；唯有一切决断于法，才是国家由弱而强、由强而霸的根本保
证，即所谓"国无常强，无常弱。奉法者强，则国强；奉法者弱，则国弱"①。

既然法律的作用如此重要，那么统治者首先就应慎重立法。韩非明言："明
主立可为之赏，设可避之罚。……明主之表易见，故约立；其教易知，故言用；
其法易为，故令行。三者立而上无私心，则下得循法而治。"② 就是说，好的法
律应该条目清晰、表述简洁、赏罚分明，赏与罚的标准都应设在可操作的范围
之内，否则法律就等于一纸空文。值得一提的是，韩非通过对商鞅之法的分析，
还相当深刻地阐述了立法的适切性问题。他说：

> 商君之法曰："斩一首者，爵一级；欲为官者，为五十石之官。斩二首
> 者，爵二级；欲为官者，为百石之官。"官爵之迁与斩首之功相称也。今有
> 法曰"斩首者，令为医、匠"，则屋不成而病不已。夫匠者手巧也，而医者
> 齐药也，而以斩首之功为之，则不当其能。今治官者，智能也；今斩首者，
> 勇力之所加也。以勇力之所加而治智能之官，是以斩首之功为医、匠也。③

在韩非看来，商鞅之法虽能有效地鼓励人们杀敌，但奖赏他们爵位与官位

---

① 《韩非子·有度》。
② 《韩非子·用人》。
③ 《韩非子·定法》。

却有问题，因为杀敌凭的是勇气，为官凭的则是智慧和才能，所以，给凭勇气而立下战功的人授予高官，去管理那些凭智能而任官的人，是"不当其能"的"未尽善"之法。应该说，这是相当精辟的立法灼见。

不仅如此。在法家看来，立法固然需要慎重，执法则更须严格，因为只有"赏厚而信""罚严而必"，才能使民众"望表而动，随绳而斫，因攒而缝"；否则，就不但不能凸显法律的权威性，还会使费尽周折确立的法令流于具文。因此，只要是法令明文规定的赏和罚，不管面临多大的困难和压力，都必须不折不扣地兑现和实施，才能彰显法律的约束力，进而使民众去学法、用法。因此，法制教育必须从"信赏必罚"这类简单的教化过程开始。

"信赏必罚"的事例，突出表现在商鞅的两次变法活动中。商鞅至秦后的首次变法，是顶着巨大的国内压力、冒着极大的"国际"风险进行的。当时在国内，百里奚改革早已成为陈年故事，因循守旧的势力既十分强悍又盘根错节，观望、怀疑、嘲讽乃至批评变法者大有人在。相比之下，孝公即位之初，秦国面临的外部形势更是十分严峻。当时，山东六国的实力都不容小觑，中间还有十余个望风影从的中小国家；尤其是与秦接壤的魏、楚两国，都占据着经济富庶的大片领土，只是忙于中原争霸混战，一时还顾不上理会秦国。其国内外情形正如秦《招贤令》中所言："会往者，厉、躁、简公、出子之不宁，国家内忧，未遑外事。三晋攻夺我先君河西地，诸侯卑秦，丑莫大焉。"[1] 所以，变法如若失败，必将导致秦更加国疲民弱、丧师失地。在此背景下，不论商鞅还是孝公行事都十分谨慎。《史记·商君列传》记载：

> 令既具，未布，恐民之不信己。乃立三丈之木于国都市南门，募民有能徙置北门者，予十金。民怪之，莫敢徙。复曰："能徙者，予五十金。"有一人徙之，辄予五十金，以明不欺。卒下令。

就是说，商鞅为了取信于民，更为了使人民懂得赏由法出的道理，处心积虑地给京城里的老百姓演出了一场"徙木重赏"的活剧，希望由此能导引出"名利何以出"的"示范效应"，将"事断于法"的理念推及全国。

以上是商鞅首次变法时使用的伎俩，与吴起在魏国西河时的做法如出一辙。

---

① 《史记·秦本纪》。

其实无非旨在说明，朝廷变法改革一定会言出令随、有诺必践的。赏是如此，罚也是如此。史料载：

> 令行于民，期年。秦民之国都言初令之不便者，以千数。于是太子犯法。卫鞅曰："法之不行，自上犯之。"将法太子。太子，君嗣也，不可施刑；刑其傅公子虔，黥其师公孙贾。明日，秦人皆趋令。[1]

这是商鞅第二次变法时发生的事情，在《史记·秦本纪》中也有相似的记载。当时已变法有年，很多人反映新法不便甚多，要求恢复旧制。太子凭借特殊身份，首先以身犯禁。这不但是蓄意为之的挑衅行为，背后还有很多人的默许或支持，从而把商鞅推到了两难的境地。在此情形下，商鞅冒着被"秋后算账"的危险，"敲山震虎"地将太子的傅师或判刑，或刺面，依法给予了刑罚，从而不仅达到了"秦人皆趋令"的效果，而且彰显了"当罚必罚"的法律威慑力。

法家为什么如此铁面无私呢？这不仅是为了彰显法律的权威，更基于法家对法制教化的活动考量。众所周知，任何一个时代，要改变旧制都殊非易事，这不但源于旧制本身的制度惯性、民众常有的观望心态，还出于既得利益集团的刻意阻挠和人事关系的多方掣肘。法家对此是深有认识的，如在《难一》《难二》等篇什中，韩非就以大量史实阐明了改革的艰难和民风的难以更易。正因如此，法家主政时才铁腕强力，朝着那些蓄意挑衅的位高权重者开刀，以彰显"法不阿贵"的精神。对于变法应持的立场，韩非斩钉截铁地指出：

> 以法治国，举措而已矣。法不阿贵，绳不挠曲。法之所加，智者弗能辞，勇者弗敢争。刑过不避大臣，赏善不遗匹夫。故矫上之失，诘下之邪，治乱决谬，绌羡齐非，一民之轨，莫如法；厉官威民，退淫殆，止诈伪，莫如刑。刑重，则不敢以贵易贱；法审，则上尊而不侵。[2]

即是说，变法者只有以冷峻的眼光、坚定的态度来推进改革，才能取得收拢人心、统合言论、震慑官民、规范众行之功效。如果迫于各种压力而搞"法外开恩"，法律的威严将荡然无存，变法更会半途而废。

可见，法家是以"信赏必罚"这种"大棒加胡萝卜"的方式来启动制度改

---

[1]《史记·商君列传》。
[2]《韩非子·有度》。

革与社会教化活动的。那么，他们为什么偏向于使用这种简单直接的方式，而不是像儒家那样去进行道德劝化呢？这是由于法家独特的人性论使然。众所周知，教育是以人为对象而进行的活动。这一活动是否需要开展、如何开展，要达到怎样的目标，都与人们对人之本性的认识与评价有密切关系，因而人性问题是先秦各家教育与教化活动的思想基础，法家自然也不例外。

对于这一问题，法家很早就有一个基本认识，认定人生来就是趋利避害的。如《管子》有言："人迫于恶，则失其所好；怵于好，则忘其所恶。"① "夫凡人之情，见利莫能勿就，见害莫能勿避。"所以管仲建议，针对人性的这一特点，为政者应该"居民于其所乐，事之于其所利，赏之于其所善，罚之于其所恶，信之于其所余财，功之于其所无诛"②。不过必须指出的是，管仲也十分注重道德教化的作用，这在《管子》一书中有很多阐述，例如：

> 国有四维，一维绝则倾，二维绝则危，三维绝则覆，四维绝则灭。……何谓四维？一曰礼，二曰义，三曰廉，四曰耻。礼不逾节，义不自进，廉不蔽恶，耻不从枉。故不逾节，则上位安；不自进，则民无巧诈；不蔽恶，则行自全；不从枉，则邪事不生。③

> 厚爱利足以亲之，明智礼足以教之，上身服以先之，审度量以闲之，乡置师以说道之。然后申之以宪令，劝之以庆赏，振之以刑罚。故百姓皆说为善，则暴乱之行无由至矣。④

就是说，只要以利禄为劝诱，以刑罚为威胁，再以道德教化明其理，以礼义廉耻导其行，民众就能顺性从善、循法而为，国家就能邪事不生、暴行无有。

到战国时代，法家对人性的认识日益走向极端，认定追逐名利、计算得失乃是人天生的唯一本性。从赵鞅开始，再到子产、邓析、商鞅，法家之所以将法律以成文的形式颁布出来，就是充分利用了人的这种本性。相比之下，韩非对人性和人际关系的评估更加功利、冷峻和悲观。他认为，第一，人是充满私心的一类群体。韩非明言："人无毛羽，不衣则犯寒；上不属天而下不著地，以

---

① 《管子·心术上》。
② 《管子·禁藏》。
③ 《管子·牧民》。
④ 《管子·权修》。

肠胃为根本，不食则不能活，是以不免于欲利之心。"① 就是说，人乃是自求生存的生物性存在，都是些自私自利之辈。第二，人与人之间没有关爱和关心，只存在绝对意义的利害关系考量。在《备内》篇中，韩非列举了医生为病人舐伤口、造车之人希望人们富贵、做棺材的人盼望人们早死等例子，说明人都是想要让自己获利的，并非因为他与别人有什么爱或憎的关系。第三，好逸恶劳乃是人根深蒂固的特性，即"夫民之性，恶劳而乐佚。佚则荒，荒则不治，不治则乱"，所以，法制的作用就是要改造这些本性，使人不得不从事生产劳动。第四，人都是趋利避害、喜利畏罪的，即所谓"喜利畏罪，人莫不然"，"夫安利者就之，危害者去之，此人之情也"②，所以，教育人们自觉为善必然是徒劳无功的，只能对人示以利害、施以赏罚。第五，人都想尽力改变现状，满足自己的欲望，即所谓"人情，莫不出其死力，以致其所欲；而好恶者，上之所制也。民者，好利禄而恶刑罚"③。因此，管束人们只能靠法律的威力，而不能靠道德的感化。第六，不仅君臣之间是一种相互交换、相互利用的关系，连亲子之间也充满了"计算之心"，即"父母之于子也，产男则相贺，产女则杀之。此俱出父母之怀衽，然男子受贺、女子杀之者，虑其后便，计之长利也"④。一句话，在韩非看来，民众就是一帮不堪教化的动物，不能指望他们自觉成善，只能恫吓他们不敢为非。

由上可见，在人性论方面，韩非也可谓是集法家之"大成"了！在此基础上，韩非对于教育活动提出了不少冷峻而刻薄的观点。他明言："严家无悍虏，而慈母有败子。吾以此知威势之可以禁暴，而德厚之不足以止乱也。"⑤ "母积爱而令穷，吏用威严而民听从，严爱之策亦可决矣。……故母厚爱处，子多败，推爱也；父薄爱教笞，子多善，用严也。"⑥ "父母之爱不足以教子，必待州部之严刑者。"⑦ 简言之，在韩非的心目中，一般的"黔首"百姓，都是既自私又恶毒的，是只配赏罚管束而不可能进行道德劝说的。这样，法家在较为成功地变

---

① 《韩非子·解老》。
② 《韩非子·奸劫弑臣》。
③ 《韩非子·制分》。
④ 《韩非子·六反》。
⑤ 《韩非子·显学》。
⑥ 《韩非子·六反》。
⑦ 《韩非子·五蠹》。

革了社会制度的同时，却在民众教育活动方面显得相当粗劣，不仅手段简单、观点武断，而且解构了教育活动本应具有的完整性、丰富性和深刻性内涵。

五、教育活动的内容与手段

基于推行耕战的需要和教化管束的考虑，法家首先对战国时期纷嚷不休、游手好闲的各色人等及其观点与行为进行了猛烈的批判，以便为其教育活动的开展廓清道路。商鞅明言：

> 辩、慧，乱之赞也；礼、乐，淫佚之征也；慈、仁，过之母也；任、举（誉），奸之鼠也。乱有赞则行，淫佚有征则用，过有母则生，奸有鼠则不止。八者有群，民胜其政；国无八者，政胜其民。民胜其政，国弱；政胜其民，兵强。[①]

就是说，那些好逸恶劳、相互标榜的人以及他们推崇和张扬的各种观点，都是非乱即坏、非过即奸的，必须给予压制和打击。继而，商鞅又把批判的矛头指向国内，认为有三类人等、六种恶行必须铲除，即所谓：

> 农、商、官三者，国之常官也；农辟地，商致物，官治民。三官生虱六：曰岁，曰食，曰美，曰好，曰志，曰行。六者有朴，必削。农有余食，则薄燕于岁；商有淫利，有美、好，伤器；官设而不用，志、行为卒。六虱成俗，兵必大败。[②]

商鞅认为，农民有了余粮就会怠于农作，商人喜利好物就会扰乱人心，官员人浮于事则会败坏风气。如果任由这些恶行发展，不仅国力会受到极大削弱，民众也不会效命疆场。所以商鞅建议，对于那些游手好闲和乱言议政者，必须严刑予以禁绝；对于那些临阵退却或消极避战者，则要峻法予以严惩。简言之，法制教化的目标就是对内必须钳游宦之口，对外则须尊善战之士。

到了韩非那里，对于惑乱社会的言行批判得更为犀利。他认为，有八种言论对社会最为有害，是引发社会混乱、导致化公为私的根源所在。他分析指出：

> 为故人行私谓之"不弃"，以公财分施谓之"仁人"，轻禄重身谓之"君子"，枉法曲亲谓之"有行"，弃官宠交谓之"有侠"，离世遁上谓之

---

①《商君书·说民》。
②《商君书·弱民》。

"高傲"，交争逆令谓之"刚材"，行惠取众谓之"得民"。不弃者，吏有奸
也；仁人者，公财损也；君子者，民难使也；有行者，法制毁也；有侠者，
官职旷也；高傲者，民不事也；刚材者，令不行也；得民者，君上孤也。
此八者，匹夫之私誉，人主之大败也。反此八者，匹夫之私毁，人主之公
利也。人主不察社稷之利害，而用匹夫之私誉，索国之无危乱，不可
得矣。①

韩非认为，上述言论冠冕堂皇，为一些人称颂不已，实质却是祸害无穷的，
是混淆视听、扰乱人心的有害言辞。因此，"人主"们对于这八类谬论应该毫不
客气，必须严加钳制。

在此基础上，韩非将批判矛头指向儒、墨"显学"，认为它们的所谓"仁
政""均富""节用""兼爱"等主张，不仅言人人殊、虚妄难信，更有贬抑勤俭
勤劳、鼓励懒惰奢侈的弊端。当世君主们恰恰是受了这些学派的蛊惑，从而使
社会更加乱象丛生。他愤然说道：

今世之学士语治者，多曰："与贫穷地，以实无资。"今夫与人相若也，
无丰年、旁入之利，而独以完给者，非力则俭也；与人相若也，无饥馑、
疾疚、祸罪之殃，独以贫穷者，非侈则堕也。侈而堕者，贫；而力而俭者，
富。今上征敛于富人，以布施于贫家，是夺力俭而与侈堕也！而欲索民之
疾作而节用，不可得也。②

韩非认为，通常的社会公义应该是：在正常年份和没有饥饿、疾病、祸患
和其他收入的情况下，勤劳和节俭的人应该富足，奢侈和懒惰的人则理应贫穷。
然而，君主却受到某些学派的怂恿，向富人征收财物去分给穷人，这是打击勤
劳、鼓励懒惰的荒唐做法，也是社会不公的根源所在！这样还想号召民众省吃
俭用、努力耕作，是绝对不可能办到的。继而，韩非还对那些不事农作、不利
国家的学派给予了直接的批判。《韩非子·八说》云：

博习、辩智如孔墨，孔墨不耕耨，则国何得焉？修孝、寡欲如曾史，
曾史不战攻，则国何利焉？匹夫有私便，人主有公利。不作而养足，不仕
而名显，此私便也；息文学而明法度，塞私便而一功劳，此公利也。……

①《韩非子·八说》。
②《韩非子·显学》。

夫贵文学以疑法，尊行修以贰功，索国之富强，不可得也。

正是在以上认识的基础上，加之对于人性的冷峻评估，法家强烈主张"废先王之教"，明确提出了"以法为教、以吏为师"的口号。首先提出这一口号且付诸实施的是商鞅，给予深刻论述的则是韩非。他在批判了搞学术、善言谈、带私剑等对人的社会危害后指出：

> 故明主之国，无书简之文，以法为教；无先王之语，以吏为师；无私剑之捍，以斩首为勇。是境内之民，其言谈者必轨于法，动作者归之于功，为勇者尽之于军。是故无事则国富，有事则兵强，此之谓王资。①

这是法家对社会教化活动的经典概括，也是其强国战略的基本构想。法家以为，君主要想拥有称王天下的资本，就必须让民众的言谈符合法律要求，行为有利于耕战，怯于私斗而勇于公战。这就必须对社会实施普遍的法制教育，法制教育则需要有基本的教育内容和实现手段，即"以法为教、以吏为师"。

所谓"以法为教"，就是要以朝廷颁布的法律法令作为教化的基本内容。在这里，"教"本身并不重要，重要的是"教"的内容，即"法"或法令、法律。在法家看来，朝廷颁布的法令应该简约、明确、具体，既不需要大段说辞，更不需要"书简之文""先王之语"，只需将赏与罚、利与害的条文与规定列入"法"中，便于操作、力度恰当就足够了。商鞅对此有明确论述，《商君书·定分》云：

> 法令者，民之命也，为治之本也，所以备民也。为治而去法令，犹欲无饥而去食也，欲无寒而去衣也，欲东而西行也，其不几亦明矣。……人主为法于上，下民议之于下，是法令不定，以下为上也。此所谓名分之不定也。

就是说，法令是民众立命之基、国家治理之本。如果模棱两可、表述不清，导致民众乱议于下，法令的效用必定大打折扣。

与"以法为教"相似，法家"以吏为师"的重点也不在"师"而在"吏"，即朝廷法令的执行者。对于"以吏为师"的制度设计，典型地反映在商鞅精心构建的"普法网络"方面。商鞅建议，在中央一级须设置三个法官：天子殿里

---

① 《韩非子·五蠹》。

设置一个法官，御史衙门设置一个法官和法吏，丞相衙门设置一个法官；诸侯和郡县一级，也由朝廷各自设置一个法官和法吏，统归朝廷中的法官管辖。这样，诸侯和郡县接到朝廷颁布的法令，就能马上部署学习，并及时向下推广传授，接受民众的询问，从而构成一个由上而下的法令宣传、执行和学习的体系，即所谓：

> 吏民知法令者，皆问法官。故天下之吏民，无不知法者。吏明知民知法令也，故吏不敢以非法遇民，民不敢犯法以干法官也。遇民不修法，则问法官；法官即以法之罪告之，民即以法官之言正告之吏。吏知其如此，故吏不敢以非法遇民，民又不敢犯法。[①]

可见，商鞅此处所谓的"法官"即"师"已不是以往文化教育活动意义上的教师了，而是法令的解释者、宣传者和执行者。

韩非总结了商鞅的上述思想，将其明确表述为"以法为教、以吏为师"。值得注意的是，韩非除对商鞅的做法极其赞同外，其表述还有另外两层意思：第一，强调理想国家（即"明主之国"）既不需要多少文化知识，更不需要多少传授文化知识的人，所以，韩非特别讨厌那些凭借文化知识蛊惑人心的人，认为他们不配为"师"。第二，韩非的"以吏为师"乃是以全部官吏为师，而不再是商鞅举措中专设的"法官"和"法吏"。这样，在韩非的制度设计中，所有官吏都必须懂法、明法和行法，不懂法者不具备做官的资格。如此一来，朝廷法令就能得到最大程度的普及、学习和执行。

以上即为"以法为教、以吏为师"的基本活动和主张，由此不难看出法家的偏激和专断。毫无疑问，任何国家和任何时代都是需要法治的，也有必要对民众进行法制教育，这本是人类社会的常态，在战国时代尤为必要。但是，用普法代替教育，用法令代替文化，用赏罚代替劝说，不但偏激片面，而且错误有害，因为这既贬低了人类文明的既有成果，更窄化了教育活动应有的丰富性与全面性。此外，教师作为一个独立阶层和专门职业而出现，足可视为社会进步的一大表现，对于教育活动水平的提升也极具意义，因此，"以吏为师"不但是一种违逆历史潮流的明显倒退，而且由于对教师的素养要求过于简单和片面

---

① 《商君书·定分》。

化，从而十分不利于教育活动的健康发展。正因如此，我们非常赞同学者的以下评价：法家的教育活动"充其量只能被看成是一种社会教育。……教育的内涵相当丰富，专门的文化知识教育及其实施者的存在不仅是人类历史发展的结果，而且是人类社会继续进步的条件。因此，法家的主张与实践是一种教育的倒退"①。

六、教育活动的特点与影响

尽管法家的教育主张与活动有不少缺陷，但在"争于气力"的特定背景下，法家依然以其积极务实的治国之策、严整有序的施政方案和强力高效的教化效果而为时代所重。就教育活动而言，其特点至少有以下几个方面。

（一）特点鲜明的人性假说

趋利避害、精于计算、相互利用，是法家对于人性的基本假说。尽管这一假说片面而偏激，然而其态度之果决、立场之坚定、观点之尖锐也是非常鲜明的。这一假说虽能为"因人性""导民情""倡耕战"等主张提供理论依据，却也充分暴露出法家对人之地位、价值与尊严的贬损与践踏，因而遭到后世乃至今天众多学人的严词否定。如《史记·论六家要指》云："法家不别亲疏，不殊贵贱，一断于法，则亲亲、尊尊之恩绝矣！可以行一时之计，而不可长用也。"今有学者则明言："它的冷酷、偏激，其实并不符合人的'本心'或'本性'，故虽能有效于一时，却难以有效于一世。这实为法家教育遭后世诟病的症结之所在。"② 这些都可视为对法家人性假说及其历史影响的定评。

（二）恩威并施的教育手段

正是基于绝对"性恶论"这一形而上预设，法家认为，人向来是屈从权势而罕能心服仁义的，故而统治者不可能以德服人，只能是抱法处势、以术驭民。所以，法家坚决提倡法治而反对礼治，其方法就是明订法律法令，推行恩威并施之策，使人懂得"刑过不避大臣，赏善不遗匹夫"的道理。治事须用法律，驭下无须温情，是法家治世所依赖的基本活动手段。对于法家这一驯化民众、压制民心的做法，后人亦有不少批判。教育史家王凤喈曾言："商韩功利论，偏

---

① 孙培青主编：《中国教育史》（第三版），华东师范大学出版社2009年版，第90页。
② 喻本伐、熊贤君：《中国教育发展史》，华中师范大学出版社2011年版，第78页。

重刑法，残忍过甚，与吾国民心理不合，故其说不能久行；但中国之法律政治，亦受其影响。"① 这是对法家教化举措与历史影响的中肯评价。

（三）"唯法独尊"的教育内容

无论是"以法为教"还是"以吏为师"，都是围绕着朝廷律法而进行的，是为了使全社会懂法、明法、守法和行法。基于这种考虑，法家对儒家的道德感化、墨家的道义劝诫和道家的无为自化等"异说"展开了猛烈的批判，认为这是与统治者离心离德的"二心"之学，也是妨碍"人主"实行"法治"的绊脚石。质言之，在法家看来，以朝廷法令为纲，以各级官吏为目，以社会教化为总抓手，以全体民众为驯化对象，就可造成一个上下有序、法令严明的"明主之国"。毫无疑问，这种"视教育内容的多样化为危害政治一元化的祸水"的观点，"显然不利于文化教育的健康发展，这也是法家的教育内容观为后世所不取的根本原因"。②

（四）"功用为上"的教育目标

出于推行法治的现实需要，法家主张培养"智术之士""能法之士"和"耿介之士"。这些人要能够察奸、矫奸、明法、行法，能够"循令而从事""案法而治官"，具有治理国家的实际能力。为使法制教育能够贯彻执行，商鞅提出"置主法之吏，以为天下师"的建议；韩非则明言"宰相必起于州部，猛将必发于卒伍"③，主张治国之才一定要从具有实践经验的人员中选拔出来。在法家看来，君主凭借法、术、势足可制人，臣下德否无关紧要，所以有道之主通过"论之于任，试之于事，课之于功"④ 来锻炼、发现和选拔人才。可见，法家所希望培养和选拔的人才，既不是温文尔雅、迂阔务虚之人，也不是消极避世、志存高远之士，而是能够从事实际事务管理、具有依法治世才能的功用人才。

在列强纷争的政治舞台上，法家以大刀阔斧的制度变革和简约高效的教化举措主导了战国时期总体的历史走向，并促成了秦的暴力统一。然而，有用并不等于合理，一时得势不意味着能行之久远。法家的教化活动恰如一把"双刃

---

① 王凤喈编著：《中国教育史》（上），福建教育出版社 2011 年版，第 69 页。
② 喻本伐、熊贤君：《中国教育发展史》，华中师范大学出版社 2011 年版，第 78 页。
③《韩非子·显学》。
④《韩非子·难三》。

剑"，既打击了敌人，也伤害了自己。一方面，它把民众训练成了一群骁勇好战、所向披靡的"虎狼之师"，从而扫荡了异己势力，彻底改变了诸侯异政的时代面貌；但另一方面，也把秦国和秦王朝引上了外强中干、昙花一现的不归之路，并把法家自身推上了历史的审判台。实质上，法家的纯任法术有违人世常态，它的刻薄寡恩使人腹诽日甚，它的法不容情更导致了民怨沸腾，从而成为民众暴力抗秦的直接导火索。历史事实雄辩地证明，靠暴力维系的政权必然招致暴力的反抗，使人噤若寒蝉的统治只会让统治者自尝苦果。法家践踏人性、无视民心、钳制众口的种种作为，从长时段历史观来看，不过是赤裸裸的威权主义教化策略的一次失败的试验，是铁血统治和一元政策"此路不通"的历史标牌。

第六节　名、阴阳、兵、杂等家的教育活动

战国时期诸子竞胜，学派纷呈。儒、墨、道、法诸家在社会政治和教育活动方面积极而活跃。相形之下，名、兵、杂、农、医、阴阳、纵横、小说等家，由于或政治主张不显，或社会地位较低，或学派规模不大，因而其影响远逊以上四家。但是，这些学派也是先秦学术"百花园"中的红花或绿叶，也展现出了教育活动的不同风貌，理应给予一定的反映。由于史料所限、篇幅所囿，此处仅择名、阴阳、兵、杂四家述之，其他学派则随本书其他各章行文而述。以下所论既不求标题一致，亦不重篇幅对等，唯本着"尊重历史，反映历史"的原则，对先秦"百花园"里的这些"花草"做些呈现。

一、名家及其教育活动

在诸子百家中，名家被视为六大学派之一。名家之所以引人注目，并非由于他们有独特的社会实践活动，也不是因为他们具有系统的政治教化主张，而是由于他们关注朴素辩证的思维形式，专门研究概念、命题和逻辑推理，为学者的论辩活动提供了便利与帮助，并契合了"君子必辩"或"予岂好辩哉？予

不得已也"的时代需要，因而在战国时代能够大放异彩。即是说，名家人物既不是政治活动家，也不是社会改革家，而是雄辩家、论辩家或逻辑学家。

（一）名家及其教育活动概言

先秦名家又被后人称为刑名学家或名辩学派，其代表人物都以善辩甚至诡辩而著称，在"百家争鸣"的特定背景下极为活跃。关于名家的学派来源、学术特点和思想利弊，后世史家有不少评述，例如：

> 名家使人俭而善失真；然其正名实，不可不察也。……名家苛察缴绕，使人不得反其意，专决于名而失人情，故曰：使人俭而善失真。①

> 名家者流，盖出于礼官。古者名位不同，礼亦异数。孔子曰："必也，正名乎！名不正，则言不顺；言不顺，则事不成。"此其所长也。及警者为之，则苟钩铱析乱而已。②

可见，在后世史家们看来，名家对于名词、概念、语义的分析以及对逻辑思维形式的研究，虽然有助于人们弄清名与实或事物的概念与本体之间的关系，但也会使人斤斤于论说与狡辩，对于人心的教化作用不大；名家的贡献在于能够让人搞清名、实、物、位等概念的区别与关联，但也有舍本逐末之弊，会使偏激者执于概念的分梳，流于无谓的论说。

先秦名家代表人物不少。宋钘、尹文、田骈、田巴、兒说、公孙龙以及上文所述的慎到、申不害、邓析、惠施等，都是或曾经是名家的著名学者。他们大多长期活动于稷下学宫，是稷下辩坛的风云人物。在他们当中，有些开创了新的学派（如宋钘、尹文的"宋尹学派"），有些出于名家而终于法家（如慎到、申不害、邓析），有些则一直以辩谈为务（如田骈、公孙龙），有些则走上从政之路，主持一国政务（如惠施、申不害）。名家人物虽然不少，但没有资料显示他们之间有明显的师承关系。

对于名家的言论与活动，时人与后人有不同的评价。如庄子对惠施就颇多赞词，也对惠施虽然才高却用之不当颇为惋惜。他说："惠施多方，其书五车，其道舛驳，其言也不中。……惠施以此为大，观于天下而晓辩者。天下之辩者，相与乐之。……惜乎！惠施之才，驰荡而不得，逐万物而不反，是穷响以声，

---

① 《史记·太史公自序》。
② 《汉书·艺文志》。

形与影竞走也。悲夫!"① 事实上，庄子对惠施虽有微言却崇敬有加，惠施的思想也是借庄子的撰述才得以流传下来，所以惠施死后，庄子慨叹地说："自夫子之死也，吾无以为质矣，吾无与言之矣!"②

与庄子不同，荀子对于名家的言论相当不满。在《非十二子》篇中，荀子将惠施、邓析合而同批，云：

> 不法先王，不是礼义，而好治怪说、玩琦辞，甚察而不急，辩而无用，多事而寡功，不可以为治纲纪；然而其持之有故，其言之成理，足以欺惑愚众：是惠施、邓析也。

在荀子看来，惠施、邓析等名家人物不推重古代的礼义思想，而是喜欢创制怪诞的学说、玩弄华丽的辞藻，不考虑社会的当务之急，搞的都是些高谈阔论、与世无补的虚词假说，根本不可能作为治国理政的准则。

荀子不仅对惠施、邓析有所批判，还对名家公孙龙、田巴等人的"离坚白""合同异""白马非马"之论颇不以为然，认为这都是对修身无益、于治国有害的学说，即所谓"不知，无害为君子；知之，无损为小人"，"王公好之则乱法，百姓好之则乱事"。③ 庄子对于公孙龙、桓团等人也有批评，认为他们的观点"饰人之心，易人之意"，"能胜人之口，不能服人之心"，乃是逞口舌之能的"辩者之囿"。④

由上可见，人们对名家的言论与活动是有不少批评的。这些批评多是从治国、修身等层面立论的，有较强的实际功利色彩，不免有所偏颇。事实上，名家对认识论、雄辩术、逻辑学的研究甚深，对概念的能指与所指、概念与事物本体之间的关系等等都有精彩的论述，许多脍炙人口的命题还颠覆了人们的常识，冲击了人们的固有观念，所以，名家的思想是相当深刻的。完全可以说，早在先秦时期我国就出现了名家，形成了这样一个专研逻辑与思辨的学派，本身就可视为中国教育活动史上的一大骄傲，足令后辈学人引以为豪。

（二）名家教育活动举隅

作为名噪一时的显赫学派，名家是有自己的教育活动的；其著作也有不少，

---

① 《庄子·天下》。
② 《庄子·徐无鬼》。
③ 《荀子·儒效》。
④ 《庄子·天下》。

但多数未能流传后世，今人熟知的多是名家的"诡辩"命题。关于名家活动的状况，多反映在稷下论辩活动中。如稷下先生兒说"持白马非马也，服稷下之辩者"。田巴"离坚白，合同异，一日服千人"。宋钘、尹文也是"周行天下，上说下教"。还有人以"连环可解，不解解之"等命题教授他人。对于这些活动状况零星的史料记载，加上名家未能传世的逻辑思辨论著，如《田子》《申子》《尹文子》等，皆可视为名家教育活动的效果显示。

由于史料罕载，使得我们对名家教育活动的状况无从多谈。名家明白无误的一次有关教育问题的阐述，记载于《公孙龙子·迹府》篇中。当时，公孙龙被平原君待为上宾，孔子的后裔孔穿与公孙龙相会于平原君的家里。孔穿直截了当地说："素闻先生高谊，愿为弟子久。但不取先生以白马非马耳！请去此术，则穿请为弟子。"公孙龙作了如下严肃的回答：

> 先生之言，悖！龙之学，以白马为非马者也。使龙去之，则龙无以教；无以教，而乃学于龙也者，悖。且夫欲学于龙者，以智与学焉为不逮也。今教龙去白马非马，是先教而后师之也；先教而后师之，不可。

在这段对话中，公孙龙至少阐明了如下几层意思：第一，教育者施教时须坚守为师之道，传授学术思想或一得之见，否则教师便无以为师；第二，人们要想从师学习，就须谦虚谨慎、态度诚恳，承认在智慧与知识方面皆不如师，而不是动辄教训别人、以己为是；[1] 第三，教育或教学乃是师生共同参与的双边活动，教师不以其长教人固然误人子弟，而学生如果不虔心向学，教学效果更会大打折扣。不难看出，这是公孙龙对教与学之辩证关系的正确阐述，反映了他对教育活动的严肃态度和严谨作风。通过这段对话还可以看出，尽管人们可能不赞成名家的某些观点，但名家在当时颇有影响也已是不争的事实。

名家在战国社会的影响力从其他资料中也可反映出来。据《吕氏春秋·不屈》篇记载，有一次，匡章对魏惠王说："蝗螟，农夫得而杀之，奚故？为其害稼也。"然后，匡章当着惠王的面指责惠施说："今公行，多者数百乘，步者数百人；少者数十乘，步者数十人。此无耕而食者，其害稼亦甚矣！"就是说，惠施出行时有车辆数百乘、随从者数百人，比蝗虫危害庄稼还要厉害。可以看出，

---

① 参见徐仲林、谭佛佑、梅汝莉主编：《中国教育思想通史》（第一卷），湖南教育出版社1994年版，第488—489页。

名家的这一排场已足可与儒家"牛人"孟子相媲美了。而匡章所描述的状况并没有被魏惠王否认，可见惠施出行的规模确实很大，社会影响亦十分了得。

那么，对于别派的这种抱怨，名家自己是作何回答的呢？当时惠施不在场，惠王转引惠施的话回应说：

> 惠子曰："今之城者，或者操大筑乎城上，或负畚而赴乎城下，或操表掇以善晞望。若施者，其操表掇者也。使工女化而为丝，不能为丝；使大匠化而为木，不能为木；使圣人化而为农夫，不能治农夫。施，而治农夫者也。"[①]

意思是，如果以修筑城墙为喻的话，有人拿着大杵在城上捣土，有人背着畚箕在城下运土，有人拿着仪表检验城墙是否合格，那么惠施就是那个拿仪表的人。就是说，惠施是教化别人的人，是社会的管理阶层，不需要凡事都亲力亲为。应该注意的是，这样的话语是经由惠王之口说出的，这说明，即便是地位尊隆如大国国君者，对于名家的这种作用与定位也甚为认同。

（三）名家观点与论辩活动例析

名家之所以有很大的社会影响，不仅是因为他们对认识论、逻辑学等颇有研究，还因为他们论述了许多令人瞠目结舌的命题，对人们的思想和观念造成了极大冲击。《庄子·天下》篇对惠施"历物之意"的命题有明确的记载，谓：

> 至大无外，谓之大一；至小无内，谓之小一。无厚，不可积也，其大千里。天与地卑，山与泽平。日方中方睨，物方生方死。大同而与小同异，此之谓小同异；万物毕同毕异，此之谓大同异。南方无穷而有穷。今日适越而昔来。连环可解也。我知天下之中央，燕之北、越之南是也。泛爱万物，天地一体也。

以上十个命题，集中展示出惠施对于时、空和宇宙万物之规律与关系的认识以及对于事物概念的深刻理解。此处记载的虽然只有论题而没有论证过程，从中也足以反映出惠施超凡的思维能力和深厚的逻辑素养。例如，"至大无外""至小无内""无厚不积"揭示了事物存在的无穷性和无限性，是对大小、内外、厚薄等对立范畴的辩证解析；"天与地卑""山与泽平"说明的是事物之间关系

---

① 《吕氏春秋·不屈》。

的相对性原理，且阐明了差异存在的有条件性；"日方中方睨、物方生方死"反映的是运动与静止的关系问题，阐述了事物运动的绝对性原理；至于"今日适越而昔来""连环可解""天下之中央"等命题，展示的则是人类观念的生成性与可变性、概念的能指性与所指性问题。

上述十大命题，连同"鸡三足""卵有毛""目不见""火不热""狗非犬""白狗黑"等论断，尽管长期被视为"诡辩"之论，也被当今一些人斥为相对主义、主观主义或怀疑主义，但这在当时既颠覆了人们的常识，也反映出名家对于概念的重新厘定与再诠释的理论勇气，更折射出某些超越时代的想象力和思辨力。例如，"天与地卑""山与泽平"在古代被视为诡辩，但在今天，若从浩瀚的宇宙这一立场来看，天与地、山与泽的差别的确可以忽略不计；"日方中方睨"的论断，则与西方"人无法两次踏进同一条河流"的哲学论断有异曲同工之妙。

惠施与他人的一则完整的论辩活动，载于《庄子·秋水》篇中。当时，惠施与庄子游玩于濠梁之地的一处河边。看着河里的游鱼，二人就能否知"鱼之乐"的问题展开了语言交锋，此即历史上著名的"濠梁之辩"。该篇记载：

> 庄子曰："儵鱼出游从容，是鱼之乐也。"惠子曰："子非鱼，安知鱼之乐？"庄子曰："子非我，安知我不知鱼之乐？"惠子曰："我非子，固不知子矣；子固非鱼也，子之不知鱼之乐，全矣！"庄子曰："请循其本。子曰'汝安知鱼乐'云者，既已知吾知之，而问我。我知之濠上也。"

这段文字不长，却包含了两个回合的思维较量和四个"三段论"式的逻辑推论。论辩虽然以庄子之言而告终，似乎惠施已无言以对了，但事实上庄子已然败北，因为他将"安"字由原来的"怎么"或"如何能够"之意转换成了"在哪里"，已属于违背逻辑"同一律"的"偷换概念"了。在论辩中，惠施首先引诱庄子入其"逻辑圈套"，继而迅速抓住庄子"子非我"之答语的一时疏忽，作为第二轮论辩的逻辑前提，用"你与我有别，你与鱼更有别"的逻辑来进一步确证庄子不可能知"鱼之乐"，逼得庄子只好以"偷换概念"方式结束论辩。仅由这段文字就不难看出，惠施的思路是何等清晰，思辨又是何等敏锐。

名家另一段更为完整的论辩活动针对的是"白马非马"论。这是公孙龙颇为得意的"看家"学说，却因其有悖人类常识而受到不少人质疑。《公孙龙子·

白马论》记载，有人曾与公孙龙进行了如下激烈的论辩：

> 曰："白马非马，可乎？"曰："可。"曰："何哉？"曰："马者，所以命形也；白者，所以命色也。命色者，非命形也，故曰：'白马非马'。"

> 曰："有白马，不可谓无马也；不可谓无马者，非马也？有白马，为有马，白之非马，何也？"曰："求马，黄、黑马皆可致；求白马，黄、黑马不可致。使白马乃马也，是所求一也。所求一者，白者不异马也；所求不一，如黄、黑马，有可有不可。何也？可与不可，其相非明。故黄、黑马，一也；而可以应有马，而不可以应有白马。是白马之非马，审矣！"

> 曰："以马之有色为非马，天下非有无色之马也。天下无马，可乎？"曰："马固有色，故有白马。使马无色，有马如已耳，安取白马？故白者非马也。白马者，马与白也。马与白，马也？故曰：'白马非马也。'"

以上只是"白马非马"论辩过程的节选。仔细研读即不难发现，公孙龙从事物的概念属性与颜色区别入手，辩才滔滔地三次推导出"白马非马"的结论。尽管这一命题确属诡辩，但公孙龙在此却也天才地阐述了普遍性与特殊性，或曰事物的共相与殊相的关系问题，这是非常深刻的认识论论题。更何况，尽管其结论极其挑战人们的常识，但其推导过程却显得相当严谨，让人一时之间找不到明显的逻辑漏洞，只是到最后才会大呼上当。由此可见，名家的思维理路是何等大胆，论辩技巧又是何等了得！

由于名家自身学术艰涩，又往往不按常理提出观点，而是专捡社会常识"开涮"，得出让人"大跌眼镜"的论断，故而其教育内容对锻炼人们的思维能力、推理过程和论辩技巧极有助益，而对治国理政、人心教化等意义不大，是比儒家更"迂远而阔于事情"的学说。所以，名家虽能名噪一时，却是随着"百家争鸣"活动的勃兴而显赫，也随着这一活动的沉寂而黯淡，最终隐入历史的天空，成为一颗令后人无限追怀且扼腕不止的思辨之星。

二、阴阳家及其教育活动

阴阳家亦为先秦著名学派，被视为"六派"（或"九流十家"）之一。在中国教育思想发展史上，阴阳家有着十分重要的影响。例如，在《吕氏春秋》《春秋繁露》《淮南子》等书中，或有阴阳学说的影子，或有专门篇章论及其内容；

汉代董仲舒、东方朔以及焦延寿、京房等人的思想，亦直接受到阴阳家学说的
影响；汉代以后，阴阳五行学说进一步与儒道思想合流，尤其被北宋的邵雍、
周敦颐以及之后的宋明理学所吸收。所以有学者明言："如果不理解阴阳五行学
派的世界观、知识论和逻辑学，则对于自汉以下的儒家学说，也不能够有充分
理解。"① 短短数言，明白揭示了阴阳家对后世思想的深远影响。

(一) 阴阳家及其思想与活动

阴阳家又被称为"阴阳五行家"或"五行家"，因该派将阴阳、五行及其相
互关系作为学术思想的核心内容而得名。所谓阴与阳，乃是阴阳家对于万事万
物所依托、蕴含和表现出来的两种既相互依存又相互转化的属性的哲学解说；
五行则是他们对于宇宙万象之存在与运行所作出的范畴系统的属性概括，后被
发展成为"五德"，用以论证王朝更替的必然性与合理性。由于阴阳家学说既富
有哲学思考，又深含政治意蕴，因而其思想既受到了学者的关注，也为统治者
所青睐。汉独尊儒术之后，虽然阴阳家作为一个独立的学派已不复存在，但其
影响并未消逝。

关于阴阳家的学术特点和思想利弊，司马谈在《论六家要指》中有明确的
评述，他说：

> 尝窃观阴阳之术，大祥而众忌讳，使人拘而多所畏；然其序四时之大
> 顺，不可失也。……夫阴阳四时、八位、十二度、二十四节，各有教令；
> 顺之者昌，逆之者不死则亡，未必然也，故曰："使人拘而多畏。"夫春生
> 夏长、秋收冬藏，此天道之大经也，弗顺则无以为天下纲纪，故曰："四时
> 之大顺，不可失也。"

大意是说，阴阳家的思想对于人们认识节气、时令等自然现象是有所助益
的，但用之于社会人生领域则不够妥当，有使人畏首畏尾之弊。司马谈的这一
评述亦为《汉书·艺文志》所引用，并进而对阴阳家的学术渊源略有考证，云：

> 阴阳家者流，盖出于羲和之官。敬顺昊天，历象日月星辰，敬授民时，
> 此其所长也。及拘者为之，则牵于禁忌，泥于小数，舍人事而任鬼神。

就是说，阴阳家是由上古天文历算之术发展而来的，有助于人们观察天象、

---

① 侯外庐、赵纪彬、杜国庠：《中国思想通史》(第一卷)，人民出版社1957年版，第646页。

顺应节令、安排农作，但也会使人陷入迷信术数之中。

以上是史家的基本评判。事实上，阴阳家之所以为人关注，以至于被司马谈列为"六家"之首，是因为该派不仅有着独特的世界观、认识论、运行论和宇宙生成说，也有着鲜明的哲学思想和政治功用。具体说来，首先，阴阳家着重阐述了阴、阳及其相互关系。所谓"阴"，就是代表退守、柔弱的特性和具有这些特性的事物和现象；"阳"则是代表进取、刚强的特性和具有这些特性的事物和现象。阴和阳是阴阳家对宇宙万物所内含的两类性质的一种抽象，也是对于对立统一法则的哲学概括，即所谓"一阴一阳之谓道，继之者善也，成之者性也"①。概言之，阴阳之间的关系可用"对立、互根、消长、转化"八字来表述。阴阳家认为，一方面，阴与阳无处不在、无物不在，阴阳交感而生宇宙万物；另一方面，天有阴阳，人亦有阴阳，彼此是相互感应的。由此，天与人之间便得以相互沟通、相互影响。

其次，阴阳家还深刻论述了五行及其相互关系。所谓"五"，是指水、火、木、金、土五类物质，"行"则是"运行"之意，即这些物质之间"相生"与"相克"的关系。需要注意的是，五行学说并非仅是论说这五种具体物质，而更多是对与这五种物质相类的属性的概括以及对于五种属性之相互关系的阐说。具体而言，凡具有生发、柔和、发育特性者统属于木；具有阳热、上炎、外向特性者统属于火；具有长养、敦厚、内敛特性者统属于土；具有清静、肃杀、坚硬特性者统属于金；具有寒冷、就下、闭藏特性者统属于水。所谓"相生"是指五种属性之间的依存关系，即"木生火、火生土、土生金、金生水、水生木"；所谓"相克"是指五种属性之间的对立关系，即"水克火、火克金、金克木、木克土、土克水"。如此一来，"相生"与"相克"就构成了两个首尾相衔的闭合关系，每一种物质或属性与其他四者都存在或生、或克、或被生、或被克的关系。阴阳家认为，宇宙万物就是由这五种基本物质（属性）及其关系生成的，或者说，万物之间及其内部既相互联系，又运动变化。

再次，阴阳家还把阴阳和五行结合起来，以天人相应为指导思想，以阴阳为总纲、五行为中心，以空间结构的五方、人体结构的五脏为基本架构，将自

---

① 《周易·系辞上》。

然界的各种事物按其属性进行归纳，并将人体的一切生命活动与自然现象和社会事务联系起来，形成了沟通人体内外环境的结构系统，用以说明人与自然环境及社会活动的统一性。

由此可见，阴阳家对于宇宙万物与属性有着精致的哲学概括，对于其生成和运行关系也有着完整的论说，并将这些理论推及人和人事社会，由此形成了一个较为

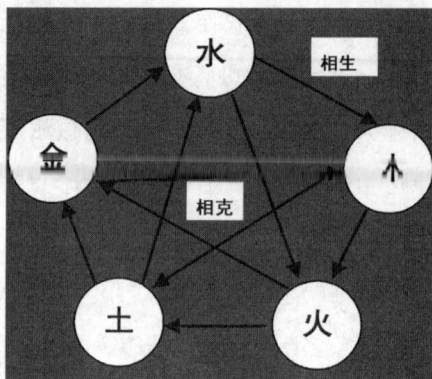

图 5-8 "五行生克" 示意图

显赫的学派。据《汉书·艺文志》记载，阴阳家共有 21 家（支派），著作 369 篇。先秦时期的著作，计有《公梼生终始》14 篇、《公孙发》22 篇、《邹子》49 篇、《邹子终始》56 篇、《黄帝泰素》20 篇、《南公》31 篇、《邹奭子》12 篇、《冯促》13 篇等等。虽然上述著作除现存少量残文外，其余均已亡佚，但由此也可看出，战国时期阴阳学派的教育活动是有相当成效的。

先秦阴阳学派的人物主要有公梼生、公孙发、邹奭、南公等人，但以邹衍最为著名。他长期活跃于稷下学宫，以善于论辩而闻名，史书对他活动的记载也相对较多。因此，下文即以邹衍为例，对阴阳家的教育活动略作论述。

（二）阴阳家教育活动略说：以邹衍为例

邹衍（亦名驺衍），齐人，约生于公元前 324 年，长期活跃于稷下学宫，曾师从儒家学者学习儒术，以后对阴阳、五行思想渐生兴趣，并创 "五德终始说"（又称 "五德转移说"），名声日隆，成为著名的稷下先生，被人誉为 "谈天衍"。《史记·孟子荀卿列传》记载，邹衍曾 "过赵，言至道，乃绌公孙龙"，"适梁，惠王郊迎，执宾主之礼。适赵，平原君侧行撇席。如燕，昭王拥彗先驱，请列弟子之座而受业，筑碣石宫，身亲往师之"。可见，与其他战国学者一样，邹衍也曾周游列国，到处宣扬自己的主张，开展教育活动。

邹衍各处施教的目的，一方面是基于 "睹有国者益淫侈，不能尚德" 之现实，旨在教育为政在位之人，必须 "深观阴阳消息"，懂得世已罕言的 "昭旷之道"。用后世学者的话说，就是：

> 邹子疾晚世之儒墨，不知天地之弘、昭旷之道……于是推《大圣》《终

《始》之运，以喻王公。①

另一方面，邹衍虽然背离了儒家学派，但他毕竟学过儒家思想，尤其受思孟学派的影响甚深，所以他同样强调，统治者必须对百姓施以"仁义"。只是邹衍所强调的"仁义"，已不同于儒家以古代"圣王"之做法为依据，而是以他对历史发展规律（即所谓"五德终始"）的总结为立基。正因为与儒家颇有渊源，《史记》才把邹衍与孟荀等人合而列传；也因如此，《盐铁论·论儒》中才有"邹子之作变化之术，亦归于仁义"之语，《史记·孟子荀卿列传》中也才有"然要其归，必止乎仁义、节俭，君臣、上下、六亲之施"之评。

邹衍最重要的教育内容乃是他的"五德终始说"；他所有的教育活动，包括撰写《主运》《大圣》《终始》等著作以及教授"邹子之徒"，结果"以阴阳、主运显于诸侯"② 等，也是围绕这一学说展开的。所谓"五德"，是邹衍给五行赋予的属性，即土德、木德、金德、水德、火德；"终始"则是指宇宙演变和历史朝代的嬗变过程。按照邹衍的说法，宇宙万物与五行是相互对应、各具其德的；而天道的运行、人世的变迁、王朝的更替、历史的兴衰等，则是"五德转移"的结果。例如，夏、商、周三代之变，就是金（商）克木（夏）、火（周）克金（商）的过程；那么，继周而起的朝代，则须遵循"水克火"的规律，以"水"为德，以"水"为尚。这样，邹衍以五行为框架，将五行的相克系列与前后相继的帝王世系相配应，构成了一个德性相推、帝王相继的同构循环关系。如此一来，王朝更替所凭借的就不再是战争、暴力和屠杀了，而是披着自然现象外衣的所谓天道规律；帝王受命也成为天道赋予的了，即"天人感应"和"君权神授"。毫无疑问，邹衍的这套学说深合帝王之心，因而"及秦帝而齐人奏之，故始皇采用之"③。邹衍此论的目的自然是为战国之时的社会变革做论证，但其说辞却为后世帝王所窃取，而且也使其理论陷入了历史循环论的怪圈。

不过，邹衍思想中也有不少令人耳目一新的内容，甚至还有些充满神奇色彩的知识，这也是邹衍教育活动中的重要内容。据《史记·孟子荀卿列传》记载：

---

① 《盐铁论·论邹》。
② 《史记·封禅书》。
③ 《史记·封禅书》。

先序今以上至黄帝，学者所共术，大并世盛衰，因载其机祥度制，推而远之，至天地未生，窈冥不可考而原也。先列中国名山大川，通谷禽兽，水土所殖，物类所珍，因而推之，及海外人之所不能睹。……以为儒者所谓中国者，于天下乃八十一分，居其一分耳。中国名曰赤县神州。赤县神州内自有九州，禹之序九州是也，不得为州数。中国外如赤县神州者九，乃所谓九州也。于是有稗海环之，人民、禽兽莫能相通者，如一区中者，乃为一州。如此者九，乃有大瀛海环其外，天地之际焉。

尽管上述"大九州说"被司马迁评为"其语闳大不经"，尽管其中确实有很多想象成分，但是，这也极大地开阔了人们的视野，增添了不少新奇的见闻，拓展了人们的审视时空，传播了宇宙自然、地理山川、历史现实、生态环境等多方面的知识，其历史意义和作用是不能抹杀的。

三、兵家及其教育活动

在人类历史长河中，战争是任何政权都无可回避的重大主题，因而，总结战事经验、思考御敌之策，就成为制胜图存的一大要务，由此既出现了许多能征善战的军事统帅，也涌现出不少长于战争思维的军事理论家，进而形成了兵家这一专研战争的学派。但是，由于兵家学说多是私相授受的，其教育活动及谱系传承并不显明，加之班固在编撰《汉书·艺文志》时承袭刘歆《七略》的做法，把兵家置于诸子之外，因而其教育思想和活动较长时间未受到学界注意。事实上，形成于先秦时期的兵家学派，具有仁义治军、反对暴政、重民爱民、思维辩证等思想特质，也应视为中国传统文化的重要组成部分。

春秋时期各国之间冲突不断，不义战争此起彼伏。到战国时期，诸侯之战更不受传统礼仪的制约，群雄问鼎、战乱频仍成为常态。在此背景下，作为百家之一的兵家更趋活跃。先秦著名的兵家人物有孙武、孙膑、庞涓、吴起、王翦、尉缭、司马穰苴等，现今保存下来的兵教名著则有《孙子》《司马法》《尉缭子》《六韬》《吴子》《孙膑兵法》等。从这些著作中可以看出，兵家大多既非阴险狡诈之人，更非穷兵黩武之辈，而是不义战争的制止者和反对者。综合而言，兵家的教育思想与活动至少表现在以下诸方面。

（一）文德武备

人们很早就非常清楚，唯重文事而忽略武备，绝非国家幸事。到战国时期，孟子不仅不反对兴仁义之师，而且明言："天时不如地利，地利不如人和。……得道者多助，失道者寡助。寡助之至，亲戚畔之；多助之至，天下顺之。以天下之所顺，攻亲戚之所畔，故君子有不战，战必胜矣。"① 孟子的这一至理名言，也被大多数战国时代的兵家所接受。在他们看来，要使国家立于不败之地，最根本的就是要做到"内修文德，外治武备"。所谓内修文德，就是平时对内要兴仁义之教、谨百官之制，教给人民因何而战、为何而战的道理，注重化民成俗。如《司马法》有云：

> 既致教其民，然后谨选而使之。事极修，则百官给矣；教极省，则民兴良矣；习惯成，则民体俗矣：教化之至也。②

> 顺天之道，设地之宜，官民之德，而正名治物，立国辨职，以爵分禄。诸侯说怀，海外来服；狱弭而兵寝，圣德之治也。③

就是说，只有平时谨慎治国，注重民德教化，轻徭薄赋，与民休息，尽力发展生产，才是救亡图存的必由之道。用吴起的话说，就是"绥之以道，理之以义，动之以礼，抚之以仁。此四德也，修之则兴，废之则衰"④。

所谓外治武备，就是对外要整军备武、厉兵秣马，随时准备消灭来犯之敌。但兵家同时也认为："兵者，国之大事，死生之地，存亡之道，不可不察也。"⑤即是说，战争是关系到人民生死、国家存亡的大事，牵一发就会动全身，因而绝不能轻言干戈。其实，兵家并不纯任武力，更不认为杀伐是解决矛盾的最好办法。所以兵家特别强调，必须把武备与政治、教育结合起来，认为："以仁救，以义战，以智决，以勇斗，以言传，以利劝，以功胜。故心中仁，行中义，堪物智也，堪大勇也，堪久信也。"⑥ 要求士兵训练有素，服从命令，讲求仁义，不怕牺牲，勇于奉献，具备智慧、勇敢和诚信的品质。

（二）爱民安人

先秦兵家人物都十分清楚，对外战争必然会表现为攻城掠地，更会使众多

①《孟子·公孙丑下》。
②《司马法·天子之义》。
③《司马法·仁本》。
④《吴子·图国》。
⑤《孙子·计篇》。
⑥《司马法·严位》。

鲜活生命丧于疆场。所以他们谆谆告诫统治者和将领们，战争的目的是爱民而非残民，是安人而非杀人，正如《尉缭子·武仪》所说的"兵者，所以诛暴乱、禁不义也"。《司马法·仁本》也明言：

> 战道：不违时，不历民病，所以爱吾民也；不加丧，不因凶，所以爱夫其民也；冬夏不兴师，所以兼爱其民也。故国虽大，好战必亡；天下虽安，忘战必危。

就是说，正义的战争是以民为本、不扰民生的，是为了推行仁义、救民众于水火；举凡好战滥杀和居安不思危者，都必然难逃覆灭的下场，会使更多生命死于无辜。所以兵家既特别强调"慎战"，也主张"能战"与"备战"，即所谓"用兵无备者，伤；穷兵者，亡"①。兵家对战争结局的这一认识，是对无数残酷事实的经验总结，展示出兵家可贵的爱民理念和重生思想。

从"好战必亡""忘战必危"的观点出发，兵家特别强调，必须对民众进行正确的战争思想教育，使人们能够清晰地认识到战争的本质，还要懂得战争的真正原则和最高境界是什么。"兵圣"孙武有言：

> 夫用兵之法，全国为上，破国次之；全军为上，破军次之；全旅为上，破旅次之；全卒为上，破卒次之；全伍为上，破伍次之。……故上兵伐谋，其次伐交，其次伐兵，其下攻城。②

就是说，战争虽然以消灭敌军为原则，但绝不意味着毁人家国和滥施杀伐，而是要尽量减少社会破坏和人员伤亡，以争取敌军归顺为要务，以"不战而屈人之兵"为上策。

兵家的上述认识，可视为仁义礼智思想在军事活动中的具体体现，也是兵家与好战嗜杀之辈的本质区别。在兵家看来，"义者，兵之首也；仁者，兵之腹也；德者，兵之手也；信者，兵之足也；决者，兵之尾也"③。就是说，只有以仁义为本、德信辅之，才能赋予人类战争以真正的灵魂，去阻止那些好大喜功的掠夺性战争，此即兵家所谓的"以战止战"原则。可见，在兵家的思想中，战争乃是祛除暴政的途径和手段，最终的目的则是爱民与安人。

---

① 《孙膑兵法·威王问》。
② 《孙子·谋攻篇》。
③ 《孙膑兵法·将义》。

（三）教士训卒

要能够担负起保家卫国、应对各种战争的使命，就必须训练出一支纪律严明、能征善战的军队。所以兵家对教士训卒活动极为重视，甚至将其摆在治军用兵的首要位置。招之即来，来之能战，乃是兵家教育活动的基本要求；不战则已，战则能胜，则是其教育活动的目标指向。

兵家认为，要训练出一支好的军队，首先必须重视政治素养、战争思想和军事品德的教育，这在上文已有所述。其次，还要训练士兵具备听从指挥、步调一致的作战纪律，因为"百万之众不用命，不如万人之斗也；万人之斗不用命，不如百人之奋也"①。没有纪律的军队就如同百姓持械殴斗，人数越多局势就越混乱，根本不具备任何战斗力，所以"令素行以教其民，则民服；令不素行以教其民，则不民服"②。

那么，如何训练士兵具有铁一般的纪律，能够令行禁止、所向披靡呢？兵家对此有清晰的表述，也有具体的方法，如《尉缭子·兵教上》云：

> 兵之教令，分营居陈，有非令而进退者，加犯教之罪。前行者，前行教之；后行者，后行教之；左行者，左行教之；右行者，右行教之。教举五人，其甲首有赏；弗教，如犯教之罪。

就是说，军事训练应当分营列阵，没有命令不得行动，否则军法从事；前后左右各队的士兵，由伍长带领，负责队列训练；训练有素则赏，反之则罚。关于训练具体的方法、内容和步骤，《吴子·治兵》篇里也作了如下明确的记述：

> 乡里相比，什伍相保。一鼓整兵，二鼓习陈，三鼓趋食，四鼓严辨，五鼓就行。闻鼓声合，然后举旗。

意思是说，训练时应以士兵之相互熟悉者为基本单位，以十人或五人为一小组，以五声鼓响为号令，分别练习集合、列阵、进餐、辨析环境等军事活动；然后训练"鼓之则进，金之则止"之类的行动，如此就可做到"三军服威，士卒用命，则战无强敌，攻无坚阵矣"③。

---

① 《尉缭子·兵教上》。
② 《孙子·行军篇》。
③ 《吴子·应变》。

　　除强调一致行动、集团作战外，兵家还主张，在训练士卒的过程中也应因人而异、各取所长，如《吴子·治兵》篇云："短者持矛戟，长者持弓弩，强者持旌旗，勇者持金鼓，弱者给厮养，智者为谋主。"这样，既有统一纪律、集体合作，又能扬长避短、分工明确。兵家认为，如此必能够百战百胜、威服天下。

（四）注重实践

　　兵家学说本是实用之学，是源于实践并指导实践的理论，具有很强的实用性和实战性，这是兵家不同于其他诸家的突出特点。在长期实践中，兵家总结出许多行之有效的军事理论和用兵原则，诸如知己知彼，百战不殆；出其不意，攻其不备；奇正相生，出奇制胜；以众击寡，避实击虚；攻而必取，守而必固；因势利导，灵活多变；等等。这些理论和原则不仅具有突出的实用性，也有鲜明的辩证色彩，是兵家教育活动中极精彩的内容。例如，孙武就屡屡明言："能，而示之不能；用，而示之不用；近，而示之远；远，而示之近。"[1]　"不知彼而知己，一胜一负；不知彼不知己，每战必殆。"[2]　"攻而必取者，攻其所不守也；守而必固者，守其所不攻也。故善攻者，敌不知其所守；善守者，敌不知其所攻。"[3]　略微研读即不难看出，这些思想不仅是战争实践的概括总结，更充满了辩证灵动的色彩，是兵家军事教育智慧的结晶。

　　总之，兵家既不是血气之勇的武夫之属，更不是嗜血成性的好战之辈，而是心怀仁义、颇具理性的思想家和理论家。相比而言，儒家在教育活动中主张道德劝化，从正面直接表达其人文关怀；兵家则主张以战止战，从另一侧面亦表达了其对民生民命的关心。兵家并非不用诈谋，但针对的是敌军和敌国而不是普通百姓，目的是要结束乱世。兵家坚持仁义治军，要求将帅具备"智、信、仁、勇、严"等修养，还强调区别对待有罪者与无罪者，注重以德安人、以义感人、以仁服人，凡此种种，皆体现出兵家人文主义的精神风范。

四、杂家及其教育活动

　　在诸子百家中，杂家亦是较为重要的一个学派。杂家最终形成是在战国末，

---

① 《孙子·计篇》。
② 《孙子·谋攻篇》。
③ 《孙子·虚实篇》。

以《吕氏春秋》为标志；但其孕育和成长期较长，至少在战国中期就已有踪迹可寻。与名家相似，杂家也是得益于"百家争鸣"活动之土壤的，是这一活动的直接产物；该派的渐次成型，意味着"百家争鸣"活动由纷争走向融合，宣告了这一活动行将结束。正是在这种此消彼长的过程中，杂家亦开展了颇有特色的教育活动，展示了其存在的意义和价值。

（一）杂家思想及教育活动概说

面对战国诸子各擅胜场的学术局面，杂家注意博采众长，逐渐形成了一套思想上兼容并蓄、实践中又切实可行的治国方针，杂家也因此而得名。应该一提的是，《论六家要指》虽然纵论了儒、墨、道、法等学派的学术渊源及其特点，但并未出现"杂家"之名；《史记》将杂家人物的事迹与活动分论于不同"列传"之中，未给杂家单列一卷专述；刘向、刘歆在所著《七略》中，亦未论及"杂家"。"杂家"这一名称是迟至东汉时期才出现的。《汉书·艺文志》说：

> 杂家者流，盖出于议官。兼儒墨、合名法，知国体之有此，见王治之无不贯，此其所长也。及荡者为之，则漫羡而无所归心。

班固对于杂家思想的以上述评，后世史家亦多采纳。如《隋书·经籍志》云：

> 杂者，兼儒墨之道，通众家之意，以见王者之化，无所不冠者也。古者，司史历记前言往行、祸福存亡之道。然则杂者，盖出史官之职也。放者为之，不求其本，材少而多学，言非而博，是以杂错漫羡而无所指归。

以上两段述评大同小异，意思都是说，本源于古代职官的杂家，鉴于战国诸家学说皆有一些对治国有益的主张，因而致力于贯通诸家之学，以阐明若以王道治国与化民，则必须善于采撷各家思想；但杂家学说也有自身弊端，就是会使一些人感觉思想缭乱、学无所宗。

还应一提的是，除对杂家作出以上论述外，班固还将历史上难以分论的各类人物及其著作统统归入杂家，这样，杂家就拥有了一个庞大的"家族"：既包括了孔甲、大禹等古代人物以及刘安、东方朔、司马相如等汉代学者，还有众多兵家人物也被列入杂家，代表人物共计二十余位、著作四百余篇。这一做法也被《隋书·经籍志》袭用，共著录出"杂家"著作九十七家，二千七百二十卷。然如此一来，杂家也就显得极"杂"了，不仅将本属别派的人物胪列其中，且在相当程度上淡化了杂家自身特色，不利于对该派的分析与认识。

先秦杂家的代表人物主要是尸佼、淳于髡和吕不韦，传世的著作则是《尸子》和《吕氏春秋》。我们也注意到，今天有人还将田骈、慎到、尹文、宋钘乃至《管子》的作者等皆列入杂家。但若将上述诸人都视为杂家，不仅与前述法家、名家等内容相冲突，也不利于给杂家"瘦身"和做专论，所以，把尸佼、淳于髡和吕不韦作为杂家代表人物，对其教育活动进行考察，是较为合适的。

尸佼是战国中后期的学者，活动时间约在公元前390年至前330年。关于尸佼的生平与事迹，历史记载很不确切。例如，关于他的籍贯，现今就有鲁人、楚人和晋人三说，如《史记》和刘向《别录》皆云"楚有尸子"，还说"秦相商君师之"。较有代表性的是《史记集解》所云：

> 楚有尸子，疑谓其在蜀。今案《尸子书》，晋人也，名佼，秦相卫鞅客也。卫鞅商君谋事画计、立法理民，未尝不与佼规也。商君被刑，佼恐并诛，乃亡逃入蜀，自为造此二十篇书，凡六万余言。

就是说，尸佼一生最大的贡献就是帮助商鞅在秦国变法，且与商鞅以师友相称。变法失败后，尸佼担心受到连累，便逃往四川，著书后隐居。

虽然称尸佼有著作二十篇，但其原文未能传世。今本《尸子》系清人汪继培的辑本，以《群书治要》所载之十三篇为上卷，以散见于其他诸书者为下卷。通观《尸子》之文，将尸佼归入杂家是较为恰当的，因为其思想既有儒家的痕迹（如《劝学》《四仪》《明堂》《恕》等），亦有法家的影响（如《广泽》《治天下》等），还有道家的影子（如《处道》《神明》等），甚至还有名家思想的折射（如《分》《发蒙》等）。其他如《绰子》《贵言》《仁意》等篇，多追记古代圣王事迹，既有儒家痕迹，亦含墨家意蕴。总之，《尸子》今本十三篇，可谓诸家杂陈、兼收并蓄，反映出尸佼欲熔各派思想于一炉的学术努力。

（二）吕不韦与《吕氏春秋》

先秦杂家最有代表性的人物非吕不韦莫属。吕不韦（约公元前290—前235年），战国末年秦国著名政治家，卫国濮阳（今河南濮阳西南）人。据《史记》记载，吕不韦早年在赵都邯郸经商时，见到入质于赵的秦公子子楚，认为"奇货可居"，遂予以重金资助，并游说秦太子安国之君宠姬华阳夫人，晓以利害，劝立子楚为嫡嗣。秦昭王五十年，吕不韦设计助子楚逃归秦国。安国君即位后，子楚被立为太子。次年秦王薨，子楚即位，是为庄襄王，任吕不韦为丞相。

庄襄王在位三年即薨，子嬴政即位，尊吕不韦为相国，号称"仲父"。自此，吕不韦不仅富可敌国，而且大权独揽，主持秦国对外大肆扩张，攻取了赵、魏的大片土地，立三川、太原、东郡，为秦王嬴政兼并六国的事业奠定了重要根基。秦王政九年，嫪毐淫乱反叛事发，吕不韦于次年受到牵连，被免除相国职务，发往河南。不久，秦王复命其举家迁蜀，吕不韦恐诛，乃饮鸩而死。

吕不韦本质上是一位成功的投机商人，也是一位有眼光的政治家。他之所以被视为杂家人物，主要是因为他组织属下门客集体编撰了《吕氏春秋》这部学术名著。可以说，吕不韦的所有教育教化思想，都集中反映在了这部著作之中。关于吕不韦编撰此书的动机、经过及基本内容，《史记·吕不韦列传》云：

> 当是时，魏有信陵君，楚有春申君，赵有平原君，齐有孟尝君，皆下士喜宾客以相倾。吕不韦以秦之强，羞不如，亦招致士，厚遇之，至食客三千人。……吕不韦乃使其客，人人著所闻，集以为"八览""六论""十二纪"，二十余万言，以为备天地、万物、古今之事，号曰《吕氏春秋》。布咸阳市门，悬千金其上，延诸侯游士宾客，有能增损一字者，予千金。

《吕氏春秋》又名《吕览》，共二十六卷，一百六十篇，二十余万字。书中尊崇儒道，推崇古代圣王之制，主张行教化之道，肯定了道家顺应自然、无为而治的思想，但舍弃了其中消极与泥古的成分；同时融合墨、兵、农、阴阳等众家之长，形成了广涉政治、经济、哲学、道德、军事等内容的理论体系。学界公认，该书除大量篇什推崇儒道外，其中的《荡兵》《决胜》《论威》等七篇为兵家思想，《上农》《辨土》《任地》三篇为农家思想，《应同》篇为阴阳家思想，《当染》《应言》及《振乱》《大乐》等篇则与墨家思想关系密切，由此形成了集众家思想于一体的撰述风格。

《吕氏春秋》首先强调忠君的重要性，认同上下尊卑，维护等级制度；同时也期望施行贤人政治，主张必须有一个贤明善化的宰相式人物辅佐君王。这种人物一方面应该对下通达，善于运用教化之策管理各级政府和民众，即"仁义以治之，爱利以安之，忠信以导之"①，另一方面则要对上忠勇，要敢于直言进谏、诚信不欺，为国事鞠躬尽瘁。这样上下有别、内外有度，和谐政治就有望

---

① 《吕氏春秋·适威》。

实现。这些主张明显具有儒家思想的印记。

同时，《吕氏春秋》还反对君主集权的独裁统治，反对纯任法术，主张社会教化，认为"昔先圣王之治天下也，必先公；公，则天下平矣"①。《吕氏春秋·分职》篇还明言：

> 夫君也者，处虚、素服而无智，故能使众智也。智反无能，故能使众能也；能执无为，故能使众为也。无智、无能、无为，此君之所执也。

即明确要求君王谨守"无为"之道，不必事无巨细地去管理。作者还明言，君主的职责主要是充分了解和任用贤明的臣子，即"贤主劳于求人，而佚于治事"②。此外，在《审分》《君守》等篇中，作者还详细论述了如何才能使君主从纷繁事务中解脱出来，以达成井然有序、各司其职的政治局面的问题。这些主张，明显透露出该书亦深受黄老道家思想的影响。

除上述主张和思想外，《吕氏春秋》中还有很多直接论述教育活动的篇什，如《劝学》《尊师》《污徒》《用众》《孝行》等，几乎占全书总篇幅的三分之一，由此使之亦成为一部教育名著。例如，在教育作用方面，该书论述了教育对于人和社会发展的意义，认为"先王之教，莫荣于孝，莫显于忠。忠孝，人君、人亲之所甚欲也；显荣，人子、人臣之所甚愿也"③，还强调"教也者，义之大者也；学也者，知之盛者也。义之大者，莫大于利人，利人莫大于教；知之盛者，莫大于成身，成身莫大于学"④。在学习态度方面，论述了"疾学""善学"等主张，认为"不疾学而能为魁士名人者，未之尝有也"⑤，还明言"物固莫不有长，莫不有短，人亦然。故善学者，假人之长，以补其短"⑥。在师生关系方面，该书阐明了教育的成败在于教学双方共同努力的道理，认为唯有"师徒同体""师徒同心"，或唯有学生尊师重教、教师"尽智竭道以教"，才能获得理想的教育效果；在教育内容方面，该书吸收儒家学派的观点，特别推崇"乐教"，以《大乐》《古乐》《适音》《音初》等八篇的专门篇幅，就乐教安政事、化风

---

① 《吕氏春秋·贵公》。
② 《吕氏春秋·当染》。
③ 《吕氏春秋·劝学》。
④ 《吕氏春秋·尊师》。
⑤ 《吕氏春秋·劝学》。
⑥ 《吕氏春秋·善学》。

俗、美人伦、陶情操等作用作出了深刻论述，保存了许多珍贵的古代音乐资料，并梳理出一部中国最早的音乐发展与演变的历史；在人才选拔方面，该书赞同儒家"公天下"的德政思想，主张"审民意""顺民心"，"忧民之利，除民之害"，赞赏儒家"修齐治平"思想和选贤任能主张，强调贵士、爱士、举贤和用贤。凡此种种，使该书具有非常浓郁的人文教育和民本主义的色彩。

（三）杂家教育活动例述：以淳于髡为个案

淳于髡亦为先秦杂家的重要代表人物。与尸佼、吕不韦相比，淳于髡的著作虽然没有传世，但由于他曾长期活跃于稷下学宫，教育活动反倒较为丰富。关于淳于髡的教育论辩、建言等活动，本书下一章还多有涉及，故此处仅就淳于髡的其他教育活动作些展述和论析。

淳于髡是战国著名的政治家、思想家和教育家，对齐国的政治、文化等作出过重要贡献。由于他"长不满七尺"，身为"齐之赘婿"，又"滑稽多辩"，因而《史记》把他与优孟、优旃、东方朔等合传。淳于髡出身微贱，之所以能被桓公尊为稷下先生，被威王立为"上卿"，甚至还做过太子的老师，是因为他有着过人的智慧和才华。

淳于髡之为稷下先生，历桓公（田午）、威王、宣王、湣王四世。虽然淳于髡颇受尊崇，但由于桓公执政时间不长，因此，淳于髡真正在齐国大显身手是在威王执政之时。

随着齐国国力的增强，在淳于髡、邹忌等人的努力下，齐威王也开始重视稷下学宫的建设。稷下初盛之时，学宫中最显赫者当属淳于髡。他不仅因善谏被威王尊为"博士"、立为"上卿"，"赐之千金，革车百乘，与平诸侯事"，[1] 而且威王宴请宾客时，"以髡为诸侯主客。宗室置酒，髡尝在侧"[2]，甚至还曾因"滑稽多辩"而出使魏、赵、楚等国，圆满完成了任务。威王执政共三十余年，使学宫获得了一个较安定而持久的发展阶段。宣王初年，齐国宗室集团矛盾逐渐尖锐，斗争日趋激烈。魏惠王三十五年，"惠王数被于军旅，卑礼厚币以招贤者，邹衍、淳于髡、孟轲皆至梁"。[3] 稷下先生的离散，使稷下学宫迅速由盛

---

[1]《说苑·尊贤》。
[2]《史记·滑稽列传》。
[3]《史记·魏世家》。

转衰。

淳于髡入魏后，很快受到惠王召见，"一语连三日三夜无倦。惠王欲以卿相位待之，髡因谢去。于是送以安车驾驷，束帛加璧，黄金百镒"①。淳于髡虽在魏国受到很高礼遇，但他念念难忘故国，因而不久又再次回到齐稷下。此时稷下学宫虽未遭战乱，但其学术实力已大不如从前。尤其堪忧的，是此时宣王仍沉湎于声色犬马之中，好色、好味、好马而独不好士，甚至以"国无士耳，有则寡人亦悦之矣"② 来搪塞淳于髡。在此情况下，淳于髡再次犯颜谏齐王，以"古者所好四，而王好者三焉"来劝齐王好士，并以"一日而见七人于宣王"来证明"国无士耳"借口之虚妄。在淳于髡、王斗等人的力谏下，宣王终于明白了"得士则昌，失士则亡"的道理，着手建造高门大屋，以优厚的条件再招贤士，从而使稷下学宫再度繁荣起来。

由于史料有限，我们对淳于髡的教育活动无法再做更多的叙述。仅从上述介绍中就可以看出，淳于髡对于战国之时齐国"最强于诸侯"以及稷下之学的两度兴盛，皆发挥了重要作用。因此完全可以说，淳于髡是战国时期齐国最负盛名的政治家、思想家与教育家之一。根据有关史料，兹对淳于髡的思想特色和教育活动特点简述如下。

第一，学无所主，礼法并重。

淳于髡作为一位"言治乱之事，以干世主"的政治家，其思想是比较博杂的。比如他既重视周礼对人行为的规范作用，又特别重视法令律例的修明工作；既有类于道家的"极之而衰"思想，又有近于墨家的"物各有畴"主张，因而很难将其归入何门何派。虽然"学无所主"，但淳于髡的思想绝非没有章法。作为一名著名的教育思想家，淳于髡非常重视礼与法在治理国家中的重要作用。关于重礼，突出表现在两条史料上：一是《孟子·离娄上》载，淳于髡与孟子曾就儒家之礼有过争论，结果使淳于髡受到很大启发；二是刘向《别录》云，《王度记》"似齐宣王时淳于髡等所说也"，而《王度记》系记载天子、诸侯、大夫、庶人之间各种礼仪制度的著作。关于重法，则突出表现在淳于髡微言说邹忌的史料中。《史记·田敬仲完世家》载，邹忌受相印后，淳于髡曾以"大车不

① 《史记·孟子荀卿列传》。
② 《说苑·尊贤》。

较，不能载其常任；琴瑟不较，不能成其五音"说之，意在齐王邹忌能"谨修法律而督奸吏"。礼法并重，乃是淳于髡重要的教育思想。

第二，谈言微中，微言谏人。

淳于髡常以微言倡其说，论其意，阐其理。巧譬善喻、发人深思，是他不治而议的最大特色。关于这一点，《史记》记载很多。如《滑稽列传》载，他曾以"国中有大鸟"暗谏威王励精图治，重振霸业；以"臣饮一斗亦醉，一石亦醉"讽劝威王戒长夜之饮；以"操一豚蹄"却企望"五谷蕃熟"暗示威王之赵请兵须馈以重金。《田敬仲完世家》载，邹忌刚受相印，淳于髡便以"髡有愚志，愿陈诸前"见邹忌，先后晓以"得全全昌，失全全亡"等"微言五"，希望邹忌能修礼仪、明法度、整吏治、裁冗员。淳于髡的微言，多是暗含深意、启迪人识的妙喻佳言。

第三，显而不仕，豪放不羁。

和很多士人一样，淳于髡以其卓越胆识和过人才华，屡次受到当权者的礼遇。如《史记·滑稽列传》载，威王八年，淳于髡先以黄金百镒、白璧十双，车马百驷却去楚国之兵，又以微言讽谏威王戒长夜之饮。由于劝谏有功，淳于髡被尊为"上卿""博士"，甚至还"数使诸侯"。尽管礼遇有加，淳于髡却"终身不仕"，表现出士人可贵的独立人格。不仅如此，当威王请他去赵国请救兵时，"淳于髡仰天大笑，冠缨索绝"[1]，表现出士人难得的豪放气概。

由上可见，淳于髡是位有着鲜明特色的思想家、政治家，同时也是位著名的教育家，因为身为稷下先生，又置身稷下学宫这样的所在，不可能不从事教育活动。关于其弟子状况，《太平寰宇记》卷十九载："髡死，诸弟子三千人为缞绖。"这虽然不排除过誉之嫌，但如果考虑到淳于髡长期的稷下先生生涯，且其中大部分正处于学宫最为鼎盛的威宣之时，那么其后学甚众是可以断定的。可能是由于他出身卑贱，身形猥獕，又性情豪放，学无所主，未曾创出独立而显赫的学派，使得后世史家对其教育活动罕有记载，从而，也使我们对他的活动只能仅述其概。

---

[1]《史记·滑稽列传》。

第七节　私学教育活动精髓述要：以儒家教育
活动为例

　　在战国"轴心时代"的思想"百花园"里，儒家私学无疑是最美的"花朵"之一。儒家教育活动的根本目的是教会人如何做人，尤其重视道德教育和自我修养，强调道德责任感与历史使命感，并且力主以天下为己任，把自我道德修养与社会责任担当统一起来。可以说，如上这些思想，熔铸出了我国优秀的民族精神和民族性格。我们认为，以儒家私学为代表，战国时期的私学教育活动之精华至少表现为如下数端。

一、张扬"自强不息"的生命意识

　　立足现世需要，关注现世生存，是儒家教育活动的基本立足点和出发点。就其基本意蕴而言，儒家教育乃是一种面向人生、谈论人事、阐述人道、注重人格的教育。在儒家学者看来，人是最富灵性也最有价值的，这主要表现在两方面：一是人作为人之"类"的价值，一是人作为个人的价值。《中庸》明言："唯天下至诚，为能尽其性。能尽其性，则能尽人之性。能尽人之性，则能尽物之性。能尽物之性，则可以赞天地之化育。可以赞天地之化育，则可以与天地参矣。"这就是说，一旦人能充分保持住自己的真诚理性，人就能全面发挥其本性，并且能够使每个人及每一物的本性得以发挥。这样，人就能回应天地的生命精神，提高自身的精神境界，与天地鼎足而三，理性地适应并进而辅相天地。人在宇宙中的地位，人的生活意义，由此而得以确立。

　　儒家学派的这种关注人生命、尊重人权利、肯定人价值的思想，已积淀为传统社会的一大思想精华。"天行健，君子以自强不息"，可以视为这一精华的经典表述。首先，这表达的是"天道"的运行是刚健强壮、永不止息的，宇宙是生生不已的大化流行；其次，肯定的是人能够与天地宇宙相参，能够感受"天道"的化育胸怀；再次，表达的则是人应发挥创造性的生命精神。人一旦具有这种主体精神，就能够开拓创新、穷通变易，能够发挥人"最为天下贵"的价值，与天地之德相配合、相媲美、相协调、相鼎立，最终通过"正德、利用、厚生"，实现"立德、立功、立言"，在实际行动中体现人生的价值，张扬生命的意义。

二、推重"威武不屈"的理想人格

儒家教育活动中的又一光辉思想，就是对于理想人格的论述。在我国古代，论述理想人格的并非只有儒家一派。如道家推重"赤子之心"，主张保养自身、自然无为；墨家主张培养"兼爱"之士，主张节葬、节用、尚贤、尚同；法家主张培养刑名之人，以明正刑典、推重术势、鼓励耕战为其责。相比之下，儒家论述的理想人格因积极的进取精神、坚定的信仰操守、高尚的气节境界以及面对挫折的非凡勇气，最适合中国传统社会的结构和特点，因而对后世产生了极为深远的影响。

在众多儒者中，孟子对理想人格的论述独树一帜，极大地丰富了中国人的精神世界。他认为，人绝不能无原则地生活，也不能向权势和财富低头，而只服从于真理和正义，此即为其心目中的"大丈夫"。在孟子看来，要成为"大丈夫"，人首先应该有勇气、有操守，能为道义事业赴汤蹈火，必要时可以慷慨赴死。其次，还应具有理性的道德自觉和坚强的道德意志，能愈挫愈勇、忍别人所不能忍；最后，还必须善于涵养"浩然之气"，只有具备了这种"至大至刚""塞于天地之间"的凛然正气，人才能成为节操伟岸的"大丈夫"。

孟子对于"大丈夫"人格的相关论述，反映了他对人类精神生活的深刻理解和远大瞻望。完全可以说，正是得益于孟子的极力倡扬，我国才熔铸出坚韧不屈、奋发向上、不言放弃的民族性格。

三、奉行"高明中庸"的处世原则

"中庸"是儒家教育思想的重要组成部分，也是对中国人的心理和行为影响极深的一大理念。从孔子开始，历代儒者对于这一思想不断加以阐发，使之结构日趋严整，尤其是"君子尊德性而道问学，致广大而尽精微，极高明而道中庸"之论，不仅开启了后世的心学、理学之争，而且被人们奉作为人处世的不二法门。

　　"高明中庸"是一种极为深邃的思想。一方面，它要求人们在内心里应穷极高明善化之方，不断提高对自己、他人、社会、世事的认识水平；另一方面，又要求人们在行动上取法中庸之道，与芸芸众生同生活、共呼吸，不自作高明，不特立独行，以平常的态度和方式为人处世。这是一种寓伟大于平凡、寓理想于现实的思想。它要求人们首先要有道德勇气，有责任担当意识，甚至有时不惜杀身成仁；其次，它阐明人们在日常生活中虽然不一定能做出惊天地、泣鬼神的事情，却可以超越世间境遇的羁绊，精神饱满地生活。一句话，它向人们指明，只要对生活有深刻的理解，所做的平常事就能具有不平常的意义。

　　"极高明而道中庸"对中国人来说可谓影响深远。举凡不偏不倚、择善而从、兼容并蓄、忍辱负重、清心自省、中正持中，以及和谐、圆满、贵和、不狂妄、不嚣张、不过激、不怠惰，如此等等观念、态度和行为，无不与这一思想有着密切联系。可以说，经由传统教育的长期传扬，儒家的"中庸"思想不仅几乎家喻户晓、妇孺皆知，而且潜移默化、积习成俗，成为中华民族性格的重要组成部分。

四、追求"天人合一"的精神境界

　　远古时期，人们认为"天"是有意志、有情感的至上神，是万事万物和人类命运的主宰者。为了祈求福祉，避免灾祸，人们往往对"天"加以膜拜，从而出现了古代的宗教自然崇拜。统治者自称受命于天，将"恪谨天命"作为行为之准则，也作为重要决策的超验依据。同时，他们还通过隆重的祭天活动来表现对"天"的绝对顺从。在此情形下，"天"成为独立于人、超越于人的巨大力量。

　　春秋战国时期，"天"的权威受到思想家的怀疑，出现了日趋浓重的"释天""疑天""用天"思潮。一方面，天人对立的观念有所松动，出现了天人相通的思想，"民之所欲，天必从之""天视自我民视，天听自我民听"等阐述，都可视为这一思想的反映；另一方面，"天"被"敬而远之"，甚至被还原为自然物的存在，孔子的"天何言哉？四时行焉，百物生焉"，《诗经》中的"昊天不惠""昊天不平""下民之孽，匪降自天"，即是这一思想的表露。此外，《荀子·天论》之"天行有常，不为尧存，不为桀亡"的光辉论断，以及《荀子·正名》之"所以知之在人者谓之知，知有所合谓之智；所以能之在人者谓之能，能有所合谓之能"等论述，则是"明天""制天"和"用天"思想的经典表达。

上述思想经由传统教育的大力倡扬，积淀成为我国的又一优秀的民族性格。这不仅瓦解了"天"的绝对权威，拆解了"敬天""畏天"等思想的根基，而且张扬了人的理性，肯定了人的价值，凸显了人在宇宙中的地位。更重要的是，它强调人与万物要和谐相处、和恰统一，树立了人的道德主体的庄严与伟大。因而这一思想及其所蕴含的精神境界，理应成为先秦教育活动馈赠给后世的又一思想精华。

第六章

稷下学宫的教育活动

稷下学宫是战国时期齐国建立的一所高等学府。学宫建立后不久，文化教育中心就由鲁国转移到了齐国。稷下学宫的成功运作，开创了我国古代私学与官学相结合的办学形式，形成了办学自主、学术自由、管理民主等多方面的特点。学宫中的许多活动不仅充满活力，而且成效显著。其中，不同学派、人物间的教育论辩活动乃是"百家争鸣"的一个缩影；教育建言活动显示了学宫对于现实政治的巨大影响力；师生之间的平等对话可视为学宫言论自由的一大体现；规范有序的管理活动则表明学宫是一个有实体意义的教育机构。这不仅丰富了先秦时期的学术思想内涵和教育管理实践，更为中国教育活动的历史画卷增添了浓墨重彩的篇章。

第一节　学宫概况及教育活动概说

稷下学宫是战国养士之风的产物，也是"百家争鸣"活动的中心与缩影。有学者指出："稷下之学的设置，在中国文化史上实在是有划时代的意义，它似乎是一种研究院的性质，和一般的庠序学校不同。发展到能够以学术思想为自由研究的对象，这是社会的进步，不用说，也就促进了学术思想的进步。……这些学者们得到这些温暖的保护，也正像在春雨中的蘑菇一样，尽量地簇生了起来。……于是，养者和受养者两得其所。"[①] 稷下学宫不仅闻名于当时，而且对整个中国古代文化和教育都产生了极为深远的影响。

一、学宫兴衰状况概说

稷下学宫是齐国新兴地主兴办的高等学府，因设址于齐都城临淄（今山东省淄博市临淄区）稷门之外而得名，是一个有组织、有系统、有规范的学术研究和政治咨议中心，也是战国时期"百家争鸣"的重要园地。

（一）学宫创设的历史条件

稷下学宫是时代发展的产物。公元前386年，田氏取代姜姓成为齐国君主。为适应对内政治、经济变革，对外争霸称雄的需要，田齐统治者不仅要招纳、网罗天下贤才，而且还要培养、训练新一代贤士。因此，创办稷下学宫成为田齐统治者的明确意识。

图 6-1　稷下学宫复原建筑

齐国也有兴办稷下学宫的经济条件。该国东临大海，西面黄河，南有泰山，北滨渤海，气候温暖，有鱼盐之利，加之偏离征战频繁的中原，具有较安定的

---

① 郭沫若：《十批判书·稷下黄老学派的批判》，科学出版社1956年版，第153—159页。

生产环境。社会经济的发展，为文化的繁荣提供了必要的物质基础。

学宫的出现和稷下争鸣的展开，也有其思想文化方面的条件。一方面，春秋以降，随着奴隶制宗法制的崩溃，出现了"天子失官，学在四夷"的新局面，这使学宫具备了"百家争鸣"的现实可能性和历史必然性；另一方面，齐国有着悠久的思想文化开放政策的历史，统治者礼贤下士，不追求单一的思维模式，允许并鼓励各有所长的游士们畅所欲言、自由论辩。所有这些，都为稷下学宫的繁荣提供了必要的文化条件。

（二）学宫的建立、发展与衰亡

稷下学宫初创于齐桓公田午（公元前374—前357年在位）时期，中经威王，到宣王时达到鼎盛阶段；齐湣王前期，学宫争鸣、讲学之风仍然很盛。但自湣王末年起，受战乱影响，学宫发展势头迅速衰落。后虽经襄王和齐王建多方努力，学宫也未能再获兴盛势头。到秦灭齐时，稷下学宫也随之完结。学宫存续大约150年左右，持续时间之久、办学规模之大、影响之深远，管理体制之独特，不仅为前代所未有，在整个中国古代乃至世界教育史上都是罕见的。

齐威王田因即位后，经过短期的沉寂即振作起来。威王十六年（公元前341年），齐军大败魏军于马陵，从此为数十年的国家稳定奠定了基础。在邹忌、孙膑等人的辅佐下，威王革新政治，整顿吏治，发展生产，繁荣经济，选贤任能，广开言路，使齐国成为东方霸主，稷下学宫也随之蓬勃发展，出现了"贤士云集、诸子驰说"的盛况。

公元前319年，齐宣王田辟疆即位，对稷下学宫的发展采取了开明的政策。首先是采取"趋士""贵士""好士"的态度和一系列礼贤下士的措施，给予稷下先生们很高的政治地位和礼遇；其次是为他们"开第康庄之衢"，修起优雅宽敞的"高门大屋"，提供优厚的物质生活；再次是勉励他们著书立说，讲习议论，展开学术争鸣；此外，还经常向他们征询政治、经济、军事等重大问题的意见。因此，学者们研究的自主性、创造性和积极性异常高涨，四方游士纷至沓来，使学宫成为当时首屈一指的人才荟萃之地。

直至齐湣王田地执政前期，这种盛况并未减弱，稷下师生逾万人。到湣王后期，统治者穷兵黩武，好大喜功，稷下先生们极力劝谏，均遭拒绝。后来，燕国率领五国联军攻入临淄，湣王逃奔莒地（今山东莒县），被杀身亡。其间，学宫惨遭浩劫，被迫停办。莒人拥立田法章即位，是为襄王。襄王虽采取了一些措施，力图恢复和延续稷下学宫，但被战争破坏的齐国已元气大伤，无力恢复以往强国和霸主的风采，学宫也就仅能勉强维持。

襄王死后，年幼的齐王田建即位。此时，国内政治混乱无序，稷下学宫毫无生气。齐王建在位 44 年，国势更衰，已无力使稷下"复盛"。公元前 221 年，秦军从燕南下攻齐，虏齐王建，稷下学宫也随之终结。

二、稷下活动分梳综论

在宽松政策和丰厚礼遇的吸引下，学宫汇集了战国时期的众多学派，确切记载的就有儒、道、阴阳、法、名、兵，还有一些无所归属的学者。学宫不仅给各国学者优厚待遇，还为他们提供充分展示才能的舞台。他们在著书立说的同时，还讲学授徒、论辩学术，为齐统治者提供时政咨询或政策建言，使稷下活动呈现出多种多样的面貌。

（一）著书立说活动

为了在"百家争鸣"中处于主动地位，稷下学者们在相互进行观点论辩的同时，也进行著书立说的活动。正是由于齐统治者开明的文化政策，使得不同学派在稷下学宫都有一席之地，也为稷下学者著书立说提供了良好的基础与条件。在教学与研究相结合的学术氛围影响下，一大批对中国古代思想发展具有重要意义的著作纷纷问世。例如，已见诸史书著录的就有《慎子》12 篇、《田子》25 篇、《捷子》2 篇、《环渊》（上下篇）、《邹子》49 篇、《邹子始终》56 篇、《宋子》18 篇、《尹文子》1 篇、《孟子》7 篇、《孙卿子》33 篇、《鲁仲连子》14 篇。另外，《黄老帛书》《管子》《易传》《吕氏春秋》《晏子春秋》《六韬》《考工记》《司马法》等，或全部、或部分篇章与稷下学宫大有关系。这些著作涉及儒、道、阴阳、法、名、兵等诸多学派，为各学派的进一步成熟奠定了基础。

除以上列举的各种著述之外，各学派还形成了种种有价值的观点。孟子与荀子是儒家代表人物。孟子与告子关于人性问题的论争，开启了战国"人性之辩"的序幕。而后，孟子与其弟子公都子等人进行的关于人性问题的论辩，可视为同一学派内部对此问题思考的进一步深化。在这一系列活动中，孟子的"性善论"臻于完善和成熟，并以此为基础，建立了以"仁政"学说为核心的理论体系。晚于孟子至齐的荀子，在批判孟子人性论的基础上，提出了著名的"性恶论"。荀子思想博大精深，其中既有倡明政治理想的"王制""君道""臣道""强国"等主张，还有站在时代高度，对诸子学说进行点评、批判的《解蔽》《非十二子》等篇章，甚至还有《成相》《赋》等文学类作品。其学说遍涉哲学、名学、法学、政治学、伦理学、教育学、心理学、军事学、自然科学等领域，从而使荀子成为集先秦诸子思想之大成的人物，也使其赢得了中国"亚里士多德"的称号。

除儒家外，其他学派在稷下学宫的活动也卓有成效。例如，稷下阴阳家的主要代表人物邹衍，就是集先秦阴阳五行思想之大成者。关于邹衍的著作，在《汉书·艺文志》著录的阴阳家类中，有《邹子》一书49篇，另有《邹子终始》56篇，足以表明邹衍的著述甚为丰富。邹衍素有"谈天衍"之称，在"天人之辩"的问题上，他有着独到的见解。后人总结说，邹衍"疾晚世之儒墨不知天地之宏、昭旷之道，将一曲而欲道九折，守一隅而欲知万方，犹无准平而欲知高下，无规矩而欲知方圆也"[1]。于是提出了著名的"大小九州说"，对于以往"中国即天下"的狭隘天地观，明显是一种超越。

（二）讲学授徒活动

在稷下学宫中，绝大多数稷下先生既是学者又是教师。他们在著书立说的同时，也讲学授徒、壮大门派，使稷下又成为战国时期的文化教育中心。一方面，在战国"邦无定交，士无定主"的背景下，求知问学是士人踏入仕途的唯一进身之阶，由此引发了广泛的教育需求；另一方面，稷下先生们为了使学派得以延续，学说得以传播和发展，也竭力招收弟子。这种双向需求的成功结合，为教育活动注入了持久的活力，培育出稷下教育活动的繁荣和生机。

稷下学宫待遇优厚，汇聚百家，思想多元，自由择师。这些特点使得当时各诸侯国的众多青年人不避遥远，前来游学；稷下先生们则尽力用思想和主张打动前来游学者，扩大本学派的实力。在稷下宽松、稳定的教学氛围下，稷下先生们聚徒讲学，培养和造就出一大批有思想、有文化、有知识的优秀人才。例如，孟子在齐时间颇长，出行时的气派是"后车数十乘，从者数百人"；孟子

---

[1]《盐铁论·论邹》。

准备去往别处时，宣王不惜"养弟子以万钟"为挽留条件，可见孟子的门徒数量颇为可观。曾以"道术"劝说齐王，被称为"天口骈"的田骈，其门下也有众多学生，以至于需要"赀养千钟"，而田骈本人也是稷下先生彭蒙的弟子。曾在齐襄王时期"三为祭酒""最为老师"的荀子，虽然因生不逢时而自叹"徒与不众"，但在历史上留下鼎鼎大名的也有韩非、李斯、浮邱伯、毛亨、张苍等。甚至连主张"必种粟而后食""贤者与民并耕而食"，在百家中并不起眼的农家学派，其首领许行外出时也有"其徒数十人"。其他著名学者，如宋钘、兒说、慎子、接子、环渊等，也都有不少门徒。这些足以证明，学宫中的讲学授徒活动是颇有成效的。

(三) 期会论辩活动

在稷下学宫，学者们还定期举行集会，开展论辩与争鸣活动，此即所谓"期会"。稷下学者大多利用"期会"这一活动平台，运用论辩技巧，力图攻破对方学说的防线，巩固和提高本学派的地位。因此，在稷下涌现了一批辩才滔滔、青史留名的雄辩家，如史称淳于髡为"炙毂过髡"，人们称邹衍为"谈天衍"，称田骈为"天口骈"。稷下先生兒说"持白马非马也，服稷下之辩者"①。田巴"毁五帝，罪三王，訾五伯，离坚白，合同异，一日服千人"②。宋钘、尹文也是"周行天下，上说下教，虽天下不取，强聒而不舍"③。

在成百上千的稷下先生中，孟子、荀子都属于善辩者，都积极参与了学宫的"期会"论辩活动。孟子以"息邪说""放淫辞"为己任，曾深有感触地说："予岂好辩哉？予不得已也。"又说："能言距（拒）杨墨者，圣人之徒也。"④ 儒学在战国中期"诸子驰说"的竞争中能够延续和发展，与孟子的努力有着最直接的关系。荀子曾在稷下担任"祭酒"，更是对"辩"予以高度肯定。他说："君子必辩，凡人莫不好言其所善，而君子为甚。"⑤ 他批判宋钘说："今子宋子严然而好说，聚人徒，立师学，成文典，然而说不免于以至治为至乱也，岂不

---

① 《韩非子·外储说左上》。
② 《鲁仲连子》。
③ 《庄子·天下》。
④ 《孟子·滕文公下》。
⑤ 《荀子·非相》。

过甚矣哉！"① 认为宋尹（宋钘、尹文之合称，以下同）学派的活动与主张会误人子弟，具有极大的危害性。他还对邓析、惠施等名家人物的主张提出了严厉的批判，指出：

> 君子行不贵苟难，说不贵苟察，名不贵苟传，唯其当之为贵。……山渊平，天地比，齐秦袭，入乎耳，出乎口，钩有须，卵有毛，是说之难持者也，而惠施、邓析能之，然而君子不贵者，非礼义之中也。②

通过"期会"论辩这种活动形式，荀子批驳了其他学派的"琦辞怪说"，捍卫、继承和发展了孔子开创的儒家学派，着重阐发了孔子"重礼"的思想。由于荀子崇高的学术地位，使儒家思想在稷下学宫居于非常显要的地位。

（四）建言献策活动

在稷下学宫里，学者们在进行教育活动的过程中，始终注意坚持"言必及意，有用于世"的原则。他们虽然都是"不治而议论""不任职而论国事"③ 者，但是其治学、研究和论辩活动有着十分明确的目的，就是要"作书刺世""以干世主"。事实上，干政议政乃是当时几乎所有私家学派的共同特点，也是私家学派能够生存和发展的重要条件之一；稷下学宫的不同之处则在于，它不仅为各家学者提供了一个固定的议政论坛，而且吸纳和留住了大批直言敢谏的知识分子，从而为齐国较长时间的繁荣稳定发挥了重要的作用。

利用稷下学宫这块待遇优厚、氛围自由、声望日隆的"磁铁"吸引各国人才前来"加盟"，是齐国统治者图强谋霸的一种聪明之举。有了学宫这一平台为依托，齐王凡遇难解之事即可向稷下学者咨询，面临危局时也可向稷下学者求助，使得学者们在"诸侯放恣、处士横议"的局势中能够充分展示出"智囊团"的作用；同时，享受着"高官厚禄""高门大屋""不治而议"之类的礼遇，士人们也知恩思报，关键时刻总有人出来或出谋划策，或尽力排解。例如，孟子、王斗、颜斶、田骈、荀子等人，就曾多次以其学说主张说宣王、劝湣王、助襄王，被统治者引为知己、待为上宾，甚至以师礼相待；因善谏被封为"博士"、立为"上卿"的淳于髡，曾被威王派去赵国搬取救兵，还曾出使魏、楚等国，

---

① 《荀子·正论》。
② 《荀子·不苟》。
③ 《盐铁论·论儒》。

都化解了危机，圆满地完成了任务。

如上这些活动，乃是稷下教育活动的基本组成部分。这些活动的有效开展，使得学宫既有别于以往官学，也不同于当时的各种私学，成为集讲学、论辩、著述、育才、咨政等活动为一体的"亦官亦私"的高等学府。稷下师生来自四面八方，这既是学宫教育活动卓有成效的标志，也是其进一步发展的基础和条件。作为战国中后期的学术文化中心，稷下学宫成为各种地域文化交流、汇合之地。不同学派的相互辩驳，促进了"百家争鸣"活动的有效开展；辩驳过程中的相互借鉴和吸收，则为各派学说的发展提供了丰富的思想素材。由此，在稷下学宫发展到鼎盛的同时，先秦教育活动也生机盎然，步入到一个前所未有的黄金时代。

三、人性之辩：关于人的理论纷争

在略述了稷下学宫兴衰始末和教育活动概况之后，我们想把"人性之辩"单列出来加以考察和论析，因为这不仅是我国从先秦到后世都一直争论不休的重大论题，而且与教育及其活动关系最为密切。事实上，弄清了"人"是什么，也就很大程度上解决了教育活动最本质、最重要的问题。

"人性之辩"也即关于人性的理论，主要讨论人性之本质、人性能否改造与如何改造等问题。这些哲学味道极浓的问题扩展到以实践理性见长的教育上，就涉及了教育的现实性、可能性以及如何开展教育（操作性）等极为重大而根本的问题。所以，虽然"人性之辩"无疑属于学宫教育论辩活动的范畴，却值得单列出来，以凸显稷下学者对这类问题的精彩探讨。

在稷下，许多学者都参加了人性的争辩，提出了性善论、性恶论、"无善无恶"论、"善恶兼杂"论等观点。宋尹学派部分继承了墨家学派的观点，主张"节用""尚俭"，以强聒不止的精神挽救乱世；同时也吸收了道家人性论的思想，认为人生来就有"情欲寡浅"的本性，主张人应该在此基础上能够"见侮不辱"。庄子对这一学派的思想与行为有过大段精彩的概括。庄子说：

> 不累于俗，不饰于物，不苟于人，不忮于众，愿天下之安宁以活民命，
> 人我之养毕足而止，以此白心，古之道术有在于是者。宋钘、尹文闻其风
> 而悦之。作为"华山之冠"以自表，接万物以别宥为始；语心之容，命之

曰"心之行"。以聏合欢，以调海内。请欲置之以为主。见侮不辱，救民之斗；禁攻寝兵，救世之战。以此周行天下，上说下教。虽天下不取，强聒而不舍者也，故曰：上下见厌而强见也。

虽然，其为人太多，其自为太少，曰："请欲固置五升之饭足矣。"先生恐不得饱，弟子虽饥，不忘天下，日夜不休，曰："我必得活哉！"图傲乎，救世之士哉！曰："君子不为苛察，不以身假物。"以为无益于天下者，明之不如己也，以禁攻寝兵为外，以情欲寡浅为内，其小大精粗，其行适至是而止。①

可见，宋尹学派一方面与墨家学派相似，也以"上说下教"的精神救助乱世，反对战争，以自苦为极；另一方面则吸取了道家的思想，主张清心寡欲，不以辱为辱，不争而争之。

针对宋钘"情欲寡浅"的思想，荀子提出了严厉的批驳。他们的辩论见于《荀子·正论》。宋钘说："人之情欲寡，而皆以己之情为欲多，是过也。"就是说，人的本性本来欲望很少，但现在人们却都认为自己的本性是想要很多，这是迷失本性的缘故。所以宋钘带着弟子到处游说他人，力图使人们明白人的本性是"情欲寡浅"的。荀子对此深不以为然。他针锋相对地指出：

然则亦以人之情为目不欲綦色，耳不欲綦声，口不欲綦味，鼻不欲綦臭，形不欲綦佚？此五綦者，亦以人之情为不欲乎？

意思是说，美丽的颜色、悦耳的音乐、美味的菜肴、醇厚的香味、安稳的住所，难道不都是人想要、人的本性所追求的吗？怎么能说人"情欲寡浅"呢？在荀子的逼问下，宋钘的回答是："人之情，欲是已。"荀子则顺其意而推之，认为宋钘的学说肯定是行不通的，还举出古人的做法以证明自己的观点。他指出：

若是，则说必不行矣。以人之情为欲此五綦者而不欲多，譬之是犹以人之情为欲富贵而不欲货也，好美而恶西施也。古之人为之不然。以人之情为欲多而不欲寡，故赏以富厚而罚以杀损也。是百王之所同也。故上贤禄天下，次贤禄一国，下贤禄田邑，愿悫之民完衣食。今子宋子以是之情为欲寡而不欲多也，然则先王以人之所不欲者赏，而以人之所欲者罚邪？

---

① 《庄子·天下》。

乱莫大焉！

既然承认人们想要这五种东西，却又偏偏说人"不欲多"，就像想富贵却不要钱财、爱美色却厌恶西施一样，是极其荒谬和矛盾的。荀子引用古人尊重人之欲望的做法，驳斥了宋钘"情欲寡浅"的观点，并得出结论说，如果用人不想要的东西来奖励，用人想要的东西来处罚，就肯定会天下大乱。

除不赞同"情欲寡浅"外，荀子还反对宋尹学派的"见侮不辱"说。宋钘认为："明见侮之不辱，使人不斗。人皆以见侮为辱，故斗也；知见侮之为不辱，则不斗矣。"就是说，只要人们不把侮辱当回事儿，就可以做到"民不斗""国不战"。荀子认为这一说法既有违人性，在现实中也根本行不通。他毫不客气地指出：

> 凡人之斗也，必以其恶之为说，非以其辱之为故也。今俳优、侏儒、狎徒，詈侮而不斗者，是岂钜知见侮之为不辱哉？然而不斗者，不恶故也。今人或入其央渎，窃其猪彘，则援剑戟而逐之，不避死伤。是岂以丧猪为辱也哉？然而不惮斗者，恶之故也。虽以见侮为辱也，不恶则不斗；虽知见侮为不辱，恶之则必斗。①

在这里，荀子以猪被偷为喻来驳斥宋钘"见侮不辱"的观点。荀子认为，一头猪被偷当然不是什么大事儿，更无关耻辱，但有人偏偏冒死与人拼斗，原因何在呢？就在于他憎恶偷盗这种行为。因此，斗与不斗不在于是否感到耻辱，而在于当事者是否憎恶某种行为；换言之，仅仅教导人们不把侮辱当回事儿，是难以做到罢兵息争的。所以荀子不无讽刺地抨击宋钘说："金舌弊口，犹将无益也！不知其无益，则不知；知其无益也，直以欺人，则不仁。不仁不知，辱莫大焉！"②

---

① 《荀子·正论》。
② 《荀子·正论》。

第二节　稷下学宫的教育争鸣活动

在稷下学宫的所有教育活动中，教育争鸣活动是最引人注目的，"期会"则为该活动的顺利进行提供了有效舞台和组织保证。在思想自由、不治而议的背景之下，人们在学宫里展开了长期、激烈的论争。这既有不同学派之间的思想论战，也有学派内部的理论交锋；既有书面上的切磋沟通，也有面对面的论说争鸣；既有同辈学者间的理论探讨，也有稷下先生与游学青年间的对话批评；既有相互尊重、平等相待、据理力争、悉心求证的学术研讨，也有互不相让、冷嘲热讽、言辞刻薄、咄咄逼人的思想碰撞。[①] 不同人物、不同方式的论辩，演绎出稷下学宫生动、鲜活的历史图景，展示了学宫颇有特色的活动面貌。

一、不同学派间的争鸣

稷下学宫兼容各派、思想自由，学者们的论辩争鸣活动是非常活跃的。如黄老学派与儒家之间的争论，儒家与法家之间的论辩，名家与儒家、黄老学派以及其他学派之间的辩驳等等。不同学派之间的论辩与驳难，是学宫整个教育活动的重要组成部分。以下仅以儒家与黄老学派之间的论辩为例，以窥学宫教育争鸣活动之一斑。

（一）义利之辩

早在先秦时期，如何协调和解决人与社会的关系，就成为众多学者关注的一大问题。一般说来，人与他人、与社会之间不仅有着密切的联系，也存在着不同程度的矛盾和冲突。这种矛盾和冲突在很多情况下常常是难以化解的，并且往往以利益的形式表现出来。在我国先哲语汇中，社会利益或公共利益常以"公"或"义"来指称，个人利益或自身利益则以"私"或"利"来表达。所谓义利观，也就是人们对于义利及其相互关系的看法和选择。是先义后利还是先

---

① 刘蔚华、苗润田：《稷下学史》，中国广播电视出版社 1992 年版，第 18—19 页。

利后义，是见利忘义还是唯义是从，是以义统利还是重利贵义，不仅是一个理论命题，更是一个现实问题，还是一个以何教化人心、改造社会的教育问题。正因如此，先秦各家各派对这一问题都展开了热烈讨论，从而掀起了堪与"人性之辩""天人之辩""王霸之辩"相媲美的"义利之辩"，并且事实上造成了古代教育思想两大阵营（社会本位和个人本位）的分野。

在学宫，关于义与利的争辩活动也是百家争鸣的一个热点。儒家主张"重义轻利""以义统利""先义后利""见得思义""以义制利"；黄老道家则相反，主张要"绝仁弃义"，弃俗利而求真义。宋钘学派为实现其主张而"周行天下，上说下教"，孟子则对宋钘"上说下教"的做法予以全盘否认，并作出了直白的批判。《孟子·告子下》记载说：

> 宋牼（即宋钘）将之楚，孟子遇于石丘，曰："先生将何之？"曰："吾闻秦楚构兵，我将见楚王说而罢之；楚王不悦，我将见秦王说而罢之。二王我将有所遇焉。"

孟子认为这在现实中是根本行不通的，所以直言不讳地问道："轲也，请无问其详，愿闻其指。说之将何如？"宋钘说："我将言其不利也。"孟子随即对宋钘"言其不利"做法的危害性给予了揭露。他指出：

> 先生之志则大矣，先生之号则不可。先生以利说秦楚之王，秦楚之王悦于利，以罢三军之师，是三军之士乐罢而悦于利也。为人臣者怀利以事其君，为人子者怀利以事其父，为人弟者怀利以事其兄，是君臣、父子、兄弟，终去仁义，怀利以相接。然而不亡者，未之有也。

> 先生以仁义说秦楚之王，秦楚之王悦于仁义，而罢三军之师，是三军之士乐罢而悦于仁义也。为人臣者怀仁义以事其君，为人子者怀仁义以事其父，为人弟者怀仁义以事其兄，是君臣、父子、兄弟，去利，怀仁义以相接。然而不王者，未之有也。何必曰利？

在孟子与宋钘的争论中，孟子阐明了不同的义利观对国家兴亡产生的巨大差别。同时，也揭示了以现实的功利去游说天下，虽可以取得一时之效，但最终会产生不利于国家发展，甚至会搅乱父子、兄弟关系的严重后果。宋钘想利用人"趋利避害"的本能去罢兵息争，孟子认为这恰恰是授以小利而罔顾大义，是贻害无穷的错误做法。正确的做法应该是晓以仁义，这样才能给国家带来大

利或长远利益，开创出"王天下"的良
好局面。

（二）任人之辩

立足于国家治理的现实需要，学者
们对于如何识别人才、选拔人才、任用
人才也都非常关注，由此，"任人之辩"
也成为稷下教育争鸣活动的重要内容之
一。在注意人才的选拔方面，儒家与黄
老学派之间没有原则上的分歧，他们都
是不同程度的"选贤"论者；但在何者

图 6-2　稷下论辩活动场景图

为贤、如何选贤以及怎样发挥贤者的作用等方面，两派的意见则有所不同，甚
至很不一致。

孟子生活的时代背景是，三代原有的奴隶制政治经济体制已趋于全面崩溃
之中，阶级矛盾尖锐复杂。在此背景下，孟子非常注意劝谏统治者招贤、任人。
在此方面，他有很多精彩的论述。例如，在《公孙丑上》《梁惠王下》《万章下》
诸篇中，孟子深刻地指出：

> 仁则荣，不仁则辱。今恶辱而居不仁，是犹恶湿而居下也。如恶之，
> 莫如贵德而尊士，贤者在位，能者在职；国家闲暇，及是时，明其政刑。
> 虽大国，必畏之矣。……尊贤使能，俊杰在位，则天下之士皆悦，而愿立
> 于其朝矣。
>
> 国君进贤，如不得已，将使卑逾尊，可不慎与？左右皆曰贤，未可也；
> 诸大夫皆曰贤，未可也；国人皆曰贤，然后察之；见贤焉，然后用之。
>
> 用下敬上，谓之贵贵；用上敬下，谓之尊贤。贵贵尊贤，其义一也。

可见，孟子是非常重视选贤任能的。他要求国君必须把选贤作为国家大事，
要以仁德为标准，多听取别人的意见，由此才能选拔出真正的人才，保证国家
的长治久安。

儒家的另一代表人物荀子，对于人才的识别、选拔、任用以及考核等问题
的关注丝毫不亚于孟子，这在《荀子》的《王霸》《君道》《臣道》《致士》《强
国》等篇什中有大量的论述。通过这些篇什，荀子深刻阐明了"有乱君，无乱

国；有治人，无治法"以及"法者，治之端也；君子者，法之原也"的道理，总结出"得其人则存，失其人则亡"的教训。在《王霸》篇中，荀子直白地告诫君王：

> 与积礼义之君子为之，则王；与端诚信全之士为之，则霸；与权谋倾覆之人为之，则亡。三者，明主之所谨择也，而仁人之所务白也。

在《君道》《致士》篇中，荀子更尖锐而明确地指出：

> 今人主有六患：使贤者为之，则与不肖者规之；使知者虑之，则与愚者论之；使修士行之，则与污邪之人疑之。虽欲成功，得乎哉？

> 人主之患，不在乎不言用贤，而在乎诚必用贤。夫言用贤者，口也；却贤者，行也。口行相反，而欲贤者之至，不肖者之退也，不亦难乎？……今人主有能明其德，则天下归之，若蝉之归明火也。

可见，荀子对于任人问题是极为重视的。在他看来，要识人用人，关键取决于君主是否言行一致，是否德行贤明、广泛听取意见。如能做到这些，天下贤士就会像昆虫扑向明亮的火光一样，尽皆归顺于他。

与儒家的上述观点有所不同的是，慎到认为，过于尊贤会影响君主权力的集中与加强（即所谓"势"），所以不应无限制地、一味地去尊贤尚贤。他主张，君主应该尚法、重势，而不是把主要精力放在选择下属方面，因为"多贤不可以多君，无贤不可以无君"。他还毫不掩饰地指出："立君而尊贤，是贤与君争，其乱甚于无君！"[1] 就是说，"尊贤"会造成贤者与君主的争势，与其任由"贤者"七嘴八舌地议论，还不如没有他们。在慎到看来，"今也，国无常道，官无常法，是以国家日谬。教虽成，官不足。官不足，则道理匮；道理匮，则慕贤智；慕贤智，则国家之政，要在一人之心矣"[2]。一句话，国家治理不在于贤者的多寡，而在于君主是否权重势尊，能否乾纲独断。

对于儒家关于贤者应该"为仁由己""居仁由义"之类修养自身的说教，慎到也大不认同。他在《威德》篇中直白地告诫儒家说：

> 腾蛇游雾，飞龙乘云；云罢雾霁，与蚯蚓同，则失其所乘也。故贤而屈于不肖者，权轻也；不肖而服于贤者，位尊也。尧为匹夫，不能使其邻

---

① 《慎子·佚文》。
② 《慎子·威德》。

家；至南面而王，则令行禁止。由此观之，贤不足以服不肖，而势位足以
屈贤矣。故无名而断者，权重也；弩弱而矰高者，乘于风也；身不肖而令
行者，得助于众也。

就是说，在慎到看来，儒家喋喋不休的说教无甚意义。只要人大权在握，
位高权重，谁都可以役使他人，自身修养的高下、多寡是无关宏旨的。

由此可见，在稷下学宫的舞台上，儒家与黄老学派之间就不少问题都有过
针锋相对的论辩。这些论辩无疑拓宽了人们对于教育问题的认识，揭示了人以
及教育问题的复杂性、多面性、不确定性。

（三）教育观之辩

稷下不同学派持有不同的教育观。大体说来，儒家与道家教育观上的不同，
主要表现在儒家认为人人都应受教育，人人都可受教育，都能通过教育得以改
变和提升；还认为社会改造靠政治，政治清明靠人才，人才成长靠教育。道家
则强调"道法自然"（道家的"自然"绝非今天"大自然"之意，而是指"事物
本来的面貌"，故以下行文对该词加引号，以示与今意之别），尊重人之本性，
反对给人以外在的礼仪约束。黄老学派吸收了道家的上述主张，认为立学要遵
守"齐万物以为首"的原则；表现在教育上，则是教育要与"自然"法则相一
致。慎到认为：

> 天能覆之，而不能载之；地能载之，而不能覆之。大道能包之，而不
> 能辩之。知万物皆有所可，有所不可，故曰："选择不遍，教则不至，道则
> 无遗者矣。"①

慎到主张"弃知去己"，即认为人应该祛除已有成见，按照事物的本来面目
去认识和把握客观事物的规律，以达到顺其"自然"之目的。《慎子·逸文》中
对于这一观点阐述得更清楚，他说："治水者，茨防决堤，九州四海，相似如
一。学之于水，不学之于禹也。"就是说，治水的正确方法是向水学习，而不是
向治水的禹学习，因为大禹治水根据的也是水之性质。人们对水性质的认识不
同，当然也就有不尽相同的治水之法。因此，对人的教育也应该遵循"法自然"
的原则，依照"自然"之道施教。

---

① 《庄子·天下》。

荀子从"明天人之分"的基础出发，提出"制天命而用之"的思想，对慎到的观点进行了深刻的批判。他指出：

> 万物为道一偏，一物为万物一偏。愚者为一物一偏，而自以为知道，无知也。慎子有见于后，无见于先。老子有见于诎，无见于信。……有后而无先，则群众无门。有诎而无信，则贵贱不分。①

荀子对道家过于尊崇和敬畏"自然"的思想很不赞同。在荀子看来，人在"自然"面前不能只是被动顺应，何况每个人对"自然"的认识也深浅不一、瑕瑜互现，因此"法自然"既不正确，更不足恃。荀子强调能动性在教育和人一生成长中的作用，这一观点在《劝学》篇中表现得淋漓尽致。他说：

> 君子曰：学不可以已。青，取之于蓝，而青于蓝；冰，水为之，而寒于水。……学恶乎始？恶乎终？曰：其数则始乎诵《经》，终乎读《礼》；其义则始乎为士，终乎为圣人。真积力久则入，学至乎没而后止也。故学数有终；若其义，则不可须臾舍也。为之，人也；舍之，禽兽也。

荀子强调，礼、义教育在人的一生中须臾不可缺少，人接受这种教育可以称为人，弃之则成为禽兽。他批判黄老学派绝对崇尚"自然"的教育思想，因为一旦这种思想真正付诸实践，将会造成教育的退化与人类文明的倒退。可以发现，两派在何以施教、以何施教等问题上观点相悖甚远。

二、同一学派的争鸣

在稷下学宫里，除不同学派之外，同一学派内部观点也不尽一致。例如，孟子与荀子在人性观、教育作用观上见解就甚为不同。黄老学派虽然皆以老子为宗，但具体观点也颇异其趣。该学派大抵可分为三个支派：一派吸收墨家精神的因素较多，以宋钘、尹文为代表；一派法家色彩浓厚，以慎到、田骈为代表；一派继承老子、发展老子思想较多，并系统整理老子学说，以环渊为代表。三派之间因思想倾向不同，其观点也有所差异。以下主要以孟子与荀子关于人性问题的论辩为例，约略展示稷下同一学派内部教育争鸣活动的情形。

（一）孟子之论"人性善"

众所周知，孟子鲜明地主张"性善论"，认为"仁义礼智"之类的道德属性

---

① 《荀子·天论》。

并非外在赋予，而是每个人天生就已具备的。他说：

> 恻隐之心，人皆有之；羞恶之心，人皆有之；恭敬之心，人皆有之；
> 是非之心，人皆有之。恻隐之心，仁也；羞恶之心，义也；恭敬之心，礼
> 也；是非之心，智也。仁义礼智，非由外铄我也，我固有之也，弗思
> 耳矣。①

孟子认为仁义礼智这些"良知""良能"，是人所固有、不待而能的；只不过这些都还是"善端"，是人能够达到仁义礼智的起始点或可能性。

从"性善论"的观点出发，孟子坚信"人皆可为尧舜"，认为教育与学习是人的必需，也是人的可能。教育的作用就在于扩充这些固有的"善端"，即所谓"苟能充之，足以保四海；不能充之，不足以事父母"②；学习

图 6-3　稷下学宫论辩图

的过程则是"求其放心"，就是将人失去的"本心"找回来，如此就能最终成为仁德之士。

(二) 荀子之言"人性恶"

晚于孟子而居于学宫的荀子，对于孟子的观点深不以为然。他认为，孟子的"性善论"是一种理论上说不通、实践上无价值的思想。彼此观点的交锋主要载于《荀子·性恶》篇中。需要指出的是，根据孟荀二人的生卒时间及生平主要活动经历来推断，他们没有在稷下学宫共同生活过，当然也就不可能有过面对面的交锋；再从《荀子·性恶》篇引用孟子言论时或非常简短，或不载于今本《孟子》，或没有交锋之回合的状况来看，二人也肯定没有当面交流过。但所有这些，都不能抹杀这是同一学派内部不同观点的争鸣这一事实。完全可以说，荀子是以孟子作为"假想敌"、以其言论作为"标靶"而进行"论辩"的，正如今天我们阅读古人的著作，也可称之为"对话"或思想"交流"一样。

荀子认为，孟子思想的根本错误在于不懂得人之"性伪之分"，把应当属于

---

①《孟子·告子上》。
②《孟子·公孙丑上》。

后天"伪"的范畴的东西也归结于人的先天本性了。针对孟子"人之学者，其性善"之论，荀子在《性恶》篇中明确指出：

> 人之性恶，其善者伪也。……凡性者，天之就也，不可学，不可事；礼义者，圣人之所生也，人之所学而能，所事而成者也。不可学、不可事而在天者，谓之性；可学而能、可事而成之在人者，谓之伪。是性、伪之分也。今人之性，目可以见，耳可以听。夫可以见之明不离目，可以听之聪不离耳。目明而耳聪，不可学明矣。

荀子认为，"人性"就是人与生俱来的自然属性，会由此生出争夺、残贼之类的"恶"。本性是天所造就的，不必学习和人为就能够具有；礼义则是圣人创造的，人须通过学习和努力方能做到。前者是"性"，后者则是"伪"。在荀子看来，孟子的错误就在于把礼义之类的"伪"与天生之类的"性"混为一谈了。

不仅如此，荀子还认为，在"争与气力"的战国时代，孟子的"性善论"不但显得软弱无力，而且难以解释统治者为何那么热衷于争城掠地、尔虞我诈。孟子也认识到这一现实难题，所以有"今人之性善，将皆失丧其性，故恶也"之类的解释。针对这一观点，荀子在《性恶》篇中进一步指出：

> 若是，则过矣！今人之性，生而离其朴、离其资，必失而丧之。用此观之，然则人之性恶，明矣。所谓性善者，不离其朴而美之，不离其资而利之也。使夫资朴之于美，心意之于善，若夫可以见之明不离目，可以听之聪不离耳，故曰：目明而耳聪也。

在这里，孟子辩解说人的天性是善的，之所以变恶，是因为丧失了其本性。荀子则认为，人的本性是无法丧失的，也无法离开他天生素质和资质，就像看东西离不开眼睛、听声音离不开耳朵一样，所以，美也好，善也罢，都是人凭借其朴、其资的后天感受，而并非其先天本性。由此，荀子尖锐地指出，孟子所谓的"善"，充其量也只是触及表象而未达事物之实质，换言之，人之性恶是不言自明的。

由上可见，关于人性是善还是恶，孟、荀曾展开了一场隔年的争辩。孟子通过"性善论"阐发了教育与学习必须遵循人的内在依据、发扬人的自觉的道理，由此开启了中国教育史上强调个体理性自觉的"内发说"的先河；荀子则通过"性恶论"指明了后天人为的重要性，阐发了教育、环境和个体相互作用的道理，从而成为教育史上强调个体后天锻炼与学习的"外铄说"的滥觞。

三、孟子与淳于髡和告子之辩

除以上学派间、学派内的争鸣活动外，其他一些"学无所主"的稷下先生们也不甘寂寞，与稷下"名角"们常常"过招"，上演了一场场别开生面的言论交锋"大戏"。应该说明的是，这些学者虽然不以某一学派自认，但其思想并非没有体系，而是兼收众家、为我所用。事实上，他们的思维相当缜密，论辩毫无顾忌，言辞更加尖锐犀利，因此，虽不属于何门何派，但他们与著名学派之间的论辩活动是不容忽视的；甚至可以说，正是他们的"加盟"，才使得稷下"辩坛"更加风生水起、异彩纷呈，为教育争鸣活动演绎出一番别样的风采。

在这些"学无所主"的稷下先生中，淳于髡和告子是最突出的代表。孟子长期居于稷下，曾有"我善养吾浩然之气"① 之类狂言，还有"如欲平治天下，当今之世，舍我其谁"② 的自负。向这样一位"名角"挑战，足见这些"学无所主"的学者是何等的气魄，也足见学宫的气氛是多么的自由。以下即以几位学者的论辩为例，展示学宫教育争鸣活动的冰山之一角。

（一）淳于髡与孟子之辩

依据现有史料，淳于髡曾与孟子就"贤者无益于国""男女授受不亲"等问题进行过面对面的论辩。"贤者无益于国"之辩，见于《孟子·告子下》。作为一位重实务的政治家与思想家，淳于髡对于儒家"迂远而阔于事情"的说教不以为然，对孟子长期享受齐国的高官厚禄，寸功未建却要离开齐国的做法更为不满。他不无指责地说：

> 先名实者，为人也；后名实者，自为也。夫子在三卿之中，名实未加
> 于上下而去之，仁者固如此乎？

淳于髡认为，孟子身居三卿之高位，对齐国上未能正其君，下没有济其民，便要离开齐国，这与他宣扬的仁义不符。而孟子则辩解说，每个人关于仁义的践行方式是不同的。他列举了历史上的几个人物来说明自己对于"仁"的理解：

> 居下位，不以贤事不肖者，伯夷也；五就汤，五就桀者，伊尹也；不

---

① 《孟子·尽心上》。
② 《孟子·公孙丑下》。

恶污君，不辞小官者，柳下惠也。三子者不同道，其趋一也。一者何也？

曰：仁也。君子亦仁而已矣，何必同？

孟子说，伯夷、伊尹、柳下惠，这三个人面对的君主不同，从政的方式也不同，其方向却是一致的，就是都以仁德处事。君子只要怀有仁就可以了，何必非要一个样子、一个标准呢？其言外之意是说，我孟轲也是怀有仁的，何必非要建功立业呢？

淳于髡对于孟子的巧言辩解并不认同。他以同样的论辩手法，也列举历史上的人物来反击孟子观点的悖谬之处。淳于髡指出：

鲁缪公之时，公仪子为政，子柳、子思为臣，鲁之消也滋甚。若是乎，贤者之无益于国也！

淳于髡说，公仪子、子柳、子思都可谓是"贤德"之人了，为什么他们当政、辅政时，鲁国的衰弱却越来越严重呢？这难道不能说明贤者无益于国吗？孟子听了淳于髡的诘问，马上列举百里奚的例子进一步辩解。他说："虞不用百里奚而亡，秦穆公用之而霸。不用贤，则亡；削，何可得与？"意思是百里奚是贤人，用之则霸，舍之则亡。国家削弱了却还能勉强存在，这怎么可能呢？

淳于髡听了孟子的这番辩解，并不觉得有什么道理。他再次引用历史故事，对孟子的"高论"予以反唇相讥。他意味深长地说：

昔者王豹处于淇，而河西善讴；绵驹处于高唐，而齐右善歌；华周、妃梁之妻善哭其夫，而变国俗。有诸内必行诸外。为其事而无其功者，髡未尝睹之也。是故无贤者也；有，则髡必识之！

意思是说，就连王豹、绵驹之类善讴、善歌乃至一些善哭者，都能因其行为而影响他人、改变风俗。如心怀贤德，也必会行之于外，我淳于髡还没见过做了事而没有产生影响的。所以现在来看，这里还真是没有贤者啊。要是有，我一定能认出他！

可见，淳于髡通过以上论辩，既对孟子的某些行为表示了不满，又讽刺了孟子虽口若悬河、滔滔不绝，却根本不是什么"贤者"。弄得孟子只好以"君子的作为，一般人本来就难以理解"之类言辞相搪塞。

淳于髡不仅看不惯所谓"贤者"的夸夸其谈、空言误国，对于儒家的过于拘礼与繁文缛节也甚是反对，由此爆发了他与孟子关于"男女授受不亲"问题的激烈论辩。通过这段颇为经典的论辩，孟子固然阐发了儒家"经"（原则性）与"权"（灵活性）的思想，但从中也可看出淳于髡思维的机智与敏锐。二者的对话载于《孟子·离娄上》篇，对话如下：

> 淳于髡曰："男女授受不亲，礼与?"孟子曰："礼也。"曰："嫂溺，则援之以手乎?"曰："嫂溺不援，是豺狼也。男女授受不亲，礼也；嫂溺，援之以手者，权也。"曰："今天下溺矣，夫子之不援，何也?"曰："天下溺，援之以道；嫂溺，援之以手。子欲手援天下乎?"

这段论辩话语不长，却言简意丰，谈锋机敏。从中我们一方面不难发现，淳于髡确实具有高超的论辩技巧。他接连提出了三个问题，并且两次及时抓住对方的结论，迅速将其转变为自己后续论辩的前提，从而把对方屡屡置于"逻辑两难"的困境之中，这种论辩技巧确非常人所能具有；另一方面可以看出，在这段不长的话语中，淳于髡步步紧逼，穷追不舍，语言犀利，气势如虹，逼得孟子最后只好以"子欲手援天下乎"之类"以彼之道，还施彼身"的手法"回敬"对方。其实通过这段论辩，我们还不难体会到，淳于髡寄望于儒家能祛除迂阔之风，为国家做些实实在在的事情，所以才发出"今天下溺，夫子不援"的责备，对孟子"独善其身"的作为给予了严厉的指责。

应该注意的是，以上两段对话都载于《孟子》一书，自然须以孟子"大获全胜"、淳于髡"理屈词穷"而告终，但仅从这短得可怜的记载中，我们亦不难看出孟子的尴尬和淳于髡论辩的高妙。我们有理由相信，如果淳于髡自己的著作能够流传下来，二人之间的论辩结果必不至于如此。那样，我们才能真正一窥稷下学宫的教育争鸣活动，将会是怎样的峰回路转、妙语如珠！

（二）孟子与告子之辩

"人性之辩"是古代争论的热点问题之一，自然也是稷下先生们极为关注的论题。首先挑起这一论辩的就是孟子和告子。由于史料缺乏，关于告子的情况我们所知极少。据《孟子·告子上》云，告子"兼治儒墨之道者，尝学于孟子，而不能纯彻性命之理"，是一位具有道家思想倾向而兼采儒墨的学者；也有人说告子是孟子的前辈，这从孟子称告子为"子"可见。事实上，我们知道告子其人其语，主要是通过《孟子》一书。可怜的是，告子是作为孟子论辩的"标靶"与"陪绑"，作为阐述其"性善论"的"垫脚石"而出现的，是被孟子驳得"哑口无言"的"批判对象"。但即便如此，二人之间的人性之辩也堪称经典，有助于我们略窥稷下教育争鸣活动之一斑。

孟子和告子的几次激烈的人性之辩主要记载于《孟子·告子上》之中。告子首先用比喻的方式说：人性就像杞柳树，义礼就像屈木制成的木杯。依靠自然的先天人性来实行仁义，就像用杞柳来制作这种木杯一样。告子的这番话，马上引出了孟子的一番诘问。他说：

> 子能顺杞柳之性，而以为桮棬乎？将戕贼杞柳，而后以为桮棬也？如将戕贼杞柳而以为桮棬，则亦将戕贼人以为仁义与？率天下之人，而祸仁义者，必子之言夫！

告子的本意是说，人性是人先天具有的，就像杞柳之树一样，自然而生，无关善恶；义礼之类则已含有道德要求亦即善的成分在内，是后天人为的东西，就像要制作桮棬，需要改变木料的先天之性才能做到。听了这番话，孟子马上反击说，先生能顺着杞柳的本性来制作桮棬这种杯子吗？还是要毁伤杞柳的本性来制作木杯呢？如果要毁伤杞柳本性才能制作木杯子，那是不是也要毁伤人的本性才能实行仁义呢？引导天下之人来祸害仁义的，必然是先生的这番言论！

孟子这一连串的追问，貌似咄咄逼人、排山倒海，殊不知，仅仅这一个回合，他就露出了论辩的破绽：第一，杞柳、桮棬之类的比喻，本是告子用以说明其人性观的，旨在阐明先天与后天的区别，孟子竟然也不假思索地加以引用，本身就已中了告子"逻辑陷阱"的圈套。第二，既然"桮棬"意为"屈木制成的木杯"，那么孟子的"子能顺杞柳之性，而以为桮棬乎"以及"将戕贼杞柳，而后以为桮棬也"这两大反问，也就都等于是废话了，因为要制作"桮棬"，当然就不可能"顺杞柳之性"；而不去"戕贼"杞柳，又怎么能制成"桮棬"呢？第三，从告子的比喻性阐述中，我们看不出有"率天下之人而祸仁义"这样的危害。告子的意思是说，人性是自然而生、无关善恶的，仁义是后天人为的、具有善的规定性，故而人性与仁义是两码事儿，不能指望由人性引出仁义，这一观点并无不妥之处；但孟子通过废话般的连番追问后，却得出告子有"率天下之人而祸仁义"的危害。这就不仅仅是思维的混乱了，还有语言的蛮横、专断和霸权。

与以上相似，孟子与告子的又一次人性之辩也是以告子开头的。这次告子以水为喻，形象地阐释了他的人性观。他说：

> 性犹湍水也，决诸东方则东流，决诸西方则西流。人性之无分于善不
> 善也，犹水之无分于东西也。

此话再次明白显示，告子认为人性是先天而生、无关善恶的。孟子是怎样辩驳的呢？他说：

> 水信无分于东西，无分于上下乎？人性之善也，犹水之就下也。人无
> 有不善，水无有不下。今夫水，博而跃之，可使过颡；激而行之，可使在
> 山。是岂水之性哉？其势则然也。人之可使为不善，其性亦犹是也。

在这里，孟子再次陷入到告子的"逻辑陷阱"之中，引用了与告子同样的比喻。告子以水为喻是有深意的，因为水是自然而生、无所谓善恶的客观存在，正如同他所认定的人性一样。而孟子竟然也以水为喻地论述其"人性之善"，岂不可笑、可叹？更关键的是，此处的论证方式有重大缺陷，因为人们完全可以说："人性之恶也，犹水之就下也。人无有不恶，水无有不下。"

在《孟子·告子上》中，还记载了孟子与告子的两次人性之辩的内容。与以上有所不同的是，这两次论辩都不再只是一个回合，而是记载得文字较长、过程较细。二人之间论辩的过程与内容如下：

> 告子曰："生之谓性。"孟子曰："生之谓性也，犹白之谓白与？"曰：
> "然。"（曰：）"白羽之白也，犹白雪之白；白雪之白，犹白玉之白与？"曰：
> "然。"（曰：）"然则犬之性，犹牛之性；牛之性，犹人之性与？"

> 告子曰："食色，性也。仁，内也，非外也；义，外也，非内也。"孟
> 子曰："何以谓仁内义外也？"曰："彼长而我长之，非有长于我也；犹彼白
> 而我白之，从其白于外也，故谓之外也。"曰："异于白马之白也，无以异
> 于白人之白也；不识长马之长也，无以异于长人之长与？且谓长者义乎？
> 长之者义乎？"曰："吾弟则爱之，秦人之弟则不爱也，是以我为悦者也，
> 故谓之内。长楚人之长，亦长吾之长，是以长为悦者也，故谓之外也。"
> 曰："耆秦人之炙，无以异于耆吾炙。夫物则亦有然者也，然则耆炙亦有
> 外与？"

以上两段长长的论辩过程，也都以孟子"大获全胜"而告终。然而仅从这点资料中，我们就发现了不少趣处和疑窦。不难看出，在这两次论辩中，告子

都强调了人的生理功能和自然属性，认为这些才是人之本性，这与他坚持的观点是一致的；孟子在这里则运用了"类比联想"的方法，似乎是"畅快淋漓"地驳斥了对方。然稍微细究即可发现，"牛之性，犹人之性与"之类的反问，虽然貌似论辩推理中的"归谬法"，其实这是违反"同一律"的"偷换概念"的诡辩；孟子的"耆炙亦有外与?"（喜欢吃烤肉也是外在的东西吗?）之问，实际上等于承认了"人是具有相同生理功能"的，因而不仅没有给对方的观点作出切实批评，反倒一定程度上赞同了告子的观点。至于用"耆秦人之炙，无以异于耆吾炙"来作为"吾弟则爱之，秦人之弟则不爱"的推理性结论，我们更看不出它们之间有什么必然性关联。由此，无怪乎荀子对思孟学派会有"略法先王而不知其统，然而犹材剧志大，闻见杂博"① 的讥评了。

事实上，孟子无论是从"人性之善也，犹水之就下也"还是从"今人乍见孺子将入于井，皆有怵惕恻隐之心"② 之论，引出所谓仁义礼智"非由外铄我也，我固有之也"的结论，都有重大的理论缺陷，一方面，上述两个前提与所得结论之间并没有必然的逻辑关联，属于生拉硬扯的错乱推理；另一方面，他所论及的所谓"人性"，已大大超出了人先天具有的素质和禀赋，加入了很多后天才能具有的东西，这实质上是种先验道德论或天赋道德论。既要决绝地肯定人生而本善，又要对人欲横流、恶行不绝的现实作出诠释，孟子只好闪烁其词地进行"循环论证"。如他一方面明言"人之所不学而能者，其良能也；所不虑而知者，其良知也"，另一方面却又说"孩提之童，无不知爱其亲者；及其长也，无不知敬其兄也"③。我们不禁要问：何以断定"孩提之童"，都有"无不知爱其亲"的本性呢？既然"及其长"才能"无不知敬其兄也"，这不就说明"孩提之童"也有一个成长过程吗？从而，不也就等于否认了人有"不学而能""不虑而知"的本能了吗？

当然，作出以上简要分析，并非意味着我们同意告子"生之谓性""食色性也"之论，也不是否认"性善论"的巨大历史意义。公允地说，孟子的"性善论"思想不仅阐明了教育必须发扬人的自觉这一深刻的道理，而且揭示了"良

---

① 《荀子·非十二子》。
② 《孟子·公孙丑上》。
③ 《孟子·尽心上》。

知""良能"的重要性，向人们指明了道德修养的一条重要途径。我们进行上述分析，是立足于教育活动的视角，旨在展示稷下争鸣的活动状况，提示论辩活动的后续可能。不难看出，告子也是一位善用比喻的"辩坛"高手，善设逻辑陷阱，常引对方入彀。面对孟子不时露出的论辩破绽，告子肯定会不依不饶地"穷追猛打"。这在稷下学宫里不仅是允许的，而且是其氛围所必然导致的，甚至是稷下"期会"观者如堵、人头攒动的场面所激荡和"怂恿"的。可以想象，如果史料充足，我们将会看到也有能力展示出一幅多么生动、热烈的智者交锋的场面！

第三节　教育建言活动

在齐国，稷下先生享有高度的言论自由。除了在学宫开展论辩外，他们与国君和朝廷要员之间也经常交流，进行教育建言活动。在"不治而议"的原则下，稷下先生们一方面摆脱了君臣之间的礼节束缚，能毫无顾忌地对齐国政治提出批评；另一方面，由于不从事实际政务，与行政官员较少人际瓜葛，当局者迷、旁观者清，也使他们对政治的批评建议更切中肯綮。同时，长期享受丰厚的待遇和极高的礼遇，稷下先生不仅有充分的时间和精力思考政治问题，也极可能自认为有责任、有义务对齐国的发展献计献策，由此也就形成了日益浓厚的建言之风、讽劝之习。

毫无疑问，建言献策活动的地点已不在学宫之内，活动的目的也不是"教育"或"教训"，而是"劝谏"或"劝化"，因而建言献策似乎不能算是稷下的一种教育活动。但从深层意蕴而言，首先，活动的一方乃是稷下先生，亦即学宫中的教育者；其次，此类活动之本身，就能充分彰显学宫这一教育机构存在的意义和价值；再次，"劝化"作为一种有目的的影响人的一种活动，亦不能不算是广义的"教育"；何况，君主与著名学者之间始终保持着一种"亦师亦友"的关系，称建言为教育活动亦无不可。因此，将建言献策视为稷下教育活动之一种，不仅是可行的，而且具有充分的合理性。

史料记载表明，经常面见国君或被国君召见的学者有很多，如淳于髡、孟子、邹衍、王斗、颜斶、田骈、荀子等。以下基本按照建言献策活动的时间顺序，以淳于髡、王斗和孟子为个案，约略展示学宫此类活动的历史图景。

一、淳于髡微言谏威王

如前所言，淳于髡是稷下的"元老"级人物。史载，淳于髡曾多次讽威王、谏宣王，为振兴齐国作出了很大贡献。以下仅以微言劝谏齐威王为例，约略展示淳于髡此一活动的基本状况。

（一）微言活动之背景

在齐国八百余年的发展历史上，有四位国君是特别值得一提的。第一位是太公姜尚。作为齐开国之君，姜尚制定了"通工商之业，便鱼盐之利"的经济政策，"因其俗，简其礼"和"尊贤尚功"的施政方针。这些政策对维护和壮大齐国的统治起到了极其重要的作用，是齐国得以富强和发展的主要原因之一。第二位是春秋时期的齐桓公姜小白。他不避前仇、从谏如流，重用管仲、鲍叔牙、隰朋等人，使齐国成为春秋"五霸"之首。第三位是齐威王田因。他善于纳谏，励精图治，革新政治，整顿吏治，终使"田氏代齐"后的齐国由弱而强。第四位是齐宣王田辟疆。他上承齐威王内修法律、外结诸侯之威风，广开言路，选贤任能，发展经济，开疆拓土，使齐国再次成为东方霸主。

齐威王是位有远大抱负的国君，在历史上具有承前启后之功，但他即位之初却处境艰难。当时内政方面，虽然姜齐后裔康公已卒，田氏从名义上已完全代齐，但政治上却吏治不整，国力不强；外事方面，韩、魏等屡屡犯境，甚至连鲁国也趁火打劫，出现了"百官荒乱，诸侯并侵，国且危亡，在于旦暮"[1] 的局面。事实上，当时田氏代齐的时日还不长，社会改革的条件并不成熟。更要命的是，即位之初的威王，并不急于治理朝政，重振大国雄风，而是整日"好为淫乐长夜之饮，沈湎不治，委政卿大夫"[2]。据称，威王此举是有原因的，一方面是国家屡弱，威王苦于尚无治国良策而借酒消愁，另一方面则意在一试旧

---

[1]《史记·滑稽列传》。
[2]《史记·滑稽列传》。

臣，看看谁是奸佞，谁是忠谏之臣。① 不多久，直言敢谏、热血衷肠的淳于髡就按捺不住了。他认为在国家危亡的关键时刻，自己必须挺身而出，于是数次面见威王，向其建言刷新齐国政治，罢"淫乐长夜之饮"之习。

（二）微言活动之过程

淳于髡向以滑稽多辩、微言谏人、善用隐语著称。《史记·滑稽列传》记载，淳于髡曾前后三次建言威王，劝其振衰起微，陈述"所持者狭而所欲者奢"以及"极之而衰"等道理。

淳于髡第一次建言时，正值齐威王以"长夜之饮"试探忠奸。淳于髡一见面，就以隐语微言问威王："国中有大鸟，止王之庭，三年不蜚（飞）又不鸣，王知此鸟何也？"威王马上明白，淳于髡"国中有大鸟"喻指的是国君，暗示国君本是有为之人；而"三年不飞又不鸣"暗讽的是自己虽然即位三年，却仍无所作为。于是他也颇有深意地说："此鸟不飞则已，一飞冲天；不鸣则已，一鸣惊人。"意思是此刻他也在积蓄力量，等待时机；一旦条件具备，他将刷新政治、振作起来，让齐国腾飞，使诸侯震惧。

淳于髡第二次建言，时值齐威王八年（公元前349年）。当时，楚国派遣大军侵犯齐境，威王想请淳于髡出使赵国搬救兵，让他携带黄金百斤、驷车十辆为礼物。淳于髡仰天大笑，将系帽子的带子都笑断了。威王说："先生是嫌礼物太少？"淳于髡不无深意地说："怎么敢嫌少呢？"威王说："那先生为什么大笑？有什么说辞吗？"于是，淳于髡再次以隐语说道：

> 今者，臣从东方来，见道傍有禳田者，操一豚蹄，酒一盂，祝曰："瓯窭满篝，污邪满车；五谷蕃熟，穰穰满家。"臣见其所持者狭而所欲者奢，故笑之。

齐威王立刻明白，淳于髡这是以路旁祈祷田神之人"操一豚蹄，酒一盂"就想"五谷蕃熟"为例，婉言表达了用区区上述礼物，是不足以让赵国出兵的。于是威王把礼物增加到黄金千镒、白璧十对、驷车百辆。淳于髡马上告辞起行，带着这些礼品到赵国。结果交涉很顺利，赵王答应拨给他十万精兵、裹有皮革的战车一千辆。楚国听到这个消息，吓得连夜退兵而去。

---

① 刘蔚华、苗润田：《稷下学史》，中国广播电视出版社1992年版，第65—66页。

淳于髡第三次建言，是在楚国退兵之后。威王在后宫设置酒宴，招待使赵归来、有功于国的淳于髡。席间，威王随口问道："先生酒量如何？喝多少酒才醉？"淳于髡回答说："我喝一斗酒也能醉，喝一石酒也能醉。"威王感到很好奇：一个人怎能"饮一斗亦醉，一石亦醉"呢？于是接着问道："先生喝一斗就醉了，怎么能喝一石呢？能把这个道理说给我听听吗？"接下来，淳于髡再次以微言的手法，对威王说了长长的一段话，阐述了"极之而衰"的道理。他说：

> 赐酒大王之前，执法在傍，御史在后，髡恐惧俯伏而饮，不过一斗径醉矣。若亲有严客，髡帣韝鞠䞔，待酒于前，时赐余沥，奉觞上寿，数起，饮不过二斗径醉矣。若朋友交游，久不相见，卒然相睹，欢然道故，私情相语，饮可五六斗径醉矣。若乃州闾之会，男女杂坐，行酒稽留，六博投壶，相引为曹，握手无罚，目眙不禁，前有堕珥，后有遗簪，髡窃乐此，饮可八斗而醉二参。日暮酒阑，合尊促坐，男女同席，履舄交错，杯盘狼藉，堂上烛灭，主人留髡而送客，罗襦襟解，微闻芗泽，当此之时，髡心最欢，能饮一石。故曰：酒极则乱，乐极则悲，万事尽然。言不可极，极之而衰。

以上大意是说：大王当面赏酒给我，执法官站在旁边，御史站在背后，我心惊胆战，低头伏地喝酒，喝不了一斗就醉了。假如父母有尊贵的客人来家，我卷起袖子，躬着身子，奉酒敬客，客人不时赏我残酒，屡次举杯敬酒应酬，喝不到两斗就醉了。……天黑了，酒也快完了，把残余的酒并到一起，大家促膝而坐，男女同席，鞋子木屐混杂在一起，杯盘杂乱不堪，屋里的蜡烛已经熄灭，主人单留住我而把别的客人送走，绫罗短袄的衣襟已经解开，略略闻到阵阵香味，这时我心里最为高兴，能喝下一石酒。所以说，酒喝得过多就容易出乱子，欢乐到极点就会转向悲凉。所有的事情都是如此。

(三) 微言活动之结果

淳于髡借助一番"酒话"，旨在阐明这样一个道理，即任何事物的对立面都是相互联系、相互渗透的，并且矛盾着的双方都有各自的限度；超出了这个限度，在一定条件下，就必然走向其反面。在听完他"极之而衰"的哲理后，齐威王决定要洗心革面，大改以前之所为。从此，他不仅罢掉了"长夜之饮"的习惯，而且任用淳于髡为接待诸侯宾客的宾礼官，并且齐王宗室设宴置酒时，也常常请他作陪出席，给了淳于髡很高的政治礼遇。①

史载，在淳于髡"国中有大鸟"讽谏之后不久，威王就封贤臣即墨大夫以万家，又烹杀谄媚之臣阿大夫和左右拍马溜须者，"于是齐国震惧，人人不敢饰非，务尽其诚，齐国大治"。威王十六年（公元前 341 年），齐军大败魏军于马陵，从此奠定了齐国再霸诸侯的基础，"诸侯闻之，莫敢致兵于齐二十余年"②。应该说，威王能够痛改前非，齐国能有如此成就，淳于髡的建言之功实不可没。

二、王斗建言齐宣王

王斗是战国中期的齐国人，其生平与生卒年代皆不可考。从《战国策》的记载来看，他曾直言进谏齐宣王，向宣王阐明"好士"的意义。由此可知，王斗主要生活于齐威、宣时代，建言宣王的活动应该略早于孟子。

（一）建言活动之动因

公元前 319 年，齐威王田因去世，田辟疆即位，是为齐宣王。这一时期，西陲秦国刚刚任用商鞅开始变法，对山东诸国的威胁尚未显现；魏、赵、韩等中原国家相互攻伐，打得难解难分；齐国由于地处中原以东，反而可以对中原地区征战频繁的状况作壁上观，甚至对中原诸国可有帮或不帮的灵活选择。③ 因此，在诸侯争霸的格局中，齐国具有举足轻重的影响力。

事实上，田齐国力最盛之时，就是在宣王当政期间。不过，宣王即位之初的表现却不能令人满意。这一时期，齐国宗室集团之间的矛盾十分尖锐，令宣王疲于应付，苦不堪言；更有甚者，与其父一样，宣王执政初期也是沉湎于声色犬马之中，生活腐化，进取意识不足。此即王斗建言宣王之动因。

（二）建言活动之内容

王斗建言齐宣王的事迹，主要见于《战国策·齐策四》中。当时，宣王刚刚即位，王斗准备觐见，劝其好士。宣王让负责引见的侍者领他进来。王斗站在宫门口对侍者说："如果我去见君王，就说明我爱慕权势；如果君王来见我，则表明君王敬重士人。我想知道，英明的君王应该如何做？"侍者把这话汇报给

---

① 广少奎：《论淳于髡》，载《管子学刊》2004 年第 1 期。
②《史记·田敬仲完世家》。
③《史记·田敬仲完世家》。

宣王，宣王赶忙说："请先生慢行，寡人亲自来迎接。"于是宣王整肃衣冠，快步走到宫门口，与王斗一同入宫。二人落座后，宣王客气地对王斗说："寡人不才，有幸得以事奉先王宗庙、维护社稷。听说先生敢直言进谏，对任何事都能无所讳言。"王斗却回答说："大王听错了！我生于乱世，又是事奉昏君，怎么还有胆量直言进谏呢？"宣王听到此言，觉得王斗话里有话，禁不住脸色有些阴沉。

王斗见状，知道自己言语太过直接了，也有些尖刻。在诸侯纷争的战国时代，虽然士人对君王可以直言无忌，但说话也是需要技巧的，否则谈话就很难进行下去。所以，过了一会儿，王斗语气和缓地对宣王说：

> 昔先君桓公所好者五，九合诸侯，一匡天下，天子受籍，立为大（太）
> 伯。今王有四焉。

短短一句话，就显示出了王斗的劝谏技巧：一方面，他以桓公"所好五"而宣王"所好四"的说法，既给宣王设置了不解的疑窦，也为自己预留了建言的空间；另一方面，王斗明白，向居于上位的统治者进言，一定要找到一个可以折服他的事物或人物来做前提，才能使统治者听进劝谏，进而道出自己的本意。宣王听了这话，果然很快转愠为喜，因为王斗竟然将自己与大名鼎鼎的齐桓公相比，且说自己与桓公相差甚少，可见自己并不是所谓的"昏君"。高兴之下，宣王谦和地说："寡人才识疏浅，守住国家还担心力有不及，又怎能有四样爱好与先主相同呢？"王斗徐徐而言说：

> 否！先君好马，王亦好马；先君好狗，王亦好狗；先君好酒，王亦好
> 酒；先君好色，王亦好色。先君好士，是王不好士。

这时宣王才明白了王斗的真正用意，原来是要劝谏自己虚怀若谷、礼贤士人，于是他不无推脱地说："当今世上，并没有优秀的人才啊，让寡人如何喜爱他们？"王斗正色道：

> 世无骐骥、騄耳，王驷已备矣。世无东郭逡、卢氏之狗，王之走狗已具
> 矣。世无毛嫱、西施，王宫已充矣。王亦不好士也，何患无士？

在这里，王斗针对宣王的托词回应说，当今之世并没有骐骥、騄耳这样的骏马，可是给大王拉车的马匹已经够多了；世上也没有东郭逡、卢氏那样的良犬，可大王的猎狗已经够多了；世上更没有毛嫱、西施一类的美女，可大王的

后宫俱已充盈。如此说来，大王只是不喜欢贤士而已，哪里是因为当世无贤士呢？

在王斗极具针对性的答复之下，宣王只好悠悠地说："寡人确实是忧国忧民的，很盼望能够聘得贤士共治齐国。"不料王斗话锋突然一转，又颇有深意地说："大王说自己忧国忧民，可是在臣看来，大王爱国还不如爱惜一尺绉纱呢！"这再次引起了宣王的疑窦，于是不解地问道："先生此话怎讲？"王斗回答说："大王用绉纱做帽子时，不用身边的人，而是请来能工巧匠，原因何在？是因为他们会做帽子。可是现在，大王治理齐国，却不请能工巧匠，只用身边的人。所以，臣以为在大王心中，国家社稷还不如一尺绉纱呢。"宣王顿悟，谢罪道："看来，寡人是有罪于国啊。"

（三）建言活动之影响

由上可见，与淳于髡相似，王斗也是位能言善辩的高手。首先，二人会晤之前，宣王本想摆摆架子，王斗马上以"斗趋见王为好势，王趋见斗为好士"之论，让宣王不得不作出选择，这样王斗就在建言之前，首先在气势上占得了先机。其次，在接下来的谈话中，王斗不是直接阐述如何"好士"，而是巧妙地预设了"桓公所好者五，今王有四"和"王之爱国忧民，不若王爱尺縠也"两个悬疑，引导宣王往下问，使宣王最后承认了自己的失误，从而达到了建言的目的。

正是由于王斗诸人不卑不亢的建言，宣王由"贱士"转变为"趋士""贵士""好士"，着手扩建稷下学宫，出台措施礼贤下士，使学宫迎来了前所未有的发展盛况。稷下先生的建言活动，不仅使学宫步入了发展的黄金时代，也促成了齐国的空前强盛。

三、孟子屡劝齐宣王

孟子劝谏宣王的时间相对来说要晚些，由于相关资料被大量完整地保存了下来，因而对孟子的建言活动能够了解得更为详细，也就能够更为清晰地反映稷下学宫这一活动的历史面貌。

（一）劝谏活动的背景动因

要揭明孟子教育建言活动的主要动因以及屡谏齐王的目标指向，就不能不首先谈及孟子在齐的活动状况。如前所述，在稷下学宫里，孟子是位自视颇高的"大腕"级人物。研究表明，孟子曾先后两次游齐，且被尊为稷下先生。① 第一次是从威王三十年（公元前327年）后至齐，在齐时日多久不详，有的学者考证至少有18年;② 第二次是在宣王执政时期，此次居齐时日亦不太短。虽然第一次居齐时间可能较长，但并无记载显示孟子曾有建言齐威工的活动，只有孟子离齐他往时威王赠金而孟子不受的记录，以及孟子在稷下学宫活动状况的概要记载。与此不同的是，第二次游齐时，孟子与齐宣王之间的对话活动是很频繁的，这在《梁惠王》《公孙丑》《万章》等篇中都有大量的记载。

孟子第二次游齐大约在宣王四年。这一时期，齐国经过数十年的经营，已成为雄踞东方的大国，似乎统一天下已非齐国莫属。而此时的孟子，经过周游列国之后，已是"后车数十乘，从者数百人，以传食于诸侯"的一派大师了。所以一到齐国，孟子就受到宣王的敬重，被尊为先生、拜为上卿。同时，孟子也对齐国寄予了厚望。他认为，"诸侯之宝三：土地、人民、政事"③，而此时的齐国已得其二；只要"政事"再上轨道，那么统一天下就会"易如反掌"。然而他很快就发现，宣王与其父一样，也是一位尚武之君。于是，孟子抓住一切机会，就"尚贤""保民而王""为民父母"等诸多问题进行政策建言，向宣王展开凌厉的"仁政"攻势，其态度之坚决、言辞之直白，令宣王极为尴尬，有时甚至让宣王"勃然变乎色"。

孟子的所有这些活动目的指向只有一个，就是力劝齐宣王行"仁政"、成"王者"，如此就能统一天下，即所谓"行仁政而王，莫之能御也"④。此即孟子屡屡建言宣王的基本动因。

（二）劝谏活动的主要经过

翻开《孟子》一书即可发现，其中记载了很多孟子与统治者的对话。由于篇章甚多，而且很多篇幅内容过长，此处仅能选取数例约略述之，以管窥孟子此类活动之情形。

---

① 赵承福主编：《山东教育通史》（古代卷），山东人民出版社2001年版，第166—169页。
② 钱穆：《先秦诸子系年·孟子在齐威王时先已游齐考》，商务印书馆2005年版，第366页。
③《孟子·尽心下》。
④《孟子·公孙丑上》。

　　与淳于髡等人相似，孟子也是位论辩高手，也熟谙劝谏技巧。现以《孟子》中的一段记载为例，对其建言过程略加分析，即可证之。《孟子·梁惠王下》载：

　　　　孟子谓齐宣王曰："王之臣有托其妻子于其友，而之楚游者。比其反（返）也，则冻馁其妻子，则如之何？"王曰："弃之。"曰："士师不能治士，则如之何？"王曰："已之。"曰："四境之内不治，则如之何？"王顾左右而言他。

　　在这里，孟子运用了"归谬类比法"来进行建言。第一步，孟子以一位不顾妻子儿女的死活而自己出去游玩的人为例，让宣王不能不得出"弃之"的结论；第二步，又以某司法官员不能管理其下属为例，让宣王又只好作出"已之"（撤职）的决断；第三步，再以"齐国四境之内都没有得到良好治理，该由谁负责"的诘问，暗示出一个必然性结论，即宣王应该对"四境不治"承担责任、引咎自责。应该说明的是，这一逻辑结论可不是由孟子说出的，而是由宣王自己前面的回答所导致的。但宣王既不想承认这一结论，又企图摆脱自相矛盾的困境，于是采取了"顾左右而言他"的转移论题手法，来掩盖他的理屈词穷和无比尴尬。仅从这短短一段对话，就不难看出孟子的建言功夫是如何了得。

　　实际上，让宣王尴尬的对话活动还不止这些。例如，《孟子·梁惠王下》篇曾记载，庄暴告诉孟子说，宣王亲口承认自己有"好乐"之习。孟子见到宣王后，开口的第一句话就是："大王曾对庄暴说过您喜欢音乐，有这回事吗？"宣王一听，感觉非常惭愧，赶忙解释说："有是有的，可是寡人没有能力欣赏古代先王的音乐，只是能听懂现在的世俗之乐罢了。"孟子见宣王已心虚气馁，于是顺势向他阐述了一番"独乐乐"不如"与众乐乐"的道理。

　　虽然孟子的言论让宣王甚感不快，但以上情形毕竟是不多的，更多的时候是非常客气、语气舒缓的，因为孟子非常清楚，建言绝不是为了图口舌之快、逞一己之能；如果谈话的气氛过于紧张，尽管自己可能"真理"在握，也难以达到建言目的。事实上，孟子再度游齐时，正值宣王逐渐改变了不"好士"的毛病，开始大量延揽各国能人，已成为一位"可圈可点"的政治人物；齐国也呈现出蒸蒸日上的可喜局面，很有希望一统天下。因此，很多情况下，孟子的建言活动采取的是"因势利导""循循善诱"的方式。

例如，《孟子·梁惠王下》记载，齐宣王有一次问孟子："和邻国交往有什么讲究吗？"孟子回答说："有啊。只有仁德之君才能以大国身份服侍小国，所以商汤服侍大国，周文王服侍昆夷。只有聪慧之君才能以小国身份服侍大国，所以周太王服侍獯鬻，越王勾践服侍夫差。以大国身份服侍小国的，是以天命为乐者；以小国身份服侍大国的，是敬畏天命者。乐天者能保天下，畏天者能保其国。《诗经》说：'敬畏上天之威，可保社稷安危。'"宣王感慨地说："先生的话真高深呀！不过，我有个毛病，就是爱逞强好勇。"孟子颇有深意地回答说：

> 王请无好小勇。夫抚剑疾视曰："彼恶敢当（挡）我哉！"此匹夫之勇，敌一人者也。王请大之！《诗》云："王赫斯怒，爰整其旅，以遏徂莒，以笃周祜，以对于天下。"此文王之勇也。文王一怒而安天下之民。《书》曰："天降下民，作之君，作之师。惟曰其助上帝，宠之四方。有罪无罪，惟我在，天下曷敢有越厥志？"一人衡（横）行于天下，武王耻之。此武王之勇也。而武王亦一怒而安天下之民。今王亦一怒而安天下之民，民惟恐王之不好勇也。

在这里，孟子一方面娓娓劝谏他不要止步于那种按剑瞪眼的匹夫"小勇"，另一方面，则顺着宣王"好勇"的语意，希望他最终能有"一怒而安天下之民"的"大勇"。这等于既承认了宣王"好勇"并非不好，又顺势道出了自己建言的实质内容。

（三）劝谏活动的最终效果

从已有史料看，孟子的建言活动远远多于淳于髡和王斗。但耐人寻味的是，孟子的活动却没有取得预期的效果，其实际政治影响更是微乎其微。孟子虽然殚精竭虑、苦口婆心，齐国却不仅没有实行他梦寐以求的"仁政"，而且离"王道"要求还越来越远，只是将孟子作为"诸大夫国人"的"矜式"。绝望之下，孟子率徒离开齐国，终老于邹。

究其原因，首先，孟子是一位心高气傲、自视颇高的人，不太会用微言、隐语之类技巧"说大人"。在他人面前，孟子曾不止一次地表达了对于自己的期许和对当权者的藐视。例如他曾明言："彼一时，此一时也。五百年必有王者兴，其间必有名世者。……夫天，未欲平治天下也；如欲平治天下，当今之世，

舍我其谁也?"① 那种天降大任、非我不能的"牛人傲气"纤毫毕现。他还曾说过如下的话,表达了与当权者的不同:

> 说大人,则藐之,勿视其巍巍然。堂高数仞,榱题数尺,我得志弗为也;食前方丈,侍妾数百人,我得志弗为也;般乐饮酒,驱骋田猎,后车千乘,我得志弗为也。在彼者,皆我所不为也;在我者,皆古之制也。吾何畏彼哉?②

用"藐之"的姿态去"说大人",用"真理在握"的心态去"教导"当权者,在战国时代虽然不至于有性命之虞,但必然会引起对方的不快和反感。

其次,在战国"争于气力"的时代,"仁政""王道"主张是明显不合时宜的,但孟子对此却坚信不疑,因而令各国君主不胜其烦。当时,各国统治者往往是任用法家人物以变法图强,重用兵家能人以却敌制胜,延揽黄老名士以运筹机谋,对于儒家人物则常常尊而不用。个中情形正如《史记》所言:

> 当是之时,秦用商君,富国强兵;楚、魏用吴起,战胜弱敌;齐威王、宣王用孙子、田忌之徒,而诸侯东面朝齐。天下方务于合从(纵)连衡(横),以攻伐为贤,而孟轲乃述唐、虞、三代之德,是以所如者不合。③

应该说,孟子的"仁政""王道"思想以及孔子的"为政以德"、仁礼修身思想,用于和平治世是极有价值的,但在春秋战国这样一个典型的乱世,则有"文不对题""迂远而阔于事情"之失。这是孟子屡屡建言而未果的深层原因。

四、稷下建言活动简评

上文以淳于髡、王斗、孟子为例,展示了稷下先生教育建言活动的基本样貌。事实上,齐国统治者之所以不惜重金,建设规模庞大的稷下学宫,提供极其优厚的待遇,一方面当然是为了表明"好士""用士"的姿态,或者士人即便不能为我所用,也绝不能资敌他国;但另一方面,战国时期严峻的国际争斗,也确实一再证明了"得士者昌,失士者亡"的道理,显示出士人巨大的政治能量。在此情形下,虚情假意或真心实意地向士人求教,也就成为统治者为政治

---

① 《孟子·公孙丑下》。
② 《孟子·尽心下》。
③ 《史记·孟子荀卿列传》。

国的一大策略和举措。

　　史料表明，稷下学者们经常面见国君，或被国君主动召见。有些情况下，当国君态度不够虔诚时，学者们甚至屡召而不往。刘向《新序》有言："齐稷下先生，喜议政事。"事实上，政治评议、教育建言不仅是学者与君主之间的活动，也是稷下"期会"活动的重要内容之一。通过这种活动，各个学派一方面旨在彰显自己的政治影响力，另一方面也有助于提升本派在学宫中的地位。完全可以说，假如没有政治评议、教育建言这类活动，稷下学宫的迷人风采将大为逊色，中国教育活动史的内容也将大打折扣。

第四节　师生交流活动

　　众所周知，稷下学宫是以思想多元、言论自由而彪炳史册的。言论自由不仅表现在稷下先生间的论辩活动以及稷下先生与统治者的建言活动中，也表现在稷下先生与学生之间的交流中。以及有鉴于此，要较为全面地反映稷下学宫教育活动的历史样貌，就不能不考察稷下师生之间的活动状况。

　　如前所述，稷下学宫汇集了战国时期的众多学派，来此游学的学者达数百千人，学宫最盛时师生总数逾万人。如此多的学者和学生汇聚一处，彼此之间肯定有着经常性、广泛性、多层次性的交流活动。可惜的是，由于史料不足，使得我们难以对这些活动进行全方位、多角度的梳理和展示。本着"尊重历史，反映历史"的原则，以下主要以孟子与其学生以及著名辩士田巴与鲁仲连的活动为例，对稷下师生之间的教育活动略加考察和反映。

一、孟子师生之间的交流

　　孟子四十岁以前生活于邹国，主要活动为读书授徒；约近五十岁时，才率弟子首次游齐，并逐步参与到政治活动之中。两度游齐的时间相加，总数为二十余年。孟子一生最重要的光阴就是在稷下学宫度过的，他与学生之间的很多活动也是在稷下学宫中进行的。

（一）活动背景简述

如上所述，孟子是学生数量颇为可观的稷下先生。长期伴随孟子左右，尤其在稷下较为安定的生活背景下，师生之间的活动也就特别频繁。事实上，翻开《孟子》一书就可发现，该书主要是以"对话体"写成的，只有少数篇幅是孟子的"独白"；而这些对话的半数以上就是在孟子与其学生之间展开的。问对的话题则大致针对人性、义利、礼法、出仕等问题，与当时稷下的"时髦话题"是很接近的。由此可见，这些对话中的相当一部分，就是孟子师徒在稷下学宫里进行的。

孟子师徒在稷下学宫活动之时，正值田齐政权最盛的时代。当时整个中原地区的背景是，大国之间"争地以战，杀人盈野；争城以战，杀人盈城"①；统治者过着"庖有肥肉，厩有肥马"的奢侈生活，人民却是"仰不足以事父母，俯不足以畜妻子；乐岁终身苦，凶年不免于死亡"②。在此情形下，孟子师徒就当时复杂而敏感的社会矛盾问题展开了问对，就统治者如何"得天下"进行了探讨，还就人性、义利等问题作出了许多颇有价值的探析。

（二）活动例示与分析

与建言活动相似，《孟子》一书中所载的师徒之间的学说问对活动，内容既杂，篇幅亦长，涉及的学生也很多，如陈代、万章、彭更、桃应、陈臻、充虞、公孙丑、乐正子、公都子、屋庐子、孟仲子等。此处仅选取数例略述之，以管窥孟子师徒此类活动之情形。

孟子向来以"得天下英才而教育之"为君子的一大乐事。对于学生的问题，他常常是知无不言、言无不尽、娓娓道来、不厌其烦，这在与万章、公孙丑的问对中表现得尤为明显，如《孟子·万章下》就记载了孟子与万章之间的一段长长的对话。整个问对活动如下：

> 万章问曰："敢问交际何心也？"孟子曰："恭也。"曰："却之却之为不恭，何哉？"曰："尊者赐之，曰：'其所取之者，义乎？不义乎？'而后受之，以是为不恭，故弗却也。"曰："请无以辞却之，以心却之，曰：'其取诸民之不义也'，而以他辞无受，不可乎？"曰："其交也以道，其接也以

① 《孟子·离娄》。
② 《孟子·梁惠王上》。

礼。斯孔子受之矣。"万章曰："今有御人于国门之外者，其交也以道，其馈也以礼，斯可受御与?"曰："不可。《康诰》曰：'杀越人于货，闵不畏死，凡民罔不譈。'是不待教而诛者也。殷受夏，周受殷，所以不辞也。于今为烈，如之何其受之?"曰："今之诸侯取之于民也，犹御也。苟善其礼际矣，斯君子受之。敢问何说也?"曰："子以为有王者作，将比今之诸侯而诛之乎? 其教之不改而后诛之乎? 夫谓非其有而取之者，盗也。充类至，义之尽也。孔子之仕于鲁也，鲁人猎较，孔子亦猎较。猎较犹可，而况受其赐乎?"曰："然则孔子之仕也，非事道与?"曰："事道也。"（曰:）"事道，奚猎较也?"曰："孔子先簿正祭器，不以四方之食供簿正。"曰："奚不去也?"曰："为之兆也。兆足以行矣，而不行，而后去。是以未尝有所终三年淹也。孔子有见行可之仕，有际可之仕，有公养之仕。于季桓子，见行可之仕也；于卫灵公，际可之仕也；于卫孝公，公养之仕也。"

以上师徒二人的问对活动，篇幅长达八个回合，足证孟子是如何不厌其烦的。通观上文可以发现，师生话题先就如何与人交际谈起，然后论及所受馈赠之来路是否光明正大，再论"教而后诛"还是"不教而诛"的问题，最后以孔子为例，谈论"出仕"的原则和操守。总体而言，整个问对虽然涉及问题颇多，但语意相当周详，可见孟子为师之耐心和万章之好学，也可看出师生之间的对话是十分顺畅与和谐的。

与上述稍有不同的是，有的学生进行问对活动时好奇心极强，故意设置"逻辑陷阱"，出些"道德两难"之类的问题让孟子回答，似有"考老师"之嫌，如《孟子·尽心上》就有如下一则有趣的记载：

桃应问曰："舜为天子，皋陶为士，瞽瞍杀人，如之何?"孟子曰："执之而已矣。""然则舜不禁与?"曰："夫舜恶得而禁之，夫有所受之也。""然则舜如之何?"曰："舜视弃天下，犹弃敝屣也。窃负而逃，遵海滨而处，终身欣然，乐而忘天下。"

在这里，桃应以舜的父亲瞽瞍杀了人为例，问了孟子一个非常尖锐的问题，即舜是应该命令皋陶把瞽瞍逮起来呢，还是协助父亲逃走? 这是一个情与法何者为重的问题，其难度远远超出了今天"二人共落于水，先救母亲还是妻子"的所谓"两难"问题。对于常人来说，能否"大义灭亲"都是很难决断的，对于舜来说就更难了。须知，舜向来是以"孝"名天下的，这可是舜能够成为天子的最重要的"资本"，无"孝"则舜无以为天子。那么，是做个公正的天子，还是做个合格的儿子呢？这与其说是舜的两难选择，不如说是给孟子提出的一个绝大难题。孟子是怎样破解的呢？他的破解方案可谓别出心裁、震古烁今！他说：天子也不能阻止皋陶抓人，因为他是按职责办事；唯一的办法是舜背负父亲逃到海边，把天子之位像破鞋子一样抛弃！这一破解方案，可真是让人既浮想联翩、回味悠长，又大跌眼镜、啼笑皆非！

桃应的问题已经让孟子颇费脑筋了，而有的学生问对则更加大胆而尖锐，可以说是直击孟子思想的要害。如《孟子·滕文公下》记载，学生彭更曾对孟子率徒"吃遍诸侯"的做法提出了异议，还对人行为的动机、功绩（结果、效果）等问题表达了与孟子截然不同的看法。师徒二人的问对过程如下：

> 彭更问曰："后车数十乘，从者数百人，以传食于诸侯，不以泰乎？"孟子曰："非其道，则一箪食不可受于人；如其道，则舜受尧之天下，不以为泰。子以为泰乎？"曰："否。士无事而食，不可也。"曰："子不通功易事，以羡补不足，则农有余粟，女有余布；子如通之，则梓匠、轮舆皆得食于子。于此有人焉，入则孝，出则悌，守先王之道，以待后之学者，而不得食于子。子何尊梓匠、轮舆而轻为仁义者哉？"曰："梓匠、轮舆，其志将以求食也；君子之为道也，其志亦将以求食与？"曰："子何以其志为哉？其有功于子，可食而食之矣。且子食志乎？食功乎？"曰："食志。"曰："有人于此，毁瓦画墁，其志将以求食也，则子食之乎？"曰："否。"曰："然则子非食志也，食功也！"

在这段问对中，师徒二人进行了五个回合的观点交流。这段问对活动记载到孟子之语就戛然而止了，让我们不知道彭更下文还会说些什么。但是，仅从师徒以上五个回合的问对，我们就能发现不少重要信息。第一，彭更认为孟子"吃遍诸侯"的做法有些过分，也就等于认为孟子宣扬的"仁政"主张有劳无功。这可是挑战师说的大胆言论，已触及儒家思想的深层问题；而"不以泰乎"之问，可以说问得既毫无遮拦，又惊心动魄，充分显示出彭更对于师说能否合乎时宜的担忧和怀疑。第二，如果上述记载没有错乱，那么就逻辑而言，师徒二人所说的话都甚有毛病，因为彭更前面明言"无事而食，不可也"，后面则说

"食志"而非"食功",前后有着明显的逻辑冲突;孟子既然不赞同彭更的"食功"之论,那么为什么要问"子何以其志为哉"?为什么又要说"其有功于子,可食而食之矣"呢?很显然,其中也有明显的思维紊乱。第三,"子非食志也,食功也"是孟子对彭更观点所作的概括性总结。透过这一总结我们不难体会,孟子对彭更是相当不满的,因为彭更只看结果不论动机的做法,对于那些奔走救世而未果的士人们是不公平的,对乱世中"独善其身"的君子们更不公正。

(三)活动结果略析

仅由以上所举数例已可看出,在稷下,学生不仅不必恪守师说,还可以对师说进行论辩,或暗或明地提出挑战。孟子之所以能被尊为"上大夫""上卿",跻身著名稷下先生之列,固然是他说梁惠王、教滕文公、谏邹穆公、劝齐宣王之类的政治经历和建言活动所致,但也应归功于他平等待生、不拘己见、"教亦多术"的学者风范。可以说,正是这种平等的胸怀、认真的态度、深厚的修为,感召和聚拢了一大批弟子,从而使孟子成为稷下翘楚之一。

由以上孟子师徒的问对活动,我们不难窥察稷下师生活动的大致情形。一方面可以看出,稷下先生们对于学生的问题是有问必答、不厌其烦的;另一方面,面对学生的"另类"甚至刁难性的问题,稷下先生也是不温不火,尽力破解。如果再以彭更与孟子的问对为例,那么稷下师生活动的情形就更清楚了:彭更对孟子的行为提出了怀疑,孟子对彭更的观点也相当不满,但二人的问对竟有五个回合,且孟子一直以"子"称彭更。仅就此而言,称稷下学宫是一个师生平等、言论自由的所在,也是持论有故、所言非虚的。

二、田巴与鲁仲连之间的活动

一提起稷下学宫里的师生平等和言论自由,就不能不谈田巴与鲁仲连之辩。这场著名的论辩既是不同学派之间的思想交锋,又是老少之间、师生之间的一场自由论辩。这不但是流传千古、脍炙人口的经典案例,也是稷下学宫平等、自由之风的集中体现。

(一)活动背景与起因

从严格意义上说,田巴与鲁仲连并非真正的师徒关系,因为鲁仲连的老师是徐劫,徐劫与田巴为同一时期的稷下先生,所以田巴是当时的师辈学者,鲁仲连则是徒辈学生。因此，二人乃是广义上的师生关系。

田巴是稷下名家学派的著名学者，齐国人。其生平事迹散见和重复记载于西汉刘向所著的《新序》、唐代张守节所撰《史记·正义》和宋代李昉等人编著的《太平御览·人事部》之中。田巴约生于公元前340年，卒于公元前260年，是齐宣、湣时期的稷下先生，也即活跃于学宫由盛转衰的前夕。① 田巴学问广博，自称"天下书无不通读，无不精熟"，见解奇异，辩才过人。史载："齐之辩者田巴，辩于狙丘，议于稷下。毁五帝，罪三王，訾五伯，离坚白，合同异，一日而服千人。"② 就是说，田巴竟能在一天之内，折服了上千人的诘难，或者战胜了稷下士子的轮番挑战，可见其辩才的确非常了得。

田巴何以能"一日而服千人"，由于史料失载，其情形不得而知，但是"毁五帝，罪三王，訾五伯"，以及主张"偃兵""去尊""不法先王"等，却是当时稷下名家的共同特点，也是该派有别于其他学派的重要主张。在"百家争鸣"的背景下，儒家"祖述尧舜，宪章文武"，"言必称尧舜"，对于五帝、三王都极为推崇；墨家"背周道而用夏政"，非常推崇为天下福祉而不辞辛劳的大禹；农家"必种粟而后食"，以炎帝神农为尊；黄老学派推重黄帝，多言垂拱而治的无为之术；阴阳家倡导"五德终始"论，对自黄帝起的历代兴亡规律极其关注；法家虽不推重先王，但对"五伯"之类变法而强的"后王"们是极感兴趣的。总之，"毁五帝，罪三王，訾五伯"，可视为名家对所有学派提出的挑战，也应是田巴的"拿手好戏"。田巴"一日而服千人"的说法可能有些夸张，但作为邓析、惠施、兒说之后稷下名家的代表人物，田巴辩才滔滔是完全可以肯定的。

那么，作为此次活动的另一方，鲁仲连的情形又如何呢？鲁仲连是稷下后期儒家的代表人物之一，又名鲁仲连子、鲁连子、鲁仲子或鲁连，其生卒年月不见史籍。据钱穆推算，约为公元前305年至公元前245年。③ 如此说来，田巴与鲁仲连年龄相差近40岁，确为老少两代。其籍贯亦不可考，司马迁仅记为"齐人"。据后人多方搜求推衍，鲁仲连是今聊城市茌平县人。综合《史记》《战国策》《太平御览》等记载及今人的推求，鲁仲连一生的活动轨迹大致是：生于

---

① 刘蔚华、苗润田：《稷下学史》，中国广播电视出版社1992年版，第234—236页。
② 李昉：《太平御览》卷464。
③ 钱穆：《先秦诸子系年·诸子生卒年世约数》，商务印书馆2005年版，第697页。

聊城，学于临淄，曾以"勿逐舍人"、万勿"薄士"等三责孟尝君，后游于赵，因"笑谈却秦军"而闻名诸侯，但"功成不受赏，高节卓不群"，隐居于今桓台、高青锦秋湖附近，终老于今高青县高城镇。

幼时的鲁仲连在稷下学宫曾从师徐劫，专攻"势数"（认识情势，把握事理）之学，因勤学善思，博闻强记，颇得老师之喜爱。尤其是鲁仲连思维敏捷，口若悬河，很小即以辩才闻名遐迩，被时人誉为"千里驹"。及长，鲁仲连因学问博洽而成为稷下先生，活跃于湣、襄之际，亦即学宫发展的后期。与其他诸多稷下先生不同的是，鲁仲连具有强烈的社会责任感和历史使命感，这使得他唯求实务，特别关心现实政治；他不满于名家的玩弄虚词，主张理论联系实际，反对于国"无益"的思辨哲学；"却秦"后赵国欲封之官爵，他却"辞让者三，终不肯受"，还明言"所谓贵于天下之士者，为人排患、释难、解纷乱而无所取也；即有所取，是商贾之事也，而连不忍为也"，[①] 从而把儒家"见利思义"的行为推向了极致。

论辩双方的基本情况如此，那么论辨活动的起因又是什么呢？前已有述，齐宣王即位后，依靠武力统一天下的图谋就日益彰显。宣王五年（公元前 315 年），齐国趁燕国内乱之机攻打燕国，大获全胜，奠定了称霸东方的基础。齐湣王即位后，继续奉行武力扩张政策，不断对外用兵，如湣王七年齐与宋联合攻魏，十二年再度攻魏，之后又与秦联手败楚于重丘，与韩魏共击西秦、兵至函谷。这一系列行动固然使齐声威大震，获得了"东帝"的称号，但也使各诸侯国惶惶不可终日。尤其是湣王十五年（公元前 286 年），齐悍然出兵灭掉宋国，势力深入中原地区，严重威胁到秦、楚与三晋的安全。此时的齐国"南割楚之淮北，西侵三晋"，甚至"欲以并周室，为天子，泗上诸侯、邹鲁之君皆称臣"，[②]湣王也日益骄横，不可一世。在此情形下，公元前 284 年，秦、楚、燕及三晋组成联军，由燕国乐毅率领，共击齐国，在济西大败齐军，许多城池面临被联军攻破的危险。形势如此危急，名家却仍在高谈"同异""坚白"之论。

---

① 《史记·鲁仲连邹阳列传》。
② 《史记·田敬仲完世家》。此处湣王一系列对外用兵的时间，《史记》的《六国年表》及《田敬仲完世家》皆有误，现参照宣、湣实际执政年数（19、17 年）及钱穆《先秦诸子系年·列国世次年数异同表》而改。

于是，学宫"辩坛"就上演了一场鲁仲连驳田巴的精彩活剧。

（二）活动内容与过程

虽然《史记》中单列有《鲁仲连邹阳列传》一卷，但记载的主要是鲁仲连年长后入赵却秦兵、返齐救聊城的事迹，对此次稷下活动只字未提。对这一活动记载较详的是宋人编撰的《太平御览》，在《人事部·辩下》录有《鲁仲连》一节；清人马国翰还有辑本一卷，收在《玉函山房丛书》中。综合这些记载，二人活动的内容与过程基本如下：

> 有徐劫者，其弟子曰鲁连，谓劫曰："臣愿得当田子，使之不敢复谈，可乎？"徐劫言之田巴，曰："劫弟子，年十二耳，然千里之驹也，愿得侍议于前。"田巴曰："可。"鲁连曰："臣闻：'堂上之粪不除，郊草不芸；白刃交前，不救流矢。'何则？急者不救，则缓者非务。今楚军南阳，赵伐高唐，燕人十万，聊城不去。国亡在旦暮耳，先生将奈何？"田巴曰："无奈何。"鲁连曰："夫危不能为安，亡不能为存，则无为贵学士矣！今臣将罢南阳之师，还高唐之兵，却聊城之众。为所贵谈，谈者其若此也。先生之言有似枭鸣，出声（城）而人恶之！愿先生之勿复谈也！"田巴曰："谨闻教。"明日见徐劫，曰："先生之驹乃飞兔、骤褭也，岂特千里驹哉！"于是杜口易业，终身不复谈。

在此，鲁仲连首先以比喻的方式阐述说，厅堂上的垃圾没有打扫，就顾不上去锄野外的杂草；明亮的刀锋已到眼前，就无法顾及飞来的冷箭。原因何在？就因为凡事都有轻重缓急之分，应救急而非务缓。然后鲁仲连郑重地问田巴，现在国家危在旦夕，先生有何良策？在得到田巴"无奈何"的否定性答复之后，鲁仲连毫不客气地说，不能救国家危难，还自称什么先生！我将用自己的辩才去救国家危亡、劝退来犯之兵，这才是善辩的学士最该做也最让人敬重的。先生说话就像夜猫子号叫，听了就叫人恶心！先生还是别谈了，从此闭嘴吧！田巴听罢之后，不但坦然认输，而且次日见到徐劫时，还盛赞鲁仲连是"飞兔""骤褭"似的绝世英才，并且决定终身不再辩谈。

仔细研读如上活动记载，我们一方面不得不感慨：一个初出茅庐的年轻人，竟然敢对比自己大几十岁的著名学者出言无状、冷嘲热讽，可见当时稷下辩谈的氛围是多么自由、宽松和平等！另一方面更不能不钦佩：一个傲视学宫的名家高手，面对一个十几岁（资料记载十二岁，疑有夸张之嫌）的年轻人口无遮拦的挑战，却不仅坦承自己"谨闻教"，而且对对方大加称赞，可以看出，当时稷下先生的态度是多么谦逊，胸怀是多么广阔，为人又是多么可敬！

（三）活动结果与评价

此次活动之后，鲁仲连在稷下情形如何，史料失载。不过，据《史记》《战国策》等记载来看，鲁仲连不仅后来被人称为"齐国之高士""先生"，从而荣膺稷下先生之职，而且还真的履行了自己当年"以辩救国"的诺言。在赵国，他以"义不帝秦"的决绝态度，对魏国使臣明以大义、晓以利害，终于说服赵魏共同抗秦，使秦闻讯"却军五十里"；在聊城被燕国占领、齐将田单攻城年余而未果的情形下，鲁仲连以一封长信侃侃而谈，晓以大义与后果，说得燕守城之将"泣三日，犹豫不能自决"，最后不得不自杀，聊城遂被齐重新占领。对于鲁仲连其人其事，《史记》评价说是"好奇伟俶傥之画策，而不肯仕宦任职，好持高节"[1]；而他功成身退的做法，将儒家的"重义轻利"演绎到了极致，因而受到后代士人或诗词、或文章的普遍称赞。

在我们看来，鲁仲连固然因其不惧权威、忠实践诺和功成身退而为人称道，但更让人满怀敬意的是田巴。由于史料失载，对于此次活动之后田巴情形如何、"易"了何"业"，今天已不得而知。但仅从以上资料所载而言，我们就不能不对田巴钦敬不已。从表面上看，似乎田巴步步后退、颇为尴尬，是个被驳得几乎"哑口无言"的"反面教员"，但仔细想来却绝非如此。

且不说鲁仲连指斥名家之言"有似枭鸣"是否失之粗鲁和偏颇，也不说鲁仲连"急者不救，则缓者非务"之论是否有短视之见的嫌疑，更不说"一日而服千人"的田巴何以仅回答"无奈何""谨闻教"，只言不辩，形同木讷，仅就对待鲁仲连的态度而言，田巴的行为就可圈可点，令人陡升敬意！须知，田巴可是一位"驳遍学宫无敌手"的"辩坛大腕"，鲁仲连当时不过是个不知深浅的"初生牛犊"，二人既有辈分之分，亦有阅历之差，更有论辩能力之别。试想，如果没有深厚的个人修为，没有提携后进的明确意识，面对鲁仲连颇有漏洞的几番狂言，以田巴的滔滔辩才，焉能不加论辩，而对其由衷地作出"飞兔""骐

---

① 《史记·鲁仲连邹阳列传》。

枭"似的盛赞和期许？更何况，辩谈本是名家学派的"看家本领"，而田巴听罢鲁仲连之语后竟然"杜口易业，终身不复谈"。试想，如果没有大海一般的宽阔胸怀，田巴又焉能断然舍弃"立身之技"，改行他业？因此，如果史料没有阙漏，如果前人没有夸张，那么田巴的行为足可为万世师辈之楷模！遗憾的是，由于上引活动之记载以及《史记》等史载的影响，导致历史上对鲁仲连的称赞连篇累牍、眼花缭乱，对于田巴却轻蔑有余，未有片语之赞。我们以为，千载失当之处，可谓莫此为甚！

三、稷下师生活动简评

以上主要以孟子与其学生以及田巴与鲁仲连的论辩活动为例，对稷下师生活动做了约略考察。可以看出，在稷下学宫里，不论在学派之内还是学派之间，曾上演过或"憋屈"、或"大气"、或突兀、或直白，甚至或惊心动魄、或匪夷所思、或脍炙人口的师生活动的历史活剧。在这里，师生年龄和辈分的交流障碍被打破，资历与水平的背景差异被淡化，学派之间的森严壁垒被拆除；在这里，问对、辩谈与交锋乃是活动之常态，挑战师说、标新立异的论辩"战火"时常被点起，平等自由、畅所欲言则成为活动的突出特征。正是这样一些可贵的因素，既为稷下教育活动增添了不竭动力和迷人色彩，也使学宫成为办学之楷模、千载之范例，令后人仰之思之，叹为虽则遥远却光亮犹存的"星空"。①

学界业已公认，稷下学宫所坚持的"自由"，既可指人们生活上的游学自由、择师自由，更包括学业上的言论自由和思想自由。学宫虽然制定了《弟子职》之类的规则，但这只是为了保证学宫生活的张弛有度和运行顺畅，保证育才活动的计划性和组织性。事实上，在学宫宽松的氛围下，先生不可能强令学生信奉自己的学说，学生也不必恪守先生的思想。相互辩难、取长补短、据理力争、各逞其说，乃是稷下师生活动的基本样态。以上对于师生活动的种种个案考察，无不可以确证这些断言。

---

① 参见王学、广少奎：《淳于髡与稷下学宫》，载《教育研究与实验》2004年第4期。

第五节　教育管理活动

综上可见，在稷下学宫里，学者们不仅开展了异彩纷呈的论辩争鸣活动、卓有成效的建言献策活动，还演绎了师生交流活动的精彩历史活剧。所有这些，都可视为稷下学宫办学成功的内容、表现和证明，共同为这所学府赢得了享誉千古的美名。

但是，以上所述还绝非学宫教育活动的全部，因为这些活动能否有效进行，必须以管理活动是否规范有序为条件。事实上，富有成效的教育管理不仅是各项活动顺利开展的重要保障，其本身也可视为教育活动的重要组成部分，因此，在作了上述考察之后，不能不对学宫的管理活动进行专题考察。

一、学校管理活动

众所周知，稷下学宫是一所官方出资、私家主持的高等学府，这既为史料所证实，也已成学界之公论。官方出资不仅使学宫无经济拮据的困扰，还能使稷下先生们能够专心致志地著书立说、讲学授徒；私家主持则不但使学宫具有了民主管理的意蕴，还多少发挥了"专家治教"的优长。这种"亦官亦私"的办学模式，在世界教育史上都是罕见的。

在"亦官亦私"的背景下，学校建设和办学经费不须主政者去亲劳、筹措和管理，学者的著书立说活动更无须主政者去操心；学生因为或随学派首领而来，或慕名而投入先生门下，其管理自有先生为之，也不必主政者代劳或置喙。这样，学宫自身的所谓学校管理，也就主要表现为如何协调和保证论辩争鸣活动的顺利进行，即主持稷下"期会"活动。主持这一活动的是"祭酒"，即稷下学宫的"校长"。祭酒由稷下先生从学派大师中公推产生，是学问博洽、胸怀坦荡、德高望重的代名词，是一种"荣誉性"的、没有多少管理"实权"的职位。其职责主要是依照一定程序，召集和主持召开"期会"，介绍和引荐学者登临"辩坛"展开演讲与论辩，保证公开学术活动的顺利进行。由于"期会"是学宫定期和经常举行的学术活动，是各派展示自己、驳倒对方的重要舞台，也是学宫推进学术竞争与优化的主要举措，因而祭酒一职名尊位显、为人所重。

既然是由人们公推而出，那么祭酒在主持"期会"活动时就必须处事公允，方能得到稷下先生的继续拥戴。不过，既然祭酒大都出身于某一学派，也就在一定程度上表明了该学派在学宫中的实力和影响。故而，对于这一职权虽小却名尊位显的"荣誉职务"，各学派必然志在欲得。史料明确记载，荀子曾"三为祭酒"，即在襄王时期多次出任祭酒一职。但如上所述，在襄王之前，学宫曾有过长达数十年的发展兴盛期，那么我们也就有理由断定，必定还有众多稷下名士出任过这一职务，且竞争状况必定相当精彩和激烈，可惜由于史料缺载，我们对任职与竞争情形都已无从得知。

另外，非常可贵的是，齐国统治者虽然不惜巨资建设学宫、提供经费、保障师生的生活，就是说，齐国君主乃是学宫的投资方、"董事长"，但是他们既不独尊一家而压制其他各家，或以一家标准限制其他各家言论，更不派"总经理"去染指学宫具体的管理活动，而是允许学宫自主管理，任由百家"海阔鱼跃、天高鸟飞"。由此，一方面熔铸出了学宫"寓管理于无形"的特色，即通过不搞特殊、不立标准的方式，给各家思想的自由消长赋予了最大的空间，便于激发学派的思想生命力，增强学宫对各国学者的吸引力；另一方面，"祭酒"一职的推举、私家主持模式的确立，则进一步催发和强化了各派自由竞争、分化整合、相互融通的态势，从而使学宫的活动始终充满生机和活力。

二、教师管理活动

与以上相似，在教师管理方面，学宫实行的也是"柔性"管理策略，即任由学者们传播思想、讲学授徒、论辩争鸣，学宫只提供条件和支持，并不予以任何干涉。当时，能来稷下讲学的多是已有些声望的学者，而学者们最在意的是能否畅所欲言，能否充分表达自己的思想，最反感的则是思想的一统、理论的条框和言论的禁忌，因此，稷下学宫的这一管理策略，对于各国学者前来讲学是极有吸引力的。

不过仔细分析即可发现，对于纷至沓来的学者们，主政者也不是全然不管，而是依照一定的章法进行管理。总体而言，主要通过以下两种方式给以"诱进"

式管理。第一，根据不同声望、资历、带徒数量和其他条件，对学者给予不同等级的官职称号。来此讲学且居于学宫的学者被通称为"稷下先生"，但亦有高下之别：高者被授予"上卿"之号，次者为"上大夫"，再次者为"卿""客卿"或"大夫"，其他则为"稷下先生"；亦有"列大夫"之号，乃是对国君敬重之士的通称。这一管理方式有很多记载可资证明，兹不赘述。第二，根据学者不同等级、影响与称号，给予不同的待遇和俸禄。如有的学者被给予"赐之千金，革车百乘"的待遇，有的给予禄米"万钟""千钟"的待遇；而"开第康庄之衢、高门大屋"之类"豪宅大院"的隆重待遇，肯定不可能给予所有学者，只能赋予那些声望最著者。

我们认为，上述"不奖就是罚""奖少亦是罚"的"柔性"管理策略，一方面表明，学宫确实是一个有实体意义的教育机构，即它是个有组织、有系统、有规范的办学所在；另一方面，这一策略也有助于实现奖掖先进、鞭策后进的管理目标，激发学者投身学术、创新思想的动力，有助于营造出各派竞展其长的良好局面。此外，该策略还能有效推动学者去参与"期会"活动，因为只有通过"期会"论辩，学者们才能赢得青睐、提高声望、提升待遇，从而，也就进一步激发和保证了学宫的生命力和创造力。

三、学生管理活动

与上述有所不同的是，对于来此游学的数量庞大的学生们，学宫实行的是较为"刚性"的管理之策，其做法集中反映在《管子·弟子职》中。《弟子职》的行文大多数为四字一句，文字大体押韵，朗朗上口，是我国第一个成文的学生守则。虽然《管子》最终成书于汉

图 6-4　《弟子职》（民六平泉书屋版）

代，但其蓝本亦有稷下先生之功。关于《弟子职》的性质，学界以往争论颇多。如清人洪亮在《弟子职笺序》中认为，这是"古塾师相传以教弟子"。清人庄述祖也持同样观点。郭沫若等人断言，此篇"当是齐稷下学宫之学则，故被收入《管子》书中。……且学中有'堂'有'室'，有寝有庖，师徒均食息其中，规

模宏大，决非寻常私塾可拟"①。这种推断在当今学界已几成共识。另外，通览《弟子职》全篇，其中的许多思想如尊师、隆礼、谦虚等要求，与荀子思想如出一辙；而荀子又是长居稷下且"三为祭酒"的。所以，《弟子职》极有可能就是稷下学生的守则。

《弟子职》内容十分丰富，举凡学生的品德修养、待人接物、饮食起居、衣着仪表等方面，都有明确的行为准则。这些准则对所有学生都是适用的，从而为教师管理学生提供了规则依据。《弟子职》中的很多要求非常具体、严格。如在日常生活方面，就对学生提出了以下要求：

> 少者之事，夜寐早作。既拼盥漱，执事有恪。摄衣共盥，先生乃作。沃盥彻盥，汜拼正席，先生乃坐。出入恭敬，如见宾客。危坐乡师，颜色毋怍。

以上意思是说，少年学子的本分是必须注意晚睡早起。清晨起床后先清扫席前，然后洗手漱口，做事要注意恭敬谨慎。要轻提衣襟为先生摆设盥洗器具，服侍先生洗完便撤下盥器，再洒扫屋子摆好讲席，先生便开始坐入讲席。弟子出入都要保持恭敬，其情景如同会见宾客。端正地坐着面向老师，不可随便地改变容色。

再如，在饮食方面，学生首先必须以一整套复杂的程序伺候先生吃饭。等先生吃完，学生则须以下列要求进食：

> 先生有命，弟子乃食。以齿相要，坐必尽席。饭必奉擥，羹不以手。亦有据膝，毋有隐肘。既食乃饱，循咡覆手。振衽扫席，已食者作，抠衣而降。旋而乡席，各彻其馈，如于宾客。既彻并器，乃还而立。

就是说，要等先生吩咐之后，弟子才能开始进餐；要按年龄坐好，落座时要尽量靠近席前。饭须用手捧而食，羹汤不能用手拿拣。可以使两手凭靠膝头，不可使两肘依伏桌面。待至吃完吃饱，用手拭净嘴边，然后抖动衣襟移开坐垫，提衣而离开餐桌。过一会又需回到席前，各自撤下所食的东西，就像替宾客撤席一般。撤席后要把食器收起，接着回去垂手站立。

除作息、饮食等日常生活的细节外，《弟子职》还对学生尊师活动提出了特

---

① 郭沫若等：《管子集校》，科学出版社1956年版，第956页。

别要求。例如它规定，学生对待老师之教导的态度应该是"先生施教，弟子是则；温恭自虚，所受是极"。它还规定说："先生将息，弟子皆起。敬奉枕席，问所何趾。俶衽则请，有常则否。"就是说，当先生将要休息时，弟子都必须起来服侍；要恭敬地奉上枕席，问老师脚伸向何处；第一次铺床时要问清楚，以后就依照而行，无须再问。如此细致的尊师规范，在我国历史上也是第一次。

可见，《弟子职》对于学生的行为规定得非常详尽。一方面，这些规定是为了使学生养成学会尊师、学会自律、学会自立、学会与他人相处的良好习惯；另一方面，也是学生日益增多的背景下学宫作出的被迫之举。试想，一所人数逾万的学府，一所规模庞大的"寄宿制"学校，如果没有明确的学生守则，其秩序必定混乱不堪。仅就保持环境的整洁、卫生而言，就是摆在管理者面前的大问题。所以，《弟子职》对学生的"洒扫"活动（"凡拚之道"），如怎样洒水、怎样"执箕"、怎样"运帚"、怎样处理垃圾等等，都有十分详细的规定。

应该指出的是，虽然《弟子职》对学生的行为作了如上规定，但并不意味着限制了学生的自由。事实上，学生不仅有择师择派自由、师生论辩自由，还有出入学宫的来去自由。上述规定只对居于学宫且于此受教的学生有效。换言之，规矩与自由并行不悖，乃是稷下学生管理活动的基本特点。

四、教学管理活动

如前所述，讲学授徒是学宫的一项重要活动，相应地，教学管理也就成为稷下管理活动的一项重要内容。在此方面，《弟子职》也有明确而全面的规定。例如上课之前，要求学生先要洒扫学堂、摆好讲席，等待先生落座，即"汎拚正席，先生乃坐"；后到的同学入席就座时，旁座的学生应该及时站起来，即"后至就席，狭坐则起"；学生首次诵读必须站起来，随后方可坐下读，即"始诵必作，其次则已"；先生授课的顺序按照学生长幼进行，依次顺延，即"受业之纪，必由长始"；学习中若有疑难，学生应该举手提问，即"若有所疑，奉手问之"；下课时还须"师出皆起"，即先生讲完课离开时，学生须一律站起。可见，学宫的教学纪律是相当严明的，管理也相当规范。

此外，在稷下教学活动中，还非常重视课外辅导活动和学生之间的讨论。根据规定，每当夜幕降临时，学生就要"昏将举火，执烛隅坐"，就是要点燃火炬，坐在屋子一角，要注意始终面向先生，并且要根据"栉之远近，乃承厥火"，即有人要手举火把，保证火炬始终不灭，以便照亮讲课之地，听先生继续讲授、解惑。当夜色已深，伺候先生休息后，学生要"各就其友，相切相磋，各长其仪"，相互学习和讨论，增进对各自所学义理的理解。可见，燃烛听讲、质疑论辩、及时复习、温故知新，可视为《弟子职》给后人描绘的一幅生动的"师生夜论"活动的历史画图。

综上可见，与其他活动相似，稷下的教育管理活动也是颇有特色的，简言之，就是刚柔相济，宽严结合。它的刚柔相济之策，激发了思想的活力，营造出不同学说各竟所长的良好氛围，这直接为后世书院所借鉴；它的宽严结合之法，不仅使学生能够不受门户限制，自由选取所学科目，而且使教与学都有较大的自由度，这也为后世官学所继承；尤其是《弟子职》对于学生活动提出的基本要求和准则，成为后世官学、私学、书院制定学则或学规的蓝本和范本。[①]就此而言，说稷下学宫创造了一个垂范千载的办学范例，提供了一个内涵丰富的管理样本，是毫不为过的。

第六节　稷下教育活动之总评

对于稷下学宫，当今学者可谓一片赞辞。有人将它称作中国高等教育史上的一朵奇葩，有人把它誉为我国文化教育史上的伟大创举，有人将它视为中国古代的"兰德公司"，有人还称它提供了一个高等学府的管理范例，这都是对稷下办学效果的肯定性评价。本节仅对上述活动作一简要总评，以便能对这所学府的活动及其历史影响有一整体的认识和定位。

一、稷下之学精华简论

中国教育活动史上的第一个"黄金时代"或曰"轴心时代"，稷下学宫无疑

---

① 张良才：《从〈管子·弟子职〉看稷下学宫的教学与生活管理》，载《管子学刊》1994 年第 3 期。

堪称代表。稷下学宫富有成效的教育活动，具有以下一些突出特色，足可视为稷下之学之于后世的精神财富。

（一）论辩有术，言必当理

提起稷下学宫，人们可能首先想到的就是那"万类霜天竞自由"的言论氛围，是"论辩有术，言必当理"的学者风范。的确，学术自由是稷下一直坚持的原则，论辩也是学宫最令人瞩目的教育活动。稷下的论辩活动，既不是强词夺理或以势压人，也不是东拉西扯或不知所云，而是论辩有术、言必当理。

在相互驳难中，学者们使用了大量的论辩技巧。在稷下先生中，淳于髡是论辩有术的典型，也是语言艺术的大师。他"滑稽多变""谈言微中"，常以微言妙语倡其说、论其意，其间多富哲理，启迪人识。他擅长"隐语微言"，能使抽象的道理形象化。在稷下，还有

图 6-5　稷下学宫活动版画像

专门研究论辩技巧的学派，就是被人称为"辩士"或"辩者"的名家。他们致力于名词、概念、语义的分析，着意于名实关系的研究，侧重于逻辑思维形式的探讨，留下了许多脍炙人口的论辩命题。这既提示了人们名与实的不同，也彰显了稷下学者的论辩之术。

其次，稷下论辩还讲求言必当理。在此方面，荀子进行了专门的研究，提出了一些论辩的方法。他认为："名也者，所以期累实也。辞也者，兼异实之名，以论一意也。辨说也者，不异实名，以喻动静之道也。"① 所谓"兼异实之名，以论一意"，就是包容不同实物的名称来表述一个完整的意思；"不异实名"则是指名实一致，要用同一个事物或概念，如不这样做，就会出现"动静"是非的混乱。在推理方面，荀子则认为应该"辩议而不过，推类而不悖，听则合文，辩则尽故"，即主张将同类事物进行类比推论，要摆事实讲道理，反对高论空谈。此外，论辩只有摒弃个人的私欲、偏见，才能判断是非，不偏离实际。在《解蔽》中，荀子还进一步提出在辩论时，要做到全面、公正，不能犯片面

---

① 《荀子·正名》。

性的错误。总之，名实一致、言之有物、推论合理、不尚空谈，是荀子在总结实践的基础上提出的重要主张，为稷下学士合理论辩、有效交锋提供了方法。

（二）教学科研，并行不悖

在稳定环境、优厚待遇和激烈竞争等因素的共同影响下，稷下先生们一方面投身于著书立说，一方面则注重讲学授徒，从而使稷下教育活动呈现出"教学科研、并行不悖"的优良特色。当时，各国较为重要的思想家几乎没有谁不曾涉足稷下；而在稷下，也几乎没有哪个学派未曾开展过著书立说活动。虽然有很多学派学者的著作现已仅存书目，但研究表明，其撰述地点就在稷下，或与稷下学者有着直接的关系；有些著作如《孟子》《荀子》《管子》等，虽然并非成书于稷下，但其中很多内容都与稷下活动关系密切，甚至有些记载的就是稷下的活动。凡此种种，都表明稷下学者们的著述活动是成效颇丰的。

在开展著书立说活动的同时，稷下学者也不忘自己"授业者"的本分，大力开展讲学授徒活动，壮大门派，扩大影响。以上《弟子职》中所提出的对于学生课前、上课与课外活动的种种要求，无疑可以视为学宫注重教学活动的证明；《孟子》一书中记载下来的师生问对辩谈的大量内容，也可作为学宫有效开展教学活动的证据；甚至学生旁听"期会"论辩活动，感受学者缜密的思维、敏锐的思想和犀利的言辞，也不能不说是一种广义的教与学。

（三）关心时事，参与政治

在稷下学宫的争鸣活动中，参与争鸣的各家各派很少有脱离社会现实而论辩的。即便是专研论辩之术的名家，也是为着提升人们的认识论、方法论水平和逻辑推理、思维能力，是为了"君子必辩"之现实服务的。学者们一方面利用稷下"期会"舞台，论辩时事，评议政治，裁量人物；另一方面，则走出学宫去谏君王、说大臣，发挥自身能量，积极影响社会。立足现实，关心时事，把握时代脉搏，投身时代大潮，可谓稷下教育活动的又一突出特色，也是稷下活动的最为可贵之处。

前已有述，在战国这一特殊的历史背景下，齐国君主给了稷下先生以最大限度的学术自由和话语权力；相应地，既"无官守"又"无言责"的稷下先生们，也最大限度地参与了对齐国政治的建言。例如孟子，就利用一切机会向齐王灌输"仁政"主张，即便君王"勃然变乎色""顾左右而言他"也建言不止。①
再如淳于髡，见齐王沉湎于"淫乐长夜之饮"中，就以"国中有大鸟"讽谏之，
使其立下"不鸣则已，一鸣惊人"的志向；见邹忌受相印而不作为，马上以
"豨膏棘轴""弓胶昔干""大车不较"等"微言五"阐述其意，使邹忌掌握了政
治改革的基本方略；②还运用"三人共牧一羊，羊不得食，人亦不得息"的暗
喻，来规劝邹忌要"减吏省员，使无扰民"。③凡此种种，都充分显示出稷下学
者关心时事、参与政治的优良特色。

二、教育活动的历史影响

回望历史，虽然稷下学宫存在的时间不过 150 年，只是历史长河中短暂的
一瞬；虽然学宫的发展历程并非一帆风顺，其间经历了无奈的衰退、衰落和破
败；虽然稷下活动并非尽善尽美，而且还不能不受到当时政治的强烈影响，但
作为一所别具特色的著名学府，稷下丰富多彩且颇有成效的教育活动，其历史
影响还是非常深远的。从"长时段"历史的角度来看，稷下教育活动至少具有
以下方面的重大影响。

(一) 促进、引领了中国学术思想的繁荣与发展

论辩争鸣是稷下学宫最令人瞩目的教育活动，也是对后世影响深远的一大
活动。在稷下"辩坛"上，很多以往未曾触及的问题都被学者们提了出来，并
且进行了精彩激烈的论辩，诸如人性之辩、义利之辩、天人之辩、名实之辩、
王霸之辩等等；其他如礼与权、心与物、知与行、道与法等等，学者们也进行
了广泛深刻的探讨。这些论辩和探讨不仅开阔了人们的学术视野，深化了人们
的理性认识，而且丰富了先秦学术思想的内容，促进了先秦文化思想的繁荣。

此处仅以儒家为例。稷下儒家的论辩，对历代儒家学者均有很大影响。如
董仲舒的天人感应论、性三品说等直接继承于孟子；韩愈的"道统"思想、教
学思想、性情三品论等也可上溯至孟子；孟子思想对宋代理学、明代心学的影
响也是十分明显的。荀子作为儒家唯物主义与历史进步主义传统的开拓者，对

---

① 《孟子·梁惠王下》。
② 《史记·田敬仲完世家》。
③ 刘向：《新序·杂事第二》。

先秦以后各个时期的代表人物，如王充、柳宗元、刘禹锡、王安石、王夫之、颜元、戴震等人，都有着重大的影响。① 由此可见，稷下的论辩争鸣活动的确具有筚路蓝缕的意义，其影响波及千年。

（二）型塑了后世的教学风格、管理制度、办学模式

据学者考证，稷下学宫中的"博士"之设，对秦汉博士制度的建立产生了重大影响。如《说苑·尊贤》有"博士淳于髡"之称谓，说明稷下学宫可能是中国古代博士学官制度的滥觞之地。秦汉时期的博士称谓以及汉代太学的博士员额设置，很可能都是承袭稷下的。② 稷下学宫师生问对辩谈的教学风格，淡化门户之限的讲学求学传统，对于中国历代书院也有着直接而深刻的影响。宋明时期书院的"讲会"制度，论辩式、讨论式的教学方法等，无不源于稷下学宫。因此之故，英国的李约瑟将稷下学宫称为"稷下书院"。他说："在中国，书院的创始可追溯到这个很早的时期。其中最有名的是齐国首都的稷下书院。"③

此外，稷下学宫的百家争鸣，不仅表现出先秦士人高超的哲思智慧，而且丰富和发展了我国古代的教学艺术。④ 不仅如此，稷下的那种刚柔相济、宽严结合的管理风格，"寓管理于无形"的特色，无论对后世的官学、私学还是书院，也都有着程度不等的影响，均被它们借鉴、吸收和运用。而稷下的那种"亦官亦私""官私合营"的办学模式的优长，更直接为后世书院办学所借鉴。

（三）影响了历代士人的致思方式和处事风格

稷下活动不仅以论辩之精彩而为后人景仰，还以学者直言敢谏的做派而为后人心仪。在齐国，统治者给稷下先生以极高的礼遇，令当时的人们十分"眼红"。例如，有人就曾不无妒忌地对田骈说："今先生设为不宦，赀养千钟，徒百人；不宦则然矣，而富过毕矣。"⑤ 名义上"不宦"的田骈，却比实际从政的官员得到了更多的实惠。须知，田骈不过只有禄米"千钟"的待遇，已让人心生妒忌；似孟子给以"豪宅""万钟"而不受，也就更令人咂舌了。有学者总结

---

① 刘蔚华、苗润田：《稷下学史》，中国广播电视出版社1992年版，第61页。
② 王志民主编：《齐文化概论》，山东人民出版社1993年版，第79页。
③ 李约瑟主编：《中国科学技术史》（第一卷·第一分册），科学出版社1975年版，第199—200页。
④ 徐仲林、谭佛佑、梅汝莉主编：《中国教育思想通史》（第一卷），湖南教育出版社1994年版，第531页。
⑤《战国策·齐策四》。

说，当时的稷下先生，第一，不再为生活无着而忧虑奔忙；第二，不会因地位不高、声名不显而遭人白眼；第三，不用因居官任职而政务烦劳；第四，不必担心议论不合而丢掉饭碗。① 在此情形下，稷下先生各逞其能，不仅"论国事""议政事""言治乱"，还常有"啧室之议"，即对政治提出批评意见，由此不仅使齐国政治打上了稷下学者的深深印痕，也使齐很大程度上实现了"得士而强，士多而霸"的目标。

纵观历史不难发现，摆脱贵族政治的陈腐窠臼，转向"兼听则明"的良性轨道，稷下学宫可被视为中国历史上的第一次尝试。如此大胆、豪迈而频繁的平民干政活动，可谓前所未有、睥睨千秋。应该指出的是，稷下学者之所以能够积极干政，除必要的外部条件和背景外，还有他们自身的因素在起作用。在稷下，学者们往往以关注现实问题为起点，以解决现实问题为归宿，以投身政治、改造社会为指南。这种致思方式和处事风格，对后世产生了极其深远的影响。穷则化育人才、积蓄力量，达则振肃朝纲、改良政治，成为稷下之后历代士人最典型的教育活动方式。

后世凡有志向的知识分子，大多关心现实问题，裁量人物，积极从政，以改造社会者自任，具有深沉的入世取向、超迈的现世观照和悲悯的救世情怀。虽然秦以后的从政环境已远比战国时期严酷，但直言敢谏、笑傲权贵者仍是史不绝书。历代士人的这些做法，背后不能说没有稷下建言活动的影子，也不能说没有稷下学者精神的支持。

---

① 白奚：《稷下学研究》，北京三联书店1998年版，第56—57页。

第七章
人才选拔活动

　　先秦是中华文明的滥觞，是我国悠久历史文化的发祥期。至今仍植根于人们观念中的人才选拔思想早在先秦时便已萌发，适合于统治阶层需要的各种人才选拔制度自先秦时就已悄然形成，作为国家重要事务的人才选拔活动也是在先秦时就已开展起来了。现代人才学的兴起，带动了学者对古代人才问题的研究，但现有研究多从思想和制度两个层面进行，且多是对秦汉以后的研究，对先秦人才选拔的关注远远不够。那么，先秦时人才选拔活动经历了怎样的演变过程？这种演变过程与政治、经济和文化的发展有怎样的关系？当时的人才选拔方式、方法至今还有多少借鉴价值？这些都是本章要着力考察和探讨的问题。

第一节　人才选拔活动概说

　　人才问题是人类历史上至关重要的问题，也是一个历久弥新的话题。自人类社会产生以来，人类就在创造着历史，每个生命个体都为历史的演进发挥了或多或少的作用。在以"历史"命名的长卷中，总有一群不满足于轻描淡写而是泼墨写下重重一笔的人，这就是被称作"人才"的那个群体。

一、"人才"意蕴溯源

　　先秦时期，人们用词极为简约，很多事务与活动是不用复合词来指称的。如教育以及与之相关的事务，古人就常用"学"字来指称。"人才"亦是如此，最初并非二字连用。《毛诗》为《诗经·小雅·菁菁者莪》序云："菁菁者莪，乐育材也。君子能长育人材，则天下喜乐之矣。"一般被视为"人"与"材"字的最早连用，但并非今日"人才"的意思。在先秦文献中，已有单以"人"或"才"称谓"人才"者。《史记·夏本纪》中记载，为政治国"在于人"；《孟子·滕文公上》说："以天下与人易，为天下得人难。"这些文献中的"人"皆应作"人才"解。还有以其他词来代指人才的情况，如《诗经·大雅·行苇》有云："舍矢既均，序宾以贤。"这里的"贤"指的是射箭技能高的人才。《诗经·大雅·文王》则曰："思皇多士，生此王国；王国克生，维周之桢；济济多士，文王以宁。"此处则是以"士"来指代人才的。就是说，先秦时期对于人才的称谓并不一致。

　　人才向来是社会发展的最基本、最活跃的因素。[1] 所谓人才，是将合乎特定时代需要的道德规范与某种高度发展的技能集于一身的人。[2] 从词源上看，《说文解字》对"才"字作解曰："草木之初也，从丨上贯一，将生枝叶。一，地

---

[1] 雷祯孝：《中国人才思想史》，中国展望出版社 1987 年版，第 9 页。
[2] 贡绍海等编著：《历代名家用人方略》，山东人民出版社 2002 年版，第 1 页。

也。凡才之属，皆从才。"① 段玉裁注《说文解字》说："草木初生而枝叶毕寓。"意思是："才"字的一横象征大地，一竖，露出地面的一小半，象征出土之茎，仍在地下的部分为未出土的茎和根；一撇，为将生之枝叶，象征继续发展。综合而言，"才"就是草木初生，其茎先出，其枝叶未出，但已毕备于地下而待出。这是将"人才"视作拥有潜能并能继续开发潜能的人。

当然，人能成为人才须有区别于普通人的特有属性。出类拔萃就是人才最大的特点，也是成为人才的重要特征。孟子引用有若之言说："麒麟之于走兽，凤凰之于飞鸟，太山之于丘垤，河海之于行潦，类也。圣人之于民，亦类也。出于其类，拔乎其萃，自生民以来，未有盛于孔子也。"② 孟子在此准确精辟地概括了人才的基本特点。他指出，"出乎其类，拔乎其萃"，即为同类中的优秀者，人才就是普通人之中的"出乎其类，拔乎其萃"者。

可见，"人才"可以用不同名词来指称。不同时代背景下，"人才"的内涵亦不尽相同，且同一时代的不同人群，基于不同的视角和需求，对于"人才"的认识也各有差异；但要成为"人才"，却自始至终都必须符合一个最基本的要求，即必须具有一定的才能，有时还需德才兼备、既能且贤。先秦时期的"人才"概念大致就是在这一原则统辖之下的。

二、先秦人才选拔活动概说

所谓人才选拔，就是将人才推选出来、提拔上去，这是一个发现人才、使用人才的过程。这一活动之于国家治理、政治稳定的意义无须多言。先秦是我国历史文化的发祥期，人才思想自此就已萌发，人才选拔活动也是自此便开始了。然而，先秦时期的人才选拔活动到底是怎样的？作为一种甄选人才的重要活动，它的实施程序究竟如何？先秦诸子关于人才选拔与任用的理想是否得到了实现？这些问题绝非无关紧要，而是极有必要深入探究。

人才选拔活动古已有之，这是不争的事实；然而"古"到什么程度，源头在哪里，则是需要研究的。根据史籍的零星记载以及考古发现可知，人才选拔活动可推至氏族社会时期。受特定历史发展水平的制约，也是出于生存繁衍和

① 许慎：《说文解字》，中华书局 1963 年版，第 126 页。
②《孟子·公孙丑上》。

战争的需要，氏族社会各邻近部落结成部落联盟，并推举部落联盟首领作为最高领袖，来领导联盟部落从事生产、生活等各项日常事务，同时还要抵御其他部落的侵袭。这些被推举出来的人，就是最初意义上的"人才"；若从严格意义上说，则应称之为"杰出人才"，因为他们是指部落联盟首领及其辅臣。

作为一种重要的活动类型，选拔活动要涉及活动主体、活动过程（程序）、活动原因（背景）、活动结果（成效）等内容。本章即依据历史分期，以史为据，以上述内容为着眼点，探析不同阶段人才选拔活动的相关问题，呈现出这一活动历史演进的基本图景。

第二节　氏族社会时期的人才选拔

严格说来，氏族社会时期的人才是被推举而非选拔出来的。因为从一般理解而言，"选拔"乃是把人才"遴选"出来、"提拔"上去，"选拔"的主体或最终决定者应该是居高位者；"推举"则是大家一致认同的推选，是推荐和最终遴选的结合。不过，若从更广泛的意义而言，氏族时期，被推举者无非是治理公共事务的"代理人"，民众和首领就理论而言所形成的乃是"委托—代理"关系。就此而论，将推举视为一种特殊的选拔活动，也似无不可。这是考察之前必须首先予以说明的。

一、选贤任能，讲信修睦

氏族社会时期，部落联盟首领的推举并不是随意的，只有符合一定的条件，达到一定的要求，才能获得相应的被推举机会。首先，上古时代生产力极为低下，虽是共同劳动、共同消费，但因为过于贫困，生存确是摆在各部落眼前最大的问题。因此，能够参加实际生产劳动并能为生产生活作出有所裨益之事的人，就自然会被视为有才能者，就有可能获得推举机会。此其一。

其二，除具备基本生产劳动能力外，部族首领还须是才智高于常人的贤能之士。《礼记·礼运》载："大道之行也，天下为公。选贤与能，讲信修睦。"这里所说的"选贤与能"即是指选拔贤能之士来领导人民，非贤能者不得入选，即使选上，亦不得久远，终将罢免。如尧的哥哥挚曾经出任过部落联盟首领，但终因"为人不善"而被部落以民主表决的形式罢免，并由全体部落成员再次推选尧接替他的位置。古籍《尚书》《史记》等对此皆有记载。由此可见，德行也是部落联盟首领必备的素质。

事实上，《尚书·皋陶谟》已对当时人才选拔中的"德行"这一标准作了较为详细的论述。据载，皋陶在与禹的谈话中提出了"九德"的选人标准。所谓九德是指："宽而栗，柔而立，愿而恭，乱而敬，扰而毅，直而温，简而廉，刚而塞，强而义。"① 由此也可以印证，德行在选拔人才中的重要性。他还强调若要全面考察一个人的品德，必须考察他的行迹，有德行并能将其德行付诸实践，这是选拔人才必须遵循的标准。

二、选拔活动的个案与程序

氏族最高部族首领的选拔一直是通过"禅让制"实现的，直至氏族末期仍保留着这种传统。"禅让制"的最大特点就是不分远近、亲疏，只以"贤"与"能"作为人才最基本的标准。虽然"禅让制"实施起来貌似简单直接，却也有一套较为完整的程序。下面以舜的选拔为例，足以看出"禅让制"的一套完整程序。舜是帝尧经过长期而复杂的考察，并在征询了各方意见的基础上才最终被确定为首领继承人的。《史记·五帝本纪》载：

> 舜年二十以孝闻。三十而帝尧问可用者，四岳咸荐虞舜，曰"可"。于是尧乃以二女妻舜，以观其内；使九男与处，以观其外。舜居妫汭，内行弥谨。尧二女不敢以贵骄事舜亲戚，甚有妇道。尧九男皆益笃。舜耕历山，历山之人皆让畔；渔雷泽，雷泽上人皆让居；陶河滨，河滨器皆不苦窳。一年而所居成聚，二年成邑，三年成都。

由上可知，舜年仅二十就因为孝行而闻名天下了，即所谓"父顽，母嚚，弟傲，能和以孝，烝烝治，不至奸"②。所以当尧向"四岳"询问普天之下谁的德行可以担任部族首领时，"四岳"无一不推荐舜。但是，部族首领人选是关乎

---

① 《尚书·皋陶谟》。
② 《史记·五帝本纪》。

整个联盟部落存亡的，所以还要接受一系列的历练和考察。尧首先把自己的两个女儿嫁给舜，考察其对内是否能够理家。尧又让他的九个儿子与舜一起生活，来考察舜的外务能力。本来历山之人为了土地问题经常发生纠纷，互相侵犯。舜耕于历山之后，以德行感化众人，出现了耕者相互礼让的景象。还到雷泽捕鱼，到河滨陶器，只要舜治理过的地方，都呈现一片祥和景象。人民闻讯纷纷聚集而来，第一年人们聚群而居，第二年所居之处就成了邑，第三年则变成了大城市。尧听说后十分高兴，给予赏赐以示表彰。

以上这些考验仍然不够，首领还必须有识人、用人的能力以及处理部落联盟内外事务的智慧与魄力。《史记·五帝本纪》又载：

> 尧善之，乃使舜慎和五典，五典能从。乃遍入百官，百官时序。宾于四门，四门穆穆，诸侯远方宾客皆敬。尧使舜入山林川泽，暴风雷雨，舜行不迷。尧以为圣，召舜曰："女谋事至而言可绩，三年矣。女登帝位。"

就是说，经过礼仪典章制度的考验、依才识人任官的考验、接待四方宾客的考验以及天地鬼神、地理风物的考验等等，如此三年，尧才将帝位传给舜。可见，氏族时期的"禅让制"是极其郑重的。正因如此，舜登帝位后，政事才处理得稳妥祥和。据《史记·五帝本纪》记载：

> 昔高阳氏有才子八人，世得其利，谓之"八恺"。高辛氏有才子八人，世谓之"八元"。此十六族者，世济其美，不陨其名。至于尧，尧未能举。舜举八恺，使主后土，以揆百事，莫不时序。举八元，使布五教于四方，父义，母慈，兄友，弟恭，子孝，内平外成。

高阳氏和高辛氏的部下有十六族，盛名享誉四方，世人皆受其美德感化，但一直到尧时一直未能举用。舜却能各尽其才：授任八恺，使其管理农业百事，不违农时；授任八元，使管理教育教化，国内安定，四边和顺。诸侯和远方宾客来时，舜能做到以礼相迎，因此受到诸侯宾客的赞誉，关系和谐。此外，舜还将尧执政时未能除去的帝鸿氏、少暤氏、颛顼氏、缙云氏的"不才子"共四大"凶族"流放他乡，保证了部落联盟的长治久安。

从尧考验舜的整个过程可以看出，氏族时期的"选贤与能"实施起来是很慎重的。要选出一个真正称职的部落首领并非易事，需要"过五关、斩六将"。难怪孟子在将人分为劳心者与劳力者进而阐发社会分工的道理时曾说："尧以不得舜为己忧，舜以不得禹为己忧。夫以百亩之不易为己忧者，农夫也。分人以财谓之惠，教人以善谓之忠，为天下得人者谓之仁。是故以天下与人易，为天下得人难。"① 这揭示了作为脑力劳动者的人才相对于其他普通劳动者的独特价值，也反映了上古时期对最高首领推选的重视程度。这样看来，部族联盟首领的确定不仅仅是对被推选者德行与才能的考验，也是对在任首领识人、用人能力的一次极其严格的考验。

除部落联盟最高首领外，各部落联盟辅臣的选拔也以民主推举的形式为主，按照一定的程序进行，其选拔程序与最高首领的选举程序大体一致。对此，《史记》中有相关记载，如其中的《五帝本纪》就记载了尧试用鲧治水，并以此来考核其是否确能提拔任用的过程：

> 尧曰："嗟！四岳，汤汤洪水滔天，浩浩怀山襄陵，下民其忧，有能使治者？"皆曰："鲧可。"尧曰："鲧负命毁族，不可。"岳曰："异哉？试不可用而已。"尧于是听岳用鲧，九岁，功用不成。

据此可知，尧时用人须经如下几步程序：荐举、考察、试用，决定是否重用。一般说来，能获得试用机会就已经证明被试用者在德行方面有突出表现，就算不能在所试职位上有所建树，也会在其他方面得到重用。这与最高首领的选拔有一定的差异。但是，对于被选拔之人来说，也不是一朝受用就可保职位固定不变。《舜典》有云："咨！汝二十有二人；钦哉！惟时亮天功。三载考绩，三考，黜陟幽明；庶绩咸熙。"也就是说，此种考绩之举每三年一次，根据业绩来定黜陟升降。胜任者，得以转正并量才授职；不能胜任的，就罢而不用。

三、选拔活动的悄然转轨

以上选拔标准与选拔形式，给我国氏族时期的人才选拔活动涂上了一层朴素而理想的色彩，这很可能有后儒溢美的因素。若只窥其一角，便感叹氏族时期是何等"民主"，而不注意仔细考察，那就难免会上当受骗。实际上，仅从现存史料来看，虽然氏族末期"禅让制"仍保留着，却已显露出父位子继的征象。《史记·五帝本纪》有一段是这样记载的：

---

① 《孟子·滕文公上》。

尧知子丹朱之不肖，不足授天下，于是乃权授舜。授舜，则天下得其利，而丹朱病；授丹朱，则天下病，而丹朱得其利。尧曰："终不以天下之病，而利一人。"而卒授舜以天下。

此段包含两个主要信息，一是尧让位于舜是考虑到百姓心之所向。舜能为天下百姓谋福利，深得民心，所以尧将权位让与舜，而不是让给儿子丹朱，体现了"选贤与能"的选人原则和标准，这是一般从正面进行的解读。然而，细细思量即可推知其二：尧"知"丹朱"不肖"，说明尧曾考虑过父子继立的可能，只是因其"不肖"，恐不能服众，才择贤而授的。据《尚书·尧典》记载，尧向四方诸侯询问谁可以继承帝位时，有人推荐了丹朱，但尧的评价是："吁！嚚讼，可乎？"丹朱说话虚妄不实，又喜欢与人争辩，怎么可以继承帝位呢？可见，丹朱确实不成器。反过来揣测，倘若丹朱并未达到如此境地，稍稍算得上有"才德"之人，那么尧之位传给自己的儿子，并非是全无可能的。果真如此，"禅让制"的"佳话"恐怕在夏启之前便不复存在了。

关于古代人才选拔活动的状况，韩非有一段"另类"的评价。在《韩非子·说难》中，他语出惊人地断言："舜逼尧，禹逼舜，汤放桀，武王伐纣，此四王者，人臣之弑其君也。"意思就是说，后世大加赞颂的舜、禹、汤、武四王，在韩非看来，不过是以下犯上、以臣弑君之人，其政权都是通过暴力流血形式获得的。这一说法与其他文献有较大出入，也许是韩非为宣扬其法、术、势相结合的思想而故意为之的。即便不是如此，舜孝行感天、为政谨慎之类的做法，也未必不是从某种程度上"窄化"尧的选择，以"软"的方式"逼"尧禅位给他；禹以常人绝难忍受的精神治理水患，其深意或许亦在于此。从这个角度来看，韩非的话语亦足令人深思。

总体而言，"禅让制"虽然让人有"犹抱琵琶半遮面"之感，但并非完全凭空虚构，因为它反映了那个时代人们的生存需要。上古社会生产力水平低下，决定了人们最适合的生存方式是以部落联盟的组织形式生活；而通过推选的方式确定部族首领，则可使各项日常活动顺利开展和部落联盟能够团结。但是，伴随着物质产品的不断丰富，"私有制"的观念逐渐形成，世袭王权取代"禅让制"变成了历史的必然。"启杀伯益"正是此类转变了历史方向的大事件。从人人平等的"民主"社会（与今天的民主社会不同）到等级分明的奴隶社会，让人不由得不想起近代启蒙思想家卢梭的著名论断。从某种意义上说，正如卢梭所言，私有制的产生的确是人类社会不平等的起源。① 同时，这也预示着人才选拔活动随之而来的某些转向。

第三节　夏、 商时期的人才选拔

氏族社会时期，部落联盟首领的推选一直是以"选贤与能"为标准的，所以，禹在晚年也先后推举了皋陶和伯益作为下一任继承人。禹表面上仍遵循着"禅让制"的传统，甚至还"荐益于天"，私下里却大力扶植儿子启。禹死后，本应是伯益出任部落联盟首领，但因伯益的力量与启有悬殊，只好回到自己的封国，最后仍没逃脱被启杀害的命运。② 启最终以强权夺得帝位。此举虽然遭到一些部族人民的反对，东夷首领有扈氏就是其中之一，并且与启之间爆发了夏初最大的战争，但是战争还是以有扈氏的失败而告终。"天下为公"的"禅让制"终究被"天下为家"的世袭制所取代。我国历史就此翻开新的一页，人才选拔活动也随之步入一个新的阶段。

一、"世卿世禄"与"以射造士"

作为历史上第一个国家政权，夏王朝初步设立了自上而下的管理制度，具备了天子至诸侯再至臣僚的基本管理框架。国家大权掌握在国王、亲族和少数世袭巫史手中。由于夏朝稳定控制地区十分有限，周边还有许多部落时时威胁着夏王朝的统治，因而"为政尚武"成为夏王朝政治的必然首选。

社会性质和政治的变化，带来了经济、文化、教育一系列的"连锁反应"。就人才选拔活动而言，进入奴隶制社会以后，国家对人才的需求与氏族社会相比已大有不同。夏王朝自上而下的层级管理制度，虽初建时算不得完善，但人

---

①［法］卢梭著，李常山译：《论人类不平等的起源和基础》，商务印书馆 1962 年版，第 125—126 页。

②《竹书纪年·后启》。

才需求的范围也相对扩大。尤其是随着奴隶社会的进一步发展，至商周时期，国家机构设置日趋完备，对人才的需求也就更加迫切。

然而总的来说，夏代作为我国历史上第一个国家形态的政权，政务不算繁复，机构相对简约，世卿世禄制度提供的管理人才已足以维护国家统治所需。因此，就人才选拔活动而言，因为最高统治者是父子相传或兄终弟及的，基本无须"选拔"；国家管理人员则由世卿世禄制所提供，能够"选拔"的范围和程度也很小，由此，夏代人才选拔活动的"景观"也就显得相对"单薄"了许多。

世卿世禄制是夏代人才任用而非选拔活动的一个主渠道。除此之外，由于夏"为政尚武"，靠军事力量治国，因而人才的获得还通过"以射造士"的手段来实现。"造"是选拔培养之意。"以射造士"，就是说夏后氏通过射箭、比武之类军事技能的优劣比试培养人才，进而选拔若干人员，来充实"为政尚武"的国家机器。这时，人才选拔活动的主持者也就由上古社会的部落长老与部族人民转换成"夏后氏"即国家的执政者。这种"以射造士"的人才培养和选拔方式，又反过来印证了夏王朝"尚武"的政策和统治观念，也反映了统治者维护政权的时代需要。

除此之外，夏代还出现了一些新的人才培养机构——学校。夏代的学校主要有"序"和"校"两种："序"为习射之所，后来发展为养老和教育贵族子弟的场所；"校"，原意为"木囚"，即用木头围成栅栏作为养马之所，后来逐渐演变成为习武和比武的场所。贵族子弟通过学校接受严格的军事教育，为以后成为有用之才作准备。"序""校"的出现，是夏代重视军事教育的一个重要结果，也是夏"为政尚武"的又一表征。新型学校的出现，为后世教育的发展与系统化奠定了基础，也在一定程度上为人才选拔活动提供了土壤。

二、从"布衣卿相"到"三宅三俊"

夏桀施行暴政，民怨积淀良久，汤起而伐之，建立了商王朝。商朝处于我国奴隶社会的发展时期。这一时期，国家大事除靠战事以求存之外，还有祭天祀神这一要务。由此也就使得政治事务有所增加，逐渐形成了一套相对较为复杂的官僚体制。处于这一体制最顶端、权力最大、地位最高的是商王；居于商王之下的是师尹或冢宰，是国家的重要辅臣。国王无须"选拔"，自然不必多言；在一般情况下，能够出任师尹或冢宰的也多来自贵族阶层，因为这一时期的基本任官制度仍是世卿世禄制。但是，因应某些特定条件下的历史需要，特别是政务和祭祀事务有所增加的现实需求，此期不仅出现了若干出身于非贵族阶层的重臣，还以"三宅三俊"法作为人才选拔活动的基本举措，从而展示出人才选拔活动的一方令人瞩目的图景。

（一）"布衣卿相"：人才选拔活动的新动向

由于师尹或冢宰在国家行政体制中居重要位置，所以其人选多出自上层贵族集团，遵循着"人唯求旧"①的原则，由嫡长子世袭父辈的爵位与俸禄，同时辅以兄终弟及。在某些特定条件下，也不排除从平民或奴隶中提拔才干出众之人出任师尹或冢宰的特例，对伊尹和傅说的选拔与任用就是很好的证明。

伊尹出身卑微，想要向商汤提出自己的治国主张，却无法得见，只得充当有莘氏陪嫁奴仆接近汤王，并借供给饮食的机会，用调味作喻向汤王陈述治国之道。《史记·殷本纪》记载：

> 阿衡（伊尹）欲奸汤（见汤王）而无由，乃为有莘氏媵臣，负鼎俎，以滋味说（悦）汤，致于王道。

这是一种说法。还有一种说法是，伊尹本是个"处士"，即未担任国家职务的平民。商汤闻其名而派人礼聘之，如此一连五次，伊尹才肯答应。伊尹随使者面见汤王，并向其陈述了三皇、五帝和夏禹的治国之事，劝说汤王向先贤学习。汤王见伊尹确为治国之才，给予重任。②无论何种说法，如果不是君主求贤心切，不拘出身地选拔人才，伊尹怎能以一介布衣、奴隶之身转而成为帝王之师、历史名相呢？傅说的任用也与伊尹相似。傅说是商王武丁时期的一位贤臣和辅相。孟子有云："傅说举于版筑之间。"③《史记·殷本纪》也记载："说为胥靡，筑于傅险。……故遂以傅险姓之，号曰傅说。"这都说明了傅说的出身低下。可见，无论是在商初还是在商代中期，君主都是思贤若渴的，选拔人才时不拘出身，唯贤是举，唯才为用。

伊尹和傅说皆为低贱之身，却都因才能出众而为君主所赏识，并得以重用，

---

①《尚书·盘庚》。
②《史记·殷本纪》。
③《孟子·告子下》。

甚至享受被拜为相的殊荣，这体现了商代用人虽执于世卿世禄制，却也有不分高低贵贱、只以选贤与能为原则进行选拔的民主遗风。

（二）"尊天敬神"：人才选拔活动的新特色

商原为夏王朝的部落之一。当汤王完成了对夏桀的武力征服后，除继续依靠军事力量强化国家机器外，还吸取夏王朝"为政尚武"的失败教训，调整了政策重点，将祭祀活动排在国家大事之首位，即所谓"国之大事，惟祀与戎"。甲骨文中的卜筮和记录星象的文字，可作为殷商重神的确凿证据。在此背景下，商代君主选拔人才时就有了一个非常突出的特色，就是受到鬼神因素的影响较大，宗教气息浓厚。据《史记·殷本纪》载：

> 帝武丁夜梦得圣人，名曰"说"。以梦所见视群臣百吏，皆非也。于是乃使百工营求于野，得说于傅险中。是时说为胥靡，筑于傅险。见于武丁，武丁曰"是也"。得而与之语，果圣人，举以为相，殷国大治。故遂以傅险姓之，号曰傅说。

我们可以对这段记载做一简单分析：若"武丁夜梦得圣人"的记载为真，武丁以"梦"寻人、识人，最后将傅说"举以为相"，证明当时人们实信"托梦"一说；若为假托，那么武丁借"梦"任用傅说，假借"天命"来平息贵族因傅说出身低贱却迅速擢升引起的不满，把"梦"作为让众人信服的手段，亦可反映当时人们对鬼神的崇拜和敬畏。

不只任用重臣如此。在鬼神崇拜盛行的情形下，大凡擢拔行政官员，商代统治者无不进行占卜，询问天意。事实上，在商代，上至国家兴衰、政务治理，下至百姓生活都受到鬼神的影响和约束。《史记·殷本纪》有云："殷契，母曰简狄……见玄鸟堕其卵，简狄取吞之，因孕，生契。"《诗经·商颂·玄鸟》亦云："天命玄鸟，降而生商。"这些都把商朝始祖契的诞生写得神乎其神。此类做法不仅使得社会上弥漫着浓厚的宗教气息，而且使"巫""祝""卜"之类中国最早的"知识分子"大显神通，成为神与人相互"交通"的媒介。《尚书·君奭》称，商代名相伊尹能"格于皇天"；《史记·天官书》将商代重臣巫咸称为"昔之传天数者"之一，另外还有"巫彭"等人事迹的追记。这些人在商代都非常活跃，不仅主持祭祀、占卜凶吉、代天言事，还从事教育活动、参与国家大事的决策，可谓威重一时。《史记·封禅书》记载说：

伊陟赞巫咸，巫咸之兴自此始。后十四世，帝武丁得傅说为相，殷复兴焉，称高宗。有雉登鼎耳，雊，武丁惧。祖己曰："修德。"武丁从之，位以永宁。后五世，帝武乙慢（轻慢）神而震，死。

一只鸟站在鼎上叫了几声，竟然能使帝王惊惧；有雷声偶尔响过，武乙却怀疑是自己自私做了"偶人"惹怒了天神，竟然惊恐而死。这虽然不排除有夸张之嫌，但也可看出殷商对上天是多么畏惧，对于鬼神又是多么笃信。《礼记·表记》中对商朝事鬼敬神记载得更为直接，称："殷人尊神，率民以事神，先鬼而后礼，先罚而后赏，尊而不亲。"社会风气既然如此，商代的人才选拔活动自然也要受到这一氛围的强烈影响。

（三）"三宅三俊"：人才选拔活动的基本制度

商代非常注重对本朝先王之例的继承，基本遵循"人唯求旧"的原则选拔人才。商代不仅对于国之重才的选拔和起用不拘世卿世禄制的束缚，从而具有自身的特色；而且对于中央部门和基层所需的各类官员，统治者也注意通过遴选人才的方式加以充实。在此方面，商王朝主要以"三宅三俊"法作为选拔活动的基本参照。

对于这一方法，《尚书·立政》中有较为全面的记载。该篇有云：

呜呼！休兹，知恤鲜哉！……曰："宅乃事，宅乃牧，宅乃准，兹惟后矣。谋面用丕训德，则乃宅人。兹乃三宅，无义民。"桀德惟乃弗作往任，是惟暴德、罔后。亦越成汤陟，丕釐上帝之耿命，乃用三有宅，克即宅；曰三有俊，克即俊，严惟丕式。

以上是西周初年周公姬旦教导成王时所说的话。他对成王感慨地说，好啊！知道为国事担忧操心，这就很难得了！……前人曾经说过，仔细揣度如何任用名称叫作常任的官员，认真揣度如何任用名称叫作常伯的官员，郑重揣度如何任用名称叫作准人的官员，这样才算是真正的君主。只有谨慎地依照美德去做，才能够做到量才而授官。夏桀不遵循以往任用人才的基本准则，所以行为暴虐，并且断了后嗣。成汤坐上王位后，执行上天之命，从以上三个方面慎重选拔人才，并以三种优秀品质认真衡量人们的作为，才成为了天下的表率。

以上即为著名的"三宅三俊"法。其中"宅"为度量、考虑、揣度的意思，"事""牧""准"则分别是指"常任""常伯"和"准人"三种官员。常任的主要职责为处理国家政务，为中央六卿之一；常伯为朝廷平法之官，主要职责是公正严明地执法；准人则为地方长官，处理辖区内百姓的日常事务。"克用三宅"的意思也就是认真谨慎地从政务、执法、理民三方面来选拔人才，充实官员队伍。那么"三俊"又是什么呢？意即通过"度量"之后的俊秀之士。孔颖达进一步作疏说："三俊即是《洪范》所言刚克、柔克、正直三德之俊也。"也就是说，只有具备刚克、柔克、正直三种优秀品德之人，才能算是合格的人才。

不过，虽然这一方法起源于夏，但因夏"为政尚武"，不注重治国之才的选拔，所以该方法真正显示功效是在商代。《尚书·立政》记载说，成汤"克用三宅三俊，其在商邑，用协于厥邑；其在四方，用丕式见德。"意思是成汤认真谨慎地推行"三宅三俊"法，最后的结果是当他住在城中时，全城人相处得都非常融洽；而当他身处四方邦国时，也能成为各地的模范。由于"三宅三俊"法确实有效，也由于商朝历代君主进行人才选拔时往往沿袭先王之旧例，这样，这一方法也就成为商代选拔人才活动的一项基本制度。

第四节　西周时期的人才选拔

西周是我国奴隶社会的发展和兴盛时期。这一时期，大夫以上的官职仍是世代相袭，而且遵循嫡长子继承制，爵位按照血缘亲疏关系授予，形成自上而下的严格世袭制度。大夫以下官员的产生则通过人才选拔的辅助手段来实现。

值得一提的是，自武王后，王位继承转为固定的"父死子继"制度，再也鲜有"兄终弟及"。之所以如此，是因为奴隶制社会发展到西周时期，私有观念已深入人心，兄终弟及无法抵挡住权力私有欲、独占欲的冲击，"兄弟之亲本不如父子，而兄之尊又不如父，故兄弟之间常不免有争位之事"[1]。若继续采用兄终弟及的方式，就必然缺乏硬性约束力，不利于统治的巩固。如此一来，职位的任免就打上了更深的人才选拔的烙印，人才选拔活动也就日益呈现出其独特

---

① 王国维：《观堂集林·殷周制度论》，河北教育出版社2003年版，第233页。

之处。

一、人才选拔传统的继承与突破

通过战争与流血的形式取得政权这一事实，使得西周统治者对待鬼神的态度发生了转变，不再像商代那样敬畏和崇拜了。以承天命者自居，商纣王最终落得众叛亲离的结局，也使得西周统治者感到天之不可恃。新王朝建立后，也需要新的意识形态作支撑。在此背景下，与德治、礼治相适应的人才选拔观念就顺势而生了，并成为顺民意、修德政的题中应有之义，公卿大臣们人才选拔的素养意识也随之增强。

实际上，早在西周初期，周公旦已对人才有了比较系统的认知。他突破传统局限，不崇天命，偏重人事，提出："先王既勤用明德，怀为夹，庶邦享作，兄弟方来；亦既用明德，后式典集，庶邦丕享。"① 告诫君王只有"勤用明德"，才能得到贤臣的辅佐和诸侯方国的臣服。他还申明国家治理好坏关键在于人，忠告君王只有注意选拔重用人才，才能永保统治地位。正因如此，周公旦被视为中国古代选贤任能思想的奠基人。

人才既然如此重要，那么究竟如何才能做到知人、识人、用人呢？对此，周公旦提出应"知忱恂于九德之行"②。此处"九德"所指，应与皋陶与禹谈话时提到的"九德"所指相同，其具体内容前文已有说明。可见，西周初期的人才选拔标准，既审视人的内心之德，又考察体现其德的道艺行为，仍遵循着上古时代的传统。另外，周公旦还在前代"三宅三俊"的基础上，进一步提出"三宅考吏法"，亦即"三有宅心""三有俊心"，由此构成西周初期人才选拔制度的雏形。

二、里选、贡士与考选

随着西周社会的发展和政治事务的日益繁杂，统治集团的选才需要日益凸显。尤其是武庚叛乱被平息之后，统治者清除了各级政权中的殷商旧臣，官员职位出现空缺，势必需要补充大量官吏。概括地说，这一时期的人才选拔活动

---

① 《尚书·梓材》。
② 《尚书·立政》。

主要以三种形式开展：乡举里选、诸侯贡士和学校考选。三者皆以择优选士为最终目标，人才选拔活动较之前更加活跃。

（一）乡举里选程序及人才归宿

西周人才选拔的方式之一是乡举里选，就是由乡大夫敦请下属官吏，推荐乡属中具备优异德行道艺之士，按级别从下而上经过重重考核，以定可用人才。按照西周的政治体制，国都百里之内设置乡；以五家为一比，比以上行政单位依次为：闾、族、党、州、乡，合称为六乡建制。每一行政单位下皆设长官，掌管其下属乡民的教化和人才举荐等事宜。

西周地方人才选拔活动以考试为主，惯例是一年举行一次，每三年举行一次大考，每次选拔都由最下层次的"比"开始推选，依次经闾、族、党、州长官的审核，最后由乡选再度筛选，确定向上一级推荐的人选。西周乡举里选的总主持者和负责人为中央大司徒，其职责是"以乡三物教万民而宾兴之"，其中"兴"即推举或推荐之意，"宾"则是以待宾之礼对待选拔而来的官员。所谓"乡三物"，一是指"六德"，即知、仁、圣、义、忠、和；二是指"六行"，即孝、友、睦、姻、任、恤；三是指"六艺"，即礼、乐、射、御、书、数。① 也就是说，大司徒的主要任务就是在天官、春官、夏官、秋官、冬官等诸官的协助下，主管地方教化和人才选拔事宜，而六德、六行、六艺则成为西周人才选拔的主要标准。

乡举里选中选拔出来的人才一般有两种归宿，一种是直接任官，另一种是进入国学深造后再拜官。

1. 直接拜官

虽曰"直接拜官"，但拜官之前是有一整套严格仪式的。据《周礼》记载：

> 三年则大比，考其德行、道艺，而兴贤者、能者。乡老及乡大夫帅（率）其吏，与其众寡，以礼礼宾之。厥明，乡老及乡大夫、群吏，献贤能之书于王。王再拜受之，登于天府，内史贰之。退而以乡射之礼五物询众庶，一曰和，二曰容，三曰主皮，四曰和容，五曰兴舞。此谓使民兴贤，出使长之；使民兴能，入使治之。②

---

① 《周礼·地官·大司徒》。
② 《周礼·地官·乡大夫》。

由此可知，每逢三年乡试大比之时，乡大夫首先要饮宾以庠序之礼，以示尊贤之意；次日，由乡大夫等向王呈献贤能之书；王受拜以后，即由保存乡州都鄙及官府治绩簿书的"天府"和掌管册命的"内史"造册登记；然后，再以"乡射之礼五物"进行考核，并询之众人；最后，选中者即能拜为地方官吏，作为人才加以重用。以上五者，即为"直接拜官"前后的基本程序。

关于"乡射之礼五物"，凌廷堪所著《乡射五物考》认为，依据此五者，可大概将乡射之礼分为三次进行：第一次射为"和""容"。这要求射箭时要注意仪容体态，符合所奏乐器的节奏。第二次射为"主皮"。"皮"即兽皮制成的箭靶，"主皮"就是射中皮质的箭靶，为"中鹄"之说，这是对射礼技艺的考核。据史料记载，"主皮"之射所用的箭靶没有虎、熊、豹、麋等的修饰，而上述诸种修饰是天子、诸侯以及卿大夫之类的贵族身份的标志，充分说明"主皮"之射的参加者应是"士"及其以下的庶民，足以印证乡举里选的选拔对象是乡级行政单位以下的人才。"和容""兴舞"为第三次射。这次射礼主要是通过仪容体态是否合乎礼乐来考察被试者是否遵循基本的行为规范。能通过上述种种考核且众人皆无异议者，就可"出使长之""入使治之"，得以拜官任职了。

2. 深造后拜官

深造后再拜官，是乡举里选中所选人才的另一种任用过程。此类程序分为三个层级分明的步骤：第一步，自基层乡大夫始，由中央大司徒授权其为主持者。史载："乡大夫之职，各掌其乡之政教禁令。正月之吉，受教法于司徒，退而颁之于其乡吏，使各以教其所治。以考其德行，察其道艺。以岁时登其夫家之众寡，辨其可任者。"① 亦即乡大夫掌管本乡的政教禁令，每年正月，大司徒向王畿之内、公卿大夫的封邑及诸侯国颁布教典后，王畿之内的地方长官乡大夫须领受司徒颁布的教育政令和办法，然后即刻转颁于本乡的各级官吏，使各级官吏遵照政令教化施教于属下之民。之后，乡大夫就可根据施教效果，以德行、道艺为标准，通过考察预选出人才。《礼记·王制》记载："命乡论秀士，升之司徒，曰选士。"即是说，此时选出来的人才被称为"秀士"，交由本乡有威望的代表人物进行集体评论，确定人选，然后上报给周王朝的司徒，称为

①《周礼·地官·乡大夫》。

"选士"。凡获得选士资格者即可免乡中征役。

人才选拔的下一步程序,《礼记·王制》也有记载,即:"司徒论选士之秀者而升之学,曰俊士。升于司徒者,不征于乡;升于学者,不征于司徒,曰造士。"就是说,地方推荐上来的"选士"由中央大司徒主持进行进一步筛选,考定其中俊秀者,荐举升入国学肄业成为"俊士"。待俊士学有所成,考试合格者给予"造士"称号,获得继续深造的机会,并免征国家徭役。

第三步,造士经过九年学习深造后,由大乐正(即乐官之长,负责国学教务)主持考试,从中评定推选出成绩优秀者上报大司马,称为"进士"。然后"司马辨论官材,论进士之贤者,以告于王而定其论。论定,然后官之;任官,然后爵之;位定,然后禄之"①。大司马根据进士的表现和才能,将其中优秀者上报给天子,任以官职,授以爵禄。

直接拜官也好,经过国学深造后再拜官也罢,无论是通过何种途径,乡举里选作为自下而上施行的人才选拔制度,向周天子源源不断地输送可用之才,为统治阶层注入了新鲜血液,对国家社稷保持长治久安起到了重要作用。

(二)贡士选官的程序和方法

除上述在王畿内施行的乡举里选制度之外,各诸侯国每年也要向周天子举荐人才,从而形成西周时期的又一项重要的人才选拔制度——诸侯贡士制。据《礼记·射义》记载:"古者天子之制,诸侯岁献贡士于天子,天子试之于射宫。"各诸侯定期向周天子贡献人才,以备酌情任用,这就是诸侯贡士制。至于定期到底是多久一次,郑玄认为应为"三岁而贡士",即三年一次。诸侯贡士不仅有时间限制,对各诸侯选送贡士的数量也有明确规定,大抵为"大国三人,次国二人,小国一人"。

周天子要求诸侯贡士必须如期选送。能如期选送者,给予奖励;不能如期选送的,则要受到相应的责罚:

> 一适谓之好德,再适谓之贤贤,三适谓之有功。有功者,天子赐以衣服弓矢,再赐以秬鬯,三赐以虎贲百人,号曰命诸侯……贡士一不适谓之过(注云:谓三年时也),再不适谓之数(注云:谓六年时也),三不适谓

---

① 《礼记·王制》。

之诬（注云：谓九年时也）。一绌以爵，再绌以地，三绌而地毕。①

"适"乃"得其人"之意，即能够及时贡举人才献于周天子。凡能及时贡士者，皆有奖励，第一次及时贡举者称"好德"；三年以后，第二次及时贡举，谓之"贤贤"；能连续三次如期贡举人才的便被视为"有功"，"有功者"可得到天子钦赐的衣服弓矢和美酒，并由天子赐命获得"专征特权"。专征特权是指遇到邻国有臣弑其君或者孽伐其宗等动乱现象时，诸侯国可以不向周天子请示，直接出兵征伐邻国。② 对于各诸侯国来说，专征特权是周天子赐予的极高权力。由此可见，西周对于诸侯贡士是高度重视的。此外，有奖就要有惩，奖惩得当才能令众国臣服。笼统地说就是：一次不能如期选送者贬爵，二次不能如期选送者削地，三次不能如期选送者就罚光土地并且兴师问罪。如此奖罚分明，再一次印证了西周对诸侯贡士的重视程度。

那么，诸侯贡士的具体贡士程序和方法是如何的呢？一般来说，先由乡大夫按照规定标准进行选拔，特别优异者献于诸侯，再由诸侯献于周天子。各诸侯国内乡大夫一级的选拔与上述王畿内的乡举里选程序类似，也要经过层层筛选。对于诸侯选送的贡士，天子要亲自进行考核与测试，考核地点在射宫，主要测试内容是射箭，这在《礼记·射义》中有详细记载：

> 天子试之于射宫。其容体比于礼，其节比于乐，而中多者，得与于祭。其容体不比于礼，其节不比于乐，而中少者，不得与于祭。数与于祭而君有庆，数不与于祭而君有让。数有庆而益地，数有让而削地。

由此看来，在试射中，参加测试者不仅要有一定的射箭技能，注重中靶数量，还要懂得一定的礼乐标准，对射箭的姿态、表情、动作、节奏都有要求。具体来说，"保氏掌谏王恶，而养国子以道，乃教之六艺：一曰五礼，二曰六乐，三曰五射，四曰五驭，五曰六书，六曰九数"③。这里的五射，"白矢"要求箭穿靶子而露出发白的箭头，以此来表明射箭者发箭准确而有力；"参连"，是先射出第一支箭，然后三箭连续射出，要求箭与箭相属，好像连珠之相互衔接；至于"剡注"则为第三条标准，贾公彦疏："剡注者，谓羽头高镞低而去，剡剡

---

① 孔颖达：《礼记注疏·射义》。
② 《说苑·修文》。
③ 《周礼·地官·保氏》。

然。"意即矢入箭靶时必须羽颈高于箭,且疾行而至;"襄尺"属于臣与君同射,但是臣要退后三尺以别尊卑;最后一个标准是"井仪",要求四矢连贯射出,皆正中目标,且成井字形排列。

可见,西周时期的射试已经发展到标准化的程度,这既是对夏代"以射造士"的继承,也是一定程度上的发展与超越,体现了统治者对军事和礼仪教育的重视。除了标准化的射试程序外,其他规定也可一窥统治者对射试的重视。《礼记·射义》载,鉴选人才时,如果遇到两人德行道艺各方面条件都相等的情况,就可以射试成绩来做最后的判断,即所谓"行同而能耦,别之以射"。不止如此,周天子还通过比射来确定诸侯、卿、大夫、士的人选与地位。不同的射试等级,要求也不相同。其基本原则是,根据参试者射试成绩高低决定授予职位的高低,参试者若达不到规定的标准,就不得授以相应的爵位。所以《礼记·射义》中有谓:"故天子之大射谓之射侯。射侯者,射为诸侯也,射中则得为诸侯。射不中则不得为诸侯。"毫无疑问,这时的射试已成为人才能否得天子重用和赏识的撒手锏,也是区分职位等级的决定性因素。

(三) 学校考选的内容与方式

学校考选的方式为人才选拔开辟了另一条路径。庠、序、校是不同时期学校的不同称谓。至西周,中央设置国学,地方有乡学,学校内还有一套比较系统的教学、学业考核以及奖惩制度。除社会教化以外,学校最重要的一项职责就是进行人才选拔。

1. 自大学出:选拔对象的锁定

西周国学按照入学年龄和学习层次分为两个不同的阶段,即大学阶段和小学阶段。"古者年八岁而出就外舍,学小艺焉,履小节焉。束发而就大学,学大艺焉,履大节焉。"① 由此可知,小学是对学生进行识字教育和基本的礼仪教育,最根本的是学习"事亲敬长"的礼节,属于基础性教育;而大学的主要任务是"学大艺""履大节",其最终追求的应是"明明德""亲民""止于至善"之道,属于更高层次的教育。毫无疑问,学校选拔人才的主要对象要自大学出,国学随即成为人才选拔的重要基地。

① 《大戴礼记·保傅》。

国学中之大学的生员构成有两类，其一为贵族子弟，包括"王太子、王子、群后之大子，卿大夫、元士之嫡子"① 之类。这些贵族子弟受所在家族身份地位的影响，入学年龄也是不同的，身份地位相对较高的，入学年龄则较早，这也是等级划

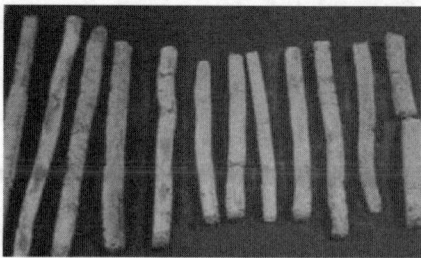

图 7-1　西周官学教具：算筹

分的一部分。第二类生员是大司徒通过乡举里选的选拔方式选入的庶士。既为庶士，身份地位自然位于贵族子弟之下，但亦能获得入国学深造的机会。就这一点而言，虽不足以将其作为西周在人才选拔上对宗法等级制度的悖逆与反叛，但至少可以看出，社会发展到这一时期，统治者在用人方面已经有了提供空间让底层才学之人一展抱负的意识，这不失为一种进步。

2. 以考为据：人才选拔的方式

学校人才选拔活动以国学为重要基地，人才选拔的方式与大学考试息息相关。据《礼记·学记》记载，西周大学每隔一年对学生进行一次考试考核，即所谓"比年入学，中年考校"。其考试内容视学习时间不同而有所差异，并逐年呈递进关系，《礼记·学记》说：

> 一年视离经辨志；三年视敬业乐群；五年视博习亲师；七年视论学取友，谓之小成。九年知类通达，强立而不反，谓之大成。

"离经""敬业""博习""论学""知类"都是学习内容，也是考试内容，通过这些内容的掌握学生达到一定的操行水平，即分别对应为"辨志""乐群""亲师""取友"，至九年，则变得"通达"，对学业能够触类旁通，不再违反师长教诲，此时可称之为"大成"。达到"大成"之后，即可得到"造士"称号。再经过大乐正和司马的审选、试用，荐举于王，最后得以任命，颁发官禄。这是对表现优秀、有才能者的认可，有利于提高国学学生的学习积极性与主动性，培养其上进心。

3. 劝勉为主：人才选拔的奖惩

事实上，不是所有进入国学深造的人最后都能得以拜官授爵。对于那些身

---

① 《礼记·王制》。

处国学之内却不虚心受教、认真学习的人，就要接受相应的说服教育，不接受的，甚至会被驱逐远方，受到终身不再录用的严厉惩罚，这体现了学校人才选拔的一大原则。不同的学习成效决定了人才的不同归宿，《礼记·王制》记载：

> 将出学，小胥、大胥、小乐正简不帅教者，以告于大乐正，大乐正以告于王。王命三公、九卿、大夫、元士皆入学；不变，王亲视学；不变，王三日不举，屏之远方。西方曰棘，东方曰寄，终身不齿。

对于那些不受教者，由小胥、大胥、小乐正上报给大乐正，大乐正告知于王；王钦点任命三公、九卿、大夫、元士等入学对不受教者进行习礼感化教育；还不改变，王亲自以视学形式督教，仍不改悔者，王痛惜三日，然后摒弃之于远方，使其寄居于夷狄之中，终身不再录用。

不仅国学有严格的奖惩措施，乡学也大致是如此。《礼记·王制》又载：

> 命乡简不帅教者以告。耆老皆朝于庠。元日，习射上功，习乡上齿，大司徒帅（率）国之俊士与执事焉。不变，命国之右乡简不帅教者移之左，命国之左乡简不帅教者移之右，如初礼；不变，移之郊，如初礼；不变，移之遂，如初礼；不变，屏之远方，终身不齿。

与国学一样，在乡学中如发现有不受教者，也要首先进行感化教育。先由司徒集合乡中耆老在学校中对其进行习礼教育；如不改变，就从右乡移于左乡或从左乡移于右乡，见到新人，以便可以自新而有所变化；若再不改变，将其从乡迁至乡以外的郊内之地；屡教不改者，也只能弃之远方，一辈子不再录用。

虽然当时西周的学校升选制度实施起来未必如记载的那样系统化，但其设计方案反映了当时人才选拔活动的一个缩影。西周时期的各级学校，在人才的选拔、培养和任用方面已经发挥了举足轻重的作用。

三、西周人才选拔的主要特点

由上可知，西周的人才选拔活动已经具备一定的制度化形式，途径和方法较之前更加丰富。首先，王畿内的乡举里选，显示出西周在人才的选拔与任用上开始淡化世袭制、注重选贤任能的一种趋势。其次，就王畿外部来说，诸侯贡士制则表现了西周贵人才、求人才的意识。在巩固自身力量、增加国家稳定统治砝码的同时，又能减少人才身处其属国内给周王朝带来的威胁。从这个角度看，让诸侯国如期选送人才献于周天子，其实是一种策略性的统治手段。最后，学校考选的人才选拔方式是西周历史发展到一定阶段的必然产物，是在一定历史条件下人才选拔活动另辟蹊径的表现。学校的基本职能是实现社会教化，它不仅成为国家人才的培养基地，也是人才入仕的一个"中转站"与官员选拔中心。从学校的生员来源和考核任用的整个程序来看，它的最大特点就是选士与育士相结合。

统而观之，这三种人才选拔方式的共同特点在于，将育士、选士、举官三者紧密地结合起来，士有所举，必有所官，正如马端临所说："古人之取士，盖将以官之，然则举士与举官非二途也。三代之时，法制虽简，而考核本明；毁誉既公，而贤愚自判。往往当时之士被举，未有不入官者也。"[1] 乡里有乡学，国中有国学，诸侯国内也实施各自的教化策略。不管哪种形式，读书受教育成为入仕的先决条件，在人才的成长过程中不可或缺。统治者通过学校选士、封爵拜官，给士人们创造了更广阔的空间，使其得以施展更大的抱负。这三者结合形成一股动力，刺激士人读书的积极性，继而促进教育的发展和国家的强盛。

必须指出的是，历史的车轮行进到西周，植根于奴隶主统治土壤之上的世卿世禄制还极大地影响着人才的选拔与任用。它体现的是奴隶主贵族的阶级意志，宗旨是维护贵族的利益与统治。所以，不管它有多么华美的外衣包裹，人才选拔活动的最终依据仍然是建立在统治集团的需要之上。即使到春秋战国时期，尊贤尚贤之风盛行，人才选拔活动也呈现出"百花齐放"的情形，然而，也未必说明诸侯国君都真正地看到人才的重要性。这些人能看到的，恐怕更多的是如何在战乱丛生的时代维持自己的统治罢了。

第五节　春秋战国时期的人才选拔

公元前771年，北方游牧民族犬戎杀幽王，攻破镐京，大肆饱掠而去。翌

---

① 《文献通考·选举九》。

年，周平王迁都洛邑，史称东周。自此，以宗法血缘关系为基础的世卿世禄制逐步瓦解。各国为求存图霸，进行大刀阔斧的改革，其中就包括人才选拔和任用方面的改革。

一、人才问题的重新论定

春秋战国时期，随着社会制度的变迁，中国出现了历史上第一次大动荡、大变革。政治上的巨大变化，导致由"庶人不议"到"处士横议"，由"学在官府"到"学术下移"，思想领域受到了前所未有的冲击。在群雄角逐的风浪之下，诸国对人才的认识较之以往有了极大的不同，人才被摆在关乎国家生死存亡的重要位置上。正如《管子·霸言》所云："夫争天下者，必先争人。"各国以各种方式囤积实力，尊士、争士、养士之习蔚然成风。

诸侯王对这些士的信任和重视，造成士人在社会上备受尊宠，由此士人群体开始对自身价值进行重新定位，一介布衣也敢于傲视王侯。如孟子就曾明言："说大人，则藐之，勿视其巍巍然。"① 有人甚至发出"君轻而士贵"的强烈声音。《韩诗外传》以田子方为例，记载了人才如何受到尊重的生动景象：

> 田子方之魏，魏太子从车百乘而迎之郊。太子再拜，谒田子方，田子方不下车。太子不悦，曰："敢问何如则可以骄人矣？"田子方曰："吾闻以天下骄人而亡者有矣，以一国骄人而亡者有矣。由此观之，则贫贱可以骄人矣。夫志不得则授履而适秦楚耳，安往而不得贫贱乎？"于是，太子再拜而后退。田子方遂不下车。②

田子方受魏文侯敬重，见了太子也傲慢无礼，太子子击气愤，所以故意诘问："什么样的人才有资格傲慢待人？"太子暗含之意是：田子方乃一介布衣，没有资格在自己面前如此放肆。田子方却说，真正有资格可以傲慢的，乃是贫贱者！因为天下之主如果傲然待人，就会失去民心，天下必定不保；一国之君如果傲然待人，也会失去支持，国家很难完存；反观贫贱者，无牵无挂，一旦抱负不能施展，就可远走他国，另谋出路，这还不如脱鞋一样简单啊！所以贫贱者无所失，到哪里都是贫贱，也就无所畏惧了。这番话当真道出了士所具有

①《孟子·尽心下》。
②《韩诗外传》卷9。

的价值，也足以让闻者如醍醐灌顶。

无独有偶，时势造人。这一时期还出现了言辞比田子方更为犀利的士人，敢于直面君与士孰轻孰贵的命题，直逼君主，并进行了激烈的论辩。此人就是战国时期名噪一时的齐国士人颜斶。《战国策·齐策四》生动记载了颜斶与齐宣王论辩的全过程。

有一次，齐宣王召见颜斶。颜斶不惧齐宣王为一国之君，不只自己不主动上前，还让齐宣王上前。这时，连在宣王左右服侍之人都看不下去了，带着不满的态度问道："王，人君也。斶，人臣也。王曰'斶前'，亦曰'王前'，可乎？"这是左右侍者的疑问，估计也是宣王心里最大的不满。可是颜斶却自有一番道理，他是这样回答的："如果我上前，那就是贪慕权势，而大王过来则是谦恭待士。与其让我蒙受趋炎附势的恶名，倒不如让大王获取礼贤下士的美誉。"这就是颜斶的道理！可是宣王似乎并未领受，一脸怒气地说："王者贵乎？士贵乎？"颜斶马上回答："士贵耳，王者不贵。"由此，引发了君与士孰为贵的激烈交锋。此时，宣王的愤懑之情是不言而喻的，而颜斶却依然不卑不亢，坚持士人比君王尊贵。他向宣王讲道：

> 昔者秦攻齐，令曰："有敢去柳下季垄五十步而樵采者，死不赦。"令曰："有能得齐王头者，封万户侯，赐金千镒。"由是观之，生王之头，曾不若死士之垄也。

颜斶说，秦国征伐齐国时，秦王下了两道旨令，一则是敢在柳下惠坟墓周围五十步内打柴的，一概处以死罪；二则是能取得齐王首级者，赏与金银权势。所以颜斶判断，"由是观之，生王之头，曾不若死士之垄也"。颜斶用"生王之头"和"死士之垄"作比，话说至此，齐王心里愈发不悦了。颜斶却仍不善罢甘休，进一步援引古代圣王之事申明大义，说明他们之所以能为明主，正是因为深知士人的可贵，即"世世称曰明主，是以明乎士之贵也"。终于，齐宣王心悦诚服，表示"愿请受为弟子"，拜其为师，且承诺："颜先生与寡人游，食必太牢，出必乘车，妻子衣服丽都。"

在这场君与士孰轻孰贵的辩论中，颜斶取得了完胜，宣王也最终接纳了他的观点，可是，故事发展到此忽而转折，因为齐宣王想"屈尊"来当颜斶的学生，颜斶却竟然不答应。史料记载：

颜斶辞去曰："夫玉生于山，制则破焉，非弗宝贵矣，然夫璞不完。士生乎鄙野，推选则禄焉，非不得尊遂也，然而形神不全。斶愿得归，晚食以当肉，安步以当车，无罪以当贵，清静贞正以自虞。制言者王也，尽忠直言者斶也。言要道已备矣，愿得赐归，安行而反臣之邑屋。"则再拜而辞去也。①

颜斶不为宣王开出的优厚条件所动。在他看来，士大夫生于乡野，虽然经过推荐选用就能过上锦衣玉食的生活，尊贵显达，但是他们的形神从此难以完全。与其如此，颜斶宁愿过着清静无为、自得其乐的生活。从拜辞而去这一举动可以看出其隐士特质以及"富贵于我如浮云"的高风亮节。这无疑在告诉人们，并不是每个人才都愿意为统治者的利益奔走。

作为普通士人，田子方和颜斶敢在王公贵族面前如此放肆无礼，这在春秋以前是不可想象的。而到了战国时期，这种状况则比比皆是。之所以能有如此变化，乃是各种因素共同推动的结果。动乱的政治局势、学术的下移、私学的产生等一系列催化剂，促使整个社会从统治者到公卿大臣、有志之士以至普通民众对于人才这一问题的看法都产生了天翻地覆的变化。

二、选拔活动的主体、方式与个案举隅

春秋战国时期，礼乐征伐由"自天子出"转变为"自诸侯出"，各诸侯国拥有了治国的自主权，在任用人才上也可以根据自己国家的具体情况进行自主选拔。为笼络人才，各诸侯国采取各种各样的手段。这一时期，选拔人才的标准已没有固定的模式，只要拥有实际才能、经得起实践考验、能够对国家做出贡献的，无论是相才、帅才、游说之士，或是只有一技之长的人都不拘一格地加以重用。人才选拔没有了严格的程序和资格限制，国君可以通过招贤礼贤的方式，大臣可以通过以贤荐贤的方式，人才本身也可以进行自我推荐，由此形成以国君、贤臣和贤者本身为主体的三类人才选拔方式。

（一）国君：招贤礼贤活动

作为富国强兵的主要措施，招贤礼贤在当时被君主们诠释得淋漓尽致。从

① 《战国策·齐策四》。

字面意义上看，招贤礼贤包含两层意思，一为招，二为礼。招与礼是密不可分的，招致贤才与礼遇贤才互为前提和基础。在招贤礼贤方面，首先作出表率的是春秋第一霸主齐桓公。他捐弃前嫌，任用曾险些射杀自己的管仲为相，并采纳管仲的建议："为游士八十人，奉之以车马、衣裘，多其资币，使周游于四方，以号召天下之贤士。皮币玩好，使民鬻之四方，以监其上下之所好，择其淫乱者而先征之。"①《韩诗外传》载，为招致贤才，齐桓公还特命宫廷前燃烧彻夜通明的火炬，以表示随时准备接见前来投奔的贤能之士，就连只通"九九之术"的"鄙人"也愿意接见。一年以后，其"设庭燎以待士"之举达到了预期效果，致使"四方之士相导而至矣"。其他诸侯国国君也采取各种措施招贤礼贤，如燕昭王为招纳天下之贤士，不惜"卑身厚币以招贤者"②；秦穆公不以百里奚卑贱的出身为意，以五张羊皮将其赎来为相，"授以国政"；秦孝公下求贤令称："宾客群臣能出奇计强秦者，吾且尊官，与之分土。"③ 通过这种方式来公开招纳贤士。

这一时期，类似齐桓公、燕昭王、秦穆公等招贤任贤的例子有很多，虽然具体实施策略有所差别，但其蕴含的求贤精神是一致的。以下仅举若干事例说明之。

图 7-2　河北省魏县地标：礼贤台

1. 魏文侯：礼贤段干木

战国时期，最早招贤礼贤的君主是魏文侯。魏国传诵着这样一首民谣："吾君好正，段干木之敬；吾君好忠，段干木之隆。"这里的"吾君"指魏文侯，段干木则是战国初的魏国名士，与子夏、田子方被合称为"河东三贤"。这首民谣讴歌了魏文侯喜好忠义之士的举动。"吾君"这一称谓，不仅显示了魏国人民对魏文侯的尊重，也隐约可见君与民和谐融乐的场景。

魏文侯到底是怎样礼待段干木，使得国人皆喜、相与传颂的呢？从史料记载中，我们可以窥其一斑。《淮南子·修务训》说：

---

① 《国语·齐语》。
② 《史记·燕召公世家》。
③ 《史记·秦本纪》。

段干木辞禄而处家，魏文侯过其闾而轼之，其仆曰："君何为轼？"文侯曰："段干木在，是以轼。"其仆曰："段干木布衣之士，君轼其闾，不已甚乎？"文侯曰："段干木不趋势利，怀君子之道，隐处穷巷，声驰千里。寡人敢勿轼乎？段干木光于德，寡人光于势，段干木富于义，寡人富于财。势不若德尊，财不若义高。干木虽以已易寡人不为，吾日悠悠惭于影，子何以轻之哉！"

此处记载的是魏文侯"过闾而轼"的著名故事。在此之前，魏文侯就听闻段干木是个颇有才干之人，但不愿出仕为官，于是亲自登门拜访，见到段干木时"立倦而不敢息"。没想到段干木坚持"官之则不肯，禄之则不受"[①]，丝毫不为权势所动，由此更受到魏文侯的敬重。所以，后来每次路过段干木家的巷口，魏文侯总是垂首弯腰扶着车前横木以示致敬，这才有了"过闾而轼"之举。可是他的仆人却认为，魏文侯身为一国之君，却这样对待一个地位卑微的人，有失体面。魏文侯向仆人说明了他之所以这样做的原因：段干木不追求权势名利，胸怀君子之道，虽居陋巷却声名远播，完全是因为他拥有高尚的德行。

魏文侯礼贤下士并不是"作秀"，所以受到国人称颂，也得到贤士的青睐，诸如李悝、吴起、乐羊等纷纷前来投奔，使得魏国成为战国初期最强盛的国家，就连秦国也不敢轻易入侵。《史记·魏世家》记载："秦尝欲伐魏，或曰：魏君贤人是礼，国人称仁，上下和合，未可图也。文

图 7-3　燕昭王黄金台基址

侯由此得誉与诸侯。"若不是魏文侯贤名远扬，魏国人才济济，君民一心，魏国何以威慑邻国，又何以在战乱中发展？可见，身为一国之长，君主个人对待人才的态度成了"风向标"，形成一个能量巨大的"连锁效应"，君主礼贤招贤看似是个人之举，其达到的效果却是意料之外的。

2. 燕昭王：高筑黄金台

燕昭王即位之初，为复兴破败的燕国，急需贤能之士的辅佐，于是遍寻治

①《吕氏春秋·下贤》。

国良才。他主动向郭隗询问得贤之道，并听从郭的建议，高筑黄金台，公开招聘贤才。黄金台一筑，各国震惊。贤能之士看到燕王求贤若渴的决心，形成"乐毅自魏往，邹衍自齐往，剧辛自赵往，士争凑燕"① 的局面。

（二）贤臣：以贤荐贤活动

在动乱不堪的背景下，颇具上古社会氏族部落时期以"选贤与能"为基本原则的遗风再现，显示了其独特的魅力。选贤与能最常用的方式就是荐选。管仲曾说："豪杰辱于泥涂，不遇汲引，何以自显？"意思是说，贤能之士一般处于下层，不经过别人的推荐，他们如何能显现出来、被上层执政者所发现呢？如果没有推荐这条门径，再好的人才也会埋没在泥土之中。可见，荐选在人才的选拔与任用中具有相当重要的作用。

然而，这样一种重要的活动由谁为主体进行呢？毫无疑问，起决定性作用的是荐选者本身的贤德和识才能力，如由奸者举荐，则被举荐者大概亦为小人，那么国家之大厦恐怕早晚要倾覆，因此最好的方法就是荐选者本身是贤才。以贤荐贤，既能得到君主信任，又能保证被荐选人的质量，因此，这也就成为这一时期人才选拔活动的重要方法。如鲍叔牙举荐管仲、百里奚辞政荐蹇叔、子期力荐子产为相、景监向秦孝公推荐公孙鞅等，都是以贤荐贤的范例，充分显示出士人之间惺惺相惜、互相赏识的时代风貌。以贤荐贤的事例在战国时屡见不鲜，以下仅举几例史书记载较为详细者，略加说明。

1. 管仲荐隰朋

管仲是春秋时期齐国伟大的政治实践家。从公元前 685 年起至公元前 645 年去世时止，管仲担任齐国相长达四十年。管仲能由桓公政敌转而被任用为相，乃是鲍叔牙力荐的结果，这本身就是以贤荐贤的一个例证。担任国相后，管仲忠心耿耿地辅佐齐桓公，为桓公成就霸业立下了卓越功勋，被桓公尊称为"仲父"。《吕氏春秋·贵公》记载：

> 管仲有病，桓公往问之，曰："仲父之病矣，渍甚，国人弗讳，寡人将谁属国？"管仲对曰："昔者，臣尽力竭智，犹未足以知之也，今病在朝夕之中，臣奚能言？"桓公曰："此大事也，愿仲父之教寡人也。"管仲敬诺，

---

① 《战国策·燕策一》。

曰："公谁欲相?"公曰："鲍叔牙可乎?"管仲对曰："不可。夷吾善鲍叔牙。鲍叔牙之为人也,清廉洁直,视不己若者不比于人;一闻人之过,终身不忘。勿已,则隰朋其可乎?隰朋之为人也,上志而下求,丑不若黄帝,而哀不己若者。其于国也,有不闻也;其于物也,有不知也;其于人也,有不见也。勿已乎,则隰朋可也。"

齐桓公向管仲询问相国人选,问任用鲍叔牙可否,管仲虽然与鲍叔牙私交甚好,却没有徇私赞同桓公的提议,原因是管仲了解鲍叔牙的为人,太过正直较真,不适合担任相国。相较之下,隰朋是相国的更佳人选,因为隰朋为人勉励,对人宽容,懂得"不欲小察,不欲小智"的道理,所谓"大匠不斫,大庖不豆,大勇不斗,大兵不寇",这正是相国必须具备的素质。从管仲对鲍叔牙和隰朋的全面评价可以看出,能否全面识人是能否正确用人的决定性因素。

2. 祁黄羊荐解狐、祁午

晋国的晋平公为称霸诸侯,曾屡次向大臣祁黄羊询问治国之才。《吕氏春秋·去私》对这一事件有非常详细的记载。记载如下:

晋平公问于祁黄羊曰:"南阳无令,其谁可而为之?"祁黄羊对曰:"解狐可。"平公曰:"解狐非子之雠邪?"对曰:"君问可,非问臣之雠也。"平公曰:"善。"遂用之。国人称善焉。居有间,平公又问祁黄羊曰:"国无尉,其谁可而为之?"对曰:"午可。"平公曰:"午非子之子邪?"对曰:"君问可,非问臣之子也。"平公曰:"善。"又遂用之。国人称善焉。孔子闻之曰:"善哉!祁黄羊之论也,外举不避雠,内举不避子。祁黄羊可谓公矣!"

祁黄羊这种以国家社稷为重,外举不避仇、内举不避亲的"尚公"精神,受到世人的称道。孔子听说后赞美祁黄羊有一颗公正之心,司马迁亦在《史记》中赞祁黄羊"不党"。"外举不避仇,内举不避亲"成为人才选拔的基本原则,可视为任人唯贤的另一种表达。

(三)士人:自我举荐活动

春秋战国时期,士活跃于社会的各个领域。相对于广大的士人群体来说,以国君招贤礼贤和大臣以贤荐贤为方式的人才选拔活动固然重要,但所能触及的范围还是过于狭窄。士人们有"择君而仕"的权利,可以自由竞争、自由流动；但若没人引荐，只能待声名远播之时，才为统治者所知、所用。在此情况下，献策自荐就成为人才选拔活动的又一重要方式。

当然，严格说来，自我举荐已不能说是一种选拔活动了，而是人才的一种自我显现。与以上两类选拔方式相比，自我举荐较为复杂：它有两个基本的活动主体，即自荐者和赏识者；而且体现为两种选择，即自荐者选择服务对象和赏识者选择有才之士。事实上，在急需用人的历史背景下，无论采取何种方式，士人只要有真才实学，总能够有所成就。如苏秦、张仪、范雎等，皆因自荐献策于诸侯而显名。

自我举荐并不仅仅作为入仕的一种方式和途径而存在，也有不少人通过自我举荐而得到了更高的殊荣，获得了更大的活动空间。历史上有名的"千金买骨"和"毛遂自荐"，就是此方面很好的佐证。

1. 千金买骨

前面提到的燕昭王筑"黄金台"招纳贤才的事迹，其主要主持者是郭隗。郭隗之所以能得到燕昭王的器重，委托他修筑黄金台，是以"千金买骨"的故事向燕王阐述了"招贤要从自己开始，如此贤才方能自来"的道理。实际上，郭隗也是通过这一方式向燕昭王推荐了自己。当时郭隗在燕国的地位已经相当高了，自我推荐修筑黄金台之后，燕昭王对郭隗倍加尊重，给予更高的官爵厚禄，还奉之为老师。对此，《战国策·燕策一》中有如下有趣的记载：

> 昭王曰："寡人将谁朝而可？"郭隗先生曰："臣闻古之君人有以千金求千里马者，三年不能得。涓人言于君曰：'请求之。'君遣之，三月，得千里马，马已死，买其首五百金，反以报君。君大怒，曰：'所求者生马，安事死马而捐五百金？'涓人对曰：'死马且买之五百金，况生马乎？天下必以王为能市马，马今至矣！'于是不能期年，千里之马至者三。今王诚欲致士，先从隗始。隗且见事，况贤于隗者乎？岂远千里哉！"

郭隗的这番"重金买马"的讲述，使急欲复仇的燕昭王更加认识到人才的重要性。于是，昭王"为隗筑宫而师之"。最后的结果是"乐毅自魏往，邹衍自齐往，剧辛自赵往，士争凑燕"。燕国最终组成五国联军，大败了强盛一时的齐国。

2. 毛遂自荐

秦、赵两国向为宿敌，秦昭王派兵围困了赵国邯郸。赵惠文王派平原君（赵胜）向楚国求救，想与楚签订合纵盟约。于是，平原君欲选取门下既有勇力又文武兼备的食客二十人随行，但选来选去只有十九人。这时一个叫毛遂的食客，自告奋勇地要求补上这一差额，以随平原君合纵于楚。平原君对其能力有质疑，问道："先生处胜之门下几年于此矣？"毛遂泰然自若地回答说三年。平原君听罢此言，对毛遂客气地说道：

夫贤士之处世也，譬若锥之处囊中，其末立见。今先生处胜之门下三年于此矣，左右未有所称诵，胜未有所闻，是先生无所有也。先生不能，先生留。[1]

平原君认为，真正的人才，就像锥子装在囊中一样，其才能是根本遮掩不住的。现在毛遂在自己门下已经待了三年之久，也没有人举荐过他，说明毛遂没有多大的本领。既然没有才学，自然不能让他随行。但毛遂并不甘心，又自我推荐说：

图 7-4 河北原阳毛遂墓

臣乃今日请处囊中耳。使遂（毛遂）蚤（早）得处囊中，乃颖脱而出，非特其末见而已！[2]

平原君听闻此言，抱着试试看的态度同意了他的请求，同去合纵于楚。结果，就在合纵面临困难的紧要关头，毛遂按剑殿上，迫使楚王歃血盟誓，显示了非凡的胆略和见识。赵楚合纵的结果，是秦国知难而退，解除了对邯郸的包围。如此一来，毛遂为赵国立下大功，彰显了自己的才能，受到平原君的重用。

毛遂在这次合纵中的突出表现，充分证明人才在关键时刻的巨大作用。历史一再证明，人才选拔活动的得当与否是决定事业成败乃至国家兴衰的重要因素，如果一不小心，就像孔子坦承的"吾以言取人，失之宰予；以貌取人，失

---

① 《史记·平原君虞卿列传》。
② 《史记·平原君虞卿列传》。

之子羽"①，就会错失人才。因此，人才选拔方式是否合理，是否有利于各种人才的脱颖而出，是至关重要的。

三、军功入仕：选拔活动的应时之举

战国时期局势动乱不堪，战争成为各国难以逃避的事情。究竟如何才能更有效地选拔军事人才，日益成为各国执政者关注的焦点。然而，长久以来的"尚贤"之风，经过几百年的倡导营造，变得浮夸而名不副实，已不能满足各国执政者的统治需要。

既然以"尚贤"为标准的人才选拔活动已经暴露出如此严重的弊端，既然士人阶层中的浮夸不实之风日益滋长，各国在人才选拔上自然要寻求新的出路。就是在这种大气候下，军功入仕作为人才选拔活动的另外一种形式便应运而生了。

（一）变法求才：应时之举的连锁反应

在战国诸侯纷争的形势下，各国在军事上有着非常迫切的需求，以军功入仕这种立竿见影的方式来激励战士勇立战功，不失为一种应对战争的明智之策。各国不约而同地选择变法作为实现军功入仕的主要途径。由于变法的力度和手段各有不同，效果也不尽相同，但各国都进行了一系列的探索与尝试，由此形成了一定的连锁反应。

第一个大规模地实行变法、提出按军功与能力选官的是魏国。魏文侯当政之后就起用李悝推行变法。李悝明确提出，必须废除西周宗法社会遗留下来的官爵世袭制度。他深刻揭露奴隶主贵族依仗世袭爵禄而"出则乘车马衣轻裘，入则修竽瑟钟石之声"的奢靡，把这些贵族呼作"淫民"。李悝主张，对于这些于国家没有任何贡献、完全依靠父祖辈的爵禄享有特权的"淫民"，必须剥夺其官职和俸禄，把官职和俸禄授予那些名副其实的"食有劳而禄有功"之人。他还提出在人才选拔和任用上要做到"使有能而赏必行，罚必当"，有赏有罚，唯才是用。李悝"夺淫民之禄，以来四方之士"的呼喊，是中国历史上第一次对腐朽落后的贵族世袭制度的宣战。通过他的改革，一些出身于一般地主阶层的

---

① 《史记·仲尼弟子列传》。

人亦可因战功或才能而跻身政界,改善了吏治,大大削弱了魏国的世卿世禄制度和旧贵族的特权。

李悝变法取得了较大的成效,使魏国成为战国时期的第一个霸主。于是众诸侯国纷纷效仿,由此引发了中国历史上第一次轰轰烈烈的全国性变法。其中,韩国韩昭侯认为魏国变法取得成功的重要因素是任用了法家的李悝,于是就选中同为法家人物的申不害主持韩国变法。申不害建立了"见功而与赏,因能而授官"亦称"循功劳,视次第"的按功行赏制度。燕国燕昭王也采取"察能而授官"的政策,提出"不以禄私其亲,功多者授之;不以官随其爱,能当者处之"。燕国大将乐毅因战功卓著而被封为君。这是战国时期军功爵制的最高封赏,一时传为佳话。

此外,楚悼王也任命吴起为令尹实行变法。实际上,吴起在受楚悼王重用之前,曾在魏国担任西河守将。其时吴起治军严明而公平,并首创了"武卒考选"制。这一制度的主要内容是:

衣三属之甲,操十二石之弩,负服矢五十个,置戈其上,冠轴带剑,赢三日之粮,日中而趋百里。中试则复其户,利其宅田。①

吴起的"武卒考选"制的标准包括两个方面:一是军事技能,二是体能。武卒入选必须达到的标准是:身穿三重甲,头戴铁盔,腰佩利箭,操十二石强弩,带箭五十支,肩扛长矛一杆,背上三天干粮,半天能行一百里。只有达到这一标准,才为合格,得以录用,否则不能录用。但凡录用者即免除其家庭的徭役,给予田宅奖励。这种选拔武士标准的出现,标志着军事人才的选拔逐步实现规范化,大大提高了军队的作战能力。后公叔任魏国相国,畏忌吴起,吴起被迫离开魏国到了楚国。当时楚国爵禄仍是世袭的,即先辈如有功受爵禄,后代子孙虽无功,亦可承袭享有爵禄。所以,一些在战争中立大功者虽有功有赏却未能享爵禄的优待殊荣,这极大地伤害了将士的积极性。吴起深知制度的腐朽是军队战斗力难以提高、军事力量薄弱的根本弊病,于是,待楚悼王重用后,吴起便一针见血地指出楚国之所以贫弱在于"大臣太重,封君太众",以致形成"上逼主而下虐民"的局面,大力采取"使封君之子孙,三世而收爵禄,

---

① 《荀子·议兵》。

绝灭百吏之禄秩，损不急之枝官，以奉选练之士"① 的改革方案，即凡是无能无用之官职，一律裁减，并削减官吏俸禄，将节省下来的财富抚养战士，奖励军功。这实际上是吴起再一次重申废除世卿世禄制，建立了完全以军功大小为标准的人才选拔制度。

（二）商鞅变法：军功入仕的成功范例

在众诸侯国中，秦国变法最晚，但却最为彻底和成功。以军功入仕封爵的制度达到最顶峰。秦孝公执政时，力排众议，任用李悝学生、西行入秦的商鞅实施变法，使"军功入仕"这一人才选拔方式得到了进一步的发展和完善。商鞅主张实行"国以功授官予爵"的仕进新制度，提出"遗贤弃知"的用人策略，认为"既立君，则上（尚）贤废"②。他惊醒了世卿世禄的贵族们继续承袭爵位俸禄的美梦，明确规定："宗室非有军功论，不得为属籍。""有功者显荣，无功者虽富无所芬华。"③ 对没有军功的宗室子弟，一律废除他们的名位，按照军功重新规定其等级。他将军功入仕视为国家存亡之机，并把"耕"与"战"相结合，把奖励农战作为治国的根本措施。商鞅主要通过两种措施来实现他的这一主张，即"兴兵而战，则武爵武任"和"按兵而农，粟爵粟任"。这样，就把农业发展与军队战争紧密地结合起来。

为保证军功入仕的实现，商鞅还制定了专门的《军功爵制》，将所立军功分为二十个等级，各等级授予相当的荣誉和相应的房屋土地等。此外，还将爵位高低与斩杀敌人头颅的数量联系起来，斩杀的敌人头颅越多，获得的爵位就越高，此即历史上著名的"首级"制。《韩非子·定法》明确记载：

> 商君之法曰：斩一首者，爵一级，欲为官者为五十石之官；斩二首者，爵二级，欲为官者为百石之官。官爵之迁与斩首之功，相称也。

这样一来，便将全国上下军民都纳入到战争的轨道，形成战国特有的"宰相必起于州部，猛将必发于卒伍"的时代特色。军功入仕封爵的制度，使本来就在战国举足轻重的秦国越发强大起来，为秦国最终统一天下奠定了最为坚实和可靠的基础。

---

① 《韩非子·和氏》。
② 《商君书·开塞》。
③ 《史记·商君列传》。

总的来说，军功入仕是战国时期各国选拔人才的一项重要举措，它是适应当时战乱纷争不断的社会背景的特定产物，是一种顺应时势、符合诸国国情的人才选拔方式，体现了古人因时、因事、因地制宜的非凡用人智慧。

第六节　"三选法"：人才选拔程序例析

古语云："得贤者安昌，失之者则危亡。"[1] 人才对于一个国家而言，是国家实力的重要组成部分，甚至能决定国家的兴衰存亡。正因如此，我国历代十分重视人才的选拔与任用。由于资料所限，先秦时期许多人才选拔活动的具体程序不甚清楚。好在也有资料能够帮助我们对当时选拔活动之程序给予一定的审视，这就是历史上著名的"三选法"。

"三选法"是齐桓公和管仲在春秋时期推行的一种程序较为完整、效果较为显著的人才选拔方法。其主要特点是：从地方荐选开始，不问出身，唯才是举。所谓"三选法"，"谓乡长所进，官长所选，公所訾相"[2]。就是按照三个层次逐级选拔人才的过程，各个层次的选拔主持者不同，选拔目的与标准也各有侧重。三选之间是层级递进的关系，前后衔接，形成了一个互相关联的链条。

一、乡长之选

"三选法"中的第一选是从基层荐选开始的，由地方长官主持，即所谓"乡长之选"。古代的"乡"不同于今天，一般为地方行政单位的最高一级；"乡长"则是管理其广阔辖区各种事务的最高长官。"乡长"不仅有纳税、征兵、维护辖区治安等职责，还负有为国选才的义务。选才时重点推荐两种人才：一者为慈孝忠义德行出众的文人；二者为勇猛威武强壮有力的武士。另外，"乡长"还有责任举报辖区内违法乱纪、不堪教化之人。《国语·齐语》记其事谓：

> 正月之朝，乡长复事。君亲问焉，曰："于子之乡，有居处好学，慈孝

---

① 《说苑·尊贤》。
② 韦昭注：《国语·齐语》。

于父母，聪慧质仁，发闻于乡里者，有则以告，有而不以告，谓之蔽明，
其罪五。"有司已于事而竣。桓公又问焉，曰："于子之乡，有拳勇股肱之
力，秀出于众者，有则以告，有而不以告，谓之蔽贤，其罪五。"有司已于
事而竣。桓公又问焉，曰："于子之乡，有不慈孝于父母，不长悌于乡里，
骄躁淫暴，不用上令者，有则以告。有而不以告，谓之下比，其罪五。"有
司已于事而竣。是故乡长退而修德进贤，桓公亲见之，遂使役官。

就是说，"乡长"在向有关部门汇报工作之后，还需接受国君的垂询。凡有
人才，必须如实荐举；如有知而不举的，就以"蔽明""蔽贤""下比"等罪论
处。这样就将荐举人才以法律的形式确立下来。而对于那些不讲孝悌仁义、不
遵法律之徒的惩治，则为人才选拔清理了道路。这一做法，重点在于强化"乡
长"的"进贤"观念，使其充分认识到国家对于人才荐选的重视。通过以上规
定，就把"乡长"推荐人才上升到了对国家尽忠的高度，推荐人才成为"乡长"
对国家应尽的义务。

二、官长之选

"乡长"荐举以后，还须由有司进行专门性的考察，即所谓"三选法"中的
第二选：官长之选。《国语·齐语》记载说：

> 桓公令官长期而书伐以告且选，选其官之贤者而复用之。曰：有人居
> 我官，有功休德，唯慎端悫以待时，使民以劝，绥谤言，足以补官之不
> 善政。

由官长定期对乡长推举的人才进行考核，并向桓公汇报，从中选出贤能之
士再加以重用。官长向桓公汇报时是这样说的："我这里有这样的官员，他不仅
功劳卓著，而且品德高尚，谨慎正派，做事勤恳不失时机，能够以劝导的方法
治理百姓，平息流言妄语，足以接替那些不称职、不善理政的官员。"从汇报时
的说辞可以看出，二选时偏重考察人才在实际工作中的表现，即注重实践，这
是通过实际业绩对人才进行考核，正所谓"成器不课不用，不试不藏"[1]。只有
作出一定的成绩，能够以身作则并且把辖区治理得井井有条，使百姓安居乐业，

---

[1]《管子·七法》。

才能被视为"善政者"而得到赏识与重用。

三、国君亲选

"三选法"之第三选是由国君亲选。国君亲选需要当面长谈,这在一定程度上相当于今日所说的"面试",在当时实际上也是作为"察能"的一种形式而存在,体现了君主用人必经的一个路径。如孙膑的任用就是从面试开始的,齐将田忌将孙膑推荐给齐威王时,威王也对孙膑进行了当面长谈,经"问兵法"之后,孙膑被录用为师。《国语·齐语》载:

> 桓公召而与之语,訾相其质,足以比成事,诚可立而授之。设之以国家之患而不疚,退而问其乡,以观其所能而无大厉,升以为上卿之赞。

桓公把官员召到朝堂上,通过和他谈话来观察对方的品行和能力。"设之以国家之患"即针对国家大事、朝政得失之类问题来测试对方分析问题和处理问题的能力,通过测试即可录用。经过一段时间试用后,再根据乡里民众的评价决定是否继续委以重任。不能胜任的仍令为民,对于那些没有什么过失的政绩优异者,就可升为"上卿之赞",即辅助上卿的官员。

史料记载,齐桓公任用宁戚时,大臣们提出要派人调查宁戚之后再加以任用。桓公明确表示反对,他的一段理由申述直接说明了在用人方面的远见卓识。史料记载,桓公说:

> 问之,恐有小恶,以其小恶,忘人之大美,此人主所以失天下之士也。且人固难全,权用其长也。[1]

这不仅体现了桓公宽容的胸襟,还说明他深谙用人之道,懂得用人所长,而不是去求全责备。具备这种选人、用人观念,在人才的获得和使用上占有很大的优势。君主对人才进行鉴定时,不拘泥于固定程序,往往采取当面长谈的方式,交谈以后了解了对方的意图和谋略,发现可重用者,当即委以重任。这样一来,人才的考察期就大大缩短了。

四、"三选法"简评

以上即为齐国选拔人才的"三选法"。与以上史料类似,在最终成书于西汉

---

[1]《新序·杂事第五》。

时期的《管子》一书中，有对这一方法更为详细的记载。《管子·小匡》云：

> 正月之朝，乡长复事，公亲问焉，曰："于子之乡，有居处为义、好学、聪明、质仁，慈孝于父母、长悌闻于乡里者，有则以告。有而不以告，谓之蔽贤，其罪五。"有司已于事而竣。公又问焉，曰："于子之乡，有拳勇、股肱之力，筋骨秀出于众者，有则以告。有而不以告，谓之蔽才，其罪五。"有司已于事而竣。公又问焉，曰："于子之乡，有不慈孝于父母，不长悌于乡里，骄躁淫暴，不用上令者，有则以告。有而不以告，谓之下比，其罪五。"有司已于事而竣，于是乎乡长退而修德进贤。桓公亲见之，遂使役之官。公令官长期而书伐以告，且令选官之贤者而复之。曰："有人居我官，有功休德，维顺端悫，以待时使，使民恭敬以劝。其称秉言，则足以补官之不善政。"公宣问其乡里，而有考验。乃召而与之坐，省相其质，以参其成功成事，可立，而时。设问国家王忠而不肉。退而察问其乡里，以观其所能，而无大过，登以为上卿之佐。名之曰"三选"。

可见，统治者对于人才的考核与任用活动是极为慎重的。按照选拔主体来说，"三选法"经过了乡长、官长、国君的三次主考选拔，主要包含推荐、考察、任用、考核几个阶段。作为一种新的用人模式，"三选法"将人才的乡里德行、实际工作表现和应对问题能力等结合起来进行全面考察，实际上确立了新的人才选拔标准，强调德、才、行并重，体现了唯才是举的人才选拔原则。"三选法"的推行，为齐国人才选拔活动的开展辟出了新的天地。《国语·齐语》记载了"三选法"实施以后的成效，云：

> 匹夫有善，可得而举也；匹夫有不善，可得而诛也。政既成，乡不越长，朝不越爵，罢士无伍，罢女无家。夫是，故民皆勉为善。与其为善于乡也，不如为善于里；与其为善于里也，不如为善于家。是故士莫敢言一朝之便，皆有终岁之计；莫敢以终岁之议，皆有终身之功。

美好得到彰显，邪恶得到惩治，从百姓到官员，都能恪守己责，每个人都过得充实而自得其乐。日复一日，年复一年，人才济济，国家强盛，经济繁荣，还不是唾手可得?! 可惜的是，"三选法"并未一直延续下去，齐桓公以后再无一位君主将选才上升到如此高度。桓公与管仲的远大谋略使齐国成为"春秋五霸"之首，后世理应汲取其成功之道。然而，事实却是极少有统治者能看清其称霸背后顺应时势所做的各种策略调整，更不用说借鉴了。

需要指出的是，人才选拔活动是随着历史的演进，在政治、经济、思想等各种因素的共同作用下基于社会需要而产生的，而不是历史的偶然。在社会不同阶层之间，人才选拔活动呈现出不同的样态；在不同的历史时期，其人才选拔活动的标准、形式、程序、方法、主持者等都有所不同。用历史唯物主义的观点来说，人才选拔活动的进行始终脱离不了时代和阶级的局限，都须以具体历史条件和时代需要为基础。

第七节　人才选拔活动之总评

法国著名历史学家马克·布洛赫指出："各时代的统一性是如此紧密，古今之间的关系是双向的。对现实的曲解必定源于对历史的无知；而对现实一无所知的人，要了解历史必定也是徒劳无功的。"[①] 基于历史去认识现实，为服务现实而研究历史，这是对历史与现实的关系最基本的把握，也是历史学研究者进行研究时应该持有的基本态度。从这一角度看，对先秦人才选拔的演进规律、历史意义和现实启示进行理性思考是十分必要的。

一、选拔活动的演进趋势

从上古社会至春秋战国，随着社会历史的变迁，人才选拔活动也处于不断发展变化之中，显示出一定的演进趋势。这种趋势基本表现在思想、制度与范围三方面，三者都体现在人才选拔的活动之中，因此，可以"三位一体"称之。

（一）选拔活动思想日趋丰富

上古时期，虽然实质上从事着部族首领的选拔活动，但是在思想上并未达到对人才这一概念的有意识认同，人才选拔思想只是处于萌芽阶段。至商代，注重人事的思想初见端倪，出现了主体意识的觉醒。盘庚重民理念的提出，预

[①] ［法］布洛赫著，张和声等译：《历史学家的技艺》，上海社会科学院出版社 1992 年版，第 36 页。

示了人才选拔活动的任贤思想开始突破任亲思想的藩篱，但并未扭转此时人才
选拔活动"用人唯旧"的大势。西周初期，翦商带来的震撼使统治阶层对人才
的价值有了进一步的定位，对人才选拔的思考较多，亦较为系统。从周公和姜
尚关于人才选拔的价值和方法的论述中可以推知，这时的人才选拔活动已颇受
重视，成为统治者有意识的统治手段，人才选拔活动之思想基本成型。至春秋
战国之时，士人们为拯救国家危亡、实现自身抱负而奔走各国，使得人才思想
也在流动中互相撞击，成为指导各国人才选拔活动的主调。

　　总体而言，先秦人才选拔活动的思想经历了萌芽、主体觉醒、基本成型和
丰富化的发展过程，实现了由单一到复杂再到丰富化的转变。就意识主体而言，
则经历了从无意识到有意识、从主体的觉醒到群体争辩的过程。这既体现了事
物发展的一般趋势，也是对先秦人才选拔思想发展合乎规律的概括。

（二）选拔活动程序日臻严密

　　纵观整个先秦史，较有代表性的人才选拔制度有禅让制、世官制、贡士制、
学校考试制度、荐举制以及军功制。禅让制体现了原始朴素的民主思想；世官
制则是整个先秦时期最主要的人才选拔制度；学校考试制度在西周时因官学的
发展也获得了发展，至春秋战国时又因私学的兴起趋于没落；荐举制则经历了
从西周时期的乡举里选和诸侯贡士制到春秋战国时多主体（国君招贤礼贤、贤
臣以贤荐贤和士人自我举荐）荐举的演变过程；军功制是特殊的社会背景下所
产生的应时的人才选拔制度。由此可见，不同历史时期居于主导地位的人才选
拔制度也各不同，这与特定的生产力和生产关系的发展水平密切相关。

　　若从制度本身的具体实施程序来看，从上古社会到春秋战国时期的人才选
拔制度表现出一定的合规律性，呈现日臻严密的趋势。这一趋势在夏商到西周
人才制度的转变上体现得尤为明显。夏商时期世官制占据人才选拔制度的首位，
仅以血缘关系为准即可实现国家官吏的正常选拔需要。至西周时，世卿世禄制
是主要的官吏选拔渠道，世卿世禄制相对于世官制是一种发展，它在血缘关系
的基础上增加了宗法制，使官位与爵禄的任命稍显复杂。而学校作为人才培养
的主要基地，也成为国家选拔人才的一个重要途径，并对考核和奖惩办法作出
了明确的规定。此时的乡举里选和诸侯贡士制也有一整套细致的实施程序和方
法。乡举里选制度、诸侯贡士制度和学校考选制度三者结合起来，实现了育士、

选士、举官三者的紧密结合，形成自下而上、从内而外的一个网罗人才的选拔制度系统。从单一、简单到细致、规范，人才选拔制度的程式越来越系统、严密。这不仅反映了国家组织机构的不断完善，也反映出社会对人才需求的增加、统治者对人才选拔的重视以及人们思想的不断进步。

（三）选拔活动范围日益扩大

先秦时期，随着生产力的发展，生产关系也处在不断的变革中，这种变革推动了人才选拔活动的开展，构成丰富多彩的活动图景。从整体进程来看，先秦人才选拔活动呈现出范围不断扩大、趋于广泛化的发展趋势。

广泛化的发展趋势主要是指人才选拔活动选拔主体和选拔对象范围的扩大。伴随着人才选拔活动的推进，选拔活动的主体和对象逐层下移。上古时期选拔活动的主要实施者和主要对象是部落联盟的最高首领和重要辅臣；夏、商时期，人才选拔的权力掌握在贵族手中，世官制所遴选的也是统治集团高层的人才，人才选拔活动实施的范围较窄；而至西周，人才选拔的对象和范围逐渐拓展，虽然还是以世卿世禄制为主体，但这时已有从平民中选拔人才的情况。进入春秋战国，选拔对象变得更加广泛，人才选拔以一种势不可挡之势扩展开来，活动的参与者扩大到平民阶层，还出现以人才自我认同为前提的选拔活动。

先秦人才选拔活动范围呈现逐渐扩大的趋势，重要原因是人才选拔活动的灵活性和适应性，活动的开展能够根据时势的发展而作出相应的调整。所谓"时势造英雄""乱世出枭雄"，先秦人才选拔活动在从单一到多元的发展中，是不断以一种大胆创新的姿态进行的，无论是人才选拔的目的、标准、原则、方式、方法还是具体实施程序，都体现了其时代适应性与创新灵活性。人才选拔活动范围的扩大，乃是随着历史的演进，在政治、经济、思想等各种因素的共同作用下且基于社会的具体需要而产生的。在不同历史时期，社会不同阶层之间，人才选拔活动呈现出不同的样态。用历史唯物主义的观点来说，人才选拔活动的进行始终脱离不了时代和阶级的局限，都须以具体历史条件和时代需要为基础。

二、选拔活动意义阐释

从上古社会至春秋战国，先秦人才选拔几经波折，既有创新也有继承和发展，在总结与借鉴前人经验的基础上不断完善，显示出积极的历史作用。概括地说，人才选拔的意义主要表现在以下三个方面。

（一）人才选拔的政治意义

人才选拔的主要目的是为政治服务。杨连宁指出："除了历代寥寥几个学者外，古代人才思想密集地出自于封建君主或其辅弼之臣，而且与他们治国安邦的思想共生一体，不可分割。"① 也就是说，人才选拔与政治统治是分不开的。从先秦来看，各个历史时期的人才选拔思想、制度和活动虽然各不相同，但都基本上适应了政治发展的需要，促进了国家的治理和社会安定，并在一定程度上加快了用人文明的历程。人才选拔具有非凡的政治意义，这一点是毋庸置疑的。

人才选拔的政治意义主要体现在人才选拔对国家存亡的影响上。先秦诸多思想家对二者之间的关系做了充分的论证。不能否认这是思想家们渴求统治者重视人才的愿望表达，但更重要的是对历史现实的高度总结。先秦人才思想以社会现实为基础，人才选拔的初衷是维护统治。如西周时，虽然形成了从下而上层层筛选的人才选拔系统，选拔过程中也兼顾了德行和才能，但也不能否认，这时的选拔仍是根植于奴隶主贵族统治土壤之上的，体现的是奴隶主贵族的意志。所以，人才选拔最终受益的还是统治阶层。

国家政权的稳定要依靠人才方可实现。统治者用无数"用人则存，不用则亡"的现实，客观地向人们宣告着人才选拔的重要政治作用。当年，秦孝公曾下求贤令："宾客群臣有能出奇计强秦者，吾且尊官，与之分土。"② "出奇计强秦"一句，便使统治者以人才选拔为诱饵来实现政治统治的意图昭然若揭。无论从理论上还是实践中，人才选拔的政治意义都十分明显。

（二）人才选拔的文化价值

从个体的角度看，人才选拔问题是关乎人的价值实现的重要问题。人才选拔的文化意义的体现之一就在于有利于人才个体价值的实现。虽然先秦时期统治者对人才重要性和价值的认识以及人才选拔活动的关注主要是政治需要，而非人才个体的发展需要，但是也不能否认，在人才得到赏识和重用的过程中，

---

① 杨连宁：《传统人才价值观的封建性》，载《宁夏大学学报》（社会科学版）1988年第1期。
②《史记·秦本纪》。

人才的个体价值也的确得到了较好的实现。先秦人才选拔活动的开展、思想的形成和制度的制定，为贤能之士实现自身的价值提供了可能的途径。

此外，人才选拔促进了人才的流动，从而促进了各国之间的文化交流。开放多样的人才选拔活动的进行，丰富多彩的人才选拔思想的涌现，以及灵活多样的人才选拔制度的出台，构成异彩纷呈的先秦文化。人才流动的高峰期也在这时出现。由于此时政治动荡，人才可以在诸国之间自由流动，士人为施展抱负往往四处奔走，这是人才的主动流动。另外还有一种被动性的流动。被动的人才流动主要受国家统治者对待人才的态度的影响。国君能够重用贤者则贤者居其国，不能重用则远走他处、另辟蹊径。《盐铁论·相刺》有云：

> 虞不用百里奚之谋而灭，秦穆用之以至霸焉……孟子适梁，惠王问利，答以仁义。趣舍不合，是以不用而去，夫怀宝而无语。故有粟不食，无益于饥；睹贤不用，无益于削。纣之时，内有微、箕二子，外有胶鬲、棘子，故其不能存。夫言而不用，谏而不听，虽贤，恶得有益于治也？

有贤才而不用，是人才流动的重要诱因。同一个人，在此国弃若敝屣，至彼国则位列公卿，这种强烈的对比，并非人才的迅速成长而造成的，其主要的原因是"千里马常有，而伯乐不常有也"。统治者一方面慨叹国无贤才，一方面却任人才流失，造成敌强我弱的局面，最终走向衰亡。我们在慨叹其可悲时，也不得不承认，正是这种不识人才真面目，在用人上"买椟还珠"者的存在，才促进了以人才为载体的学术的发展与繁荣。

（三）人才选拔的导向作用

除政治意义和文化价值外，就整个社会运行的内在机制而言，人才选拔还起到"风向标"的作用。荀子有言："尚贤使能，则民知方。"梁启雄作按曰："《成相》'君法明、论有常、表仪既设民知方'，即谓人民知向往的方向。"[1] 意思是有了法度和标准，人民就知道国家的发展方向，尚贤使能也发挥着类似于"表仪"所具有的"民知方"的导向作用。

人才选拔在一定程度上影响社会的价值取向，对社会风气的形成起到引领作用。首先，统治者对人才的认知、对人才选拔活动的重视程度及其采取的人

---

① 梁启雄：《荀子简释》，中华书局 1983 年版，第 166 页。

才选拔的措施和方法等，无论对于有参选资格的被选拔者还是普通民众来说，都有着一种"上有所好，下有所效"的引导示范作用。社会上某种风气和价值观的形成，很大程度上与统治者的倡导有关。统治者重视人才，民众对人才也会给予尊重。这从春秋战国时期蔚为大观的人才选拔活动中可以很清晰地领会到。

其次，中国古代人才选拔的最终归宿是做官，选拔出的官吏除行使地方的管辖和治理权之外，还有一项重要的职责就是对社会实行教化，开导民风，导人向善。官吏在天子为统领的政治管理中以颁布政令等各种措施施教于民，从而达到美化社会风气的效果。这是人才选拔活动的结果给社会带来的影响，也是人才选拔对社会风气导向作用的表现。

最后，人才选拔标准和原则的制定也影响着社会风尚的形成。人才选拔若以德才兼备为标准，把"德行"和"才能"作为人才入仕做官的必备素质，以"任人唯贤"为原则，非贤者不得选拔，那么，有心入仕的人就会以一个"贤者"的要求鞭策自己，在德行和才能上不断提高，最终形成一种"群体效应"，对社会风貌就会产生重大影响。例如，对于西周的"诸侯贡士"制和"乡举里选"制就应如此认识。因为这两种人才选拔制度都以射箭测试成绩作为选拔的重要参考标准，所以学校教育就比较重视"射"这一内容的传授，人们的射箭技术也就相对较为精进，社会上掌握射箭技术的人相对较多，从而形成了独具一格的社会教化的活动图景。

第八章
家庭教育活动

　　先秦不仅是我国文化的源头和文明的起源时期，也是中华民族源远流长的家庭教育活动的起源期。相比一般意义上的教育活动，家庭教育活动起步要晚很多，但无疑要早于学校教育。从原始部族社会开始，直到春秋战国时期，家庭（宫廷、家族）始终是教育活动最重要的场域之一。修齐治平的论证逻辑，就是基于从家庭到社会的教育路径展开的。"上所化曰风，下所习曰俗"，表现在家庭教育方面，就是育儿的风俗与经验逐渐由社会上层向下层传递。三代家庭教育活动的整体趋势，就是逐渐从蒙昧走向文明，从宫廷走向民间，从自发走向制度化。

第一节　家庭教育活动概说

先秦家庭教育活动是我国家教活动的渊源。我国家教活动的萌芽，是以"家业世传"为主要形式的。家传的内容固然有为官从政的知识、为人处世的规范，但更多的是日常生产生活的知识和技能。"家业世传"为后世开创了"家学"这一家教活动形式，为弥补学校教育的不足作出了重要贡献。

一、"家庭"概念及类型衍变述略

要探讨先秦时期的家庭教育活动，首先要明确什么是家庭。我国很早就有了"家"这个词，但其含义和规模相比今天都有很大不同。汉字中的"家"，上面是"宀"，象征房屋；下面是"豕"（猪），表示在居住地进行养殖。《说文》曰："家，居也，从宀，豭省声。"① "家"之意义既然如此，那么"家庭"之意又是什么呢？

（一）"家庭"概念略释

在我国，"家庭"一词起源是很晚的，是"家"（居住地）与"庭"（庭院、院落、范围）的复合词，基本含义是指一"家"之内，如《后汉书·郑均传》有云："常称疾家庭，不应州郡辟召。"在西方，家庭一般以 Family 来表示。Family 源于 Famulus，意思是家庭中的一个奴隶；而 Familia 则是 Famulus 的复数形式，指属于一个人的全体奴隶。罗马人用 Familia 一词表示父权支配着妻子、子女和一定数量奴隶的社会机体。这些是从居住范围或权属关系对"家庭"一词所给的定义。对家庭本质的认识是从近代才开始的。恩格斯指出："生产本身……有两种。一方面是生活资料即食物、衣服、住房以及为此所必需的工具的生产；另一方面是人类自身的生产，即种的繁衍。"② 很显然，这些都是从人口繁衍的角度对家庭本质作出的阐述。事实上，现代意义上的家庭除上述基本

---

① 许慎：《说文解字》，中华书局 1963 年版，第 150 页。
② 恩格斯：《家庭、私有制和国家的起源》，人民出版社 1972 年版，第 3 页。

意义外，还有经济、性爱、育儿、赡养等多种含义及职能。

目前通常的解释是，所谓家庭，是由婚姻、血缘或收养关系所组成的社会组织的基本单位。家庭有广义和狭义之分，狭义是指一夫一妻制构成的单元；广义的则泛指人类进化的不同阶段上的各种家庭利益集团，即家族。

家庭是最基本的社会设置之一，是人类最基本最重要的一种制度和群体形式。从功能来说，家庭是儿童社会化、供养老人、两性生活、经济合作以及普遍意义上人类亲密关系的基本单位。家庭是社会最基本的细胞，是最重要、最基本、最核心的社会组织，也是最重要、最基本、最核心的经济组织，还是人们最重要、最基本、最核心的活动场地和精神家园。家庭的健康可持续发展是社会健康发展、国家稳定繁荣的基石。从古至今，"家和"往往是"国运兴隆"的重要条件，而"家破"则常常是"国亡"的前兆与催化剂。

（二）"家庭"类型述略

人类的家庭不是从来就有的，而是随着社会的进化逐步由较低阶段向较高阶段发展的。按照马克思主义的观点，家庭通常经历了血缘家庭、普那路亚家庭、对偶家庭、一夫一妻制家庭等四种形态。

1. 血缘家庭

在旧石器时代，人类原始群在进化与自然选择规律的作用下，经过长期经验的积累，认识到不同年龄人的生理差别，在内部逐渐地选择了按辈分划分的婚姻，即年龄相近的青壮年兄弟姐妹相互通婚，排斥了上下辈之间的婚姻与性关系。这时，姐妹是兄弟的共同妻子，兄弟是姐妹的共同丈夫，夫妻都有共同的血缘。此即所谓"血缘家庭"，也称"族内婚家庭"。

2. 普那路亚家庭

"普那路亚"（punalua）是夏威夷语，意为"亲密的伙伴"，最早实行这种家庭形式的是夏威夷群岛的土著人。由共妻的一群丈夫或共夫的一群妻子互称"普那路亚"。这种家庭制度是群婚制发展的最典型的阶段。原始社会发展到旧石器的中晚期，为了扩大物质资料生产，满足日益增长的人口生活的需要，族团之间必须保持一定的经济合作和社会联系，于是便产生了各族团之间的通婚现象。同时，人们逐渐认识到族外通婚对后代体质发育有益，并形成了同母所生子女间不应发生性关系的观念，于是在家庭内部开始排除兄弟姐妹间的婚姻关系，实行两个氏族之间的群婚。

3. 对偶家庭

这是母系氏族时期的一种家庭形式。这种家庭是由一对配偶短暂结合而成的，所生子女属母系所有。早期，对偶婚是大对妻的"暮合晨离"；晚期对偶婚发展为"夫居妻家"，但随时可以离异。家庭内男女平等，共同照料子女。对偶婚已从群婚时代单纯的性关系转变为一种广泛的社会联系，男女一起劳动、消费，但世袭仍按母系计算。

4. 一夫一妻制家庭

这种类型的家庭产生于原始社会末期，随着两次社会大分工的实现和生产力的发展，男子在生产和财富的分配中逐渐占据主导地位，为把自己的财产转交给自己真正的后裔，必然要求女子终生只能有一个丈夫。这种家庭具有夫权高于一切、婚姻关系较牢固的特点。通常情况下，破坏夫妻忠诚是丈夫的权利，只有丈夫可以离异妻子，而妻子则必须严守贞操，完全从属于丈夫。

(三) 我国"家庭"发展史略

上古时期，我国也经历了由群婚制到个体婚制家庭的衍变。距今约五千年前，我国出现了一夫一妻的个体婚家庭，现代意义上的家庭教育活动便随之产生了。当时，由于农业、畜牧业的发展，男子在砍伐森林、耕种、畜牧等繁重劳动中起着主要作用。在这种情况下，男子必然谋求在家庭中的统治地位，谋求独占私有财产，并把财产传给自己的子女，而群婚制家庭无法确定谁是自己的子女，因而必须实行严格的一夫一妻制。

一夫一妻制家庭的出现，是人类文明史上的重要事件。恩格斯高度评价道：个体婚制是一个伟大的历史进步，一夫一妻制家庭的最后胜利，"乃是文明时代开始的标志之一"。然而，一夫一妻制家庭是伴随着私有制和夫权制的产生而产生的。正如恩格斯所指出的：

> 一夫一妻制是不以自然条件为基础，而以经济条件为基础，即以私有制对原始的自然长成的公有制的胜利为基础的第一个家庭形式。丈夫在家庭中居于统治地位，以及生育只是他自己的并且应继承他的财产的子女，——这就是希腊人坦率宣布的个体婚制的唯一目的。……可见，个体婚制在历史上决不是作为男女之间的和好而出现的，更不是作为这种和好

的最高形式而出现的，恰好相反，它是作为女性被男性奴役，作为整个史前时代所未有的两性冲突的宣告而出现的。①

由此也可看出，个体婚制家庭产生之初，就具有了男尊女卑的特征。中国古代家教中对女子的许多压抑性措施，就是这一特征的反映。但是，一夫一妻制家庭婚姻关系牢固，父母与子女的关系明确，从而为双亲共同对子女进行持续教育创造了先决条件。

当然，我国一夫一妻制家庭形式自产生后不是一成不变的。历史上，一夫一妻制并不意味着男子只能有一个性伙伴，他的"妻子"从名分上只能有一个，同时却可以拥有多个妾。这更凸显了我国古代社会男尊女卑的特征。随着社会的发展，到奴隶社会的鼎盛时期，我国不少贵族的"家庭"甚至包括多个采邑在内，有众多的家丁和家臣，规模和范围大得惊人，所以《大学》才有"家齐"而后"国治"的论述逻辑。

二、先秦家庭教育活动概说

与其他群体不同，家庭是一个特殊、紧密的亲属团体，成员间或有婚姻关系，或有血缘联系。基于这种特殊性，家庭教育从一开始便与学校教育、社会教育既有联系又有不同：它比学校教育实施的时间早，内容更贴近日常生活；比社会教育更有目的性和针对性，内容也更具系统性。因此，家庭的这一教育影响，是任何其他教育组织都不可替代的。

中华民族历来以重视家庭教育活动而著称。从一夫一妻制家庭出现开始，事实上就已经产生了类似于现代意义的家庭教育活动。《史记·五帝本纪》载：黄帝为"少典之子，姓公孙，名曰轩辕。……时播百谷草木，淳化鸟兽虫蛾"。《商君书·画策》云："神农既没，以强胜弱，以众暴寡。故黄帝为君臣上下之义，父子兄弟之礼，夫妇匹配之合。"就是说，黄帝规定了君臣、父子、夫妇的道德规范，其中已包含了家教活动的内容。又据《史记·五帝本纪》载：

> 昔帝鸿氏有不才子，掩义隐贼，好行凶慝，天下谓之浑沌。少昊氏有
> 不才子，毁信恶忠，崇饰恶言，天下谓之穷奇。颛顼氏有不才子，不可教

---

① 恩格斯：《家庭、私有制和国家的起源》，人民出版社1972年版，第62页。

训，不知话言，天下谓之梼杌。此三族世忧之。……缙云氏有不才子，贪
于饮食，冒于货贿，天下谓之饕餮。天下恶之，比之三凶。舜宾于四门，
乃流四凶族，迁于四裔，以御螭魅。

依《史记》所载，颛顼氏为黄帝之孙，黄帝与舜、禹等人都为同姓一族。
可以看出，从颛顼等人的孩子"不可教训，不知话言"而被"宾于四门""迁于
四裔"的情形来看，从黄帝执政之时起，我国的家庭家族教育活动就已开始了，
且后任者不断继之。这些失败的家教事例从反面也足以说明，最迟自五帝时期
起，我国家教活动的萌芽就业已产生了。

除帝王外，普通平民也非常重视家庭教育活动。事实上，家庭教育从其产
生之时起，就是通过父母的言传身教而对子女产生作用的。在以农耕和狩猎为
主要生产方式的上古时期，家庭教育自然以传授这些生产技术为主要内容。遗
憾的是，当时群众性的家庭教育活动无文字记载可资证明，只能从文献所载的
"畴人之学"等家学中略窥堂奥。

"畴人之学"是五帝至三代（夏、商、西周）时期最著名的家传之学，是我
国古代源远流长的"家学"传统的滥觞。所谓"畴人"，即为世世相传者，"家
业世世相传，为畴"。"畴人之学"主要实行于历代仕宦，包括专业技术官员，
如天文、历法等官员。例如，司马迁在《史记·太史公自序》中，就记述了其
家族之学的传承脉络。"畴人之学"通常的做法是，为官之父兼而为师，传其所
学；官之子就其父学，学习为官。这种家学是世卿世禄制在家教中的反映。由
于官职世袭，所以为官的专业知识也世代相传。据章学诚、章炳麟等人的看法，
后世学术流派称为"某家之学"，就是"畴人之学"的遗迹。

"畴人之学"作为家业世传的典型形式，一直延续到整个西周。西周是先秦
家庭（宫廷、家族）教育活动的重要时期，家教活动达到了前所未有的制度化、
规范化程度。当时，人们对于胎教内容、程序等方面的规定，所制定的保傅制
度、"备三母"制度等，都足以证明人们对于家教活动的重视。

春秋战国时期是我国社会转型的大动荡、大变革时期。奴隶主社会地位下
降，新兴地主地位上升。作为新兴力量之思想文化的代表"士"，成为社会上最
活跃的阶层。士阶层也成为当时家庭教育活动的主体，在思想和实践上都有很
多建树。除"士"之外，这一时期的农、工、商等自由民也"各守其业"地开

展了丰富多彩的家教活动，成为我国家庭教育活动史上不可或缺的一支方面军。

家庭教育活动虽然依托各个家庭（家族）而进行，但并不是孤立存在的。它与每个时代的政治、经济、文教政策等都有密切联系。这些因素都会或多或少地反映在家教活动中。因此，夏代的注重军事、商代的尊神事鬼、西周的敬德重礼以及春秋战国时期社会的动乱和思想的多元化，就不能不反映在家教活动中。有鉴于此，我们除从总体上对先秦家教活动进行分别阐述外，还选取了若干个案加以剖析，以图点面结合、较为准确地反映不同时期家庭教育活动的状况。为避免较为空泛的文字叙述，本章一方面对语焉不详的上古时代不再专门设节探讨，另一方面，依照从宫廷到民间、从上层至下层的历史顺序和思维理路，对先秦家教活动作些分类探讨和考察。

第二节　帝王宫廷教育活动

在论述先秦宫廷教育活动之前，有几点应该预先作出说明。首先，众所周知，上古时代的帝王是以"禅让"制传位的，是传贤而非传子，直至夏代之始才打破了这一传统，因此，从严格意义上说，上古时代帝王对王位继任者进行的并非家庭家族教育。其次，在生产力极不发达的上古时代，帝王常常居无定所地带领人民改造自然、求得生存，因而难称其暂居地为"宫廷"。尽管如此，为了使此类活动考察相对完整，兹将上古教育置于"宫廷教育活动"之始。

一、以德育人的继承人教育

五帝时期，我国社会已经从上古的母系氏族发展到父系氏族时期，文化、教育都获得了较大程度的发展。据《尚书·舜典》记载，舜对负责教育的夔指令说：

> 夔，命汝典乐，教胄子：直而温，宽而栗，刚而无虐，简而无傲；诗言志，歌永（咏）言，声依永（咏），律和声；八音克谐，无相夺伦，神人以和。

这是舜命令典乐夔以诗歌、音乐等教育统治阶级的后代，使他们提升素养的指令性政策，其实这也可以视为古人进行家庭教育活动的一大证明。

如果说上述史料作为证据还有些语焉不详的话，那么载于《尚书》中的另一段史料，则是古人重视家庭（宫廷）教育活动的最直接、最明显的证明。《尚书·益稷》记载：

> 帝曰："若无丹朱傲，惟慢游是好，傲虐（谑）是作，罔昼夜额额，罔水行舟，朋淫于家。用殄厥世，予创若时。"大禹曰："娶于涂山，辛壬癸甲，启呱呱而泣。予弗子，惟荒度土功。"

就是说，舜曾经对禹叮嘱说："你绝对不要让你的儿子像尧的儿子丹朱那样，桀骜不驯、偷懒贪玩，以调笑嬉戏为能事，还让人整天用船载着他到处游玩，在家里更是纵情声色。他因此而断送了继承王位的资格，我深为他的这种下场感到悲伤。"舜回答说："我娶了涂山氏的女儿为妻，婚后很快就外出治水了。儿子启啼哭不止，我暂时顾不上去爱抚他，一心只想着治理水土。"可见，五帝时期的统治者一方面忙于政事，另一方面对于家教活动还是相当重视的，对家教失败的例子也痛心疾首。

前已有述，我国最早的文教政策是以"厚德感化"为重心的，这一政策自尧开始，舜、禹一以贯之。禹之所以能被禅让继位，靠的就是先人后己的模范行动。夏代虽然是以武力建立政权的，但是如前所云，启和有扈氏的"甘泽之战"并非完全是以武力取胜的，而是以"处不重席，食不贰味，琴瑟不张，钟鼓不修，子女不饰，亲亲长长，尊贤使能"之类的"德行""德政"感召众人，才最终取得了决定性的胜利。启是禹的儿子，从启的所作所为不难看出，我国早期的宫廷教育确是注重"以德育人"的。

二、以射教子的夏代宫廷教育

夏代是我国第一个奴隶制王朝，标志着我国文明社会的真正开始。夏代的宫廷教育主要基于上古社会的积累，尤其是五帝时期的发展。虽然"厚德感化"一直为夏统治者所强化，但增强军事实力才是国家最重要的大事。

对比古代印度和古希腊时期的教育我们可以看到，在古印度，刹帝利军事集团是仅次于婆罗门僧侣集团的统治阶层。古希腊时期，无论是斯巴达还是雅典，军事教育都是贵族教育的主要内容。军事教育基本上是奴隶社会初期的重要教育内容，我国社会也是如此。奴隶主阶层为了维护他们的政治统治，必须加强自身的军事素养，增强统治能力。夏代时期还处于部落联盟整合的"天下万国"的时期，国家之间的争斗时常出现，这也决定了军事教育活动在当时的独特地位，必须依靠包括家庭在内的各种教育途径而实现。

古籍上多有夏代教习武艺的记载，《尚书》中有夏启"大战于甘，乃召六卿。王曰：'嗟！六事之人，予誓告汝：有扈氏威侮五行，怠弃三正，天用剿绝其命，今予惟恭行天之罚'"① 的记载。有扈氏是夏启的庶兄，以尧舜传贤，禹独传子，故伐启。夏启以他"违反五行"为理由进行征讨，在甘地进行大战。《山海经·海外西经》曰："大乐之野，夏后启于此舞九伐。"这是说夏后启曾在大乐原野上，教授人们操练"九伐"舞。这里所谓"舞"，作为一种军事活动的操练，实际就是"武"。说明夏后氏在与有扈氏的征战中，进行过武艺的教授。射与御到春秋战国时期还作为"六艺"中的重要内容流传下来，也说明军事技能在奴隶主阶层的家庭家族教育活动中占有重要地位。

三、乐孝并重的商代宫廷教育

商代是我国进入有文字记载时代的开始。随着社会生产力的发展，剩余产品的增多，"有闲阶级"大量出现，这为专门的家庭教育提供了可能。宫廷教育是商代家庭教育活动的重要组成部分。我国教育史著作在论述三代之时的教育活动时通常提到"学在官府，官守学业"，造成这一现象的原因首先在于当时的生产力发展水平有限，大部分生活经验来源于家庭内部长辈的言传身教。研究者在文献不足的情况下，只能进行合理的想象。比如有一甲骨卜辞记载："壬子卜，弗，酒小求学？"② 为王子入学进行占卜祈福，说明当时皇室胄子的教育已经受到高度重视。随着生产力的发展，当时宫廷教育的内容比起夏朝时已经有所扩大。根据古代文献可以得知，乐教和关于孝道的教育是当时宫廷教育活动中的重要内容。

商代名臣伊尹和傅说的出现，说明了出身下层的普通家庭也已经有了教育

---

① 《尚书·甘誓》。
② 胡厚宣：《战后京津新获甲骨集》，群联出版社1954年版，第209页，片号四二四五。

的启蒙。《尚书·太甲》记载：太甲不居丧礼，师保伊尹把他放逐到桐地，待他反省悔过之后才接他回来当政。伊尹还教训他今后要"奉先思孝"，要遵守祖训，不能忘记祖宗的恩德。商王武丁为父守丧三年，其子孝已更是以孝行著称，受到了人们的称赞。这些正反两方面的例子说明，孝道教育也是商代宫廷教育活动中的重要内容，正符合了殷人尊神孝祖的传统，是殷商"神道设教"的思想基础之一。同时，"唯天无亲，克敬唯亲，民罔常怀，怀于有仁"[1] 的思想，其重要性也被当时的统治阶层所充分认识。所有这些都表明，培养厚德怀仁的品德，乃是商代宫廷王子教育的重要内容。

四、西周宫廷胎孕教育

西周时期的宫廷教育活动趋于制度化、规范化，首先表现为胎教的启蒙。我国很早就有意识地实行胎教。《周易》蒙卦中就有"蒙以养正，圣功也"的说法，充分体现了先民对训蒙养正活动的重视。古希腊的柏拉图也曾主张实行胎教，但比我国实行胎教的记载要晚七百多年。

汉代刘向在《列女传》中记载说：周文王的母亲太任在妊娠期间，"端一诚庄，惟德之行。及其有娠，目不视恶色，耳不听淫声，口不出敖言，能以胎教"[2]。这是对贵族孕妇妊娠期间行为的描述，说明到西周时期，人们已非常注意外在环境对胎儿的影响。汉代贾谊是对先秦胎教活动进行系统论述的著名学者。他在《新书·胎教》篇中说：

图 8-1　商代祭祀酒具夔纹□

> 古者胎教之道，王后有身，七月而就蒌室。太师持铜而御户左，太宰持斗而御户右，太卜持蓍龟而御堂下，诸官皆以其职御于门内。比三月者，王后所求声音非礼乐，则太师抚乐而称不习；所求滋味非正味，则太宰荷斗而不敢煎调，而曰不敢以侍王

---

[1]《尚书·太甲下》。
[2]《列女传·母仪传·周室三母》。

太子。

《大戴礼记·保傅》中也有类似的记载，云：

> 古者胎教：王后腹之七月，而就蒌室。太史持铜而御户左，太宰持斗
> 而御户右。比及三月者，王后所求声音非礼乐，则太师缊瑟而称不习；所
> 求滋味非正味，则太宰倚斗而言曰，不敢以待王太子。

两篇叙述大同小异，意思是说，王后分娩之前，要到专门的"蒌室"中去
住。太师持奏乐用的律管守于左窗下，太宰持烹炊用的斗器守于右窗下，太卜
持占卜用的蓍草和龟甲守于前门外。分娩前几个月里，如果王后要听的乐曲不
合礼制，太师则以"未习"婉言谢绝；王后想吃的东西不合正味，太宰则不能
按要求去做，还要说不敢拿这样的食品侍奉王后腹内的太子。这种特定时间、
特定场合、安排特定人员的保胎活动，说明西周宫廷中已有了具体而细致的措
施，试图通过加强外部管束和诱导的方式，促使王后按照礼仪去养胎、保胎。

西周宫廷中的胎教教育活动，其目的是为了培养"生而明圣"的王位继承
者。为此，王后怀孕以后要深居行宫，保持安静的环境，坐卧端庄，举止文雅，
以便胎儿从母体中禀受"正气"，生而端正。正如《新书·胎教》所云："周妃
后妊成王于身，立而不跛，坐而不差，笑而不喧，独处不倨，虽怒不骂，胎教
之谓也。"这说明，西周宫廷中的胎教特别强调孕妇在孕期应注意端正自己的视
听言行，严格遵守礼仪法度。

此外，西周的胎教还非常注意孕妇的精神愉快及所接触的事物对胎儿的影
响，注意避免感伤和忧虑。贾谊认为，古代胎教的目的在于"正礼"，即孕妇生
活中的一切内容都应该符合"礼"的规范，因此凡孕妇"所求声音""所求滋
味"如果"不正"，均应设法拒绝，不能迁就。刘向也明白指出：

> 古者妇人妊子，寝不侧，坐不边，立不跸，不食邪味，割不正不食，
> 席不正不坐，目不视于邪色，耳不听于淫声。夜则令瞽诵诗，道正事。如
> 此，则生子形容端正，才德必过人矣。故妊子之时，必慎所感。感于善则
> 善，感于恶则恶。人生而肖万物者，皆其母感于物，故形音肖之。①

贾谊强调，人皆须"慎始敬终"，把胎教看成人生教育的基础，基础打好了

---

① 《列女传·母仪传·周室三母》。

就能善始善终。刘向也认为，古代胎教的目的是"生子形容端正，才德必过人矣"，实施胎教的宗旨在于"慎所感"，即重视胎儿通过母体对外界事物的感应。贾谊、刘向等人总结的胎教经验，主要是吸收了西周宫廷教育中的做法。这些做法不仅开了我国胎教理论之先河，即便在今天看来也是十分科学的。

五、西周宫廷幼儿教育

除胎教外，西周时期的宫廷幼儿教育活动也受到了充分重视。这首先表现为重视太子的启蒙教育。周代设有专门辅导和教谕君主及太子的官员，称为师、傅、保。其实早在西周以前，我国就曾设置有太师、太傅、太保等官职，合称"三公"，他们的副职分别是少师、少傅和少保，合称"三少"。贾谊说：

> 古之王者，太子初生，固举以礼，使士负之，有司斋肃端冕，见之南郊，见于天也。过阙则下，过庙则趋，孝子之道也。故自为赤子，而教固已行矣。昔者，周成王幼在襁褓之中，召公为太保，周公为太傅，太公为太师。保，保其身体；傅，傅之德义；师，道之教训。三公之职也。于是为置三少，皆上大夫也，曰少保、少傅、少师，是与太子燕也。①

这就是说，在实行胎教之后，太子一出生就受到严格正规的专业教育，并让"三公""三少"阐明孝仁礼义之道，逐去邪人。这样太子初生之时就能见正事、闻正言、行正道，左右前后皆正人，从而达到"少成若天性，习惯成自然"的涵养目标。各种保傅之官在太子还在襁褓之中时就提前任命，并且有了明确的分工。可以看出，西周宫廷对于太子的教育是颇有计划的。保傅之官因承担教育培养太子的重任，所以选拔和任命极为慎重。周成王的"三公"就都是历史上享有盛名的贤臣。保傅之官的选拔，也注重在"天下之端士、孝悌、博闻有术者"中甄选，从而保证太子从小就在一个好的环境中成长。贾谊认为西周之所以国运长久，正是因为君主有良好的保傅官员进行辅佐。如周成王之时，就是前有周公"导之道"，左有太公"辅之善"，右有召公"拂之过"，后有史佚"承之遗忘"。在这些贤相明臣的教育培养之下，太子方能"虚无失什，而举无过事"，其思虑和行为才可以避免失误和过错。

---

① 《新书·保傅》。

保傅之官的职责几乎贯穿于太子的一生，不仅在幼年阶段进行教育，更主要的任务在于青少年、成人阶段，甚至于太子即位之后仍有扶持、劝诫、教诲的重要任务。西周时期，保傅官辅佐君主之余，又兼有教育太子之责。为太子选师、保、傅陪伴左右，其目的就是为了使太子通过师、保、傅的教育潜移默化，成为言行端正、道德高尚的人。《新书·保傅》记载：太子"退习而端于太傅，太傅罚其不则而达其不及，则德智长而理道得矣"。王太子从太学回宫后，太傅要进行辅导，使其不良行为得到纠正，从而弄懂在学校未学明白的知识并逐渐熟练，使德性、知识得到开发，完全掌握所学知识。这种家庭教育补学校教育不足的情况，实现了学校教育与家庭教育之间的配合。

保、傅之官为宫廷太子的教育人员，很多时候只是在正式场合进行劝诫和教育，并不能在太子的衣食住行中都进行教育，这就要求在后宫内挑选适宜的女子来承担保育和教导太子的生活起居等事宜，这就是西周时期的所谓"备三母"制度。

《礼记》记载，西周时期，太子出生之后，就要从后宫妃妾之中挑选其"宽裕、慈惠、温良、恭敬、慎而寡言者，使为子师，其次为慈母，其次为保姆，皆居子室。他人无事不往"①。世子的子师、慈母、保姆皆居于"后宫"，分担母后的部分职责，统称为"三母"，与出入宫廷的师、傅、保相对应。据郑玄解释，"三母"的职责范围分工是："子师，教示以善道者；慈母，知其嗜欲者；保姆，安其居处者。"也就是说，"子师"主要负责世子行为规范的教育，"慈母'主要负责世子衣食及其他生活需要的供给，"保姆"则负责世子居室的安置料理。"三母"均陪同世子居住在专门的宫室中，承担培育世子的全部生活管理事务。郑玄认为，《礼记·内则》中已表明，世子九岁之前的教育，皆由子师、慈母、保姆担任。除"三母"之外，还要从大夫之妾或士之妻中选择乳母以哺育世子。被选中的乳母，一般都得离开自己的丈夫，不能与丈夫同居，因为同居会使乳量减少，不能满足世子乳儿吃奶的需要。乳母哺育世子至三岁断奶，然后出宫，国君要给予厚赏、封赠，有的被封为君、夫人，其待遇十分优厚。这些都充分说明，西周时期宫廷教育活动已出现了明确的职责分工，并影响了

---

① 《礼记·内则》。

后世的宫廷教育和皇子贵胄教育。

第三节　贵族家庭教育活动

先秦是我国家庭教育活动的滥觞期，不仅帝王非常重视对后代的教育，贵族阶层亦然。虽然三代实行的是世卿世禄的世袭制，但是一方面，由于贵族往往子嗣众多，而爵位一般却只能以"嫡长子"制或"兄终弟及"的方式传承于一人，所以，家庭中尚有其他许多成员需要接受教育，因而贵族阶层的家庭教育活动是不可或缺的；另一方面，即便是爵位的世袭继承者，如能德才兼备、举止有度，也为在位王公贵族们所期冀。此外，贵族家庭占有财富、拥有闲暇、享有资源，亦有足够的条件进行家教活动。因此，三代时期的贵族阶层，是非常注重开展家庭教育活动的。

一、舞乐侑食的家庭教育

夏为三代之始，是部落城邦联盟到封建国家的过渡期。夏氏族与其他部落城邦的关系，大多数类似于宗主国与朝贡国的关系；也有些方国受夏室分封而建，类似于后世的诸侯国。夏族的十一支姒姓部落，与夏后氏中央王室在血缘上有宗法关系，政治上有分封关系，经济上有贡赋关系。此即夏代贵族阶层的基本情况。

由于特殊历史背景、政治生态和地理环境的影响，夏朝成为一个动荡战乱、征伐不断的王朝。氏族间的仇杀、夏王室与周边部族、方国间的战争连续不断。仅就《史记·夏本纪》记载，夏代就有征服有扈氏、胤侯征伐羲和以及夏伐三苗的战争。三大战役均有相当大的规模。在此情形下，夏代必须以"重戎尚武"为立国之策，方能压制反抗，维持统治。此外，由上古时代而来的夏王朝，因受以前传统宗教观念的影响，其统治政策还涂上了一层较为浓厚的宗教色彩。受此影响，贵族阶层的家庭教育也须以"以射造士"为目标，宗教祭祀也成为其家教活动的重要内容。此方面的概况本卷前文已有阐述，为避免重复，此处着重阐述夏代贵族家庭活动的另一重要内容，即在日常生活中非常注重乐与舞，突出表现为以舞相庆、以乐侑食。①

所谓舞乐侑食，是说夏代贵族们即使在日常饮食活动中，也都要以乐助食、以舞相伴，也就是说在夏代贵族的各种活动中，都须伴以舞乐，须臾难离，不可或缺。关于夏代贵族好乐喜舞的状况，在《周礼》中有很多记载，如《春官·大司乐》云："王大食，三宥，皆令奏钟鼓。"《天官·膳夫》说："王日一举，鼎十有二，物皆有俎，以乐侑食。"《春官·磬师》也称："凡祭祀飨食，奏燕乐。"可见，在夏代显贵阶层之间，以乐侑食是甚为流行的。贵族显宦间的这种风气，从夏代立国之初就开始了。例如，《吕氏春秋·先己》篇记载，夏启在"甘泽之战"中讨伐有扈氏而不胜之后，于是"处不重席，食不贰味，琴瑟不张，钟鼓不修，子女不饬，亲亲长长，尊贤使能"，最终战胜了有扈氏。把停止乐舞享受作为战胜强敌的重要措施，可见乐舞在夏代贵族生活中所占比重的确很大。《墨子·非乐上》也说，夏启"淫溢康乐，野于饮食；将将锽锽，管磬以方；湛浊于酒，渝食于野；万舞翼翼，章闻于天"。虽然墨家此言旨在批判夏启所为，将其归为"天弗用式"、靡费民财的奢侈之举，但也从一个侧面证明早在夏初，贵族间就有了"以乐侑食"之类的行为。

整个夏代，耽于舞乐享受的行为在贵族间可谓是屡禁不止甚至愈演愈烈。这有很多史料可以证明。例如，《竹书纪年》记载，少康二年"方夷来宾，献其乐舞"。又记帝发时，"诸侯宾于王门，再保墉会于上池，诸夷入舞"。可见，贵族舞乐活动的场面是很频繁的。又如，《尚书·五子之歌》记载，"太康失国"后，五个弟弟各作诗一首对其责难，第二首诗中就有"内作色荒，外作禽荒；甘酒嗜音，峻宇雕墙"的语句，"内作色荒""甘酒嗜音"成为失国一大罪状，足可窥见夏代贵族"舞乐侑食"的影子。再如，对于最终失国的夏桀，后人多有批评，批评的矛头则多是指向他耽于舞乐，即所谓"女乐充宫室，文绣衣裳"②，"女乐三万人，晨噪于端门，乐闻于三衢"③，"纵靡靡之乐，一鼓而牛饮

---

① 参见宋振豪：《夏商社会生活史》（上），中国社会科学出版社 1994 年版，第 455—470 页。
②《盐铁论·力耕》。
③《管子·轻重甲》。

者三千人"①，等等。这些批评虽难免有夸张之处，但也进一步证明，整个夏代确实是乐舞繁盛、琴瑟盈耳的。

以上所述夏代贵族活动的情形，也可从考古发掘的文物中得到证明。如舞乐所用之器，在二里头等地的一些贵族墓葬中就屡有发现，诸如石磬、玉磬、漆鼓、兽面铜牌、带侧扉铜铃、一音孔陶埙等。文献研究表明，夏代的这种饮食重乐风气，不只行于王都，亦流行于其他地区的贵族阶层。活动必有乐舞，乐舞装点活动，可视为夏代贵族日常生活的基本写照。每逢重大舞宴活动时，众贵族不但踊跃前往，还粉墨登场，或饰以鸟兽道具，以添其趣；或翔舞其间，参与到舞者行列，即所谓"大鼓、钟磬、管箫，以钜为美，以众为观"。这种"群臣相持而唱于庭"的活动，多少保持有原始时代"举族共乐"的意味。

图 8-2　夏代贵族的配玉

在这些活动中，乐曲多以鼓、磬、铃、埙等乐器的交奏和鸣为常见，现场备有各式各样的舞饰和舞具，还伴有乐歌和乐舞。乐歌今已大多不传，但在《诗经》的《大雅》中还能见到模糊的影子；乐舞的舞步则脱胎于"足不相过"的"禹步"，即大禹治水时因"手不爪，胫不生毛，生偏枯之病"②而走出的步伐。到了晋代，葛洪在《抱朴子·仙药篇》中还整理出了"禹步"的如下舞谱：

前举左，右过左，左就右；次举右，左过右，右就左；次举右，右过左，左就右。如此三步，当满二丈一尺，后有九迹。

学者认为，这很像一些地方的巫觋舞蹈时常用的细碎而急促的舞步，也类似于今天民间舞蹈中常见的"十字步"。

既然夏代贵族阶层中乐舞如此流行，而乐与舞都有不低的"技术含量"，须花费相当时间才能掌握，所以在贵族家庭教育活动中，此类内容的授受便占有非常重要的地位。须知，不掌握此类内容的欣赏、鉴别及相关的实际活动技能，既与其贵族身份不相称，也不便参加各种公开的舞宴活动，会被其他贵族所不屑。因此，舞乐侑食乃是夏代贵族家教的一项重要内容。

---

① 《新序·刺奢》。
② 《尸子》附文《汪继培辑诸书文汇〈尸子〉书散言》。

二、卜筮乐教：商代的家庭教育

如前所言，商代是我国历史上宗教氛围最浓厚的朝代，天命、鬼神的崇拜之风充斥朝野。尊神重鬼的教育，不仅是为了祈求祖先带来福报，更重要的是凸显统治者受命于天，从而抑制奴隶的反抗。商代的所有教育活动，包括贵族的家庭教育活动，都是在这样的总体背景下进行的。

在浓厚的尊神背景下，所有的事情都需占卜。既然凡事皆要问卜，执行占卜的神职人员，如巫、史等，在商代政治事务中也就具有了很大的发言权。与人们一般以为的不同，这些神职人员同时又是政界显要，其身份相当于后世的公卿、上大夫、太宰、尚书令、丞相或宰相，其地位高、职权重，是由具备丰富知识的商代贵族出任的。毫无疑问，这些职务并非人生来就可以担任的。占卜人员需要专门技巧，要能识字刻字，学习写读专门的卜辞，还要知道一些天文、物象、历法及算术知识等。更重要的是，他们必须接受严格的宗教训练和礼仪教育。只有以上条件全部满足，才能成为合格的神职人员。《礼记》中有关于占卜及其作用的记载，云：

> 卜筮不过三，卜筮不相袭。龟为卜，筮为筮。卜筮者，先圣王之所以使民信时日，敬鬼神，畏法令也；所以使民决嫌疑，定犹与也。故曰：疑而筮之，则弗非也；日而行事，则必践之。[1]

图 8-3　商代卜筮龟甲

意思是说，卜、筮不能超过三次，用卜、用筮不能重复。卜、筮是圣王用来使百姓相信择定时日、崇敬鬼神、敬服法令的，让百姓知道该不该做。所以说，卜、筮的时候不能怀疑，要以虔敬之心对待，而且择定日子行事，就一定要做到。这是对于卜、筮要求与作用的清晰记载。帝太戊时，"巫咸治王家有成"，"帝祖乙立，殷复兴，巫贤任职"，[2] 表明巫在国家政治生活中具有极为重要的地位。商代的无事不卜、无时不卜，更加重了"率民事神"的教育活动

---

① 《礼记·曲礼上》。
② 《史记·殷本纪》。

特征。

除以上背景外，乐教也是贵族阶层的重要学习内容，即所谓"以乐造士"。乐教与宗教祭祀活动合在一起，共同成为奴隶主阶层维持统治的基本手段。"国之大事，惟祀与戎"的记载，更表明了商与夏在国家大事方面的不同抉择。其实，以天道来比拟人道，把天视为高于人世的无上权威，并非自商代始。如《周易》中就记载说：

> 古者，庖牺氏之王天下也，仰则观象于天，俯则观法于地，观鸟兽之文，与地之宜，近取诸身，远取诸物，于是始作八卦，以通神明之德，以类万物之情。[1]

这一记载生动地说明，古代"天人合一"的思想很早就出现了。天道与人道的沟通需要一定的仪式（如祝祷、占卜等）来实现。事实上，卜筮也好，乐教也罢，在商代都是贵族阶层的专利，出任相应官职也是贵族的特权，因此，这些内容不能不渗透到贵族家庭教育的活动之中。

三、礼乐育人的家庭教育

西周时期是我国奴隶社会走向成熟的阶段。这一时期，从经济、政治到民间生活都形成了一整套完整的制度，如井田制、分封制、宗法世袭制及各方面的礼制都甚为完备，标志着我国奴隶社会兴盛时代的到来。在此背景下，家庭教育活动从内容到形式都有了进一步发展，达到了前所未有的制度化、规范化程度。内容丰富、形式多样、实施严格，可视为这一时期贵族家庭教育活动的突出特征。

西周文教政策是"重德崇礼"的，"以礼造士"则是这一时期官学教育活动的指导思想和目标指向。在此情形下，西周贵族的家庭教育活动不能不受到这种文化背景的影响。《礼记·文王世子》记载："凡三王教世子，必以礼乐。乐所以修内也，礼所以修外也。礼乐交错于中，发形于外，是故其成也怿，恭敬而温文。"这直白地说明了礼、乐在人才养成中既不同又互补的作用。由于礼乐教育能够养成恭敬有礼、温文尔雅的性格，有利于政治的稳定和国祚长久，因

---

①《周易·系辞下》。

而受到统治阶层的高度重视。此外，《礼记·乐记》还有"礼以道其志，乐以和其声，政以一其行，刑以防其奸。礼乐刑政，其极一也：所以同民心而出治道也"的话语，也明白说出了礼乐教育与政治刑法具有同等重要的意义。

"礼"始于所谓"敬父母""谨夫妇""礼舅姑"。对于家庭内部日常生活中晚辈侍奉长辈的礼仪，《礼记·内则》中作了如下详细的规定：

> 子事父母：鸡初鸣，咸盥漱。栉、縰、笄、总、拂髦，冠、緌、缨，端、韠、绅、搢笏。左右佩用，左佩纷帨、刀、砺、小觿、金燧，右佩玦、捍、管、遰、大觿、木燧。偪、屦，著綦。
>
> ············
>
> 父母、舅姑将坐，奉席请何向；将衽，长者奉席请何趾。少者执床与坐，御者举几，敛席与簟，悬衾、篋枕，敛簟而襡之。
>
> 父母、舅姑之衣、衾、簟、席、枕、几，不传；杖、屦，祗敬之，勿敢近；敦、牟、卮、匜，非馂莫敢用。与恒食饮，非馂莫之敢饮食。父母在，朝夕恒食，子妇佐馂，既食恒馂。父没母存，冢子御食，群子妇佐馂如初。旨甘滑，孺子馂。
>
> 在父母、舅姑之所，有命之，应"唯"。敬对，进退周旋慎齐（斋）。升降、出入、揖游，不敢哕、噫、嚏、咳、欠、伸、跛、倚、睇视，不敢唾、洟。寒不敢袭，痒不敢搔。不有敬事，不敢袒裼。不涉不撅，亵衣衾不见里。

由此可见，大到言语行为的要求，小到饮食器具的摆放、随身饰品的佩戴乃至针头线脑的准备，《礼记》中都对晚辈作了极细的规定。在家庭内部对这些具体生活细节的规训，当然有利于培养子女对父母言听计从的品性，养成温顺忠厚的性格，从而进一步达到"取忠臣于孝子之门"的目的。

雅乐是西周时期乐教的一大主要特色。它表演时气氛庄重、神秘、隆重，广泛应用于社交、典礼、祭祀、郊社等场合，是宫廷礼乐文化的重要组成部分。《礼记·乐记》有云：

> 大乐与天地同和，大礼与天地同节。和，故百物不失；节，故祀天祭地。明，则有礼乐；幽，则有鬼神。如此，则四海之内，合敬同爱矣。礼者，殊事合敬者也；乐者，异文合爱者也。礼乐之情同，故明王以相沿也；

故事与时并，名与功偕。

可见，周人对礼乐的意义和作用有极深刻的认识。这种庄严繁杂的礼仪活动，需要专门的学习和训练才能熟练掌握，因而是西周宫廷教育活动的重要内容。《乐记》接着说：

> 故钟鼓管磬，羽籥干戚，乐之器也；屈伸俯仰，缀兆舒疾，乐之文也。籩簋俎豆，制度文章，礼之器也；升降上下，周还裼袭，礼之文也。故知礼乐之情者，能作；识礼乐之文者，能述。作者之谓圣，述者之谓明。明圣者，述作之谓也。

在"重德崇礼""郁郁乎文哉"的西周，贵族之家的教育活动必然以日常生活中的礼仪为主要内容。由于史料不足，我们对其情形已难述其详。不过，《礼记·文王世子》中记载了宫廷世子日常生活中的一些礼仪细节，从中既可得知西周宫廷生活的礼节要求，也可推知贵族之家教育活动的基本状况。该篇云：

> 文王之为世子，朝于王季（文王之父），日三。鸡初鸣而衣服，至于寝门外，问内竖之御者曰："今日安否？何如？"内竖曰："安。"文王乃喜。及日中又至，亦如之。及莫（暮）又至，亦如之。其有不安节，则内竖以告文王，文王色忧，行不能正履。王季复膳，然后亦复初。食上，必在视寒暖之节；食下，问所膳，命膳宰曰："末有原！"应曰："诺！"然后退。

> 武王帅而行之，不敢有加焉。文王有疾，武王不说（脱）冠带而养。文王一饭，亦一饭；文王再饭，亦再饭。旬有二日，乃间。

由此可见，文王与武王做世子时，侍奉父母都是衣不解带、事无巨细、详问备至的，这说明，西周的贵族家庭教育活动不仅注意礼仪礼节的养成，而且非常强调父慈、子孝之类孝悌之道的学习。

四、春秋时期的家庭教育

如前所述，到春秋初年，"学在官府"的教育已经开始解体，其根本原因在于经济权力的下移以及由此导致的政治权力和文化权力的下移。春秋时期铁制农具和牛耕技术应用于农业生产，使得私田不断增加而超过了公田，"溥天之下，莫非王土"的格局逐渐被打破，进而出现了"私门富于公室"的状况。伴随着这一趋势，统治者的政治权力也逐渐式微，最初是周天子不能维持"礼乐征伐自天子出"的共主地位，后来各诸侯国也无法维持"礼乐征伐自诸侯出"的局面，进而出现了所谓"天下无道""陪臣执国命"① 的现象。在此背景下，无论国学或乡学都难以维持，文化职官被迫流落四方、自谋生路，以传授文化知识为业，出现了所谓"天子失官，学在四夷"的状况。这种历史现象，被称为"文化下移"。如上三种现象交织在一起，共同促成了"学在官府"制度的解体。

　　春秋时期的如上社会背景，不仅导致了官学的衰败和私学的勃兴，而且也深深影响到贵族家庭教育。一方面，社会动乱日益频繁，统治者自保尚且不足，根本无暇顾及家庭教育；另一方面，奴隶主贵族在世卿世禄制度下享有世袭富贵的特权，学习文化知识与其权位继承没有直接关系。在春秋时代的大动荡背景下，这些人往往依然养尊处优、苟且偷生、纸醉金迷，缺乏进取精神和学习的兴趣，从而直接导致了家庭教育活动的偏废。例如，周大夫原伯鲁就公开承认自己"不悦学"，并申言"可以无学，无学不害；不害而不学，则苟而可"②。"可以无学，无学不害"这句"名言"，可以说是春秋贵族阶层对待所有教育活动之态度的典型写照，当然也包括家教活动在内。

　　事实上，历经数百年的演变，到春秋时期，"六艺"教育已日趋形式化；以往文武并重的教育内容，到这一时期已变成干巴巴的道德说教；原来具有实战性质的"贯革"之射，此时也已演变为"观德"的"礼射"。例如，在举行公开的礼射活动时，就有"君使士射，不能，则辞以疾"③ 的现象，即是说，"装病退场"已完全合"礼"化了。这也是贵族家庭教育活动江河日下的重要原因。

　　不过严格说来，春秋时期在贵族之家还是存在家庭教育活动的，只是相比三代已大为逊色。据《左传》有关篇章记载，齐僖公曾使鲍叔牙教小白，请高厚出任太子的老师，这是齐国的状况；楚庄王年幼时，拜王子燮为师；及即位后，又使士亹教授太子箴，这是楚国的状况。师傅之外，这一时期还有"保"的设置；晋国于师傅之外，还设有公族大夫专司教育。如《左传》记载说："荀家、荀会、栾魇、韩无忌为公族大夫，使训卿之子弟，恭俭孝弟。"这说明在当

────────────

① 《论语·季氏》。
② 《左传·昭公十八年》。
③ 《礼记·曲礼下》。

时礼崩乐坏的情况下，三代贵族教育的基本建制还在，只是具体的教育效果无从得知。

随着贵族家境的迅速衰落和私学活动的异军突起，贵族阶层的家教状况更加糟糕，以至于不得不同私学靠拢，寻求私学的帮助。鲁国执政人大夫孟僖子临终前，命其二子孟懿子和南宫敬叔降尊纡贵地跟随孔子学习，就是一个突出的例证。这足以反映出，到春秋时期，贵族家庭教育活动确已如明日黄花了。

第四节　职官家庭教育活动

所谓职官，是指在国家机构中担任某种职务、具有相应权力的官员。广义的职官是指承担国家管理事务的所有各级官员；狭义的职官则是指国家机构中的中低级官员，是负责某些具体事务的专门性的职业官员。本节所说的职官，是就其狭义而言的。

职官制度是中国古代政治制度的重要组成部分。我国国家产生于夏代，职官的正式设置是随着国家的产生才出现的，所以考察职官家教活动只能从夏代开始，对夏代以前的类似内容仅随文约略交代。春秋时期，天子大权旁落，诸侯各自为政，各国职官变动状况十分混乱，对其家教状况很难作出系统的考察。因此，此处考察职官的家教活动，上起夏代，下迄春秋之前。

一、夏代职官的家庭教育

各类职官大多是"知识型""专业型""技术类"官员，既为高级贵族所不齿，也为他们所不能。因为这些知识和技能是家世相传、世守其业的，此即前文所述的"畴人之学"。文献记载，夏、商两代都设置了掌管生产、科技、音乐的官员。如夏有"四正"、后稷、啬夫、瞽等，这些都是"畴人"或"畴官"。畴人之家之所以世代独占和传承一种技艺，不仅因为借此可以保证技艺精益求精，还因为在文字尚未广泛传播的时代，只有世代相袭、父子相继，才能保证知识与技能薪火相传。[①] 畴人世学的直接目的，就是在继承累世家传的职业知识和技能的同时，保证家族能够长期拥有这种官职。

由于夏代的"世禄世官"制度尚在形成之中，执技之官是否世袭、是否属于畴官，目前还无法确定，而各种执技官是否在官府中将其职事的技艺传授给其他人，亦无历史文献可查。

夏代已设有专职官员负责天文、历法和物候，称为"天官""史官"。据《史记·天官书》记载："昔之传天数者：高辛之前，重黎；于唐、虞，羲和；有夏，昆吾。"相传，有虞氏就以天文、历法知识丰富著称。司马迁在《史记》中回顾自己的家史时曾经明言：

> 昔在颛顼，命南正重以司天，北正黎以司地。唐虞之际，绍重黎之后，使复典之。至于夏商，故重黎氏世序天地。其在周，程伯休甫其后也。当周宣王时，失其守而为司马氏。司马氏世典周史。惠、襄之间，司马氏去周适晋。晋中军随会奔秦，而司马氏入少梁。[②]

图 8-4　韩城司马迁祠

司马迁通过自己家族谱系的详细描述，揭示了夏、商、西周时期"学术官守、父子相传"的历史实况。《礼记·王制》记载，"凡执技以事上者，祝、史、射、御、医、卜及百工"，并规定他们"不贰事，不移官，出乡不与士齿"。这些都足以说明，"畴人世学"是夏代职官家庭教育的重要活动内容。

二、商代职官的家庭教育

在夏、商时期，"畴人"即职官分布于社会管理的各个部门，主要负责宗教、祭祀、天文、历法、手工业管理和农牧业管理等。《史记·历书》《史记·龟策列传》《汉书·律历志》等史籍，都将精通天文、历法，擅长卜筮、术数的官员称为"畴人"。可见，商代的畴官多分布在"专业性"相当强的部门，是为王朝统治服务的重要力量。

---

① 参见米靖：《中国职业教育史研究》，上海教育出版社 2009 年版，第 13 页。
②《史记·太史公自序》。

在商代，有关宗教、文化、教育的工作基本上由巫史来承担，地位和权力仅次于王，是神权的体现者、神意的表达者，其使命是论证王朝统治的合法性，职责则是占卜、祭祀、领兵、掌管历法、教育王子等。从史料记载来看，商代的羲和（掌历法）、作册（掌记事）、守藏史（保管档案）、大理（掌管诉讼）、遒人（掌出使）、官师（掌教育教化）、师（王的老师）、保衡或阿衡（保护、辅导幼王）等，均由巫史担任。掌管农业、畜牧业、手工业的官员则来自于较低层次的贵族，如"啬夫"（征收贡赋的财务官）、"小耤臣"（管理奴隶和农业）、"百工"（管理手工业奴隶）等职事，皆由贵族充任。

与夏代一样，商代畴官的家庭教育活动也是以父传子学的方式进行的，子承父业、官职世袭，即所谓"官守宿业"。普通百姓无法了解和学习天文、历法等"专业性"知识，因此才有"唯圣人知四时"的说法，这意味着贵族始终拥有掌握天时、管理民政的权力。

如前所述，到了商代，我国的文字发展得已较为成熟，这就使得商代的职官家庭教育活动有了前所未有的重要手段和凭借，进而使此期的家教活动具有了自身特征，就是说，可以依靠成熟的文字进行教学活动了。目前，考古学家从河南安阳小南屯共出土甲骨16万多片，今人识别的及已拓印的不足十分之一。从出土的甲骨看，商代单字数量已达4672个，已经辨认的有1072个，已被收入《古文字类编》。[1] 除甲骨文外，还有大量的陶文、金文以及刻在玉和石上的文字。可以推断，这些文字的创制，肯定为当时职官的家教活动提供了极大便利。

三、西周职官的家庭教育

与前代相似，西周时期的职官家教活动依然局限于"畴官"家族内部的父子相传上。"畴官"是周王室专门设立的，是维护贵族统治的官员，为王朝的各种活动提供服务，类似于西方的宫廷乐师、宫廷画师。西周末年，王室衰微，宫廷财力不足，不能养活众官，于是畴官及其子弟分散民间，成为依靠家传技艺谋生之人。这也就是所谓的"天子失官，学在四夷"。《论语·微子》记载：

---

[1] 孙培青主编：《中国教育史》（修订版），华东师范大学出版社 2000 年版，第 13 页。

"大师挚适齐，亚饭干适楚，三饭缭适蔡，四饭缺适秦。鼓方叔入于河，播鼗武入于汉，少师阳、击磬襄入于海。""大师""亚饭""三饭""四饭""鼓方"等都是畴官，是当时宫廷设置的世袭乐师。他们为生活所迫，星散四方，开始招收他人为徒，开了春秋私学教育活动之先河。

畴官凭着自己所掌握的技术，可以用来谋生，也可以步入仕途。这类官员的家庭教育活动，除教授其子为人处世的一般道理外，主要还是传授那些专门的技艺；教育方式主要是子就父学，注重基本功的训练与实践。这种训练从孩子很小时就开始。一般说来，这类人的家教活动具有相当的保密性，传子不传女，甚至有些"绝技"只授长子、不授次子，更不可能授予外人，由此方能使畴官之位代代沿袭，保证俸禄永继、家道不衰。

总之，三代职官的家教活动都十分相似，通常的做法是：为官之父兼而为师，传其所学；职官之子就其父学，学习为官技能。这是三代"世卿世禄制"的变种——"世官世禄"制在职官家庭教育中的反映。这种极具保密性的家庭技艺的传授，虽然能有效促成技艺的提高，然而一旦后继无人、家业中断，就会造成绝技失传，正如《史记》所指出的："略闻夏、殷欲卜者，乃取蓍龟。已则弃去之，以为龟藏则不灵，蓍久则不神。……虽父子畴官，世世相传，其精微深妙，多所遗失。"① 这种做法的最大后果是，历史上经过千难万劫留存下来的一些籍册，后人读起来已形同"天书"；发掘出来的一些器物用具，后人也常常感到目瞪口呆，不知其所据何由、所用何在。这不能不说是此类家教活动所导致的一个巨大的历史遗憾。

第五节　士的家庭教育活动

如前所述，春秋战国时期我国在文化教育方面的最大变化，就是士阶层的崛起和士之作用的日益凸显。这样，社会上就由用士、好士、礼士而很快形成

① 《史记·龟策列传》。

了竞相养士、重士的风气。在此背景下，士阶层也越来越注重家庭教育，以使后代也能一显身手，走上"学优而显""流声后裔"的道路。

一、"学而优则仕"

春秋这种"王纲解纽""天下失序"的历史条件，为士提供了施展才华的广阔舞台。后世所描绘的"朝为田舍郎，暮登天子堂"的状况，也成为这一时期屡见不鲜的社会现象。士既成为一种职业，而且身价很高，所以大批自由民争相学习；而三代的传统教育不仅日趋没落、内容空疏，而且依然抱守等级观念，排斥自由民的学习参与。这就极大地刺激了士阶层家庭教育活动的骤兴，最终推动了我国古代文化和教育的大发展、大繁荣，使我国家庭教育活动走向了一个新的发展阶段。

在此情形下，"学而优则仕"观点的提出，成为推动士阶层家庭教育活动的巨大动力。"仕而优则学，学而优则仕"，是《论语·子张》中的话，虽然出自子夏之口，但确为孔子所认同，以后不胫而走，成为人们进行家庭教育活动的基本理念。这一理念包含了多重意思：一是学习是做官从政的必要准备，做官从政则是学习的重要目的；二是从政有余力便要去学习，能够驾轻就熟了就须去为政；三是学习与为政之间没有非此即彼的截然分野，二者彼此相通；四是揭示和体现了学与用的关系，即要通过教育改造社会、实行德政。简言之，它冲击了奴隶主贵族的世袭制度，打破了"氏以别贵贱，氏以别智愚"的宗法观念，推动了社会由"亲亲"到"举贤"的政治变革。

这种通过学习文化知识来开启从基层士民家庭到上层统治阶层的通道，在当时不仅具有打破世卿世禄制或世官世禄制的进步作用，而且为家庭教育活动提供了强大动力。比起孔子"君命召，不俟驾行矣"[①] 以及孟子的"说大人，则藐之"更显大气。其实这也说明，从春秋到战国时期，士作为一个群体身份地位正在显著提升。到汉代时，邹鲁之地民间还有"遗子黄金满籝，不如教子一经"的说法，说明通过学习文化知识提升地位的通道已基本打开。事实上，春秋时期，士群体的主要来源是没落的奴隶主贵族群体，他们本身就具有学习文

---

① 《论语·乡党》。

化知识的能力，为士阶层开展有意识的家庭教育活动提供了条件。

二、孔子的家庭教育

孔子不仅是我国古代最伟大的思想家与教育家，也可视为春秋时期由"士"而显的典型代表。目前，学术界对孔子的哲学、政治、军事、经济、教育等方面的思想已有很多研究，而对孔子家教思想及家教活动的研究还很不足。我们试对这一问题做些尝试探析。

众所周知，孔子是爱徒如子、诲人不倦的师德楷模。大量事实证明，孔子对待学生是本着平等、和善、爱护态度的；弟子们对孔子也非常爱戴，视之如父。孔子襟怀坦荡的师风，不私其子的行为，关爱有加的态度，不仅折服了跟随他的弟子，而且为其教育活动增添了融洽、和谐的因素。所以孔子的私学教育活动，实则可以视为广义的家庭教育。

其实，即使就狭义而言，孔子的教育活动也带有浓厚的家庭教育色彩，这从孔子的教学场景和教学内容都能看出来。例如，就教学场景而言，只要留心《论语》中的一些记载就能发现，孔子的不少活动就是在他家中进行的，最明显的例子无过于孔鲤"趋而过庭"的事迹；就教学内容而论，孝、悌等规范本是有关家庭伦理的，但这也是孔门教学和讨论的主要话题之一。这在《论语》中有很多记载，如《为政》篇云：

> 孟懿子问孝。子曰："无违。"樊迟御，子告之曰："孟孙问孝于我，我对曰'无违'。"樊迟曰："何谓也？"子曰："生，事之以礼；死，葬之以礼，祭之以礼。"
>
> 孟武伯问孝。子曰："父母唯其疾之忧。"
>
> 子游问孝，子曰："今之孝者，是谓能养。至于犬马，皆能有养，不敬，何以别乎？"子夏问孝，子曰："色难。有事，弟子服其劳；有酒食，先生馔，曾是以为孝乎？"

这些对话虽被辑录在同一篇中，但并非同一时期的活动，前后相隔数十年，这在本书第四章已有分析。这些对话一方面凸显出孔子"依情而定，区别以待"的教育特点，另一方面也体现出孔子在论述孝道时，注重以社会规范来规训家庭伦理，以人伦之礼来阐释社会要求。如以上引文所显示的，孔子认为所谓孝绝不能仅仅停留在物质奉养上，也不能搞罔顾礼制的豪奢之举，只有发自真心、脸色和顺、恪守礼仪的孝，才是真正的孝道。

由此可见，把家庭伦理的构建作为社会规范建构的基础，可视为儒家教化理论的一大特色；换言之，儒家的伦理学说就是建立在家庭血缘伦理之上的。我们认为，孔子上述思想固然是他长期思考的结果，但也与从小所受的教育和他的家庭背景有关。就此略作叙述，也许能使我们更加明白孔子家庭教育思想的生成环境。

孔子出生于一个没落的贵族家庭。其先祖曾是殷商王室成员，到孔子时家庭已彻底沦落至士的阶层。《史记·孔子世家》记载，武士叔梁纥与颜氏女野合而生孔子。孔子三岁时，其父去世，颜氏不为叔梁纥正妻施氏所容，举家搬往阙里居住，生活极为艰辛。但孔子志趣与他人不同，据说为儿嬉戏时，常"陈俎豆，设礼容"。这一方面说明，孔子生活的曲阜在当时是东方礼乐文化的中心，另一方面也表明，孔子从小就对礼仪文化深感兴趣。

孔子十七岁那年，其母颜徵在去世，孔子生活更加无着。他曾自称"吾少也贱，故多能鄙事"①。据说，他曾经给叔孙家放牧过牛羊，给乡里的婚丧活动做过吹鼓手、司仪等，但不见于相关信史记载。《史记·孔子世家》说，孔子"及长，尝为季氏吏，料量平；尝为司职吏，而畜蕃息"。《阙里志年谱》载，孔子"二十岁为委吏，二十一岁为乘田吏"。《孟子·万章下》也追述孔子说："尝为委吏矣，曰：'会计，当而已矣。'尝为乘田矣，曰：'牛羊茁壮，长而已矣。'"看来，孔子的确是做过"委吏""乘田"之类贵族们不愿做的低级职务。这初步显现出孔子的实际才干和人生态度。

艰苦的生活、"飨士"活动时遭到拒绝等早年经历并没有磨去孔子的意志，相反，他更加努力地学习，默默承受着来自逆境的锻炼与磨砺。在此需要一提的是，年轻时的孔子曾面临一个很棘手的问题，就是母亲去世后如何安葬一事。按照当时的礼俗，夫妻死

图 8-5 叔梁纥夫妇合葬墓

①《论语·子罕》。

后要合葬，称为"合礼"或"祔葬"。像孔子父母这种年龄相殊很大的婚姻，合葬就更有必要，否则颜氏就不能得到叔梁纥之妻的名分。作为一个自认为有身份的贵族成员，孔子想按照严格的贵族礼仪为母亲殡葬。他曾言：

> 古者不祔葬，为不忍先死者之复见也。诗云："死则同穴。"自周公以来，祔葬矣。故卫人之祔也，离之，有以间焉；鲁人之祔也，合之，美夫。吾从鲁。[1]

春秋时期，贵族对于葬礼是非常重视的，因为这不仅能凸显"孝"这一至高的伦理观念，也关乎生者的身份、名誉和声望。但是葬礼的仪式也相当复杂烦琐，绝非一般人能够掌握。孔子对于葬礼仪式自然熟谙，因为这是他幼年时就极感兴趣的东西，可是，出于种种考虑，颜徵在生前一直讳谈叔梁纥葬在何处，春秋时期又有"墓而不坟"的礼俗，时间一久，连孔子也"疑其父墓处"了。在此情形下，孔子只好先将母亲的棺材放在一个叫作"五父之衢"的地方，然后费了极大的周折，才打听到父亲的墓地，最终将父母合葬。可见，年轻时的孔子就已极为注意践行礼仪，将其贯穿在日常生活之中。

孔子十九岁时娶宋人亓官氏之女为妻，一年后生子。鲁昭公派人送鲤鱼表示祝贺，孔子便给儿子取名为鲤，字伯鱼。这是孔子唯一的儿子。那么，孔子是如何对独子进行家庭教育的呢？可惜史籍记载极少。尽管如此，也有一些材料流传至今，能让我们略窥其宗教活动之一斑。《论语·季氏》篇云：

> 陈亢问于伯鱼曰："子亦有异闻乎？"对曰："未也。尝独立，鲤趋而过庭。曰：'学《诗》乎？'对曰：'未也。''不学《诗》，无以言。'鲤退而学《诗》。他日又独立，鲤趋而过庭。曰：'学《礼》乎？'对曰：'未也。''不学《礼》，无以立。'鲤退而学《礼》。闻斯二者。"陈亢退而喜曰："问一得三。闻诗，闻礼，又闻君子之远其子也。"

此即后人"君子不私其子"或"君子远其子"以及"过庭诗礼"和"庭训"典故的来历。从上述对话中可以看到，即便在对亲子所进行的家庭教育中，孔子也是与其他弟子无异的，即都是特别强调礼仪在人日常生活中的作用，注重将读书与做人结合起来。从记载于《孔子家语·曲礼子贡问》中的另外两则史

---

[1]《孔子家语·曲礼公西赤问》。

料，亦能看出孔子"君子不私其子"的品格。该篇云：

> 子路有姊之丧，可以除之矣，而弗除。孔子曰："何不除乎？"子路曰："吾寡兄弟，而弗忍也。"孔子曰："行道之人，皆弗忍。先王制礼，过之者俯而就之，不至者企而及之。"子路闻之，遂除之。

图 8-6　"过庭诗礼"图

> 伯鱼之丧母也，期而犹哭。夫子闻之，曰："谁也？"门人曰："鲤也。"孔子曰："嘻！其甚也，非礼也！"伯鱼闻之，遂除之。

可以看出，孔子对子路和伯鱼的教育要求都是一致的，就是即便对于亲人去世这样的大事，孔子也不希望因悲伤过度而违礼，而是主张以礼节情、依礼行事。

《孔子家语·致思》中还载有一条较长的史料，从中也可看出孔子对儿子所寄予的希望。原文如下：

> 孔子谓伯鱼曰："鲤乎！吾闻可以与人终日不倦者，其惟学焉！其容体不足观也，其勇力不足惮也，其先祖不足称也，其族姓不足道也。终而有大名，以显闻四方、流声后裔者，岂非学之效也？故君子不可以不学，其容不可以不饬。不饬无类，无类失亲，失亲不忠，不忠失礼，失礼不立。夫远而有光者，饬也；近而愈明者，学也。譬之污池，水潦注焉，萑苇生焉，虽或以观之，孰知其源乎？"

此段话语虽长，其意思却很平白，就是希望伯鱼努力学习、注意仪表、依礼行事，这与前引数例亦无甚不同。

众所周知，孔子中年后率徒周游列国，长达 14 年。其间，伯鱼在家侍奉母亲亓官氏，并生有一子，即被后世尊为"述圣"的子思。史料记载，孔子返鲁后曾与伯鱼有过一段对话，意思还是督促伯鱼学习、修身。对话载于清代学者郑晓如所著的《阙里述闻》中，曰：

> 孔子责伯鱼曰："女为《周南》《召南》矣乎？不为《周南》《召南》，其犹正墙面而立也与！"伯鱼闻教，益修其身。

《周南》《召南》是《诗经》开首的前两篇，共辑录了25首"情诗"，都是些描述男女之间纯贞爱情的诗篇。孔子以此责伯鱼，很可能是因为伯鱼前妻"无德"而"不可化"，因而以诗中所蕴含的"思无邪"的真挚感情和男女之间的伦常之礼教育伯鱼，希望他能与后妻和睦相处。伯鱼此时已四十九岁，但依然恪守父训，努力学习。不料，次年伯鱼就撒手尘寰，使孔子受到很大的精神打击。

以上即为孔子对儿子进行家教活动的基本情况。可见，孔子的确未对其子开过"小灶"。与此形成对照的是，有很多材料表明，孔子对其爱徒（如颜回、子路等）的教诲远多于伯鱼，感情之深厚也甚于伯鱼。从史籍所载的各种材料看，孔子的家教活动具有以下几方面的突出特点：一是主张以礼节行、践行礼仪；二是强调真情事亲、伦理至上；三是注重环境育人、"里仁为美"；四是力倡终生学习、立志高远。由此，我们既不难再次体会到儒家学派的思想基调，也可以窥见春秋时代士阶层之崛起对儒家家教活动的影响。

三、"士无定主""以显为用"

如果说春秋时期士作为一个颇有能量的阶层已经在列国政治中崭露头角的话，那么到战国时期，这一趋势可谓有增而无减。在政治角逐日趋激烈的背景下，各国为了自身利益，往往不断地与他国结成一定的政治军事联盟，"朝秦暮楚""邦无定交"，成为这一时期政治的习见现象。为巩固统治、扩大自身力量，先是各诸侯国之间，后是一国之内公室之间，继而各豪强私门之间，都竞相掀起了养士用士之风。"得士则昌，失士则亡"，是各国统治者从列国兴衰中逐渐认识到的道理；养士而强、士多而霸，则成为战国时期各国政治演变的一条铁律。

在此，我们试将春秋和战国时期"士"的基本情况略加比较与总结，以揭示"士"阶层所经历的若干变化。综合各种情形可以发现，在由春秋到战国的历史进程中，"士"作为一个特殊的社会群体，至少出现了如下几方面变化：一、由春秋时期一个不稳定的阶层，日渐变成了一个独立性很强的阶层；二、由春秋时期"因学而显""以显为用"为目标的"栖栖惶惶""四处推销"，日益变成了战国时代竞相"被养"式的"待价而沽""志高而扬"；三、由春秋时期有一定知识和技能的阶层，逐渐变为了一个有"鸡鸣""狗盗"之流厕身其间的庞杂群体。总之，不管士阶层在战国时期发生了哪些变化，有两点是必须承认的：第一，士的炙手可热已是一个突出的社会现象，也为普通民众所认识；第二，由民而士必经学习的过程，舍此别无他途。

正是在这样的情形下，学习成为人们的最佳选择。例如在齐国，有人就曾不无妒忌地对田骈说："今先生设为不宦，赀养千钟，徒百人。不宦则然矣，而富过毕矣！"① 没有做官的田骈，竟然比实际从政的官员得到了更多实惠。这足以看出当时人们的普遍心态。《韩非子·外储说左上》则记载说："中章胥已仕，而中牟之民弃田圃而随文学者，邑之半。"就是说，中牟之地已有很多人对农业生产不感兴趣，而是弃农而就学了。可见，对知识、技能的学习成为战国时期民众改变人生命运的普遍追求。

如上社会背景，使家庭教育活动在战国蓬勃兴起，最突出的就是士阶层的家庭开始了有意识的家教活动。其实早在春秋时期，孔子就有了"耕也，馁在其中矣；学也，禄在其中矣"② 的论断，到战国时期，士人们对于这一论断更加认同。例如，孟子就有"无恒产而有恒心，唯士为能"和"劳心者治人，劳力者治于人"③ 的观点，指明了劳心者即知识阶层的使命和特点。知识阶层既然远超于劳动阶层，人们自然趋之若鹜想挤进这一阶层；而对大部分人来说，进入这一阶层的唯一途径就是学习，这就必须"从娃娃抓起"，即尽可能早地开始家庭教育。再如，荀子也曾明言："我欲贱而贵，愚而智，贫而富，可乎？曰：其唯学乎！"④ 明白指出了学习的实际功用价值。荀子还为此专门撰写了《劝学》并将其置于其著作之首，向人们指明了从小立志于学对于人成长的重要性。墨子则以"染于苍则苍，染于黄则黄，所入者变，其色亦变"⑤ 为喻，阐明环境在人发展中的重要作用。而"孟母教子"的故事，进一步从实践上确证了良好的家庭环境和教育对人一生成长的意义。

---

① 《战国策·齐策四》。
② 《论语·卫灵公》。
③ 《孟子·滕文公上》。
④ 《荀子·儒效》。
⑤ 《墨子·所染》。

第六节　手工业者的家庭教育活动

从上古到夏、商、周三代，是我国手工业制造工艺的开端和初步成熟的时代，是手工业技艺由简单到较为复杂的时代，是手工业从业者从个人所为到相互合作再到作坊生产的时代，也是手工业从无管理到有管理再到管理日趋制度化的时代。在此历程中，手工业的技能传承经历了复杂的变化，如言传身教、以职为氏、师徒授受、分业而教等等，由此也足以展示出当时家教活动丰富多彩的历史画卷。

上古时期的制陶和夏、商时期的冶铜技术，是人类最早通过化学反应改变材料特性的创造性活动，标志着人类手工艺设计阶段的开端。随着新材料的出现，各种生活用品和工具不断创造出来，并走向手工业设计的阶段，同时对操作者也进行了严格训练。如最早的制陶，就包括了淘洗、制坯、装饰和烧制四道工序，有严格的工艺要求，师徒传授的雏形已经出现，进而发展了以传授技艺为目标的专门化教育。

一、工商食官的家庭教育

"工商食官"语出《国语·晋语四》，曰："庶人食力，工商食官。"工为"百工"，即各种手工业者；商为"官贾"，即官府的商人。就是说，各种手工业者隶属于官府，产品为官府所占有，生活也由官府负担；换言之，手工业者的行为不能依照商品经济的规律而进行，其经营规模和交易过程都要依赖官府的政策，为官府所控制。

到夏代，我国的手工业技术已相当发达。从二里头文化的考古来看，夏代的手工器物十分丰富，为手工业者的家庭教育提供了有力的证据。就石器来说，学者考证大约有26种，器形主要有铲、凿、刀、圭、磬、管等。同时，陶器也有很大的发展，黑陶、白陶、褐陶、红陶都已经出现，炊具、食器、酒器和一些其他器具的数量也十分可观。① 另外，仰韶文化、龙山文化遗址中也有青铜器出现，由此推断，夏代青铜冶炼技术已非常成熟。我国史学界公认的二里头和东下冯两处夏文化遗址，也都有青铜器出土。从二里头文化遗址来看，青铜器具中容器、兵器、乐器、装饰品等都有出土，玉器、骨器、漆木器等手工艺品在夏文化中也都有所呈现，纺织、酿酒，造车等技术也有新的发展。毫无疑问，这些都需要以手工作坊来完成，其技能自然也需要以家庭为基础的教育来传承，这也反映出我国夏文化的丰富性和家庭教育的成熟程度。

事实上，早在夏乃至夏之前，我国就已有了相当规模的手工业，冶炼、制玉、制陶业都已甚为发达。上述考古遗址中出土的青铜器，足以证明夏代冶炼业的成熟。青铜器制作是多人协作、十分复杂的有组织的活动，其技术含量也相当高，需要具备现代意义上的物理学、化学方面的相关知识和熟练的工艺操作技能。这些无疑是需要父子或师徒授受才能掌握的。制玉是从上古制石工艺中分离出来的新工艺。现已出土的红山文化中的猪龙、良渚文化中的琮璧，代表了先秦制玉工艺的最高水平。要从石头中辨别、分离出玉石，并且制成精美的玉器，非有专门技艺不可，这无疑也要靠训练才可掌握。另外，此期的制陶技术经历了贴塑、泥条盘筑、慢轮加工和快轮制作的发展阶段，工艺日益专业化。显然，这也需要专门的尤其是家庭作坊的技艺传承。②

夏代还属于我国手工业家庭教育活动的正式开始期，刚刚从原始的经验模仿阶段转化到有意识的教育阶段。从有关记载和出土文物来看，一方面，夏代手工业者的家教活动还保留着上古时期言传身教的传统，另一方面，教育活动在家庭内部也逐渐有组织地扩展，手工业教育以"百工"家庭为依托全面展开。

二、以职为氏的家庭教育

相比夏代来说，商代的手工业有了更大的发展，手工业的教育也更加成熟。从甲骨文和金文的文献来看，商代的青铜冶炼、采矿、纺织、建筑、制盐、酿酒、车船、农具制造等手工业都有了很大的发展。现已基本可以确定，在商朝的社会中，已存在铸铜业、烧陶业、制骨业、制盐业、酿酒业、宝石业、漆木

---

① 郑若葵：《论二里头文化类型墓葬》，载《华夏考古》1994年第4期。
② 参见米靖：《中国职业教育史研究》，上海教育出版社2009年版，第6—7页。

业、纺织缝纫业等不同手工行业，各行业中还有更为细致的分工。1939 年，安阳武官村殷王陵墓出土了商代铸造的司母戊大方鼎，重达 875 千克，是我国出土的青铜器中最大的一件，是商代青铜冶铸工艺精湛水平的代表。

值得一提的是，商代还存在"以职为氏"的现象，可视为这一时期家庭教育的新特征。据《左传·定公四年》记载，在周初俘虏的手工业者中，有索氏（绳工）、长勺氏、尾勺氏（酒器工）、陶氏（烧陶工）、繁氏（马缨工）、樊氏（篱笆工）、锜氏（锉刀工）、终葵氏（椎工）等等。这充分说明，商代不仅手工业分工已相当明细，而且手工技艺的家庭世代传承已固定下来，否则就很难有"以职为氏"的现象。事实上，殷商卜辞中就出现了"百工""多工"[1] 等称呼，还有"王其令山司我工"的记载，"山"是人名，"司"为管理。这说明，商代已专设了官员负责管理这些工匠。这些工匠多以家族传承的性质来继承祖业。同时随着手工业的分工，还发展出专门用于交换的手工业产品。所有这些，都对当时的家庭教育活动产生了影响。

三、师徒授受的作坊教育

与前述畴官相似，西周时期的手工业者也都有一技之长，对器械制造、天文、历算、医学、冶金、御车、农学等技术有较深的造诣。这些技能也常常是秘不外传的，其方式也多是父传子学。当然，在手工业者的作坊中也存在师传徒学的现象，这可看成是广义的家庭教育活动。这种家学传承过程中的现象在传统医学和冶炼术方面表现得十分明显，从而也造成了我国手工技术和相关领域传承上的限制。[2]

西周的手工制造业比商代有了新的发展。西周的青铜器，特别是青铜礼器的制作水平很高，最突出的表现就是铸铭之器增多，长篇铭文大量出现。这与西周时期统治者大力加强礼制建设有关。在商代，青铜礼器是奴隶主贵族用于宗庙祭祀或丧葬等活动的宝器，西周完全继承了这一传统，而且以铭文的形式使青铜礼器获得了一种法定的正统地位。此外，西周还出现了原始瓷器制造业。

---

① 卜辞中《屯南》2525 有"癸未卜，又祸百工"的说法。又有"甲寅卜……史贞：多工无尤"等说法，记录了当时手工艺人的一些活动。

② 毕诚：《中国古代家庭教育》，商务印书馆 1997 年版，第 28 页。

现已出土的瓷器数量很多，制作也更加精细。1953 年，我国考古学者发现了一座西周早期墓葬，曾出土两件瓷豆，器形与普渡村发现的相同，胎色灰白，表面施一层青绿色釉，色彩鲜明，制作水平颇高。庞家沟西周墓发现的瓷器数量更多，器形也比较丰富，除豆外，还有簋、罍、瓮等，尤其是在矮圈足豆盘内粘连小罐，造型别致新颖，十分少见。它们胎色灰白，施灰绿色釉，釉下装饰有方格纹或云雷纹等纹饰。贴金技艺和玻璃制品也在这一时期出现，这都充分说明了当时技艺教育的发达。毫无疑问，这些工艺大都需要通过家庭教育或作坊式教育来传承，反映了当时专门职业者家庭教育活动已达到了较高的发展水平。

四、分业而教的行业教育

春秋时期，由于经济国有制被打破，在官营手工业继续发展的同时，私营手工业也在发展，从而使整个手工业的规模比以往更为可观。在此情形下，有政治家提出了"分业而教"的思想，这在《管子·小匡》中有明确的表述。管仲在与齐桓公对话中，认为士农工商是"国之石民也，不可使杂处；杂处则其言呒、其事乱"。他主张："圣王之处士必就闲燕，处农必就田野，处工必就官府，处商必就市井。"这样做的理由，在《管子·小匡》中有如下阐述：

今夫士，群萃而州处，闲燕则父与父言义，子与子言孝，其事君者言敬，长者言爱，幼者言弟。旦昔从事于此，以教其子弟，少而习焉，其心安焉，不见异物而迁焉。是故，其父兄之教，不肃而成；其子弟之学，不劳而能。夫是，故士之子常为士。

今夫农，群萃而州处，审其四时，权节具备，其械器用，比耒耜枷芟。及寒击槁除田，以待时乃耕，深耕、均种、疾櫌。先雨芸耨，以待时雨。时雨既至，挟其枪刈耨镈，以旦暮从事于田野，税衣就功，别苗莠，列疏遬。首戴苎蒲，身服袯襫，沾体涂足，暴其发肤，尽其四肢之力，以疾从事于田野。少而习焉，其心安焉，不见异物而迁焉。是故，其父兄之教，不肃而成；其子弟之学，不劳而能。是故农之子常为农，朴野而不慝，其秀才之能为士者，则足赖也，故以耕则多粟，以仕则多贤，是以圣王敬农戚农。

今夫工，群萃而州处，相良材，审其四时，辨其功苦，权节其用，论比、计制、断器，尚完利。相语以事，相示以功，相陈以巧，相高以智。旦昔从事于此，以教其子弟。少而习焉，其心安焉，不见异物而迁焉。是故，其父兄之教，不肃而成；其子弟之学，不劳而能。夫是，故工之子常为工。

今夫商，群萃而州处，观凶饥，审国变，察其四时而监其乡之货，以知其市之贾。负任担荷，服牛络马，以周四方；料多少，计贵贱，以其所有，易其所无，买贱鬻贵。是以羽旄不求而至，竹箭有余于国；奇怪时来，珍异物聚。旦昔从事于此，以教其子弟。相语以利，相示以时，相陈以知贾。少而习焉，其心安焉，不见异物而迁焉。是故，其父兄之教，不肃而成；其子弟之学，不劳而能。夫是，故商之子常为商。

除《管子》外，《礼记·学记》中还有"良冶之子，必学为裘；良弓之子，必学为箕"的文字，可视为此期手工业者家庭教育活动的一个证明。这是说，冶铁良匠的孩子，一定会学习做鼓气用的风裘；制弓良匠的孩子，一定会学习制作畚箕藤器。"克绍箕裘"就常被用来比喻子承父业，反映了当时家庭教育活动中的普遍观点，是故孔子有"三年不改其父之志"的说法。《管子》中的这种思想，乃是对当时社会经验的一种总结，反映了手工业者家庭教育活动中的常态。

事实上，当时的诸侯国基本上认同了管仲提出的这种四民"分业而教"的做法。如《左传·宣公十二年》记载，晋士会之论楚曰："商农工贾，不败其业。"《左传·襄公九年》也记载，楚子囊之论晋曰："其士竞于教；其庶人力于农穑；商工皂隶，不知迁业。"这说明，在春秋时期的晋、楚等大国中，四民"分业而教"已是一种相当普遍的现象。《史记·货殖列传》中则进一步记载说："陶朱公范蠡年老以后，子孙修业而息之，遂至巨万。"范蠡年老力衰以后，把自己多年从商的经验传给了子孙，子孙继承了他的事业并有所发展，终致有了万贯家财。上述这些记载，足以反映出当时家庭教育活动的相对稳定性。

五、百工之家的技能教育

战国时期手工业者的家庭教育已比较发达。《考工记》记载："国有六职，百工与居一焉。或坐而论道，或作而行之，或审曲面势，以饬五材，以辨民器，或通四方之珍异以资之，或饬力以长地财，或治丝麻以成之。"由此对社会群体进行了分工。就手工业者的分工，指出："凡攻木之工七，攻金之工六，攻皮之工五，设色之工五，刮摩之工五，抟埴之工二。"这种详细的社会分工，说明了当时手工业的发达程度。与以前相似，战国时期的手工技艺基本上也是在家庭内部传承的，这一方面保证了技艺水平的不断提高，当然也导致了技术传承的封闭性。鲁班、墨翟等一批能工巧匠的出现，反映了当时手工业者技艺的高超和家庭教育活动的发达。

战国时期农商的教育活动也获得了进一步的发展。《孟子·滕文公上》记载："有为神农之言者许行，自楚之滕，踵门而告文公曰：'远方之人，闻君行仁政，愿受一廛而为氓。'文公与之处。其徒数十人，皆衣褐，捆屦织席以为食。陈良之徒陈相，与其弟辛，负耒耜而自宋之滕，曰：'闻君行圣人之政，是亦圣人也，愿为圣人氓。'陈相见许行而大悦，尽弃其学而学焉。"战国时期诸子百家争相干世的年代，出现了以许行为代表的农家，他们推崇神农氏为祖，要求君主"与民并耕而食"。这些思想的出现说明当时重农思想得到很多思想家的认同。战国时期的商业随社会发展逐渐发达，出现了吕不韦等著名的政治商人。商人从政和官员从商的现象非常多见，在比较发达的城市文化中，一些商业知识获得了积累和总结。《史记·货殖列传》中就记载商人白圭能够利用天文知识来预测农业的丰收，推测商业规律。商业知识和商业经验在《管子》《吕氏春秋》等著作和史书中都有所记载，为当时商人家庭的教育活动提供了一些参考。

此外，这一时期的政治家、思想家，对于农工商在国家治理和强盛过程中的意义和作用有了更为深刻的认识，并提出了不少主张和举措。如魏国改革家李悝就提出了"尽地力之教"的农业教育思想和振兴魏国农业的三大措施；秦国改革家商鞅也围绕着"耕"与"战"的问题，提出了"急耕战之赏"的教民思想，并从政策上出台了以官爵劝农、以赏罚导农、重农事而轻游学等措施。荀子作为战国末期集大成的著名思想家，对于以往施行的针对农工商的"分业而教"之意义也有精辟的论述。他说：

关市几而不征，质律禁止而不偏；如是，则商贾莫不敦悫而无诈矣。

百工将时斩伐，佻其期日，而利其巧任；如是，则百工莫不忠信而不楛矣。

县鄙将轻田野之税，省刀布之敛，罕举力役，无夺农时；如是，农夫莫不朴力而寡能矣。士大夫务节死制，然而兵劲。百吏畏法循绳，然后国常不乱。商贾敦悫而无诈，则商旅安、货通财，而国求给矣。百工忠信而不楛，则器用巧便而财不匮矣。农夫朴力而寡能，则上不失天时，下不失地利，中得人和，而百事不废。是之谓政令行，风俗美，以守则固，以征则强，居则有名，动则有功。①

即是说，只要"士大夫""百吏""商贾""百工""农夫"等能够履行其各自的职责，整个社会便可和谐。在此情形下，农工商从业者尤其是农业的技艺传承，自然受到人们的格外重视。

第七节　女子家庭教育活动

自从有了人类，便有了教育活动，当然也就有了女子教育活动。此处所说的女子教育，不是指成年女子对他人实施的教育，而是指针对女婴、女童、少女、婚育女子等女性所实施的培养和教育；所说的女子家庭教育，则是以家庭为背景、依托和场所，教会女性如何为人女、为人妻、为人媳、为人母，如何与他人生活、交往和相处。简言之，女子教育即教育女子。

先秦是中国古代女子教育活动的奠基期。在漫长的远古时代里，男女两性的受教育权利是平等的，所受教育只有性别分工不同，并无高低贵贱之分。自从进入父系社会之后，女子社会地位迅速步入低谷，男子则得到了"翻身解放"，成为社会的主宰。尤其从夏代开始，女子社会主动权越加丧失。与此俱来的是，女性的各种受教育权利也被逐步限制，不仅不能享有公开、外出受教的权利，而且受教育内容日益局限于"相夫""教子"等素养与要求，仪行标准逐渐定位于"贞节""从顺""柔弱""内敛"之类，受教育场地则日益局限在家庭内部。由此才有了先秦时期的"女子家庭教育活动"的论题。

①《荀子·王霸》。

一、先秦女教活动概说

女性并不是一开始就被框定在家庭活动小圈子之中的。在历史上，女性曾经有一个很长时间的叱咤风云的时代，这就是母系氏族时期。这是一个按母系血统传递世系、孩子"只知其母，不知其父"的时代，即所谓"昔太古尝无君矣，其民聚生群处，知母不知父"①的时代。在此期间，女性的地位可谓如日中天。之所以能够如此，首先是基于女性在生产劳动中所发挥的作用。对于这种状况，马克思曾有经典论述，他说：

> 我们首先应当确定一切人类生存的第一个前提，也就是一切历史的第一个前提，这个前提就是：人们为了能够"创造历史"，必须能够生活；但是为了生活，首先就需要衣、食、住、行以及其他东西。因此第一个历史活动就是生产满足这些需要的资料，即生产物质生活本身。②

就是说，人们首先要解决生存问题，把物质生产活动置于首位。由于生理和体力等因素的影响，远古时代，男子负责狩猎，女性从事采集活动。狩猎不但要受猎物多寡的影响，而且人类的狩猎工具较为简单，动物则较为凶猛和灵活，因而狩猎远不如采集活动能给人提供稳定而可靠的食物来源，从而凸显了女性在物质生产活动中的地位。另外，从采集、狩猎活动中发展起来的原始农业和畜牧业，最初也是以女性为主要劳动力的。这从仰韶文化遗址的出土文物中可以得到证明。仰韶文化属于母系氏族时期，出土了刀、斧、铲、锛、锄、杵、凿以及砍伐器、碾磨器等多种农具，足以看出女性在生产劳动中的作用。

除以上所述外，同样由于生理方面的特点，女性在手工活动、日常生活、哺育后代和料理"家务"等方面也有男性无可比拟的优势。她们还要担负保护火种、制陶、炊煮、缝补等工作。这些在当时都属于公共性劳动，是维系氏族生存的根本保证。这就使得女性的作用越加重要。恩格斯指出：

> 根据唯物主义观点，历史中的决定性因素，归根结蒂是直接生活的生产和再生产。但是，生产本身又有两种。一方面是生活资料即食物、衣服、住房以及为此所必需的工具的生产；另一方面是人类自身的生产，即种的

---

① 《吕氏春秋·恃君览》。
② 《马克思恩格斯列宁斯大林论妇女》，中国妇女出版社1978年版，第31页。

蕃衍。一定历史时代和一定地区内的人们生活于其下的社会制度，受着两种生产的制约：一方面受劳动的发展阶段的制约，另一方面受家庭的发展阶段的制约。①

上述两种生产都要仰赖女性的贡献，女性在族群中的地位自然举足轻重。

正是由于女性这些得天独厚的特点和优势，加上"知母不知父"状况的影响，使得男性的地位相对较低，教育大权亦为女性所掌握。赫·乔·韦尔斯在《世界史纲》中曾云：

> 旧石器人比起新石器人来当然是更野蛮的人，但又是个更自由的个人主义者和更有艺术的人。新石器人开始受到约束：他从青年时就受到训练，吩咐该做什么，不该做什么，他对周围事物不能那么自由地形成自己独立的观念。他的思想是别人给他的，他处于新的暗示力下。②

此处说的是进入氏族社会后人们所经受的变化。其中所谓的"约束"和"暗示力"，指的乃是成年女性尤其是氏族部落女首领的权力和影响力；"新石器人"当然既包括女性，也包括男性。这些氏族成员都是要被"吩咐"做事的，都须在年轻时就接受女首领的教化、影响和指挥。这种状况在我国持续数万年，但确切地说，这是"女性教育"而非真正意义上的女子教育。

进入父系氏族时期后，女性的社会地位迅速走低。有学者分析，其中成因大致有三：一是随着生产活动状况的变化，男子因其膂力明显强于女子而在生产过程中渐臻主导地位；二是随着一夫一妻婚姻制的形成，生子既知其母、亦知其父，女子失去了人口生产的主动权和信息的控制权，导致社会结构发生变迁；三是女子养育子女、照顾家庭之类的繁杂事务，使她们不能更多地参与社会生产劳动，放弃了对社会活动的主宰权。③ 相关资料表明，女性不仅日益从物质生产活动中淡出，连生育后代这样天然的人口生产职能也被男性从名义上侵占，男子竟然能堂而皇之地"坐床""装产"，被称为能生孩子的"产翁"④。两种生产的职能皆被剥夺，女性地位之低可以想见。从此之后，女性逐渐被局限

① 恩格斯：《家庭、私有制和国家的起源》，人民出版社1972年版，第3—4页。
② ［英］韦尔斯，吴文藻等译：《世界史纲——生物和人类的简明史》，人民出版社1982年版，第132页。
③ 参见熊贤君：《中国女子教育史》，山西教育出版社2009年版，第3—4页。
④ 此部分内容，参见本书第一章的相关论述。

在家庭之内，各种大权旁落，越来越从属和听命于男子，须按照他们的标准与要求改变自己，真正意义上的女子（家庭）教育随即产生。

自夏代始，女性不仅再难见到"指点江山"的芳姿，而且越来越沦为男性尤其是昏君与暴君的坑物。这在后世文献中多有记述。如《墨子·非乐上》说："启乃淫溢康乐，野于饮食。"《史记·夏本纪》载，帝孔甲"好方鬼神，事淫乱。夏后氏德衰，诸侯畔之"。《史记·殷本纪》亦云："当是时，夏桀为虐政淫荒，而诸侯昆吾氏为乱。"帝纣"好酒淫乐，嬖于妇人。……以酒为池，悬肉为林，使男女倮相逐其间，为长夜之饮。"《管子·轻重甲》说得更明白，云：

> 昔者桀之时，女乐三万人，端噪晨乐，闻于三衢，是无不服文绣衣裳者。伊尹以薄之游女工文绣纂组，一纯得粟百钟于桀之国。夫桀之国者，天子之国也。桀无天下忧，饰妇女钟鼓之乐，故伊尹得其粟而夺之流。

桀"女乐三万人"可能有夸张的成分，但依夏桀之昏聩暴戾，女乐人数众多当是不争的事实。女性在这些人眼里只是玩物而已，是陪其寻欢作乐的工具，可以随意呼喝杀戮。

在此情形下，女性的地位越加低微，被牢牢地圈在家庭之中，被作为生育机器、居家仆役、呼喝对象或淫乐工具。只因女性具有男性无可"代劳"的生育功能和养育幼子的天性特点，加上家庭生活的和谐顺畅与日常用品的生产也确是男性不可或缺的，同时也为防止所谓"红颜误国"或"红颜祸水"，于是才在家庭或家族范围内对女子施以一定的教育，对其德行规范、技艺技能等提出别样的要求，正所谓：

> 男正乎外，女正乎内，夫妇造万化之端。五常之德著，而大本以敦；三纲之义明，而人伦以正。……正家之道，礼谨于男女；养蒙之节，教始于饮食。……是以教女之道，犹甚于男；而正内之仪，宜先乎外也。①

如上所述的女子生活状况，夏商周三代概莫能外。直至两汉魏晋时期，才出现了几个或走出家门或具社会地位的女子，如卓文君、班昭、王嫱、蔡文姬，但也为数极少，与纵横捭阖的男子完全不成比例。先秦时期的绝大部分女子，每天就在听命父母、侍奉公婆、辅佐丈夫、教导子女等家庭琐事中耗掉了青春。

---

① 《女范捷录·统论》。

需要指出的是，即便在家庭这个小天地里，有些人也尽可能地绽放出自己的精彩，如温厚贤惠的"周室三母"、含辛茹苦的颜徵在、"断机教子"的孟母等，只是她们的业绩和影响是经由孩子这一"中介"才得以青史留名的。

由于女性社会地位卑微，加之后人的有意篡改和删减，使得记载三代女子教育活动状况的材料极为少见，只在《周礼》《仪礼》《礼记》等文献中有若干行为规则之类的要求。有鉴于此，本节以下不再以朝代为序，而只就这些要求作些分门别类的述论。鉴于三代材料不裕所用，以下述论以三代文献所载为主，也约略采借一些后世文献；行文则依先德后行的顺序，逐次予以展示。

二、女德母范教育

人们通常以为中国古代女子备受摧残压制，应该无专门意义的教育可言。这其实是个很大的误解。其真实情形是，女子虽被排除在学校教育大门之外，并不等于社会（男性）忽视了对她们的施教。事实上，只要不出家门（父家、夫家），女子教育还是相当受人关注的，甚至可称为极端必要，因为在父权人士看来，"千里之应系乎居室，万化之原起于闺门"[1]。正是由于"女德之所关大矣，与男教并盖天地……镜之往古，兴废存亡，天下国家，罔不由兹"，所以，"家人，女正位乎内，男正位乎外"被视为"天地之大义也"。[2] 要能使男女做到"正位"，就须靠教育训导来实现；对于女子教育活动，则需要在家庭范围内来开展。

与男子"学业于外，志于四方"不同，女子受教应"正洁于内，志于四德"，所学内容不仅与传统"六艺"无涉，即如"摘句寻章，簪花咏絮之事"亦"非所谓学矣"。女子被要求学习的内容首推品德修养，即女德或妇德，要"无非无仪，惟酒食是议，无父母诒罹"[3]，或所谓："女行无缺，则妇德自全；妇德克全，则母仪自立，而女子之事备矣，毕生之名全矣，复何多求哉？"[4]《周礼·天官冢宰·九嫔》有云："九嫔掌妇学之法，以教九御，妇德、妇言、妇容、妇

---

[1]《图书编·造端夫妇》。
[2]《周易·象辞下传·家人卦》。
[3]《诗经·小雅·斯干》。
[4] 戴礼：《女小学》卷1。

功，各帅其属，而以时御叙于王所。"妇德被赫然置于首位。

那么何为妇德呢？严格说来，古代"妇德"有广狭二义。广义即"妇德、妇言、妇容、妇功"之通谓，合称为女性"四德"，有时也以"大德"称之；狭义是指女性应具有的品德修养，即所谓"贞节""从顺""柔弱""内敛""贤淑"之类的品德要求，不涉及言、容、功三者。汉代班昭对"妇德"有明确的阐释，她说："清闲贞静，守节整齐，行己有耻，动静有法，是谓妇德。"① 在《女诫·敬顺第三》中，班昭说得更具体：

图 8-7　窄袖短襦的宫女
（太原晋祠圣母殿彩塑）

> 阴阳殊性，男女异行。阳以刚为德，阴以柔为用；男以强为贵，女以弱为美。……故曰敬顺之道，妇人之大礼也。夫敬非它，持久之谓也。夫顺非它，宽裕之谓也。持久者，知止足也；宽裕者，尚恭下也。

所谓"敬顺之道"，无非是女子在担任各种角色时所应具备的道德修养。具体说来，就是女子在听命父母、侍奉丈夫、孝敬公婆、教养子女、善待姑嫂妯娌等方面应具备的懿德要求。

此外，由于女子出嫁后很快就会生子为母，而"父天母地，天施地生；骨气像父，性气像母。……故母仪先于父训，慈教严于义方"②。所以人们还极为重视对母范母德的养成教育。这类内容首先表现为对女性妊娠期间各种行为的要求，这在本书的其他部分已有不少论述，此不赘言。对于母范其他方面的要求，父权人士们也未曾放松。如《女小学》卷四云："女行克全，斯妇德无缺；妇德无缺，斯可以作范母仪、昭宣壶则矣。母也者，乃子孙之表率，女妇之楷模也。"所以，传统女教通常将母教、母仪当作一种妇德来要求，因为"不知修德者，不能以教子"。即便是女性本人，也对母范教育问题极为重视。例如，明代仁孝文皇后就在其所著《内训》一书中明言：

---

① 《女诫·妇行第四》。
② 《女范捷录·母仪》。

> 所以为教不出闺门，以训其子者也。教之者，导之以德义，养之以廉
> 逊，率之以勤俭，本之以慈爱，临之以严恪，以立其身，以成其德。慈爱
> 不至于姑息，严恪不至于伤恩。伤恩则离，姑息则纵，而教不行矣。①

总之，我国历史上对于女子品德方面的教育要求是不遗余力的。概言之，
女性倘能做到恪守贞洁、柔顺忍让、孝敬慈爱、善教子女、勤劳俭朴等，便可
胜任柔女顺妇、贤妻良母的角色，担负起养育后代、和谐家庭、稳定社会秩序
的"历史使命"。这就是中国传统社会对女子品德的全部要求，也是女子家庭教
育活动的首要内容。

三、男女之别教育

与"女德"关系至为密切的是，早在先秦时期，我国就开始对男女两性进
行不同的教育，男女之别的礼仪教化被置于极其重要的位置，而且这种教育是
从家庭、从娃娃抓起的。为了让女子能够有效担负起为人女、为人妻、为人媳
等各种职责，父权家长们尤其强调对于女性礼仪礼节的要求，以防止"红颜祸
水"会冲决男性脆弱的"堤坝"。如《礼记·内则》就有如下细致的规定：

> 子能食食，教以右手。能言，男"唯"，女"俞"。男鞶革，女鞶丝。
> 六年，教之数与方名。七年，男女不同席，不共食。……女子十年不出，
> 姆教婉娩、听从，执麻枲，治丝茧，织纴组紃，学女事，以共（供）衣服。
> 观于祭祀，纳酒浆、笾豆、菹醢，礼相助奠。……凡女拜，尚右手。

就是说，当女孩儿能够自己吃饭时，便教给使用右手；能够说话时，教给
她们用音调较为婉约的"俞"作为应声之词；女孩儿盛悦巾的小囊须以丝做成，
以表男女之别；女孩六岁时教给算数、方位之类的基本知识；七岁时男女吃、
住就必须分开；女孩儿十岁后不准出闺门，须接受女师女性方面的教诲，还要
学会家庭生活中的一些事务；年龄稍大则要在宗庙或家庙中旁观祭祀活动，以
便今后能从旁协助；女子行礼须右手在上；如此等等，足可看出先秦对于女子
活动的规定之细。

在父权统治者看来，明晰男女之别不仅是家庭生活中不可或缺的内容，而

---

① 《内训·母仪》。

且对社会治理、政治稳定也极端重要。正如《礼记·郊特牲》所说："男女有别，然后父子亲；父子亲，然后义生；义生，然后礼作；礼作，然后万物安。"即所谓"男女有别，而后夫妇有义；夫妇有义，而后父子有亲；父子有亲，而后君臣有正"[1]。但是女孩儿毕竟不可能从小就与自己家庭中的男性完全隔绝，所以，《礼记·内则》又制订了如下严格的规矩：

> 男不言内，女不言外。非祭非丧，不相授器。其相授，则女受以篚。其无篚，则皆坐，奠之，而后取之。外内不共井，不共湢浴，不通寝席，不通乞假，男女不通衣裳。
>
> 内言不出，外言不入。男子入内，不啸不指，夜行以烛，无烛则止。女子出门，必拥蔽其面，夜行以烛，无烛则止。道路，男子由右，女子由左。

以上文字之意十分平白，无须多做解释。但要特别指出的是，由上可见，男女之间通常情况下是不能交递器物的；如果非交递不可时，须放在专用竹器内，通过竹器来传递；无竹器时男女则要端端正正地坐着，将器物放在地上，女方再去取走。如此颇费周章的规定，目的只有一个，就是严防男女之间距离过近，更不允许有任何的哪怕最简单的肢体碰触。另外，即使一家之中的男女，也不能共用一个浴室洗澡，须另辟一间；也不能共用一个席子睡觉，应另换一席；还不能共用一井饮水，更不能互借东西；……如此等等，无疑将男女之"大防"做到了无以复加的地步，大有如果真有可能，就恨不得将男女共同呼吸的空气也隔绝开来的程度！真可谓是挖空心思，将男女之间的哪怕是可能性最小的交往都视为洪水猛兽了！

除《内则》外，《礼记》中的其他诸多篇什对女子行为的规定也非常细致。鉴于后文还要述及，此处仅再举一例。如《礼记·曲礼上》说："男女不杂坐，不同椸、枷，不同巾、栉，不亲授。……外言不入于阃，内言不出于阃。女子许嫁，缨。非有大故，不入其门。……妇讳不出门，大功、小功不讳。……客车不入大门，妇人不立乘，犬马不上于堂。"就是说，男女之间不仅不能间杂而坐，就连衣架衣柜、毛巾梳子也不能通用，女子的名讳更不能传出家外。可以

---

[1]《礼记·昏义》。

看出，《礼记》对女子仪节的规训是何等煞费苦心。

在上述要求的规训下，女子活动被严格地局限在家庭范围之内，与外界隔绝，即使面对父、夫、兄、弟等男性，女子也须谨小慎微，由此锻造出中国传统女性特有的"内敛""贤淑"等品德。于是，"男女之别"成为"万物安"最基本的前提，成为"国之大节"。[1] 其实质正如学者所指出的，这不但从生理上夸大了男女之间的差别，而且从先天人性和社会伦理上把男女判若两类，从而提供了中国传统社会对女子单独施教的理论依据。[2]

四、婚姻礼节教育

男大当婚，女大当嫁，此古今之通理。所以先秦女子家庭教育的又一重要内容，就是进行婚姻礼节和相关观念的教育。这种教育早在女子出嫁之前就开始了，其首要之义就是灌输"男尊女卑"观念，即所谓"天尊地卑，乾坤定矣。卑高以陈，贵贱位矣。动静有常，刚柔断矣。……乾道成男，坤道成女"[3]。其次，要使女子充分认识到婚姻的意义，明确嫁人前后的规则。如《礼记·内则》载："十有五年而笄，二十而嫁。有故，二十三年而嫁。聘则为妻，奔则为妾。"《礼记·郊特牲》言："妇人，从人者也。幼从父兄，嫁从夫，夫死从子。"《周礼·地官司徒·师氏媒氏》对此说得更明白，云：

> 媒氏掌万民之判。凡男女自成名以上，皆书年月日名焉。令男三十而娶，女二十而嫁。凡娶判妻入子者，皆书之。中春之月，令会男女。于是时也，奔者不禁。若无故而不用令者，罚之。

相比上述规则和观念，父权人士对于女子婚后应该有何作为规定得更细。这在《礼记·昏义》中有明确的阐述，如：

> 昏礼者，将合二姓之好，上以事宗庙，而下以继后世也。故君子重之。……敬慎重正而后亲之，礼之大体，而所以成男女之别。……夙兴，妇沐浴，以俟见。质明，赞见妇于舅姑。妇执笲、枣、栗、腶、脩，以见。赞醴妇。妇祭脯、醢，祭醴，成妇礼也。舅姑入室，妇以特豚馈，明妇顺也。

---

① 《左传·庄公二十四年》。
② 参见曹大为：《中国古代女子教育》，北京师范大学出版社 1996 年版，第 68 页。
③ 《周易·系辞上》。

厥明，舅姑共飨妇以一献之礼，奠酬。舅姑先降至西阶，妇降至阼阶，以
著代也。

就是说，婚姻是祭祀祖先、延续后世的大事，必须隆重其事、一切合礼。
出嫁之后的第二天清晨，新妇必须梳洗之后，在赞妇的引见下去拜公婆。新妇
要向公婆献上各种果蔬食品，赞妇则代公婆把醴酒回敬给新妇。之后，新妇还
须献上果脯、肉酱、醴酒等，以完成媳妇之礼；继而献上小猪，表示柔顺；最
后从主人之阶下去，表示已成主妇，等等。

可见，《礼记》中对女性婚前婚后的教育是极为重视的，务使一切举动都能
符合礼仪、规范有序。比《礼记》更甚的是，《仪礼·士昏礼》全篇所述所论的
都是婚姻礼仪方面的要求，其中大多与女子嫁后有关。该篇文字极长，所论极
细。为了向当今的读者展示原作者的"良苦用心"和这一"奇文"的历史面貌，
现不惮其长，节录部分文字如下：

> 妇至，主人揖妇以入。及寝门，揖入，升自西阶，媵布席于奥。夫入
> 于室，即席；妇尊西，南面。……主人出，妇复位。乃彻于房中，如设于
> 用室，尊否。主人说（脱下）服于房，媵受；妇说服于室，御受。姆授巾。
> 御衽于奥，媵衽良席，在东，皆有枕，北止。主人入，亲说妇之缨。烛出。
> ……夙兴，妇沐浴，纚笄、宵衣，以俟见。质明，赞见妇于舅姑。席于阼，
> 舅即席。席于房外，南面。姑即席。妇执笲枣、栗，自门入，升自西阶，
> 进拜，奠于席。舅坐抚之，兴，答拜。妇还，又拜，降阶，受笲、腶、脩，
> 升，进，北面拜，奠于席。姑坐举以兴，拜，授人。……妇东面拜受。赞
> 西阶上北面拜送。妇又拜。荐脯醢。妇升席，左执觯，右祭脯醢，以柶祭
> 醴三，降席，东面，坐，啐醴，建柶，兴，拜。赞答拜。妇又拜，奠于荐
> 东，北面，坐，取脯；降，出，授人于门外。……舅姑共飨妇以一献之礼。
> 舅洗于南洗，姑洗于北洗，奠酬。舅姑先降自西阶，妇降自阼阶。归，妇
> 俎于妇氏人。……若舅姑既没，则妇入三月，乃奠菜。席于庙奥，东面，
> 右几。席于北方，南面。祝盥，妇盥于门外。……

以上虽为节录，但足可看出"奇文"之貌。这篇文字与《礼记·昏义》之
意略同，只是对女子嫁后的礼节与行为规定得更细、更杂、更多、更死，真可
谓女教领域的一大"奇葩"！若能完全按照这些礼节行事，新妇自然是举止得

当、"彬彬有礼",却也是畏首畏尾、形同木偶了。

五、敬事公婆教育

与以上所述关系尤密的是,父权统治者对于女子出嫁后如何侍奉公婆(舅姑、翁姑)的规定亦极其细致,烦琐到令人吃惊乃至作呕的程度。关于这方面的内容,在《礼记·内则》篇中有详细的说明,如所谓"妇事舅姑,如事父母""子妇孝者敬者,父母舅姑之命,勿逆勿怠""父母舅姑将坐,奉席请何乡",等等。鉴于本章第三节对此已有所引,故不重述。

值得一提的是,自《礼记·内则》的"妇事舅姑,如事父母"原则一出,后世女教人士便如奉圭臬,且纷纷"出笼"了更多女教新招。虽然其时间已远非先秦,但主旨与《礼记·内则》是"高度一致"的,甚至有过之而无不及。故采撷一例,以观古代女教之"奇"。如宋若昭姐妹所著的《女论语》,对敬事公婆就有如下"高论":

> 阿翁阿姑,夫家之主;既入他门,合称新妇。供承看养,如同父母;敬事阿翁,形容不睹。不敢随行,不敢对语;如有使令,听其嘱咐。姑坐则立,使令便去;早起开门,莫令惊忤。洒扫庭堂,洗濯巾布;齿药肥皂,温凉得所;退步阶前,待其浣洗。万福一声,即时退步。整办茶盘,安排匙筯;香洁茶汤,小心敬递。饭则软蒸,肉则熟煮;自古老人,齿牙疏蛀。茶水羹汤,莫教虚度。夜晚更深,将归睡处;安置相辞,方回房户。日日一般,朝朝相似;传教庭帏,人称贤妇。莫学他人,跳梁可恶;咆哮尊长,说辛道苦;呼唤不来,饥寒不顾;如此之人,号为恶妇。天地不容,雷霆震怒;责罚加身,悔之无路。①

以上四字韵文,可称朗朗上口、文从字顺,与《礼记·内则》之意一般无二,皆是对女子嫁后的督责,可谓大到侍奉公婆的言语要求、脸色态度,小到饮食器具的摆放、茶点吃食的供应、随身饰品的佩戴乃至针头线脑的准备,甚至连能否咳嗽、挠痒、打哈欠、伸懒腰、吐口水等纯属生理本能的行为,都有极严格的规定和限制。毫无疑问,对女子进行此类严格训练,当然有利于培养

---

① 《女论语·事舅姑第六》。

她们言听计从的品性，养成温顺内敛、柔声细语的做派，却也从根本上违反了人性，将女子置于绝对从属乃至生理本能全失的境地。

综上所述，先秦时期的女子家庭教育活动，首先注重的是女性应具的品德修养，其次是严男女之"大防"，再次也是尤费心思的就是对各种行为仪节的规训。尽管我们并不否认，女子教育确应注重品德养成，不否认"男外女内"在生理层面一定程度的合理性及特定时期对于历史发展的意义，亦不否认传承女功（女工、女红）技艺（即"治丝茧""学女事""执麻枲"之类）的现实价值，更不否认母仪母范对幼儿成长的重要作用，但是，如上繁杂不堪的规定，无疑将女子牢牢圈定在家庭之中，束缚在盘根错节的规训之下，严重地践踏了女子的个性自由，压抑了她们才能发挥的空间，对人性是一种极大的摧残，对社会发展也弊多利少。

先秦是我国正统女教的发端期。上述规训经由后儒的刻意传扬，成为影响中国数千年的"天经地义"的东西。在此过程中，尽管女子也有"扬芳誉于诗书，播令名于史册"① 之望，也养成了温柔贤淑、吃苦耐劳、勤俭持家、相夫教子等优秀品质，但其危害也是巨大而深远的。正如学者所指出的："靠牺牲压抑妇女所能获取的进步毕竟是有限的，而社会为这种进步所付出的代价却凝固了妇女，从而也限制了整个民族的进取精神和创造活力，导致了社会结构板滞僵化，从根本上阻碍社会得到更大发展。"②

六、古代中外女教活动略比简析

在古代，无论中外都存在女子教育活动。对此略作比较，有助于我们清晰地把握中国古代女教活动的特点，认识古代女教活动的不同面貌，感受世界教育的多样性特征。

众所周知，远古时期人类最大的任务便是生存下去和维持族群的共同生活。因此，其教育活动不外乎生产劳动教育、生活习俗教育等。在此方面，中外没有多少差别，都是教育内容相对简单、教育方式言传身教、教育权利男女平等，注重示范与模仿，如此等等，不须赘述。

---

① 《女范捷录·勤俭》。
② 曹大为：《中国古代女子教育》，北京师范大学出版社1996年版，第576页。

恩格斯指出："母权制的被推翻，乃是女性的具有世界历史意义的失败。"从父权社会开始，女子的社会地位便日益降低，甚至"变成丈夫淫欲的奴隶，变成生孩子的简单工具了"。在此情形下，女子再难获得同男子一样的受教育机会，须在家中受到教化教育，为操持家务、侍奉长辈、生儿育女等事务做准备，这是中外古代女子教育活动的共同特点。但是，由于地域、习俗、文化等因素的不同，使得中外女子教育也同中有异。其差异至少表现在以下两方面。

（一）柔顺服从与果敢英武

如上所述，柔顺服从是中国传统社会所希望的女德规范，也是中国古代评价女性的一种价值标准。《礼记·服丧》云："未嫁从父，既嫁从夫，夫死从子。"就是说，凡是生活中发生或遇到的一切事情，女性都必须依附听命于他人，不得自行主张，终生不得自行其是。女子出嫁后侍奉公婆要像对待生身父母一般无二，甚至更为用心。

反观西方却并非如此。大致同一时期的古希腊，其女子教育是怎样的呢？有记载说：

> 女子是国民之母，更要有强健的体格；除习烹饪、裁缝外，和男子受同样的教育，不过是在家而不在兵营里了。在这样的社会里，

图 8-8　古代西方女子油画像

"工愁善病"根本是不相容，只有果断英武，才算妇女的美德。这种教育，绝对为国家的利益，而没有个性发展的余地。其结果，使国民嗜欲，苦肌骨，而饥寒；顺于父母，敬于长上；平时谦逊，临难果决。为希腊的战史中，留了不少悲壮勇敢的故事。[1]

先秦时期，我国女子以静弱柔顺为美、操持家务为要，身强体壮、抵御外敌是男子的专利；古希腊则十分强调女性体格强壮、勇敢坚强。战争的频繁发生导致古希腊女子也被要求果断英武、为国献身，这就与我国先秦"窈窕淑女"的女教范型迥然有异了。

---

① 孟宪承编：《新中华教育史·西洋古代教育》，华东师范大学出版社 2010 年版，第 16 页。

（二）成为附属与得到尊重

早在先秦时期，我国就注重向女子灌输"男尊女卑"的观念。因此，男支配女乃是"天经地义"的，正所谓：

> 女正位乎内，男正位乎外；男女正，天地之大义也。家人有严君焉，父母之谓也。父父、子子、兄兄、弟弟、夫夫、妇妇，而家道正，正家而天下定矣。[①]

在"男尊女卑"观念的影响下，女子就成了男性的附属品，要依附于男子才能生存，要靠男子的丰功伟业才能青史留名。那么外国的情形如何呢？古巴比伦是四大文明古国之一，其教育活动在古代极具代表性。学者笔下的古巴比伦的女子教育，与先秦我国女子家庭教育活动就不太一样：

> 在流放巴比伦之前，巴勒斯坦的男女教育是平等的、一样的。这种平等性在巴比伦期间遭到了很大的破坏。回到巴勒斯坦后学习了巴比伦的办法，女子教育几乎全部是家事教育，在家里进行。东方那种妇女低贱的观念正潜入希伯来人的生活。虽然教育为男孩们所有，女孩们很少受教育，但是就整个民族来说，希伯来人是尊重妇女的，他们的文学充满了有关妇女智慧和技艺的故事。[②]

由此可知，相对而言，古巴比伦的女子受教权利高于我国先秦的女子。即使随着时间的推移，女子转而接受家事教育，与男子教育分道扬镳，但她们依然受到尊重，并不是此时中国的"男尊女卑""乾男坤女"或"男外女内"。

第八节　家庭教育活动个案举隅

以上从宫廷教育、贵族家庭教育等六个方面，对先秦家庭教育活动进行了分类考察。由于古代"家"一词之内涵较为模糊，外延又相当宽泛，举凡家族、

[①]《周易·象辞下传·家人卦》。
[②]［美］佛罗斯特著，吴元训等译：《西方教育的历史和哲学基础》，华夏出版社 1987 年版，第42 页。

集团、行业、学派等都可纳入，因此，上述考察颇有不详、重叠和其他不当之处。以下选取若干个案，对此期的家教或宫廷教育活动再作补缀，以求能以点带面、弥补缺憾。

一、伊尹和傅说的王子教育

伊尹和傅说都是史上名臣，对商代宫廷教育都作出了极大贡献。伊尹名挚，夏末商初人，辅佐商汤灭夏，官封为尹，故史称伊尹。《墨子·尚贤下》中说："伊尹为有莘氏女师仆。"女师仆就是奴隶主贵族子弟的家庭教师。他是我国古代第一个见之于甲骨文记载的教师。相传，伊尹的父母都是有莘国的奴隶。伊尹自幼聪颖好学，从父亲那里学到了高超的烹调技术。伊尹通过精湛的厨艺得到君主的赏识，并以滋味悦商汤，至于王道。后来，伊尹在担任太师的同时兼任汤王子弟的师保，成为王室的家庭教师。汤王死后，伊尹历经外丙和仲壬两代后，又做了汤王长孙太甲的老师。

据《史记》记载，太甲继位后不遵汤的遗训，为此，在伊尹主持下，众臣把太甲放逐到汤王墓葬之地"桐宫"生活，以使太甲悔过。伊尹还著有《伊训》《肆命》《徂后》等训词，寄望太甲能够迁善。在伊尹的教育和辅佐下，太甲幡然悔悟，使商朝出现了诸侯归心、百姓咸宁的局面。在此情况下，伊尹作《太甲》三篇，对其给予褒扬和鼓励，并借此向天下宣扬王道思想。

总之，作为皇子之师，伊尹十分注重教育的内容与方法。他强调"慎终于始"，提出教育要及早进行，并且始终如一；主张君主和贵胄子弟要时刻注意道德修养，要有"时乃日新"的志向，不断追求新的道德境界；为使统治者明白"天作孽犹可违，自作孽不可逭"①的道理，他亲自著述，以让王位继承者之学习能有所依。凡此种种，使伊尹成为我国历史上的第一名臣。

傅说是商王武丁时期的一位贤臣。孟子有云："傅说举于版筑之间。"《史记·殷本纪》也记载："说为胥靡，筑于傅险。……故遂以傅险姓之，号曰傅说。"这些记载都说明，傅说原本是出身于社会下层的手工匠人。一个出身于奴隶阶层的人最终登上重臣的位置，不但说明当时的君主思贤若渴，更说明当时

---

① 《尚书·太甲中》。

有才之士擢升上位的渠道是存在的。傅说是否受过家庭教育史无明载，但能身居高位，肯定是受过一定教育的，或拜师，或自学，否则很难想象。

关于傅说教育活动和思想的史料很少，主要见于《史记》和《尚书》中。他曾言："惟学逊志，务时敏，厥修乃来。允怀于兹，道积于厥躬。惟教学半，念终始典于学，厥德修罔觉。"大意是希望统治阶层尤其是君主须树立志向、加强学习、注重修养德行。他主张："学于古训，乃有获。事不师古，以克永世。"告诫统治者以先王为道德楷模，要学习古代经验。他还指出："非知之艰，行之惟艰。王忱不艰，允协于先王成德。"① 告诫统治者行难于知，懂得道理后就要身体力行，做到知行合一。

二、姬旦的宫廷教育活动

姬旦是周文王第四子，周武王同母弟，又称叔旦，谥文公。姬旦辅助武王伐纣灭商，为周朝开国之重臣。建周次年，武王逝，成王即位。成王年幼，威不压众。姬旦恐群臣叛周，故亲自摄政，并教导成王治国之术。姬旦封纣王之子武庚于殷地，令管、蔡监国。之后，管叔、蔡叔和霍叔经过密谋，勾结武庚及东方夷族叛周。姬旦奉成王之命出师东征，"降辟三叔"，伐诛武庚，收殷遗民并作《大诰》《归禾》《康诰》等布告天下。姬旦摄政凡七年，完成了武王未竟的事业后，归政成王，自己则北面就臣位。

姬旦的上述事迹，《史记》和先秦典籍《尚书》《国语》《左传》《荀子》等皆有记载，并多次为青铜铭文所证实，其人其事也逐渐得到历代学者的广泛认可。姬旦不仅是历史上著名的政治家，在宫廷教育活动方面也有独到建树。为了对成王进行教育，他专门著《君奭》篇，规劝召公和他共同辅助成王。他说：

> 君奭！弗吊天，降丧于殷。殷既坠厥命，我有周既受。……我后嗣子孙，大弗克恭上下，遏佚前人光。在家，不知天命不易，天难谌，乃其坠命。……在今，予小子旦，非克有正，迪惟前人光，施于我冲子。又曰：'天不可信。'我道惟宁王德延，天不庸释于文王受命。②

姬旦对召公（君奭）说，殷商由于不奉天命，导致周取而代之。他一方面

---

① 《尚书·说命中》。
② 《尚书·君奭》。

担心，姬周的后代不能恭敬上天、爱惜下民，会弃绝先王的光大之道；另一方面还担心，自己还政在家后，子孙更不知道天命难测，将会葬送姬周。所以只有把先王的光大之道传给子孙，将美德长期保持下去，上天才不会废弃文王开创的事业。

由此可见，作为一代著名政治家，姬旦对教育子孙的重要性是有清醒认识的。在《尚书·君奭》中，姬旦还总结了商代繁荣强大时期的主要原因。他说：

> 君奭！我闻：在昔成汤既受命时，则有若伊尹，格于皇天。在太甲时，则有若保衡。在太戊时，则有若伊陟、臣扈，格于上帝，巫咸乂王家。在祖乙时，则有若巫贤。在武丁时，则有若甘盘。

就是说，通过伊尹、伊陟、臣扈、巫咸、巫贤、甘盘等名臣师保的教育和辅佐，殷商才保持了强盛。所以姬周也应该借鉴前代师、傅、保的教育经验，建立周王室的师保制度，加强对后代的教育，以保证王朝的长治久安。

姬旦的宫廷教育活动主要记载于《尚书》《礼记》等文献之中。他提倡的贵族子弟家教内容，主要体现在道德教育方面。为此他专门编撰了用于教育太子的《世子法》，还撰写了一篇长长的、名为"无逸"的诰词。在诰词的开篇部分，姬旦就对成王说：

> 呜呼！君子所其无逸。先知稼穑之艰难，乃逸则知小人之依。相小人：厥父母勤劳稼穑，厥子乃不知稼穑之艰难。乃逸，乃谚，既诞（延）否（不）则，侮厥父母曰："昔之人，无闻知！"[1]

姬旦告诫成王说，绝不能学那些不务农事的百姓子弟，因为他们贪图安逸，久而久之就不再遵循法度，而且还无礼地对父母说："你们这些过了时的人，懂得什么呢！"姬旦还苦口婆心地教育成王说，不仅不能荒废政事，也不能因穷奢极欲、偏听偏信而导致迷惑昏乱；并且指出，是否不忘先王创业的艰难，是否体察民隐，是否具备勤政的品德，直接关系到国家的存亡。这些无疑是姬旦对身为子侄的成王所说的肺腑之言，是姬旦进行宫廷教育活动的直接证明。

在实施王室家教活动时，姬旦善于总结历史经验，用正反两方面的例子教育王室子弟，培养他们端庄恭敬、谨言慎行的品行。他认为，殷王祖甲能长久

---

[1]《尚书·无逸》。

享国，是由于"旧为小人"，即位后"爰知小人之依，能保惠于庶民，不敢侮鳏寡"。而后世之殷王，则是"生则逸，不知稼穑之艰难，不闻小人之劳，唯耽乐之从"，所以结果是"罔或克寿"。他称颂周文王为处理政事，竟"自朝至日中昃，不遑暇食"，注重以德治民，因而被力民拥戴，"厥享国五十年"。相反，纣王由于淫逸无度，荒于政事，导致最终覆国。姬旦要求成王以此为鉴，谨言慎行，对于民众的怨恨责骂（"小人怨汝詈汝"）应当反躬自责，从自身找原因，否则就会"乱罚无罪"，最终导致自取灭亡。[①] 为搞好宫廷教育活动，姬旦除亲自编写文、诰外，还在祭祀活动中进行"王风"教育。这一做法为后来历代皇室所效法，并形成了一种定制。

姬旦对其子伯禽的教育，也是姬旦进行宫廷教育活动的证明，这在史书上也有记载。《礼记·文王世子》曰：

> 成王幼，不能莅阼（祚）。周公相，践阼而治。抗《世子法》于伯禽，欲令成王之知父子、君臣、长幼之道也。成王有过则挞伯禽，所以示成王世子之道也。

这是说，成王年幼的时候，姬旦暂居天子之位。他把《世子法》施用到伯禽身上，以此让成王懂得父子、君臣、长幼的道理；成王有了过错，姬旦则惩罚伯禽，以此告诉成王如何做太子的道理。这样做既不违反君臣之义，且规劝了成王、教育了伯禽。这虽在今天看来不无问题，但在等级制度甚盛的周初，足以显示出姬旦的机智和良苦用心。这种教育世子的独特方式，很多年后还为孔子所膺服。除《礼记》外，《史记》中也有姬旦教育伯禽的记载。

诚然，姬旦对成王、周王室以及后嗣的德教，是为了确保姬周社稷的长治久安。但他注重品德教育，并将自我修身视为品德教育的中心内容，在一定程度上有助于抑制统治阶层的贪淫无度，从而有利于国家昌盛和百姓安宁。事实上，周初有名的"成康之治"，就是在为政无逸的"王风"影响下的产物。就家庭（宫廷）教育活动而言，姬旦的上述主张开创了古代德育注重修身的传统，其历史影响是深远的。后世儒家特别强调的恭谦自律、反求诸己、为政以德等思想，与此都不无关系。

---

① 《尚书·无逸》。

三、"周室三母"的教育活动

"周室三母"是刘向在《列女传》中的提法，指中国女子教育史上最早且最著名的三位女性——太姜、太任和太姒。太姜系吕国国君之女，古公亶父（姬亶）之妻，太伯、仲雍和季历（王季）之母，文王姬昌的祖母。据称，太姜不但"贞顺率导，靡有过失。大王谋事迁徙，必与"，而且"广于德教"，君子称之，可见其修养之深，地位之尊。

太任是挚国国君的次女，任姓，传为仲虺后代，是王季之妃、文王之母。太任的建树不仅在胎教理论方面，而且可称之为中国古代胎教实践的先驱者。她性情"端一诚庄，惟德之行"。当她有妊之时，则遵从胎教之法。《列女传·母仪传·周室三母》云：

> 寝不侧，坐不边，立不跸，不食邪味，割不正不食，席不正不坐，目不视于邪色，耳不听于淫声。夜，则令瞽诵诗，道正事。

就是说，妊娠期间，她不侧睡，不侧坐，不斜站，不吃味道不正、做得不精的食物，座位不端正不坐，难看的颜色不看，杂乱的声音不听，夜里还要让乐师吟诵优美的诗歌，与人谈说正派的事物。在太任看来，孩子之所以千差万别，都是因为母亲在怀孕时感受外界事物不同，即所谓"感于善则善，感于恶则恶。人生而肖万物者，皆其母感于物，故形音肖之"。由于胎教得法，使得"文王生而明圣，太任教之，以一而识百，卒为周宗"。这是我国对于胎教实践的最早记载。

太姒是莘国国君之女，姒姓，相传为禹的后代。她是文王之妻、武王之母。姬昌在郃阳渭水之滨遇到太姒，惊为天人。后了解到太姒"仁而明道"，姬昌欲娶其为妻，亲到渭河迎接。入周后，太姒时时效法祖母太姜和婆母太任，"旦夕勤劳，以进妇道"，"文王治外，文母（太姒）治内"。生育孩子后，太姒将精力放在教育孩子身上，使他们都"自少及长，未尝见邪僻之事"。孩子们长大后，"文王继而教之"，终于成就了武王和周公旦的辉煌事业。

由上可见，"周室三母"都是贤德淑慧、注重家教、以身作则的母仪典范，这是我国有确切记载的最早的"女教育家"。太姜以德教子、太任注重胎教、太姒教诲十子，成为流传千古的佳话。

四、孟母的家庭教育活动

除"周室三母"外，先秦时期的又一位著名"女教育家"非孟母莫属。众所周知，孟子是我国伟大的思想家、教育家，然而却是在母亲仉氏的精心教育下成长起来的。当然，孔子更加伟大，但遗憾的是，母亲颜徵在虽与孔子共同生活了17年，但并未留下确凿的家庭教育活动的记载。在山东曲阜，有流传颇广的颜徵在"织绩养家""母教二子"以及颜襄（颜徵在之父）"授教孔子"等等，多为七拼八凑、不足采信的民间传说。相比之下，孟子早年所受教育是有文献记述的，孟母仉氏也因这些记述而名垂史册。比起同期的其他女性的家庭教育，如敬姜（季康子叔父之母）教子和田母（齐相田稷的母亲）戒子，孟母的家庭教育更具代表性，足可视为我国家庭教育活动史上的教子范例。

关于孟母教子的故事流传至今者不少，最早记述这些故事的是成书于西汉文景时期韩婴所著的《韩诗外传》，其次是晚生于司马迁数十年的刘向所作的《列女传》。综合两书记述，有关孟母教子的内容有五：一是"不欺"，二是"三迁"，三是"断织"，四是止子出妻，五是赞成去齐。关于"母不欺子"的故事，《韩诗外传·卷九》记载说：

> 孟子少时，邻家杀豚。孟子问其母曰："邻家杀豚，何为？"母曰："欲啖汝。"其母自悔而言曰："吾怀妊是子，席不正，不坐；割不正，不食，胎教之也。今适有知而欺之，是教之不信也。"乃买邻家豚肉以食之，明不欺也。

意思是，孟子小时候看见邻家杀猪，就问母亲邻家为何杀猪，母亲回答说："想给你吃。"说毕马上后悔了，自责道："我怀这个孩子时，席摆得不正我不坐，肉切得不正我不吃，这是在孕期就进行的教育。现在（孟子）刚刚懂事就欺骗他，是在教他不诚实！"于是买了邻家猪肉来给孩子

图8-9　"母不欺子"图

吃，以证明没有欺骗孟子。这段文字一方面说明，孟母在孟子出生前就已采取了一些胎教措施，注重优孕优生；另一方面也表明，孟母非常注意言传身教、言出必行。

另一个广为人知的故事是孟母"三迁其居"，这在《列女传·母仪传·邹孟轲母》中有详细记载：

> 邹孟轲之母也，号孟母，其舍近墓。孟子之少也，嬉游，为墓间之事，踊跃筑埋。孟母曰："此非吾所以居处子也。"乃去，舍市傍。其嬉戏，为贾人炫卖之事。孟母又曰："此非吾所以居处子也。"复徙，舍学宫之傍。其嬉游，乃设俎豆，揖让进退。孟母曰："真可以居吾子矣！"遂居。

由此可以看出，孟母是非常注重家居环境对孩子影响的（即所谓"善以渐化"），使孟子从小就受到了传统礼仪的熏陶，具有了较好的成长起点。

孟母"三迁"以后，虽然为儿子成长创造了良好环境，但并没有因此而松懈。她认为，如果孩子主观上不勤奋努力，环境再好也不能确保成才。所以她时刻注重对儿子进行教育，此即"断杼教子"的故事。这在《韩诗外传》和《列女传》中有相似的记载。据说孟子年少时，有一次放学回家，母亲正在织布，问他学得怎样，孟子说跟以前一样，无甚进步（"自若也"）。孟母听罢，马上用刀割断了所织的布。孟子"惧而问其故"，孟母说：你荒废学业，如同我剪断这丝一样。君子学习是为了树立名声，好问才能增长知识，所以平时能安宁，做起事来就可以免于祸害。现在荒废了学业，就免不了做下贱的劳役，而且难于远离祸患。这跟以织布为生不是一样的吗？我半途而废，难道可以让你长期有衣穿、有粮吃？女人如果不生产家庭生活必需品，男人如果放松了修养德行，那么一家人不做强盗小偷就只能做奴隶劳役了！孟子听罢很受触动，从而改变"废学"积习，旦夕勤学不辍。

孟子长大后，在母亲操持下娶妻成家。然而，孟子的又一次举动让孟母不甚满意，从而发生了一段"止子出妻"的故事。《韩诗外传·卷九》云：

> 孟子妻独居，踞。孟子入户视之，白其母曰："妇无礼，请去之。"母曰："何也？"曰："踞。"其母曰："何知之？"孟子曰："我亲见之。"母曰："乃汝无礼也，非妇无礼。《礼》不云乎：'将入门，［问孰存；］将上堂，声必扬；将入户，视必下。'不掩人不备也。今汝往燕私之处，入户不有声，令人踞而视之，是汝之无礼也，非妇无礼也。"于是孟子自责，不敢出妇。

大意是：孟子有一次见妻子坐姿不妥不雅，于是禀告母亲要将妻子休掉。孟母问罢情形，责备说："这是你违礼啊。《礼》上说：'入大门，要问有无人；

入厅堂，声音要响亮；入房间，眼睛向下看。'这都是礼仪的要求，是让人有所准备的礼节。你今天进入内室，一点声音也没有，是你而不是妻子无礼。"孟子闻言后十分自责，不敢再有出妻之念。可见，孟母面对儿子的一面之词，并未简单处置，而是具体情况具体分析，既对孟子进行了礼仪教育，还恰当地处理了婆媳之间的关系，这在古代是十分难得的。

此外，《列女传·母仪传·邹孟轲母》中还载有孟母鼓励孟子"子行乎子义，吾行乎吾礼"的故事。大意是说，孟子在齐国做官时，其治国思想得不到重视，不愿尸位素餐，所以想到其他地方施展抱负，但又忧虑母亲年老多病，于是"拥楹而叹"地踌躇难行。孟母详细阐明了女主内、男主外的传统礼仪，鼓励孟子为推行道义而勿以母亲为念。孟母所言虽不无性别歧视的传统陋见，但也足以展示出其可贵的奉献精神。

以上即为孟母家教活动的基本状况。由此可以看出，中国古代对母亲家教活动的要求是相当高的：孩子小的时候，不仅要注意自己言行一致，还要尽力给孩子创造良好的学习环境；在学业关键期，要时时关注孩子的学习状况，及时鼓励或防止懈怠；在孩子成家后，要善于处理婆媳关系，申明夫妇之道，为孩子维持和营造良好的家庭氛围；在孩子事业发展期，则要能为他的事业而牺牲自己的利益。这也正应了一句人们耳熟能详的俗话：一个伟大人物的身后，必定有一个杰出的女性。

纵观先秦时期的各类家教活动，抛开具体的内容、渠道等不论，尽管其中也有各种技艺技能的传承传授，然而我们发现，居于主流的仍是德行教育。概言之，这一时期的家庭教育活动，至少具有如下几个突出特点：一是重德，即强调年轻一代从小就应修养自我、以德润身；二是倡行，即注重培养年轻一代以礼节行、以行践礼的习惯；三是崇学，即主张年轻一代须志存高远、以学显世、好学不止。可以说，正是通过社会不同阶层的家教活动，这些特点才由家而国地弥散开来，进而熔铸成了我国伦理至上、注重仪行、讲信修睦、好学精进的传统社会风尚，成为后世家庭（家族）教育活动的源头活水。

第九章
社会教育活动

众所周知，社会教育乃是国家教育系统的有机组成部分。所以，历代社会教育活动的状况也应成为中国教育活动史研究的一大内容。先秦是我国社会教育活动史的发轫期。统治者通过建立机构、设置官员、出台制度等措施，对社会教育活动或加以强化和倡导，或给予禁止与疏导，逐步形成了以伦理为核心，以宗教、法制、礼仪等相杂糅的时代特色。

就其涉及范围而言，先秦时期的社会教育活动是相当广阔的，举凡宗教、礼仪、科技、艺术、法制、民风民俗等方面的教育，皆可视为社会教育活动。这些活动有的是民间自发产生的，有的是代际传承形成的，更多的则是由社会上层活动影响造成的，如统治阶层凡事必卜，社会上宗教活动亦甚频繁；统治阶层讲究礼制，社会上则伦理之风甚盛。此即所谓"上有所施，下有所效""上有所好，下必甚焉"。关于统治阶层所看重、喜爱、有意倡导或被迫开展的活动，在历代文教政策、官学教育活动、家庭教育活动等部分已有专门考察。有鉴于此，加之社会教育活动所涉甚广，本章只能就前文言之不详或未曾提及者，并以著名学派为个案，对此期社会教育活动的状况进行点面结合的考察和论析。

第一节　风俗教育活动

每个民族都有自己的风俗习惯。风俗是特定历史时期民众生活习惯、社会行为、世俗风尚的体现，能够折射出不同民族的社会生活状况。风俗就像一个窗口，使我们能够看到一定时代的风气面貌、生产水平和人们的心理状态。正因如此，探讨和研究风俗教育活动也就具有特殊的意义。

一、"风俗"含义溯源

所谓风俗，是指某一地区在社会发展中长期沿袭下来的风尚、习俗的总和，是久积而成的喜好、习惯和禁忌等，主要表现在饮食、服饰、居住、婚姻、生育、丧葬、节庆、娱乐、礼节等方面。风俗是特定社会文化区域内历代人们共同遵守的行为模式或规范，渗透或弥散在人们生活的各个方面。按照《汉书》所云，所谓"上之所化为风，下之所化为俗"，强调自上而下的推广教化，使之像风一样遍布四面八方，人人传习成俗。

众所周知，先秦时期，很多活动或事务常常是用单音节词来指称的。有趣的是，这一时期我国已出现了"风俗"一词，或将"风"与"俗"同出并用。例如，《荀子·强国》篇明言："入境，观其风俗，其百姓朴，其声乐不流污，其服不挑，甚畏有司而顺，古之民也。"《孝经·广要道》记载："子曰：'移风易俗，莫善于乐；安上治民，莫善于礼。'"《礼记·昏义》云："教顺成俗，外内和顺，国家理治，此之谓盛德。"这些文字或记述，或多或少地都用到了"风俗"或与之意义相近的词汇。

谈到古代社会的风俗，人们常常用到"礼俗"一词。实际上，礼与俗是有区别的。一般来说，"礼"通行于贵族之中，即"礼不下庶人"，是一些较为正式的行为规范；庶人则只有"俗"，即所谓"民俗"。但是，两者又有密切的渊源关系。① 关于俗，《说文解字》云："俗，习也，从人谷声。"② 即"俗"指生活习惯。郑玄对此作了进一步的解释："俗，谓土地所生习也。"③ "土地"是指人们的生存环境，包括地理、气候、人文等各种要素在内。人们在各自特定的环境中生活，久而久之，就形成了各自的习俗。《礼记·王制》对四方的风俗作了如下的描述：

> 戎夷，五方之民，皆有性也，不可推移。东方曰夷，被发文身，有不火食者矣。南方曰蛮，雕题交趾，有不火食者矣。西方曰戎，被发衣皮，有不粒食者矣。北方曰狄，衣羽毛穴居，有不粒食者矣。

东方、南方都是近海之地，为了避免蛟龙的伤害，人民有文身的习惯。题，指额头，雕题即用丹青雕画额头，也是文身的一种。他们生食蚌蛤，不避腥臊。西方不产丝麻，多食禽兽，故以兽皮为衣，又因天寒不产五谷，所以"不粒食"。北方多鸟，故人们以羽毛为衣，又因林木稀少，所以多穴居。即是说，环境的多样性造成了民俗的多样性。

由此可见，"风俗"是中国传统社会大众生活文化特性的词语概括，"风"是指因气候、地理、水土、物产等自然条件不同而形成的风尚；"俗"是指由社会条件不同而形成的社会行为习惯、规范和品行等。"风"强调风土等自然地理条件对人的行为的影响，"俗"是一种习以为常的社会生活模式。简言之，风俗具有自然与人文兼备的二重性，贯自然地理，通社会人事。

"风俗"一词出现的同时，我国也出现了"民俗""民风"等概念。"民俗"就是民间习俗的简称，是一种悠久的历史传承，也是一种相沿成习的文化现象。史料中多有"民俗"一词的称谓。例如，《史记·滑稽列传》记载："楚民俗，好广车。"《汉书·地理志》亦云："（天水、陇西）民俗质木，不耻寇盗。""武都地杂氐、羌……民俗略与巴、蜀同。"《礼记·缁衣》篇载："故君民者，章好以示民俗，慎恶以御民之淫，则民不惑矣。"《礼记·王制》载，天子"岁二月，

---

① 彭林：《中国古代礼仪文明》，中华书局 2004 年版，第 9—12 页。
② 许慎：《说文解字》，中华书局 1963 年版，第 165 页。
③ 郑玄注：《周礼·地官·大司徒》。

东巡守，至于岱宗，柴而望祀山川。觐诸侯，问百年者就见之。命大师陈诗，以观民风；命市纳贾，以观民之所好恶"。这些史料中所说的"民俗"（民间习俗）、"民风"（民间风尚或风气），其意与"风俗"一词略同。

二、先秦风俗概述及后人之论说

从考古材料看，早在新石器时代，我国各地的民居、葬式、食物、器形、服饰等，都已具有了明显的地域性。随着社会的进步，各地的风俗逐步有了差异：有损于人类健康的蛮风野俗，被人们逐步地扬弃了；还有一部分风俗，顽强地留存于社会中，继续发生影响。例如到了商代，尽管已经产生了高度发达的青铜文明，但古代风俗依然笼罩着整个社会，最明显的例子有二：一是事无大小，都要占卜。按说占卜的习俗，至迟在龙山文

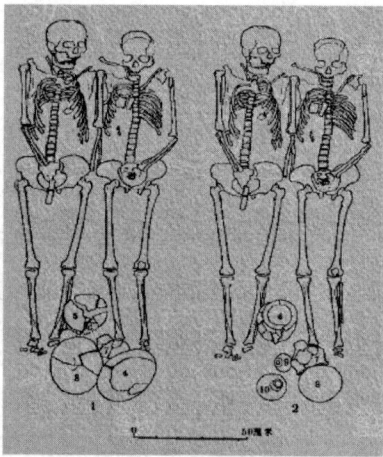

图 9-1 半坡仰身直肢葬

化时期即已出现，然而事隔千年，它不仅没有消失，反而成为殷王朝执政的重要工具。二是人祭和人殉的盛行。人祭是将活人杀死，作为祭祖祭天的供品，这是远古食人之风的延续。人殉是用活人陪葬，与人祭性质相同。这类陋风弊俗，无疑是野蛮蒙昧的表现，也是社会发展的巨大障碍。

风俗的发展是一个逐渐形成并慢慢渗入到社会生活的过程。最早的风俗活动是和原始崇拜、迷信禁忌、神话传说相关联的。之后，一些人开始关注风俗问题，将其作为政治清明与否的重要标志。如儒学大师荀子曾一度兴致勃勃地西行入秦，实地观察了秦国的民风民俗，对昭王和应侯治理下的吏治之严明、政府之高效、民风之淳朴啧啧称道。降至汉代，采集风俗、反映民情，已成为各级官吏的重要使命。汉武帝元朔元年（公元前128年）曾下令要求公卿大夫把"广教化，美风俗"作为自己的职责。于元鼎五年（公元前112年）下令扩大乐府机构，派遣官吏采集民间歌谣，以"观风俗、知薄厚"。以后各代甚至设置专

门官吏，手持符节，分行天下，将考察风俗作为重要的政治事务。① 之所以如此重视，是因为风俗不仅是民众生活实况的折射，还是政治治乱的晴雨表。正如明代王守仁所说："天下之患，莫大于风俗之颓靡而不觉。譬之潦水之赴壑，浸淫泛滥，其始若无所患，而既其末也，奔驰溃决。"② 一旦到了"奔驰溃决"之时，王朝的丧钟也就敲响了。

应该一提的是，从汉代起，许多学者对风俗问题作了深入研究，并对"风俗"一词的含义进行了探索。如以传授《诗经》而名显于世的毛亨就《诗经·关雎》而解"风"，把风与民谣等同起来。到了东汉，经学家许慎在《说文解字》中释"俗"为"习"，已比较接近今日风俗的概念。在两汉时期，全面解释"风俗"概念的当推史学家班固，他说：

> 凡民函五常之性，而其刚柔缓急，音声不同，系水土之风气，故谓之风；好恶取舍，动静无常，随君主之情欲，故谓之俗。③

这就是说，由于自然环境不同而形成的风尚为"风"，由于教化而产生的习惯叫"俗"。前一解释今天看来依然是对的，后一解释则过分强调了上行下效的作用。更为重要的是，它忽视了民间风习相因的一面。因此汉末应劭认为：

> 风者，天气有寒暖，地形有险易，水泉有美恶，草木有刚柔也。俗者，含血之类，像之而生，故言语歌讴异声，鼓舞动作殊形，或直或邪，或善或淫也。圣人作而均齐之，咸归于正，圣人废，则还其本俗。④

应劭对"俗"的解释较之班固有所推进，不再是单纯的上化下习的被动式接受，改变了昔日那种以圣人意志为转移的风俗观。自此以后，人们对"风"与"俗"两者的关系做了进一步明确，如孔颖达疏《毛诗·小雅·谷风》云："风与俗对则小别，散则义通。"即是说，"风"与"俗"既有联系又有区别，"风"中有"俗"，"俗"中有"风"，两者共为一体，相互作用。这一解释已相当科学，代表了当时对于风俗问题研究的最高水平。

---

① 韩养民、韩小晶：《中国风俗文化导论》，陕西人民出版社 2002 年版，第 2—6 页。
②《王阳明全集》卷 22。
③《汉书·地理志》。
④《风俗通义》序。

546

三、上古时期的风俗教育

早在氏族社会时期，由于农业和其他生产事业的发展，人们开始选择有利的环境过定居生活，建立了氏族村落。古人云："上古皆穴处。有圣人教之巢居，号大巢氏。今南方人巢居，北方人穴处，古之遗俗也。"[1] 西安半坡遗址的发掘和研究，为此提供了考古学上的证据。在氏族社会里，财产归集体所有，人们共同劳动，共同消费，并遵守约定俗成的共同规范。

成年礼是氏族时期的一种重要仪式，古人称之为"冠礼"。男女达到成人阶段，须对其体力、智力、毅力、勇气等方面进行考核，符合条件者方能取得氏族正式成员的资格，享受规定的权利，并履行相应的义务。未成年人通过参与这种仪式，了解相关考核标准，明确自己的努力方向，体认仪式的重要意义，从中接受相关风俗的教育。

婚姻制度是生活习俗教育的重要内容。进入氏族时期以后，婚姻制度由血缘群婚发展成为氏族外婚姻。母系氏族时期，族外婚经历了群婚和对偶婚两个阶段。实行族外婚的同时便伴随着相应的教育，以使人们认同这种婚姻形式，提高对这种婚姻优越性的认识。族外婚的推行，尤其是对偶婚制的确立，催生了母系家庭社会，进而出现了夫妻、母子、父子等亲属关系，原始形态的人伦道德教育也随之产生。在生产有了重大发展、男子掌握了大量私有财产之后，父权制取代了母权制。这一变化反映在婚姻关系上，即出现了一夫一妻制的婚姻形态及家庭形式。与之相适应的人伦风俗教育也产生了变化，开始在氏族中注重培养父权思想，宣扬男尊女卑的道德观念。

四、夏、商和西周的风俗教育

夏、商和西周时期，统治者都非常关注民间风俗，注重民间采风活动。这在后世文献中多有记载。例如，《汉书·食货志》就描绘了西周时期的采风情形："孟春二月，群居

图 9-2　古代采诗图

---

[1]《太平御览》卷 78。

者将散，行人振木铎徇于路以采诗，献之大师，比其音律，以闻天子。"《礼记·王制》云："天子五年一巡守，岁二月，东巡守，至于岱宗……命大师陈诗，以观民风；命市纳贾，以观民之所好恶，志淫好辟。"这种有意识的采风活动，一方面是补察时政，一方面也是为了充实乐章。《春秋公羊传·宣公十五年》注说这种采风曰："从十月尽，正月止……男年六十，女年五十无子者，官衣食之，使民间求诗，出转于邑，邑转于国，国以闻于天下。故士者不出牖户，尽知天下所苦。"客观上看，这种"政府行为"的采风活动，提供了当时社会下层民众的生活文化资料，为民间风俗教育活动的顺利推行奠定了必要的基础。

西周统治者比较注意观民风、化民俗。周公摄政时，曾采集文王时周地以南的民歌。周公此举的目的，除了调查施政的得失利弊、以为讽谏之用外，还为了实施社会教化。除周公的个人行为外，西周时期还建立了经常性的采风制度，对风俗教育活动更加重视。《汉书·艺文志·六艺略》云："古有采诗之官，王者所以观风俗，知得失，自考正也。"据《周礼·秋官司寇·小行人》载：秋官司徒府的属吏中设有"小行人"一职，其职责之一就是考察各邦国的礼俗政事，了解各地风土人情、政治得失。《诗经》里的"国风"，反映了西周至春秋中叶大约五百余年间地域不同、生活方式各异的160篇诗歌，是研究中国风俗文化的宝贵文献。① 从所收集的"国风"内容不难看出，到西周时期，我国民间已注意采用诗歌这种朗朗上口、喜闻乐见的形式传承风俗，可谓寓教于乐、化民成俗。

西周时期，太师为乐官之长，也属于采诗之官。国君行巡守之礼，令太师陈诗，通过民歌"观风俗，知得失"，了解民间疾苦。所谓"民风"与民间歌谣大致相同，属于同一概念。民风是民俗的基础，一个时代民风的好坏决定民俗的好坏，而转变民风则是移风易俗的基本条件。所以汉代名儒董仲舒曾大声疾呼"变民风，化民俗"，并以此为己任。②《礼记·学记》亦有"化民成俗，其必由学"的论述，明白道出了教育在移风易俗中的重要作用。

先秦时期是中国礼俗文化正在形成的时代，尚未出现专门论俗或记载各地风俗的文献，有关习俗的论述散见于诸种先秦典籍中，其中较重要的有《周易》

---

① 韩养民：《中国风俗文化研究三千年》，载《民俗研究》1999 年第 2 期。
②《汉书·董仲舒传》。

《穆天子传》《诗经》《周礼》《仪礼》《礼记》等。这些典籍都或多或少地记载了先秦的民间社会风俗及其教育活动，如民歌、神话、信仰、民间医药、民俗事象等。有些篇章虽然荒诞不经，但也能在一定程度上反映民间风俗的面貌。尤其需要一提的是《周礼》和《礼记》。这虽然不是记载民间习俗的专书，但相比其他典籍，对各地风俗的记载不仅数量既多，而且内容也细，既为今天了解先秦风俗提供了参考，也为当时的风俗教育活动提供了一定的文本和资料依托。

五、春秋战国时期的风俗教育

风俗的转换比政权的转换困难得多，也复杂得多。如何移风易俗呢？儒家认为，应该"因俗制礼"，即尽可能利用现有风俗的形式和内在的合理部分，再加整理、提高，注入新的精神，如此方可使人民喜闻乐见，被其所化。因此，《周礼》所载的大司徒官政之法，有几条很重要的原则值得一提：一是"辨五地之物生"。全国的土地就地貌而言，可以大体分为山林、川泽、丘陵、坟衍、原隰等五类，其物产及居民的体质特征也各不相同。这是为政者首先要分辨的。二是"因此五物者民之常，而施十有二教焉"，即辨明上述五类地区，目的在于摸清各自的风俗，然后才可以区别情况而施以阳礼、阴礼等"十二教"。三是"以本俗六安万民"，本俗是指旧俗，要沿袭当地原有的宫室、族葬、衣服等六类旧俗，使人民安于其居。这三条是向万民施教的前提。以此为基础，再在乡、州、党、族、闾、比等每一级行政区内设置庠、序等教育机构，把儒家的理想和伦理道德化解在各种礼仪之中，如冠礼、婚礼、士相见礼、乡饮酒礼、乡射礼等，使人们在喜闻乐见的仪式中接受礼的熏陶。

及至战国时代，士的队伍日益壮大，百家争鸣，学术繁荣，专门记述有关风俗的著作开始出现。最早分区域记述地理状况与风土人情的著作，当推《山海经》和《尚书·禹贡》。《山海经》虽多神奇瑰丽的上古神话，但它对远及黄河和长江流域之外广大地区的自然条件、风土人情进行了综合性的记述，是难能可贵的。如果说《山海经》的作者是"以山为纲"展开叙述的话，那么《禹贡》的作者则已掌握了"自然分区"法，对每区的山水、物产、交通以及有关风俗的大势，作了简明扼要的描述。只是这两部杰作或有些荒诞离奇，或对风俗的论述所用笔墨甚少，对这一文化的认识尚缺理性。

先秦诸子虽然多热衷于政治、教育，但在著述中也发表了多层面的民俗见解。例如，孔子强调人生之礼、丧祭之纪、宗庙之序，所论涉及大婚、祸福、天命、征怪、礼乐、农器、饮食等，表现了我国早期儒家体系的民俗观；荀子强调入乡随俗，提出"广教化，美风俗"主张，认为礼法教化与各地风俗结合起来方能取得理想的效果；韩非重视朝廷法律法令的推行，反对古俗中"用时日，事鬼神，好祭祀"等做法，认为必须用法制教化移除旧俗；墨子主张节用节葬，反对"厚葬""久丧"之类烦琐的礼俗，抨击这些行为会"伤生而害事"；晏婴看到民俗的地区差异，提出"古者，百里而异习，千里而殊俗"的重要见解；晏婴、孔子等人，或实际从政日长，或社会活动频繁，因而他们更为重视风俗活动及其意义与作用。凡此种种对我国民间风俗教育活动产生了重大的影响。

六、《山海经》中的风俗教育思想

先秦时期，我国虽然尚无论述各地风俗活动以及风俗教育的专书，但也有较多记载山川风物、逸闻奇趣的著作，这就是被后人称为"奇书"的《山海经》。《山海经》的作者乃是千年未解的悬案，历史上曾有"禹益作""夷坚作""邹衍作""楚人作""巴蜀人作""早期方士作"等不同的说法。当代学者袁珂等人认为，《山海经》并无具体的作者，实由历代人民集体创作而成，其最早材料当写于春秋末至战国初，经历代传抄、增删和口头加工，由晋代郭璞最终整理成书，近世学者毕沅、孙星衍等再作校正。

《山海经》全书现存十八篇、三万余字，分为《山经》和《海经》两大部分，又各细分为东西南北等几个部分。《山海经》所涉内容甚广，举凡天文、地理、神话、宗教、民族、动物、植物、矿产，可谓天南海北、包罗万象，其中很多材料可视为风俗教育活动的绝好内容。例如，书中形象生动地记载了女娲造人和炼石补天的神圣之举以及女娲带领人民积灰治水的伟大功绩。这既体现了初民的宇宙观念，表现了古代人民改造环境的生活愿望和迫切心情，更歌颂了牺牲自己、造福万民的高贵品质和大无畏的英雄主义气概，对于熔铸中华民族大公无私、勇于献身的良好风俗颇有助益。

《山海经》里还记载了其他脍炙人口的英雄故事，也都颇具风俗教育的意义。如夸父逐日，虽然以失败而告终，但那勇敢无畏的气势、九死不悔的精神以及"弃其杖，化为邓林"① 的豪壮之举，永远激励着人们向既定目标前进；羿射九日的故事，赞颂了战天斗地的不屈精神，也是民俗教育中时常提到的一个人物；而精卫填海的故事，则以一个凄美传说为喻，鼓励人们用坚忍不拔的意志去改造自然，改变环境，改善生活。

此外，鲧、禹治水因其大公无私、心怀天下的精神而历来被人们传为佳话，这在《山海经》中也有记述：

> 共工之臣名曰相繇，九首蛇身，自环，食于九土。……禹埋洪水，杀相繇，其血腥臭，不可生谷；其地多水，不可居也。禹埋之，三仞三沮，乃以为池。②

> 洪水滔天。鲧窃帝之息壤以埋洪水，不待帝命。帝令祝融杀鲧于羽郊。鲧复（腹）生禹，帝乃命禹卒布土以定九州。③

在此，鲧很有些像西方希腊神话中盗天火的普罗米修斯，也是因盗取天上的宝物（即增长不止的"息壤"和"息石"）、触怒上帝而遭到杀身之祸；禹长大后继承父亲未竟之志，终于战胜了洪水，成为万民拥戴的一代圣王。禹的这种不计前嫌、不以私怨为念以及治水八年（亦说十年、十三年）、三过家门而不入的精神，自然也成为民俗教育活动的重要素材。

由上可见，《山海经》既非所谓"刑法家之作"（班固语），亦非"小说之最古者尔"（《四库全书》语），更不是"与巫术合，盖古之巫书也"（鲁迅语），而是具有重要价值的一部"奇书"。只要剔除其中胪列无稽、荒诞不经的内容，该书足可成为我们认识先秦历史、文化、民俗教育等活动的重要材料。

第二节　宗教教育活动

我国宗教教育活动亦起源甚早。这种活动最初虽然具有模糊性、虚幻性色

---

① 《山海经·海外北经》。
② 《山海经·大荒北经》。
③ 《山海经·海内经》。

彩，但也包含了大量的科学、文化、艺术等方面的信息。同时，宗教在统一社
会意志、增强社会凝聚力、协调社会关系、降低社会内耗、稳定社会秩序等方
面起着不可忽视的作用，因而往往被政治力量加以支持、利用和绑架，成为治
国理民的利器。正因如此，宗教教育活动也就成为先秦时期社会教育活动的重
要组成部分。

一、多元崇拜的上古宗教教育

人类最初的宗教信仰是以各种崇拜的方式反映出来的，宗教教育活动也是
以此类方式进行的。上古时期的宗教经历了从早期简单的自然崇拜、逐渐发展
到灵魂与祖先崇拜、再到更高层次的图腾崇拜的历程。这是人类思维长时间发
展的结果，表征着我国先民对周围世界认识的不断深入。

最早的原始宗教崇拜类型是自然崇拜。对此，费尔巴哈有过如下论断："自
然不仅是宗教最初的、原始的对象，而且是它的始终如一的基础，是它的虽说
潜藏然而持久的背景。"[1] 众所周知，人类为了生存，首先要确保自己的饮食。
人类最早的食物源于动植物，人身上穿的是野兽的皮毛，后来出现的树屋也是
学习了猴子等动物之后所受的启发。既然与人类息息相关的是动植物，最初的
宗教观念也就来自对于它们的思考。

在渔猎时代向农耕时代转变的时期，上古人类又开始了对其他自然物体的
崇拜，如太阳和月亮。太阳是人类生活不可缺少的，只有在太阳出现的白天，
人类才能感觉到温暖和安全；而夜晚的到来，则意味着寒冷、恐惧和劳累；在
有月光的夜晚，人们也可以感觉到光亮和安全。于是，对太阳、月亮等自然物
的崇拜活动逐渐出现。

以上所述的自然崇拜现象，在后世
文献中也可见到。如《周易·系辞下》
云："古者包牺氏之王天下也，仰则观
象于天，俯则观法于地，观鸟兽之文与
地之宜……作结绳而为网罟，以佃以

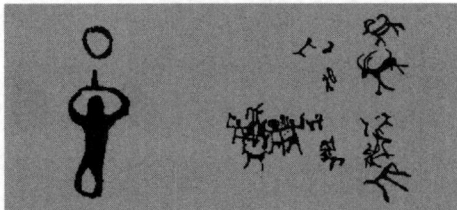

图 9-3　阴山岩画中的拜日、狩猎图

---

① 费尔巴哈：《费尔巴哈哲学著作选集》，商务印书馆 1984 年版，第 442 页。

渔。"《庄子·盗跖》篇亦云："古者禽兽多而［民］人少，于是民皆巢居以避之。昼拾橡栗，暮栖木上，故命之曰有巢氏之民。古者民不知衣服，夏多积薪，冬则炀之，故命之曰知生之民。"《韩非子·五蠹》篇记载得更为详细：

> 上古之世，人民少而禽兽众，人民不胜禽兽虫蛇。有圣人作，构木为巢，以避群害，而民悦之，使王天下，号曰有巢氏。民食果蓏蚌蛤，腥臊恶臭而伤害腹胃，民多疾病。有圣人作，钻燧取火，以化腥臊，而民悦之，使王天下，号之曰燧人氏。

由此可见，人类最早的崇拜对象都是与自身关系最密切的事物，也对将这些自然物转化为利民之物的"能人"表现出极大的尊敬。这就雄辩地表明，原始宗教乃是人类自己创造出来的，并不像任何宗教典籍中所说的，是受到神的所谓启示。这也正像鲁迅在《中国小说史略》中所言的：

> 昔者初民，见天地万物，变异不常，其诸现象，又出于人力所能之上，则自造众说以解释之：凡所解释，今谓之神话。神话大抵以一"神格"为中枢，又推演为叙说，而于所叙说之神、之事，又从而信仰敬畏之。①

灵魂崇拜也是原始宗教早期的崇拜方式和内容，主要表现是形成了埋葬死者的习俗。《周易·系辞下》记载："古之葬者，厚衣之以薪，葬于中野，不封不树，丧期无数。"最初人类还没有任何灵魂观念，对死者也没有任何埋葬仪式，只是让死者入土了事，甚至还会在食物短缺时将死者拿来食用。随着时间的推移，先民们逐渐认为，虽然死者肉体会消逝，但是灵魂依然存在，极有可能还活动在他们生活的区域里，因为他们经常会在梦中见到逝去的亲人或者是氏族中的长者。先民们无法理解这些现象，认为这些死去的人已经成为神灵。这正如列维·布留尔所说：

> 他们首先把梦看成是一种实在的知觉，这种知觉是如此的确实可靠，竟与清醒时的知觉一样。但是，除此之外，在他们看来，梦又主要是未来的预见，是与精灵、鬼魂、神的交往，是确定个人与守护神的联系甚至是发现它的手段。他们完全相信他们在梦里见到的那一切的实在性。②

不仅如此，先民们还认为，这些神灵是神通广大的，平时会保护他们，但

---

① 鲁迅：《中国小说史略》，上海古籍出版社1998年版，第6页。
② ［法］列维·布留尔著，丁由译：《原始思维》，商务印书馆1981年版，第48页。

如果没有好好地安置死者，灵魂就会作祟来报复他们。在这些观念的支配下，灵魂与祖先崇拜也就产生了。其实质正如学者所指出的："如果说自然崇拜是人类最原始的自然观，那么灵魂和鬼魂崇拜便是人类最原始的形神观和生死观。两者交渗的结果，便形成了原始宗教中的鬼神世界。"①

这种人死魂在的观念在历史上是长期存在的，以后与祖先崇拜结合在一起，逐渐形成了我国上古时期颇有特色的宗教教育活动，这在后世文献中也有反映。如《礼记·祭法》云：

> 燔柴于泰坛，祭天也；瘗埋于泰折，祭地也，用骍、犊；埋少牢于泰昭，祭时也；相近于坎坛，祭寒暑也；王宫，祭日也；夜明，祭月也；幽宗，祭星也；雩宗，祭水旱也。……大凡生于天地之间者，皆曰"命"。其万物死皆曰"折"，人死曰"鬼"。此五代之所不变也。七代之所更立者，禘、郊、宗、祖，其余不变也。

这种将天地万物与鬼魂、祖先同祭的礼俗，实质上是将鬼神和祖先与自然威力等同看待了，无疑将祖先的地位抬升了起来，从而向致祭、参祭者乃至族中众人传扬了氏族、血缘的重要性，有助于实现增强凝聚力、统一氏族的目的。

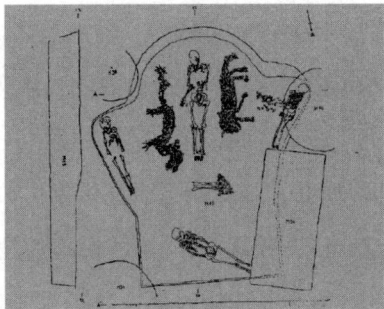

图 9-4　河南濮阳的蚌壳动物图腾

此外，图腾崇拜也是上古先民的一种常见的宗教教育活动形式。图腾（totem）原系北美印第安人奥季布瓦族的方言，意为"他的亲属"；所谓图腾崇拜，则是将某种超自然的神灵作为重要物象进行祭拜的活动。上古时期的每个氏族都有自己的图腾，如龙、凤、熊、罴、虎、豹等，这成为氏族重要的徽记和象征。图腾崇拜活动是人类从事渔猎采集活动所导致的必然结果。由于对动植物和日月星辰等自然物的崇敬日益加深，使得人们认为自己与这些自然物有着某些关系，既有依赖性，又有敬畏感，久而久之，就将它们奉为了超自然的神明。

图腾崇拜一直是中国上古社会宗教崇拜的主要形式之一，这不仅见之于很

---

① 牟钟鉴、张践：《中国宗教通史》，社会科学文献出版社 2003 年版，第 16 页。

多洞穴壁画，在后世文献中也有许多例子。如《左传》就有一段较长的记载，叙述了人们崇拜的众多图腾：

秋，郯子来朝，公与之宴。昭子问焉，曰："少皞氏鸟名官，何故也？"郯子曰："吾祖也，我知之。昔者黄帝氏以云纪，故为云师而云名；炎帝氏以火纪，故为火师而火名；共工氏以水纪，故为水师而水名；大皞氏以龙纪，故为龙师而龙名。我高祖少皞挚之立也，凤鸟适至，故纪于鸟，为鸟师而鸟名。凤鸟氏，历正也；玄鸟氏，司分者也；伯赵氏，司至者也；青鸟氏，司启者也；丹鸟氏，司闭者也。祝鸠氏，司徒也；鸤鸠氏，司马也；鸤鸠氏，司空也；爽鸠氏，司寇也；鹘鸠氏，司事也。五鸠，鸠民者也；五雉，为五工正，利器用、正度量，夷民者也。"①

《史记·五帝本纪》中也有类似的记载："轩辕乃修德振兵，治五气，蓺五种，抚万民，度四方，教熊罴貔貅貙虎，以与炎帝战于阪泉之野。"《史记·周本纪》则载："得四白狼四白鹿以归，自是荒服者不至。"无论是"熊罴貔貅貙虎"还是"四白狼""四白鹿"，都并非是指具体的动物，而是指以这些动物为图腾的氏族部落。《说文解字》亦云："南方蛮闽从虫，北方狄从犬，东方貉从豸，西方羌从羊。"这些说的都是以某种动物为图腾或象征的氏族。

到母系氏族时期，我国图腾崇拜活动有了新的表现形式，即把圣王的出生与图腾结合在一起。如《诗经·商颂》云："天命玄鸟，降而生商。"皇甫谧所撰的《帝王世纪》则说："有蟜氏见雷电光绕北斗，感应生黄"；"女节见大星如虹，生少昊"；"景仆见瑶光之日月如虹，生颛顼"；"唐氏观河边赤龙，生尧"；"握登见大虹意感而生舜"；"修己吞神珠如薏苡而生禹"；等等。《史记·殷本纪》亦载："殷契，母曰简狄……见玄鸟坠其卵，简狄取吞之，因孕生契。"很显然，这些传说是图腾崇拜与母系氏族"知母不知父"习俗结合的产物。

到父系氏族时期，还出现了许多不可思议的兽面人身或人面兽身的"神奇动物"或曰"神奇人物"，这既可视为我国古代神话的表现，亦可视为图腾崇拜活动的另一形式。这在《山海经》中记载极多，诸如"其神皆龙身而人面""其状如人面而龙身""其状如雄鸡而人面""其神状皆羊身人面""其状如犬而人

---

① 《左传·昭公十七年》。

面""其神皆人面蛇身""其神状皆人身而羊
角""其神皆人面而鸟身""南方祝融，兽身
人面""西方蓐收，左耳有蛇""北方禺强，
人面鸟身""西王母其状如人，豹尾虎齿而善
啸"，如此等等，不一而足。这些神灵妖怪的
形象都是与动物合为一体的，折射出远古动
物崇拜的习俗，可视为图腾崇拜活动的又一
表现。

　　总之，图腾崇拜活动与古代氏族制度的
发展是相依相伴、相辅相成的。早期图腾崇
拜主要是个人或少数人的行为；随着氏族制
度的出现和发展，图腾崇拜的受众范围日益
扩大，图腾逐渐成为整个氏族的代表和象征。

图 9-5　徐州伏羲女娲画像石

公开而经常性地进行这种活动，无疑既有助于维护和加深氏族成员之间的关系，
也能够增强整个氏族的凝聚力和向心力。

二、由泛神到多神的夏代宗教教育

　　如前所述，夏代的宗教活动是有自己独特表现和特色的。从历史比较的角
度看，同上古时期相比，夏代宗教活动最为显著的变化，就是由以往"万物有
灵"的宗教观转变为对"天""帝"、祖先、先公等特定对象的崇拜，即由"泛
神"转变为"多神"。同继之而起的商代相比，夏代的宗教活动无论范围、频率
还是重要程度，都远逊于商代。这种变化状况，正如恩格斯在《反杜林论》一
文中所指出的：

　　　　每个宗教不是别的，正是在人们日常生活中支配着人们的那种外部力
　　量在人们头脑中的幻想的反映。在这种反映中，人们的力量采取了超人间
　　力量的形式。在历史的初期，首先是自然力量获得这样的反映；而在进一
　　步的发展中，在不同的民族那里又经历了极为不同和极为复杂的人格化。[1]

_____

　　[1]《马克思恩格斯选集》第 3 卷，人民出版社 1995 年版，第 666—667 页。

　　恩格斯的这段经典论述，可以视为世界各民族宗教活动变化与发展的基本规律，用于解释夏商宗教教育活动之不同也十分合适。

　　社会存在决定社会意识。如前文所言，夏代尚处于氏族部落联盟到封建国家的过渡期，其统治区域周围还有大小不等的很多方国和部落城邦存在；即使在政权控制较为稳定的内部，集团间的冲突也时常发生。可以说，整个夏代，战争是统治者必须直面的第一主题。在此情形下，夏统治者必须以"重戎尚武"作为立国之策，宗教活动也就不得不退到一个相对次要的位置。

　　尽管如此，宗教活动在夏代还是非常重要的，因此社会上的宗教氛围也相当浓厚，只是比之商代稍逊而已。首先，夏从氏族社会脱胎而来，其宗教活动自然受到氏族时期祖先崇拜和鬼魂崇拜观念的影响。许多年后，孔子对夏代的这类活动还不无赞赏地评价说：

　　　　禹，吾无间然矣。菲饮食，而致孝乎鬼神；恶衣服，而致美乎黻冕；卑宫室，而尽力乎沟洫。禹，吾无间然矣。[1]

　　众所周知，孔子对鬼神是持存疑态度的，而且坚决反对在祭祀中追求形式、铺排越礼。但是他对大禹崇敬祖先的灵魂，宁可自己恶衣节食，却华冠美服、祭品丰盈地进行祭祖活动大加肯定。这说明，早在夏代之初已存在鬼魂崇拜现象，而且崇拜的就是祖先的灵魂。这种崇拜活动由大禹开启，后代继任者行之，渐次在社会上形成尊鬼敬祖的礼俗，发挥了教化民众的作用。

　　其次，如果说崇拜祖先和鬼魂是对夏代上古流风赓续的话，那么崇拜"至上神"则是夏代宗教活动的新创。"至上神"即"天"或"帝"，是最具权威的神灵，不但管辖着自然界，管理着人类事务，还管束着其他诸神，人间的一切事务都须向它禀告，遵其命而行，此即所谓"夏道尊命"。关于这方面的内容，在先秦很多文献中都有记载。如《尚书·大禹谟》记述大禹的话说："於！帝念哉，德惟善政，政在养民。"夏启在讨伐有扈氏之前，在召开"誓师大会"时也明言："有扈氏威侮五行，怠弃三正，天用剿绝其命。今予维共行天之罚。"[2]《墨子·兼爱下》中还引了《尚书》古佚文《禹誓》篇中大禹征苗时所说的誓言，曰："济济有众，咸听朕言！非惟小子，敢行称乱！蠢兹有苗，用天之罚。

---

　　[1]《论语·泰伯》。
　　[2]《史记·夏本纪》。

若予，既率尔群对诸群，以征有苗。"《尚书·胤征》记载了胤侯征伐羲和时的誓词，几乎每句话都可看到"天"的影子。誓词云：

> 惟时羲和颠覆厥德，沈（沉）乱于酒，畔官离次，俶扰天纪，遐弃厥司，乃季秋月朔，辰弗集于房，瞽奏鼓，啬夫驰，庶人走。羲和尸厥官罔闻知，昏迷于天象，以干先王之诛。《政典》曰：'先时者杀无赦，不及时者杀无赦。'今予以尔有众，奉将天罚。尔众士同力王室，尚弼予钦承天子威命。

由此可见，在夏代，无论是发动战争还是教化民众，统治者都号称代"天"意行事，唯"帝"命是从。这就既向民众传达了一种"天命不可违"的理念，进而从思想上争取了人心，而且由于"至上神"具有无可置疑的绝对权威，从而也使"尊天而行"的世俗统治者获得了很大的递延权力。可以说，这是夏代宗教活动最根本的目标指向，也是卜筮之类活动最终的落脚点。

最后，从考古发掘中可以发现，夏人在原始鬼魂崇拜的基础上，还发展了灵魂不死以及彼岸世界的观念。有鬼魂便有鬼魂生活的世界，有祭祀就必然有享受祭品的鬼魂。从河南偃师二里头文化遗址的墓葬中，可以看到夏人关于彼岸世界的某些观念。在这片墓葬遗址中，已明显存在着阶层差别。一类是贵族的墓穴，墓主仰身直卧，随葬品有鼎、豆、觚、爵等陶器。另一类是乱葬坑，骨架叠压堆积，躯体残缺不全，有的无头，有的肢体与躯干分离，有的俯身曲肢，可能是被缚住手足活埋的。这类死者大多属于殉葬的奴隶或战俘。丧葬形式反映了人们对死后世界的想象，无疑是此岸世界的假想延伸。从墓主陪葬品多是生活用品来看，他们相信人灵魂不死，希望到彼岸世界仍能过着有人伺候的生活。这是夏代又一较为重要的社会宗教理念。

由上可见，夏代虽然"事鬼敬神而远之"，但也没有忽视宗教活动在社会教化中的作用。尤其是对"至上神"的崇拜，表明夏代已不再对众神等量齐观，而是开始有选择、有目的地进行宗教教育活动了。将宗教与政治和社会教化活动结合在一起，这种做法直接为商代所继承。概言

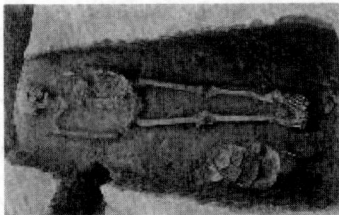

图 9-6　河南偃师二里头墓葬

之，在夏代，宗教教育活动一方面是有自身特点的，另一方面则上承氏族遗风、

下启殷商之制。仅就此而言，夏确可视为我国氏族联盟到封建国家的过渡期。

三、天人贯通、共铸一统的商代宗教教育

商是我国历史上宗教氛围最浓厚的朝代。可以说，在宗教教育活动方面，商代的重视程度、活动频次都堪称"千古第一"。崇信上帝鬼神、迷信巫祝贞卜，乃是殷商社会最主要的特点。

商族原是游牧部落，把自身和牲畜的生殖繁衍看得很重。为减少无法解释的自然现象对生殖繁衍活动的消极影响，商代统治者便把"帝"或"上帝"作为宇宙真宰加以膜拜。由前文可知，"帝"并非商代的新创；但是，商代对"帝"的崇拜比夏代可谓有过之而无不及。关于殷人对帝的信奉活动状况，在殷墟甲骨卜辞中随处可见。对殷人来讲，帝是一个不可捉摸的神灵。他不但是自然的主宰，司掌自然界的风雨雷电，还具有支配社会现象和左右社会统治者的神性，有干预社会生活的神力。关于帝的权能力量，有学者曾分析指出：

> 由甲骨文字看来，商代从武丁时就有了至神上帝的宗教信仰。在殷人心目中，这个至神上帝，主宰着大自然的风云雷电、水涝干旱，决定着禾苗的生长，农产的收成。他处在天上，能降入城邑，作为灾害。因而辟建城邑，必先祈求上帝的许可。邻族来侵，商人以为是帝令所为。出师征伐，必先卜帝是否授祐。帝虽在天上，但能降人间以福祥灾疾；能直接护祐或作孽于殷王。帝甚至可以降下命令，指挥人间的一切。殷王举凡祀典政令，必须揣测着帝的意志而为之。[①]

可见，比夏代只是把帝作为"终极权威"更进一步的是，在商人心目中，帝不仅"至上"而且"万能"；并且，帝既可以保佑人王，也能够降祸人间，是能下令、有意志、会决断、具喜怒的，因而帝已经相当"人格化"了。这些都是商对夏代之"帝"的重大改造和提升。

需要指出的是，殷商时代族与族之间的战争并不仅仅是人群之间的战争，同时也是各族所敬奉的诸神之间的"战争"。随着商族在下界开疆拓土、不断扩张，以至于上神在上界的势力也日益扩展，逐渐成为天下之"共神"。不过，失

---

① 胡厚宣：《殷卜辞中的上帝和王帝》（下），载《历史研究》1959 年第 10 期。

败的部族、方国推崇信仰的神祇也未被"冷落",虽然在神格体系化时被置于从属之神的位置,但也可与主神共享祭祀,都融入商王朝的祭典之中。① 这样一方面,殷商在扫除人间外患的同时,把上界之神的序列也制定了出来;另一方面,"帝廷"之序格局的形成,也反映出商代各部族已逐渐融合,逐步形成了联合联盟的统一王国。在此情形下,随着祭神活动大张旗鼓的开展,以信仰认同、万邦归一为特征的社会教化活动也同时进行,此即《礼记·表记》所谓的"殷人尊神,率民以事神"。

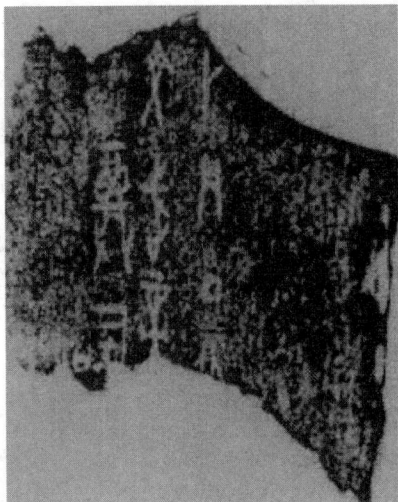

图 9-7　商代甲骨文残片（其文为：卜，贞丁卯，文武帝，尊司母）

除了尊天祭神之外,商代亦注重祖先祭祀,即所谓"事鬼",这是其宗教教育活动的又一内容,也是对虞夏乃至上古之风的赓续。必须一提的是,商王不仅祭祀自己的王室祖先,而且还尊崇某些异姓部族的先祖,这又是殷商对虞夏此类活动的一大改造。殷商的这种做法,早已为许多甲骨文卜辞所证明。例如,武丁时期的卜辞中特别祭祀的"入乙""祖壬"等人,就是非王室的部族祖先,由此构成一个以商族祖先神为中心、各部族祖先神并存不悖的系统。这无疑既能够增进各部族间的向心力和认同感,也与"帝廷"之序相映成趣,反映出商族统治者对神、鬼序列的精心设计。

值得一提的是,在商代的宗教活动设计中,上帝作为超自然的存在和宇宙万物的主宰,在"绝地天通"② 之后,就不再与人间直接交通了。因此,上帝与其他神灵的不同之处在于,他一方面不再享受祭祀时的各种"牺牲",另一方面,也不再接受人间向他的直接祈求。这样,人与天沟通的"重任"就落到了先祖的肩上。就是说,先祖先王则不仅可以享用人间之王的献祭,而且还可以

---

① 参见林明:《商周信仰崇拜的演变》,天津师范大学硕士学位论文,2009 年。
② "绝地天通"的传说,见于《尚书·吕刑》和《国语·楚语下》。

"宾于帝廷",向上帝传递人间的种种诉求。① 由此,祭祀祖先就不再仅仅是后辈对先祖功业的颂扬和追怀,也包含了希望借助祖先上达天听的"神力"求取上帝照应的现实意图。这就将祭祀祖先与政治统治进一步结合了起来,神权、族权与政权的联系更为紧密。据学者研究,商代不少统治者一年的祭祀活动能够多达三百余次,几乎无日不祭,祭祀的对象主要是祖先神祇。② 活动举行的频率如此之高,可见殷商对于祖先的重视程度是远超以往且蕴含深意的,这直接开启了姬周尊老敬祖活动的先声。

此外,在商代,天人之间的沟通除凭借祖先外,还可以通过卜筮活动来实现。关于卜筮的意义、要求、技巧以及巫觋人员在商代的地位和作用等,前文已有论述。值得注意的是,商代还创生出所谓"三卜"制度,就是对同一件事情,由王和左、右卜官分别进行占卜。三卜以王卜为主,其余两卜和之,但也绝不追求与王卜的结果保持"高度一致"。尤其当王卜结论与众人的见解明显违背时,左、右卜官就须对王卜的结果作出修正。这一做法既能维护商王在众人心目中的威信,也可看出商代在作出重大决策时并不仅仅仰赖神灵的启迪,而是给理性留下了一席之地。③ 这对商代以后的宗教活动亦产生了深远的影响。

综上可见,商代的宗教活动已具有自己非常突出的特点。质言之,此类活动固然有其虚妄不实的弊端,但商代统治者却通过对"天廷"序列的精心设计和对先祖先王的神力安排,巧妙地将矛盾化解、价值整合、国家认同等意图融入祭祀活动之中。因而,商代的"国之大事,惟祀与戎"和"率民以事神",就绝对不是纯粹意义的宗教活动了,而是包含了清晰、深刻的政治图谋和社会风气的教化运筹。就此而言,如果再把商代的宗教活动直接归类为愚昧迷信,或者归咎于人们对自然认识能力有限,那都将是十分肤浅的。

四、由天而人的西周伦理宗教教育

如前所云,西周的文教政策是建立在宗法等级制度之上,以"礼"和"德"

---

① 裘锡圭、胡振宇编校:《中国现代学术经典·董作宾卷》,河北教育出版社 1996 年版,第 580页。

② 李亚农著:《殷代社会生活》,上海人民出版社 1955 年版,第 13 页。

③ 参见刘宝才、陈春惠:《先秦宗教思想史论纲》,载《肇庆学院学报》2001 年第 4 期。

为核心，但这并不等于说西周就没有或很少举行宗教教育活动。恰恰相反，这一活动在西周政治生活中依然占有重要的位置。事实上，西周的不少举措都宣称尊行"天命"，重大行动也须卜问"天意"。例如，西周之初，召公在总结夏商灭亡的教训时就多次提到了"天命"，云：

> 我不可不监于有夏，亦不可不监于有殷。我不敢知曰，有夏服天命，惟有历年；……我不敢知曰，有殷受天命，惟有历年；我不敢知曰，不其延，惟不敬厥德，乃早坠厥命。今王嗣受厥命，我亦惟兹二国命，嗣若功。①

意思是说，我们不能不以夏、商为鉴戒；我不敢妄断夏殷的天命国运能多长久，然而我却知道，由于不重视德行，他们都早早地丧失了从上天那里承受的大命。如今，成王承受了上天赐予治理天下的大命，应当想想这两个朝代兴衰的缘由。由此可见，统治者在谈论重大问题时还是要提到"天命"的，这是以往尊"天"观念的遗存。

既然历史的延续性决定了周人不可能完全脱离鬼神天命的影响，那么，西周时期的宗教观念与此前人们的观念有何不同呢？有学者指出：

> 从宗教学上来看，殷人所具有的宗教信仰本质上是属于"自然宗教"的形态，而尚未进至"伦理宗教"的形态。殷人的信仰不仅未能体现为一定的教义形式，而且殷人信仰的上帝只是"全能"，而非"全善"。②

这段话准确道出了西周与此前宗教的不同，且明白地指出了西周宗教的特质乃是一种"伦理"形态的，即宗教被周人掺入了大量伦理层面的内容。事实上，在周人的观念中，"天"与"天命"已经有了确定的道德内涵。具体说来，"天"（即上文所说的"帝"）已经不仅是殷商时的"人格之天"，而更多地表现为一种"有德之天"，更接近于西方旧约中的信仰特质——"历史中的上帝"；"天命"也不再仅仅是一种凌驾于人的超自然存在，而更多地代表了"正义"和"道义"，更多地理解为历史和民族命运的主宰。就是说，人们不仅已经开始从伦理的角度来理解天和神，而且开始按照自己的要求来改造它们，即所谓"民

---

① 《尚书·召诰》。
② 参见陈来：《殷商的祭祀宗教与西周的天命信仰》，载《中原文化研究》2014 年第 2 期。

之所欲，天必从之""天视自我民视，天听自我民听"。① 可见，"天"已经从高高在上的东西"沦落"成了为人服务的凭借与工具了；或者说，所谓"天""天命"云云，无非是人们打着天神的旗号说着人间的话语而已。这是西周进行宗教教育活动的深层动因之所在。

至于祭祀祖先，虽则也可视为宗教教育活动的一部分，但在西周时期，这一活动不仅具有浓厚的社会教化色彩，而且与整个治国理念也是高度契合的：通过祭祀祖先，一方面有助于强化宗法制度、维护尊卑有别的政治统治，另一方面，则可进一步传扬"以老为宝""尊老敬老"的观念，对于张扬人伦教

图 9-8 宗庙内景图

化亦极有裨益。值得注意的是，在西周，以文王为代表的祖先神的地位有所上升，而"帝"的权威似乎逐渐在减弱。例如《诗经·大雅·文王》云："文王在上，於昭于天。周虽旧邦，其命维新。有周不显，帝命不时。文王陟降，在帝左右。……上天之载，无声无臭。仪刑文王，万邦作孚。"不难看出，文王已成了上界的显赫神灵，"帝"相当程度上还要受到"祖"的影响。由此，敬事祖先也就别具意味了。

可见，西周既崇拜上帝，但更尊崇祖先，正如《礼记·中庸》所云："郊社之礼，所以事上帝也；宗庙之礼，所以祀乎其先也。"相比之下，天命是虚无缥缈、不可永恃的，即所谓"天命靡常"，"皇天无亲，惟德是依"。所以，周人更注重的是祭祀祖先。他们称颂周族的祖先后稷为伟大的农神，把他与土地神"社"合为一体作为国家的代称。在民间，人们丰收之后，把粮食就地酿成美酒，既分享给众人，也祭献给祖先神，以感激他对后辈的恩庇；在上层，每一宗族都设有宗庙，举行规模盛大的祭祖活动。宗族不仅成为西周政治、经济的基本单元，也成了宗教教育活动的基本组织。

西周贵族实行宗子主祭、前庙后寝、左昭右穆、木主尸裘等一系列严格的

---

① 《尚书·泰誓》。

祭祖礼仪。宗庙不仅是祭祀祖先的场所，宗族的一切重要活动也在这里举行，重大决定亦在此宣布。宗族每遇重大事务，均须到宗庙向祖先请示和报告。这既表示一切听命于祖先，希望得到祖先神灵的庇佑，也表示一切都要向祖先汇报，且希望祖先能够共享成功的欢乐。由此，祖先崇拜的意义得到了泛化性扩展，具有了渗透一切、包容万端的特征；反过来，这种特征又指导了周人的全部生活，得到了国家层面的认可与支持，且不断向社会各个阶层弥散。如此一来，一种既包含人神一统也合乎社会经济基础与民族心理的伦理性、宗法性宗教在西周最终得以确立。这种情形正如美国人类学家德·格鲁特所说：

> 死者与家族联结的纽带并未中断，而且死者继续行使着他们的权威并保护着家族。他们是中国人的自然保护神，是保证中国人驱魔避邪、吉祥如意的灶君。……正是祖宗崇拜，使家族成员从死者那里得到庇护从而财源隆盛。因此生者的财产实际上是死者的财产；固然这些财产都是存留于生者这里的，然而父权和家长制权威的规矩就意味着，祖先乃是一个孩子所拥有的一切东西的物主。……因此，我们不能不把对双亲和祖宗的崇拜看成是中国人宗教和社会生活的核心的核心。[①]

这段论述所说的当然是中国整个传统社会，但用于指评西周也完全合适，而且中国传统社会的宗族宗祠、家族家庙、祭宗祀祖等设置与活动，正是由西周奠基的。

五、从二元并举到一元融合：先秦宗教教育活动综论

由上述分析可见，在远古、上古时代，由于人类认识自然及自身的能力和水平确实有限，从而在宗教活动中表现出对自然威力的折服和对灵魂、图腾等多元崇拜的现象。这些崇拜的对象物多是外在于人的，甚至凌驾于人类之上，折射出人类的孱弱、恐惧、无助、期冀等心态。到了夏代，宗教观念由"泛神"转变为"多神"，"至上神"的出现表明人们开始有目的地选择自己的崇拜对象，从而在宗教活动中掺入了更多人间世俗的因素。到了商代，宗教活动的世俗因素更加明显，人们不但把天上诸神按照世俗的需要编排了秩序，而且把人间先

---

① 转引自〔德〕恩斯特·卡希尔著，甘阳译：《人论》，上海译文出版社 1985 年版，第 108—109 页。

祖先王的作用进行了巧妙安排，从而使宗教活动更多表现出"人为""为人"的色彩。到了西周，"天""帝""天命"等已基本沦为替世俗服务的工具和依据，崇拜和祭祀祖先则成为姬周最主要也最重要的宗教活动。

如上由天而人、由帝而祖的发展趋势，到春秋战国时期表现得更加明显。这一时期，伴随着原有社会结构的松动，以往的一体化宗族逐渐分化成若干家族。每个家族都设有祠堂，供奉木主。每遇大事必告于祖先神灵，每到春、秋和忌日必举行隆重的祭祀活动。在平时，人们则须贡献各种食品果蔬和其他生活用品，以供祖先在天界中生活。① 这是春秋战国时期最常见的宗教活动。

此外，宗教感情的深化和纯化也可视为春秋战国祖先崇拜的一大特征，其突出表现就是"孝道"观念的盛行。这一观念在西周时期就已出现，经过儒家学派的大力倡导和改造，很快成为祖先祭祀活动时必备的情感因素。儒家改造主要表现在两方面：一是"礼"，二是"敬"。在儒家看来，后代对于祖

图 9-9　曲阜祭孔大典乐队之一隅

先长辈，无论他们活着或是死去，都应以"礼"事之，即所谓"生，事之以礼；死，葬之以礼，祭之以礼"②。就是既不能僭礼以祭，也不能草率行事。另外，后辈还应"敬"待长辈，即："至于犬马，皆能有养；不敬，何以别乎？""君子生则敬养，死则敬享，思终身弗辱也。"③ 只有既"礼"且"敬"，才是对祖先真正的"孝道"。

综上所述，先秦宗教教育活动尽管各个时代的表现和内容较为复杂，但我们可以简括地作一总体性解读，就是从二元并举逐渐走向一元融合。所谓二元并举，是指上界与下界、帝廷与祖先、神权与政权、宗教与世俗的共存与并重，简言之，就是天与人之间的关系状态；所谓一元融合，则是指上述二元分野逐步归结于重世俗、崇祖先、阐人伦、论人事。此即先秦宗教教育活动基本的历史演变轨迹。

---

① 参见杨建华：《论先秦神人一统的宗教观》，载《浙江学刊》1993 年第 3 期。
②《论语·为政》。
③《礼记·祭义》。

秦之后的历朝历代，尽管统治者也动辄口称"奉天明命""奉天承运"，也有祭天祭地、封禅泰山以及祭祀社稷诸神的活动，但无非是借天命以自重而已，再也没有给尊天活动添加多少新的内容和要素。与此形成鲜明对照的是，尊先敬祖活动却频率不断增加，花样不断翻新，内容日臻扩充，规模日益铺排，极尽隆重张扬之能事。由此从一个侧面可以理解，我国为何没有形成西方社会宗教与世俗的分野以及神权与政权的角力。

第三节　传艺授徒活动

先秦时期是我国民间传艺授徒的萌芽时期，教育内容与生产生活密切结合，教学形式主要是口传身授和以师带徒。传艺授徒教育活动是随着职业分化而产生的。由于中国古代的技术少有真正意义上的科学总结，常常存在于自然状态下，将处于自然状态下的科技知识通过与实践相联系的传授方式结合起来，便成为中国古代职业技术教育的主要范式。

一、早期社会的传艺授徒

远古时代，真正意义的文字尚未出现，教育主要依托于口耳相传。人类学家根据"北京人"大脑发达程度，认定"北京人"在集体生产和生活过程中，懂得用语言来表达思想感情，组织协调社会生产和生活。《尚书·禹贡》记载，原始社会"声教讫于四海"；另外，俞正燮言"通检三代以上书，乐之外无所谓学"。这些都说明，人类已经跨越了"手势教育"和"示范"教育阶段，变为"言传身教"综合方式，这是教育活动史以及人类发展史的巨大进步。

远古时期，人类开始制造和使用简陋的工具，学会了控制和使用天然火。由于生产力非常落后，生活条件恶劣，单靠孤立的个人活动无法生存，因此，原始人类只能几十人结成一群，共同劳动，共同消费。在这种原始、简陋的生产、生活状态下，人群内部人与人之间、不同原始人群之间的关系简单，劳动技能也非常原始，还没有产生社会分工，因此没有产生真正意义上的职业教育活动。

需要指出的是，尽管这一时期没有
职业教育产生，但已经出现了广义的人
类教育活动，即随着人类社会的产生与
发展而产生、发展起来的有目的地影响
人的身心发展的社会实践活动。从大量
考古发掘中已经证实，原始人类在由狩
猎为生向农业种植为生转变的过程中，
早期的职业教育扮演了重要的角色。

图 9-10　古代农耕示意图

大约一百多万年以前，人类由"正在形成中的人"进化为猿人，这是我国
领土上最原始的人群。原始人群的生产生活虽然非常简单，但是，他们需要教
育后代怎样制造和使用简陋的石器工具，怎样团结互助进行集体的采集和狩猎，
怎样与毒蛇猛兽及其他自然界威胁进行斗争，以保证集体的生活和安全，这便
是当时口传身授的教育内容。

猿人经过几十万年进化到"古人"（早期智人），再发展到"新人"（晚期智
人），开始形成母系氏族社会。首先进入母系氏族繁荣阶段的是黄河流域仰韶文
化地区。这时的人们取得生活资料主要靠农业劳动。除农业外，饲养家畜和渔、
猎、采集在人们生活中也占有一定地位。这一时期，人们开始定居生活，几百
人或上千人组成"聚落"，中心有一个公共活动的大型房子，氏族酋长的选举、
氏族会议、节日庆典、宗教活动等等都在大房子中进行。中心大房子的一切活
动，在当时起着重要的教育作用。

原始人类在对生产工具的不断改进中，逐步掌握了复杂的工艺技术。尤其
进入氏族社会以后，除石器、骨器、木器等工艺制作外，还出现了制陶、纺织、
房屋建筑、舟车制作等原始手工业。例如，当时的制陶工艺已经有了相当高的
水平，其四道工序洗陶、制坯、装饰、烧制都具有严格细致的工艺要求。另外，
在制造陶轮、砌窑、烧窑过程中，也需要许多物理与化学知识。西安半坡出土
氏族社会晚期的黑陶器，器壁薄如蛋壳，质地坚硬，表面漆黑有光，工艺相当
精美，反映了当时手工制作的较高水平。

如上生产生活技能的演变与传承活动，在许多文献中也有记载。如历史上

就有"伏羲氏教人渔猎"的传说,还有
"有巢氏教人建房"的传说。再如,《周
易·系辞下传·第二章》也云:"包牺
氏没,神农氏作。斫木为耜,揉木为
耒。耒耨之利,以教天下。"同样的意
思在《白虎通义》卷一中表述为:"古
之人民皆食禽兽肉。至于神农,人民众
多,禽兽不足,于是神农因天之时,分

图 9-11　古代纺织示意图

地之利,制耒耜,教民农作"。《吴越春秋》也记载说:"尧聘弃,使教民山居,
随地造区,研营种之术。……乃拜弃为农师,封之台,号为后稷。"《孟子·滕
文公上》亦云:"后稷教民稼穑,树艺五谷,五谷熟而民人育。"这些都是氏族
领袖传播农业知识与技术的记载。此外,史籍中还有教民育蚕治丝的传艺教育
活动,如《路史·后纪卷五》中载,嫘祖曾"始教民育蚕,治丝茧以供衣服"。
这些教民农作、稼穑、育蚕等记载,反映了我国上古时期艺能传授的活动史实。

二、夏、商、西周的传艺授徒

从夏、商朝到西周,奴隶社会长达 1300 多年。由于农耕技术的进一步发展,
农作物产量增长较快,商业和手工业开始繁荣。大批奴隶被迫进入各种作坊劳
动,作坊内的分工已相当细,形成了复杂的综合性手工业。在商、周社会就已
有"百工"的记载。殷墟出土的重达 875 千克的青铜器"司母戊大方鼎",是由
铜、锡、铅按一定的比例浇铸而成的,其工艺相当复杂。那时对奴隶的技艺训
练是强制性的。另外,少数脑力劳动者成为专门掌管文化及农业、手工业、商
业等行业的官吏,在官吏中实行子习父学的职官教育。

氏族社会末期,贫富开始分化,氏族和部落领袖取得特权,出现私有财产
和阶级分化,产生了奴隶制国家,教育活动从此开始变为剥削阶级的统治工具。
所以,《孟子》和其他先秦文献关于古代学校的记载,都是从夏代说起的。到商
代,我国已有了较成熟的文字和笔、竹木简,甲骨文中多次出现"教""学"
"师"等字。原始的职业性教育所具有的普及性和平等性,到了奴隶制社会完全
被阶级性所代替。一方面,奴隶主阶级利用学校教育使其子女能够以脑力劳动

为职业，进而取得官职，不劳而获；另一方面，专门掌握文化、天文历法、建造等行业的官吏，实行官守学业，为官之父兼而为师，传其所学；为官之子则就其父学，习其所业。那时的一切文化典籍深藏官府，世袭保管，因此，文化知识和科学技术便成为他们的家学，并通过官职世袭，代代相传。这种子就父学的职官教育，是奴隶社会特殊的职业教育形式。

原始社会晚期至奴隶社会初期，人类历史经历了三次大的社会分工：第一次是原始社会后期发生的游牧部落同农耕部落的分离，导致了畜牧业与农业的分离；第二次是原始社会末期，随着金属工具的使用和改良，引发了手工业同农业的分离；第三次社会大分工是奴隶社会初期，随着城市和商业的出现，引起城乡分离、脑力劳动者与体力劳动者的分离，使社会上出现了一个不从事生产、只从事商品交换的商人阶层。[1] 人类按性别和年龄进行的劳动分工，称为自然分工；按社会生产力发展的需要，将劳动者相对稳定地固定在分工体系中的某种岗位上，称为社会分工。职业的本质就是人类劳动的社会分工，劳动不但创造了人，也创造了职业，劳动分工越细，职业也就越多。到奴隶社会，已经有了农业、畜牧业、渔业、手工业、商业等职业，职业教育应运而生。但是，奴隶不能享受传承文化的职业教育，只能接受残酷奴化的职业训练，奴隶主阶级为了掠取物质财富、巩固统治地位，把职业训练作为他们达到经济目的和政治目的的手段。如西周宫廷设官职训奴，管理农业生产和林业生产的官员，兼有训练奴隶"稽树艺"等技能的职责；管理手工业作坊的官员，兼有训练奴隶纺织、编织、冶铜、铸币、制陶器、造车等技能的职责；管理工程的官员，兼有训练奴隶筑城、开沟、修路等技能的职责。鉴于本书前章在论及三代"畴官"和手工业者家教活动时对此类内容已多有阐述，此处不再赘言。

三、春秋时期的传艺授徒

春秋战国时期的生产技艺传授，主要是通过家业世传、设学收徒、以师带徒和世代畴官等形式来实现的。随着奴隶社会的崩溃，掌握在奴隶主手中的官学日趋没落，最终结束了"学在官府"的格局，形成"天子失官，学在四夷"

① 恩格斯：《家庭、私有制和国家的起源》，人民出版社1972年版，第157—167页。

的局面。一些原来的职官（畴人）流散到了民间，于是著书立说，组织学派，开设私学收徒。《史记·历书》曰："幽、厉之后，周室微，陪臣执政，史不记时，君不告朔，故畴人子弟分散，或在诸夏，或在夷狄。"《汉书·艺文志》曰："农家者流，盖出于农稷之官。"这样，客观上畴人将本来密藏于官府的技术带到了民间，又从民间生产实践中吸收养料，促进了技术本身的发展。当时，突破家庭圈子、招收他人为徒、实行个别传授的现象也已出现。例如，《史记·扁鹊仓公列传》就生动记载了医术高明的长桑君收扁鹊为徒的经过，云：

> 扁鹊者……少时为人舍长。舍客长桑君过，扁鹊独奇之，常谨遇之。长桑君亦知扁鹊非常人也。出入十余年，乃呼扁鹊私坐，间与语曰："我有禁方，年老，欲传于公，公毋泄。"扁鹊曰："敬诺。"乃出其怀中药予扁鹊，曰："饮是以上池之水，三十日当知物矣。"乃悉取其禁方书尽与扁鹊。

经过十多年的观察和考察，长桑君终于以"私坐""间与语"之类的私密方式收扁鹊为徒。可见，春秋时期身怀绝技的异能之人私收徒弟，还是相当慎重的。

四、战国时期的传艺授徒

到战国时期，各家私学迅速发展，"从师"成为一时之风尚。在诸子私学中，与传艺授徒教育活动有直接联系的是墨家和农家。农家以许行为代表，尊炎帝神农为宗主，主张人人劳动、自食其力，即所谓"必种粟而后食"，还希望能"与民并耕而食，饔飧而治"。这种朴素的重农思想，只是无视社会分工的现实合理性、希求人人绝对平等的乌托邦理想，在战国时期只是昙花一现，其规模也无非出行时有"其徒数十人"① 而已。所以，在传艺教育活动方面，最有影响的当属墨家。

墨子创办的私学以传授木工、建筑、器械制造技艺为主，其教学方法注重实际操作和训练。墨子出身于手工业者阶层，有一手精巧的造车工艺和制造器械的技术，特别擅长于制造守城器械，其技术水平与后世无不敬仰的工艺大师和发明家鲁班齐名。墨子曾开办规模较大的私学，有弟子数百人甚至更多，其

---

① 《孟子·滕文公上》。

中手工业出身的占大多数。因此，墨家学说主要代表农民和手工业者的利益。墨子把知识的来源分为亲知、闻知和说知三种，其中特别重视"亲知"（直接体验）。代表墨子思想的《墨子》一书，除总结劳动人民的生产经验，记载了大量几何学、力学、光学等自然科学知识和手工业技术外，还有丰富实用的军事技术。这与轻视劳动人民、歧视体力劳动的儒家形成了鲜明的对照。

墨子的实用技术教育有出色的成就，这突出表现在战争攻防器械的制造和传授方面。墨子注重向弟子传授"守御之术、机巧之变"，《墨子》的《备城门》《备水》《备穴》《备突》《旗帜》《号令》《杂守》《备高临》等篇，都是实际作战技能的实录，形成了一套全面而完整的军事防御守备学说。据说墨子有制造云梯的技术，要求弟子学会生产劳动工艺技巧。他还时刻教育弟子，只有掌握一定的生产技术和技能技巧，才能维持自身正常的生存和发展。

可见，墨子十分注重培养弟子的实际操作技能，帮助获得"各从事其所能"的实际本领，要求"能从事者从事"。当然，墨子的初衷是要求弟子掌握各种本领，以便去阻止兼并战争，落实其"非攻""尚同"等主张，而墨子所传授的这些高超的知识技能，经过弟子的补充整理，成为流传后世的宝贵财富。当时技能和科学知识的传播，主要还是在民间，通过言传身教、口手相传以及师傅带徒弟等方式进行教育，客观上催生出了古代职业教育思想的萌芽。

中国古代的艺徒训练式教育脱胎于世袭的工艺技能传授，产生于夏商时期。早在原始手工业出现之后，就有了制作石器、骨器、竹木器、陶器以及纺织、房屋建造和交通工具制造等原始工艺技能的训练和传授。原始社会末期发明了冶铜技术，由于冶铜技术的工序和工艺复杂得多，其知识传授和技术训练

图 9-12　古代手工作坊示意图

都达到了相当高的水平。在号称青铜时代的奴隶社会中，生产分工越来越细，手工业各部门涌现出一批能工巧匠，奴隶主往往让这些人充当师傅，在大规模的奴隶协作劳动中传授技艺，由此出现了师傅带徒弟的艺徒训练活动。"处工，就官府"和"工商食官"的官工业制度，促进了官办工业的发展，同时也促进

了世袭家传的父教子学的技术传授和技能训练，进而发展成为师徒相传的训练活动。奴隶主将社会中的能工巧匠聚集在官工业之中，使他们成为"在官之工"，身怀绝技者还被擢升为"工师"。他们相互观摩，互相激励，互相切磋，传授技艺，不仅使官工作坊成为培养技术工业者的"大学校"，而且也使世袭的技术得到了交流与发展，为技术知识的总结与推广奠定了基础。据研究，假托西周、实为春秋末期的《考工记》就是这样产生的。①

战国时期，独立经营的小手工业者非常活跃，很多个体手工业者来源于被吞灭的小国的"百工"，他们流落于各地，并受到各诸侯国的欢迎。《礼记·中庸》有所谓"来百工则财用足"，说明战国时各国大概都想方设法招徕手工艺人。小手工业者或定居于大小都邑的"市"旁出售产品，或依赖手艺游食四方，如《庄子·人间世》中提到的"匠石"。他们仍保持手艺不外传的习俗，生产规模小，但技术熟练，经营自由，生产积极性高，生活水平要好于农民。所以司马迁在《史记·货殖列传》中说"用贫求富，农不如工"②。

战国时独立经营的小手工业者、私营手工业主及其雇佣者，都是社会的下层民众。即便在手工业界，他们的地位也十分低下，远不如官府管理下的手工业者。虽然他们为社会经济发展作出了自己的贡献，其产品较好地满足了社会各阶层对商品的需求；虽然他们的行为突破了传统"工商食官"制度的藩篱，使商品经济迅速发展，甚至催生出临淄那样"家敦而富，志高而扬"的"国际大都市"，但是，他们却受到当时主流社会意识的轻忽和压制，只是作为财税来源和盘剥对象而已。秦以后，他们又受到集权政治"重本抑末"政策的打击和压榨，难以在政治舞台上发出自己的声音。

五、《考工记》中的手工技艺

《考工记》全称《周礼·冬官·考工记》，是一部仅7100余字的著作，约成书于春秋末期。该书托名周公，实为无名氏之作，或为能工巧匠的集体作品。这是迄今为止我们可见到的中国最早的手工业技术文献，记述了先秦时期官营手工业各工种的规范和制造工艺，还记载了一系列生产管理、分工和营建制度。

---

① 谢广山：《中国古代职业与技术教育范式》，载《职业技术教育》2007年第10期。
② 李瑞兰主编：《中国社会通史》，山西教育出版社1996年版，第234—235页。

全书共分"总叙""轮人/辀人""筑氏/玉人""磬氏/车人""弓人"五部分。对于手工技艺的管理与分工,《总叙》篇有较全面的记述,谓:

> 国有六职,百工与居一焉。或坐而论道,或作而行之,或审曲面势,以饬五材,以辨民器,或通四方之珍,异以资之,或饬力以长地财,或治丝麻以成之。坐而论道,谓之王公;作而行之,谓之士大夫;审曲面执,以饬五材,以辨民器,谓之百工;通四方之珍,异以资之,谓之商旅;饬力以长地财,谓之农夫;治丝麻以成之,谓之妇功。粤无镈,燕无函,秦无庐,胡无弓车。粤之无镈也,非无镈也,夫人而能为镈也;燕之无函也,非无函也,夫人而能为函也;秦之无庐也,非无庐也,夫人而能为庐也;胡之无弓车也,非无弓车也,夫人而能为弓车也。知得创物,巧者述之守之,世谓之工。百工之事,皆圣人之作也。烁金以为刃,凝土以为器,作车以行陆,作舟以行水,此皆圣人之所作也。天有时,地有气,材有美,工有巧,合此四者,然后可以为良。材美工巧,然而不良,则不时、不得地气也。

此篇眼界开阔、行文流畅、用词典雅,估计作者很可能是一位长期从事行业管理且文化水平相当不错的职官。但所谓"百工之事,皆圣人之作",明显为虚言假托。事实上,《考工记》中的很多篇幅绝非什么"圣人之作",而是巧匠所为。例如,《弓人》篇就记载说:

> 弓人为弓,取六材必以其时,六材既聚,巧者和之。干也者,以为远也;角也者,以为疾也;筋也者,以为深也;胶也者,以为和也;丝也者,以为固也;漆也者,以为受霜露也。凡取干之道七:柘为上,檍次之,桑次之,橘次之,木瓜次之,荆次之,竹为下。……凡相胶,欲朱色而昔,昔也深,深瑕而泽,紾而抟廉。鹿胶青白,马

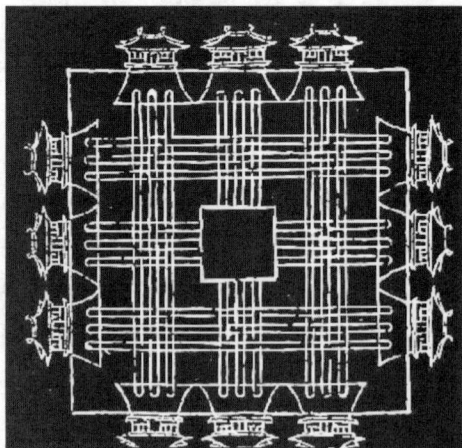

图9-13 《考工记》中的建筑布局

胶赤白,牛胶火赤,鼠胶黑,鱼胶饵,犀胶黄。凡昵之类,不能方。凡相

筋，大结而泽，小简而长。大结而泽，则其为兽必剽；以为弓，则岂异于
其兽。筋欲敝，漆欲测，丝欲沉，得此主材之全，然后可以为良。凡为弓，
冬析干，春液角，夏治筋，秋合三材，寒奠体，冰析灂。冬析干则易，春
液角则合，夏治筋则不烦，秋合三材则合，寒奠体则张不流，冰析灂则审
环，春被弦则一年之事。析干必伦，析角无邪，斫目必荼。斫目不荼，则
及其大修也，筋代之受病。夫目也者必强，强者在内而摩其筋；夫筋之所
由幨，恒由此作，故角三液而干再液。……

以上仅为《弓人》篇的节选。由此不难看出，作者对于如何制作良弓的叙
述可谓不厌其细，从六种材料选择的时机与标准，到干、胶、筋、漆、角等每
种材料的化学性质和物理表现，再到用于良弓制作时各自的用途和要求，尽皆
一一细备。如此熟谙各种材料的性质与制作工艺，绝非周公姬旦之所能，必是
一位或几位长期浸润于手工行业的高超匠人或工艺大师实践经验的总结。

与《弓人》篇相似，《考工记》的其他篇什也记述了大量手工技艺的内容，
如《筑氏/玉人》谓："攻金之工，筑氏执下齐，治氏执上齐，凫氏为声，㮚氏为
量，段氏为镈器，桃氏为刃。"《轮人/辀人》谓"轮人为轮，斩三材必以其时。
三材既具，巧者和之。毂也者，以为利转也。辐也者，以为直指也。牙也者，
以为固抱也。"总体而言，《考工记》全书篇幅虽不算长，但科技含量相当大，
技艺水平也非常高。就其所载工种来说，有木工、金工、皮革工、染色工、玉
工、陶工等6大类、30个工种，实存25个工种；就其内容而言，记载了大量的
手工生产技术、工艺美术资料，涉及制车、兵器、礼器、钟磬、炼染、建筑、
水利等诸多行业以及天文、生物、数学、物理、化学等自然科学知识，可谓集
先秦手工技艺与自然科学之大成。

由上可见，早在先秦时期，我国的手工技艺就已达到了相当高的水准，可
谓门类齐全、技术精湛。能到这种程度，显然非有系统而长期的传艺授徒活动
不可。很可惜，由于先秦学人的轻忽和传世史料的不足，使得我们对民间手工
技艺的传承状况不甚了然，只能以"口耳相传""严格训练""实际操作"之类
的词汇给予可能远非准确的描摹。不管怎么说，一方面，手工技艺传承活动无
疑对人民生活和社会发展作出了巨大贡献，另一方面，则为中国教育活动的历
史画卷增添了绚丽迷人的色彩，值得后人记取和追怀。

第四节　法制教育活动

公元前 21 世纪，产生了第一个奴隶制国家——夏。继夏而起的商和周都是奴隶制大国。夏商周三代设置司法官，制定法令法规，开创了中国古代法制史的崭新篇章，法制教育活动随之兴起。鉴于本书第二章对三代律法已有所述，以下将对前文未述或述之不详者略作阐说。

一、上古时期的法制教育

上古时期没有国家，自然也就没有法律。氏族和部落内部的社会成员之间的各种社会关系，是靠不成文的习惯来调整的。但这些习惯同样具有约束力，一切氏族成员都必须遵守。"神农无制令而民从"，说明古代氏族社会的首领神农氏并没有后世的法律、法令一类东西，但民众都服从他、拥护他。

相传舜曾任用皋陶为司法官。皋陶执法公平、正直无私，深受人们的爱戴。他断案时，常常靠一头名叫獬豸的神兽来判断是非

图 9-14　"独角兽"獬豸

曲直。这个神兽既像羊又像麒麟，浑身是油光闪亮的青毛，头上长一只锋利无比的触角。后人称它为"独角兽"。它能识别人间的罪行，将触角往理亏的一方触去，是非曲直，一触便得分晓。这就是"神兽决狱"的神话传说。[①]

其实，传说中的"神兽"是原始社会人们的一种图腾崇拜，用它来维护氏族社会的共同传统和习俗。由于原始社会的人们对自身的智慧和力量还没有充分的信心，便把分辨是非曲直和惩罚不轨行为，统统看作是神的意志和神的决

---

① 李用兵：《中国古代法制史话》，中共中央党校出版社 1991 年版，第 5—6 页。

断。"神兽决狱"表达了人们要求伸张正义、铲除人间不平的美好愿望。

礼是中国古代社会意识形态的一个重要组成部分,是基本的社会规范,也是奴隶制国家的主要法律形式之一,是不成文的习惯法。由于这些"礼"是不成文的,加上世代更迭变迁,社会动乱,其具体内容已无法考证。但是,孔子在《论语》中说,他对夏礼和殷礼都能够讲出来,这就说明,历史上确实有过夏礼和殷礼,它们同后世的周礼是一脉相承的,都是统治阶层治国安邦的大法。

二、夏、商、西周时期的法制教育

夏商的礼制,无论内容还是形式都以神为核心。夏商统治者经常举行隆重的祭祀活动,无论是国家大事和个人生活小事,都要通过巫师占卜,向天神"请示"。一切都借天的名义行事。王位是天授予的,称为"天命";军事征伐称为"天讨";惩罚犯罪称为"天罚"。夏、商是典型的神权法时代。传说中的《夏礼》是由原始社会末期祭神祈福的祭祀仪式改造而成的,以《史记·礼书》所讲的"上事天,下事地,尊先祖而隆君"为主要内容。它与神权政治紧密结合,为王权和贵族政治服务,成为贵族协调内部道德伦理关系的行为规范,已具有以"神权法"和宗法为特征的法律性质。

夏代的法律除礼之外还有刑,古文献称"禹刑",其内容主要是不成文的习惯法。《左传·昭公六年》云:"夏有乱政,而作禹刑。"其实,以"禹刑"来称呼夏朝法律并不准确,只是表示对开国君主和杰出祖先禹的崇敬和怀念而已。这在本书前文已有交代,此处不再赘言。另外,夏代在长期的司法实践中积累了不少案例,并根据国王的命令,如诰、训、誓等,汇成了所谓"夏刑三千条"。这些都是夏朝法律的表现形式。

商是中国第二个奴隶制王朝。商一方面沿用商部落的某些传统习俗,袭用夏朝法律;另一方面根据新情况颁布新的诰、训、谕等命令,形成商朝的法律。《左传·昭公六年》记载:"商有乱政,而作汤刑。""汤刑"不仅全部沿用了"禹刑"中的"五刑",还广泛实行"族刑"。《尚书·泰誓》中说"罪人以族",就是指一人有罪,其父母、兄弟、妻子都要处刑。

《尚书·大禹谟》中说:"罚弗及嗣""宥过无大""刑故无小""罪疑惟轻"。这里提出了四个原则,即:施用刑罚限于本人,不株连子孙;过失犯罪虽然后果严重，也可以从宽；故意犯罪尽管轻微，也要加刑；犯罪情节有疑点的，处刑时要从轻。《尚书·吕刑》中则说，法制要宽严适中、刑罚世轻世重、以情定罪、疑罪赦免等原则。"宽严适中"是说定罪量刑要中正，不偏不倚，不轻不重，恰到好处。"世轻世重"又叫时轻时重，是说适用刑罚要有灵活性，根据形势的变化而有所不同。"以情定罪"，是说虽然犯了重罪，但如果属于过失，也可以适用轻刑、减刑处罚；虽然犯的是轻罪，但如果是故意犯罪，则要适用重刑，加重处罚。"疑罪赦免"，是说对于疑难案件或一时搞不清楚的案件，要降级处分，或免予刑事处分。

西周统治者把父慈子孝、兄友弟恭、夫义妇顺等宗法道德看作维护统治秩序的基本规范，把违反宗法伦理的行为看作是严重犯罪，处以严厉的刑罚，还提出了"刑不上大夫，礼不下庶人""明德慎罚""礼主刑辅"等宗法伦理原则。① 所谓"明德慎罚"，是西周吸取商朝灭亡的教训而提出的较为进步的原则。"明德"即尚德，注重德教，对犯罪者实行宽缓的政策。他们认为，有德者才能得天命，无德者必将失天命，导致亡国亡身。这是由"王权神授"的思想发展为"以德配天"的思想，有一定的进步意义。"慎罚"是指对刑罚的适用要采取审慎的政策。所谓"礼主刑辅"，则是西周统治者为预防犯罪提出的一条原则。他们认为，刑是消极的规范，作用在"禁于已然"，惩罚已经发生的犯罪；礼是积极的规范，作用在"禁于未然"，预防犯罪的发生。

周初统治者改重"武功"为重"文治"，"礼"成为西周法律的重要组成部分。从法制教育的角度看，西周已处于我国奴隶制发展的鼎盛时期，学校教育空前发展，制度也日益完善，"礼乐"成为学校教育的首要任务，无论是国学还是乡学，都有以礼乐为首的六艺教学。周礼中所规定的别贵贱、序尊卑、定国家、经社稷的精神原则及有关司法制度方面的规定，作为法律知识在学校进行传授，其目的在于为周王朝培养官僚士大夫。

总的看来，在夏、商和西周时期政教合一、学在官府的教育体制下，法律教育主要局限在贵族内部进行，尚谈不上公开、大规模的法律宣传，这就使得奴隶主贵族垄断了法律，从而导致了奴隶社会法律"刑不可知，则威不可测"

---

① 李用兵：《中国古代法制史话》，中共中央党校出版社 1991 年版，第 19—23 页。

的局面。

三、春秋时期的法制教育

春秋时期，奴隶制度开始崩溃。在学校教育方面，当时王室和诸侯国忙于战争，无暇顾及学校，导致"王官失学""学在四夷"。由于社会急剧分化，一些失势的贵族及王室百工或携带王室文献典籍逃奔诸侯国，或凭自己擅长的技能和知识各谋生计，促使学术下移，于是产生了私学教育。

新兴地主阶级为了维护其已经取得的经济、政治利益，要求制定和公布成文法，以改变贵族垄断法律的局面。从公元前543年开始，郑国执政子产进行政治和经济改革，其中一项改革就是把刑书铸在鼎上公之于众，首先打破过去把刑书藏于官府的惯例，对其他诸侯国产生了很大影响。公元前513年，晋国新兴地主阶级代表人物赵鞅和荀寅，带领军队在汝水旁边筑城，同时征收200多斤铁器铸造了一个大鼎，把刑书铸在铁鼎上，公之于世，谓之"铸刑鼎"①。此后不久，郑国大夫邓析也把他起草的刑法刻在竹简上，史称"竹刑"。其后，各诸侯国纷纷制定并公布了成文法。成文法的公布，打破了秘密法的旧传统，在一定程度上限制了贵族"临事制刑"的司法特权。与此同时，"事断于法"的制度反映了新兴地主阶级的要求，也使普通民众知道了什么是犯罪以及如何课刑，把最基本的法律知识传向民间。②

郑国大夫邓析是开办私学、向民间传授法律知识的创始人。他对法律素有研究，因不满当时实行的法律，曾私造刑法并刻于竹简上，后来为郑国采用。邓析还擅于替人操诉讼之业，他颇具雄辩之才，具备作为一名讼师的素质。据说他打官司可以达到驾驭诉讼胜败的地步，能够"以非为是，以是为非，是非无度，而可与不可日变。所欲胜因胜，所欲罪必罪"③。这在社会上引起了很大反响，其结果使"郑国大乱，民口喧哗"，威胁到官方对诉讼的垄断，最终被统治者所杀。除上述外，邓析的贡献还在于聚众讲学，传授法律知识。据《吕氏

---

① 值得注意的是，这一做法遭到孔子的严厉斥责，从中可以看出孔子的良苦用心。这在本书第四章已有详尽分析，兹不赘言。
② 参见马克林：《先秦法制教育述论》，载《西北成人教育学报》1999年第4期。
③《吕氏春秋·离谓》。

春秋·离谓》载，邓析是有酬传授诉讼知识的，即所谓"与民之有狱者约，大狱一衣，小狱襦袴。民之献衣襦袴而学讼者，不可胜数"。可见，邓析的行为在民众中是很受欢迎的。这使得奴隶社会被垄断的法律知识，成为一般平民百姓可以获得的常识。这种法律知识是与体现新兴地主阶级利益的"竹刑"相联系的。所以，邓析的私人法律教育活动有助于法律的进化及社会的发展进步。

众所周知，孔子是春秋时期兴办私学较早、成效最著、影响最大的教育家。孔子教学的基本教材是他删定的"六经"，其中含有法律或法规方面内容的是《礼》和《书》。《礼》包括西周以来形成的一整套具有法律效力的礼节仪式、典章制度和行为规则，《书》中有历代帝王的命令、文告、朝章典则等。随着儒家学说的兴起和繁盛，这些典籍中的有关法律知识也得以在更大范围内传播。

在孔子教学活动中，常常有法律法治方面的教学内容。比如，当有学生问他古代圣王是否用"五刑"时，孔子回答说："圣人之设防，贵其不犯也。制五刑而不用，所以为至治也。"[1] 大意是，刑法只是手段，刑法的最终目标是使刑法设而无所用，这是一种很高的境界。然而在现实生活中，孔子也重视刑罚的作用，认为统治者应该时时关心法律制度，心存对法律的敬畏，即所谓"君子怀刑"，并要适中地掌握刑罚，即"刑中"，因为"刑罚不中，则民无所措手足"[2]。孔子曾担任鲁国的司寇，有亲身的司法经历，故其法律教育活动常常涉及具体的司法环节。关于审理案件，孔子曾颇为自负地说："听讼，吾犹人也。必也使无讼乎！"[3] 意思是说，我审理案件时和别人差不多；如果一定让我去做，我的追求就是让人们再无诉讼。孔子还注意对违法者的教育，认为"不教而杀谓之虐，不戒视成谓之暴，慢令致期谓之贼；犹之与人也，出纳之吝，谓之有司。"[4]可见，孔子在教育过程中，不仅传授法律知识，而且阐述了其"礼治""德治""人治"的法律思想。

总之，作为大教育家和儒家学派的创始人，孔子的法律教育活动及其思想对我国古代法律理论有着深远影响，特别是在西汉中期以后，随着儒家学说定

---

[1]《孔子家语·五刑解》。
[2]《论语·子路》。
[3]《论语·颜渊》。
[4]《论语·尧曰》。

于一尊，孔子所提倡的"为国以礼""德主刑辅"和"宽猛相济"等主张长期在法律思想领域中处于支配地位，被历代统治者奉为圭臬。

四、战国时期的法制教育

战国时期，由于社会的大变革，使得春秋以来学术活动由兴盛进入高潮，显现出"百家争鸣"的局面。在法律知识的传播教育方面，各家在彼此的对立与争辩中，形成了比较系统的法律思想，各国的变法运动的兴起更为直接地推动了法制宣传教育活动的开展。①

在"诸子百家"中，儒家不仅完善了"礼治""德治""人治"的法律思想，而且还探讨了一些法律常识和司法原则。墨家十分重视"法"或"法度"的作用，认为无论从事任何工作，犹如百工的"为方以矩，为圆以规"一样，都必须有"法"或"法度"，否则便将一事无成。作为与儒家对立的学派，墨家坚决反对周礼规定的宗法世袭制和任人唯亲的"亲亲"原则，主张"赏不当贤，罚不当暴"②。针对当时贵族不顾人民死活、铺张浪费极其严重的情况，墨家主张不仅农夫要"强乎耕稼树艺，多聚叔粟"③，而且各行各业都应"使各从事其所能"④。同时，必须禁止浪费，"凡足以奉给民用则止，诸加费不加于民者圣王弗为"。这种主张发展生产、反对浪费的经济立法思想，是具有积极意义的。

法家是先秦最重视法律作用而且对法律最有研究的一个学派。他们所致力的"刑名法术之学"，既有理论性，又有实践性，对繁荣我国古代法律园地作出了杰出贡献。法家的所谓"法治"，实质是要将新兴地主阶级的意志上升为法律，依托统一的中央集权制以保证其贯彻执行。由于许多法家人物曾参与了各国的立法、司法活动，兼具法学家和政治家的双重身份，这就使其法律教育具有更为明显的实际效果。这种教育不仅施之于学派内部，而且还影响了当时的统治者，通过国家意志宣传和推行其"法治"主张。

除私学教育外，各国在变法图强中也很注重法制教育的作用。当时官方的

---

① 马克林：《先秦法制教育述论》，载《西北成人教育学报》1999年第4期。
②《墨子·尚贤下》。
③《墨子·非命下》。
④《墨子·节用中》。

法律教育，是与司法官吏选拔、培养相联系的。以商鞅变法后的秦国为例，当时法官的来源，一般是将基层明晓法律的官吏，经逐级推荐后由国君批准正式任命。法官除审理案件外，平时须加强训练并要求如期熟知法令，否则要受处罚。秦律规定："主法令之史有迁徙物故，辄使学读法令所谓，为之程式；使日数而知法令之所谓，不中程，为法令以罪之。"法官在审案中遗忘法令是要受罚的，即"各主法令之民，敢忘行主法令之所谓之名，各以其所忘之法令名罪之"①。在加强业务训练的同时，秦还注意对法官进行品行方面的教育。如云梦秦简《为吏之道》中就有"审悉毋私""毋以愤怒决""毋喜富，毋恶贫""忠信敬上"之类的道德规定。法律宣传也是各国进行法制教育的一项重要内容。如《商君书 · 定分》载："吏民欲知法令者，皆问法官。故天下之吏民，无不知法者。"可见，秦国规定法官不仅负责审理案件，还有义务解难答疑，宣传法律知识。由于重视法律宣传，"秦妇人婴儿，皆言商君之法"②，"境内之民皆言治，藏商、管之法者家有之"③，有力地促进了法治的实施。

综上所述，从形式上看，先秦时期的法制教育活动大致经历了由西周以前的官府垄断式教育、春秋时期的私学教育以及战国时期官私兼具、形式多样的传播教育过程；从内容上说，则由最初仅传授一些礼仪规范，发展到后来传授较为丰富、全面的法律知识和法律思想。特别是战国时期，随着法家学说为各主要诸侯国所采纳，使法制教育仅由私家传授发展到由官方组织进行，形成了较为系统和有规模的教育活动，从而为推进法治的实施乃至后来秦统一全国起到了重要作用。

第五节　礼仪教育活动

人类的文明源远流长，作为文明的表现形式之一的礼仪也随之出现。从仪

---

① 《商君书 · 定分》。
② 《战国策 · 秦策一》
③ 《韩非子 · 五蠹》。

式上说，礼是起源于祭祀、产生于上古社会的。这一时期生产力极其低下，人们无法对种种自然现象作出正确的解释，认为都是由神秘力量支配的，于是就把自然力量人格化，想象出各种神灵，并采用祭祀仪式来崇拜这些神灵以期换取神灵的赐福。随着社会经济的日趋繁荣和人类文明的日益进步，人与自然、人与人之间的关系在各个方面、各个层次上不断展开，礼仪仅仅作为祭祀神灵的形式已经不能达到在社会生活的各种关系中节制人的行为的目的了，于是"礼"的外延逐渐扩大，由敬神转向了敬人敬祖。

需要说明的是，本书前面不少章节对先秦"礼"之起源、"礼"之教化活动，包括官学、私学及家庭教育活动等方面的内容已着墨较多，而这些活动或者就可视为民间礼仪教育活动，或者也会以各种不同的途径对民间礼仪教育活动产生相应的影响。有鉴于此，本节对先秦民间教育活动不再作过细的考察和阐述，仅约略述之。

一、上古时期的礼仪教育[①]

最初，所谓礼仪仅仅是人们的一种习俗，也是约定俗成的行为规范。但是，当人们自觉或不自觉地遵守这一习俗，并开始把它与神灵联系在一起，加上各种论说，又杂以神话附会，从而使习俗反过来约束人们的言行举止时，约定俗成的习俗也就变成了一种"礼仪"。不过，在历史上，礼仪从产生以至于形成一套与之相关的制度，则是以后才出现的事情。

上古时期，我国的礼仪规范就已经初备雏形。具体地说，礼仪起源于这一时期的祭祀活动。那时，由于生产力低下和人们对自然界的认识有限，人们对于自然界经常出现的风雨、雷电、霜雪、地震、洪水、日食、月食以及自身的生、老、病、死等现象，不知其因，更无力加以制止和改变。然而，人们总希望自己的生活能够一帆风顺，于是便希望能够驾驭这些现象，使之按照自己的意愿变化，为人们的需要服务。于是，人们便认为世上还存在着一种超越现实和自然的力量——鬼神，而将一切无法解释的自然现象都归咎于受鬼神的驱使和支配。在这样的意识下，古人十分崇信鬼神又害怕鬼神，所以就想方设法讨

---

① 参见朱筱新：《中国古代的礼仪制度》，商务印书馆 1997 年版，第 8—17 页。

好鬼神，让它满意，祈求它消灾祛祸，降福于人间。如何才能让它知道人们在向它祈求呢？于是便采取祭祀的方法，将食品等物品供献给鬼神，所选择供奉的物品当然是人们认为最好的。由于在现实的生活中，人们所遭受的诸多灾难大多来自天和地，由此人们便设想出两位分别主宰天、地的神，即天神和地神。天神、地神分别生活在天上、地下，祭祀的方法也有区别，用烧烤食物后冒出的青烟表示祭天；向地上洒酒或洒牲畜的血表示祭地；并用敲击器物发出的声响，通报和召唤鬼神，以此令鬼神满意，进而达到使人们免除灾难、瘟疫的目的。每当举行祭祀活动时，人们总是怀着诚惶诚恐的心情，把这项活动搞得既庄严、又隆重。祭祀活动年年举行，代代相传，逐渐形成了固定的仪式，这就是礼仪产生的萌芽阶段。

《礼记·礼运》中有一段对早期的礼仪活动的描述，意思是说，最初人们在行"礼"的时候，要事先准备好酒和各种食物，而后把黍和屠宰后劈开的小猪摆放在石头上，再点燃柴草烘烧石头，炙烤食物；另外在地上挖一个坑，把酒倾倒在坑里，人们用手从坑中捧酒而饮；此外，还要用土捏成鼓和鼓槌，用来敲打撞击，发出声响。采取这样的形式和方法，就可以表示人们对鬼神的崇敬之意。从这段文字中可以看到，在远古时期行"礼"的活动中，已经有了作为贡献给鬼神的"礼物"，又出现了因供奉鬼神不同而方式各异的活动内容，还有了击鼓作乐，并且出现了一些属于这种场合下所特有的仪式和程序。

二、夏、商时期的礼仪教育

大约在奴隶社会的夏、商、周三代，我国的传统礼仪进入了飞速发展时期。西周时期，历史上第一部记载"礼"的书籍《周礼》产生。随后，又出现了《仪礼》《礼记》，把人们的行为举止、心理情操等统统纳入到一个尊卑有序的模式中。这三部礼仪著作的出现在我国礼仪发展史上具有里程碑的意义，对人们的行为和社会公德的形成具有极其重要的作用。

还在禹建立夏朝的时候，就开始把礼仪从祭祀活动扩大到政权建设中。他在逐步巩固政权统治的过程中，一方面为镇压被统治者的反抗和防范外族的入侵，而设置军队、官吏、监狱、刑罚和法律；一方面又铸造"九鼎"，用它作为权力和地位的象征。鼎是铜、锡等金属经冶炼、烧铸而成的一种青铜器，其形制多为圆形或方形，底部有三足或四足支撑鼎身，鼎身上多有鼎耳。大禹铸造九个大鼎，目的是要显示自己高贵的地位，同时也为了在政权内部区别贵贱尊卑。正是大禹的"铸九鼎"，赋予鼎以新的特定的内涵和特殊的作用，所以鼎从夏朝开始，便成为礼仪的专用器物。商周时期，随着礼仪制度的逐步建立和日趋严格，鼎又成为特定礼仪场合中的必备器物。在形制和数量上，也受到礼仪制度的严格规定，鼎因此而被冠以"礼器"的称号。

既然礼仪在上古时期主要用于祭祀鬼神的活动，那么夏朝及其以后的历代统治者，为什么要把它移植到政权建设之中呢？其用意是显而易见的，统治者可以通过操纵祭祀活动而成为"万民之主"，令举国上下敬畏自己。正是由于礼仪制度具有"神化"统治的特殊功能，历代统治者便不遗余力地强化、利用它，以维护自己的统治地位。对于"礼"，生活在春秋时期的孔子有这样一段论述：

> 夫礼，先王以承天之道，以治人之情，故失之者死，得之者生。……是故夫礼，必本于天，殽于地，列于鬼神，达于丧、祭、射、御、冠、昏（婚）、朝、聘。故圣人以礼示之，故天下国家可得而正也。①

这段话突出了礼的重要性，即礼是出自于天、仿效于地而产生的，礼因此而作为治国之本，凡是人的生死、祭祀、战争、治理国家、成年结婚、入朝、派遣使臣、觐见天子等一切社会活动，都应该以"礼"作为标准。只有严格遵循礼的规定，才能治理天下国家。孔子在另一段关于"礼"的论述中，更进一步地阐明了礼与治国安邦的关系：

> 是故礼者，君之大柄也。所以别嫌明微，傧鬼神，考制度，别仁义，所以治政安君也。故政不正，则君位危；君位危，则大臣倍（悖），小臣窃。刑肃而俗敝，则法无常；法无常，而礼无列；礼无列，则士不事也。刑肃而俗敝，则民弗归也。是谓疵国。②

礼的作用，一言以蔽之，是国君治国安邦的一件法宝。孔子的这一席话，道出了礼与治国安邦休戚相关。尽管一个国家有法律，但如果没有礼的配合，要想实现长治久安也是不可能的。

不过，礼既然成为政治统治的一种工具，因此在使用上是有一定限制范围

---

① 《礼记·礼运》。
② 《礼记·礼运》。

的，即所谓"礼不下庶人"。社会基层的民众终日从事劳动，文化程度也有限，是没有时间和其他相关条件去参加各种"礼"的活动的，更拿不出符合要求的"礼物"作贡品，所以礼也就和他们无缘。只有天子和公卿大夫等上流社会成员才有"礼"可言，有资格、有素养也有条件按照"礼"的规定行事，但同时也要受"礼"的约束。所以在"礼"移植到政权建设中以后一段很长的历史时期内，它更多的是用来协调统治阶层内部的关系，维护统治集团内部的秩序。在这个基础上，为使"礼"成为一切活动的依据和标准，统治者又根据不同的性质和用途，将"礼"分为不同的类型，详细地规定了各种"礼"的使用范围和具体的实施要求以及"行礼"的过程。这样，"礼"便通过"仪"得以体现；"仪"则成为"礼"的具体、形象的表现形式。就是说，不同的"礼"必定有不同的"仪"。不仅如此，统治者还把"礼""仪"与统治政策相联系，逐步使之规范化、制度化，最终产生了一套专门与礼仪相配套的制度。

三、西周时期的礼仪教育

礼仪教化活动发展到西周时期已经十分完备，与之相配套的制度亦日渐完善。已知现存的最早记载有关礼仪制度的著作是《周礼》《仪礼》《礼记》等典籍。从记载中可以清楚地看到，在西周时期，几乎统治者的一切活动都被分别归类在礼仪制度之中，因此礼仪制度制定得尤为详尽，对于行"礼"的过程，即仪式、程序等"仪"的内容也细致入微。

西周礼仪制度本身不仅十分严谨细密，更在统治阶层的大力推崇下被奉为极其权威的"圣典"，不允许出现任何有违礼仪制度之举。西周制定的这套礼仪制度为后代的统治者所尊崇、继承，被奉为"古制"，成为历代礼仪制度和相关活动的经典蓝本。

根据《周礼》的记载，礼被划分为五类，即吉礼、凶礼、军礼、宾礼、嘉礼，合称为"五礼"，每种"礼"的"仪"又各不相同，由此建立起了中国古代礼仪制度的基本结构。从行礼的场所、器物的陈设、礼器的数量，到行礼时的着装和服饰、致辞与言语、神情与态度，直至各种人站立、致礼时的位置，行礼的顺序、过程和方式等等，《周礼》中都有具体的规定。

值得一提的是，《周礼》还详述了负责礼仪教化活动的各种官员及其职责，这可视为西周礼仪教育活动制度完备的又一表现。关于各种官员的职责，在《地官司徒》篇中有详细的规定。例如，大司徒应该负责以下十二种教化活动：

> 一曰以祀礼教敬，则民不苟；二曰以阳礼教让，则民不争；三曰以阴礼教亲，则民不怨；四曰以乐礼教和，则民不乖；五曰以仪辨等，则民不越；六曰以俗教安，则民不愉；七曰以刑教中，则民不虣；八曰以誓教恤，则民不怠；九曰以度教节，则民知足；十曰以世事教能，则民不失职；十有一日以贤制爵，则民慎德；十有二日以庸制禄，则民兴功。①

除负责教化外，大司徒作为朝廷重臣，还要"掌建邦之土地之图，与其人民之数"，"以天下土地之图，周知九州之地域广轮之数，辨其山林、川泽、丘陵、坟衍、原隰之名物"。就是说，大司徒应该管理全国的土地、物产财赋、人口数量等事务，帮助天子治理国家。由此可以看出西周政教合一的制度特色，亦如《礼记·王制》所云："司徒修六礼以节民性，明七教以兴民德，齐八政以防淫，一道德以同俗。"

大司徒下辖众多负责礼仪教化的官员，各自的职责在《周礼·地官司徒》的《小司徒》《乡师/比长》等篇什中也有明确的规定，如：

> 小司徒之职，掌建邦之教法，以稽国中及四郊、都鄙之夫家九比之数，以辨其贵贱、老幼、废疾。……乡师之职，各掌其所治乡之教而听其治。以国比之法，以时稽其夫家众寡，辨其老幼、贵贱、废疾、马牛之物，辨其可任者与其施舍者。掌其戒令纠禁，听其狱讼。……乡大夫之职，各掌其乡之政教、禁令。正月之吉，受教法于司徒，退而颁之于其乡吏，使各以教其所治，以考其德行，察其道艺。……州长，各掌其州之教治、政令之法。正月之吉，各属其州之民而读法，以考其德行、道艺而劝之，以纠其过恶而戒之。……党正，各掌其党之政令、教治。及四时之孟月吉日，则属民而读邦法，以纠戒之。……族师，各掌其族之戒令、政事。月吉，则属民而读邦法，书其孝弟、睦姻、有学者。春秋祭酺，亦如之。……闾胥，各掌其闾之征令，以岁时各数其闾之众寡，辨其施舍。……比长，各掌其比之治。五家相受相和亲，有辠（罪）奇邪则相及。……

---

① 《周礼·地官司徒·大司徒》。

可见，对于各级官员及职责，《周礼》也规定得十分详备。这样，由大司徒领其首，各级官员随其后，构成了一个相当严密的社会教育网络，使礼仪活动开展得既经常、又普及。

四、春秋战国时期的礼仪教育

春秋战国时期，礼仪教育活动步入到发展变革阶段。在当时的教育语境中，"礼"主要是指尊重和维护社会秩序的生活规范和道德规范，如各种典章、制度、礼制、规矩、准则和要求，同时也包括区别尊卑贵贱、亲疏远近、身份职位等的礼节仪式。人们十分看重"礼"的社会和个人意义，认为它不仅是兴国家、安社稷、利后嗣的手段，也是定亲疏、别异同、明是非的依据，是维持社会秩序和调节个人行为的重要工具；"礼"对个人而言是修己正身之道，对统治者来说则是使民治国之策。简言之，传统社会所倡导的"礼"，包含西方"社会控制理论"所谓的柔性和刚性两种控制的意蕴。

以孔、孟、荀为代表的儒家学派发展并革新了礼仪思想，还为礼仪教育活动奠定了理论基础。孔子堪称历史上的第一位"礼仪学"专家。他一生恪守周礼，认为"周监于二代，郁郁乎文哉，吾从周"[1]，主张"非礼勿视，非礼勿听，非礼勿言，非礼勿动"[2]，要求人们用礼来约束自己的行为。他还阐明了礼在人生活中的重要性，即所谓"不学礼，无以立"，认为："人而不仁，如礼何？人而不仁，如乐何？"[3] 在《论语》里，谈到礼仪问题的记载有74条之多，可见孔子对礼仪问题的重视。

继孔子之后，孟子把"礼"作为为人处世的基本道德规范，作为人与动物的最大区别。他曾言："人之所以异于禽兽者几希"，那么"几希"的东西是什么呢？孟子认为，就是仁义礼智"四善"，而"恭敬之心，礼也"，"辞让之心，礼之端也"。[4] 他还认为，君子与普通人也有一定分别，分别的关键在于"其存心"，即所谓"君子所以异于人者，以其存心也。君子以仁存心，以礼存心。仁

---

① 《论语・八佾》。
② 《论语・颜渊》。
③ 《论语・八佾》。
④ 《孟子・公孙丑上》。

者爱人，有礼者敬人"，①把仁、礼看成君子应有的品行。在此基础上，孟子又对"礼"的产生问题进行了探讨，认为"礼"产生于远古时期，源于圣人对人自在状态的忧虑，即"圣人有忧之，使契为司徒，教以人伦：父子有亲，君臣有义，夫妇有别，长幼有叙，朋友有信"②。在孟子看来，正是基于这种背景，人类才制定了调节人际关系的规范，有了"应当如何"与"不应当如何"的观念。

与孔孟相比，荀子对礼仪问题的重视程度更高。他为此专门撰写了《性恶》和《礼论》，从"礼"之产生、功用、怎样为礼等方面做了全面论述。如对于"礼"何以产生的问题，他深刻地指出：

> 礼起于何也？曰：人生而有欲，欲而不得，则不能无求；求而无度量分界，则不能不争；争则乱，乱则穷。先王恶其乱也，故制礼义以分之，以养人之欲，给人之求。使欲必不穷乎物，物必不屈于欲，两者相持而长，是礼之所起也。③

把孟荀二人两相对照，就可看出他们是颇异其趣的：对于同一个起源问题，孟子是从"人固有之"的角度阐发的，还申明了"礼"在人由内而外（即从自在状态转变为社会教化状态）之进程中的作用；荀子则是从人"有欲而不得""不能不争"等人性论角度阐述的，还申明了"礼"在规范人之外在行为方面的作用。

与孟子更为不同的是，荀子不是从先验论的层面谈"礼"的起源，而是从天地万物、人之为人、国家治理等角度论述这一问题，从而使其理论显得较为严谨。既然荀子否认礼义法度来自于人的内在心性，那么它的根本来源是什么呢？荀子明言：

> 礼有三本：天地者，生之本也；先祖者，类之本也；君师者，治之本也。无天地，恶生？无祖先，恶出？无君师，恶治？三者偏亡，焉无安人？故礼，上事天，下事地，尊先祖，而隆君师，是礼之三本也。④

①《孟子·离娄下》。
②《孟子·滕文公上》。
③《荀子·礼论》。
④《荀子·礼论》。

既然天地是生命的本源,先祖是人类的本源,君师是政教的本源,那么事天地、尊先祖、隆君师也就不仅是礼的"三本"了,而成为礼的重要内涵和根本构成。

与孟子更大的不同在于,在荀子看来,既然"礼之三本"与天地有关,那就必然与"天"能扯上关系,而"天论"正是荀子最光辉的思想。顺着这个思路,"礼"也就不仅仅是人类社会的规则了,还与天地万物的运行法则相一致。他痛快淋漓地指出:

> 凡礼,始乎棁,成乎文,终乎悦校。故至备,情文俱尽;其次,情文代胜;其下,复情以归大一也。天地以合,日月以明,四时以序,星辰以行,江河以流,万物以昌,好恶以节,喜怒以当。以为下则顺,以为上则明,万物变而不乱,贰之则丧也。礼,岂不至矣哉!立隆以为极,而天下莫之能损益也。本末相顺,终始相应,至文以有别,至察以有说。天下从之者治,不从者乱;从之者安,不从者危;从之者存,不从者亡。[1]

简言之,"礼"是以改变人性之恶为动因,以人类社会生活为基石,由简单到复杂、由低级到高级而发展的。发展到高级阶段,"礼"就超脱了人为的羁绊,与天地的运行法则相参合了。到了这种境界,"礼"就能够由天而人,成为指导社会万事的至高准则,而不再仅仅是规则或法则了。此即荀子"礼论"的基本思路。遵循这一思路,荀子再次斩钉截铁地申言:

> 故天地生君子,君子理天地。君子者,天地之参也,万物之总也,民之父母也。无君子则天地不理,礼义无统,上无君师,下无父子,夫是之谓至乱。君臣、父子、兄弟、夫妇,始则终,终则始,与天地同理,与万世同久,夫是之谓大本。故丧祭、朝聘、师旅,一也;贵贱、杀生、与夺,一也;君君、臣臣、父父、子子、兄兄、弟弟,一也;农农、士士、工工、商商,一也。[2]

由上可见,荀子的"礼论"逻辑是相当严谨的。概言之,"礼"是"天经地义"的东西,是对人行为必要而天然的规范,既能够"养人之欲,给人以求",

---

[1]《荀子·礼论》。
[2]《荀子·王制》。

还能够使"贵贱有等，长幼有差，贫富轻重，皆有称者"。① 因而人必须尊礼、敬礼、习礼、合礼。

如果说，孔子论"礼"的贡献主要在于把"礼"从典章文本推进到人的行为层面，孟子的贡献是将"礼"从行为规范深入到人的内心境界，那么，荀子把"礼"之本源设定为"三本"，首先推展到天地君亲，继而升华至"天道"、收束于"人道"，则是一项更大的贡献，由此构成了中国礼仪文化的基本精神，奠定了礼仪文化的理论基础。

总之，礼仪从风气濡染到形成制度，再到发展为理论，经历了一段漫长的历史。礼仪一方面不断得到统治者的推崇，一方面也越来越为社会所重视，渐渐渗透到社会生活的各个角落。更为重要的是，从春秋开始，私家办学的风气兴起，使更多的人包括社会底层的"庶人"都有了从学习业、求知成才的机会。从"学在官府"到兴办私学是一种社会的进步，从此"知识下移"，礼仪也随之传播到更加广阔的社会中，并被越来越多的人们所接受和遵守。于是在中国古代社会中，礼仪既有严格的制度对人们的言行加以约束，又成为人们检查和约束言行举止的依据和标准。礼仪因此走向社会化，"礼仪之邦"由此产生。

五、从仪行、称谓看先秦礼仪教育

释奠、束脩、视学之礼，在中国古代学校教育中，是最重要的三种礼仪制度。但实际上，中国古代学校的礼仪教育并不仅仅局限于仪式本身。学校既然作为传习礼仪的场所，校内的一切活动自然都须遵循礼制的规定，使学生时时处处受到文明礼仪的熏陶。礼仪教育绝不仅仅局限于学校，社会及家庭也同样是此类教育的重要场所，发挥着学校教育难以替代的作用。

如前所云，古人在子女未入学前，就已开始了礼仪启蒙教育。据《礼记·内则》所述，当幼儿长到自己能够吃饭时，要教会他使用右手；到学说话的时候，要教他掌握说话的节奏；长到六岁时，要教他学习简单的数字和辨认方向；八岁时，开始教他进退辞让的礼节，学会在进出门户，入席就餐时，要让长者先行、先食；……由此可见，古人自幼就在家庭受到礼仪方面的教育，习礼而

---

① 《荀子·富国》。

懂礼，这也正是中国古代社会文明的一个重要原因。

在古代，礼仪教育活动在学校教育的各个方面都有体现，不但表现在行动上，更体现在称谓中。例如，学生初次面见老师要行跪拜之礼，平时见面则行揖礼；发展到后代，则以鞠躬为礼。出门时，学生须让老师先行，自己跟随其后。在称谓上，学生称授业、传艺者为"师"。师在古代既是官名，也指具有专门知识和技艺之人，如乐师、卜师（占卜者）等，而传授知识的人就称为"师"或"老师"（老，既指年龄大或从业时间长，更意味着阅历丰富和学养深厚）。古代也称老师为"师父""师傅""恩师"等。由于"师"更多地是指在学校育人的人，于是形成了许多与"师"相关的词汇，如把老师传授的知识或技能称为"师法"，入学又称入"师门"受教，老师和学生合称"师徒""师生"，就学于同一个老师的学生则以"师兄""师弟"相称，等等。"先生"也是学生对老师的一种敬称，既有长辈之尊，又含学识渊博、颇具修养之意，因此也常用来称呼德高望重者，甚至也用于称呼身份尊贵、学养深厚的女士。

在古代，人们也称德高望重者为"公"，因此也常用来称呼老师。行束脩礼时，以入门拜见先生象征着进入学校、开始学习，所以学生往往自谦为"门下""门子""门人""门生""门徒"等，有时还以"后生""晚生""小生""晚学"等自称。从上述各种称谓上就可看出，我国古代社会一切都是以礼为规范和准则的，因此我国才长期享有"礼仪之邦"的美称。将尊师视为一种美德，不仅在学校内如此，在社会上也蔚成风气。《学记》有云：

> 凡学之道，严师为难。师严然后道尊，道尊然后民知敬学。是故君之所不臣于其臣者二：当其为尸，则弗臣也；当其为师，则弗臣也。大学之礼，虽诏于天子无北面，所以尊师也。

就是说，尊师是全社会的事情，上至天子、下到民众都应该努力遵行，如此才能在社会上形成尊师重道的风气。

这些思想不仅在先秦颇有影响，还深深地影响了后世。例如，杨时与游酢都是北宋很有名望的哲学家，都曾就学程颐门下，后来又都考中进士。尽管他们功成名就，仍不忘尊师重礼。《宋史·杨时传》记载，杨时四十岁时，有一天，他与游酢到洛阳一同去看望程颐，正巧遇上"颐偶瞑坐"。两人为了让先生能安静休息，于是静静地侍立于室外。此时天降大雪，等到程颐一觉醒来时，门外的雪已积了一尺多厚。这个"程门立雪"的典故，典型地反映了我国古代尊师敬贤的传统礼节。

六、"刑不上大夫，礼不下庶人"辨析

在对三代法制教育和礼仪教育活动作了上述考察之后，我们认为，有必要对一个传承千年却被长期误解的问题作一专门释解，以此作为两大教育活动的收束性论说。这就是众所周知的"刑不上大夫，礼不下庶人"。

"刑不上大夫，礼不下庶人"是《礼记·曲礼》中的一条规定。很多人认为，这是一种法律管不到上层、礼遇达不到下民的规定，是中国传统社会不平等的"铁证"；也有人认为，其真意是"刑不以大夫为上，礼不以庶人为下"，如此一来，这又成了传统社会"众生平等"的一条"铁证"了。那么，这两句话究竟是何含义呢？我们引用《孔子家语·五刑解》中较长的一段话，就能明白其中的底蕴。当时，冉有问孔子，先王为何有此规定，孔子的回答是：

> 凡治君子，以礼御其心，所以属之以廉耻之节也。故古之大夫，其有坐不廉污秽而退放之者，不谓之不廉污秽而退放，则曰簠簋不饬。有坐淫乱男女无别者，不谓之淫乱男女无别，则曰帷幕不修。有坐罔上不忠者，不谓之罔上不忠，则曰臣节未著。有坐罢软不胜任者，不谓之罢软不胜任，则曰下官不职。有坐干国之纪者，不谓之干国之纪，则曰行事不请。此五者，大夫既自定有罪名矣，而犹不忍斥然正以呼之也。既而为之讳，所以愧耻也。是故大夫之罪，其在五刑之域者，闻而谴发，则白冠厘缨，盘水加剑，造乎阙而自请罪，君不使有司执缚、牵掣而加之也。其有大罪者，闻命则北面再拜，跪而自裁，君不使人捽引而刑杀，曰："子大夫自取之耳，吾遇子有礼矣。"以刑不上大夫，而大夫亦不失其罪者，教使然也。所谓礼不下庶人者，以庶人遽其事而不能充礼，故不责之以备礼也。

即是说，所谓"刑不上大夫"，绝不是大夫犯了罪就能网开一面地逃脱制裁，而是要"另案处理"，希望他们"投案自首"，使之自觉其非、自思其过、自领其罚；如果犯了重罪，大夫们更是难逃一死，区别只在于"跪而自裁"，而不是让"有司"执行。我们认为，这一规定既体现了为政者以德治国、礼遇下属、启发自觉的良苦用心，还有更深层的社会教化意义在。

一般而言，先秦时期的普通人要想荣登大夫之位，除具备必要的才干外，更须具有相当程度的道德修养，即要有"君子"的品行，起码在德行方面应大体过关。否则，国家的管理层就成了藏污纳垢、沐猴而冠的所在，这当然是不允许的。那些鸡鸣狗盗、穿窬越墙之辈，虽可逞一时之能，却只配为用而难任显宦。在此情形下，具有教养的大夫们一定程度上也就必须成为社会的道德标杆，成为百姓的榜样。当他们因种种原因触犯刑律时，如果让其公开引颈受戮，被司隶们捆绑呼喝，乃至被公开地施以"五刑"，势必造成斯文扫地的状况，极易引发道德失范的社会恶果。因此，只有让他们自请其罪，较为体面地以死谢罪，才能既不削弱法律的威慑力，又能最大限度地维持以德劝化的局面，从而达到较佳的社会教化效果。

至于"礼不下庶人"的"礼"，是指先秦时期一整套的礼仪、礼节。周礼号称有"经礼三百，曲礼三千"，这虽不排除夸张的成分，但条目繁复是无疑的。在此情形下，且不说普通人绝无条件置备有关的礼器和服饰，也不说他们更不具备人员、场地等条件，仅就"礼"的繁文缛节来说，普通人既无时间和精力、也无能力与耐心去学习和掌握。事实上，只要通览一下《周礼》《仪礼》《礼记》等文献就可明白，要掌握姬周时期的"礼"，对大夫们而言绝非"乐事"，而是"苦差"，定会有不胜其烦之感，恐怕终其一生也未必能全部践行。

综上所述，所谓"刑不上大夫，礼不下庶人"，绝不是网开一面地践踏法律，也不是歧视排他的独占独享，而是依情而定、区别以待，这既一定程度地维护了法律实践的严肃性和原则性，又注重了礼仪教育的求实性和灵活性。当然，"礼"一方面确实过于繁杂，从而在实践上泯灭了普通人学习与践行的希望；另一方面，"不下庶人"也不利于"礼"的社会传播和代际传承，削弱了"礼"的社会教育效果。但这是不能苛责古人的。事实上，先秦时期已有人看到了"礼"的这些问题，着力进行改革。如姜尚治齐时就出台了"因其俗，简其礼"的政策；孟子则以"与民同之""与百姓同之"等劝说，以使"礼"能够更大范围地普及。可见，如果将传统社会不平等的根源归责于"刑不上大夫，礼不下庶人"，只能是望文生义的世俗盲从。

第六节　社会教育活动个案研究：以儒家言行为例

以上从风俗教育、宗教教育等五个方面对先秦社会教育活动进行了考察。众所周知，自秦以后，尤其从汉代"独尊儒术"后，中国传统社会日益成为一个重德轻法、重人轻神、重农轻商的社会，义与利、人与天、知与行的关系也发生了重大变化。即是说，先秦时期的上述社会教育活动，其实际效果是相当有限的。那么原因何在呢？这固然有后世特定的政治、历史因素的影响，也与中国特殊的地理环境和以农立国的经济形态有关，但更应一提的是，这与儒家学派的社会教育思想与活动关系尤为密切。因此一方面，在进行了上述考察后，应该对儒家进行个案研究，以揭示出中国传统社会之所以如此的深层原因；更何况，儒家自身也有丰富的社会教育思想与活动，足可作为一则完整"个案"进行研究。

儒家学派是一个有着强烈入世倾向和明确社会理想的学派，有一整套包容宏富的社会教育思想和政治改革理念。相比之下，私学教育乃是其改造社会的前提、途经和准备，或者是入世受挫后才退而从事的事业而已。因之，要考察儒家社会教育思想与活动，就不能不既立足教育言行，又多少要涉及其政治活动。限于篇幅，以下仅从五个方面进行论述。

一、张扬人本理念

先秦时期的儒家思想是一种面向人生、谈论人事、阐述人道、注重人格的思想，体现出疑天重人、以人为本的特色。因之，儒家社会教育活动的一大特色就是其鲜明的人本性。在此方面，贡献最大者当属孔子、孟子和荀子。孔子以"人本"思想发其轫，孟子以"民本"主张接其绪，荀子以"人贵"理论阐其理，使儒家社会教育从思想到实践都远离了怪力乱神，奠定了其关注民生、观照现世、以实践理性为特征的朴素色彩。

孔子是儒家人本理念最早的系统阐述者，这至少可从两个层面论析。首先，关注人的生命，尊重人的权利。这在《论语》中有不少记载。如《乡党》篇记载说："厩焚。子退朝，曰：'伤人乎？'不问马。"这是一条常常被后世学者引用的史料，是人们公认的孔子具有人本思想的经典确证，表达了孔子重人轻物的思想特色。《公冶长》篇则记载说："子谓公冶长：'可妻也。虽在缧绁之中，非其罪也。'以其子妻之。"就是说，公冶长虽然曾被关进监狱，但并非自身有过，反有可取之处，因此孔子将女儿嫁给了他。对于曾经入狱坐监即有了"履历污点"的人，孔子不仅不歧视，反而以亲情的方式加以肯定，由此更能看出孔子对人权利的尊重。

其次，"悬搁"死亡问题，不谈怪力乱神。这在《论语》中也有很多记载。如《先进》篇载，孔子针对子路的"问事鬼神""问死"的问题，明确回答说："未能事人，焉能事鬼？""未知生，焉知死？"对鬼神和死亡问题悬而不论，表达了孔子重人轻鬼、重现世而轻来世的人本理念。又如，《八佾》篇载："祭如在，祭神如神在。子曰：'吾不与祭，如不祭。'"即是说，鬼神的存在与否，是随着人的祭与不祭、敬与不敬、信与不信而转移的，表达了其祭祀鬼神也应以人为主体的思想。再如，《雍也》篇记载，当樊迟问怎样才算智时，孔子回答说："务民之义，敬鬼神而远之，可谓知矣。"这一回答表明了孔子对于鬼神既不否定也不迷信，却将民众教化置于首位的思想。正因如此，孔子施教时注重人生意义，不语"怪力乱神"；强调"祭如在"，反对"非鬼而祭"；主张敬事爱人，指斥不教而诛，都是孔子人本理念与行动的表现。

孟子继承了孔子的上述思想，并将其发展成"民本"主张。由"人本"到"民本"，绝不是表述的一字之差，而是表明孟子对于人的关注，已由生命转向了民命，由人之日常生活转向了民之社会生存，或者用学术语言说，就是由人类学层面转向了政治学论域。这与孟子将孔子的"仁学"思想转换成"仁政"学说的思路是相一致的。质言之，如果说人本思想是孔子"仁学"思想的基础，那么民本主张则可视为孟子"仁政"学说的立论之基。

值得注意的是，孟子在其民本主张中，对鬼神、祭祀等问题已基本不再触及了，这是因为，鬼神、祭祀都是相对于活着的人而言的，既然不谈"人"，鬼神之事自无须论。相对于"民"的不是"鬼"而是"君"，因而孟子谈论最多的就是君对民的态度、君与民的关系以及民生、民权等问题。这在《孟子》一书中有大量论述，此处仅择要引述（不再展开分析，亦不再注篇名）。例如，在君对民的态度方面，孟子明言"桀纣之失天下也，失其民也；失其民者，失其心也""民悦之则取之，民不悦则不取""善政不如善教之得民也""善政，民畏之；善教，民爱之"等等，希望君王能尊重民心、关注民意；在君与民的关系方面，孟子认为"民为贵，社稷次之，君为轻""诸侯之宝三：土地、人民、政事""保民而王，莫之能御也""得乎丘民，而为天子"等等，阐明了其"民贵君轻"思想；在关注民生方面，孟子认为民之特点是"有恒产者有恒心"，因而主张应使人民有一份固定之产，能够"仰足以事父母，俯足以蓄妻子"，还要"薄税敛""不违农时"，如此方能使民"不饥不寒""老有所养"；在伸张民权方面，孟子更明确地提出了"君之视臣如犬马，则臣视君如国人；君之视臣如土芥，则臣视君如寇仇""君有大过，则谏；反复之而不听，则易位"等大胆主张，给不以民本治国的统治者以严正警告。总之，在孟子看来，是否保障民生、尊重民权、关注民意，是国家能否长治久安的关键所在。

与孔、孟有所不同的是，荀子论"人"首先是从谈"天"开始的，步步推衍，层层深入，最后得出"人贵"理论。荀子对于"天"的论述主要集中在《天论》篇中。这篇文章开篇即云："天行有常，不为尧存，不为桀亡；应之以治则吉，应之以乱则凶。"认为人世间的事与天无涉，乃是人的行为所致，故而他一针见血地指出："强本而节用，则天不能贫；养备而动时，则天不能病；循道而不贰，则天不能祸。"在荀子看来，天不过是"列星随旋，日月递照，四时代御，阴阳大化，风雨博施"等自然现象的运行而已，既不高大也不神秘，大可不必尊之。荀子的这些观点是对"天"之权威的直接挑战，也是对夏商以来宗教教育活动的极大否定，为人们认识、掌握和运用自然规律打开了大门。

在此基础上，荀子进一步提出"明于天人之分""制天命而用之"的思想。这也集中在《天论》篇中。荀子明确指出："本荒而用侈，则天不能使之富；养略而动罕，则天不能使之全；倍道而妄行，则天不能使之吉。"因此，"明于天人之分，则可谓至人矣"。搞清"天"与"人"的分别，才算是最为聪明之人。既然"天"对于人间生活无可奈何，因而人就不仅不必相信什么"天命"，而且可以"制天命而用之"。他痛快淋漓地阐述说："大天而思之，孰与物蓄而制之；从天而颂之，孰与制天命而用之；望时而待之，孰与应时而使之；因物而多之，孰与骋能而化之；思物而物之，孰与理物而勿失之。"即是说，与其望天而动、依天而行，倒不如掌握自然、以力胜天，故而他明言："错人而思天，则失万物之情。"

在粉碎了"天"之神秘的基础上，荀子进一步指出："所以知之在人者谓之知，知有所合谓之智；智所以能之在人者谓之能，能有所合谓之能。"① 就是说，人生来具有的认知能力叫作知，认知与外界事物相符叫作智；人生而具备的适应外物的能力叫作本能，本能与外在事物的规律相符叫作才能。有知觉、有智慧，有本能、有才能，乃是人区别于万物的宝贵之处。故而荀子响亮地提出："水火有气而无生，草木有生而无知，禽兽有知而无义，人有气、有生、有知亦有义，故最为天下贵也。"②

可见，荀子的"人贵"理论，首先集中力量破除人们敬天畏天的积弊，进而提出"明天""制天""用天"思想，最后得出"人为天下贵"的论断。这一逻辑谨严的推论，不仅是对先秦时期"疑天"思潮的重大发展，而且是对孔子"罕言天命"思想的理论回应，既表现出对人的尊严、价值的确认，也显示出对人的智慧、力量的笃信，闪耀着理性至上的思想光芒。

综上所述，孔子从"爱人"的角度倡"人本"，孟子从"保民"的立场主"民本"，荀子从"用天"的高度张"人贵"，论说不同，实质则一，即皆以现实、现时、现世之人为立足点，以社会生活、国计民生为着力点，不奢求超脱境界，不妄谈鬼怪神魔，不阐释玄奥义理。三位大儒以此立教，化育众人，使儒家社会教育一开始就从思想上、实践中脱离了宗教神学的羁绊，也对殷商以来浓重的宗教思想给予了系统回击。

二、鼓励入世从政

在先秦百家中，儒家以强调积极入世、改造社会为特色。不过细究起来，儒家在此方面是有别于其他各家的。略言之，儒家不主张避世无争，也不仅仅满足于独善其身，这与道家自然无为、守雌处下、追求逍遥等理念很不相同；儒家力倡德政仁政、重义轻利，积极投身现实政治，也与墨家兼爱交利、尚贤

---

①《荀子·正名》。
②《荀子·王制》。

尚同、"呼吁"政治贤明等主张大异其趣；儒家祖述尧舜、宪章文武，反对倚重刑罚，这更与法家取法后王、明正刑典、推重术势等做法有异。

大体说来，先秦儒者都有一种积极入世的倾向，这不仅表现在"不仕无义""士必宜仕""学而优则仕"等所展示的教育旨趣方面，还表现在积极干政的社会活动中，表现在对于"干禄""求仕"等问题的论述中。《论语》记载，孔子多次提到"仕"，基本态度是鼓励人们"求仕"，即所谓"言寡尤，行寡悔，禄在其中矣"，"耕也，馁在其中；学也，禄在其中矣"。只不过，"干禄"的前提是必须政治清明，即"邦有道，则仕；邦无道，则可卷而怀之"。① 正是在这种价值取向下，儒家成为先秦各家中弟子从政最多、社会声名最显的学派。

与其他各派还有不同的是，在儒家看来，人还须具有"天降大任"的救世胸怀和"舍我其谁"的社会责任，即如子路所明言的"不仕无义。长幼之节，不可废也；君臣之义，如之何其废之？欲洁其身，而乱大伦。君子之仕也，行其义也。"② 尤当社会动乱之时，士大夫必须为社会改革而努力。孔子就是这样一位身体力行者。《论语·微子》记载，孔子周游列国时，遇到长沮、桀溺二人正在耕地。孔子派子路去向他们询问渡河的地方。彼此有如下一段对话：

> 长沮曰："夫执舆者为谁？"子路曰："为孔丘。"曰："是鲁孔丘与？"曰："是也。"曰："是知津矣。"问于桀溺。桀溺曰："子为谁？"曰："为仲由。"曰："是鲁孔丘之徒与？"对曰："然。"曰："滔滔者天下皆是也，而谁以易之？且而与其从辟人之士也，岂若从辟世之士哉？"耰而不辍。子路行以告。夫子怃然曰："鸟兽不可与同群，吾非斯人之徒与而谁与？天下有道，丘不与易也。"

这是逍遥出世的道家人物与积极入世的儒家学者之间的一段经典对白，反映出两派在人生观、价值观、行为观等方面的重大区别。在"怃然而叹"的背后，表露出的是孔子鲜明的入世取向、深邃的现世观照和悲悯的救世情怀。正是在这种思想影响下，儒者大多以改造社会者自任，强调立德、立功和立言，以实现一种不朽的人生。可以说，这既是儒家社会教育的活动起点，也是其社会教育的行为归宿。

---

① 《论语·卫灵公》。
② 《论语·微子》。

那么，救世应该从何入手呢？儒家认为，应该从正身、修身入手。所以他们宣称："自天子以至庶人，壹是皆以修身为本。"[1] 在儒家看来，仁是出自内心的、由内而外的；礼是践仁的过程，是带有某种强制性的行为标准；孝悌是行仁之本，"本立而道生"。如果人们都能践行仁道，并由一己之仁推广开来，能"老吾老，以及人之老；幼吾幼，以及人之幼"[2]，那么就能最终达到"天下归仁焉"。对于儒家的这一思想，《大学》这样总结道："物格而后知至，知至而后意诚，意诚而后心正，心正而后身修，身修而后家齐，家齐而后国治，国治而后平天下。"这段名言以连环推衍的方式，阐述了由修身到救世的完整路径，是对儒家社会教育思想的经典概括。

三、恪守名分礼仪

名分观念向为儒家所重视，是儒家致力传扬的社会教育内容之一。在他们看来，正定名分是恢复礼制社会的必由之途，也是实现天下和平的不二选择。"正名"之论最典型地记载于《论语·子路》篇中，该篇云：

> 子路曰："卫君待子而为政，子将奚先？"子曰："必也正名乎！"子路曰："有是哉？子之迂也！奚其正？"子曰："野哉，由也！君子于其所不知，盖阙如也。名不正，则言不顺；言不顺，则事不成；事不成，则礼乐不兴；礼乐不兴，则刑罚不中；刑罚不中，则民无所措手足。故君子名之必可言也，言之必可行也。君子于其言，无所苟而已矣。"

在此孔子提出了一个重要观点，即政务虽有百端，要者却在"正名"。具体内容则是"君君、臣臣、父父、子子"，即每个人都要按照名分、地位所要求的规范和职责行事。孔子认为，三代以来的等级名分制度经过了历史考验，不应轻易改变。孔子编定六经的根本目的就是推展社会教育，使天下恢复到西周"郁郁乎文哉"的礼仪制度。这是孔子提出"正名"思想的政治考虑，也是孔子传扬名分观念的根本原因。

最早产生于原始宗教的"礼"，规范了人们的行为准则，调节了人们的相互关系；周公制礼作乐以后，"礼"逐渐成为维护等级制度的行为规范，并演绎出

---

[1]《礼记·大学》。
[2]《孟子·梁惠王上》。

一些非正式的观念与习俗。孔子定《礼》《乐》就是要借鉴西周的礼仪制度，形成一套调节社会关系的完整理论，表现在社会教育中，就是极力宣扬名分观念。孔子明确指出："生，事之以礼；死，葬之以礼，祭之以礼。"① 当季孙氏"八佾舞于庭"时，孔子认为是"孰不可忍"的越礼行为。可见，在孔子看来，虽然统治者"居上不宽，为礼不敬，临丧不哀"令人难以忍受，但他更反对臣子对礼的僭越，提倡"君使臣以礼，臣事君以忠"，② 认为这是和谐政治关系的基本形态。

重视名分观念，对为官者就是在其位谋其政，对在野者则是思不出其位。孔子有"不在其位，不谋其政"之言，此即孟子所云之"位卑而言高，罪也"，或《中庸》之所谓"君子素其位而行，不愿乎其外"，"在上位，不凌下；在下位，不援上"。后儒对此解释说："不在其位，则不任其事也。若君大夫问而告者，则有矣。"③ "物各止其所，而天下之理得矣。故君子所思不出其位，而君臣、上下、大小，皆得其职也。"④ 由此，先秦儒家的名分观念，也就由礼制教育思想演变成了士人通常的处世原则，为历代儒家所恪守。

四、主张内圣外王

诚如本书第四章所细述的，儒家具有独特的教育作用观，可大致归结为对个人和对社会两大方面；将这两大方面做到极致，即可简述为"内圣"和"外王"。"内圣外王"一词，最早见于《庄子·天下》篇："是故内圣外王之道，暗而不明，郁而不发，天下之人各为其所欲焉。"虽然源于道家，但并不表明该词与儒家思想关系不密，相反，儒家正是以践行"内圣外王"为宗旨的。个人通过心性修养达到君子境界，再推广到自身以外的社会领域，此即儒家所谓的"内圣外王"之道。宋代以前，正统儒家没有使用这一术语，但学者一般认为，这一思想实奠基于孔子。他所说的"克己复礼""修己以安人""修己以安百姓"，其中的"克己""修己"就是"内圣"，"复礼""安人""安百姓"则是"外

---

① 《论语·为政》。
② 《论语·八佾》。
③ 朱熹注：《四书集注·论语集注·泰伯第八》。
④ 朱熹注：《四书集注·论语集注·宪问第十四》。

王"。这种事业以"博施于民而能济众"为极致，是孔子施教的根本目的，也是儒家社会教育活动的追求目标。

继孔子之后，孟荀对此又作了进一步阐发。在"内圣"与"外王"的关系问题上，孟子提出了"王道"概念和"仁政"学说，并且用"力"界说"霸道"，用"德"表述"王道"，即所谓"以力假仁者霸，霸必有大国；以德行仁者王，王不待大"①。不过，孟子更偏向于"内圣"，强调"外王"须以"内圣"为根据，所以他一再申言："居仁由义，大人之事备矣。"② "仁人，无敌于天下"，"修其身而天下平"。③ 相比孟子，荀子更侧重于"外王"，主张行"王者之政"。尽管如此，荀子并非不讲"内圣"，后来成为内圣重要理念的"慎独"便始于荀子的以下论述："君子至德，嘿然而喻，未施而亲，不怒而威。夫此顺命，以慎其独者也。"④ 在孔、孟看来，人只要实现了"内圣"，"外王"的社会事功就有可能跟着实现，因而"内圣"更为根本。荀子则认为二者既有差异也有联系。他说："圣也者，尽伦者也；王也者，尽制者也。两尽者，足以为天下极矣。故学者以圣王为师，案以圣王之制为法。"⑤ 即是说，"尽伦"是主观的，是"圣"；"尽制"是客观的，是"王"；只有兼二者于一身，才是主客观统一的体现，是"圣王"。这是荀子对儒家"内圣外王"思想的重要发展。

循此轨迹，"内圣""外王"在《礼记》中总结成一个完整的体系，即《大学》中的"三纲""八目"。这不仅规定了"内圣外王"的具体内容，还规定了由"圣"到"王"的实现步骤。由此，先秦儒家的这一社会教育思想，得到了完整性、经典性的总结。

五、提倡尊师爱生

尊师爱生、尊师重道，是儒家长期以来传承不辍的优秀教育传统，也是儒家社会教育思想与实践的又一内容。这在《论语》《孟子》《荀子》《史记》《孔子家语》等史籍中都能找到大量的例证，前已有言，兹不赘述。学生之所以尊

---

①《孟子·公孙丑上》。
②《孟子·尽心上》。
③《孟子·尽心下》。
④《荀子·不苟》。
⑤《荀子·解蔽》。

师，是因为儒家学者都极注意自身修养。孔子即为此类修养的典范。他有教无类地广招学生，孜孜不倦地教育他们，被学生誉为"学不厌，智也；教不倦，仁也。仁且智，夫子既圣矣！"他以"无隐""不倦""善诱"的态度教育学生，曾充满深情地说："爱之，能勿劳乎？忠焉，能勿诲乎？"使学生有"君子之远其子也"之叹；他对学生一视同仁，鼓励学生自强、自学、自善、自省，尤其关注那些家境不好、生活不幸的人。由于孔子在道德修养、知识学问、为人处世等方面都堪为导师，因而备受学生尊崇，生前即被学生屡称"圣人"。将"圣人"称号赋予一位布衣教师而非帝王将相者流，充分反映出我国古代尊师重道的良好风气。

与孔门弟子相似，孟子对孔子也极为景仰，称孔子为"四圣"中最高的"圣之时者"，以"未得为孔子徒也"为最大憾事，并表示"乃所愿，则学孔子也"①。孟子虽然说过"人之患，在好为人师"，但是他主要指的是那些不谦逊、不自知、懂得不多却偏想做教师的人。实际上，孟子不仅尊重教师，也乐于当教师，以"得天下英才而教育之"为"君子三乐"之一，并引《尚书·泰誓》中"天佑下民，作之君，作之师，惟曰其助上帝，宠之四方"的话，将君、师并列，表达了对于真正教师的尊重和重视。

在先秦儒者中，最提倡尊师、隆师的非荀子莫属。出于"隆礼解蔽""化性起伪"等目的，荀子对教师的地位和作用做了前所未有的阐发。他说："天地者，生之本也；先祖者，类之本也；君师者，治之本也。无天地恶生？无先祖恶出？无君师恶治？"②把教师提高到与天、地、君、亲相并列的位置。他还认为，教师在国家政治生活中举足轻重，即"国将兴，必贵师而重傅；贵师而重傅，则法度存"③。荀子还从"师法之化"的角度，认为教师对于改变人性及促成社会发展起着决定性作用。他说："人之性恶，其善者伪也。……故必将有师法之化，礼义之道，然后出于辞让，合于文理，而归于治。"④他还以对比的方式指出：

①《孟子·公孙丑上》。
②《荀子·礼论》。
③《荀子·大略》。
④《荀子·性恶》。

人无师无法而知，则必为盗；勇，则必为贼；云能，则必为乱；察，则必为怪；辩，则必为诞。人有师有法而知，则速通；勇，则速威；云能，则速成；察，则速尽；辩，则速论。故有师法者，人之大宝也；无师法者，人之大殃也。[1]

把有无师法看成能否导引民心、矫正恶习的关键所在。把教师的地位抬得如此之高，作用看得如此之重，这在我国教育活动史上尚属首次，充分表现出荀子欲借尊师隆法而化育世风民心的追求。

之后，《礼记·学记》以如下一段话来阐明教师的地位和作用："凡学之道，严师为难。师严然后道尊，道尊然后民知敬学。是故君之所不臣于臣者二：当其为尸（参与祭祀活动），则弗臣也；当其为师，则弗臣也。大学之礼，虽诏于天子无北面，所以尊师也。"这是后世"师道尊严"的最早出处，但其原意却不是要论述教师的绝对权威，更不是当今某些学者所称的什么"生道尊严"的对立物，其标准的致思顺序应是"师严→道尊→敬学"。不难看出，在这里，"师严"是教育活动的基础和前提；"道尊"不仅是"师严"的结果，还是沟通上下的环节；使民知"敬学"，才是最终的活动目标指向；即是说，"师严道尊"将"师""道"对称，"尊""严"分论，阐明了"师""道""学"的逻辑递进关系，从而对如何为师、何以成师等问题提出了很高的标准和要求。不知从何时起，"师严道尊"逐渐演变为"师道尊严"。这绝不只是语词顺序的变化，而是言语结构、逻辑理路、内在意义的重大改造。它窄化了"师严道尊"的丰富意蕴，冲淡了为师标准及责任要求。至于"一日为师，终身为父"，不过是"师道尊严"的流俗表达，不仅对师道的要求已十分淡薄，还给自以为师者对父辈资格的无耻索取敞开了大门。

那么，为什么说"严师为难"呢？其"严"在何处，又何以曰"难"？毫无疑问，"严"决不能仅仅理解为严格要求学生，因为这对教师绝非难事。其"严"应体现为严于律己、严于弘道、严于治学；体现为以严肃的态度从事教育，以严格的标准要求自己，以严谨的学问教化学生。要能做到这些，显然对教师是极为不易的，因此才称"难"。

---

[1]《荀子·儒效》。

可见，按照《学记》的思路，只有师严，才能得尊；只有尊师，才能重道；只有重道，社会才知敬学。这样一来，在教师面前，帝王也不能以君臣之礼来对待了，如此就能形成尊师重道的社会风气。自然，能够"诏于天子无北面"的教师必须要有多方面的素养，儒家对此也有很多论述：如学问方面，应该"博学而不穷，笃行而不倦，幽居而不淫，上通而不困"；交往方面，应该"合志同方，营道同术；并立则乐，相下不厌"；做人方面，应该"不临深而为高，不加少而为多；世治不轻，世乱不沮"；平时生活中，应该"居处齐难，其坐起恭敬；言必先信，行必中正"；志向方面，应该"不宝金玉，而忠信以为宝；不祈土地，立义以为土；不祈多积，多文以为富"。① 如此等等的素养，给教师提出了很高的要求。

与先秦整个社会教育活动相比，儒家既有与之相类之处，更有扞格不入、势同水火者。略言之，它对人本理念的张扬，是对宗教教育活动的直接回击；它对内圣外王之道的坚持，是对法制教育活动的反动；它对名分、伦理等内容的恪守，加重了礼仪教育活动的分量；它所倡导的"谋道不谋食""忧道不忧贫"的理想人格，对传艺授徒活动造成了很大冲击；它对现实之利的轻忽，对德与刑、道与器等问题的释解，对民风民俗的教育活动产生了不小的影响。由此可见，唯有弄清儒家社会教育活动的真貌，再以"长时段"的眼光来观照后世，才能懂得我国传统社会之形貌的深层底蕴，进而读懂中国教育活动发展的历史基调。

---

① 《礼记·儒行》。

第十章
少数民族教育与教育交流活动

　　先秦时期，中国各少数民族在发展过程中逐渐形成了具有自身特色的文化。这种文化渗透到各族成员的生产、生活、社交等各项活动之中，使人们不知不觉地受到熏陶和感染；随着时间的推移，又通过族人的代代相传得以绵延。文化的这种传播和传递，不仅直接影响着教育内容和教育方法，而且对于民族成员的思维方式、道德情感以及语言、个性、意志品质、行为方式等，其影响更是十分深远，由此形成了各具特色的教育活动样貌。

　　既然各具特色，就有可能产生教育的族际交流活动；各少数民族或彼此之间、或与中原地区之间的比邻而居，则使这种可能变为现实。事实上，无论战争、联姻还是朝贡、商贸，都会直接导致人员的往来、物质的交换和文化的交流，从而使教育的族际交流活动成为一种习见的现象。历史表明，一方面，族际交流绝不仅仅表现为各少数民族向中原地区学习，相反的情况也有很多；另一方面，通过族际交流，各民族间的界限日益被打破，民族播迁与融合的趋势日渐加深。一部中国教育活动史，从一定意义上说，就是一部各民族自身教育活动以及民族间相互交流活动的历史。此即本章考察的基本立足点。

第一节　概　说

在具体考察先秦时期少数民族的教育及其交流活动之前，有几个十分重要的问题或概念，必须预先做出交代和说明，即何为"民族""少数民族""教育""教育活动""教育交流"，特别是"少数民族"和"教育"这两个概念，置于先秦时期的背景下和今人的语境中，可谓言人人殊，莫衷一是，尤其需要作出明确的界定。

一、"民族"和先秦"少数民族"

在民族学论域中，"民族"一词是个历史的范畴，有其形成、发展和消亡的过程。众所周知，在我国历史上，各个民族的消亡、新生与变迁状况极其复杂，因而对于何为"民族"，学界至今仍没有统一的理解和认识。

（一）"民族"概说

20世纪初，斯大林对于"民族"问题进行了专门论述，提出了其著名的"民族理论"，这对中国学界影响甚深。在这一理论中，斯大林对"民族"的概念作出了明确的界说，即"民族是人们在历史上形成的一个有共同语言、共同地域、共同经济生活以及表现于共同文化上的共同心理素质的稳定的共同体"[①]，并将民族的形成、演进过程表述为氏族→部落→部族→民族这样一条线索。

但是，随着研究的深入以及认识的加深，上述概念和演进线索受到了许多学者的质疑，因为居住于不同地区的民族由于生存环境和发展条件的不同，其

[①] 斯大林：《马克思主义与民族问题》，《斯大林全集》第2卷，人民出版社1953年版，第294页。

演进过程往往是千差万别的。显然，这样的民族理论并不完全适于中国民族的
实际情况。于是，从 20 世纪 50 年代开始，中国学界针对"民族"的定义及其相
关问题展开了长达 40 多年的讨论，虽然没有对这一概念作出统一界定，但也部
分肯定了斯大林"民族"定义的科学性，即都把民族的"共同语言、共同地域、
共同经济生活及表现于共同文化上的共同心理素质"作为判别民族形成的标准；
并根据中国历史实际采取折中区分的办法，认为不同历史阶段会产生不同类型
的民族，将中国历史上出现的民族类型划分为原始民族、古代民族、近代民族、
现代民族等。

不仅如此，对于斯大林提出的"民族不是普通的历史范畴，而是一定时代
即资本主义上升时代的历史范畴"[1] 这一论断，研究者们也基本取得一致意见，
认为斯大林这里讲的"民族"是指"现代民族"而非最早形成的民族。现今，
这一划分方法被称为中国传统广义上的民族分类方法，许多学者将"民族"的
概念也定位为广义与狭义两种。广义上的民族，泛指人们在历史上形成的、处
于不同历史阶段的各种共同体，包括上述所言民族类型，氏族、部落也包括在
内；或作为一个区域内所有民族的统称，如非洲民族、美洲民族等；还可以作
为多民族国家内所有民族的总称，如中华民族。而狭义上的民族，专指资本主
义上升时期斯大林"民族"定义上所指的现代民族。

（二）先秦时期的"少数民族"

本章中所探讨的先秦时期的民族，是基于广义上的"民族"概念而言的。
斯如费孝通先生所言："中国人的'民族'是一个含义广泛的名词，不仅适用于
发展水平不同的民族集团，也适用于历史上不同时期的民族集团。"[2] 先秦时期
是中华各民族起源、形成和初步发展的时期。这一时期的民族众多，史籍资料
中的记载十分混乱、复杂。从相关资料来看，从上古时代始，中华大地上就有
数以百计、大小不一的氏族部落或部落联盟。我们熟知的"三皇五帝"，其实就
是其中较为强大的部落或部落集团的代表。正因如此，有的学者干脆将这一时
期甚至更早时候出现的氏族或部落统称为"原始民族"。

---

① 斯大林：《马克思主义与民族问题》，《斯大林全集》第 2 卷，人民出版社 1953 年版，第 300
页。

② 费孝通：《关于我国民族的识别问题》，载《中国社会科学》1980 年第 1 期。

夏商西周时期，上古时代的炎黄部落集团发展而来的华夏族，成为中华大地上政治、经济和文化较为发达的核心力量，其周围则居住着众多各方面都欠发达的民族。例如，东方有东夷，号称"九夷"，包含吐夷、于夷、方夷、黄夷、白夷、赤夷、玄夷、风夷、阳夷等；东北有肃慎、东胡、秽貊等；南方有蜀、鬃、微、卢、彭、濮、荆蛮、百越等；西北和北方还有称谓为氐、羌、土方、鬼方、戎、狄等民族。这些见于史籍的民族称呼，如若统计下来，就是一个十分庞大的数字。有的民族只有一个名称，并无其他相关记载；而许多民族在不同的历史阶段，见于资料中的称呼还有所不同，例如北方民族"鬼方"，殷商时期称"鬼方"，春秋时期则被称为"隗性赤狄"。

到了春秋战国时期，人们把这些居住于中原四方地区的民族概括为东夷、南蛮、西戎、北狄四大集团，形成华夏居中、夷蛮戎狄配以东南西北的民族格局。先秦史籍文献中还简单概述了四方民族的鲜明特色：

> 中国戎夷，五方之民，皆有其性也，不可推移。东方曰夷，被发文身，有不火食者矣；南方曰蛮，雕题交趾，有不火食者矣；西方曰戎，被发衣皮，有不粒食者矣；北方曰狄，衣羽毛穴居，有不粒食者矣。中国，夷、蛮、戎、狄，皆有安居、和味、宜服、利用、备器。五方之民，言语不通，嗜欲不同。①

这段文字不仅简明扼要地概括了东、南、西、北四方民族的不同特征，也反映出各族群内部族体共同的经济生活以及共同文化因素中的风俗习惯。

先秦时期中华大地上民族的发展状况十分复杂。就其复杂性而言，一方面表现为同一族群的各个族体的发展很不平衡，另一方面也表现为各个族体的迁徙与流变状况很不一致。尽管随着时间的推移，各民族的文化教育水平也在不断发展，但发展的速度快慢有别，有的民族到春秋战国时期已经进入到了奴隶社会，而有些还处于上古氏族社会的发展阶段。例如南方支属众多的百越民族，到春秋战国时期，居于东南地区的勾吴和于越已建立国家，社会政治、经济和文化水平相当发达，能与中原华夏比肩；而居于南部广东、广西地区的诸多越人支族则还处于氏族部落发展阶段，发展水平远没有勾吴、于越高。

---

① 《礼记·王制》。

就中华民族的演进历史而论，先秦是一个必须言说却又无法说清的时代，因为各个民族错杂相居、交流频繁，民族融合时有发生，而且各自的经济、政治、文化及社会发展水平都很不平衡。本章以"少数民族"为题，极易陷入争论之危险，因为人们仅据常识就可得知，从古至今"少数民族"一词指称的范围和内容是很不一致的。今天，我们习惯上将汉族以外的55个民族统称为"少数民族"，然而事实上，一方面，这些民族的历史有的非常悠久，有的则相当晚近，虽然其中大多数的民族，其族源可以或多或少地上溯到先秦时期的四方族群；另一方面，先秦时期的四方族群，其中有不少支系已进入中原地区，与中原诸族融合，共同构成了今天称为"华夏民族"的群体。即是说，今天的"少数民族"已远非历史上的"少数民族"，历史上的"少数民族"有不少已成为今天汉族的前身。

有鉴于此，本章"先秦时期的少数民族"之范围，主要是指先秦时期被称为"异族"的夷蛮戎狄，也不完全将今天意义上的"少数民族"排除在外。这一方面是基于在历史上"四方族群"曾与华夏民族有所区分，另一考虑是便于当今研究资料的获取和解析。简言之，本章将立足于学界已有的、对于今日各少数民族研究成果的基础之上，综合考古发现和先秦各方面史料，对先秦时期存在于中原地区周边的"四方族群"的教育活动及其交流状况进行研究和探讨。

二、民族教育与教育交流

从人类出现之日始，教育就伴随而来，这是人类社会能够延续和文化传承的主渠道。在中国历史上，"教"和"育"二字并未合成一词，而是各有含义。《说文解字》释曰："教，上所施下所效也；育，养子使作善也。"孟子是最早将"教育"二字并用的人，他说："君子有三乐……得天下英才而教育之，三乐也。"① 这些都是众所周知的常识。然而对于何为教育以及何为教育活动，仍需要作一点界说。

尽管还有争议，但现今教育学界一般将教育定义为广义和狭义两种。广义的教育是指增进人们的知识、技能、身心健康和影响人们思想意识的一切活动，

①《孟子·尽心上》。

不论是有组织的或无组织的，系统的或偶然的，都可称之为教育，它涉及人类生产和社会生活的各个领域；狭义的教育，则是指教育者据一定社会（或阶级、阶层、集团）的要求，有目的、有计划、有组织地对受教育者的身心施加影响，把他们培养成为一定社会所需要的人的活动。狭义的定义专指学校形态的教育。①

先秦在我国民族演进史上是一个十分重要的时代，是中华各民族起源、形成和初步发展的时期。探索这一时期少数民族的教育活动，其重要性是不言而喻的。但是先秦时期，尤其是商周之前，即使在经济、文化交往发达的中原地区，教育也很难称为一种专门的、独立意义的活动；甚至到西周时期，我们考察其"家庭教育""学校教育"时，也基本是依据《礼记》《尚书》等极少数文献，不确定性乃至传说性的成分相当大。对于中原之外的"四方族群"而言，其教育更远未形成独立意义的活动，而是存在于各族生产生活之中。因此，本章所论及的"少数民族教育"是立足于广义教育定义之上的，即是说，是将各民族生产和社会生活各个领域的一切活动，只要能对人有所影响，都择其要者纳入考察和论述的范围。

我国自古民族众多，各民族共同缔造了中华悠久的历史和绚丽的文化。各民族在各自发展的过程中，教育无疑发挥着十分重要的作用。我国大多数的民族在秦统一之时仍然处在氏族社会发展阶段，教育活动属于原始形态，与生产生活是密不可分的。虽然有的民族在春秋战国时期已经进入到了阶级社会，但是由于缺乏史料文献的记载，已无从考证。大体而言，这一时期少数民族的教育活动，就其内容而言，一方面表现为各民族文化习俗的传承过程，由族人、巫师以及家庭长辈等向年轻人传授本民族的文化，包括民族历史、宗教、风俗、礼仪等；另一方面，生产知识的传承和生活技能的训练活动，在各民族生活中占据重要地位，也是少数民族重要的教育活动内容。就教育活动的方式而言，不管是文化传承还是技能传授，都是通过言传身教和模仿训练来进行和完成的。可以说，教育自始至终都是与各民族的生存和发展直接相关的重要实践活动，从而也是我国民族发展史的重要内容。

---

① 庞守兴、广少奎主编：《教育学新论》，山东大学出版社 2009 年版，第 2 页。

应该特别强调的是，在先秦少数民族的所有教育活动中，教育交流活动对民族的发展和壮大发挥了不可或缺的作用。各民族之间的教育交流，往往是伴随着政治、文化、经济等各方面的交往而同步进行的。较为落后的民族通过与先进民族的交往和接触，学习文化知识，借鉴社会的政治、经济制度等，在此过程中使自身得以发展强大。从教育的广义含义上来看，民族交流的过程很大程度上就是一种教育、文化交流的过程；换言之，有民族之间的交往，也就有教育交流活动的发生。有鉴于此，本章以下各节的考察基点也就主要集中在两个方面：一是考察各民族自身的教育活动，二是考察民族之间的教育交流活动。我们认为，如此就不仅能较为清晰地展示民族教育活动的历史面貌，而且既能知其然，亦能知其所以然。

先秦时期民族众多，缺乏明确详细的史料记载，整理起来十分困难，故多年以来少有人关注其教育问题，更遑论教育活动问题了。但是，随着近年来先秦考古工作的不断深入以及民族学研究者对少数民族历史的专题探讨，挖掘并积累了一些研究资料。这对我们考察先秦时期少数民族教育活动提供了很大帮助。本章内容正是基于现有研究的基础上，结合史料记载、考古发现、民俗学等多方面资料，按照东北、东、南、西、北这样的方位顺序，选取肃慎、东胡、东夷、百越、西羌、北狄等六个影响较大的族群，对其教育与交流活动进行考察。

三、教育交流活动的特点与方式

教育交流是先秦少数民族的一种重要活动，不仅推动了各少数民族的发展和壮大，也促进了不同民族文化的交流和民族族体的融合。历史已证明，中华民族的发展历史就是各民族融合的历史，融合过程就伴随着民族之间各方面的教育交流活动。因此，先秦时期少数民族的教育，既有其自身民族特色的教育活动，也受到了其他民族，特别是中原华夏民族的巨大影响。

具体来看，通过对肃慎、东胡、东夷、百越、西羌、北狄等六个不同少数民族族群教育的探究，我们可以知道，先秦时期各少数民族的教育活动，由于多处于氏族发展时期，相应地，也就呈现出一些原始教育固有的特点：（1）教育寓于生产和生活实践过程中，是在劳动过程中产生的；（2）族内成员都是受教育者，是普及而平等的教育，具有全民性质；（3）教育方式和手段简单有效，主要表现为言传身教和模仿训练；（4）教育内容与各民族的生产和生活相适应。这种在生产劳动和社会生活中产生、进行和完成的教育活动，在整个先秦时期少数民族的教育中占有主要地位，甚至在秦以后很长的历史时期内，有的少数民族的教育活动主要还是以这样的非正规形式进行的。

由于先秦各少数民族或彼此之间、或与中原地区比邻而居，因而相互间的交流活动是经常发生的，交流形式则有暴力和非暴力两种。暴力主要表现为相互战争，这虽然带有残忍和血腥的色彩，却也实质上以强制的手段实现了彼此间的交流；尤其是当一个地区被另一地区所占领时，交流也就变得更加自然和顺畅。非暴力形式则表现为联姻、朝贡和商贸，这些也都会使教育活动的族际交流成为常态。如上四种方式，在我们选定的六个少数民族的教育交流活动中都有所体现，此为教育交流活动的共性。但是另一方面，各个民族由于发展水平不一，与中原地区的关系也有所差别，上述方式的具体内容和表现也就有所不同，此即教育交流活动的个性。有鉴于此，在以下各节的考察中，我们不惮有重复之嫌，还是将这些方式或途径分别列出，旨在较为清晰地展示这一时期教育交流活动的历史样貌。

第二节　肃慎教育活动及其交流

肃慎是中国东北地区从先秦时期就已存在并发展起来的一个古老民族，又称息慎或稷慎，古文献中有其记载。如《史记·五帝本纪》说，舜在位时北方有山戎、发、息慎。郑玄对"息慎"注解曰："息慎，或谓之肃慎，东北夷。"《逸周书·王会解》曰："正北方，稷慎大尘。"后人注曰："稷慎，肃慎也。"自先秦后，汉魏时的挹娄，北朝时的勿吉，隋唐时的靺鞨，其后明清时期的女真和今天的满族皆出于肃慎民族。诸族一脉相承，绵延不绝，现今学者将之统称为"肃慎族系"。

先秦时期的肃慎一族，生活于现今黑龙江省宁安县以北直至松花江流域和黑龙江中下游两岸地区。该疆域多属山林和河川地带，虽然地形复杂，但山峦起伏，林海浩瀚，自然条件十分优越，有着丰富的禽兽和鱼类，为肃慎人提供了取之不尽、用之不竭的衣食之源。经考证，最晚从3000多年前的新石器时代晚期开始，肃慎就已经在东北地区生活，以渔猎经济为主，原始农业、畜牧业经济也有一定程度的发展。

一、肃慎及其教育活动概述

在采集为辅、渔猎为主的经济时代，肃慎一族教育的方式主要是言传身教，教育的内容则是生产和生活中积累的劳动经验和生产技术。具体而言，其教育活动主要表现为以下两大方面。

（一）生产技能技巧传授活动

肃慎人在劳动中传播生存经验，教导后代在茂密而充满危险的森林中辨识可食用的蔬果、枝叶、根茎等，捕捉动物，从河溪中获取鱼类，学会生活知识，提高生存的技能。狩猎是肃慎人最重要的生存活动之一。从猎物的选择、踪迹的辨认，到猎取方式的选择、猎物的处理等，都是在实践中通过教育来完成的。

图 10-1　肃慎族图示

不管是猎杀兽禽还是捕捉鱼类，都必须使用工具。工具制造技术的传授，成为另一种重要的教育内容。肃慎人使用的工具，从打制石器、磨制石器到制作陶器，工具品种和材质不断增加。这些都是通过传授、训练和模仿来实现的。考古工作者在肃慎人生活的区域发现了数十处文化遗址，出土最多的是渔猎工具，包括各种石矛、石镞、石斧、石锛、骨制鱼钩、长方形穿孔石刀等，体现了非常明显的发展演进过程。生活于山林洞穴的肃慎先民，在生产实践中掌握了石器选料、制作等技术，通过言传身教的方式传授给后代。磨制石器出现后，器形更加多样，制作较之打制石器更加复杂，这就给教育训练活动提出了更高的要求，对学习者的要求也更加严格。先秦时期，肃慎先民制作技术的教育尚处于全民教育阶段。肃慎人通过代际传承，将工具的制作、使用、发明、创新等活动不断加以推进。

除石器外，先秦肃慎民族也制作陶器。在肃慎文化遗址中，有多处出土了各样形制的陶器。莺歌岭文化遗址中发掘的陶器残片和制品，反映了肃慎人在陶器制作技术上的进步和发展。上层文化层中发掘的陶器，不管是器形、制作手法还是陶器纹饰等，较之下层中的陶器都有明显的进步。在上层文化层中还出土了多个陶猪，外形惟妙惟肖，堪称原始陶器艺术品。显然，陶器的出现拓宽了肃慎生产技术教育的范围。陶器的制作包括选料、定型、装饰和烧制等一系列过程，这些技能不仅需要教授者进行更加细致、具体的指导，也要求学习者在实践教育过程中进行更多的模仿训练和实践操作。

(二) 生活知识习俗传承活动

根据已有资料推断，先秦肃慎人的生活知识习俗教育主要是服饰教育和居住教育。人类最早的服饰是兽皮或树叶，原始人将之系于腰间以保护和装饰自己。随着生活条件的改善，人们开始注意穿着的改进，这是人类文明进步的表现。当养猪成为肃慎人重要的经济活动之后，肃慎人开始学着用猪皮制作衣

图 10-2　肃慎族出土的部分文物

服。开始时，猪皮制作的衣服并不漂亮，于是肃慎人在猪皮衣裳上绘制简单的纹样作为装饰。以后，他们又开始注意其他的装饰，制作更加漂亮的衣服。在莺歌岭文化遗址上层文化层中，出土了用骨或鱼刺制成的针、锥、簪等物品，表明至少到西周时期，肃慎人已经开始了简单的手工缝制；出土的发簪等物品则表明肃慎人已经习惯编发，对装饰有了更进一步的讲究。服饰的改进过程蕴含着人类审美水平和装饰能力的提升。古肃慎人在装扮自己或为儿童装扮的过程中，一方面培养了儿童的审美观念和装饰能力；另一方面，利用自然资源制作服饰也成为一门技术。技术的传授多在女性之间进行，在母亲的指导下，制衣和制作饰品的技术得以沿袭下来，还培养了一定的审美情趣。

先秦时期肃慎人习惯冬天穴居、夏天巢居或逐水而居。他们居住于半地穴式的洞穴中，用梯子出入，洞穴中间生一堆火，周围铺上树枝、柴草或兽皮等作为防寒物品。这从莺歌岭遗址和金山屯区大碰子遗址中发现的半地穴式屋址

可以得到证明。这种居住方式是肃慎人生活经验积累的反映，同时他们把这种经验传递给后代，使后代学会如何选址、布局、建筑等，逐步形成了民族特有的房屋建造风格。

综上所述，先秦时期肃慎人的教育活动是寓于生产和生活实践之中的。教育活动的基本过程是：成人们在实际生产、生活活动中进行实践和示范，儿童则在观察、模仿和实际操作中进行学习，使各种生产技术和生存技能得以传承。

二、肃慎与中原民族的教育交流

自身经济发展水平的低下并未使肃慎民族故步自封。当中原华夏民族渐显其进步文化之时，肃慎民族便与中原民族建立了联系，以求在教育交流中获得进步。据史料记载，交流活动至少可以追溯到四千多年前的虞舜时代。

当舜帝功震四方、举贤天下之时，肃慎人开始入贡中原，以自制的弓和箭为贡品，表示加入舜的部落联盟的诚意。这一事件在多处史料文献中都有记载。如《大戴礼记·少闲》篇就记载说："昔虞舜以天德嗣尧……海外肃慎、北发、渠搜、氏、羌来服。"《竹书纪年·帝舜》也记载："帝舜二十五年，息慎氏来朝，贡弓矢。"到夏禹时期，肃慎民族继续服属中原。商汤王朝时肃慎依然"来服"，《大戴礼记》还记载："成汤卒受天命，海之外，肃慎……来服。文王卒受天命……海之外，肃慎……来服。"

周王朝时，肃慎民族与中原王朝的教育交流更加频繁。据记载，周武王推翻商朝统治之初，肃慎就入周进贡了楛矢石砮表示臣服。周成王讨伐东夷获得胜利后，肃慎马上派遣使者来朝祝贺，成王大喜，命荣伯作《贿肃慎之命》，以示纪念。[1] 周康王即位后，肃慎民族也来朝庆贺并进贡楛矢石砮与珍兽"大尘"。直到东周之时，景王还曾对大臣们直言："肃慎、燕、亳，吾北土也。"[2] 可见，整个周朝时期，肃慎与中原地区的交流活动都是非常密切的。

《国语·鲁语》中详细记载的"楛矢贯隼"和孔子"陈廷辩矢"的故事，可以进一步确证肃慎民族与中原民族教育交流的事实。该故事说：约公元前494年冬季，孔子周游列国，来到陈国。一天，一只鹰（隼）飞到了陈愍公的宫廷

---

[1]《史记·周本纪》。
[2]《左传·昭公九年》。

便死去了。这只鹰有着窄而尖的翅膀，上嘴弯曲呈钩状。它是被箭射死的，一支楛木箭贯穿其身，箭簇是石头做的，有一尺八寸长。陈愍公不认识这样的石箭，便派侍者拿着鹰和箭询问孔子。孔子看了以后说："这只鹰是从很远的地方飞来的呀，这支箭是肃慎氏的箭。以前周武王推翻商王朝的统治后，与四方九夷百蛮取得了联系，要他们入朝进贡地方特产，以示对周王朝的服属和忠心，不忘自己的职责和义务。当时肃慎族进贡的就是其特有的楛矢石砮，这种箭以楛木做箭杆，以石头做箭头，长一尺八寸。先王为了昭显德行，就把肃慎族贡的楛矢石砮分赏给了长女大姬，后来大姬嫁给了虞胡公，而虞胡公又封在了陈国。当初周王室按照规定将肃慎族进贡的箭矢赏赐给了陈国，去宫廷的贡品库房找找吧，一定能找到。"陈愍公听了侍者的汇报后，派人到收藏贡品的库房中寻找，果然找到了与射死鹰一模一样的箭矢，正是肃慎民族的楛矢石砮。

　　故事清晰而明确地说明了两个问题：一是周武王时期，肃慎民族与中原各族确实有着友好的教育交流；另一个就是到春秋战国时期，肃慎民族的"楛矢石砮"仍被中原地区的人们使用，且箭矢十分锋利，狩猎效果良好。肃慎人通过朝贡的方式得以学习中原的文化，中原民族则从中进一步了解了肃慎民族，并且改进了自己的箭矢制造技术。

　　值得一提的是，自孔子"陈廷辨矢"故事之后的千余年时间里，文献中还多次记载肃慎人将他们的"楛矢石砮"作为贡品晋献给历代中原王朝，例如：

　　青龙四年五月，肃慎氏献楛矢。（《三国志·魏明帝纪》）

　　魏景元三年四月，肃慎来献楛矢石砮弓甲貂皮等。（《晋书·文帝纪》）

　　咸宁五年十二月，肃慎来献楛矢石砮。（《晋书·武帝纪》）

　　大明三年十一月，肃慎国重译献楛矢石砮。（《宋书·孝明帝纪》）

　　可见，"楛矢石砮"作为肃慎族的进贡物产一直延续了数千年，是肃慎与中原王朝友好交流的凭证，也是与中原教育交流活动的实物确证。对于这种以朝贡为方式的交流，荀子有一段重要的评论。《荀子·正论》指出：

　　　　诸夏之国，同服同仪；蛮夷戎狄之国，同服不同制。封内甸服，封外侯服，侯卫宾服，蛮夷要服，戎狄荒服。甸服者祭，侯服者祀，宾服者享，要服者贡，荒服者终王。……是王者之制也。

　　意思是说，中原与边塞各国对于服从天子的礼仪要求是有同有异的：蛮夷之地接受教化、服从天子叫"要服",偏远地区的戎狄进贡品给天子叫"荒服";"要服"之国供奉一年一度的祭品叫岁贡,"荒服"之国不定时朝贡则表示崇敬天子。如此做法就是古代的"王者之制"。这种"王者之制",在《史记·周本纪》中也有类似说明。由此可见,肃慎人进贡物品不仅表示远方之国愿意服侍天子,还表明接受了中原制度的要求,从而进一步确证了中原对于肃慎的影响。

第三节　东胡教育活动及其交流

　　东胡是中国东北部的古老游牧民族,因居匈奴以东而得名,春秋战国时期强盛一时。公元前206年,东胡大败于匈奴,部族被击散,余部分为两支向乌桓山和鲜卑山出逃,此后史书上可见乌桓族与鲜卑族之名而不见东胡之名。

　　东胡之称最早出现在《逸周书·王会》篇。根据记载可知,东胡曾向中原王朝进献一种东北地区所产的猛兽"黄罴"。据古籍文献记载以及1958年以来的考古发现,大体可以测定先秦时期东胡活动的范围,约在今内蒙古老哈河上游东南直到辽宁省西部大、小凌河流域,包括现今的赤峰市、朝阳市、锦州市及其周围地区。关于先秦时期东胡的社会和文化状况,文献资料中记载很少。《史记·匈奴列传》载:"燕北有东胡、山戎,各分散,居溪谷,自有君长,往往而聚者百有余戎,然莫能相一。"这一记录是在周襄王时期。可见,春秋时期东胡尚处于氏族部落族群阶段。

一、东胡及其教育活动概述

　　先秦时期的东胡是一个部落联盟,包括当时族属相同而名号不一的许多部落。很长一段时期,东胡没有自己的文字,教育处于原始阶段。同许多部族一样,这样的原始教育是在生产和生活实践中进行的,没有专门的教育场所和专职人员。因此可以断言,东胡族民是在采集、渔猎和饲养等一系列的生产劳动中获取经验,又在劳动过程中传授给后代的。这种教育方式与处于同一社会阶段的所有部族有着共同之处,只是由于地理环境等的不同,其教育活动才多少具有了自身的特征。

（一）技艺传承活动

东胡族自从首见于历史记载起，直到被匈奴冒顿单于所灭，在相当长的时期内是比较强大的。从出土的大批青铜器来看，东胡族的物质文化在战国时期已经进入青铜时代，且青铜铸造业已相当发达。青铜器的冶铸工序繁多，一般要经过采矿、碎矿、冶炼、合金、制模、浇铸、修饰等一系列工序。每一道工序都需要具备专门的技术和知识。如果没有相应的教育活动，这些技术将难以传承下去。因此，青铜铸造技术是东胡族的一项独具特色的教育内容。

应该一提的是，这样一门复杂的技能传授，已经从渔猎、畜牧业和农业等一般技能教育中分离出来，不同于早先东胡族的那种示范、模仿教育。青铜铸造技术只能在一部分人中进行传授，有着严格的资格和范围限制。它有专门的技艺工匠，这些人就成了具有专门意义的教育者；而有这些工匠的地方，也就有了专门的教育活动。从已有资料来看，先秦时期的东胡还没有设置专门的教育机构，这样，这种技艺的教育就掌握在青铜工匠们手中了。他们在实践中挑选受教育对象，或者将其传授给自己的后代，传授是在实际冶炼过程中进行的。学习者在此过程中发现和解决学习难题，逐步掌握了全部的技艺。

（二）军事教育活动

战国时期，东胡逐渐强大并盛极一时，曾打败过南方的燕国，令中原各国刮目相看；秦统一全国后，始皇帝对北部边陲很不放心，派蒙恬领重兵镇守长城。蒙恬曾率十万之众北击胡地而一度取胜，但也遭到东胡的顽强抵抗。① 这都说明，东胡的军事力量曾是十分强大的。事实上，东胡作为一个古老的游牧民族，族内子民皆精骑善射，平时以狩猎为生活依托，战争时期则人人皆兵。这样一个军事与生产相结合的活动形式，正是东胡能够兴盛一时的主要原因之一。

从出土的大批东胡青铜器中，可以发现这样一个现象，就是出土物以兵器居多，如十二台营子墓葬出土的一百七十多件青铜器和乌金塘出土的九十多件青铜器中，就有青铜短剑、铜镞、铜刀、铜斧、铜戈、铜矛、铜盔等各种青铜兵器，且数量不少。这些考古发现为东胡军事力量之强大提供了实证资料。在

---

① 《史记·匈奴列传》。

"全民皆兵"的历史背景下，军事教育也就成为东胡部族重要的教育活动。在狩猎中学会狩猎，在战争中学会战争，是东胡也是先秦很多游牧部族军事教育的突出特色。

（三）习俗传承活动

东胡族有畜犬、殉犬的习俗，这在东胡族的有关文献中并未提到。但是近年的考古发现表明，畜犬、殉犬之俗在东胡族中确实存在，并且是其重要的风俗习惯。这一习俗的存在，最早与东胡先民对于狗的图腾崇拜有着十分密切的关系，后逐渐演变成东胡人重要的风俗习惯而被传承了下来。这在其后代乌桓族的习俗中有着确切的记载：

> 乌桓者，本东胡也。汉初，匈奴冒顿灭其国，余类保乌桓山，因以为号焉。……俗贵兵死，殓尸以棺，有哭泣之哀，至葬则歌舞相送。

图 10-3　东胡族人复原图

> 肥养一犬，以彩绳缨牵，并取死者所乘马衣物，皆烧而送之，言以属累犬，使护死者神灵归赤山。①

可见，狗不仅在东胡族的狩猎和军事生活中具有无可替代的作用，而且是丧葬仪式的重要组成部分，有着象征的意义。

另外，东胡还有"髡头"的习俗，即头顶皆不蓄发，或仅在头的周边或侧面编结小辫，这是东胡族特有的发饰习俗。这在东胡族系的乌桓族与鲜卑族内也流传了下来。据《史记·匈奴列传》索隐引《续汉书》云，乌桓人"父子男女悉髡头，为轻便也"。《后汉书·乌桓鲜卑列传》也载，乌桓人"俗善骑射，弋猎禽兽为事。……父子男女，相对踞蹲。以髡头为轻便。妇人至嫁时乃养发，分为髻，着句决，饰以金碧，犹中国有簂步摇"。又谓鲜卑"亦东胡之支也。……其言语习俗与乌桓同。唯婚姻先髡头，以季春月大会饶乐水上，饮宴毕，然后配合"。

无论是畜犬、殉犬习俗还是髡头习俗，都是具有东胡民族特色的风俗习惯。

---

① 《后汉书·乌桓鲜卑列传》。

毫无疑问，不需要专门的教育方式，而只需随着集体活动的开展，这些习俗就必然会深深地影响东胡族的年轻一代，进而通过代代相传的方式保留下来。

二、东胡与中原民族的教育交流

从史料记载来看，早在商周时期，东胡族就与华夏族有着交流往来记载；而到春秋战国时，该民族同中原的往来就更为频繁了。由于东胡族地与燕、赵两国的北部边陲相邻，彼此间的教育文化交流是十分便利的。

（一）交流活动的动因

从 20 世纪 50 年代起我国发现的东胡遗物来看，到战国时期，东胡的文化已经发展到青铜文明时代，社会经济以游牧、渔猎和畜牧业为主。正是这种与中原不尽相同的文化差异，使得东胡与中原的教育交流成为可能。时至汉代，在刑罚中还有"髡发"一刑，可视为东胡与中原文化教育交流的一个确证。

东胡民族的物质文化在先秦时期能够较为发达，一个重要原因是与中原华夏民族有着比其他少数民族更为密切的交往。在交往过程中，东胡注重学习和借鉴中原华夏民族文化，使其自身的文化得以发展和进步。从交往中学习，在借鉴中发展，是东胡民族重视与中原民族教育交流活动的根本动因。

（二）交流活动的方式和途径

在较长一段时期内，东胡与中原地区诸国的教育交流是极为频繁的。归纳而言，彼此间教育交流的方式和途径主要有以下几个方面。

1. 朝贡称臣

东胡族与中原民族的交流最早时是通过进献贡品的方式进行的。商王朝时期，包括东胡族在内的周边诸族都十分弱小，是臣服于商王朝的异族夷民。他们需要向强大的中原统治王朝进献贡品以示友好。《逸周书·王会解》中有这样的记载：

> 正北空同、大夏、莎车、姑他、旦略、豹胡、代翟，匈奴、楼烦、月氏、嬾犁、其龙、东胡，请令以橐驼、白玉、野马、騊駼、駃騠、良弓为献。

商王朝乃是当时最强大的政权，周围各民族都须以独特的物产为贡品，向商朝表示臣服。到了周王朝时期，东胡依然需要向中原王朝朝贡。据记载，东胡曾向西周进献过一种珍稀动物黄罴，即"东胡黄罴"。

2. 战争往来

在与中原王朝不断交往和接触中，东胡逐渐强大，于是开始向接壤的中原诸国发动战争，这到战国时期尤为激烈。由于燕、赵两国与东胡族地相邻，因此东胡经常侵入两国境内，侵夺人民和财物。燕国曾经被东胡大败，无奈之下只好把燕国大将秦开"为质于胡"。虽后来秦开返回燕国，并且帮助燕国大败东胡，使得东胡"却千余里"，但燕国仍然不得不修筑长城，将东胡挡于长城以北才放心。《史记·匈奴列传》中将这件事记述了下来：

> 燕有贤将秦开，为质于胡。胡甚信之。归而袭破走东胡，东胡却千余里。……燕亦筑长城，自造阳至襄平，置上谷、渔阳、右北平、辽西、辽东郡以拒胡。

《史记》中的《赵世家》和《李牧列传》中也记载了赵惠文王二十六年曾攻取东胡欧代之地，以及李牧在赵悼襄王元年打败东胡的事情。战争虽然带着血腥的色彩，但正是通过这种暴力催生的"交流"形式，使得东胡与中原民族的接触更加频繁。他们通过掠夺也学到了中原的技术和文化，客观上推动了自身民族的进步和发展。

同时，东胡族强大的军事力量一方面使得相邻的中原诸国备受威胁，另一方面却也让中原地区的一些智者开始尝试学习和借鉴东胡族的军事制度、装备和战斗技术，正所谓"吃一堑，长一智"。在这样的背景下，"胡服骑射"制度诞生了。这不仅仅是一次重大的军事改革，更是一次中原民族与东胡族进行教育文化交流活动的重要表现。

3. 相互通商

除以上所述外，东胡与中原也进行贸易交往，这是彼此交流的重要途径。由于燕、赵两国与东胡相邻，因此东胡逐渐强大之时，与燕、赵两国的交往和接触也就较为频繁。再加上赵武灵王"胡服骑射"法令的颁布，使得胡人文化在当时中原百姓中备受欢迎，商贸往来十分频繁。史载，春秋战国时期，燕国的国都（今北京昌平）为东胡与中原各地进行商品互换（互市）的地方。他们获得中原的绸缎布匹、粮食、枣、粟等；中原则获得所缺的山珍、猎物等。近年来在东胡族活动区域发掘出大量的中原货币，更证明了东胡族与中原民族的确有着密切的贸易交往。宁城、大连等地出土了战国时期赵国的安阳、晋阳、武安、兹氏等地铸造的货币，也有燕国差阳、襄平、益昌等地铸造的，甚至出土有齐国、魏国、韩国、北虢、南虢等国铸造的货币。[①] 可以肯定的是，在频繁的贸易往来中，相互学习和借鉴也必然是时刻发生的。

三、教育交流的结果："胡服骑射"个案分析

教育交流不仅使东胡获益匪浅，也让中原诸族大受启发，"胡服骑射"即是其中的著名案例。这是赵国武灵王发起的一次重要改革。赵武灵王是战国时期最杰出的人物之一，登基以后深忧赵国国情，曾召大臣言：

> 我先王因世之变，以长南藩之地……今中山在我腹心，北有燕，东有胡；西有林胡、楼烦、秦、韩之边。而无强兵之救，是亡社稷，奈何？夫有高世之名，必有遗俗之累。吾欲胡服。[②]

在这样的情况下，赵武灵王决定进行军事改革。此主张一出，立即受到赵国许多大臣的反对，因为穿胡服、习骑马射箭不合传统礼制，有违祖法。虽阻力重重，但赵武灵王力排众议，最终颁布了"胡服骑射"令，要求赵国百姓抛弃长袍宽袖，改着胡服，淘汰战车，改习骑马射箭。赵武灵王借鉴东胡族骑兵和军

图 10-4　胡服骑射像

事训练特点，在赵国以游牧生活的方式培养骑兵兵士，又招募了解胡人生活的人或者直接招募胡人骑兵教授胡人战斗技巧和骑射技术。在这些改革措施下，赵国很快建立了一支强大的骑兵队伍。

司马迁在《赵世家》中对于"胡服骑射"制度十分推崇，他用大量笔墨描述了赵武灵王为推行新法令而排除众议的艰难过程，并在篇幅的后两段中描写了"胡服骑射"带给赵国的军事胜利局面：

> 二十年，王略中山地，至宁葭；西略胡地，至榆中。林胡王献马。归，

---

① 傅朗云、杨旸：《东北民族史略》，吉林人民出版社 1983 年版，第 27 页。
②《史记·赵世家》。

使楼缓之秦，仇液之韩，王贲之楚，富丁之魏，赵爵之齐。代相赵固主胡，致其兵。

二十一年，攻中山。赵袑为右军，许钧为左军，公子章为中军，王并将之。牛翦将车骑，赵希并将胡、代。赵与之陉，合军曲阳，攻取丹丘、华阳、鸱之塞。王军取鄗、石邑、封龙，东垣。中山献四邑和，王许之，罢兵。二十三年，攻中山。

可见，赵国在赵武灵王时期盛极一时，这是赵武灵王大胆创新、吸收和学习东胡人优秀军事文化的结果，这一举动正是中原华夏文化与东胡游牧文化相互交流、相互学习、取长补短的教育交流活动的证明。

总之，东胡与中原华夏民族通过朝贡、战争和商贸往来等手段，在交流中各取所需，取长补短，促进了民族教育、文化和社会的进步。1973年，考古工作者在南山根遗迹中发掘了一座东胡墓葬，出土有鼎、簋、簠等青铜礼器。经研究，这些青铜礼器的形状和规格完全效仿中原黄河流域的同类青铜器铸造而成，一方面说明了当时的东胡族已逐渐出现等级分化现象，另一方面也表明中原民族文化在族际交往中对东胡族产生的影响。

第四节　东夷教育活动及其交流

东夷是先秦时期的一个人数众多的部族群落，生活于我国东部地区。《后汉书·东夷列传》载："夷有九种，曰畎夷、于夷、方夷、黄夷、白夷、赤夷、玄夷、风夷、阳夷。"在战国以前记录夏商时期的文献中，还未出现"东夷"一名，多使用"尸方""九夷""人方""夷"等称谓。现今学者认为，"尸"字是古夷人最初的族称，出土卜辞中的"尸方""人方"指的就是"东方之夷"。到了周代，"东夷"称谓出现在青铜器铭文中，典籍记载中也日渐增多，以此作为中原之外东方部族的泛称。《左传·哀公十九年》载："秋，楚沈诸梁伐东夷，三夷男女及楚师盟于敖。"至此，以"东夷"作为先秦时期东方民族的称谓便一直沿用下来。

一、东夷及其教育活动概述

史籍文献和考古资料表明，东夷族群分布于今山东省全境、江苏北部、安徽北部和河南东部地区。从发现的北辛文化来看，从新石器时代时，东夷族群就生息繁衍于上述地区。学界将东夷族群的发展分为三个阶段：一是东夷族群的兴起时期，从传说中的太昊、少昊时代到夏朝建立。这个时期的大汶口文化基本上可以反映其社会发展的状况。二是从夏朝建立到西周末，是东夷族群的发展壮大时期。史料记载，这一时期东夷族与华夏族进行了长期而激烈的斗争。三是从春秋时期到秦统一，是东夷族群与华夏诸族的融合时期。经过长期战争和交往，时至战国末年，东夷族与华夏族的融合已基本完成。

（一）东夷民族概况

东夷族群在历史上曾创造了光辉灿烂的文化。文献记载，"夷"名始见于夏代，但根据出土文物和研究资料，早在夏代以前，东夷族群就创造了具有自身特色的史前文化，主要表现是：（1）陶器多为生活用具，以鼎、豆、壶、罐等为大宗，先后出现觚形杯、漏器、背水壶、高柄杯、大口尊、环足盆等，其制作以素面或表面磨光为主，少有纹饰，风格素雅精巧；（2）石器是主要生产工具，制作精良，以扁平穿孔的石斧、棱角分明且厚大于宽的锛和凿为主，横剖面呈菱形的石镞是其特色；（3）东夷族群有披发文身、黑齿墨脸、拔侧门牙、口含小珠、身带玄龟、手执獐牙、枕骨变形、衣服左衽、杀人祭祀、石板墓葬等风俗习惯。

夏代末期，东夷文化中开始发现有青铜文化的证据，出现了青铜的礼器和酒器；甚至在有些地区，铜制礼器和酒

图 10-5　东夷族民居复原建筑

器还基本取代了陶制同类器具。到商王朝时期，殷商文化已渗入东夷族地。随着时间的推移，东夷族地商文化因素占据的比例越来越重，并在此基础上出现了一种非商非夷的文化，这在济宁潘庙、济南的大辛庄和邹平丁公等遗址中均有反映，是东夷大量吸收和借鉴商文化而形成的。到周王朝时期，东夷族文化

因素在其族地还有一定程度的遗存，尤其是地处东部的胶东地区。但是到春秋时代，夷文化比例急剧减少，至战国末年已经趋于消亡。至此，东夷族人已经基本成为中原华夏诸族的一部分。

（二）东夷教育活动概述

在悠久的历史长河中，东夷族人通过教育的传承和创新，造就了灿烂的夷文化。现今学界承认，海岱历史文化系统就是由东夷族人创造的。海岱历史文化区是1984年高广仁和邵望平先生首次提出来的，以泰山为中心，包括山东全省、河北东南部、豫东、皖北和苏北的广大地区，其文化谱系涵盖了北辛文化、大汶口文化、龙山文化、岳石文化等。研究资料表明，这一文化系统有着较为明显的连贯性，从时间上来看，它属于东夷族从新石器时代到夏代早商时期的文化遗存。

北辛文化和岳石文化等文化遗址发掘表明，同其他民族一样，东夷民族也经历了从采集渔猎到农业、畜牧业经济，从原始石器到青铜文明的社会形态。在此过程中，教育是寓于生活和生产实践中的原始教育，教育手段是口耳相传、模仿训练，教育的内容则涵盖了生活和生产的各个方面。采集、渔猎、农业生产、家畜饲养、制作陶器及其他工具等，一切与生产和生活相关的知识和技能，都是在劳动生产和生活实践中传承的，又在这一过程中将之传给后代子孙。至夏末商初时期，东夷人开始吸收和学习中原先进技术和文化，东夷族群教育活动的方式和过程也不曾有实质性的改变，依然是寓于生产和生活实践中的教育活动。

值得注意的是，到了周王朝时代，东夷族人的教育活动出现了新的变化，尤其是山东境内的东夷部族。出现新变化的主要原因是周武王东征胜利之后，"封尚父（姜尚）于营丘，曰齐；封弟周公旦于曲阜，曰鲁"[1]。齐、鲁在东夷族地建国后，为加强统治、强大国力，制定和颁布了各自的治国方针政策。尽管政策有所不同，但教育教化作为治国安邦的法宝之一，也是齐、鲁治国政策的重要内容。因此，在齐、鲁的国家系统中，应该设置了专门的教育教化机构，有一支专门传授周礼文化的师资（官师）队伍。这就意味着，在东夷民族中也

---

[1]《史记·周本纪》。

应该出现了早期的社会教育活动。

就齐国而言，史料文献中尚无有关齐国设置教育机构的记载。但是，根据当时齐地教育的发展规模和西周教育的实际情况推测，齐国应该建立了相关的教育机构，诸如"泮宫""庠""序"之类。加之在齐地的治理范围内存在着十分尖锐的民族矛盾，齐国统治者虽对异族和己族有着严格的区分，但为了稳定和巩固统治，对齐地夷人还是采取了一些怀柔手段，如简化礼仪、统一风俗，直接提拔夷人氏族首领参与国家政治等。因此，东夷人应该是有机会接受教育、参与学校教育活动的。此外，齐桓公时期，管仲还明确提出了"四民分业"的改革思想，出台了相关措施。那么何为"四民分业"呢？《管子·小匡》中明言：

> 士农工商四民者，国之石民也。不可使杂处。杂处则其言哤，其事乱。是故，圣王之处士必于闲燕，处农必就田野，处工必就官府，处商必就市井。

可见，"四民分业"就是将士、农、工、商四行业人员分而处之。同一行业的人聚集在一起，不仅可以使行业信息更好地流通，也能够促进行业者之间相互学习技巧，促进该行业的发展和进步。管仲还依据"四民分业"的思想，对各行业进行了社会行政组织的改革，规定："制国以为二十一乡：商、工之乡六，士、农之乡十五。"① 虽然这一措施制定和实行的初衷是为更好地发展齐国社会经济、稳定社会秩序，但确有利于形成良好的职业教育环境。

鲁国是推行周礼文化的中心，周王朝的文化和制度在鲁国是影响最为深远的，即所谓"周礼尽在鲁矣"。因此，鲁地必定也建立了与姬周王朝相应的学校制度。从相关资料来看，鲁国有"鲁得立四代之学"的说法。根据《礼记·明堂位》的记载，四代之学指的是"米廪，有虞氏之庠也；序，夏后氏之序也；瞽宗，殷学也；泮宫，周学也"。在关于鲁国的史料文献中，并没有对于鲁国设置米廪、序、瞽宗、泮宫及其相关教育活动的记载，但既然"周礼尽在鲁矣"，鲁国肯定有此类活动，且鲁国设有泮宫是有迹可循的。《诗经·鲁颂·泮水》中就有鲁僖公在泮宫设宴庆祝战胜淮夷的诗句。根据周朝教育制度，泮宫是贵族

---

① 《管子·小匡》。

教育之所，而鲁国深受周礼文化影响，推行"尊尊亲亲"的用人制度，且坚信"非我族类，其心必异"的古训。因此，作为鲁地土著居民的东夷民族，应该没有权利在泮宫接受周礼教育，进行教育活动。但是，从鲁国"变其俗，革其礼"的民族政策和推行周礼文化的程度来推测，鲁国当政者应该也建立了类似的教育（社会教育）机构，用于教化本地东夷族民。

二、由夷而夏

东夷民族是我国最古老的民族之一，经过数千年后最终融合于中原诸夏，成为中华文化的重要源头之一。蒙文通先生曾言："中国之文化，创始于泰族，导源于东方。"[①] 夷文化从兴起、发展到融合于华夏文明的过程，实质上也就是东夷与华夏文化、教育交流活动的过程；或者换言之，这就是东夷族团与中原民族教育交流活动的结果。

有史记载，东夷族团与华夏诸族的教育交往活动自史前时代就已存在。传说太昊、少昊是东夷人的祖先，皋陶、伯益都是东夷人。根据《逸周书·尝麦》《山海经·大荒北经》《韩非子·十过》《史记·五帝本纪》等文献记载，东夷与华夏之间既发生过军事冲突，也曾联盟族称夷夏集团。虽然事实无可考证，但至少反映了东夷族团与中原民族早在上古时代就有往来的事实。

虞夏时期，东夷族群与夏王朝交往颇繁。在有关夏朝的史籍文献中，对于夷与夏关系的记述占有一定位置，既有兵戎相见，也有友好往来，这在《竹书纪年》中多有记载。如该书《帝相》篇曰："二年，征风及黄夷。七年，于夷来宾。"《帝少康》篇说："二年，方夷来宾。"《帝芬》篇记载："三年，九夷来御。"《帝泄》篇也有"二十一年，命畎夷、白夷、玄夷、风夷、赤夷、黄夷"的记载，甚至还曾有过"诸夷宾于王门……诸夷入舞"[②] 的状况。到了殷商时期，东夷日渐壮大，威胁商王朝的统治。商代后期，由于朝政腐败衰落，东夷族乘机侵入中原。从仲丁时代起，商朝对东夷进行了持续百年的征伐。殷墟卜辞中就有十年、十五年大举征伐"人方"的记录。商纣王的残暴统治还曾激起了东夷族人的激烈反抗，即《左传·昭公四年》所谓"夏桀为仍之会，有缗叛之。商

---

① 蒙文通：《古学甄微》，《蒙文通文集》（第一卷），巴蜀书社1987年版，第112页。
②《竹书纪年·帝发》。

纣为黎之蒐，东夷叛之"。于是商纣王兴兵伐东夷，直至"纣克东夷，而陨其身"①。商朝灭亡以后，东夷族团一些支系降服于周，向其进贡。金文《宗周钟》一文载："南夷、东夷具见，廿又六邦。"在不断接触和交往中，中原文化从夏末开始侵入东夷族地，与夷文化逐渐产生融合。

值得一提的是，经过牧野一战，周武王"顺应天命"地完成了伐商大业，建立起姬周王朝。初建周朝，治理江山尤其是治理广土众民的东夷族地，成为统治者面临的一个迫切难题。武王去世后，其少子成王即位，管叔、蔡叔、霍叔联合殷商武庚和东夷方国发动叛乱，给周王朝的统治以严峻考验。根据《逸周书·作雒解》记载，参与叛乱的东夷方国主要有奄、薄姑、丰、熊盈、徐等。面对这种危局，周公在姜太公的协助下，历经三年之久才平定了东方的叛乱。

东征取得胜利之后，周成王在周公的辅助下实行"分封制"，于是"兼制天下，立七十一国"②。其中，在奄及薄姑等东夷方国故地，封姜太公于齐，封周公之子伯禽于鲁，以管理和统治东夷族群，为周王朝镇守不甚安定的东方。封地的确立，使得东夷民族与中原民族的文化碰撞和融合的进程大大加速。事实上，东夷民族和文化由夷而夏，这一过程正是东夷民族与中原民族教育交流活动的表现和结果。

春秋时期，山东境内的东夷各国，社会与文化发展水平已经很接近中原各国，只是因为他们仍保留着一些东夷礼俗，当时仍被认为是东夷，实际上已与中原诸夏差异甚微。到战国时期，这种文化上的差别已经引不起人们的重视了。从《后汉书·东夷列传》开篇的一段话，不难看出这种融合的状况。该篇云：

《王制》云："东方曰夷。"夷者，柢也，言仁而好生，万物柢地而出。

故天性柔顺，易以道御，至有君子、不死之国焉。……故孔子欲居九夷也。

综上所述，东夷文化由夷而夏，是与中原民族不断接触和交流的结果。历经数千年，不管是友好往来还是暴力相向，每一次的接触和碰撞，总会伴随着教育交流活动的进行。正是通过这一次次的交流活动，东夷文化才最终融入华夏文明，成为其重要的组成部分。

---

① 《左传·昭公十一年》。
② 《荀子·儒效》。

三、齐鲁治国

齐、鲁都建国于东夷族群之地。为了管理和统治封国，姜齐政权和姬鲁政权采取了不同的治国政策。《吕氏春秋·长见》对于齐鲁治国之策有如卜一段耐人寻味的文字：

> 吕太公望封于齐，周公旦封于鲁。二君者，甚相善也，相谓曰："何以治国？"太公望曰："尊贤尚功。"周公旦曰："亲亲上恩。"太公望曰："鲁自此削矣！"周公旦曰："鲁虽削，有齐者亦必非吕氏也！"其后，齐日以大，至于霸，二十四世而田成子有齐国；鲁日以削，至于觐存，三十四世而亡。

如上一段记载，清晰地指明了齐鲁两国不同的施政方略及对后世的影响，这也就预示着，齐鲁治下的东夷与中原的交流活动必然呈现出不同的两大范型。

（一）齐国治理与东夷教育交流活动

姜齐政权入主夷地之时，齐国方不过百余里，是介于徐、莱之间的弹丸之地。不仅国家面积狭小，而且经济也相当落后。《史记·货殖列传》载："太公望封于营丘，地潟卤，人民寡。"《汉书·地理志》也说："太公以齐地负海舄卤，少五谷，而人民寡。""潟卤"意即盐碱之地，是无法播种五谷的不毛之地。不但如此，当地夷人文化和民族风俗等方面的差异，也给统治者带来了很大的治理难度。据《史记·齐太公世家》记载，在姜太公初临营丘时，就遭遇到"莱侯来伐，与之争营丘"（莱为东夷族团的一个分支，活动区域在今山东东部）的事情。可见，齐在建国之初就面临重重矛盾和困难。在这种背景下，姜太公结合齐地的历史文化传统和自然地理条件，采取了在文化、礼俗上兼容并包和经济方面发挥地利的政策，制定了"因其俗，简其礼"和"便鱼盐之利"的经济政策。《史记·齐太公世家》说：

> 太公至国、修政，因其俗，简其礼，通商工之业，便鱼盐之利，而人民多归齐，齐为大国。

《盐铁论·轻重》也追述说："昔太公封于营丘，辟草莱而居焉，地薄人少。于是通末利之便，极女工之巧。是以邻国交于齐，财蓄、货殖，世为强国。"所谓"因其俗，简其礼"，乃是考虑到东夷人传统文化、社会风俗的不同而采取的怀柔政策。这种"入乡随俗"的治理政策，使得姜齐政权很快在夷地立足，加速了东夷部族与中原文化融合的进程。

不仅如此，姜尚还制定了"尊贤智，赏有功"的施政方针。《汉书·地理志》有云："初，太公治齐，修道术，尊贤智，赏有功。故至今其士多好经术、矜功名，舒缓、阔达而足智。"所谓"尊贤智，赏有功"，就是以德才和功业作为人才选拔的标准和制度，完全不同于大周朝廷"尊尊亲亲"的用人政策。这一制度逐步演变为"尊贤尚功"的优良传统，成为齐国数百年一以贯之的选人、用人方略。这一方略的有效实施，不仅使齐国能够从社会下层不断地选拔人才，而且使得东夷族人也有机会参与到齐国的政治系统中。史料载，齐国的高氏和国氏就是从东夷族团中选用的夷人官员；出身于东夷奴隶阶层的晏弱和晏婴父子，一个曾做了齐国上大夫，一个则相齐达半个世纪之久。"尊贤尚功"的用人制度对维护和壮大齐国的统治起到了极其重要的作用，是齐国得以富强和发展的主要原因之一。

从姜尚的治国手段来看，不管是立国方针还是经济措施，都在很大程度上推进了东夷民族与中原民族的交流，实现了民族之间的融合和发展。"因俗简礼"政策的实行，其主要目的固然在于缓和民族矛盾和冲突，但它一方面尊重了东夷民族的文化传统、礼仪制度，另一方面也使得中原文化能够在夷地生根、发芽，更好地为东夷族人所接受。在此背景下，东夷在保留自身文化传统的同时，积极学习和吸收中原华夏文化。两种不同文明的相互交流和融合，实际上就是通过民族之间的教育交流活动而实现的。

齐桓公小白当政时期，管仲相齐主政，从周文化中汲取"礼、义、廉、耻"作为国之"四维"，并将之提高到治国纲领的高度。继管仲之后，夷人晏婴深受周礼文化的影响，主张以礼治国。他认为"君令臣共，父慈子孝，兄爱弟敬，夫和妻柔，姑慈父听，礼也"，并且坚信国家只有实行礼制，才能"民不迁，农不移，工贾不变，士不滥，官不谄，大夫不收公利"。[①] 可见，到晏婴执政的战国之时，周文化已在齐地进一步渗透和融合。这种渗透和融合，不仅仅因为管仲的重视和晏婴的大力倡导，也是在民族之间的往来活动中通过相互学习和吸

---

① 《左传·昭公二十六年》。

收而实现的。而晏婴其人，作为东夷子弟却能将中原华夏民族的礼制文化融会贯通，并且取得巨大成就，本身就是民族之间教育交流活动之辉煌成果的一大证明。

（二）鲁国治理与东夷教育交流活动

鲁国是东夷文化起源和发展的中心地带，也是姬周王朝的东方重镇。《史记·鲁周公世家》载："封周公旦于少昊之墟曲阜，是为周公。周公不就封，留佐成王。……而使其子伯禽代就封于鲁。"伯禽到达封地之后，推行"变其俗，革其礼"的治国方针，就是以西周的文化礼制作为立国之本，尽量革除东夷土著的文化礼俗，以达到推行周朝礼乐文化的目的。对于齐鲁异趣的治国方针，《史记·鲁周公世家》有如下一段有趣的记载：

> 鲁公伯禽之初，受封于鲁，三年而后报政周公。周公曰："何迟也？"伯禽曰："变其俗，革其礼，丧三年然后除之，故迟。"太公亦封于齐，五月而报政周公。周公曰："何疾也？"曰："吾简其君臣礼，从其俗为也。"

可见，齐国为政是讲求实效、不拘旧制的；鲁国则恪守君臣礼仪之道，非常讲究尊卑有别、上下之序。

应该注意的是，为了缓和鲁地的民族矛盾，稳定社会秩序，鲁国统治者在推行"变俗革礼"政策的过程中，并非以强制的政治手段彻底铲除东夷土著居民的文化礼俗，而只是在以周文化为主导的基础上，对东夷土著整个风俗礼制中的某些内容进行革除或改变。因此，鲁国依然或多或

图 10-6　曲阜周公庙大殿

少地有着东夷文化的保留。正如《礼记·明堂位》中所明言的："《眜》，东夷之乐也；《任》，南蛮之乐也。纳夷蛮之乐于大庙，言广鲁于天下也。"考古发现也证明了鲁地东夷文化与周文化并存不悖的痕迹。考古人员曾对鲁国故城曲阜进行了初步挖掘，共清理了129座两周时期的墓葬，时间跨度从西周初叶到战国初叶共五六个世纪。这129座墓可分为葬制风格迥异的甲乙两组。经研究确定，

乙组是典型的周人墓葬，而甲组更大程度上应该是当地土著夷民的墓葬，也部分吸取了周人的葬制礼俗。这个事实说明，当地民族固有的社会风尚虽然曾牢固地、长时间地存在着，却也通过民族之间的交流活动而有逐渐发展和同化之趋势。

从相关文献上来看，鲁国是全面继承了周王朝的礼乐制度和文化的。因此，在"变俗革礼"政策的实行过程中，对于鲁国民众，包括境内夷人，肯定也要进行礼乐教育，而且必然视其为政治教化系统中的重要内容。而从"礼崩乐坏"之时鲁国仍能完整保存礼乐文化传统的史实来看，说明鲁国对民众的礼乐教化是卓有成效的。刘向《说苑》中有这样一则小故事：

> 齐遣兵攻鲁，见一妇人，将小儿走，抱小而挈大；顾见大军将至，抱大而挈小。使者甚怪，问之。妇人曰："大者，妾夫兄之子；小者，妾之子。夫兄子公义也，妾之子私爱也。宁济公而废私耶？"使者怅然，贤其辞。既罢兵，还对齐王，说之曰："鲁未可攻也。匹夫之义尚如此，何况朝臣乎？"

这一故事虽无其他史实可佐证，但它也一定程度上说明了鲁国礼乐教育在民众中所起到的移风易俗效果。由此可以推测，身处鲁国境内的东夷族人，在这种教育氛围中必定也会受到周礼文化的影响，也从这种教化活动中学习和吸收了中原礼制和风俗，因而民族之间的教育交流活动也就在所难免了。

总之，齐鲁夷地治国的方略虽然不同，但就文化融合而言其结果都是一样的，都加速了东夷民族和文化由夷而夏的进程。在此过程中，由于东夷与中原各族都在同一国度内，接受同样的礼仪教化，民族之间的交流活动也就更加自然和顺畅。这必然会涉及多方面的教育内容，从社会政治制度、风俗习惯到手工技艺等各个方面的内容，都会随着时间的推移而播散到社会的各个层面。

第五节　百越教育活动及其交流

百越，亦称越族或古越人，是中原人士对先秦时期广泛分布于我国东南和南部地区的众多民族的统称。对于这一称呼，正如王文光教授所言："越族从夏、商、西周时期开始就是一个他称，是指使用'戉'这种生产工具（或兵器）的人们共同体，但由于内部'各有种姓'，广泛分布于亚洲大陆南部大江大河的下游，故战国时期将它称为百越。"①

百越民族渊源甚古，可以上溯到旧、新石器时代。在漫长的历史长河中通过不断发展，百越形成了繁多的支系，出现了"百越杂处，各有种姓"② 的局面。史书上出现的句吴、于越、瓯越、南越、闽越、骆越、东越、西瓯等族称，都属于古越人的支系。经过数千年的迁徙、演变和融合，现今分布于我国境内的壮族、侗族、傣族、布依族、水族、毛南族、黎族、仫佬族、高山族等都是百越族群的后裔民族，彼此间有着深厚的历史亲缘关系。

先秦百越民族尽管由于地域广阔、支系众多，不可避免地存在文化的差异性，但就总体而言依然有着十分明显的共同性，形成了与中原民族截然不同的越文化，如善种水稻、喜食水产、习水便舟、居住干栏、断发文身、崇拜龙蛇等。这些具有鲜明特点的文化，内容丰富广泛，包含了从经济生活到上层建筑等各个层面，很大程度上反映了先秦百越民族的社会基本面貌。

一、百越及其教育活动概述

先秦时期的百越大体上处于上古社会发展阶段，教育活动寓于生活和生产之中，通过言传身教与实践操作来完成，与其他众多民族的教育有着共同之处。但众所周知，各民族在长期历史发展中形成了政治、经济、文化、艺术、生活方式与宗教信仰等各个方面不尽相同的特色，这必然会反映到其民族教育上来，使其教育活动凸显出自身的特色。

（一）生产技能传授活动

百越民族的生产知识和技能的传授活动，包括劳动生产经验的传授和生产工具制造技术的教育两个主要方面。经历了采集、渔猎经济到原始农业、畜牧业经济的发展过程，百越民族积累了许多有关的经验，反映在教育活动中，其

① 王文光：《百越民族史整体研究述论》，载蒋炳钊主编《百越文化研究》，厦门大学出版社2005年版，第31页。

②《汉书·地理志》。

内容由简到繁，由单一到多样。教育方式一般是通过生产劳动中的行动模仿实现的。教育活动过程一般都经历跟、听、看、做这样简单而循环往复的四个环节。百越族人正是通过如上方式，将采集、渔猎、种植、饲养等一系列的劳动生产经验传授给后代子孙。

现今的壮族中有这样反映其先民活动的古歌谣：

> 赶儿进山林，教他采野果，叫他独生活；
>
> 修弓又修箭，修弓游天下，修箭射月亮，修弓把野猪打。①

这两首歌谣十分简短，但却是古越人十分鲜活的教育活动场景。对于当时过着"日出而作，日落而息"生活的人们来说，传授生产经验，培养和训练基本技能，也就构成了当时教育活动的重要内容。为了便于掌握和记忆，他们将这些知识和技能编成朗朗上口的歌谣，教育方法简单而有效，见证着先民们的智慧和创造力。

石器曾是百越族人主要的生产工具之一，其使用从新石器时代一直延续到青铜文明时代。从最初简单的打制石器到后来精美的磨制石器，无论是质料、品种还是工艺水平都有一个不断变化、发展的过程。从广东、广西、福建、江苏、浙江等地出土的石器来看，磨制石器的制作非常复杂。这反映在教育活动中，则是其技能的传授和训练更为细致和严格，教育内容也更加丰富。在出土的大量石器中，最具百越文化特色的是有段石锛和有肩石器。

陶器是百越民族至关重要的生活工具。经研究可知，在九千多年以前，在古越人生活的广阔区域就已经有了陶器的制作手艺。此后，在漫长的历史长河中，百越先民和族人创造和发展了具有特色的几何印纹陶文化。陶器的制作工序相当复杂，技术的传承和推广都要靠教育来完成。在教育活动中，施教者言传身教，受教者看、听和实际模仿。虽在史料记载中没有相关教育活动的直接记载，但中南民族学院的调查资料显示，现今百越后裔黎族还存在着与先秦古老社会极其相似的手工制陶业，是其母系氏族社会制陶技术的残留。今海南省通什市毛阳镇毛栈管区番满村的部分黎族妇女仍熟谙手工制作陶器。她们以黑泥、红泥和白泥三种泥土作原料，基本的制作过程是：

---

① 欧阳若修等著：《壮族文学史》，广西人民出版社 1983 年版，第 10—12 页。

第一步，取三种泥土放于阳光下暴晒；第二步，混合泥土并用白舂碎，然后用米筛漏出细泥，反复5～7次；第三步，以1∶2的比例将水和细碎泥粉和成泥团，再将泥团搁置4天；第四步，使用"垒筑法"制作陶胚；第五步，将陶胚放于阳光下暴晒6～8天；第六步，把陶胚架于火上烧制。①

这种类似于先秦古老时期的原始制陶方法，其存在并非偶然。据对当地制作陶器的妇女的调查，当问及她们是从何处学会这种制作方法时，得到的答案都是"母亲教会的"，然后她们又将这种制陶技术传授给其他妇女。

精湛的青铜冶炼术是百越民族非常重要的生活技术，从而也是其教育活动的重要内容。资料表明，在商周时期，百越先民就在中原文化的影响下开发出铜器冶铸业。虽然在百越族团中这一技术发展并不平衡，但是到东周时期，大多数百越支系都一定程度地掌握了这种技术，有的地区甚至十分发达。如春秋战国之际，东南地区的百越民族曾造出闻名天下的青铜剑干将、莫邪，"肉试则断牛、马，金试则截盘、匜"②，可见其冶铸水平之高。毫无疑问，这种技术只能通过教育活动才能掌握，也只能通过这种活动才能传承和发展，在此基础上融入自己的特色。

（二）生活知识教育活动

服饰文化的传承是百越民族又一重要的生活知识教育活动。根据历史文献可知，百越族人的服饰为"左衽"，即衣服对襟从左侧开叉；装饰习俗则盛行"断发文身"，正所谓"被发文身，错臂左衽"③。从赤身裸体到学会穿衣打扮，每个民族都会经历这样的过程，百越民族也不例外。服饰的不断改进，就教育活动而言，一方面体现为纺织和制衣技术的传授，另一方面则包含着审美观念和鉴赏能力的培养和训练。百越族地盛产麻、葛等植物，早在新石器中晚期时代，百越先民就懂得利用植物纤维捻线。到战国时期，他们已能织出十分精美的麻布。1985年武鸣马头安等地17号战国墓中出土的麻布结构紧凑平整，经纬纵横，相当精致。衣着的改进和自我装饰不仅表现着生产水平的不断提高，其

---

① 韩达主编：《中国少数民族教育史·黎族教育史》，云南教育出版社1998年版，第653—654页。
② 《战国策·赵策三》。
③ 《战国策·赵策二》。

中还包含着浓厚的教育传递活动的意蕴。

就居住方式而言，百越民族经历了从洞穴、巢穴到干栏式建筑的发展过程，这也需要通过教育活动来传承。研究表明，早在六七千年以前，百越先民就能够利用竹、木等材料建造大片带榫卯的干栏建筑。它适应了南方潮湿闷热的气候和平原山地环境，是长期生活经验的积累，需靠教育传授给后代。从商周到秦代时，百越族地还出现了高、低两种干栏式建筑，且规模和形式都变化很大，形成了独特的建筑风格。直至近现代，这种传统式建筑在南方地区依然被保留着。居住方式的改变，建筑技术的进步，都包含着浓厚的教育活动的因子，且在传授的过程中将审美观念、崇拜观念、伦理道德观念等知识也灌输给了后人。

另外，婚姻习俗教育在百越民族教育中也占有着十分重要的地位。根据《吴越春秋》《越绝书》等相关记载可知，至少到春秋战国时期，古越人就已经产生了个体婚俗观念。但是，由于百越族系众多，且发展十分不平衡，到战国时期，仍然有不少区域保留着浓厚的原始婚俗，甚至到汉代依然如故。如《后汉书·循吏列传》载：

> 建武初，延（任延）上书愿乞骸骨，归拜王庭，诏征为九真太守。……九真俗以射猎为业，不知牛耕，民常告籴交趾。……又骆越之民无嫁娶礼法，各因淫好，无适对匹，不识父子之性、夫妇之道。

事实上，直到现今，在古越人后裔侗族、壮族、黎族、水族等少数民族中依然流行着"不落夫家"（又称"坐家"，指婚后新娘居于娘家，逢农忙、节日或夫家办婚丧等事情时，才回夫家居住，不久又返回娘家居住，待怀孕时才移住夫家）的原始婚俗。这些婚俗的遗留，是原始婚俗观念通过古越族人以代际相传的教育方式保存下来的。

（三）原始宗教教育活动

先秦时期，百越民族的宗教信仰形式主要是自然崇拜、图腾崇拜、鬼魂崇拜和祖先崇拜。直至现今，这些宗教观念依然存在于其后裔民族文化中。因此，在古越人的社会生活中，宗教教育活动是经常进行的。从已有资料来看，这种教育活动主要通过以下途径而进行。

1. 集体宗教活动

古越人盛行祀神巫卜风俗，每逢大事、节庆日等都要举行盛大的宗教祭祀

636

活动，由族内所有成员共同完成。即使到春秋战国时期，在西瓯、骆越等已经出现阶级萌芽的支系中，依然较多地保留着这种上古时代遗留下来的集体宗教仪式。在这种活动中，部族成员置身于神秘的巫术礼仪和娱神祭奠舞蹈表演中，潜移默化地进行着宗教教育活动的洗礼。他们不仅从心灵上产生对神灵的崇拜与敬畏之情，而且通过祭神的演唱了解有关神灵的知识和祖先的历史。著名的左江崖壁画，就是百越民族进行宗教教育活动的真实写照。古越人通过这种直接而形象的集体宗教活动，将对自然神、祖先、鬼魂的情感、信仰和追求代代相传于氏族成员及其后代子孙。

2. "巫觋"传授活动

由于宗教活动的增多，出现了专门从事宗教祭祀活动的人——"巫觋"。《荀子·正论》有云："出户而巫觋有事，出门而宗祝有事。"杨倞注解说："女曰巫，男曰觋。"在古越人心中，巫觋是鬼神的使者，在族中有着很高的地位。而身为"巫觋"，不仅要掌握大量的与宗教、自然相关的知识，能够显得"无所不知"，而且还要学会各种复杂乃至"超自然"的技能，从而显得"无所不能"。事实上，在人类历史上，最早进行文化知识和技能传授活动的就是这些进行祭祀活动的巫者。他们是最早的"知识分子"和"教师"。这些人不仅将族内历史、文化知识和宗教观念传给后代，还将有关活动的技艺传授给族中能够胜任的人。正是他们的存在，使得宗教活动在古越人之间代代相承，也使得上古相关历史文化得以保存。

3. 小型祭鬼求神活动

百越民族祭鬼求神活动在日常生活中习以为常。古越人衣食住行、生老病死、男婚女嫁等生活中的各种事情，都习惯地通过祭祀、占卜等宗教活动来预测凶吉，形成了种类繁多的占卜活动，包括鸡卜、蛋卜、鸟卜、虎卜、牛蹄卜等。在这样的生活环境中，宗教活动时时举行，教育活动也就无处不在。氏族成员及其子孙后代通过观看、参与宗教活动，学会禁忌事项，遵守行为规则，了解宗教知识，形成信仰观念。

二、百越与中原民族的教育交流

百越民族地处我国东南和南部，形成了自身独特的文化。他们并非闭塞不出，而是与其他民族进行了多方面的教育交流活动。诚如列宁所言："只要各个民族住在一个国家里，它们在经济上、法律上和生活习惯上便有千丝万缕的联系。"①

传说帝颛顼、尧、舜、禹之时，百越民族与中原地区就已有了交流往来。《史记·五帝本纪》记载颛顼的"势力范围"是"北至于幽陵，南至于交趾，西至于流沙，东至于蟠木"。《尚书·尧典》说尧帝曾"申命羲叔，宅南交，曰明都"。《大戴礼记·少闲篇》载："虞舜以天德嗣尧……南抚交趾。"《史记·五帝本纪》云，舜帝在位时"方五千里，至于荒服。南抚交趾、北发……天下明德，皆自虞帝始"。又载舜帝南巡狩猎时"崩于苍梧之野，葬于江南九嶷"。上述所言"交趾""南交""苍梧""九嶷"等名称，都是百越民族所居地域之地名。夏禹时期，文献记载百越民族与禹的关系更为直接和密切。《史记·越王勾践世家》直言勾践是禹的后裔子孙，曰："越王勾践，其先禹之苗裔，夏后帝少康之庶子也。封于会稽，以奉守禹之祀。文身断发，披草莱而邑焉。"这些传说中尧、舜、禹的故事虽然不可全信，但也在一定程度上反映了古越人与中原地区进行经济、文化、教育等交流活动的事实。

（一）商周时期的教育交流活动

公元前 16 世纪商王朝建立，成为中原乃至周边地区最强大的政权。百越族群原本就与中原地区有直接的交流活动，到这一时期主要以朝贡的方式进行。《逸周书·王会解》记载，商朝初年，伊尹受商汤王之命，下令活动于周边的少数民族入朝进贡地方特产。具体记载如下：

> 臣请正东符娄、仇州、伊虑、沤深、九夷、十蛮、越沤，剪发文身，请令以鱼皮之鞞、鲗鲰之酱、鲛瞂、利剑为献。正南瓯、邓、桂国、损子、产里、百濮、九菌，请令以珠玑、玳瑁、象齿、文犀、翠羽、菌鹤、短狗为献。

此处提到的"沤深""越沤""瓯"等，指的就是活动于东南沿海和南部地区的古越人。朝贡已经不是一般的民间往来，而是以政治为基础的上层交流活动。百越民族通过这一途径扩大了与中原华夏诸族之间的往来，使其文化、教

育交流活动变得相当顺畅。

周王朝建立后，百越民族与中原地区的交流活动更为频繁。《竹书纪年·成王》载："周成王二十四年，于越来宾。""二十五年，王大会诸侯于东都，四夷来宾。"这是友好交流的史实记载。也有通过战争途径进行交流活动的，如《竹书纪年·穆王》说："三十七年，大起九师，东至于九江，架鼋鼍以为梁。遂伐越，至于纡。"不管是朝贡还是战争，客观上都加强了彼此的联系，使得百越民族与中原民族在经济和文化上相互学习、相互交流、相互借鉴。

由于民族之间的教育交流和往来活动更加频繁，周王朝设立了"职方氏"和"象胥"，专门联系和处理与其他民族来往事宜。《周礼·职方氏》载："职方氏，掌天下之图，以掌天下之地，辨其邦国、都鄙、四夷、八蛮、七闽、九貉、五戎、六狄之民，与其财用、九谷、六畜之数要。"《周礼·象胥》言："象胥，掌蛮、夷、闽、貉、戎、狄之国使。"记载中所言之"闽"就是指东南地区的越族。另外，《周礼》中还记载了百越地区的居住环境和物产情况。可见，周王朝时期，中原民族对百越已有了一定程度的了解，这是百越与中原密切往来的史实反映。

（二）春秋战国时期的教育交流活动

春秋战国时期，百越族群中发展较快、较为先进的支系勾吴、于越强盛起来，建立了吴、越政权，先后进入诸侯争霸的行列。吴、越政权的崛起，在很大程度上说，是与中原民族加强文化、教育交流活动的结果。归纳而言，吴越地区的百越民族与中原民族的教育交流主要有以下方式：

第一，周游列国。

这一教育交流的方式，吴国寿梦和季札的史实记载是最好的证明。寿梦是吴国国君，自即位起便有心壮大吴国，因此十分注重与中原的往来，注重引进先进的文化和技术。公元前585年，寿梦借朝见周天子之机，入中原诸国进行考察，主要学习中原的礼制和音乐。他访问了楚、鲁等国。鲁成公在钟离热情接待了寿梦。面对寿梦的虚心请教，鲁成公十分详尽地述说了作为中原帝王统治基础的礼制音乐，还在欢迎宴会上吟诵歌唱了夏、商、周时期的土风民谣。《吴越春秋》中对于此次事件有如下记载：

> 寿梦元年，朝周，适楚，观诸侯礼乐。鲁成公会于钟离，深问周公礼

乐。成公悉为陈前王之礼乐，因为咏歌三代之风。

这一次中原外交之行，给了寿梦很大的触动。在感叹吴地蛮夷落后的同时，寿梦更加注重学习和借鉴中原文化。寿梦二年，吴国开始与晋国进行友好往来，建立了密切的联系。晋国还派遣申公巫臣到吴国，教授吴人射箭驾车和造车技术。关于这一教育交流史实，《吴越春秋》载："楚之亡大夫申公巫臣适吴，以为行人，教吴射御，导之伐楚。"《左传·成公七年》中也有如下记录："巫臣请使于吴，晋侯许之。吴子寿梦说之。乃通吴于晋。以两之一卒适吴，舍偏两之一焉。与其射御，教吴乘车，教之战陈，教之叛楚。"所谓"以两之一卒适吴，舍偏两之一焉"，意思是带领晋国的三十辆战车到吴国作教练，留下了十五辆车让吴国仿制，由此使吴国军力大增。

继寿梦之后，寿梦第四子季札为谋求与其他诸侯国的友好关系，便去周游列国。《史记·吴太伯世家》记载，季札依次前往了鲁、齐、郑、卫、晋等诸多中原诸侯国，不仅听取了蔚为大观的周乐，还结识了各国诸多有学识的贤者。季札的这次列国之行，实际上就是与中原诸国之间的一次规模宏大的教育交流活动，不仅使中原民族对吴国有了认识和了解，更将中原民族的文化和知识等带给了吴国百姓，促进了吴越人民与中原华夏民族的交流、融合与发展。

第二，相互战争。

春秋战国之际，吴越两国先后强势崛起，加入大国行列，开始与中原诸侯国进行争霸斗争。而正是通过战争这一暴力强制手段，吴越两地的百越民族与中原民族的接触和交往更加频繁，使其文化逐渐融合于整个华夏文明之中。

据记载，吴国经阖闾的改革以后，以强国的姿态参与中原诸国的争霸斗争。吴王挥师侵入陈、蔡，成为一代霸主。夫差即位后，大败越国于夫椒。姑苏之战后，吴国展开对齐国的征伐。《史记·吴太伯世家》中记载了多次吴伐齐的情况：

> 七年，吴王夫差闻齐景公死，而大臣争宠，新君弱，乃兴师北伐齐。……败齐师于艾陵。……十年，因伐齐而归。十一年，复北伐齐。

与吴国关系密切的越国，在经过勾践励精图治的改革后，国力大大增强。公元前473年，越国打败吴国报仇雪耻之后，"乃以兵北渡淮，与齐、晋诸侯会于徐州，致贡于周。周元王使人赐勾践胙，命为伯。勾践已去，渡淮南，以淮上地与楚,归吴所侵宋地于宋,与鲁泗东方百里。当是时,越兵横行于江、淮东,诸侯毕贺,号称霸王"[1]。至此,越王勾践成就了称霸中原的梦想。勾践死后,子无疆即位,越国再次"兴师北伐齐,西伐楚,与中国争强"。正是通过战争这种方式以及由此导致的强制性人员往米,使百越族人与中原民族的交往变得更加密切。

第三,军事联盟。

吴、越两国在争霸的过程中,曾多次与中原诸国联盟。联盟不仅是一种军事行为,也应视为一种文化、教育交流的活动。史料记载,吴、越两国与中原诸侯国曾多次订立联盟。诸如:

十年春,(襄公)会于柤,会吴子寿梦也。(《左传·襄公十年》)

十四年春,吴告败于晋。会于向,为吴谋楚故也。范宣子数吴之不德也,以退吴人。(《左传·襄公十四年》)

十三年,吴召鲁、卫之君会于橐皋。(《史记·吴太伯世家》)

吴王北会诸侯于黄池。(《史记·越王勾践世家》)

正是通过联盟这种手段,使得吴、越两国与中原诸国的关系更为密切。虽然这种关系往往是为了共同的军事利益而得以维持,但就是在这一过程中,往往伴随着民族之间不同层次的教育文化交流活动。

第四,联姻通好。

为加强国家之间的往来,奠定较为牢固的同盟关系,吴、越还曾与中原诸国结成姻亲关系。史料记载,晋曾与吴国联姻,吴也曾与齐联姻。《吴越春秋》载:"吴王因为太子波聘齐女。"联姻不仅维系着吴国与齐、晋等中原诸侯的友好关系,也通过这一方式在很长时期内保持了百越民族与中原华夏的交往,增进了民族之间的教育交流活动。

三、百越与其他民族的教育交流

春秋战国时期,百越与其他民族也有经常性的教育交流活动,尤与楚国最为频繁。楚国是南方荆蛮民族建立的政权,在春秋争霸中不断吞并小国而发展

---

[1]《史记·越王勾践世家》。

壮大，成为南方地区一大强国。百越由于族地与楚相邻，因此成为楚国争霸中国、扩充疆土的目标。在不断接触和交往过程中，百越通过多种手段和方式，实现了民族之间的教育交流。

（一）东南百越与荆楚的教育交流活动

春秋战国之际，先后崛起的吴越两国，与楚国交流活动十分频繁，不管是在政治、经济还是军事方面，两国都深受楚文化影响。从相关资料来看，吴越与楚国的交流活动主要通过战争、联姻、任贤用能等途径来实现的。

在强国争霸的过程中，战争是永恒的主旋律。因此，吴、越与楚国之间争斗不断，尤其是吴国，其命运几乎与争霸过程相始终。《吴越春秋》载，寿梦二年"楚之亡大夫申公巫臣适吴，以为行人，教吴射御，导之伐楚。楚庄王怒，使子反将，败吴师。二国从斯结仇。"这以后，吴楚两国便频频交战，各有胜败。到吴王阖闾时，吴大举伐楚，曾五战五胜，一直打到楚国国都。《史记·吴太伯世家》中对此事有较为详尽的记载：

> 九年，吴王阖闾请伍子胥、孙武曰："始子之言郢未可入，今果如何？"二子对曰："楚将子常贪，而唐、蔡皆怨之。王必欲大伐，必得唐、蔡乃可。"阖闾从之，悉兴师，与唐、蔡西伐楚，至于汉水。楚亦发兵拒吴，夹水陈。吴王阖闾弟夫概欲战，阖闾弗许。夫概曰："王已属臣兵，兵以利为上，尚何待焉？"遂以其部五千人袭冒楚，楚兵大败，走。于是吴王遂纵兵追之。比至郢，五战，楚五败。楚昭王亡出郢，奔郧。

此次战争，吴国创造了春秋时期攻占大国都城的先例，吴国军事力量一度达到强盛之顶峰。阖闾十一年，吴再度攻楚，大败楚水军于淮水，大败楚陆军于繁阳（今河南省新蔡县北）。楚国害怕吴军再次攻占郢都，一度将国都暂迁于鄀（今湖北省宜城市东南）。

在吴国强大的压力下，楚、越两国"同病相怜"，从各自利益出发，在很长时间内都保持着友好的关系。到公元前342年，越王无疆即位后，一时国势炽盛，于是兴师伐齐、攻楚，想以此与中原各国争强。但是，在齐国使者的游说下，"伐齐攻楚"之战没有实现"伐齐"，而是全力攻战楚国。关于这次楚越之战，比较详尽的记载见于《史记·越王勾践世家》：

> 当楚威王之时，越北伐齐，齐威王使人说越王曰："越不伐楚，大不

王，小不伯。图越之所为不伐楚者，为不得晋也。韩、魏固不攻楚。……"
于是越遂释齐而伐楚。楚威王兴兵而伐之，大败越，杀王无疆，尽取故吴
地至浙江，北破齐于徐州。

此次战争，越大败于楚，"而越从此散，诸族子争立，或为王，或为君，滨
于江南海上，服朝于楚"。从此，东南地区的百越民族纳入楚国的统治版图。

由于吴国曾经咄咄逼人地侵越凌楚，楚、越两国也曾以联姻的方式进行结
盟。据《史记·楚世家》记载，楚庄王的夫人之一就是越国女子。到楚昭王时，
越王勾践更将其女嫁给楚昭王为妾；昭王死后，被众臣拥立为新王的就是昭王
与越女所生的儿子。这样的联姻虽是出于政治因素的联手抗敌，但在很长一段
时间内也维持了两国的盟友关系，使得两国在各个阶层和各种活动中都能密切
往来。

吴越与楚国的交流还有一个十分重要的途径，就是在其发展过程中都任用
楚人为臣。吴国的强势崛起，与阖闾重用伍子胥有着极为重要的关系。伍子胥
本为楚国人，受佞臣费无忌谗害，其父伍奢与兄伍尚一同被楚平王杀害。伍子
胥是一位多谋善略、文武双全的能人，他"少好于文，长习于武；文治邦国，
武定天下；执纲守戾，蒙垢受耻；虽冤不争，能成大事"①。他投吴之后，吴王
阖闾的重用之举，不仅加深了吴国对楚国的了解，也推动了吴国的迅速壮大。
伍子胥辅佐阖闾修法制而任贤纳能，奖励农商以充实仓廪，整治城郭并设置守
备；又举荐深通兵学的孙武为将，选练兵士，整军经武。一系列的改革措施，
成就了吴国强国之势，使其"西破强楚，北威齐晋，南服越人"②。一定程度上
说，这都是吴国重用楚人伍子胥的结果。

越国本是楚国的附庸，它的强大是通过勾践的励精图治和大力改革逐步实
现的，其中的重要一环就是重用范蠡和文种，而范蠡和文种也都是楚国人。由
于不满当时楚国非贵族而不得入仕的现实，范蠡和文种一起投奔到了越国。他
们不仅将楚国先进的文化和技术带到了越国，更以其所长辅佐勾践实现了强国
目标。据记载，越国的铁器有一部分应该是经文种从楚国引进的。而在范蠡和
文种的辅佐下，勾践卧薪尝胆，用范蠡、计然之策，推行各项改革措施，"修之

---

① 《吴越春秋·王僚使公子光传》。
② 《史记·伍子胥列传》。

十年，国富，厚赂战士，士赴矢石，如渴得饮，遂报强吴，观兵中国，称号'五霸'"①。

春秋战国之际，楚国之所以能够国力强盛，成为南方政治、经济和文化的重心，是学习中原文化的结果；而吴越两国之所以能够迅速崛起于东南大地，成就一代霸主地位，也是在各自改革道路上重用能人，吸收楚国乃至其他中原诸国先进的政治、经济、军事和文化等治国之术使然。这种诸侯国之间的合作，极大地促进了吴越地区的百越民族与周围民族之间的教育交流活动。

综上所述，春秋战国之际，东南地区的百越族人与其他各民族之间，通过战争、婚姻联盟和人才任用等途径，彼此间的教育交流活动时刻都在进行。在此过程中，东南百越民族与其他民族不断融合，相互交流、相互影响，这从考古遗迹中发现相似度极高的楚剑和越式剑可以得到证明。到战国后期，楚越大战，越大败于楚，吴越之地尽为楚国所占有。此后，东南吴越地区的越人与楚地民族和中原民族的交往联系更为频繁，并且逐渐融合于华夏民族之中。

（二）南部百越与楚国的教育交流活动

春秋战国时期，楚国是南方地区最强大的国家。从其崛起并争霸中原开始，楚国就不断地南征北战以扩充疆土，南方百越民族居地的广大区域便成为其南下扩展的重要目标。在楚国南征过程中，百越民族与楚人的教育交流活动变得日益频繁。《史记·楚世家》载："成王恽元年，初即位……使人献天子，天子赐胙，曰：'镇尔南方夷越之乱，无侵中国。'于是楚地千里。"标志着楚国兼并南方地域的开始。楚悼王时，"南平百越，北并陈楚"。楚国"南并蛮越，遂有洞庭苍梧"，② 势力范围彻底深入到了南方百越地区。到战国时期，楚国疆域最大时占有现在的川、鄂、湘、赣、皖、苏、浙、豫、陕、鲁等省的全部或部分地区，东南地区的百越民族已经完全处于楚国的统治之下，且其疆土范围也已经深入广东、广西等境内的百越民族族地。

众所周知，开疆扩土在很大程度上就是战争兼并的过程。从民族学方面来说，楚国的开疆扩土促进了百越民族与楚地民族、中原华夏民族的融合、发展。但是，就教育方面来看，不管是楚国兼并百越地区，还是民族融合的过程，百

①《史记·货殖列传》。
②《后汉书·南蛮西南夷列传》。

越民族与其他民族之间的相互学习、相互影响是一定会存在的，并且就是在教育交流活动中，各民族才得以发展和进步。

第六节　西羌教育活动及其交流

羌是中国大地上最古老的部落族群之一，因兴起和长期活跃于我国西部和西北部，故习称"西羌"。该族群不仅是华夏诸族的族源之一，而且与历史上出现过和现存于西北、西南等地的许多少数民族都有十分密切的渊源关系。在历史发展进程中，西羌不仅为华夏文化的形成作出了突出的贡献，而且形成了独具特色的羌族文化。

一、西羌及其教育活动概述

早在新石器时代，我国甘肃、青海地区就已经有了羌人的活动痕迹。他们居无定所，逐草而行，是一个以牧羊养羊为特色的民族。在遗存下来的古老传说及资料中，有不少关于"羌"与"姜"的记录。如《后汉书·西羌传》说："西羌之本，出自三苗，姜姓之别也。"实际上，"羌"与"姜"本为一字，"羌"从人，作族名；"姜"从女，作羌人女子之姓。[1]"姜"应该是羌人中最早由游牧转向农耕的一支。所以，后人才有"姜姓出于西羌，而非西羌出于姜姓"[2]之说。

（一）西羌概说

传说中共工、神农都系姜姓。大禹也是西羌人。《史记·六国年表》明确记载："禹兴于西羌。"夏朝在其组建过程中，姜姓羌人是其主要成员之一。徐中舒先生曾言："夏王朝的主要部落是羌，根据由汉至晋五百年间长期流传的羌族传说，我们没理由再说夏不是羌。"[3] 上述种种，都反映了在华夏民族文明的形

---

[1] 冉光荣、李绍明、周锡银：《羌族史》，四川民族出版社 1985 年版，第 2 页。
[2] 章太炎：《西南属夷小记》，《章太炎全集》（五），上海人民出版社 1985 年版，第 334 页。
[3] 徐中舒：《〈羌族史稿〉序》，载《历史研究》1983 年第 1 期。

成和发展过程中与羌族所具有的渊源关系。

殷商时期，关于"羌"的文字记录多见于甲骨卜辞。羌人在当时的历史舞台上已经十分活跃。他们活动于今甘肃、陕西西部与山西南部、河南西北一带，被称为"羌方"。甲骨卜辞中对羌的记载达937条之多。从中可知，羌方与商王朝频繁发生战争，也不断有归附殷商王朝者。羌人俘虏是殷商奴隶的主要来源之一。战争中被俘的羌人多作为农业生产的奴隶或者祭祀人牲，也有少数羌人在商王朝中担任了官职，如武丁时期的祭祀官中，便有姜可、姜立两名羌人。

周王朝时，羌族与中原华夏诸族的关系更为密切。传说周族先妣名姜嫄，是姜姓部落之女，其子后稷就是周代姬氏的先祖。之后，姬姓与姜姓结成世代的姻亲关系，周王王后多为姜姓羌人。史料记载，羌族还曾参与了武王伐商的牧野之战，是其重要的军事盟友。这些进入中原的姜人或羌人逐渐融入中原民族，成为华夏诸族的一部分。

战国时期，由于秦的逐渐强大，世居西北的部分羌人进行了一次大规模迁徙，从西北草原迁往西南地区横断山脉的河谷、盆地，分散于今甘肃、四川、云南等省境内，如"越巂羌""广汉羌""武都羌"等。由于生活条件和自然环境的不同，这些羌人走向了不同的发展道路，有的强大，有的弱小，有的农耕，有的畜牧，或与汉族同化，或与土著结合，展示出千姿百态的面貌。其中有一部分古羌人，由于多种原因一直延续至今，演变为现代羌族，居住于今岷江、涪江一带。

总的来说，先秦时期的古羌人分布广泛，部落众多，经济发展水平不一。有的支系早在神农时代就进入了农耕文明，如姜姓部落；有的支系发展水平十分低下，到秦统一中国时仍然以畜牧经济为主，如甘肃河湟地区的羌人；有的部落则先后进入中原地区，逐渐融于当地，成为华夏诸族的一部分；有的部落迫于生存原因不断迁徙，其中一部分逐渐演变成或者融合于其他民族，而有的则仍然保留自身特色，形成了今天的羌族。因此，将所有羌人统称为"西羌"并不确当。只因他们曾长期活跃于我国西部和西北部，故仍沿用"西羌"一词指称先秦时期的羌族。以下为行文方便，亦将这一时期的羌族群落称为"羌人""羌族"或"古羌人"。

(二) 西羌教育活动概述

氏族社会时期，古羌人在生产和生活实践中创造了原始的科技、艺术、习俗、宗教等文化。众所周知，文化在传递、继承和发展的过程中，所凭借的主要手段和途径就是教育。如其他众多民族一样，先秦时期的古羌人，其教育尚未从生产劳动和生活实践中分离出来，没有专门的施教人员、施教机构和场所，完全是生活性、全民性的教育。根据历史文献、考古发现和现代羌族的研究调查资料，先秦时期的西羌教育活动主要包括以下几方面的内容：

1. 取火用火技术传授活动

众所周知，火的发现、保存和使用对人类的生存和成长意义重大。根据传说记载可知，古羌人应该很早就已经掌握了人工取火和保存、使用火的技术，这应该归功于炎帝神农。炎帝"以火德王"，"为火师，姜姓其后也"①。即是说，姜姓亦即西羌族人，乃是炎帝的后裔。此后，火成了羌人生活中不可缺少的一大要素，还被运用于其他方面。如《荀子·大略》篇记载，古羌人最担心的事情就是死后不被火化，即所谓"氐羌之虏也，不忧其系垒也，而忧其不焚也"。《太平御览·四夷部》也记载："羌人死，燔而扬其灰。"此外，在新石器时期的古羌人文化遗址中发掘出许多造型各异的陶器，其制作无疑也离不开火。可见，在古羌人学会使用火以后，火的作用被他们运用于生产和生活的各个方面。因此，掌握取火、用火技术成为西羌族人最基本的生产生活能力，相应地，这一技术的传授也就成为十分重要的教育活动。

2. 畜牧技术传授活动

早在上古时期，古羌人就以牧羊、养羊闻名于世。许慎《说文解字》中释"羌"字为"从羊，从人"，意思是"西戎牧羊人"。《后汉书·西羌传》也载，西羌"所居无常，依随水草。地少五谷，以产牧为业"。可见，西羌族群被后世公认为牧羊、养羊的高手。"羊"在古羌人生活中占据着十分突出的地位，不仅曾长期作为该族群的主要生活来源和依靠，而且是古羌族第一个图腾崇拜的对象。从对于羊的狩猎、放牧、驯化到大量饲养，以及牧场草原的涵养、游牧房屋的建造等等，这一系列的过程都包含了丰富的知识、技术和经验，必须通过实践中的口耳相传，将其传授给后代。在很长一段时间内，这些都是古羌人教育活动的主要内容，是其族群得以生存和繁衍的重要依凭。

---

① 《左传·哀公九年》。

3. 农业生产传授活动

如前所述，古羌族有的支系很早就进入了农耕文明时代，即姜姓族人。传说姜姓始祖神农为"人身牛首"，这表明，早在上古时代，羌族姜姓部落就已经率先进入了使用牛耕的农业文明时代。共工、大禹等人物的传说，也表明农业在羌族社会经济中所占的重要地位。另外，在湟水流域及其支流地区发掘的新石器文化遗址墓葬中，发现有牛作为陪葬品，也足以证实农业已成为羌族支系的重要产业。因此，农业生产知识技术就成为羌族教育活动的重要内容。

4. 手工技术传承活动

史料记载和现今考古发现，古羌人的制陶和纺织技术在先秦时期已具有了相当水平。相传上古时期，就已有"神农耕而作陶"① 的事迹。现今从甘肃、青海地区的文化遗址中发现，在新石器时代，羌族已拥有单耳、双耳、四耳罐等彩绘陶器，装饰有多种不同颜色的花纹和图案。这些都足以表明，先秦时期古羌人的制陶技术已经相当发达。当时的陶器主要是手工制作，从器形到纹饰，最后经过烧制做成彩陶，制作工艺十分复杂，必须具有较高的专门知识和技艺。因此，必须对学习者进行严格的专门训练，才能使其掌握有关知识和工艺，这本质上就是一种教育活动。

另外，古羌人很早就已经掌握了纺织技术。在新石器文化遗址中，人们发现有骨纺轮、骨针、骨锥等工具，史料中也有关于"教民育蚕、治蚕茧，以供衣服"的"嫘祖"的记载。相传"嫘祖"为西陵氏之女，是今岷江上游茂汶叠溪一带的羌人。她探索出了养蚕、抽丝、制衣等技术，并将之传授于华夏地区，被尊为"蚕神女圣"。先秦时期，从事纺织的主要是妇女，纺织技术需要长期的学习、训练方能掌握，因而必须通过教育活动才能世代相传。羌族人至今仍习惯穿自织的青色或白色麻布长衫，羌族少女从小就跟随母亲或其他成年妇女学习织布技艺。这无疑可以视为是对古羌人纺织技术的继承和发展，也是生活教育活动的古代遗风。

5. 建筑艺术传授活动

优秀的建筑艺术也是羌族引以为豪的文化成就。西羌族群中的一支，很早

_____

① 《太平御览》卷833引《周书》佚文。

就掌握了"垒石为室"的技术，形成了独特的建筑风格。研究表明，在古羌人从游牧生活转变为定居生活时，这种建筑风格就逐渐出现了。有些学者甚至认为，这种建筑风格至少在 5000 年以前就已存在。《后汉书·西羌传》载春秋时期的义渠羌、大荔羌都曾"筑城数十，皆自称王"，可见其建筑技能十分了得。《后汉书·南蛮西南夷列传》载，秦汉之时，冉駹羌鉴于当地"土气多寒，在盛夏冰犹不释"，于是"依山居止，垒石为室，高者至十余丈，为邛笼"。现今的羌族居住建筑历经继承和发展，虽然远非其原始风貌，但仍然保留着浓厚的古韵，有冬暖夏凉之功效。此外，治水和修渠筑堰也是古羌人优秀建筑艺术的一个标志。传说时代的姜姓羌人共工和夏禹就是以治水闻名后世的；战国时期秦朝郡守李冰下令修筑的都江堰，其中就有古羌人的重要贡献。这些建筑技术是古羌人在其生产和生活实践中积累经验、创造发展而成的，又通过教育活动传授给后代子孙。离开了教育活动，这些技术无疑也将很难保存下来。

二、西羌与中原民族的教育交流

作为中原华夏民族的主要族源之一，羌族与中原华夏民族渊源甚深。早在传说时代羌族最先进的姜姓部落，在不断发展和壮大的过程中，与当时聚居于黄河流域的黄帝部落等部落联盟接触频繁，逐渐形成了"华夏民族"。我国农业始祖神农氏，我国第一个奴隶制王朝夏朝的建立者大禹，都出自羌族姜姓部落。可见，羌族与中原民族的交往早在传说时代就颇为密切了。

（一）教育交流活动的基本动因

古羌人分布广泛，部落众多，经济发展水平很不一致，因而与中原的交流活动也就呈现出不尽相同的面貌。由于该部族与中原地区比邻而居，无自然环境、条件之阻隔，所以彼此之间的文化、教育交流非常便捷。事实上，中原地区先进的文化、技术、礼仪制度及丰饶的物产，对西羌各个族群的吸引力都是极大的；而西羌独具特色的各种文化和技术，对于中原地区提升自身的文明水平也颇有助益。因此，彼此间的文化教育交流不仅成为可能，而且也很有必要和意义。

（二）教育交流活动的主要方式和途径

羌族与中原民族之间"剪不断，理还乱"的关系，带来的是民族教育交流活动的不断加强。先秦时期羌族与中原华夏民族的教育交流活动，主要是通过以下方式和途径进行的。

1. 战争交往

总体而言，整个先秦时期，战争虽然时断时续，但基本贯穿于西羌与中原民族交往之始终，是文化、教育交流活动的重要途径之一。《后汉书·西羌传》说，西羌人"性坚刚勇猛，得西方金行之气也"。西羌人是否"得西方金行之气"暂且不论，但他们因长期过着"马上民族"的游牧生活，因而作战能力颇强确是事实。加之羌人地处西北，战略回旋余地极大，对中原地区又颇怀觊觎之心，所以经常与中原爆发战事。据记载，早在部落联盟时代，羌族的姜姓部落在发展壮大的过程中，与轩辕黄帝为代表的部落集团之间就冲突不断。《史记·五帝本纪》记载：

> 轩辕之时，神农氏世衰，诸侯相侵伐，暴虐百姓，而神农氏弗能征。……炎帝欲侵陵诸侯，诸侯咸归轩辕。轩辕乃修德振兵，治五气，艺五种……以与炎帝战于阪泉之野，三战，然后得其志。

炎帝即姜姓神农氏。正是在不断战争的过程中，黄帝、炎帝等部落接触频繁，逐渐融为一体，即《五帝本纪》所说的"诸侯咸尊轩辕为天子，代神农氏，是为黄帝"。战争虽然难免带有血腥色彩，但这一方面或者通过捕获战俘而实现民族交流，另一方面，则通过对敌方地区的占领，能够实现更加全面、深入的民族融合。

到了商代，战争成了羌族与中原殷商王朝的主要往来形式。出土的甲骨卜辞中载有大量关于商王朝"伐羌"的记录，诸如：

> 乙亥贞卜，伐羌。贞，庚申伐羌。贞射伐羌。己酉卜，殼贞，王隹北羌伐。①

史料文献中也有商朝与羌族战争的记载。《后汉书·西羌传》载："及殷室中衰，诸夷皆叛。至于武丁，征伐西戎、鬼方，三年乃克。"三年之久的征伐战争，不仅说明了商朝时"羌方"之强大，也足见战斗之激烈。根据甲骨卜辞记载，战争中被俘的羌人很大一部分被用来作为祭祀的"牺牲"，数量一次达到数

---

① 参见胡厚宣：《战后京津新获甲骨集》（片号 1275），群联出版社 1954 年版；郭沫若：《殷契粹编》（片号 1222），科学出版社 1965 年版。

十甚至数百人，把羌人与牲畜完全等
同。有一部分则成为从事农业生产劳动
和狩猎的奴隶，这就将其畜牧和狩猎技
能带给了中原民族，同时也学会了中原
地区的某些劳动技能。

 周王朝建立以后，羌族姜姓部落与
周王室的关系极其密切，到西周后期，
该部落基本已经融于华夏民族。但是，
仍然有一部分羌人与周朝的关系不如姜

图 10-7　商代甲骨文

姓羌人那般密切。从西周后期开始，没有入住中原地区的羌人开始活跃起来，
与周王朝时有冲突。其中最著名的就是姜戎与义渠羌，他们都属于有着共同族
源的羌人支系。

 姜戎是兴盛于西周后期的强大羌人部落，很有可能是生活于西北戎区的姜
姓一支，因此被称为姜戎。公元前789年，周王朝发兵与姜戎大战于千亩，但遭
到惨败。《国语·周语》载："战于千亩，王师败绩于姜氏之戎。"东周以后，由
于秦国的扩张，原居于西北陕西瓜州地区的姜戎开始涌入中原地区，这就是姜
戎氏所说的"昔秦人负恃其众，贪于土地，逐我诸戎"①。姜戎进入中原以后，
被晋惠公迁到了晋国东南部的陆浑地区，成为晋国的一支重要军事力量，经常
参与晋国的对外战争。如公元前627年，晋襄公率军在晋国郩山（今河南陕县
东）隘道与秦军展开了一场大战。在此次战斗中，晋襄公联合姜戎，在郩函地
区的东、西郩山之间设下埋伏，最终使得秦军全军覆没。正如《左传·襄公十
四年》中记载的姜戎氏言："晋御其上，戎亢其下，秦师不复，我诸戎实然。"
郩地之战后，晋国对外发动数次战争，均有姜戎的参与。正是通过不断的战争，
促成了姜戎与中原诸族的往来，强化了彼此间的文化、教育交流。

 义渠戎地处今甘肃东部、宁夏以及内蒙古河套以南地区，属羌族支系。春
秋时期，义渠戎趁周王室动乱之际建立君国。这一时期，义渠戎在与中原民族
不断交往中，学习和吸收中原生产技术、文化等，变得日益强大。义渠建国不

---

 ①《左传·襄公十四年》。

久，就并吞了周围的彭卢、郁郅等西戎部落，扩大了疆域，并先后修建城池 25 座，派兵驻守。他们还借鉴周王朝的做法，建立宫室城邑，设置治国官吏，大力发展农牧业生产，在很短时间内就成为兵强马壮、国力雄厚的西北强国。它的国界西达西海固原，东抵桥山，北控宁夏河套，南达泾水。在政局动乱的春秋战国时代，该国直接参与了中原复杂的政治、军事斗争，尤其是同秦国进行了 400 余年的军事较量，成为当时秦国称霸西部地区的主要对手。《后汉书·西羌传》中记载了从周贞王时期始义渠与秦国进行多次战争直至被秦所灭的过程：

> 至贞王二十五年，秦伐义渠，虏其王。后十四年，义渠侵秦至渭阴。后百许年，义渠败秦师于洛。后四年，义渠国乱，秦惠王遣庶长操将兵定之，义渠遂臣于秦。后八年，秦伐义渠，取郁郅。后二年，义渠败秦师于李伯。明年，秦伐义渠，取徒泾二十五城。及昭王立，义渠王朝秦，遂与昭王母宣太后通，生二子。至王赧四十三年，宣太后诱杀义渠王于甘泉宫，因起兵灭之，始置陇西、北地、上郡焉。

至此，义渠国不复存在，成为秦国版图的一部分。秦昭王随即在义渠国旧地上设置了陇西、北地、上郡等行政单位，强化民族间的融合。事实上，义渠戎从很早就开始与中原民族交往，从中学习和借鉴中原地区的生产知识、技术以及先进文化。在硝烟弥漫的战国时期，这是支撑其能够与秦国进行长达 400 余年的军事较量的重要原因。

2. 军事同盟

在羌族与中原民族不断交往的过程中，也曾与中原联盟进行军事斗争，最著名的就是羌族参与了武王伐商的战争。时商纣王统治无道，周族武王应天下之势而征讨商朝。当时，周武王联合了八方部族军队参与战争，其中就包括羌族，且是其伐纣的重要军事力量。《尚书·牧誓》记载了周武王与商朝进行决战之前在牧野的誓师大会。周武王在誓词中这样写道：

> 嗟！我友邦冢君御事，司徒、司马、司空，亚旅、师氏，千夫长、百夫长，及庸、蜀、羌、髳、微、卢、彭、濮人，称尔戈，比尔干，立尔矛，予其誓！

学者认为，上述记载中提到的"羌"应该是生活于渭水流域的羌人。另外，当时西羌姜姓部落也是跟随武王伐纣的重要力量。这些羌人成为缔造周王朝的重要功臣，也是姬周的坚定盟友。由于战功卓著，周朝建国之后，分封了许多姜姓之国。这些进入中原地区的羌人，在与中原民族的交往过程中，逐渐成为华夏诸族的一部分。

3. 朝贡示好

先秦时期，西羌族群与中原民族的交往时好时坏，有过战争冲突，也曾附属于中原王朝，入朝纳贡。商王朝时期，羌是商朝众多的方国之一，活动于黄河中游的羌族首领还曾被封为羌伯。虽然商朝多次对羌族用兵，但也有着密切的政治交往。《竹书纪年》载："成汤十九年，氐、羌来攻。""武王三十四年，克鬼方，氐羌来宾。"《后汉书·西羌传》亦载："自彼氐羌，莫敢不来王。"甲骨卜辞中也记录了武乙、文丁王时期羌族入朝进贡，受到了商王热情欢迎和接待的史实，如"王于宗门，逆羌""王于南门，逆羌""于滴，王逆以羌"等。甲骨文中的"逆"是"迎接"的意思，表明了西羌部族与商王朝友好交往的事实。到了周代，羌族依附于周王朝，与中原民族的交往更加密切。据记载，周成王时期，西羌族入朝进贡了一种叫作"鸾鸟"的贡品。《说文解字》"鸾"字注引了这件事情，云："鸾，亦色，五采，鸡形，鸣中五音，颂声作则至。……周成王时氐羌献鸾鸟。"可见，西羌在周王朝时期依然有入朝进贡之举。

朝贡是羌族与中原民族友好往来的证明。通过这一方式，西羌族群与中原民族之间的教育交流活动更加顺畅，促进了民族间的相互融合与发展。

4. 联姻联盟

西羌与中原民族密切关系的另一个表现就是联姻，这也是羌族与中原民族教育交流活动的途径和表现。周王朝时期，羌族与中原民族的关系十分密切。传说周人先妣名为姜嫄，就是羌族姜姓部落之女，其子后稷就是周人先祖。《诗经·大雅·生民》曰："厥初生民，时维姜嫄。"直接将羌人姜嫄作为周人的先祖，可见，姜姓部落与周人的关系密切。到了古公亶父时期，由于与姜姓羌人比邻而居，周人逐渐发展壮大。他们结成联盟关系，其中连接的纽带就是联姻。亶父之妻是姜姓部落之女，后称太姜。《诗经·大雅·绵》中唱到："古公亶父，来朝走马。率西水浒，至于岐下。爰及姜女，聿来胥宇。"其后，当周人建立姬周王朝时，王后几乎都为羌族姜姓女子，如文王之妃周姜、武王之妃邑姜、成王之妃王姜、宣王之母姜后、幽王之妃申后等。这种婚姻联盟关系在整个周王朝极为普遍，在周代的政治生活中产生了巨大的影响。相应地，也就更加促进了西羌与中原民族间的教育文化交流。

三、教育交流的结果：融入中原

通过以上交流方式，尤其是通过婚姻联盟，西羌某些部族与中原诸族的血缘关系已难分彼此，最终融入了中原的政治、经济和文化生活之中，成为华夏民族的一部分，并且为华夏文明的丰富和发展作出了贡献。还应一提的是，战争手段虽然惨烈，但客观上也有助于民族之间交流活动的开展，能够推动民族融合的进程。例如，以上所述的姜戎与义渠羌，就是通过战争这一特殊的手段，加大了与中原地区的交往，进而融入于中原诸族的。

除此之外，注重向中原地区学习，对于提升西羌族群的社会发展水平也极有意义，有助于其屹立于中华民族之林。例如，甘肃的河湟羌人，在公元前四世纪时期还处于原始狩猎阶段，相传到秦厉公时，已开始推广农业技术。这要归功于一位名叫爱剑的羌人。《后汉书·西羌传》记载，爱剑曾是被秦国俘获的战俘，后历经千辛万苦逃回到河湟地带。在此之前，爱剑在秦国充当农业生产的奴隶，学到了很多中原地区的农耕和饲养技术，逃回去以后将所学知识和技术尽皆传授给当地族人，改善了族人的生活境地，使其迅速进入农耕和家畜饲养阶段。而爱剑也成为部族的首领和英雄人物，受到族民的敬仰和爱戴。

第七节　北狄教育活动及其交流

北狄也是我国先秦时期的一大族群，因地处中原之北，所以姬周时人们将其统称为"北狄"。与东夷、南蛮之类名词一样，"北狄"也并非指单一的民族，而是对当时地处北方的众多部族的统称。

一、北狄及其教育活动概述

如同其他族群一样，"北狄"这一称谓，既可指称同一时期一个地域内部的众多部落和部族，也可涵盖同一族群在不同时期的发展、演变和播迁状况。事实上，"北狄"作为一个内涵十分宽泛的族称，其内部是十分复杂的。

（一）北狄概说

狄的分布，最初主要在今山陕高原及河北太行山的东麓，到春秋战国时始分散在华北平原及河北省的北部和中部地区。[①] 据甲骨文等相关文献记载，殷商时期开始，今山西中部地带就有"鬼方"，内蒙古包头地区有"土方"，都是对北方民族的称呼。到商末周初之时，北方民族族称主要是"熏育"和"猃狁"。"熏育"在文献中又写为獯鬻、獯粥。《史记·周本纪》载：古公亶父居于豳时，"积德行义，国人皆戴之。熏育戎狄攻之，欲得财物，予之。……乃与私属遂去豳，度漆、沮，逾梁山，止于岐下"。"猃狁"见于西周文献，又称猃狁、岩允，发展到西周中期逐渐壮大，屡次与周王朝发生战争。史料中对于这些战争都有所描写。如《诗经·小雅·出车》云：

王命南仲，往城于方。出车彭彭，旐旂央央。天子命我，城彼朔方。赫赫南仲，猃狁于襄。……赫赫南仲，猃狁于夷。

《诗经·小雅·六月》亦云：

六月栖栖，戎车既饬。四牡骙骙，载是常服。猃狁孔炽，我是用急。王于出征，以匡王国。……猃狁匪茹，整居焦获。侵镐及方，至于泾阳。……薄伐猃狁，至于大原。文武吉甫，万邦为宪。

这两首诗描写的是周文王和周宣王时期周王朝与猃狁之间征战的故事。学界认为，殷商时期的鬼方、商末周初的獯鬻就是春秋时期的隗性赤狄一系，赤狄首领均为隗性。《国语·晋语》中有赤狄廧咎如氏的儿女称为"叔隗，季隗"的记载。又《史记·匈奴列传》载："当是之时，秦晋为强国。晋文公攘戎翟，居于西河圁、洛之间，号曰赤翟、白翟。"翟即狄，两字互通。春秋时期，白狄居于圁水与洛水之间，今总称之为无定河流域。

周王朝时期，"戎"日渐强大，几乎成为王朝对周边少数民族的统称，狄也是"诸戎"之一。《史记》中所称谓的犬戎就是北狄之一支。《说文解字》载："狄，北狄也，本犬种。狄之为言，淫辟也。从犬，亦省声。"《太平御览·四夷

[①] 马长寿：《北狄与匈奴》，广西师范大学出版社2006年版，第2页。

部》言："狄，犬种，字从犬。"西周中期以后，狄族开始强盛，大举进入中原地区，逐渐与戎并立，威胁中原王朝的统治。周幽王时，太史史伯就言："王室将卑，戎狄必昌。"① 到了西周末期，狄族在中原诸侯国之间建立起了众多的方国。幽王末年，为博宠姬褒姒一笑而"烽火戏诸侯"，导致周王室与各诸侯国关系有隙。犬戎趁机联合申、缯等国攻入镐京，直接导致了周王室的东迁。

春秋前期，先秦史料文献中多以"戎狄"称呼中原北方的少数民族，而随着与北狄民族交往的不断加深，逐渐将西方之戎与北方之狄区分开来。据《左传》载，"狄"之称呼开始见于鲁庄公二十三年，后对北狄族支的认识逐渐明朗起来，出现了赤狄、白狄、长狄之名。这是春秋时代狄族主要的族类。其中，赤狄最强，主要分成六个部落集团：潞氏，在今山西省潞城县；甲氏，在今河北省鸡泽县；留吁氏，在今山西省屯留县；皋落氏，在今山西省桓曲县；铎辰氏，在今山西省长治县；廧咎如氏，晋献公时大概分布在今山西省中部，后迁至河北魏县、大名一带。除了上述三大族类以外，春秋时代的北狄还有其他支系。公元前774年，即周幽王八年，周太史史伯在描述周王朝四方封国和少数民族部落集团分布情况时，曾言："北有卫、燕、狄、鲜虞、潞、洛、泉、徐、蒲。"② 史伯所言的狄、鲜虞、潞、洛、泉、徐、蒲，都是当时北狄族的部落集团，鲜虞属白狄一系，潞、洛、泉属赤狄一系，徐、狄、蒲则应为北狄其他部落集团。白狄、长狄、赤狄等狄人部落方国在战国以前相继被中原诸侯国所灭，部分狄融合于中原华夏民族。到战国时期，史料文献中已少有"北狄"称谓出现。属于北狄集团的匈奴开始强大，渐露头角，征服了大漠南北各狄族部落集团，到战国晚期更加强盛，开始称霸于中国北方。

从相关记载来看，到春秋时期，北狄某些支系已经出现了阶级剥削现象。《左传·宣公六年》载，该年秋季，赤狄攻打晋国，包围了坏地和邢丘。晋成公想要攻打赤狄军队，荀林父（中行桓子）曰："使疾其民，以盈其贯，将可殪也。"从荀林父的言辞中可知，狄族内部已经出现了"疾其民"的统治阶级。《左传》中还记载，鲁宣公十一年，晋国大夫郤成子出使狄人各部族以谋求友好关系，而"众狄疾赤狄之役，遂服于晋"。此则记载也表明了狄族已经存在了奴

---

① 《国语·郑语》。
② 《国语·郑语》。

役和不平等，且显然出现了部族和阶级对抗。上述两则史料都证明了春秋时期，北狄族群社会已经出现阶级统治和剥削压迫现象。但由于生产力水平低下，狄族的阶级社会应该还处于初始阶段。西汉贾谊《新书·退让》篇中"翟王之自为室也，堂高三尺，壤陛三垒，茆茨弗剪，采椽弗刮"的记载，虽是汉代追述春秋时事，但也在某种程度上真实显示了狄人首领的简朴生活，证明了当时狄人的生产生活水平较低，也表明了春秋时期北狄民族的阶级社会还处于初级阶段。

（二）北狄教育活动概述

从北狄民族的社会、经济和文化的发展状况来看，先秦时期的北狄民族多数部落处于氏族社会末期，只有少许支系发展到了阶级社会的最初阶段。教育活动的主要内容是生产、生活和军事方面的知识与技能。

1. 狩猎畜牧教育活动

北狄所居之处多为草原地带，习惯游牧狩猎生活。即便以后畜牧业有了发展，狩猎依然是游牧民族生活的一部分。《史记·匈奴列传》记载匈奴人"毋文书，以言语为约束。儿能骑羊，引弓射鸟鼠；少长则射狐兔，用为食。士力能贯弓，尽为甲骑"。因此，狩猎是北狄族群

图 10-8　北狄扁铤式三翼青铜箭镞

的一种重要的教育活动内容。这一活动从儿童时期就开始进行。随着时间的推移，北狄民族开始了以畜牧业为主的游牧生活，主要饲养牛、羊、马等，还有一些被称为"奇畜"的"橐驼、驴、骡、駃騠、騊駼、驒騱"①。可见，先秦时期北狄的畜牧业及饲养水平相当高。那些被称作奇畜的家畜都是北狄民族在长期的生产和生活实践中，通过改良和杂交技术饲养而成的。不管是日常生活中的饲养知识与技术，还是畜养过程中的改良杂交技术，都须在实际生产生活中传授给后代子孙。

---

① 《史记·匈奴列传》。

2. 手工技能教育活动

手工业能为人们的日常生活提供必要的器具，关系到日常生活的质量和水平，因此，手工业技术教育也是北狄民族的一项重要教育内容。关于这类教育状况，史料记载阙如。20 世纪 50 年代以来的考古发现，为我们提供了宝贵材料。从出土文物来看，北狄的手工业主要为陶器和青铜器。陶器出现甚早，新石器时代就已存在，到夏商时期其陶器制作已经十分普遍，且工艺技术较为发达。青铜器虽然出现较晚，但是晋陕北部和黄河两岸发掘的鬼方青铜器具表明，殷商时期北狄民族的青铜制作已达到较高的水平，而且当时北狄生活的区域就是中国铜器冶铸业的中心地区之一。不管是陶器制作还是青铜器制作，其技术的继承、发展和创新，只有通过教育才能完成。

3. 军事技能教育活动

军事教育在北狄民族的生活中无疑也是非常重要的内容，其教育活动主要通过狩猎和战争两个途径进行。狄族儿童在很小的时候就接受狩猎技术的教育，主要内容是骑射训练，它不仅成就了北狄人"俗善骑射"的民族特色，也铸就了草原大漠儿女骁勇善战的民族性格。诚如司马迁在其《史记·匈奴列传》中所言："士力能弯弓，尽为甲骑。其俗，宽则随畜，因射猎禽兽为生业，急则人习战攻以侵伐，其天性也。"可见，在北狄民族的日常狩猎生活中，就蕴含着军事教育活动的意味。先秦时期，居于北蛮的狄族与其他民族战争不断，与中原华夏民族的战争尤甚。在军事战争中，北狄民族借鉴和学习先进的军事文化，不断壮大自身力量，成为中原华夏民族的强敌。春秋战国之际白狄鲜虞氏建立的中山国，周旋于强大的中原诸侯国之间达两百余年之久，除了高超而有效的外交手段之外，在战争中不断学习和借鉴中原先进的军事文化也是一个十分重要的原因。

4. 风俗习惯教育活动

北狄民族有自身的风俗习惯，这些风俗习惯是通过教育活动代代相承和延续的。《史记·匈奴列传》记载匈奴的婚姻习俗是："父死，妻其后母；兄弟死，皆取其妻妻之。"这种婚俗今称"收继婚"，起源于氏族社会时期。匈奴民族在其兴起之时已是战国之际，可见，这一从上古时期就存在的婚俗到战国之际依然存留于匈奴民族内部。《吕氏春秋》中也记载了战国时期，已经步入阶级社会的中山国依然残留着氏族时期的风俗习惯，曰："中山之俗，以昼为夜，以夜继日。男女切倚，固无休息。康乐，歌谣好悲，其主弗知恶。"风俗习惯的承续是年幼一代通过观察和直接参与得以进行和完成的，教育活动寓于其日常生活之中。

二、北狄与中原民族的教育交流

民族之间的交往和联系，总会伴随着各方面的教育交流活动，这不仅促进了民族自身的发展和进步，也推进了民族之间的大融合。纵观整个先秦史，中原华夏民族与北方民族的交往及教育交流活动是最为频繁的。司马迁经过考证认为，早在传说时代，黄帝就曾到过北方蒙古草原之地，他"北逐荤粥，合符釜山，而邑于涿鹿之阿"①。荤粥即獯鬻，釜山应在今河北西部，合符是古代结盟的信物。可见，黄帝时期华夏与北方民族的交往就已经十分密切。先秦史料中还有"尧北教乎八狄"② 的记载。随着中原地区的进步和发展，北狄与华夏的交往频繁。到战国时期，北狄民族靠近中原地区的族系已经融入于中原华夏诸族之中。

（一）教育交流活动的背景与动因

北狄民族的生活习俗与中原不同，语言交流也有障碍，这从《国语·晋语》中所载晋国同狄人交谈，需要舌人（翻译者）从中传话的事迹即可看出。另外，据《国语·周语》记载，周襄王与晋正卿范武子在谈话时，说起了狄人的风俗习惯：

> 唯戎狄则有体荐。夫戎狄，冒没轻儳，贪而不让，其血气不治，若禽兽焉。其适来班贡，不俟馨香嘉味，故坐诸门外，而使舌人体委与之。

从这一谈话可知，华夏诸国对于戎狄是带有轻视色彩的。但从中也可以看出，食"血气不治"的半生肉、不讲礼让是北狄有别于中原诸族的重要特点。另外，《左传·宣公十五年》中记载，晋景公准备攻赤狄潞国时，伯宗（晋臣，伯启之子）列数了狄人的五大罪状："不祀，一也；嗜酒，二也；弃仲章而夺黎氏地，三也；虐我伯姬，四也；伤其君目，五也。"可见，狄人还有不祭祀祖先的宗教习俗和喜饮酒的生活习惯，显然，"不祀"是完全不同于中原民族的宗教

①《史记·五帝本纪》。
②《墨子·节葬》。

习俗。

　　较之中原华夏民族，北狄的经济发展水平和生活条件较为低下。即便是战国时期白狄鲜虞一支所建的中山国，其国内的社会经济发展水平也不高，过着"行者无粮，居者无食，则财尽矣"[①] 的生活。《左传》曰："狄人荐居。"杜预《左传集解》言："荐，聚也。"唐陆德明《经典释文》则言："荐，或云草也。"《左传·僖公二十三年》载，卫国与狄人订盟时，狄人不著盟地。杜预《左传集解》注言："不地者，就狄庐帐盟。"隋刘炫之疏云："春秋时，戎狄错居中国，此狄无国都处所，俗逐水草，无城郭宫室，故云就庐帐盟。"《左传》中还记载了晋国公子重耳与狄君行猎于渭滨的事迹，亦可窥见北狄真实生活之一斑。

　　由上可知，北狄自古以来就是一个游牧民族，习居庐帐，过着逐水草而居的游牧生活。自西周以后，许多狄人部落大举迁入中原地区，与中原民族相邻而居。至春秋战国时期，许多狄人部落尚处于游牧生活向定居农牧生活转化的初级阶段，且定居程度很不一致。在此背景下，邻近中原的北狄部族注重向中原学习。随着各方面交往的不断加深，他们最终转向了农耕定居生活。某些支系部落甚至出现了社会结构的新变化，由氏族社会进入阶级社会。

（二）教育交流活动的方式和途径

　　先秦时期，北狄民族通过与中原民族不断交流和往来，获得生产、生活、经济、文化、军事等各方面的先进知识和技术。根据多方面的文献资料，民族之间的教育交流活动主要通过以下四种方式和途径来进行。

1. 战争交往

　　战争是北狄民族与中原华夏民族进行交流活动的主要方式。从先秦时期的相关资料来看，记载的多为民族之间的征伐史实。甚至可以说，整个先秦时期，北狄与中原民族的关系史，在很大程度上就是一部战争史。如上所言，早在上古时期，华夏始祖黄帝就曾北上与游牧民族荤粥开战，取得胜利之后更在釜山会盟，结成以其为共主的联盟。夏商时代，史料文献中记载所谓的"鬼方""土方"等，都属于北狄民族集团。根据记载，他们与中原民族的冲突和战争经常发生。殷墟出土的甲骨文中，"伐土方""征土方"等战争卜辞有十多条，鬼方

---

　　①《说苑·权谋》。

在殷商时期是比较强大的附属方国，一度成为中原王朝的劲敌。《周易·既济》载："高宗伐鬼方，三年克之。"根据相关记载可知，商对北方民族所用兵力，每次一般为3000到5000人不等。殷商号称"中兴之主"的武丁，征鬼方竟然用了三年时间，结果却未能完全将其击败或消灭，这足以说明当时鬼方的力量是相当强大的。又《竹书纪年》载，商王武乙三十五年，周族季历征伐鬼方，获得众多俘虏，仅"翟王"（翟即狄）一级的人数就达20人之多。而根据《周易·未济》中"震用伐鬼方，三年有赏于大国"（震用即季历）的记载，可知此次战争也用了三年之久，足见鬼方之强大及当时民族斗争之激烈。

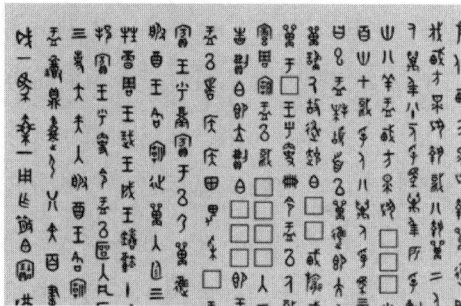

图10-9　小盂鼎铭文

姬周王朝建立不久，中原政权在康王执政时期就与鬼方爆发了规模甚大的战争。清道光初年，在陕西岐山礼邨沟岸出土的小盂鼎中发现了一段铭文，十分清晰地记载了征伐鬼方的战况：

> 唯八月既望，辰在甲申。昧丧，三左三右，多君入服酒。……王命盂：以鬼方伐。鬼方昊馘，执嘼八，执嘼二人，获馘三千八百又二馘，孚人万三千八十一人，孚马万三千四，孚车卅两，孚牛三百五十五牛，羊卅八羊。盂，鬼方昊馘□□□孚蔑我征。执嘼一人，获馘二百卅七馘，孚人八万人，孚马百三匹，孚车百九十辆。

以上是两次战役的铭文记载。"盂"是周朝管理少数民族事务的官名；"昊馘"为鬼方之首领，"执馘"意为割下人的左耳，以计数献功；嘼即酋，为领兵之将。上述铭文清晰显示了战役的实际情况：第一次战役，捕获敌人将领2人，杀敌4802人，俘虏13081人，缴获战马14000匹，战车30辆，获牛355头、羊38只；第二次战役，捕获敌酋1人，斩首237人，捕获俘虏80000人，缴获战马104匹、战车190辆。两次战役鬼方就战死族人五千余，被俘族人近十万，物质损耗更多，可见战争规模之大。

西周时期，与中原发生激烈战争的另一北方民族是猃狁。早在周文王时期，周朝就与猃狁兵戎相见。《诗经·小雅·采薇》对此有大段的描写，云：

> 采薇采薇，薇亦作止。曰归曰归，岁亦莫止。靡室靡家，猃狁之故。不

遑启居，猃狁之故。采薇采薇，薇亦柔止。曰归曰归，心亦忧止。忧心烈
烈，载饥载渴。我戍未定，靡使归聘。……驾彼四牡，四牡骙骙。君子所
依，小人所腓。四牡翼翼，象弭鱼服。岂不日戒，猃狁孔棘！

这首诗篇反映了周文王征讨猃狁的史实，也反映了民众厌战思归的情绪。根据
虢季子白盘铭文记载，西周夷王之时，曾命虢季子白率军大败猃狁。周宣王时，
北方猃狁强盛，宣王曾数次派遣大将率兵征讨猃狁。以上《诗经·小雅·出车》
和《诗经·小雅·六月》就分别描述了西周大将南仲、尹吉甫奉宣王之命征讨
猃狁并获得大胜的事迹。

　　春秋时期，中原地区处于"周室失统，诸侯专征，以大兼小，转相残杀，
封疆不固，利害异心"的局面。北狄族团诸多部落已大举南迁，与中原民族的
战争加剧。齐桓公首霸时所张扬的"尊王攘夷"政策，其初衷就是为了抵御北
方游牧民族的侵扰。从《春秋》和《左传》对这一时期的记载来看，北狄民族
与中原诸侯国的战事极多。如鲁庄公三十二年冬，"狄伐邢"；闵公二年，"狄灭
卫"；鲁僖公元年，"狄灭邢"；僖公十年，"狄灭温"；十六年秋，"狄伐晋，取
狐、厨、受铎、涉汾"，及昆都；二十四年夏，"狄伐郑"；又秋季，狄军攻打成
周，"大败周师，获周公忌父、原伯、毛伯、富辰"。可见，春秋时期北狄民族
是极其强大的，一度甚至有攻无不克之势。

　　在北狄不断南侵的局势下，中原诸侯国开始联合抗狄。正是通过战争这一
途径，中原民族开始对北狄有了更深入的了解和认识；也正是通过这一途径，
北狄开始逐渐融入中原地区。如赤狄、白狄和长狄这三国的原有疆土，就是在
不断的战争中逐步归入晋国版图的；到春秋晚期，白狄肥、鼓方等众多支系也
被晋所灭，使得晋国一度成为中原最强大的国家。

　　总之，春秋战国时期中原地区的混乱形势，给了北狄民族南侵和东征的机
会；而南侵和东征的狄人在频繁的斗争过程中，也逐渐融合于中原华夏民族。
战争虽然是解决纠纷的最极端手段，却也是民族融合的最直接途径。它所带来
的人口和物质的高度集中、民族的不断迁徙等，从广义上来讲，都伴随着一系
列的教育交流活动。尤其是春秋战国时期，战争是北狄民族与中原华夏民族主
要的交往途径，但从很大程度上说，也是重要的教育交流活动的途径，对民族
文明的发展和进步起着催化剂的作用。

2. 会盟示好

会盟是民族之间友好交流的直接表现，这在春秋时期尤甚。《绎史》言："春秋二百余年之际，与戎狄相终始。"① 在如此漫长的时间里，北狄民族与诸夏不可能一直处于征伐之中，而必有盟会之事，正如《后汉书·西羌传》中所言，戎狄之属"当春秋时，间在中国，与诸夏会盟"。据《左传》所载，春秋时期北狄民族与中原诸侯国确有诸多会盟之事：

鲁宣公八年：春，白狄及晋平。夏，会晋伐秦。

鲁宣公十一年：晋郤成子求成于众狄，众狄疾赤狄之役，遂服于晋。秋，会于欑函，众狄服也。

鲁襄公四年：无终子嘉父使孟乐如晋，因魏庄子纳虎豹之皮，以请和诸戎。……公乐，使魏绛盟诸戎，修民事，田以时。

会盟往往利益为先，目的是维持政治上相互利用的微妙关系，中原诸国利用北狄互相牵制，而北狄也利用诸侯国之间的矛盾获取利益。正如魏绛在劝说晋悼公与周边戎狄结盟时所言："和戎有五利焉：戎狄荐居，贵货易土，土可贾焉，一也。边鄙不耸，民狎其野，稼人成功，二也。戎狄事晋，四邻振动，诸侯威怀，三也。以德绥戎，师徒不勤，甲兵不顿，四也。鉴于后羿，而用德度，远至迩安，五也。"② 虽然诸多会盟关系是暂时的，但相伴而来的却是北狄民族与中原民族之间的友好往来。在这种环境下，民族之间的教育交流也就更为密切，推动了各民族的共同进步。

3. 通婚联姻

在北狄与中原民族的交流活动中，通婚也是一条十分重要的途径。史籍载，北狄与中原民族的婚姻关系，主要是在诸狄和诸夏统治集团之间进行的。据《史记·殷本纪》记载，商纣王"以西伯昌、九侯、鄂侯为三公"。九侯就是对当时臣服于商的鬼方的封号，即鬼侯。纣王曾同鬼侯联姻，迎娶了鬼侯之女，后因该女反对纣王的荒淫无道而被杀。

春秋时期，通婚更是司空见惯。《左传·庄公二十八年》记载，晋献公娶了大戎（北狄支属）狐姬及其妹妹小戎子为夫人，狐姬生了重耳，小戎子生了夷

---

① 马骕：《绎史》卷85。
②《左传·襄公四年》。

吾。后又娶了骊戎（北狄支属）之骊姬姐妹，骊姬生奚齐，其妹生了卓子。《左传·僖公二十三年》载，晋文公重耳遭受骊姬陷害，逃奔至狄。不久，狄人伐廧咎如（赤狄支属），将俘获的敌方二女叔隗、季隗送给重耳。重耳娶了季隗，把叔隗送给了赵衰（晋国执政大臣）为妻。《左传·僖公二十四年》中则记载说，周襄王为感谢隗姓狄人出兵攻打郑国，将狄族女儿隗氏娶为王后。也有中原诸侯女儿嫁与狄人的。如《左传·宣公十五年》记载，晋景公的姐姐就嫁给了赤狄潞子婴儿为夫人；《史记·赵世家》中则记载，赵襄子妹妹嫁给了北狄代王为后。

上述所言之通婚史实，是作为政治利益的筹码而进行的，无关乎个人感情。但正是这一政治联姻关系，不仅加强了民族统治集团之间的友好交往，也促进了北狄与中原华夏民族的相互融合。虽然是一种政治策略，但也推动了民族之间的文化、经济等多方面的交流，有利于民族之间的教育交流活动。通过联姻所带来的教育交流活动的结果，从居于晋国的狐氏戎即可见一斑。从晋献公娶狐姬之后，狐氏戎三世均为晋国的贵族。晋文公重耳奔狄，在外流亡 19 年，随其左右的舅父狐偃就是狐氏之戎。后晋文公返晋并称霸诸侯，狐偃的功劳甚大。狐氏之戎进入晋国以后，之所以接连三代都是位高权重的政坛要员，很大程度上就是因为接受了先进的文化、礼仪以及贵族生活方式，已经全身心地融入了中原华夏民族。可以说，狐氏之戎的"华化"过程，实质上就是北狄民族通过教育交流活动，不断地学习、借鉴和吸收华夏文化的过程。

4. 经贸往来

经贸往来从来都是民族间交流活动的重要途径。只要有人存在，只要有供求关系存在，贸易交流活动就不会停止。历史表明，北狄与中原民族的经贸往来很久以前就已存在了。相传尧、舜之时，为了发展南北方的贸易往来，曾"北用禺氏之玉，南贵江汉之珠"，还派遣"大夫散其邑粟与其财物，以市虎豹之皮"①，这是中原农产品与北方狩猎产品进行物资交易的记录。史料文献中，关于周人与北狄民族的物资交流有多处记载，如《孟子·梁惠王下》和《史记·周本纪》中均记载古公亶父曾市狄人以犬马、皮货、珠玉。《吴越春秋》中

---

① 《管子·揆度》。

也载，古公亶父市熏育以犬马牛羊、皮货、金玉和重宝。可见，物资交流的范围是相当广泛的。到春秋战国时期，由于北狄与诸夏杂处，贸易往来更为频繁。从《左传·襄公四年》中"戎狄荐居，贵货易土，土可贾焉"的记载可知，北狄民族的特点是货少而土多，因此贵货轻土，土地也可以买卖，中原地区则相反。由此可见，双方的经贸交流是十分顺畅的。

经贸往来是一种以非暴力的形式将不同民族的文化进行交流的途径，伴随而来的不仅仅是对异族的认识日益加深，更是相互学习和借鉴。很显然，北狄与中原民族的经贸往来，加强了民族之间的相互了解，推进了彼此间的教育、文化交流活动。

三、教育交流的结果：中山国个案分析

北狄与华夏民族教育交流活动的结果，是使得彼此都能互惠互利、共同提高。这在由白狄（北狄支族）的鲜虞氏建立的中山国身上表现得尤为明显。该国地处今河北石家庄、保定一带，疆域不过 500 里，战车不足千乘，是个真正意义上的小国。从公元前 506 年建国，直至公元前 295 年被赵国所灭，它在强国之间竟然存在长达两百多年之久，且

图 10-10　中山国遗址发掘的战国文物

一度被赵国视为心腹之患，其原因何在？结合《史记》《左传》《战国策》《竹书纪年》等典籍以及近年来中山国遗址考古发现来看，这是与其全面学习中原文化分不开的。

中山国是嵌在燕、赵、代、楼烦之间的一个小国。为了生存与发展，该国建国伊始，就十分注重学习中原的政治、经济、思想和文化，使中山在相当一段时间里较为强盛，甚至与魏、齐、燕、赵并称为"五王"。史料记载，中山国君多是些"专行仁义，贵儒学"的人，提倡礼义，礼贤下士，有"以一壶餐得士二人"之美谈。《战国策·中山策》记载说：

> 主父（赵武灵王之号）欲伐中山，使李疵观之。李疵曰："可伐也。君弗攻，恐后天下。"主父曰："何以？"对曰："中山之君，所倾盖与车，而

朝穷间隘巷之士者，七十家。"主父曰："是贤君也，安可伐？"李疵曰："不然。举士，则民务名不存本；朝贤，则耕者惰而战士懦。若此不亡者，未之有也。"

李疵到中山国考察了一番，结论虽然是中山"可伐"，但他的回答也透露出一些重要的信息，就是中山国君亲自到穷乡陋巷中去寻访贤士，竟寻访到七十多家。这一方面说明，中山国中知礼好义的隐士确有不少；另一方面也不难看出，国君尊贤重士的做派，与中原诸国君主几乎如出一辙。这显然都是拜该国全面学习中原文化之所赐。此外，虽然李疵力劝赵武灵王伐中山，且言之凿凿地说"若此不亡者，未之有也"，赵国也在"胡服骑射"改革后以泰山压顶般的强大军力欲灭中山，但事实表明，经过赵武灵王二十年、二十二年、二十三年、二十六年等数次重大打击，中山国却是屡危而未亡。[1] 这无疑是该国专行仁义、士多效命的结果。

史料文献还显示，到中山国后期，其治国方针就是奉行儒家所倡导的政治路线。受儒家思想的影响，该国十分注重人才的选用。《韩非子·外储说左上》言中山国君"好岩穴之士"，"上尊学者，下士居朝"，"伉礼下布衣之士，以百数矣"。可谓把儒家尊贤礼士之风演绎到了极致。这种风气也有出土文物来佐证。1974年到1978年间，河北省平山县出土了大量铜制器具。在这些铜器的铭文中，就有谈天命、忠、孝、仁、义、礼、信等内容的文字。由此可见，该国倾力学习中原文化，所言非虚。

不仅如此，中山国还十分喜欢中原华夏的文学艺术，尤以《诗经》为甚。《韩诗外传》卷八载，中山君好《诗》，特别喜爱《黍离》《晨风》等诗篇。在平山县出土的"中山王三器"（中山王方壶、圆壶和中山王鼎的合称）中，铸刻有大量文字，带有浓厚的华夏文学韵味，被现代学者称为优秀的古典文学作

图 10-11　中山国遗址出土的青铜兽

①《史记·赵世家》。

品。这些铭文中引用《诗》多达 11 处，如《中山王方壶》铭文"择燕吉金，铸为彝壶……可法可尚，不敢怠荒；以飨上帝，以祀先王"，就是转引了《商颂·殷武》"不敢怠遑"的诗句；《中山王圆壶》铭文"不能宁处，率师征燕；大启邦宇，方数百里"，引《鲁颂·阅宫》"大启尔宇，为周室辅"诗句的痕迹也十分明显。这些铭文中所引诗句都贴切自然，表达十分娴熟，不仅充分说明《诗》已经融入中山人的文化生活之中，而且表明中原礼乐文化在该国的深刻影响。此外，铭文篆书全部为汉字，字体工整规矩，这也说明中山国人在与中原民族的交流活动中，接受和学习了中原的语言文字，且教育成果十分显著。

通过与中原华夏民族的教育交流活动，中山国的手工业经济发展十分迅速。从中山国遗址和墓葬中，出土了大量的器物，包括青铜器、铁器、陶器、玉器等，足证其手工业的发展状况。出土器具涉及生产、生活的各个领域，制作精美，充分显示了该国的手工业制作在数量、造型、工艺等方面都达到了一个相当高的水平，且带有浓厚的中原文化因素。如平山县访庄出土的中山链壶，与《两周金文辞大系》收录的鲜虞器𠗋氏壶相仿，都类似于中原民族的青铜器。①而出土的具有游牧民族特点的双耳铜釜、扁方壶、兽首青铜短剑和金腕饰、嵌松石金质虎形牌饰等器物，则是中山国在自身游牧文化的基础上，融合了中原华夏文化制作而成，充分反映了两种不同文化、教育交流的深刻影响。

总之，在春秋争霸、战国争雄的动乱时期，中山国以一疆域不足 500 里地的区区小国，在承受燕、赵等强国四面包围的强大压力的背景下，却能够存续 200 余年，不可谓不是一个奇迹。这一方面应归功于游牧民族固有的骁勇善战的传统，另一方面则应归因于中山对华夏诸国的全面学习。事实上，正是在这种学习中，中山国借鉴、吸收了中原先进的文化和知识，在教育交流活动中发展自身，从而获得了巨大的进步。

① 李学勤：《东周与秦代文明》，文物出版社 1984 年版，第 83 页。

第八节　民族教育交流活动总论

中原华夏诸族从很早开始，就以战争、联姻、经贸往来等方式，频繁与周边各少数民族（部族、族群）相互进行经济、技术与文化的碰撞和交流，在此过程中，将众多非中原族群的文化融入自身、消化吸收。同时，周边各少数民族也在此交流过程中或扩大了自身的影响，或提升了本民族的技术，或发展出了绚丽的文化。纵观整个先秦教育交流活动的历史，可以说，华夏诸族正是在不断吸收少数民族文化的基础上延续和发展的。随着时间的推移，虽然很多民族或消亡，或迁徙，或星散各地，或融入他族，其文化却能够以某种形式存续下来，这不能不说是得益于相互之间的教育交流活动。

一、教育活动的基本特征

在古老的中华大地上，很早就形成了万邦共存、多族共生的生态格局，使中华民族大家庭的文化呈现出丰富性、多样性的特征。虽然伴随着历史的发展和演进，各少数民族及其文化发展出现了许多新的变化，但就其自身而言，一方面，他们通过各种类型的教育活动，向其子孙后代传授民族文化知识、生产生活技能、部族行为规范，使民族文化得以保存、传播和传递，这是教育活动之民族性特征的主要表现；另一方面，各族之间通过或主动或被迫的交流与往来，吸收异质文化，保持新鲜活力，使本民族的文化不断发展和创新，这是教育活动之时代性特征的具体体现。简言之，既要传承和传播，也需创新和发展，乃是各民族能够存续和绵延的根本动力，也是民族教育活动的真正意义所在。

先秦时期各少数民族的教育乃是广泛意义上的教育。因此严格说来，他们所进行的活动乃是一种生活礼仪活动、社会教化活动、生产技能传授活动。这一时期活跃于中华大地上的民族众多，他们在历史的长河中逐渐形成具有自身特点的文化，诸如东夷民族的夷文化、百越民族的越文化、西羌民族的羌文化等等。这些文化都是在长期的历史过程中，在民族文化传承与教育的相互作用下形成和发展的。一方面，各民族通过教育实现和促进本民族文化的传承与延续；另一方面，民族文化在其漫长的传承过程中又促进和推动了教育的发展。

总体来看，尽管各少数民族的生活样态和发展水平纷繁多样，但就教育活动而言，在内容、手段、途径等方面都有明显的相似之处。这主要表现在以下方面：第一，教育活动寓于生产实践和日常生活中，是在人们活动过程中产生并进行的；第二，施教者主要是族人、老人、巫师以及家长等成人；第三，族内成员尤其是年轻成员都是受教育者，是普及而平等的教育，具有全民性质；第四，教育活动的方式和手段相对简单，主要表现为言传身教和模仿训练；第五，教育活动的内容主要是本民族的历史、宗教、伦理、道德、风俗礼仪等；第六，教育活动的内容与各民族的生产和生活相适应。概言之，尽管各少数民族在引进其他民族的先进文化时会有一些不同之处，但基本特点是相似的，即表现为原始教育的活动特征。

二、教育及其交流活动的思考

毋庸置疑，教育与文化是息息相关的，甚至可以说，教育在很大程度上就表现为或可称为一种文化活动。这是因为，任何一种教育活动都是在特定的文化环境中进行的，并且随着文化的发展而发展；而文化的传承、创新与进步，又是通过教育活动这一途径来实现的。先秦时期的民族教育交流活动，具有鲜明的时代性、民族性特征，由此构成其自身特定的教育活动内涵，这不仅表现在教育活动的形式上，更表现在教育活动的观念、内容等方面。这种内涵之所以有所差异，主要原因就在于各自不同的民族文化传统。正如学者所指出的，少数民族教育的一个重要作用就是通过本民族文化的学习，通过教育过程中来自不同民族文化背景的人们的相互交往，促进个人及各民族群体之间的彼此了解和交流，促进各民族的共存与发展。同时，通过不同民族文化的学习，促进对其他民族的了解，增进彼此之间的交流，以达到在多民族文化环境中有效生活的目的。①

先秦时期居于中原华夏诸族四方的少数民族，其发展还是较为落后的，还没有开始正规的教育，有的民族甚至在很长时期内都没有真正意义上的学校教

---

① 滕星、王铁志主编：《民族教育理论与政策研究》，民族出版社 2009 年版，第 18 页。

育。他们保持民族特点、进行文化传承，都是通过口耳相传和实践活动来完成的。随着社会的发展，人们在代际传承的过程中又创新和发展了本民族的文化；表现在教育活动中，就是生产和生活知识与技能不断增加，教育过程越来越繁杂，教育手段也越来越多样。起初可能只是简单地模仿与训练，后来则通过创作诗歌等方式将知识和技能传授给后代子孙。伴随着族际间的教育交流活动，先秦时期许多民族得到了明显的进步和发展，这不仅表现在华夏民族有选择地学习和吸收少数民族优秀文化上，也体现在少数民族在社会的发展和进步中有选择地借鉴其他民族的先进文化尤其是华夏诸族的文化上。

先秦在我国民族发展史上是一个极为重要的时代，是各民族起源、形成和发展时期，也是整个中华民族初步形成和首次交融的时期。这不仅奠定了中华民族大家庭的基本格局，而且为秦以后家庭各成员的进一步融合创造了条件、提供了可能。这一时期，通过征服与反征服等暴力战争方式以及联姻、朝贡和商贸等非暴力形式，各少数民族之间、他们与中原诸族之间的教育交流活动日渐频繁，彼此间的联系日益加强。通过主动或被动的交流活动形式，语言、习俗、行为准则以及思维方式、民族意识、民族心理等彼此相互熟悉，服饰、器具、生产技术、生活习惯等也彼此互有借鉴，由此初步形成了中华民族的共有文化，并逐渐培养出共同的民族精神。

民族共有文化是民族大家庭各成员共同的智慧凝结和精神创造物，是各民族共同的民众素质、民众品格的展示，是一种外显性的客体存在；民族共同精神则是支撑和维系民族共同体存在和发展的内在而深刻的本质，是寄寓在民族文化之中、活化在民族个体身上、构成民族文化之核心和灵魂的内隐性的主体存在。[①] 任何一个民族，都需靠自身民族文化的支撑方能屹立于世界民族之林，更需靠民族精神的激励方能存续和发展、历久而弥新。从历史上看，世界上的许多民族，可能由于种种原因而流播迁徙、星散各地，在一定时期内被压缩甚至丧失了生存所必需的物理或地理空间，但只要有民族文化与民族精神的存在，这个民族就能顽强生存，就没有也不可能真正地消亡，这在西方和东方都能找到很多例子。

---

① 广少奎、展瑞祥主编：《民族精神教育》，中国石油大学出版社 2007 年版，第 4—5 页。

　　由此反观先秦时期我国各民族间的教育交流活动，就能深谙其中的历史意义了。质言之，尽管这些交流活动可能并非完全是主动、积极、自觉的，可能具有某些强制性、政治性的实质，包含有相当程度的被迫、恐怖、痛苦的因素，甚至带有残忍、血腥和暴力的色彩，但从"长时段"历史观来看，这却是中华民族孕育时不可避免的"阵痛"和"躁动"，也是民族"新生儿"降生之初的第一声啼哭，宣示了一个民族多姿多彩的崭新生命的到来。从此之后，勤劳勇敢、自强不息、择善而从、兼容并蓄、忍辱负重、恭敬友善、谦和辞让、克己奉公、重信守诺、平等宽容、乐观通达、爱国爱家……如此难以尽数的品质、操守或气派，不过是历史赋予这一新生命的成长印记，也是这一新生命走向成熟与伟大的历程表征。一部教育活动的历史，就是这一生命从孕育、诞生再到发展、强大的历史。

结　语

　　先秦教育活动早已成为历史的记忆，大师先贤也已隐入了历史的星空。但是，成为历史记忆不等于被忘却，而是时常还会让人追怀；隐入历史星空更不等于被湮没，而是虽则遥远却光亮犹存。回首历史我们发现，先秦教育活动并未随时间的推移而失却意义，反倒愈显珍贵；大师的教诲虽已载入发黄的史册，却因后世浮躁日甚而犹在耳边。与其他诸多活动不同的是，教育活动的许多主张不会因年代久远而显得古老，因为如何提升人的素养、如何为人处世、如何面对生死、如何培养才干等问题，古今并无截然的区别；甚至相当程度上说，由于种种原因，今人对此类问题思考的深度和广度还有逊于古人。正所谓人同此心，心同此理，古今皆然。数千年前的教育活动今天看来依然历久弥新，大师的言论今日读来愈加鞭辟入里。这是我们系统考察先秦教育活动后得出的第一个结论。

　　不过，对过往能追怀、有感慨的往往是少数专业人士和于史有心者。对很多人来说，历史就是陈迹，甚至是封建、落后、封闭、古板的代名词。事实上，回首历史我们亦发现，今人对于古人的误会、错解可谓多矣。例如，对于"刑不上大夫，礼不下庶人"的规定，常常被引为中国传统社会不平等的"铁证"；对于古代行之甚久的宗教教育及祭祀活动，往往被归于古人认识能力低下或统治者有意为之；对于《周礼》《考工记》等先秦文献，或被斥为束缚人的繁文缛节而心生厌倦，或被视为等而下之的著作而弃置一旁；对于《山海经》这样记载诸多神话传说、英雄故事和风俗教育活动的著作，则常常因"荒诞不经"而遭人冷眼。今人误会之处在在多有，错会的"重灾区"则非道家思想莫属。例如，"道"本是老子用特有的否定性思维和描述性语言反复申说的重要概念，是为人们自主探索"道是什么"洞开思维之门的高妙做法，有人偏偏斥为故弄玄虚、唯心主义或不可知论；"小国寡民"本是老子富含悲悯情怀和社会教化之思的睿智主张，有人偏偏斥为回归往古、异想天开和"开历史倒车"；"乐死"思想本是庄子饱含救渡众生之心的现实关切和人世关怀，有人偏偏斥为"痴人说梦"或"鸵鸟政策"；"贵己""为我"本是杨朱对人自然生命的呵护尊重和对残酷现实的无奈背离，有人偏偏斥为"极端利己主义"；"不言之教"本是道家寄望教育者"慎言""贵言"与"择言"，即在深谙"多言""烦言"弊端之后的提醒与点拨，有人偏偏解析为"以身作则""率先垂范"之类的"身教"。凡此种种，皆可见今人谬解之甚之深。此类内容在本书中皆有详论。于此，我们不仅深感有愧于古人，而且在"新轴心时代"已能瞻望的背景下，更觉正本清源之责任重大、时不我待。此为考察先秦教育活动之后的又一结论。

站在数千年乃至数万年后的今天回望历史，先秦教育活动不仅生动鲜活、场面经典，而且内涵丰富、意义隽永。概要而言，其特征至少有以下数端：

第一，独特的风度气派。任何一个古老的民族都有其独特的教育活动，有其源远流长的根基所在，中华民族尤其如此。且不说远古先民的教育活动，诸如工具制造技能及其传承、金属加工工艺及其传承、早期音乐绘画教育等中国自有特色，也不说先秦宗教教育活动、家庭教育活动、女子教育活动等都有异于西方，亦不说儒家的入世关切、道家的悲悯情怀皆可视为先秦之于人类文明的巨大贡献，仅就三代官学教育活动中的"六艺"教育而言，就可称为具有中国气派和民族风度的活动内容和模式。"六艺"教育有一整套的内容设计与标准要求。概言之，它既重思想道德，也重文化知识；既注意传统文化的传承，也注重实用技能的训练；既重视文事，也强调武备；既注重行为规范的礼仪养成，也关注内心情感的适切表达。简言之，其中包含了德、智、体、美多方面的教育意蕴。这不仅比西方"七艺"成型时间更早，而且内容更丰富、涵盖更广泛，是我国之于人类教育活动"百花园"中的大贡献。

第二，突出的人本意蕴。在对先秦教育活动的系统考察中我们发现，尽管其中不乏压制人个性与发展的杂音与举措，如夏代有所谓"夏道尊命，事鬼敬神而远之"的政策，商代有"殷人尊神，率民以事神"的做法，然就教育活动的整体演进而言，其明显趋势是天与神的权威日益被瓦解、作用逐渐被削弱、"地盘"逐步被窄化，人的地位、作用等日益凸显，这在本书第二章和第九章的相关章节中已有详述。到春秋战国之时，人的权利、价值与尊严被重新论定，天人之辩盛极一时。且不说道家的所有思想几乎都是围绕着个人而展开的，仅就儒家来说，其思想就是面向人生、谈论人事、阐述人道、注重人格的，体现出疑天重人、以人为本的特色。概言之，孔子从"爱人"的角度倡"人本"，孟子从"保民"的立场主"民本"，荀子从"用天"的高度张"人贵"，论说不同，实质则一，即皆以现实、现时、现世之人为立足点，不奢求超脱境界，不妄谈鬼怪神魔，不阐释玄奥义理，奠定了关注人心、观照人世，以实践理性为特征的朴素色彩，使儒家教育一开始就从思想上、实践中脱离了宗教神学的羁绊。

第三，多元的开放胸怀。人们通常以为，提及历史上的教育活动及其交流交往的多元吸纳与主动开放，当属雄汉和盛唐；谈到被动开放，则非近代尤其是晚清莫属。对于后者我们没有异议，对于前者则不能赞同，因为这严重忽视了先秦这一极为关键的时期。本书考察表明，一部先秦教育活动史，一定意义上说就是一部各民族自身教育活动及其相互交流的历史，这本身就蕴含着文化的多元性与胸怀的开放性。即便就稷下学宫这一具体的教育活动场域而言，活跃于学宫舞台的就有来自荆楚文化、河洛文化、东夷文化、百越文化等不同背景的学者。他们齐聚一地、作书刺世，既相互论辩又相互学习，共同掀起了百家争鸣的高潮，为人类文明的"轴心时代"增添了极其绚丽的色彩。当然，先秦时期的多元与开放还不可能涉及异域他国而主要是限于黄河、长江流域，但这是历史条件局限而非人为因素所致。只有认识到多元与开放这一特色，才能明白先秦教育活动为何令后人追怀不已，才能理解先秦教育思想何以让人叹为观止，也才能洞悉教育活动既场面热烈、又含义隽永的原因之所在。

行文至此，本人心中略感惶恐：这是否有对古人溢美之嫌？是否有"为尊者讳、为亲者讳、为贤者讳"的历史遗风在作怪？然回想书稿，本人又觉释然。70万字的篇幅，当然不敢奢望皆持之有故或言之成理，但也不至于尽是妄言。上述特征归纳得是否得当，读者尽可以在书稿中从容识鉴，原也不需本人赘言。

略想提及的是，本人对于儒家和墨家教育活动还有不少论述性文字，如对儒家社会教化活动、墨家民间教育活动等，皆有详细考析和梳理，总计约两万字。由于本书篇幅实已过长、无法容纳，只能在最后定稿时将此类内容强行删除。此外，对于道家思想也还有述析，如对老子"上德""下德"思想的归纳，对道家"辩证法"（本人极不赞同这种提法）的详析、对老子由"道"而人运思逻辑的梳理（共梳理出四条"三段论"式的推衍）等，字数更多，已逾三万。由于同样的原因，也只好忍痛割爱。至于在定稿过程中被强行"瘦身"的文字，数量更多，篇幅尤巨，长达十余万言。对于这些被整段删削的"生不逢时"的"弃儿"，只能百般难忍却徒呼奈何！想来这必是所有为文者的"通病"，也是必须直面的一种割舍。于此略提，自然有敝帚自珍之意，也算是对数年惨淡经营的一种交代。

若干年前，本人在出版诗集时，曾有一诗述及当时感受，曰："苍茫暮色我曾经，独立寒塘四野青。几度风云能入眼，谁家苦乐总随形。无求笔墨追千古，欲借歌诗慰一听。为把真心传尺素，何妨壁上影伶仃。"而今，书稿即将完竣，伶仃之影或可一时少现；尺素所载之心，当随文字而传至识者眼中。人间之乐，何过于此？

最后，想起英国哲学家罗素所说的一段话，以此作为书稿的收束。他说："不能自圆其说的哲学决不会完全正确，但是自圆其说的哲学满可以全盘错误。最富有结果的各派哲学向来包含着显眼的矛盾，但是正为了这个缘故才部分正确。"[1] 这段话评述的是西方哲学史，但在本人看来也适用于本书。我们的研究当然也很难做到自圆其说。这绝不是为自己开脱，而是希望能引发批评。我们珍视所有冷峻、理性的学者间的批评，我们需要并期待这种批评。我们深知，这种批评中的任何一种表现，哪怕是"挑刺儿"或"棒喝"，也都是为着推动学术的进步，为着澄清我们认识中的瑕疵，所以，我们甚至为能够得到这种批评而窃喜。

广少奎

2015 年 3 月

---

[1] [英] 罗素著，马元德译：《西方哲学史》（下册），商务印书馆 1988 年版，第 143 页。

参考文献

一、历史文献类

[1] 班固. 汉书. 北京：中华书局，1983.

[2] 陈立撰，吴则虞点校. 白虎通疏证. 北京：中华书局，1994.

[3] 陈寿. 三国志. 北京：中华书局，1959.

[4] 陈子龙等. 明经世文编. 北京：中华书局，1962.

[5] 范祥雍. 古本竹书纪年辑校订补. 上海：上海古籍出版社，2011.

[6] 范晔. 后汉书. 北京：中华书局，1962.

[7] 冯云鹓. 圣门十六子书. 上海：上海古籍出版社，1995.

[8] 公孙龙. 公孙龙子. 北京：中华书局. 2012.

[9] 管仲. 管子. 北京：中华书局，2009.

[10] 郭璞注，袁珂校注. 山海经校注. 上海：上海古籍出版社，1980.

[11] 韩非. 韩非子. 上海：上海古籍出版社，2007.

[12] 韩婴. 韩诗外传. 北京：中华书局，1980.

[13] 桓宽撰，王利器校注. 盐铁论校注. 北京：中华书局，1992.

[14] 黄模. 国语补韦. 北京：中华书局，1959.

[15] 皇甫谧撰，刘晓东校点. 帝王世纪. 沈阳：辽宁教育出版社，1997.

[16] 贾谊. 新书. 北京：中华书局，2012.

[17] 刘向辑录. 战国策. 上海：上海古籍出版社，1998.

[18] 乐史. 太平寰宇记. 北京：中华书局，2013.

[19] 李昉. 太平御览. 北京：中华书局，1998.

[20] 李昉. 太平广记. 北京：中华书局，1996.

[21] 礼记. 北京：中华书局，2012.

[22] 列御寇. 列子. 北京：中华书局，2007.

[23] 刘安编，何宁释. 淮南子集释. 北京：中华书局，1998.

[24] 六韬. 郑州. 中州古籍出版社，2008.

[25] 刘向. 列女传. 济南：山东大学出版社，1990.

[26] 刘向. 说苑. 北京：中华书局，1987.

[27] 刘向. 新序. 北京：中华书局，2014.

[28] 陆贾. 新语校注. 北京：中华书局，1986.

[29] 论语. 北京：中华书局，2006.

[30] 吕不韦. 吕氏春秋. 北京：中华书局，2011.

[31] 马端临. 文献通考. 北京：中华书局，2006.

[32] 马骕. 绎史. 北京：中华书局，2002.

[33] 孟宪承. 中国古代教育文选. 北京：人民教育出版社，1985.

[34] 孟子. 北京：中华书局，2006.

[35] 墨子. 北京：中华书局，2007.

[36] 慕平译注. 尚书. 北京：中华书局，2009.

[37] 裴松之注. 三国志. 天津：天津古籍出版社，2009.

[38] 裴骃. 史记集解. 台北：台湾商务印书馆，1986.

[39] 皮锡瑞. 今文尚书考证. 北京：中华书局，1989.

[40] 阮元校刻. 十三经注疏. 北京：中华书局，1980.

[41] 上海古籍出版社. 二十二子. 上海：上海古籍出版社，1986.

[42] 上海古籍出版社，上海书店. 二十五史. 上海：上海古籍出版社，1986.

[43] 商鞅. 商君书. 北京：中华书局，1974.

[44] 慎到. 慎子. 上海：华东师范大学出版社，2010.

[45] 尸佼. 尸子. 上海：华东师范大学出版社，2009.

[46] 诗经. 北京：中华书局，2006.

[47] 司马迁. 史记. 北京：中华书局，1983.

[48] 司马穰苴. 司马法. 乌鲁木齐：新疆青少年出版社，2009.

[49] 宋应星. 天工开物. 上海：上海古籍出版社，2008.

[50] 孙武. 孙子. 北京：中华书局，2011.

[51] 孙诒让. 墨子间诂. 北京：中华书局，2001.

[52] 孙诒让. 周礼正义. 北京：中华书局，1987.

[53] 王充. 论衡. 长沙：岳麓书社，2006.

[54] 王聘珍. 大戴礼记解诂. 北京：中华书局，2011.

[55] 王守仁. 王阳明全集. 北京：红旗出版社，1996.

[56] 王肃. 孔子家语. 北京：中华书局，2011.

[57] 王先谦. 荀子集解. 北京：中华书局，2013.

[58] 尉缭，吴起. 尉缭子·吴子. 郑州：中州古籍出版社，2010.

[59] 魏征. 隋书. 北京：中华书局，1973.

[60] 徐干. 中论解诂. 北京：中华书局，2014.

[61] 许慎. 说文解字（影印本）. 北京：中华书局，1963.

[62] 徐元浩. 国语集解. 北京：中华书局，2002.

[63] 荀况. 荀子. 上海：上海古籍出版社，1996.

[64] 晏婴. 晏子春秋. 北京：中华书局，2007.

[65] 应劭撰，王利器校注. 风俗通义校注. 北京：中华书局，1981.

[66] 袁枢. 通鉴纪事本末. 长春：吉林人民出版社，2005.

[67] 张清华. 文白对照二十二子（八卷本）. 合肥：安徽文艺出版社，1990.

[68] 长孙无忌. 唐律疏议. 上海：上海古籍出版社，2013.

[69] 章学诚. 校雠通义通解. 上海：上海古籍出版社，2009.

[70] 赵晔. 吴越春秋译注. 上海：上海三联书店，2013.

[71] 赵翼. 二十二史札记. 北京：中华书局，2001.

[72] 郑晓如. 阙里述闻. 济南：山东友谊出版社，1989.

[73] 周礼. 北京：中华书局，2014.

[74] 周易. 北京：中华书局，2006.

[75] 朱彬. 礼记训纂. 北京：中华书局，1996.

[76] 朱熹. 四书集注. 北京：中国书店，1994.

[77] 朱熹. 朱子语类. 北京：中华书局，1986.

[78] 庄周. 庄子. 北京：中华书局，2007.

[79] 左丘明. 国语. 北京：中华书局，2013.

[80] 左丘明. 左传. 北京：中华书局，2007.

二、考古资料类

[1] 安阳地区文物管理委员会. 河南唐寅白营龙山文化遗址. 考古，1980 (3).

[2] 半坡博物馆，等. 姜寨——新石器时代遗址发掘报告. 北京：文物出版社，1988.

[3] 昌潍地区文物管理组，诸城县博物馆. 山东诸城呈子遗址发掘报告. 考古学报，1980 (3).

[4] 陈晶. 江苏武进县出土汉代木船. 考古，1982 (4).

[5] 承德地区文物保管所，滦平县博物馆. 河北滦平县后台子遗址发掘简报. 文物，1987 (6).

[6] 杜金鹏. 偃师二里头遗址研究. 北京：科学出版社，2005.

[7] 高广仁. 试论大汶口文化的分期. 考古学报，1978 (4).

[8] 高炜，高天麟，张岱海. 关于陶寺墓地的几个问题. 考古，1983 (6).

[9] 盖山林. 阴山岩画. 北京：文物出版社，1986.

[10] 郭大顺，张克举. 辽宁省喀左县东山嘴红山文化建筑群址发掘简报. 文物，1984 (11).

[11] 郭沫若. 古代汉字之辩证发展. 考古学报，1972 (1).

[12] 内蒙古自治区编辑组，《中国少数民族社会历史调查资料丛刊》修订编辑委员会. 鄂温克族社会历史调查. 北京：民族出版社，2009.

[13] 韩康信，等. 江苏邳县大墩子新石器时代人骨的研究. 考古研究，1974 (2).

[14] 何德亮. 山东新石器时代农业试论. 农业考古，2004 (3).

[15] 河南省文物管理所，等. 登封王城岗遗址的发掘. 文物，1983 (3).

[16] 河南省文物研究所. 长葛石固遗址发掘报告. 华夏考古，1987 (1).

[17] 河南省文物研究所. 河南舞阳贾湖新石器时代遗址第二至六次发掘简报. 文物，1989 (1).

[18] 黑龙江文物考古队. 黑龙江肇源白金宝遗址第一次发掘. 考古，1980 (4).

[19] 胡厚宣. 战后京津新获甲骨集. 上海：群联出版社，1954.

[20] 胡厚宣. 甲骨文合集释文. 北京：中国社会科学出版社，1999.

[21] 胡继高. 江苏省吴江县发现古遗址. 考古，1955 (2).

[22] 贾兰坡. 北京人生活中的几个问题. 史前研究, 1983 (2).

[23] 贾兰坡. 河南淅川县下王岗遗址中的动物群. 文物, 1977 (6).

[24] 贾兰坡. 远古的食人之风. 化石, 1979 (1).

[25] 江苏省文物工作队. 江苏邳县刘林新石器时代遗址第一次发掘. 考古学报, 1962 (1).

[26] 江苏省文物工作队. 江苏邳县刘林新石器时代遗址第二次发掘. 考古学报, 1965 (2).

[27] 江苏省文物工作队. 江苏吴江梅堰新石器时代遗址. 考古, 1963 (6).

[28] 江西省博物馆. 江西万年大源仙人洞洞穴遗址第二次发掘报告. 文物, 1976 (12).

[29] 江西省文物考古研究所铜岭遗址发掘队. 江西瑞昌铜岭商周矿冶遗址第一期发掘简报. 江西文物, 1990 (3).

[30] 金家广. 磁山晚期"组合物"遗迹初探. 考古, 1995 (3).

[31] 荆门市博物馆. 郭店楚墓竹简. 北京: 文物出版社, 1998.

[32] 濮阳溪水坡遗址考古队. 1988 年河南濮阳溪水坡遗址发掘简报. 考古, 1989 (12).

[33] 山东省文物管理处, 济南市博物馆. 大汶口. 北京: 文物出版社, 1974.

[34] 山东省文物考古研究所. 大汶口续集. 北京: 科学出版社, 1977.

[35] 山东省文物考古研究所, 东营市博物馆. 山东广饶县傅家遗址的发掘. 考古, 2002 (9).

[36] 山东省文物考古研究所, 广饶县博物馆. 广饶县五村遗址发掘报告. 济南: 山东大学出版社, 1989.

[37] 宋兆麟. 从彝族对野蜂的利用看人类由食蜂到养蜂的发展. 中国农史, 1982 (1).

[38] 宋兆麟. 云南永宁纳西族的葬俗——兼谈对仰韶文化葬俗的看法. 考古, 1962 (4).

[39] 孙守道, 郭大顺. 牛河梁红山文化女神头像的发现和研究. 文物, 1986 (8).

[40] 唐建. 贾湖遗址新石器时代甲骨契刻符号的重大考古理论意义. 复旦学报,

1992 (3).

[41] 王光明. 试论大汶口文化的合葬墓. 文物春秋, 2005 (1).

[42] 王建, 王向前, 张哲英. 下川文化——山西下川遗址调查报告. 考古学报,
1978 (3).

[43] 汪宁生. 从原始记事到文字发明. 考古学报, 1981 (1).

[44] 汪宁生. 释明堂. 文物, 1989 (9).

[45] 王颖娟. 半坡史前文化遗存反映的几个问题. 文博, 2003 (1).

[46] 汪遵国. 良渚文化"玉敛葬"述略. 文物, 1984 (2).

[47] 魏华. 略论新石器时代我国的干栏式建筑. 文物世界, 2013 (2).

[48] 吴汝祚. 河姆渡遗址发现的部分木制建筑构建与木器的初步研究. 浙江学
刊, 1997 (2).

[49] 吴玉贤. 河姆渡的原始艺术. 文物, 1982 (7).

[50] 解华顶, 张海滨. 淮河流域新石器时代采集与渔猎经济的观察. 华夏考古,
2013 (1).

[51] 许宏, 陈国梁, 赵海涛. 二里头遗址聚落形态的初步考察. 考古, 2004
(11).

[52] 许玉林, 傅仁义, 王传普. 辽宁东沟县后洼遗址发掘概要. 文物, 1989
(12).

[53] 严文明. 论中国的铜石并用时代. 史前研究, 1984 (1).

[54] 叶茂林, 等. 青海民和喇家遗址发现齐家文化祭坛和干栏式建筑. 考古,
2004 (6).

[55] 银雀山汉墓竹简整理组. 银雀山汉墓竹简 (壹). 北京: 文物出版
社, 1985.

[56] 云南省博物馆. 元谋大墩子新石器时代遗址. 考古学报, 1977 (1).

[57] 张朋川. 迄今发现的我国最早的绘画——大地湾原始社会居址地画. 美术,
1986 (11).

[58] 张绍文. 原始艺术的瑰宝——记仰韶文化彩陶上的鹳鱼石斧图. 中原文物,
1981 (1).

[59] 张宏彦. 论史前考古与古环境研究关系. 西北大学学报, 1995 (6).

[60] 张敬国. 含山大城墩遗址第四次发掘的主要收获. 文物研究, 1988 (4).

[61] 浙江省考古研究所反山考古队. 余杭反山良渚墓地发掘简报. 文物, 1988 (1).

[62] 浙江省文物管理委员会, 等. 河姆渡遗址第一期发掘报告. 考古学报, 1978 (1).

[63] 浙江省文物管理委员会, 等. 浙江河姆渡遗址第二期发掘的主要收获. 文物, 1980 (5).

[64] 浙江省文物考古研究所. 余杭瑶山良渚文化祭坛遗址发掘简报. 文物, 1988 (1).

[65] 郑若葵. 论中国古代马车的渊源. 华夏考古, 1995 (3).

[66] 郑笑梅. 广饶县傅家、五村大汶口文化遗址和墓地. 北京: 文物出版社, 1988.

[67] 郑州市博物馆. 郑州大河村发掘报告. 考古学报, 1979 (3).

[68] 中国科学院考古研究所二里头工作队. 河南偃师二里头早商宫殿遗址发掘简报. 考古, 1974 (4).

[69] 中国科学院考古研究所洛阳发掘队. 河南偃师二里头遗址发掘简报. 考古, 1965 (5).

[70] 中国社会科学院考古研究所. 山东王因新石器时代遗址发掘报告. 北京: 科学出版社, 2000.

[71] 中国科学院考古研究所, 陕西省西安半坡博物馆. 西安半坡. 北京: 文物出版社, 1963.

[72] 中国社会科学院考古研究所. 胶县三里河. 北京: 文物出版社, 1988.

[73] 中国社会科学院考古研究所. 新中国的考古发现和研究. 北京: 文物出版社, 1984.

[74] 中国社会科学院考古研究所二里头工作队. 河南偃师二里头遗址中心区的考古新发现. 考古, 2005 (7).

[75] 中国社会科学院考古研究所甘青工作队, 青海省文物考古研究所. 青海民和喇家遗址发现齐家文化祭坛和干栏式建筑. 考古, 2003 (6).

[76] 周季维. 长江中下游出土古稻考察报告. 云南农业科技, 1981 (6).

[77] 邹衡. 夏商周考古学论文集. 北京：文物出版社，1980.

三、著作类（中）

[1] 白寿彝. 中国通史（第 2 卷）. 上海：上海人民出版社，2004.

[2] 白奚. 稷下学研究. 北京：北京三联书店，1998.

[3] 毕诚. 中国古代家庭教育. 北京：商务印书馆，1997.

[4] 曹大为. 中国古代女子教育. 北京：北京师范大学出版社，1996.

[5] 曹孚. 外国教育史. 北京：人民教育出版社，1979.

[6] 常玉芝. 商代周祭制度. 北京：中国社会科学出版社，1987.

[7] 晁福林. 先秦民俗史. 上海：上海人民出版社，2001.

[8] 陈淳. 考古学研究入门. 北京：北京大学出版社，2009.

[9] 陈德安. 中国道家道教教育思想史（先秦至隋唐卷）. 北京：社会科学文献
　　出版社，2008.

[10] 陈锋. 外国教育史. 北京：北京大学出版社，2012.

[11] 陈鼓应. 道家文化研究. 上海：上海古籍出版社，1995.

[12] 陈鼓应. 老庄新论. 上海：上海古籍出版社，1992.

[13] 陈鼓应. 庄子今注今译. 北京：中华书局，1983.

[14] 陈来. 古代宗教与伦理. 北京：三联书店，1996.

[15] 陈梦家. 西周铜器断代. 北京：中华书局，2004.

[16] 陈梦家. 殷墟卜辞综述. 北京：中华书局，1988.

[17] 陈襄民，等. 五经四书全译. 郑州：中州古籍出版社，2000.

[18] 陈晓红，毛锐. 失落的文明：巴比伦. 上海：华东师范大学出版社，2001.

[19] 陈雪良. 墨子答客问. 上海：上海人民出版社，1997.

[20] 陈振中. 先秦手工业史. 福州：福建人民出版社，2009.

[21] 程斯辉. 中国教育管理模式研究. 武汉：武汉工业大学出版社，1994.

[22] 程舜英. 中国古代教育制度史料. 北京：北京师范大学出版社，2011.

[23] 崔宜明. 生存与智慧——庄子哲学的现代阐述. 上海：上海人民出版
　　社，1997.

[24] 戴庞海. 中国文化史探研. 郑州：大象出版社，2012.

[25] 党明德，何成．中国家族教育．济南：山东教育出版社，2005.

[26] 丁山．商周史料考证．北京：中华书局，1988.

[27] 丁四新．郭店楚墓竹简思想研究．北京：东方出版社，2000.

[28] 杜石然，等．中国科学技术史稿．北京：科学出版社，1985.

[29] 杜学元．中国女子教育通史．贵阳：贵州教育出版社，1996.

[30] 段小强，杜斗城．考古学通论．兰州：兰州大学出版社，2007.

[31] 范文澜．中国思想通史．北京：商务印书馆，2010.

[32] 范文澜．中国通史简编．北京：人民出版社，1965.

[33] 冯友兰．中国哲学简史．北京：北京大学出版社，1996.

[34] 冯友兰．中国哲学史论文二集．上海：上海人民出版社，1962.

[35] 傅朗云．东北民族史略．长春：吉林人民出版社，1983.

[36] 傅亚庶．中国上古祭祀文化．北京：高等教育出版社，2005.

[37] 高亨．商君书注译．北京：清华大学出版社，2011.

[38] 高培华．卜子夏考论．北京：社会科学文献出版社，2012.

[39] 高时良．中国古代教育史纲．北京：人民教育出版社，2003.

[40] 贡绍海，等．历代名家用人方略．济南：山东人民出版社，2002.

[41] 顾实．杨朱哲学．上海：商务印书馆，1931.

[42] 顾颉刚．古史辨（第七册）．上海：上海古籍出版社，1982.

[43] 广少奎，展瑞祥．民族精神教育．东营：中国石油大学出版社，2007.

[44] 郭沫若．郭沫若全集·历史编．北京：人民出版社，1984.

[45] 郭沫若．青铜时代．北京：中国人民大学出版社，2005.

[46] 郭沫若．十批判书．北京：科学出版社，1956.

[47] 郭沫若．殷契粹编．北京：科学出版社，1965.

[48] 韩达．中国少数民族教育史·黎族教育史．昆明：云南教育出版社，1998.

[49] 韩复智．钱穆先生学术年谱．北京：中央编译出版社，2012.

[50] 韩养民，韩小晶．中国风俗文化导论．西安：陕西人民出版社，2002.

[51] 何九盈，等．中国汉字文化大观．北京：北京大学出版社，1995.

[52] 何堂坤．中国古代金属冶炼和加工工程技术史．太原：山西教育出版社，2009.

[53] 胡适. 中国哲学史大纲. 北京：东方出版社，1996.

[54] 黄怀信，庞素琴. 论语新校释. 西安：三秦出版社，2006.

[55] 黄书光. 中国社会教化的传统与变革. 济南：山东教育出版社，2005.

[56] 黄钊. 道家思想史纲. 长沙：湖南师范大学出版社，1991.

[57] 侯外庐，赵纪彬，杜国庠. 中国思想通史. 北京：人民出版社，1967.

[58] 侯外庐. 中国古代思想学说史. 沈阳：辽宁教育出版社，1998.

[59] 贾得道. 医学教育史略. 西安：陕西人民出版社，1979.

[60] 蒋炳钊. 百越文化研究. 厦门：厦门大学出版社，2005.

[61] 蒋伯潜. 诸子通考. 杭州：浙江古籍出版社，1985.

[62] 蒋礼鸿. 商君书锥指. 北京：中华书局，1986.

[63] 金泽. 宗教禁忌研究. 北京：社会科学文献出版社，1996.

[64] 康有为. 陈得媛，李传印评注. 大同书. 北京：华夏出版社，2002.

[65] 柯思文. 原始文化史纲. 北京：人民出版社，1955.

[66] 雷祯孝. 中国人才思想史. 北京：中国展望出版社，1987.

[67] 李才栋，谭佛佑，张如珍，李淑华. 中国教育管理制度史. 南昌：江西教育出版社，1996.

[68] 李殿元，杨梅. 《论语》之谜. 成都：四川教育出版社，2001.

[69] 李国钧，王炳照. 中国教育制度通史（第一卷）. 济南：山东教育出版社，2000.

[70] 李京华. 中原古代冶金技术研究. 郑州：中州古籍出版社，1994.

[71] 李立国. 古代希腊教育. 北京：教育科学出版社，2010.

[72] 李零. 简帛古书与学术源流. 北京：生活·读书·新知三联书店，2004.

[73] 李启谦. 孔门弟子研究. 济南：齐鲁书社，1988.

[74] 李瑞兰. 中国社会通史. 山西：山西教育出版社，1996.

[75] 李世萍. 郑玄《毛诗笺》研究. 北京：知识产权出版社，2010.

[76] 李霞. 生死智慧——道家生命观研究. 北京：人民出版社，2004.

[77] 李学勤. 东周与秦代文明. 北京：文物出版社，1984.

[78] 李亚农. 殷代社会生活. 上海：上海人民出版社，1955.

[79] 李亚农. 中国的奴隶制与封建制. 上海：华东人民出版社，1954.

[80] 李用兵. 中国古代法制史话. 北京：中共中央党校出版社，1991.

[81] 李泽厚. 中国古代思想史论. 天津：天津社会科学出版社，2003.

[82] 李泽厚，刘纲纪. 中国美学史（第一卷）. 北京：中国社会科学出版社，1984.

[83] 李宗侗. 中国古代社会史. 台北：华冈出版社，1954.

[84] 梁启雄. 韩子浅解. 北京：中华书局，2009.

[85] 梁启雄. 荀子简释. 北京：中华书局，1983.

[86] 廖其发. 中国幼儿教育史. 太原：山西教育出版社，2011.

[87] 林耀华. 原始社会史. 北京：中华书局，1984.

[88] 刘虹. 中国选士制度史. 长沙：湖南教育出版社，1992.

[89] 刘黎明. 先秦人学研究. 成都：巴蜀书社，2001.

[90] 刘黎明，巩红玉.《春秋》之谜. 成都：四川教育出版社，2001.

[91] 刘蔚华，苗润田. 稷下学史. 北京：中国广播电视出版社，1992.

[92] 刘笑敢. 庄子哲学及其演变. 北京：中国社会科学出版社，1988.

[93] 刘尧汉. 中国文明源头新探. 昆明：云南人民出版社，1985.

[94] 刘源. 商周祭祀礼研究. 北京：商务印书馆，2004.

[95] 刘泽华. 中国传统政治哲学与社会整合. 北京：中国社会科学出版社，2000.

[96] 娄立志，广少奎. 中国教育史. 济南：山东人民出版社，2008.

[97] 鲁迅. 中国小说史略. 上海：上海古籍出版社，1998.

[98] 吕思勉. 先秦史. 上海：上海古籍出版社，1982.

[99] 吕大吉. 宗教学通论. 北京：中国社会科学出版社，1989.

[100] 吕振羽. 殷周时代的中国社会. 上海：生活·读书·新知三联书店，1979.

[101] 吕振羽. 中国政治思想史. 上海：上海三联书店，1938.

[102] 卢元骏.《说苑》今注今译. 天津：天津古籍出版社，1988.

[103] 马长寿. 北狄与匈奴. 桂林：广西师范大学出版社，2006.

[104] 马恒君. 庄子正宗. 北京：华夏出版社，2005.

[105] 马积高. 荀学源流. 上海：上海古籍出版社，2000.

[106] 马镛. 中国家庭教育史. 长沙：湖南教育出版社，1997.

[107] 毛礼锐，沈灌群. 中国教育通史. 济南：山东教育出版社，1985.

[108] 梅汝莉，李荣生. 中国科技教育史. 长沙：湖南教育出版社，1992.

[109] 梅珍生. 晚周礼的文质论. 武汉：湖北人民出版社，2004.

[110] 孟世凯. 商史与商代文明. 上海：上海科技文献出版社，2007.

[111] 蒙文通. 蒙文通文集（第一卷）. 成都：巴蜀书社，1987.

[112] 孟宪承，等. 中国古代教育史资料. 北京：人民教育出版社，1961.

[113] 孟宪承. 新中华教育史·西洋古代教育. 上海：华东师范大学出版社，2010.

[114] 米靖. 中国职业教育史研究. 上海：上海教育出版社，2009.

[115] 牟钟鉴，等. 中国宗教通史. 北京：社会科学文献出版社，2003.

[116] 南怀瑾. 道家与道教. 上海：复旦大学出版社，1991.

[117] 欧阳若修，等. 壮族文学史. 南宁：广西人民出版社，1983.

[118] 庞朴. 中国儒学（一）. 上海：东方出版中心，1997.

[119] 庞守兴，广少奎. 教育学新论. 济南：山东人民出版社，2009.

[120] 裴传永. 论语外编. 济南：济南出版社，1995.

[121] 裴文中. 中国史前时期之研究. 上海：商务印书馆，1948.

[122] 彭林. 中国古代礼仪文明. 北京：中华书局，2004.

[123] 齐文心. 中华文化通志——商西周文化志. 上海：上海人民出版社，1998.

[124] 钱穆. 国史大纲. 北京：商务印书馆，2002.

[125] 钱穆. 先秦诸子系年. 北京：商务印书馆，2005.

[126] 钱穆. 中国文化史导论（修订本）. 北京：商务印书馆，1996.

[127] 秋浦. 鄂伦春社会的发展. 上海：上海人民出版社，1980.

[128] 秋浦，等. 鄂温克人的原始社会形态. 北京：中华书局，1962.

[129] 瞿葆奎，吴慧珠. 教育学文集. 北京：人民教育出版社，1991.

[130] 瞿葆奎. 教育学文集·教育与教育学. 北京：人民教育出版社，1993.

[131] 冉光荣，李绍明，周锡银. 羌族史. 成都：四川民族出版社，1985.

[132] 任继愈. 墨子与墨家. 北京：商务印书馆，1998.

[133] 尚学锋，夏德靠. 国语. 北京：中华书局，2007.

[134] 申国昌，史降云. 中国学习思想史. 北京：科学出版社，2006.

[135] 史昌友. 灿烂的殷商文化. 北京：中国社会科学出版社，2006.

[136] 史仲文，等. 中国古代暨远古三代宗教史. 北京：人民出版社，1993.

[137] 宋兆麟，黎家芳，杜耀西. 中国原始社会史. 北京：文物出版社，1983.

[138] 宋兆麟. 中国风俗通史·原始社会卷. 上海：上海文艺出版社，2001.

[139] 宋振豪. 中国风俗通史·夏商卷. 上海：上海文艺出版社，2001.

[140] 宋振豪. 夏商社会生活史（上）. 北京：中国社会科学出版社，1994.

[141] 孙开泰. 儒家史话. 台北：国家出版社，2004.

[142] 孙通海. 庄子. 北京：中华书局，2007.

[143] 孙培青. 中国教育史. 上海：华东师范大学出版社，2000.

[144] 孙培青. 中国教育管理史. 北京：人民教育出版社，1996.

[145] 孙文辉. 巫傩之祭——文化人类学的中国文本. 长沙：岳麓书社，2006.

[146] 孙喜亭. 教育学问题研究概述. 天津：天津教育出版社，1989.

[147] 谭戒甫. 墨辩法微. 北京：中华书局，2004.

[148] 汤一介. 瞩望新轴心时代. 北京：中央编译出版社，2014.

[149] 陶愚川. 中国教育史比较研究（古代部分）. 济南：山东教育出版社，1985.

[150] 滕大春. 外国教育通史（第一卷）. 济南：山东教育出版社，1989.

[151] 滕星，王铁志. 民族教育理论与政策研究. 北京：民族出版社，2009.

[152] 田正平. 中外教育交流史. 广州：广东教育出版社，2004.

[153] 童书业. 先秦七子思想研究. 济南：齐鲁书社，1982.

[154] 王炳照，阎国华. 中国教育思想通史（第一卷）. 长沙：湖南教育出版社，1994.

[155] 王长华. 孔子答客问. 上海：上海人民出版社，1997.

[156] 王成儒. 《孟子》之谜. 成都：四川教育出版社，2001.

[157] 王定璋. 《尚书》之谜. 成都：四川教育出版社，2001.

[158] 王凤喈. 中国教育史. 上海：国立编译馆，1945.

[159] 王国维. 观堂集林（外二种）. 石家庄：河北教育出版社，2001.

[160] 王国维. 殷周制度论. 石家庄：河北教育出版社，2003.

[161] 王吉怀. 中国远古暨三代宗教史. 北京：人民出版社，1994.

[162] 王强模. 列子全译. 贵阳：贵州人民出版社，1993.

[163] 土坦. 山东考试通史（上卷）. 济南：山东人民出版社，2011.

[164] 王文锦. 礼记译解. 北京：中华书局，2001.

[165] 王宇信. 西周甲骨探论. 北京：中国社会科学出版社，1984.

[166] 王志民. 齐文化概论. 济南：山东人民出版社，1993.

[167] 吴式颖. 外国教育史教程. 北京：人民教育出版社，1999.

[168] 吴式颖，任钟印. 外国教育思想通史（第一卷）. 长沙：湖南教育出版社，2000.

[169] 夏鼐. 中国文明的起源. 北京：文物出版社，1985.

[170] 夏之莲. 外国教育发展史料选粹. 北京：北京师范大学出版社，1999.

[171] 夏商周断代工程专家组. 夏商周断代工程 1996－2000 年阶段成果报告（简本）. 北京：世界图书出版公司，2000.

[172] 谢维扬. 中国早期国家. 杭州：浙江人民出版社，1995.

[173] 熊贤君. 中国女子教育史. 太原：山西教育出版社，2009.

[174] 许梦瀛. 春秋战国教育思想. 武汉：华中师范大学出版社，2000.

[175] 许苏民. 人文精神论. 武汉：湖北人民出版社，2000.

[176] 徐万邦，祁庆富. 中国少数民族文化通论. 北京：中央民族大学出版社，1996.

[177] 徐旭生. 中国古史的传说时代. 北京：文物出版社，1985.

[178] 严汝娴，宋兆麟. 永宁纳西族的母系制. 昆明：云南人民出版社，1984.

[179] 阎振益，钟夏. 贾谊新书校注. 中华书局，2000.

[180] 杨伯峻. 论语译注. 北京：中华书局，1980.

[181] 杨伯峻. 孟子译注. 北京：中华书局，1980.

[182] 杨宽. 西周史. 上海：上海人民出版社，2003.

[183] 杨柳桥. 荀子诂译. 济南：齐鲁出版社，1985.

[184] 杨廷望. 上蔡县志. 郑州：中州古籍出版社，1982.

[185] 杨贤江. 杨贤江教育文集. 北京：教育科学出版社，1982.

[186] 杨荫浏. 中国古代音乐史稿. 北京：人民音乐出版社，1980.

[187] 杨泽波. 孟子评传. 南京：南京大学出版社，1998.

[188] 叶蓓卿. 列子. 北京：中华书局，2011.

[189] 喻本伐，熊贤君. 中国教育发展史. 武汉：华中师范大学出版社，2011.

[190] 余英时. 士与中国文化. 上海：上海人民出版社，1987.

[191] 袁保新. 老子哲学之诠释与重建. 台北：文津出版社，1991.

[192] 袁珂. 中国神话史. 上海：上海文艺出版社，1988.

[193] 詹承绪，等. 永宁纳西族的阿注婚姻和母系家庭. 上海：上海人民出版社，1980.

[194] 詹鄞鑫. 神灵与祭祀. 南京：江苏古籍出版社，1992.

[195] 张斌贤. 外国教育史. 北京：教育科学出版社，2008.

[196] 张岱年. 孔子大辞典. 上海：上海辞书出版社，1993.

[197] 张岱年. 中国古典哲学概念范畴要论. 北京：中国社会科学出版社，1987.

[198] 张光直. 青铜挥尘. 上海：上海文艺出版社，1992.

[199] 张光直. 中国青铜时代. 北京：三联书店，1999.

[200] 张广智，张广勇. 现代西方史学. 上海：复旦大学出版社，1996.

[201] 张广志. 西周史与西周文明. 上海：上海科技文献出版社，2007.

[202] 张觉. 荀子译注. 上海：上海古籍出版社，1995.

[203] 张瑞璠. 中国教育哲学史（第一卷）. 济南：山东教育出版社，2000.

[204] 张瑞璠，王承绪. 中外教育比较史纲. 济南：山东教育出版社，1997.

[205] 张双棣. 淮南子校释. 北京：北京大学出版社，2013.

[206] 张涛. 列女传译注. 济南：山东大学出版社，1990.

[207] 章炳麟. 太炎先生文录续编（卷六）. 上海：上海人民出版社，1985.

[208] 张震泽. 孙膑兵法校理. 北京：中华书局. 2014.

[209] 张之恒. 旧石器时代考古. 南京：南京大学出版社，2003.

[210] 赵承福. 山东教育通史（古代卷）. 济南：山东人民出版社，2001.

[211] 赵国华. 生殖崇拜文化论. 北京：中国社会科学出版社，1990.

[212] 赵明. 道家思想与中国文化. 长春：吉林大学出版社，1986.

[213] 赵善诒. 说苑疏证. 上海：华东师范大学出版社，1985.

[214] 周采. 外国教育史. 上海：华东师范大学出版社，2008.

[215] 周谷城. 中国通史. 上海：上海人民出版社，1980.

[216] 周洪宇，等. 教育活动史研究与教育史学科建设. 济南：山东教育出版社，2011.

[217] 朱凤瀚. 商周家族形态研究. 天津：天津古籍出版社，2004.

[218] 朱葵菊. 中国传统哲学. 北京：中国和平出版社，1991.

[219] 朱筱新. 中国古代的礼仪制度. 北京：商务印书馆，1997.

[220] 朱哲. 先秦道家哲学研究. 上海：上海人民出版社，2000.

四、著作类（外）

[1] [俄] 阿甫基耶夫. 古代东方史（上）. 王以铸，译. 上海：上海书店出版社，2005.

[2] [俄] 巴拉诺夫，等. 教育学. 李子卓，等译. 北京：人民教育出版社，1979.

[3] [希] 柏拉图. 理想国. 郭斌和，张竹明，译. 北京：商务印书馆，1986.

[4] [英] 博伊德，金. 西方教育史. 任宝祥，吴元训，主译. 北京：人民教育出版社，1985.

[5] [法] 布洛赫. 历史学家的技艺. 张和声，等译. 上海：上海社会科学院出版社，1992.

[6] [日] 岛邦男. 殷墟卜辞研究. 温天河，李寿林，译. 台北：鼎文书局，1975.

[7] [美] 迪克逊. 古代序幕. 纽约：西方出版公司，1993.

[8] [德] 恩格斯. 家庭、私有制和国家的起源. 北京：人民出版社，2003.

[9] [德] 费尔巴哈. 费尔巴哈哲学著作选集. 北京：商务印书馆，1984.

[10] [英] 弗雷泽. 金枝. 徐育新，等译. 北京：新世界出版社，2006.

[11] [美] 佛罗斯特. 西方教育的历史和哲学基础. 吴元训，等译. 北京：华夏出版社，1987.

[12] [苏] 高尔基. 论文学. 孟昌，等译. 北京：人民文学出版社，1978.

[13] [美] 怀特. 文化的科学——人类与文明研究. 沈原，等译. 济南：山东人

民出版社，1988.

[14] [德] 卡西尔. 人论. 甘阳，译. 上海：上海译文出版社，1985.

[15] [英] 凯特·洛文塔尔. 宗教心理学简论. 罗跃军，译. 北京：北京大学出版社，2002.

[16] [美] 克伯雷. 外国教育史料. 华中师范大学，等译. 武汉：华中师范大学出版社，1990.

[17] [苏] 列宁全集（第19卷）北京：人民出版社，1963.

[18] [法] 列维—布留尔. 原始思维. 丁由，译. 北京：商务印书馆，1981.

[19] [法] 卢梭. 论人类不平等的起源和基础. 李常山，译. 北京：商务印书馆，1997.

[20] [英] 罗素. 西方哲学史. 马元德，译. 北京：商务印书馆，1988.

[21] [德] 马克思恩格斯列宁斯大林论妇女. 北京：中国妇女出版社，1978.

[22] [德] 马克思. 摩尔根《古代社会》一书摘要. 中国科学院历史研究所翻译组，译. 北京：人民出版社，1965.

[23] [德] 马克思恩格斯选集. 北京：人民出版社，1995.

[24] [英] 李约瑟. 中国科学技术史（第一卷·第一分册）. 北京：科学出版社，1975.

[25] [英] 麦克斯·缪勒. 宗教的起源与发展. 金泽，译. 上海：上海人民出版社，1989.

[26] [德] 缪勒利尔. 家族论. 王礼锡，等译. 北京：商务印书馆，1935.

[27] [美] 摩尔根. 古代社会. 杨东莼，等译. 北京：商务印书馆，1977.

[28] [英] 沛西·能. 教育原理. 王承绪，译. 北京：人民教育出版社，1992.

[29] [俄] 塞尔格叶夫. 古希腊史. 缪灵珠，译. 北京：高等教育出版社，1955.

[30] [法] 沙尔·费勒克. 家族进化论. 许楚生，译. 上海：上海大东书局，1930.

[31] [美] 本杰明·史华兹. 古代中国的思想世界. 程钢，译. 南京：江苏人民出版社，2004.

[32] [德] 史禄国. 北方通古斯的社会组织. 吴有刚，等译. 呼和浩特：内蒙古

人民出版社，1985.

[33]［苏］斯大林全集（第 2 卷）. 北京：人民出版社，1953.

[34]［英］威尔斯. 世界史纲——生物和人类的简明史. 吴文藻，等译. 北京：
人民出版社，1982.

[35]［苏］谢苗诺夫. 婚姻和家庭的起源. 蔡俊生，译. 北京：中国社会科学出
版社，1983.

[36]［德］雅斯贝尔斯. 历史的起源与目标. 魏楚雄，等译. 北京：华夏出版
社，1989.